नागार्जुन
अंतरंग और सृजन-कर्म

नागार्जुन
अंतरंग और सृजन-कर्म

संपादक
मुरली मनोहर प्रसाद सिंह
चंचल चौहान

संपादन सहयोग
कांति मोहन
रेखा अवस्थी
जबरी मल्ल पारख
संजीव कुमार

लोकभारती प्रकाशन
इलाहाबाद नयी दिल्ली पटना कोलकाता

लोकभारती प्रकाशन
पहली मंजिल, दरबारी बिल्डिंग, महात्मा गांधी मार्ग
इलाहाबाद-211 001
वेबसाइट : www.lokbhartiprakashan.com
ईमेल : info@lokbhartiprakashan.com

शाखाएँ : 1-बी, नेताजी सुभाष मार्ग, दरियागंज
नई दिल्ली-110 002
अशोक राजपथ, साइंस कॉलेज के सामने
पटना-800 006
36 ए, शेक्सपियर सरणी, कोलकाता-700 017

पहला संस्करण : 2014

बी.के. ऑफसेट
नवीन शाहदरा
दिल्ली-32 द्वारा मुद्रित

NAGARJUN
ANTRANG AUR SRIJAN KARM
Edited by Murli Manohar Prasad Singh,
Chanchal Chauhan

ISBN : 978-81-8031-854-2

मूल्य : ₹ 600

भूमिका

नागार्जुन के घुमक्कड़ व्यक्तित्व और उनके बहुरंगी कृतित्व पर किसी गम्भीर विवेचनात्मक पुस्तक के अभाव की पूर्ति के उद्देश्य से इस संचयन-संकलन का प्रकाशन किया जा रहा है। कुछेक समालोचकों ने नागार्जुन पर पुस्तकें लिखी हैं और कुछ शोधकर्मियों ने भी अच्छा काम किया है। इन पुस्तकों के होते हुए भी इस नई पुस्तक की आवश्यकता इसलिए पड़ी कि अभी तक नागार्जुन के रचनाकर्म के विविध पहलुओं पर रोशनी डालनेवाली कोई पुस्तक पुस्तक बाजार में उपलब्ध नहीं है। उदाहरण के लिए नागार्जुन की कविता में संगीत पर किसी ने भी नहीं लिखा था। पहली बार इस पहलू पर लिखने के लिए श्री नरेश सक्सेना और श्री यतीन्द्र मिश्र से अनुरोध किया गया, चूँकि वे सृजनशील रचनाकार होने के साथ-साथ संगीतज्ञ और संगीत प्रेमी हैं। इसी तरह बाबा की रचनाओं में स्त्री स्वाधीनता का प्रश्न प्रारम्भ से ही मौजूद रहा है, जिसको लेकर अलग से किसी ने भी नहीं लिखा था। इस पुस्तक में स्त्री-विमर्श से सम्बन्धित तीन लेख हैं जो कविता और उपन्यास को खँगालते हुए नए निष्कर्ष प्रस्तुत करते हैं। लोकगायक औघड़ कवि के रूप में बाबा के रचनाकार व्यक्तित्व ने काव्यशास्त्र के मानदंडों की सीमारेखाओं का उल्लंघन करते हुए किस प्रकार नई उद्भावनाएँ की हैं, इसे अनेक सृजनकर्मी समीक्षकों ने अपनी विवेचना का विषय बनाया है। नागार्जुन के व्यंग्य में संवेदना की तरलता और करुणा की अन्तःसलिला किस प्रकार मौजूद है, इस बात का उद्घाटन रामविलास शर्मा, शिवकुमार मिश्र, विश्वनाथ त्रिपाठी, कुमार अम्बुज, अनामिका आदि ने किया है।

साहित्यिक समालोचना के उक्त विभिन्न पहलुओं के अतिरिक्त इस पुस्तक में नागार्जुन की अन्तरंगता की झाँकी प्रस्तुत करनेवाले अनेक लेख, भेंटवार्ताएँ और संस्मरण हैं जो उनके व्यक्तित्व की बहुरंगी छवियाँ और घटना-प्रसंग प्रस्तुत करते हैं।

यहाँ यह उल्लेखनीय है कि 2011 के जून महीने में जब नागार्जुन से सम्बन्धित शताब्दी महोत्सव के अनेक कार्यक्रम आयोजित हुए थे,

तभी विभिन्न पत्रिकाओं के विशेषांक प्रकाशित हुए थे। तब बाबा की रचनात्मक ऊर्जा पर संवाद की जो गहमागहमी थी, उसकी पूरी झलक इस पुस्तक में मौजूद है। बाबा के व्यक्तित्व और कृतित्व के अन्तःसंबंधों की सांगोपांग अन्तःक्रिया को प्रस्तुत करनेवाली यह पुस्तक अपने आप में हमारा नया प्रयास है।

इस संकलन-संचयन में शामिल लेखकों के प्रति हम आभार प्रकट करते हैं और इस पुस्तक के प्रकाशन के प्रस्ताव को स्वीकार करनेवाले लोकभारती प्रकाशन के संचालकों को हार्दिक धन्यवाद देते हैं।

—मुरली मनोहर प्रसाद सिंह
चंचल चौहान

अनुक्रम

नागार्जुन : अंतरंग और सृजन-कर्म

आईने के सामने

'आईन के सामने' स्तंभ के अंतर्गत यह आत्मसाक्षात्कार मार्च 1963 में 'सारिका' में छपा था। उस समय 'सारिका' के संपादक मोहन राकेश थे।—सं.

मुझे तुम पर बेहद गुस्सा आ रहा है, राकेश, तुमने मेरे सामने आईना रख दिया है! जाने कहां से ले आये हो यह आईना! इस तरह का शीशा तो आज तक कहीं देखा नहीं...!

एक तो यों ही मैं 'खूबसूरत' हूं, मगर इस मायावी दर्पण ने तो मुझे और भी 'खूबसूरत' बना दिया है!

वो देखो, तुम्हारे इस आईने में मेरी नाक किस क़दर छोटी दिखायी दे रही है! वो देखो, मेरा दंभी साहित्यकार अंदर-ही-अंदर कितना घबरा उठा है! उसने आंखें मींच ली हैं, नहीं देखेगा अपने प्रतिरूपों की तरफ़...कहीं, किसी कुतूलह का शिकार होने पर ही नीलाम का यह अनूठा माल तुम्हारी तक़दीर से चिपक गया होगा—आईना नहीं है, काल भैरव का डंडा है यह! पिछले ढाई-तीन हफ़्तों मेरा पीछा किया है शैतान ने। परिव्राजकाचार्य, सिद्ध-शिरोमणि, महामहिम श्री श्री 108 श्रीमान नागा बाबा ने तुम्हारे इस जादुई दूत को कई दफ़े बरगलाना चाहा, किंतु यह तो सिंहासन बत्तीसी और बैताल पचीसी के चरित-नायकों से कहीं अधिक जिद्दी, कहीं अधिक बलवान, क़हीं अधिक विनम्र और कहीं अधिक टैक्टफुल निकला!

परसों शाम को मैं नरीमन प्वाइंट तक चला गया। यों ही। समुद्र खूब तरंगित नहीं था, पूस की पूर्णिमा कब पड़ती है?...निर्णय सागरवाला छोटा पंचांग लेकर रखा तो था, किताबों-पत्रिकाओं के ढेर में जाने कहां खो गया! बंबई के अति आधुनिक कैलेंडरों पर खीज उठी, साले पूर्णिमा तक का पता नहीं चलने देते! बंबई न हुआ, लंदन-न्यूयार्क हो गया! हाय रे कलकत्ता...पूर्णिमा कब पड़ती है?

समुद्र आज खूब तरंगित नहीं है। क्यों नहीं है आज समुद्र खूब तरंगित? आसमान की ओर निग़ाहें उठाऊं?...अधूरा चांद कच्ची शाम का भास्वर फीकापन, खुला, नीला अंतरिक्ष... आज एकादशी या द्वादशी होगी, तीन-चार रोज़ बाद भरा-पूरा चांद दिखेगा। तरंगित समुद्र देखना हो, तो तीन-चार दिन बाद आओ।

'सेठ, नारियल पियेगा।'

'नहीं पियेगा।'

'आठ आना, सेठ...'

'नहीं।'

'पैंतालिस नवा पैसा, सेठ...'

'तेरा दिमाग़ है कि कद्दू है? सेठ, सेठ, सेठ, सेठ, सेठ, सेठ सेट्ठिस! सेट्ठुस! सेट्ठीस कहीं का!'

'नारियल नईं पियेंगा तो नईं पियेंगा, हमको गाली क्यों देंगा, सेठ?'

अब उस दक्षिण भारतीय फेरीवाले पर मेरा हृदय द्रवित होने लगा। लगा कि मैंने उसे नाहक अपने आक्रोश का निशाना बना लिया, ज़हर में बुझे हुए इंगित और आक्रमण की मुद्राएं तो खुरदरे शब्दों में कई गुना अधिक पैनापन भर देते हैं! क्या कसूर था ग़रीब का? उसने तुम्हें 'सेठ' कहकर पुकारा, यही कि और कुछ? लो, अब तुम भी उसे 'सेठ' कहकर पुकारो। देखो, वह तो बिलकुल बदल गया! उजले-धुले दांतों की दूधिया झलक उसके श्यामल मुखमंडल को दिव्य संकेतों का एलबम बना देगी। अब एक नारियल तो तुम्हें पी ही जाना होगा!

इशारे से मैंने नारियल ले लिया और खड़े-खड़े ही पीने लगा। दो घूंट लेकर गरदन ऊपर हटा ली और फिर से नारियल के अंदर झांका...

अरे, यहां तो अपनी समूची नाक ग़ायब है!...तो राकेशवाला आईना आसानी से पिंड नहीं छोड़ेगा मेरा! बच्चू, जाओगे कहां। इस मुग़ालते में न रहना कि बाबा हो, औघड़ हो, बावन घाट का पानी पी चुके हो! यह कोई मामूली खिलवाड़ नहीं है, भिड़ंत है दो अवधूतों की। एक भी पीछे हटने का नाम नहीं लेगा, दोनों सांडों के चारों सींग ठूंठ हो जायेंगे। दुनिया तालियां पीटेगी और तमाशा देखती रहेगी। अभी तो ख़ैर नाक ही ग़ायब दीखती है, आगे धड़-ही-धड़ शेष नज़र आयेगा। हो सकता है कि आदिकाव्य (रामायण) के मुंड-विहीन उस अभिशप्त राक्षस (कबंध) की तरह आगे चलकर तुम भी किसी अवतारी महामानव की प्रतीक्षा में सदियों तक यों ही डोलते फिरो!

एक ही सांस में बाक़ी पानी पीकर मैंने नारियल का खोखा समुद्र में फेंक दिया, तो फेरीवाला बोला, अंदर का मलाई नई खाया, सेठ?

फिर सेठ-सेठ! अरे भाई, सभी को सेठ मत कहा करो...

क्या कहेंगा?

भाई कहो, कोई बुरा नहीं मानेगा।

नईं साब, भाई कहने से बी नईं चलता। अबी उस रोज़ भाई कहके बुलाया तो दो सेठों ने हमको अंग्रेज़ी में गाली दिया...

कारवाला रहा होगा!

हां, सा'ब, बहुत बड़ी कार था—गुलाबी रंग की।

पांच नये पैसे उसने तो लौटा ही दिये थे अठन्नी में से, मैंने नहीं लिये, तो भरी-पूरी मुसकान उसके चेहरे पर खेलने लगी।

सच कहता हूं, राकेश, कल बाहर नहीं निकला। आज भी नहीं निकलूंगा। आईने का पिशाच सामने मुस्तैद खड़ा है...बीच-बीच में भौंहें तानकर, होंठ भींचकर वह मुझे धमका भी रहा है—ख़बरदार! आत्मकथावाली घिसी-पिटी स्टाइल में कुछ का कुछ लिखकर पन्ने काले करोगे, तो तुम्हारे भी हाथ-पैर सुन्न हो जायेंगे! जीभ अकड़ जायेगी और दिल-दिमाग़ किसी काम के न रहेंगे!

तो फिर?

तो फिर, जय हो आईने के इस बैताल की!

नमस्तेऽस्तु पिशाचाय,
वैतालाय नमो नमः
नमो बुद्धाय मार्क्साय
फ्रायडाय च ते नमः।

अथ नाग-लीला—

बाहर से जैसा कुछ दिखायी देता हूं, वैसा ही नहीं हूं न?

जीवन के अनेक-अनेक पहलुओं की सम-विषम प्रतिच्छवियां इस आइने में उभर रही हैं। स्टूडियो का टेकनीशियन फ़िल्म की बेतरतीब रीलों के टुकड़े क्या यों ही सेंसर बोर्ड के समक्ष पेश कर देता होगा? नहीं जी, वह उन्हें कतर-ब्योंत करके एक ख़ास क्रम में सजाता होगा।

मेरा जीवन सपाट मैदान है—प्रेमचंद अपने बारे में कह गये हैं...मगर मेरा जी नहीं मानता कि किसी भी साहित्यकार का जीवन सचमुच 'सपाट' होता होगा। दरअसल, यह भी एक फैशन है व्यक्तित्व की छाप छोड़ने का कि हम अपनी सादगी, सिधाई, भोलापन, विनम्रता आदि का लेखा-जोखा आहिस्ता से औरों तक पहुंचा दिया करें! प्रकृति ख़ुद ही चमत्कारमयी है, वह सपाट नहीं हुआ करती। तो फिर हमारी और आपकी ज़िंदगी ही कैसे सपाट होगी, साहब?

अरे वाह! यह देखिये, सामने नागा जी का शिशु चेहरा...पीछे एक अधेड़ पुरुष की प्रौढ़ मुखाकृति...अगले ही क्षण चेहरे पर क्रोध का तनाव...होंठ कांप रहे हैं।

(मैं तेरा हाथ काट लूंगा! क्यों अंट-संट लिख मारा है तूने? बाप की बुराई कौन करता है?)

—शैतान। मगर मैंने झूठ थोड़े लिखा है। मेरी चाची से आपका क्या रिश्ता था?

उस रोज, दुपहर की उमस नें अंदर लेटी हुई मेरी मां का गला कुल्हाड़ी से किसने काटना चाहा था? समाज की दसियों औरतों से आपके लगाव थे। कोई बात नहीं। लेकिन मेरी मां और मेरे पांच भाई-बहनों को किसकी उपेक्षा का शिकार होकर दम तोड़ना पड़ा था?

(चोप्! जीभ खींच लूंगा...जानता नहीं, मैं कितनों की पसलियां तोड़ चुका हूं? रौब के मारे गांव के युवक मुझे 'गुरू' कहकर पुकारते है!...)

—और पिताजी, आपकी वह गुरुअई कैसे गल गयी थी मामूली काग़ज़ की तरह, जबकि मेरी विधवा चाची के गर्भ रह गया था और भ्रूण की निकासी के लिए पड़ोस वाले गांव की उस बुढ़िया चमाइन को सौ रुपए देने पड़े थे!

अजी वाह, आप रो रहे हो? मेरा वश चलता तो उस अधेड़ उम्र में भी आप दोनों की नयी शादी वैदिक विधि से करवा देता! पर मैं तो उन दिनों दस-ग्यारह साल का छोटा-सा बालक था—मातृहीन, रोगी और डरपोक!

अब सोचता हूं, तो आईने के अंदर अपने होंठों को उस बाल-सुलभ खीज पर मुसकराते देखकर तसल्ली होती है। क्या कसूर था बेचारों का? सहज नेह-छोहवाले सीधे-सादे देहाती लोग थे...मगर पिता को अंत तक खुली क्षमा कहां दे पाया!

आज शायद इसीलिए पिता के प्रति विगलित हूं कि स्वयं छः बच्चों का पिता हूं। पितृ-सुलभ

वात्सल्य के आवेग ही शायद अपने पिता-पितामह के प्रति हमें उदार बनाते हैं। 1943 के सितंबर में काशी की गंगा के किनारे मणिकार्णिका घाट पर उनका प्राणांत हुआ। मैं तिब्बत के पश्चिमी प्रदेशों की यात्रा पर निकल गया था। कहते हैं, अंतिम क्षणों में किसी ने मेरी याद दिलायी, तो सूखे होंठों को सिकोड़कर बोले थे—उस आवारा का नाम ही मत लो।

न लो नाम, अपना क्या बिगड़ेगा? मैं भी तुम्हारी चर्चा किसी के आगे न करूंगा। मेरी मां को जिसने इतना अधिक परेशान रखा, उस व्यक्ति को खुले दिल से 'पिता' कहने की इच्छा भला कैसे होगी?...

देखो भई, यह तो हिलने लगा? ज़रूर कोई गड़बड़ हुई है, वरना आईना हिलता क्यों?

अपू? अपराजिता? आओ, आओ! अच्छा हुआ कि शीशे में तुम दिखायी पड़ीं। कमज़ोर लग रही हो, बीमार हो क्या?

मैं भी बीमार रहा इधर तो। गनीमत है कि बंबई की समुद्री आबोहवा ने अबके दमा को मेरे गिर्द फटकने तक न दिया। हां, सर्दी-खांसी ने बीस-पचीस दिनों तक बेहद परेशान किया।

सोचती हूं, पिछले कुछेक वर्षों में तुम मुझसे दूर-दूर सरकते चले गये हो। पहले कितनी चिट्ठियां लिखा करते थे! अब शायद मैं तुमको अच्छी नहीं लगती हूं। है न यही बात?

क्या बात करती हो, अपू! तुम तो तेरी सहधर्मिणी हो—ठेठ सनातन अर्धांगिनी श्रीमती अपराजिता देवी, 45। हमारी अपनी देहाती जायदाद और घर-आंगन की मालकिन! तुम तो नाहक उदास हो, रानी! क्यों सुस्त हो? क्या बात है?

वह चुड़ैल सपने में मुझसे झगड़ रही थी...

कौन भई, कौन?

वही, जो उस दफे गर्मियों में छत पर तुम्हारे लिए इत्र के फाहे फेंका करती थी...

उसके बारे में तो मैंने खुद ही तुम को बतला दिया था। जो नहीं कहना चाहिए, वह बात भी कह दी थी। नहीं कही थी?

सो तो सब कुछ बतला दिया था तुमने...मगर वह रांड सपने में मुझसे झगड़ रही थी कि अब इस उम्र में सिंदूर क्यों लगाती हूं! कह रही थी, 'ऐसा कौन-सा शहर है जहां मेरी सौत न हो'...सो, देखना, मेरी लाज रखना!

क्या सोच रही हो, इस बुढ़ौती में कहीं दो-एक ब्याह मैं और भी रचा लूंगा?

क्या ठिकाना है तुम लोगों का! मैं क्या पटना-इलाहाबाद नहीं रही हूं? जरा-मरा आन-पहचान बढ़ी, तनी-मनी नेह-छोह बढ़ा कि चट्ट शादी पर ही उतर आते हैं...

अच्छा ऽ ऽ ऽ!!! तो यह बात है!

मुझे ज़ोरों की हंसी आ गयी और अपराजिता का चेहरा दबी-दबायी हंसी के मारे प्रफुल्ल हो उठा है...ओफ्फोह, महिलाएं कितनी चतुर होती हैं! पुरुषों को छूट भी देंगी और अपना हक़ भी नहीं छोड़ेंगी।

एक बार ऐसा हुआ कि हम आठ-दस महीने के बाद मिले थे। मैं साठ घंटे बाहर नहीं निकला। उन दिनों बच्चे दो ही थे और छोटे थे। उस प्रसंग की एक बात बतला ही दूं...

अपनी उच्छृंखलता और मस्ती की ढेर-सी बातें बता चुकने के बाद मैंने अपराजिता से पूछा—तुम तो सुनती ही रही हो, कुछ अपनी भी बतलाओ न!

देर तक मुसकराते रहीं देवीजी। कोंचने पर बोलीं—ले-देकर एक ही तो देवर है अपना, हफ्ते में एकाधबार मौक़ा मिलता है। बस, बातों का गिल्ली-डंडा खेल लेते हैं। घर बैठकर दो छोटे बच्चों को संभालते, तो तुम्हारा भी विद्यापति टैं बोल जाता!

बचपन के दिनोंवाले कई चेहरे सामने आ रहे हैं। सारे के सारे लड़के हैं—दो-तीन बड़ी उम्रवाले, बाक़ी हमउम्र और छोटे। एक लड़की भी झांक रही है।

यह लड़की तेरह वर्ष पार करके चौहदवें में प्रवेश कर चुकी है। मैं संस्कृत की व्याकरण मध्यमा का छात्र हूं और इंदुकला के पिता शशिनाथ जी मेरे अन्नदाता हैं (उन दिनों मिथिला में ग़रीब छात्रों को परिवार का सदस्य बनाकर अध्ययन में वर्षों तक सहायता करने की प्रथा थी)। इंदु मुझसे कहानियां सुनती है, विद्यापति के पद सुनती है, कौड़ियों का खेल खेलती है मेरे साथ...इसके पहले मुझे कहां मालूम था कि लड़की क्या होती है!

अठारह वर्ष का हुआ, शादी हुई। तब अपराजिता और उसकी दसियों सहेलियों के दर्शन हुए। यह एकदम नयी बात थी मेरे लिए। इसके पहले पांच-सात साल उसी माहौल में गुज़रे थे जहां छात्रों और अध्यापकों के दरमियान समलिंगी व्यभिचार के आतंक की अशुभ छाया व्याप्त थी। लोग अपने लड़कों को छात्रावासों में भेजने से हिचकते थे। 1930-32 के महान स्वाधीनता-संग्राम के चलते एक-एक कैंप-जेल में दस-दस हज़ार सत्याग्रही रखे गये थे। उनमें सभी उम्र के लोग थे। वहां भी अप्राकृतिक सेक्स-संपर्क ने अपना रंग दिखलाया था।

यह दुर्भाग्य है कि स्त्रियों और पुरुषों को वर्षों अलग-अलग रहना पड़े। हमारा हिंदी-भाषी क्षेत्र सामाजिक सहजीवन की दृष्टि से पड़ोसी प्रदेशों की अपेक्षा अधिक पिछड़ा हुआ है। हमारी यह लालसा तो रहती है कि फ़िल्मों में नये-नये चेहरे दिखायी पड़ें, किंतु अपनी पुत्री या पुत्रवधू को हम 'मर्यादा' की तिहरी परिधियों के अंदर छेके रहेंगे! लड़की के लिए इंजीनियरिंग या डाक्टरी की पढ़ायी करनेवाला युवक हासिल करना है तो दस हज़ार से लेकर पचास हज़ार रुपए खर्च करेंगे, मगर उसको उसकी रुचिवाला जीवन-साथी चुनने का अवसर कदापि नहीं देंगे और न उसे काम करने की छूट देना चाहेंगे। बेकारी और सामाजिक घुटन की ज़हरीली भाप बेचारी के तन-मन को पंगु बनाती जायेगी और हम—

ठहरिये, महाशय जी!

कौन हो, भाई?

इस तरह तो काम नहीं चलने का...

आप आईने की तरफ़ नहीं देख रहे हैं न? किसने कहा था कि जनाब मन की झील के अंदर गोते लगा गये! मैं इस दर्पण की आत्मा हूं। रूप-कथाओंवाला बैताल मेरे डर से थर-थर कांपता है...

तो मैं भी तुम से डरूं?

नहीं, नागा बाबा, तुम काहे को मुझसे डरने लगे! हां, इतना ज़रूर है कि लापरवाही करोगे, तो उत्पात मचा दूंगा। बैठने नहीं दूंगा चैन से, समझे?

लो भई, फिर से एडजस्ट करो इसे...

शाबाश! कितना बढ़िया आईना है...!

कंधों के पीछे से दो छोटी-पतली बांहें इधर लटक आयीं।

कौन? उर्मि, तुम हो?

जी, पिताजी!

पगली, सामने तो आ!

उंहूं, नहीं आऊंगी सामने। आपकी पीठ के पीछे छिपी रहूंगी। क्या होगा सामने आकर?

तो, रंज है तू?

अब वे छोटी-पतली बांहें दिखायी नहीं पड़ रही हैं। उर्मिला थी न अपनी? दस साल की हो गयी। क़ायदे से पढ़ती-लिखती होती, तो छठवीं श्रेणी की छात्रा होती किसी स्कूल की...लेकिन उसकी पढ़ायी का सिलसिला छूट गया है न?

उर्मिला अपने बाप पर बेहद रंज है।

उर्मिला चूंकि लड़की है, बहुत कुछ समझने लगी है।

शोभाकांत ने पटना से कई बार लिखा है—आपने, पिताजी, उर्मिला के बारे में शायद तय कर लिया है कि उसे मूर्ख ही रखेंगे।

नहीं, बेटा तुम ग़लत समझ रहे हो। मैं भला अपनी पुत्री को मैट्रिक भी नहीं करवाना चाहूंगा!

तो यों ही मैट्रिक हो जायेगी उर्मिला?

मैट्रिक में फर्स्ट डिवीजन लाया है। पटना कॉलेज में प्रि-युनिवर्सिटी क्लासेज़ का छात्र है। बचपन में वर्षो तक बोन टी.बी...से आक्रांत था। एक टांग शक्ति-शून्य है, इसी से लंगड़ाकर चलता है...उन्नीस साल का यह तरुण अपने बाप की रग-रग पहचानता है। उसे भली-भांति पता है, पिताजी बातें बहुत करते हैं, काम नहीं करते! समूचा परिवार पटना या इलाहाबाद कहीं जमकर रहता, तो उर्मिला भी पढ़ जाती और मंजू भी...

हां, बेटा! मैं गप्पी हूं...अहदी भी हूं और दांभिक भी।

हर साहित्यकार गप्पी होता है...अहदी भी होता है और दांभिक भी। यह अहदीपन और दंभ उसे ऊंचा उठाते हैं। ढेर-की-ढेर कपास ओटना मोटा काम हुआ। महीन सूतों का लच्छा अगर छटांक-भर की अपनी तकली से आपने निकाल लिया तो 'पद्मभूषण' के लिए इतना ही पर्याप्त है, बंधु!

आईने के अंदर जो नागाजी झांक रहा था, अभी-अभी उसने भभाकर हंस दिया...

बाहरवाला नागाजी इस पर डांट रहा है—मैं तेरा गला घोंट दूंगा। पाजी कहीं का! भिलाई या राऊरकेला या दुर्गापुर, कहीं किसी ठेकेदार का मुंशी ही हो जाता भला! वह धंधा भी बेहतर था, बच्चू!

आईनेवाली आकृति के होंठ हिल रहे हैं। मुद्रा से लगता है, कुछ गुनगुना रहा है...समझे? कह रहा है...

क़लम ने ग़ालिब निकम्मा कर दिया,
वरना हम भी आदमी थे काम के!

अब आगे मैं तुझे अपने कंधों पर नहीं ढोऊंगा, अदना-सी कोई नौकरी कर लूंगा। बिलकुल असाहित्यिक!

मैं ऊब गया हूं इस अतिरिक्त यश से। जी करता है कभी-कभी कि कोई ऐसा तगड़ा कुकर्म करूं जिससे पिछली सारी शोहरत धुल-पुंछ जाये साहित्यकारों की!

अपने ही एक सहृदय बंधु ने एक बार 'कुकर्म' का बड़ा अच्छा अवसर प्रदान किया

था, तब क्यों तुम भागे थे?

वह शायद ही कभी तुम्हें क्षमा करे!

मैंने लेकिन उसको माफ कर दिया है।

अरे पिनकूराम, तुम क्या किसी को यों ही भूलनेवाले हो?

क्या कहा? प्रतिशोध की मेरी भट्ठी कभी ठंडी नहीं होगी?

नहीं, कभी नहीं। बात यह हुई कि तुम्हारा सारा बचपन घुटन और कुंठा में कटा। ग़रीबी, कुसंस्कार और रूढ़िग्रस्त पंडिताऊ परिवेश तुम्हें लील नहीं पाये, यह कितने आश्चर्य की बात है! पहले तुम भी वही चुटन्ना और जनेऊवाले पंडित जी थे न? न पुरानी परिधि से बाहर निकलते, न आंखें खुलती, न इस तरह युग का साथ दे पाते...

नहीं दे पाते युग का साथ! वाह भई, वाह!

यह किसने ठहाके लगाये?

मैं? कौन हूं मैं? दंभ हूं, आरोपित 'इगो' हूं—तुम्हारा अपना ही स्फीतस्फुरित अहंकार! व्यक्तित्व का आटोप...किस मुग़ालते में पड़े हो, बाबा? क्या अकेले तुम्हीं ने युग का साथ दिया? बाक़ी और किसी ने ज़माने की धड़कन नहीं सुनी? अलस्सुबह, ब्रुश से दांत मांजते वक़्त ऐस्प्रो की टिकिया का सुकंठ विज्ञापन, मीरा के भजन की लता-वितानवाली लहरियां, अपराह्न के अवकाश को गुदगुदानेवाली अंतर्राष्ट्रीय टेस्ट मैच की कमेंट्री, संकट के क्षणोंवाले उदास-अनुतप्त अनाउंसमेंट...यह सारा-का-सारा युगीन स्पंदन क्या तुम्हारे कानों तक पहुंचता रहा है?

बतलाओ, बतलाओ न! चुप क्यों हो गये?

गतिशीलता का सारा श्रेय तुम्हीं लूट लोगे?

गति नहीं, प्रगति! अरे हां, तुम तो प्रगतिशील हो न! बड़बोला प्रगतिवादी!

ज़रा देर के लिए अपनी 'प्रगति' के रंगीन और गुनगुने झागों को अलग हटा दो न! नागा बाबा, प्लीज...!

आचार्य शिवपूजन सहाय चल बसे!

जी हां, वर्षों से शिवपूजन बाबू का हेल्थ जर्जर चला आ रहा था।

...जी, बिलकुल ठीक फ़रमाया आपने। सहायजी का आविर्भाव न होता, तो बहुतों की कृतियां, 'असूर्यम्पश्या' चिरकुमारियों की तरह घुटकर रह जातीं। यह सहायजी का ही तप था कि तीन-तीन पीढ़ियों की पांडुलिपियों का उद्धार हुआ।

जी, आपको भी तो यदा-कदा 'आचार्य नागार्जुन' के तौर पर याद किया जाता है!

वाह जी, वाह, हद कर दी आपने तो! अपने कानों को इस फुरती से क्यों छू लिया है आपने?

ना बाबा, ना! आचार्यत्व का वह लबादा भला मुझसे ढोया जायेगा? अपन तो सीधे-सादे गऊ-सरीखे प्राणी ठहरे...

माफ कीजिये नागार्जुन जी, आप उतने सीधे-सादे नहीं हैं...

हां...हां, रुक क्यों गये? कह जाओ पूरा वाक्य। बीच में ही मेरा रुख़ क्यों नापने लगे?

लो, अब देखो तमाशा! आईने के अंदरवाला चेहरा तमतमा उठा है, और बाहर वाला चेहरा तो पतझर की फीकी उदासी को भी मात देने जा रहा है! सचाई की सारी खटास किस

तरह कलई खोती है। तथाकथित व्यक्तित्व की!...देखा आपने?

ठीक तो है, मैं उतना सीधा-सादा नहीं हूं जितना दिखता हूं। यह सिधाई—यह सादगी तो बल्कि दुहरा-तिहरा ढोंग हो सकती है!

आदमी हो तो आदमी की तरह रहो न! यह क्या धज बना रखी है तुमने अपनी! छोटे-छोटे बाल उगाये रखते तो चंचल माथे पे। नुची मूंछों का ठूंठ आलम तुम्हारे मुखमंडल को प्राकृत और अपभ्रंश के संयुक्त व्याकरण-जैसा सजा रहा है! कपड़ों का यह हाल कि भदेसपन और कंजूसी का सनातन इश्तिहार बने घूमते हो! चर्चगेट हो या चौरंगी, कनॉट प्लेस हो या हजरतगंज, सर्वत्र तुम्हारी यही भूमिका रहती है। आधुनिकता या माडर्निटी को अंगूठा दिखाने में तुम्हारी आत्मा को जाने कौन-सी परितृप्ति मिलती है! ओ आंचलिक कथाकार, तुम्हारी आंखें सचमुच फूटी हुई हैं क्या? अपने अन्य आंचलिक अनुजों से इतना तो तुम्हें सीख ही लेना था कि रहन सहन का अल्ट्रामॉडर्न सलीका भला क्या होता है। ओह, तुम मास्को-पीकिङ नहीं पहुंच सके हो अब तक?...ओफ्फोह माई डियर नागा बाबा! ह्वाट ए पिक्यूलियर टाइप ऑफ पुअर फेलो यु आर!...प्राग ही देख आये होते! प्राइम मिनिस्टर की कोठी के सामने, तीन मूर्ति के क़रीब एकाध बार हंगर-स्ट्राइक मार दी होती, तो फिर बुडापेस्ट देखने का तुम्हारा भी चांस श्योर था...और अब तो ससुर तुमने अपने आपको डुबो ही लिया है। पीकिङवालों को इस क़दर गालियां देने की क्या ज़रूरत आ पड़ी थी! देख लेना, कल या परसों फिर से 'भाई-भाई' के वही नारे मुखरित होंगे और चुगद की तरह फीकी-डूबी निगाहों से चीनी-गणतंत्र के दूतावास की बाहरी प्रकाश-मालाओं को तुम देखा करोगे! ओ अछूत-औघड़ अदूरदर्शी साहित्यकार, तुम सचमुच ही भारी बेवकूफ हो! तुमने माओ-त्से-तुङ्, लिउ-शाओ-चि और चाऊ-एन-लाई को बुर्जुआज़ी से उधार ली हुई गालियां दी हैं; कोई 'सच्चा' कम्युनिस्ट तुम्हें माफ़ नहीं करेगा। बंगाल के तरुण कम्युनिस्टों को यदि तुम्हारी ये कविताएं अनूदित करके कोई सुना दे, तो वे निश्चय ही तुम्हारे लिए नफ़रत में डूबे हुए दो शब्द कहेंगे। बस दो ही शब्द...

जी हां, दो ही शब्द कहेंगे!

बतलाओ तो भला क्या कहेंगे?

—प्रतिक्रियावादी कुत्ता!

आईना घूम गया है यह सुनकर...वह चक्कर खा रहा है...चक्कर-पर-चक्कर...और एक चक्कर...और एक चक्कर!

अरे, कब तक चक्कर काटेगा आईना?

ओ भाई आईने, यह तुझे क्या हो गया!

इत्ते-से काम नहीं चलेगा। अभी और कुछ देर तक अपन आमने-सामने बैठेंगे। भई, तू घबरा क्यों उठा? किसी ने तुझे कुत्ता कह दिया? प्रतिक्रियावादी कह दिया किसी ने?... तो, क्या हुआ? आखिर मैंने भी तो उनके इष्टदेव को गालियां दी हैं न? तू घूंसे लगायेगा, तो दूसरा चुप बैठा रहेगा क्या?

वाह रे घूंसेबाज!

आईना एक बार और घूम गया है। अबकी, शायद परिहास की भंगिमा में...

—अपनी शक्ल तो देखो!

—क्यों, क्या हुआ है मेरी शक्ल को?

—पास-पड़ोस में किसी के यहां अगर आदमकद बड़ा आईना हो, तो कभी-कभी वहां पहुंचकर अपने शरीर की पूरी परछाईं देख आया करो न!

—हट, भाग यहां से! बदतमीज़ कहीं का!

—भारी पहलवान हो न, घूंसे का ख़याल तभी तो आया है...!

मन-ही-मन गोरेगांव पहुंच गया हूं क्षण-भर के लिए। डॉ. शुक्ला के क्वार्टर में आदमक़द आईना है। अभी उतना भुलक्कड़ नहीं हुआ हूं...

अरे, मैं तो धनुष की तरह बिलकुल ही झुक जाऊंगा कुछ वर्षों में! हाय, मैं तो बुढ़ापे का गेट-पास पाने का हक़दार हो चुका हूं...सिर के बाल खिचड़ी दिखते हैं। मूंछों का भी यही हाल है। हथेलियां उलटाओ, तो पतली नीली नसों के जाल स्पंदित नज़र आते हैं। सीने के ऊपर गले के दोनों छोर पर नीचे की तरफ़ गड्ढे किसी की भी हमदर्द निगाहों को अपनी ओर खींच लायेंगे...

केशवदास जी ने अपना ऐसा ही ढांचा देखकर स्वगत कहा होगा—

केसव, केसन अस करी जस अरिहू न कराहिं।
चंद्र बदनि मृगलोचनी 'बाबा' कहि-कहि जाहिं॥

मगर क़सम ईमान की, शपथ जनता-जनार्दन की, मुझे तो अपना यह 'बाबा' संबोधन बेहद प्रिय है। किशोरी हो चाहे युवती, कोई भी चंद्रबदना मृगनयनी अपने राम को 'बाबा' कहती है, तो वात्सल्य के मारे इन आंखों के कोर गीले हो जाते हैं। अपनी प्रथम पुत्री जीवित रहती तो सत्रह साल की होती...शादी करने के बाद घर से भागा न होता, तो हमारी यह चंद्रवदनी-मृगलोचनी तीस-बत्तीस वर्ष की होती।

पके बालोंवाले आचार्य केशवदास का धर्म-संकट कुछ और ही प्रकार का रहा होगा। बुढ़ापे में भी छिछोरपन जिनका पिंड नहीं छोड़ता, हमारे यह बुजुर्ग निःसंदेह उसी कोटि के थे। हां, यह भी हो सकता है कि केशवदास को बदनाम करने के लिए किसी अन्य ईर्ष्यालु कवि ने उनके नाम पर यह दोहा लिख मारा हो...फिलहाल आचार्य केशवदास तो महाकाल की अतल गोद में से बाहर आने से रहे, उनकी ओर से शायद कोई अन्य आधुनिक आचार्य मुझे बतलायेंगे, उक्त दोहा क्षेपक है। प्रतीक्षा में रहूंगा।

मगर अपनी टेढ़ी कमर का क्या होगा?

आत्मा को सबल बनाओ, नागा बाबा, देह की फ़िक्र क्यों करते हो, प्यारे! 'नैनं छिंदंति शस्त्राणि, नैनं दहति पावकः' गीता का एक भी श्लोक याद न रहा?

तो राकेशवाला आईना ठीक ही कहता है, मैं बूढ़ा हो गया हूं। जवाबी हमला अपनी तरफ़ से अब शब्दों तक ही सीमित रहेगा?

कोई परवाह नहीं! शब्द को अपने पूर्वजों ने वज्र से भी बढ़कर शक्तिशाली माना है...

हूं...खैर, 'हारे को हरिनाम' ही सही।

शब्दों की गोलाबारी ज़िंदाबाद! शब्द-ब्रह्म की यह बारूद हमारे राष्ट्र की अपनी वस्तु है...एटम बम या मेगाटन कोई भी अक्षर शक्ति का सामना नहीं कर सकता!

अक्षर शक्ति के द्रष्टा, शब्द ब्रह्म के उद्गाता...हम भारतीय साहित्यकार सप्तर्षियों के वंशधर हैं। सुन ले रे अलादीन के आईने! जो भी हमारा मखौल उड़ायेगा; उसकी कलेजियां टूक-टूक हो जायेंगी! ख़बरदार! हमें ताने न मारना, अहमक...

मुझे तूने डरपोक समझ रखा है?

माफ कीजिये, बाबा, आप क्या किसी से नहीं डरते हैं?

वाह, डरता क्यों नहीं! दरअसल डरना भी उतनी ही स्वाभाविक क्रिया होती है, जितनी कि डींग मारना!

तो आप किससे डरते हैं?

अपने पाठकों से डरता हूं। बलचनमा से डरता हूं, वरुण के बेटों से डरता हूं, दुखमोचन और रतिनाथ और वाचस्पति और पद्मानंद और मोहन मांझी से डरता हूं। कंपाउंडर और उस बहादुर बीबी का ख़्याल आते ही माथा दर्द करने लगता है कि बेचारी के प्रति मुझसे भारी अन्याय हो गया है। रात को जब लोग सो जाते हैं, तब अक्सर मेरा बालचंद आकर सिरहाने खड़ा हो जाता है। अभी उस रात चौपाटीवाले उस कमरे के अंदर बलचनमा फलांगकर चला आया, तो पैरों के धमाके से मेरी नींद उचट गयी।

सुरती फांकेंगे, काका? आपके लिए ख़ास तंबाकू लाया हूं जटमलपुर के मेले से। वही सरइसावाला बड़ा पत्ता है। सूंघकर देखिये न?

आप तो हमें भूल गये हो काका! नहीं? मैं झूठ कहता हूं?

आप चुप क्यों हो, काका?

नहीं खोलोगे ज़बान अपनी?

अच्छा, न खोलो...

तंबाकू का पत्ता खोंट-खोंटकर बालचंद ने फिर उसमें चूना मिलाया। पलंग के नीचे से स्टूल खींचकर बैठ गया और सुरती मसलने लगा।

मैं अपने इस खेतिहर हीरो से इन दिनों बहुत घबराता हूं। वह चालीस से ऊपर का हो चुका है। एक बार गांव का सरपंच भी चुना गया था। सात-सात बेटों का बाप है अब हमारा बलचनमा। बेचारी सुगनी जाने कब से तरस रही है कि घर आंगन में एक बिटिया भी डोलती नज़र आये!

काका, कहां-कहां भागते फिरोगे? मैं छोडूंगा नहीं तुमको, हां! मुझको पिटवाकर कहां डाल रखा है? बेदर्द निर्मोही कहीं के! शरम नहीं आती है, एक पोथी अधूरी छोड़ के अंट-शंट लिखे जा रहे हो! जब तक मेरीवाली पोथी ख़त्म नहीं करोगे लिखकर, तब तक इसी तरह बिलल्ला बने भटकते रहोगे मिसिर जी महाराज!

मैं आपको पकड़ के वापस ले जा ऊंगा। क़ैद करके अक्कड़-लक्कड़वाली पिछवाड़े की अपनी उसी कुठरिया में बंद कर दूंगा...

मैं आपकी मिट्टी पलीत करूंगा...

मैं आपको कहीं का न रखूंगा...

आप मेरी कहानी कब तक पूरी कर रहे हो? चलो, साल-भर की मुहलत देता हूं। इस अरसे में अगर मेरी कहानी को लेकर आपने चार-पांच सौ पन्नों की एक और पाथी नहीं लिख डाली तो बस...

क्या कर लेगा?

जान से मार डालेगा क्या?

नहीं, शायद हाथ काट डालेगा!

अरे, बड़ा गुस्सैल है बलचनमा...पीछे पड़ जाता है, तो फिर तबाह कर देता है...

मैं उसे मना लूंगा...

हां, वह मान जायेगा...

वह मेरा मानस पुत्र ठहरा न?

जी हां, पिताजी!

यह तो दूसरा स्वर है...किसका स्वर है?

इतनी जल्दी भूल गये मुझे? ओ वंचक पिता! लो, तुम्हारा एक मानस पुत्र तुम्हें प्रणाम करता है, दुखमोचन की कैसी रेड़ मारी तुमने? आपके लाभ लोभ का शिकार वही दुखमोचन आपको अपनी प्रणतियां निवेदित कर रहा है, आर्य!

वत्स, घबरा क्यों गये? मैं तुम्हें भूला नहीं हूं। शीघ्र ही तुम्हारा यथार्थ रूप पाठकों के समक्ष उपस्थित करूंगा। पिछली भूल अब और नहीं दुहरायी जायेगी। आकाशवाणी-केंद्रों की दुहरी-तिहरी बोरियत का तुम्हें शिकार होना पड़ा, तुम्हारी लपसी बन गयी, इसके लिए मैं तुमसे माफी चाहता हूं बेटा!

आईनेवाला मुखड़ा मुसकरा रहा है। मैं सब समझता हूं...वह कहेगा, देखो नागा बाबा, तुम न तो अपनी औरत, अपनी संतानों के प्रति ईमानदार हो, न मानस संतानों के प्रति ही!

बिलकुल ठीक कहेगा, मैं अपना यह पाप कबूल कर लूंगा। बिना अगर-मगर के, बिना न-नु-न-च के स्वीकार कर लूंगा अपना अपराध...

ज़िंदगी में पहली बार ऐसा हुआ है कि मुझे किसी आईने के सामने इतनी अधिक देर तक अपने को हाज़िर रखना पड़ा।

मुझे बार-बार राकेश की खाम-ख़याली पर हंसी आयी है, खीजा हूं बार-बार राकेश के इस दुराग्रह पर। मेरे मालिक (पाठक-पाठिका वृंद), आपको मैं अब क्या बताऊं कि आईने में अपना मुखड़ा देखना कितना आवश्यक है! इस झमेले से छुटकारा पाने का आसान तरीक़ा मुझे बचपन में ही मालूम हो गया था...महीने-महीने साबित माथा छिलवा लेना! अपराजिता को मेरी इस सनक से सख़्त नफ़रत रही है। वह जाने कितनी दफ़े मुझ पर रंज हुई होगी, महज़ बालों के सवाल पर! पिता के इस हठ का बच्चे भी मखौल उड़ाते हैं...

पिछले जीवन पर गौर करता हूं, तो याद आता है, अठारह वर्ष की आयु तक शायद अठारह बार भी मैंने शीशे में अपना मुंह नहीं देखा होगा। पीछे शादी हुई, तो ससुराल के उस केलि-कुंज में अपराजिता की सहेलियों ने मुझे फैशन का क-ख-ग सिखलाया! सुगंधित तेल की शीशी, कंघी और आईना मेरे बनारसवाले छात्र-जीवन में तब तक साथ रहे, जब तक कि गांधीजी की आत्मकथा का पारायण नहीं किया।

अब महसूस करता हूं कि आईना मुझे नित्य देखना चाहिए। अपने आलोचकों को यों हम दस-बीस गालियां दे ही लेते हैं, किंतु प्रतिरूप देखते वक़्त हमारा निज का ही विवेक अपनी मीमांसा कर डालता है—निश्छल और संतुलित! उसके सामने हमारे बाज़ारू हथियार धरे ही रह जाते हैं।

आईने, तेरी जय हो?

आईने, अब आज से तू मेरा साथी हुआ!

अब मैं रोज़ तुझसे दस-पंद्रह मिनट बातें किया करूंगा। लेकिन नहीं, यह तो अपना

आईना नहीं। राकेश, ले जाओ अपना जादुई शीशा...! इसने तो मेरा माथा ही खराब कर दिया! जाने क्या-क्या बकवा लिया है!...

नहीं भाई, मुझे नहीं चाहिए आईना-फाईना!

किसी को अपना बेड़ा गर्क़ करना हो, तो राकेश की ओर रुख़ करे...श्रीयुत मोहन राकेश, हाल मुक़ाम चर्चगेट, बंबई, पोस्ट जोन नंबर 1; क्यों भैयाजी, आपके निवास-स्थान का पूरा पता बतला दूं संसार को?

संसार यानी विश्व। विश्व यानी दुनिया-भर के सभी राष्ट्र। सभी राष्ट्र यानी सभी राष्ट्रों के झंडे...

क्यों साहब, झंडे क्या राष्ट्र के ही हुआ करते हैं?

काशी-प्रयाग के हर पंडे का अपना अलग-अलग झंडा होता है। आपका भी अपना अलग झंडा हो सकता था।

था नहीं, है! है, साहब है! मेरा भी अपना झंडा...!

अच्छा! वही झंडा! पार्टीवाला? हंसिया और हथौड़ा?

राम कहिए। फिलहाल लगी है मुझे कसके भूख, इसी से और कोई झंडा सूझ नहीं रहा है। बस, अपना तो वही एक प्यारा झंडा है...मैथिल ब्राह्मणशाही का पीला झंडा! देखिये भाई, हंसिये नहीं। मेरे झंडे पर बड़ी मछली का निशान है। कितना प्यारा निशान है, मछली...मछली...!

सिर चकरा रहा है?

भूख बहुत लगी है?

जाओ न, चेंबूर जाकर मछली-भात डटा आओ। अपना मैथिल मित्र है न तुम्हारा वहां?

नहीं, अभी यहीं बिजली के चूल्हे पर खिचड़ी तैयार करता हूं—सुरेश भाई चौपाटी वाले अपने रूम में इतना तो इंतजाम कर ही गये हैं।

मगर यह आईना भी तो अपना पिंड छोड़े न!

अब आखिरी झांकी है...

सामने अपनी परछाईं के इर्द-गिर्द एक-एक दो-दो करके कई चेहरे आगे-पीछे दिखायी दे रहे हैं—

क : तुमने मुझे पिटवाया था, मैंने तुम्हें दो वर्ष की जेल की सजा कटवायी थी। तुम्हारी जटा तीस हाथ लंबी थी, गोरखपुर के उस पारसी मजिस्ट्रेट ने तुम्हारी गिरफ़्तारी के बाद पहला काम यही किया था कि जटा मुंड़वा दी...इलाक़े में तुम्हारे ढोंग की तूती बोलती थी...नागा बाबा ने बुलहवा के बाबा की माया को पंक्चर कर दिया! गवाहों ने अदालत में कहा था—यह व्यक्ति मूलतः तमकुही का रहनेवाला मुसलमान है और भागकर नेपाल चला गया। वहां से साधु बनकर लौटा—काले चेहरे की लाल आंखें बार-बार मुझे घूर रही हैं!

ख : एक अधेड़ औरत। रात को सोते समय कंबल के अंदर घुस आयी थी। तिब्बत की घटना है, अपरिचित जगह, अनजाने लोग। शंका और आतंक से मेरी नींद उड़ गयी। अगले रोज़ मालूम हुआ, वह इसलिए साथ सोने आयी थी कि मैं ठंड के मारे सिकुड़कर कहीं दम न तोड़ दूं!

ग : अमृतसर का एक लाल! हम पति-पत्नी (1941 में) को यह निरा भोंदू मान बैठा था। अपराजिता को रिझाने की बेचारे ने कोशिश की, सैकड़ों रुपए खर्च कर डाले। उसे आशा

थी कि अपने गंवार पति को छोड़कर यह युवती उसकी जीवन-संगिनी बनना स्वीकार कर लेगी। बरेली, मुरादाबाद, हरिद्वार, सहारनपुर जाने कितने दिनों तक यह पंजाबी युवक हमारे साथ चिपका रहा!

घ : उत्तर प्रदेश का एक प्रकाशक। कई हज़ार रुपए बरबाद हुए उसके। इसमें 40 प्रतिशत कसूर उसका अपना भी था।

च : वयोवृद्ध पत्रकार। आपको मैंने अपनी पैनी क़लम चुभो दी थी। बड़ा दर्द हुआ बेचारे को...

छ : काठमांडू का एक सैनिक अधिकारी। उन्होंने तीन राष्ट्रों की महंगी शराब को आचमन करने का सुअवसर प्रदान किया।

बस, बंद करो अपनी बकवास...!

हां, सचमुच बड़ी कतार है उन चेहरों की जिनकी निगाहों में मेरे लिए उलाहना भरा है...बाक़ी चेहरे कुछ ऐसे भी मित्रों के हैं, जिनकी प्रशस्ति में मैंने निर्लिप्तता का परिचय दिया।

भाई, यह तोड़-जोड़ की दुनिया है। इस हाथ दो, उस हाथ लो! वरना जहन्नुम में जाओ...!

अलविदा, प्यारे आईने! अलविदा!

कहां-कहां से गुज़र गया और चमरौधे पर धूल नहीं जमी!

मनोहर श्याम जोशी

कवि नागार्जुन से यह भेंटवार्त्ता जिस तरह की गयी और एक लंबे अंतराल के बाद केवल दग़ाबाज़ स्मृति के भरोसे यह जिस तरह लिखी जा रही है, उससे बाबा का फक्कड़पन और इस चेले की अनुशासनहीनता, दोनों समान रूप से उजागर होते हैं।

बाबा के चहीता शब्द प्रयोग में लायें तो कह सकते हैं कि यह दो निहायत 'निछद्म' क़िस्म के प्राणियों के बीच महीनों पहले हुई बातचीत के आधार पर लिखा गया 'ढीलम-पोलम' क़िस्म का लेख है।

हुआ यों कि राजधानी नयी दिल्ली के सांस्कृतिक हृदय-देश में स्थित एक भवन में, जिसका केंद्र सेंटर ऐसा कुछ अच्छा-सा नाम है, कवि नागार्जुन के सम्मान में एक गोष्ठी आयोजित की गयी। इसमें एक मित्र ने बाबा के फकीराना काव्य पर नितांत प्रोफ़ेसराना पर्चा पढ़ा। अंनतर अन्य मित्रों ने बाबा के व्यक्तित्व और कृतित्व पर रोशनी डाली– अपनी-अपनी टार्चों की। मंच पर बैठे नागार्जुन मीमांसाकारों द्वारा भेंट किये गये इस सत्यम्-शिवम्-सुंदरम् धवल कौशेय उत्तरीय को अपने कृश कंधों पर कुछ मुस्कराते कुछ-लजाते-से आजमाते रहे। बाद में इसी उत्तरीय को संभालते वह स्वयं बोलने उठे और, हत्तेरी की! उन्होंने इसकी रेशमी सफ़ेदी पर पहले ही जुमले से मार यहां से वहां तक पान की पीक छिड़क दी।

बोले बाबा, 'कवि सम्मेलनों में बहुत जमते हैं हम। समझ गये ना? बहुत विकट काम है, कवि सम्मेलन में कविता सुनाना। बड़े-बड़ों को, तुम्हारा, क्या कहते हैं, हूट कर दिया जाता है। हम कभी हूट नहीं हुए। हर तरह का माल रहता है हमारे पास। यह नहीं जमेगा, वह जमेगा। काका-मामा सब की छुट्टी कर देते हैं हम कवि सम्मेलनों में। समझ गये ना। पहले पब्लिक की पसंद की चीज़ सुनाते हैं, फिर अपनी। अच्छा, सबसे पहले हम क्या सुनाते हैं? हम सुनाते हैं...।

भूमिका के साथ काव्य-पाठ! और पाठ भी बौंडरु ठाठ का! धम्मड़-धम्मड़-धम-धम-धम-धम-धमाकेदार लय-ताल, मंद से तार सप्तक तक कूदता-फलांगता कुछ तीखा कुछ तोतला स्वर, मिंचती-खुलती आंखें, विचित्र भंगिमाएं आजमाता चेहरा। मानो कविता 'बहुत दिनों के बाद' पकी और परोसी गयी हो और इस खुशी में कवि, इतने आग्रह से पहनायी गयी कौशेय वेशभूषा फेंक कर मात्र काषाय कौपीन में नाचता हुआ तमाशा बना रहा हो अपना ही, राजधानी के सांस्कृतिक हृदय देश में स्थित इस भवन में, जिसका कुछ अच्छा-सा नाम है।

संक्षेप में यह कि बाबा नागार्जुन, बदस्तूर—आदत से मज़बूर—इस आयोजन की समस्त गरिमामयी साहित्यिकता की ऐसी-तैसी फेर रहे थे सप्रेम, सधम्मड़ धम्मड़।

जिसकी संस्कृति भी राजनीति की चांचर महत्वाकांक्षा और चौंचक मीनमेख से निर्दिष्ट है, ऐसी इस राजधानी के हम साहित्यकार एक्स प्लस वाई दैन ह्वाई नॉट आयी के बीज-गणित की बुनियाद में होता हुआ एक धमाका सुन रहे थे—धम्मड़-धम्मड़-धम-धम- धम—चकित, विस्मित, मुदित और किंचित आशंकित होते हुए।

बाबा के इस चमत्कारी करतब से मेरे निकट बैठी हुई कृष्णा सोबती बहुत अभिभूत हुईं। कृष्णा अपने हशमतावतार में साहित्यिक बांधवों के श्राद्ध-तर्पण का पुण्य कार्य करती रही हैं। मैंने उनसे अनुरोध किया कि आप नागार्जुन से हशमत को मिलवायें, इस टकराहट से बड़ी चमकीली चीज़ पैदा होगी। यह प्रस्ताव उन्हें मान्य हुआ। डॉ. नामवर सिंह इस विषय में इतने उत्साही हुए कि उन्होंने बाबा के दो इंटरव्यू छापने की योजना बना डाली—एक इंटरव्यू हशमत करें, दूसरा मैं। डबल इंटरव्यू के लिए बाबा बहुत घेर-घार कर श्रीमती शीला संधू के घर लाये गये जहां वे तीन दिन रहे और बाकायदा शिफ़्टों में इंटरव्यू देते रहे। बाबा की बातचीत दृश्य-श्रव्य दोनों आयामों में होती है। जुमला आधा-अधूरा कहा और अंग-संचालन किंवा भंगिमा-धारण से उसे पूरा कर लिया। बोलने में भी पाठ-पूजा-रत पंडित वाला खटका है। संकल्प हुआ तो दर्जनों 'पाज़ मार कर' उचारा, साफ़-साफ़ साधारण मंत्र हुआ तो 'नूम-नाम-निम-गुन-मुन-गुनमुन' ऐसा कुछ फर्राटे से कहकर उसे उच्चरित हुआ जान लिया! बाबा का तक़िया क़लाम है 'समझ गये ना', मगर उन्हें समझना इतना आसान नहीं। फिर अक्सर यह सुनने की भी नौबत आयी कि 'तुम्हें नहीं बतायेंगे, कृष्णा को बतायेंगे।' या 'कृष्णा को बता चुके हैं'। इसके बावजूद बाबा ने बताया बहुत ज़्यादा और सो भी ऐसा कि 'तुम्हें ही बता रहे हैं, समझ गये ना, पहले नहीं बताया है कहीं।' जो बताया उसका क्रम पल्ले नहीं पड़ा। बाबा के जीवन के आरंभिक वर्ष निश्चय ही घटना-बहुल रहे होंगे लेकिन यहां तो हर वर्ष इतनी और ऐसी-ऐसी घटनाएं थीं जो एक ही वर्ष में हो ही नहीं सकती थीं। इसके अलावा बाबा की कहानी में स्वजनों और इष्टमित्रों की संख्या इतनी अधिक और भूमिका इतनी पेचीदा थी कि बड़के रूसी उपन्यास पानी भरें। उन उपन्यासों में कम-से-कम आरंभ में पात्रों की सूची तो रहती है कि आप जब चकरायें तब उसे देखकर मालूम कर लें कि कौन, कौन है और किसका क्या लगता है?

मैंने बार-बार बाबा का ध्यान उनके वृत्तांत के इस कष्टप्रद पक्ष की ओर दिलाया और वे मुझे आश्वस्त करते रहे कि 'तुम्हें लिखकर दे देंगे, तारीख़, मित्रों-रिश्तेदारों के नाम वग़ैर-वग़ैरह।' अफ़सोस कि वह लिखित सूचना मुझे मिल नहीं पायी। मैंने भी बाबा से क़िस्तों में हुई अपनी कुछ मिलाकर आठ घंटे की बातचीत के कहीं कोई नोट्स नहीं लिये और न उसे टेप ही किया। मगर मैं महीने भर के भीतर उसे लिख डालता तो अपनी याददाश्त पर मुझे इतना भरोसा है कि कह सकता, सही लिखा है और अगर पाठक थोड़ी उलझन में यहां-वहां पड़ रहा है तो इसीलिए कि बाबा के मुंह से सुनते हुए स्वयं इंटरव्यूकार उलझन में पड़ा। अब महीनों बाद मेरे लिए यह असंभव है कि उस लंबी-चौड़ी बात-चीत का कोई ऐसा सार-संक्षेप प्रस्तुत कर दूं जो प्रामाणिक कहा जा सके। उधर डॉ. नामवरसिंह का संपादकीय दुराग्रह है कि आलोचना के शुरू के पृष्ठ खाली छोड़े गये थे इस भेंटवार्त्तों के लिए, लिहाज़ा कुछ-न-कुछ

लिखना ही होगा, मित्र।

भूलचूक लेनी-देनी के लिए बाबा से, पाठकों से अग्रिम क्षमा याचना करते हुए मैं आलोचना के पृष्ठ भरने के लिए 'कुछ' लिख रहा हूं जिसे भेंटवार्त्ता न समझा जाये। इतिभूमिका।

छपते-छपतेः अभी-अभी बाबा मिले। स्थिति कुछ स्पष्ट हुई। कुछ ही, पूरी नहीं। रिंग रोड की एक कोठी का अतिथि कक्ष। इसमें शायद गृहिणी शीला संधू के बच्चों के मेहमान ठहराये जाते रहे हों, या शायद यह कभी बच्चों का ही शयन-कक्ष रहा हो। यहां-वहां 'स्टिकर' लगे हैं। कुछ मनोरंजक सूचनाएं मेहमानों के हित में, कुछ रोचक अनुरोध मेहमानों से। शेल्फ़ पर किताबें भी किशोरोपयोगी हैं। कुल मिलाकर इस कमरे में कांवेन्टी किशोरों के कल्चर की छाप है। और इस कमरे की डबल-बैड पर एग्रीकल्चर की अलख ज़गाता एक वयोवृद्ध कवि तकियों का सहारा लिये बैठा है। ठंड ऐसी ज़्यादा नहीं है, लेकिन वह उसे जुराब-कनटोपा स्तर की माने हुए हैं। गृहिणी की संपन्न आधुनिकता का लाभ उठाते हुए उसने गरम-हवा-मार हीटर चलवा रखा है और इसी आधुनिकता पर लानत भेजते हुए एक अदद बग़ैर हैंडल के प्याले को पीकदान बना छोड़ा है। उसके इर्द-गिर्द कई तरुण कवियों के संग्रह बिखरे पड़े हैं 'यात्रा में हम पढ़ते रहते हैं। बहुत अच्छा लिख रहे हैं कई लोग। विष्णु नागर पढ़ा तुमने?' कई पोस्टकार्ड, अंतर्देशीय और लिफ़ाफ़े, 'घुमंतू आदमी हैं। प्रोग्राम बनाना-बताना पड़ता है, समझ गये ना?'

नागार्जुन नामक इस व्यक्ति को, जो विष्णु नागर की कविताओं की प्रशंसा कर रहा है, जो मुझे यह बता रहा है कि उसने किसको चिट्ठी में क्या लिख दिया है, जो सुड़क-सुड़क कर अब चायपान कर रहा है, मैं जानता हूं और वर्षों से। किंतु बहुत निकट से नहीं। दूसरे शब्दों में यह कि मैं इसे ऐसे तो जानता हूं, मगर वैसे नहीं। वैसे जानने की यह अधुनातन जिज्ञासा निंदनीय ठहरायी जा सकती है और हम उस युग के लिए आहें भर सकते हैं, जिसमें कृति नामवर होती थी और कलाकार अनाम।

'ऐसे' मैं क्या जानता हूं? यही कि बाबा भला आदमी है। हिंदी साहित्य में 'भले आदमियों' की एक अलग और दुर्लभ प्रजाति चली आयी है। यह 'भलापन' कुछ-बहुत स्वभाव से मापा जाता है और बहुत-कुछ व्यक्ति-विशेष के महत्वाकांक्षी न होने से। कहीं आड़े न आने से। भले आदमियों के बारे में बुरा सुनने का सुख एकांत में भी प्राप्त नहीं हो पाता। कोई सर्वज्ञ आपको अलग ले जाकर कान में यह नहीं बताता कि 'दरअसल इनका यह है कि...। समझ गये ना! हांऽ! बस-बस-बस।' मुक्तिबोध के उठ जाने के बाद भलेपन के क्षेत्र में बाबा और शमशेर भाई दो शीर्षस्थ प्रतियोगी माने गये हैं। वही स्वभाव की सरलता, सभी पीढ़ियों के लोगों में उठना-बैठना, नये कृतिकारों की प्रशंसा करना, जिनसे भी संबंध रखना बहुत घरेलू और आत्मीय स्तर पर, महत्वाकांक्षी न होना—सामाजिक और साहित्यिक दोनों ही स्तरों पर; कविताएं कहीं भी किसी भी कापी-डायरी में या काग़ज़ की चिंदी पर लिख देना, खो देना; आधुनिक बिरादरी में होने के बावजूद क्लासिकी और परंपरागत साहित्य में रुचि और गति रखना, और कम्युनिस्टों की नज़दीक़ी के बावजूद पार्टी संगठन से न कोई विशेष प्रीति होना, न कोई विशेष प्राप्ति—'भाई' और 'बाबा' में काफ़ी समानताएं हैं। किंतु इस तथ्य को रेखांकित करना भी आवश्यक समझा गया है कि शमशेर 'भाई' ही हैं, 'बाबा' नहीं और नागार्जुन चाहे कितने ही भोले हों, आप उन्हें भाई-भाई वाले दांव में ला नहीं सकते। और फिर बाबाओं

का ऐसा है कि खुश हो गये तो वरदहस्त, उखड़ गये तो त्रिनेत्र। नाराज़ी कुछ हलकों में नागार्जुन के भोलेपन का अवमूल्यन कराती आयी है।

'ऐसे' मैं यह भी जानता हूं कि बाबा मसिजीवी हैं। रायल्टी-वसूली की चिंता में कहते हैं, 'वहां से पैसा वसूलें तो दो बोरा धान डलवा आयें गांव में, फिर निश्चिंत निकल जायें घुमक्कड़ी पर'। शायद ही कोई ऐसा साहित्यकार हो जो लेखन और जीविका में, सृजन और अर्जन में इतना सीधा संबंध जोड़ता हो और डंके की चोट, 'खंड-काव्य लेख रहे हैं आजकल। थोड़ा पौराणिक-क्लासिक ऐसा थीम हो तो खंडकाव्य झट कोर्स में लग जाता है। उपन्यास भी हम छोटा ही लिखते हैं। बृहद उपन्यास में झंझट है। आकार बड़ा होगा तो कीमत भी ज़्यादा होगी। कहां से खरीदेगा विद्यार्थी!'

नहीं, 'साहित्यकार' इस तरह नहीं बोलते, लेकिन नागार्जुन तो बाबा हैं। वह आपको कभी यह सूचना दे सकता है, 'अब हमने ऐसा कर लिया है मनोहर श्याम, काव्य-पाठ का सौ रुपया लेते हैं। गोष्ठी के लिए है यह, समझ गये ना? कवि-सम्मेलन के लिए नहीं। वहां तो वही लेते हैं, पहलेवाला। काव्य-प्रेमियों की गोष्ठी में पढ़ने के लिए सौ रखा है। ज़्यादा रखेंगे तो वे लोग लायेंगे कहां से! जहां भी हमें जाना होता है, पहले से लिख देते हैं किसी चेला को। कालेज-वालेज में तीन-चार काव्य-पाठ-गोष्ठी करवाओ! तीन-चार सौ रुपया हो जाता है इस तरह से। बहुत है।'

लेकिन सवाल यह है कि 'वैसे' नागार्जुन क्या चीज़ हैं? अर्जी बग़ैर 'वैसे' हुए, कोई लेखक-कवि हुआ आज तक!

हम लोग चाय पी चुके हैं। चूना सादी पत्ती रगड़कर खा चुके हैं। इंटरव्यू शुरू करना ही होगा। बचपन के बारे में क्यों न पूछा जाये? उसका बचपन। मुझे उम्मीद है कि कवि-मुख से इसका कोई रस-भीगा, नराई* नहाया उत्तर मिलेगा। लेकिन मामला छायावादी नहीं, फ्रायडवादी है, और पूरी तरह फ्रायडवादी भी कहां!

वैद्यनाथ की चाची उर्फ़ रतिनाथ की चाची। मिथिला में चाची संज्ञा ताई को भी लपेट लेती है। तो वैद्यनाथ की चाची माने वैद्यनाथ के पिता की भाभी। सो भी विधवा। सुंदरी। खलनायिका भी भूमिका में।

मिसिरों के यहां पांडित्य की परंपरा है। पांडित्य किंतु पुटलिया भर में है गोया रेशमी कपड़े में लिपटा हुआ, पूजा-कक्ष में रखा हुआ। जोड़-जुगाड़, विषय-वासना, ज़मीन-जायदाद के सांसारिक चक्कर सर्वत्र हैं। ज़मीन-जायदाद ऐसी कोई ज़्यादा नहीं है। बिखरी हुई है इस-उस गांव में, दहेज में मिली जो है। सबसे संपन्न हैं वैद्यनाथ के पिताजी की बड़ी बहन जो तीसरी जने चौथी शादी में ब्याह दी गयो हैं, सुल्तानगंज के ऐसे ब्राह्मण को, जिस पर सरस्वती से अधिक लक्ष्मी की कृपा रही है। छोटा भाई गौने में साथ भेजा जाता है और जीजी की संपन्नता उसे कुछ इतनी रास आती है कि वह वहीं डेरा कर लेता है और बाद में भी अक्सर वहां जाता रहता है। तरुणाई के रंजित दिन वैभव और विलासिता की कतिपय कजरारी-कोठरियों में बीतते हैं उसके। कोई आश्चर्य नहीं जो साले को जीजाजी के गांव की तुलना में अपना

*कुमाऊंनी शब्द नराई = स्मृत्याभास, नॉस्टेल्जिया।

गांव बहुत नीरस मालूम होता है।

'सामाजिक-सदाशय-का-मुखौटा-पहने-किंतु-अंदर-ही-अंदर-बहुत-कुटिल-क्रूर-समझगये-ना' ऐसे एक दुनियादार क़िस्म के पंडितजी ने इस रसिकबिहारी को घेर-घारकर जमाता बनाया है। घरवाली का घरेलूपन रईस जीजा के रसिक साले को रास आता नहीं। अपने गांव में उसके लिए कुछ आकर्षण है तो भाभी का।

वह घरवाली, वह ग़रीब ब्राह्मणी एक के बाद एक चार बच्चों को जन्म देती है, मगर बचता कोई नहीं। तब वैद्यनाथ धाम की विशेष सेवा करता है मिसिर परिवार और जो बालक जन्म लेता है, जीवित रहता है, उसका नाम रखा जाता है—वैद्यनाथ मिसिर। बुआजी का आग्रह होता है, इसे ठक्कन कहो! ठक्कन, ठगनेवाला, जो ठगने मात्र को आया है। कुछ भरोसा नहीं, कब यह भी रूठकर चला जाये। चश्मेबद्दूर ठक्कन कहने से शायद बचा रह जाये, पसीजे कुछ और बना रह जाये यहां अपनी तिरस्कृता-उपेक्षिता मां की गोदी में।

'हम गांव जायेंगे तो बूढ़े लोग अब भी बुलायेंगे, अरे ठक्कन! नागार्जुन कहने से नहीं चीन्हेंगे—समझ गये ना?'

ठक्कन चार-पांच साल का था कि उसकी मां एक और बच्चा जन कर अपनी उम्र के चालीसवें वर्ष में भगवान को प्यारी हुई। ठक्कन को लगता है कि उसे अपनी मां का पिता द्वारा निरंतर अपमान किये जाने की स्मृति है।

क्या चार-पांच साल के बच्चे में याद रखने की क्षमता होती है? क्या वयस्क होने के बाद जन्म से लेकर चार साल तक की स्मृतियां फिर जगायी जा सकती हैं? या कि जो बात हम तब की स्मृति के रूप में प्रस्तुत करते हैं, दूसरों से बाद में सुनी बातों की स्मृति भर होती है?

नागार्जुन इस विषय में कोई निर्णय नहीं कर पाते। किंतु उन्हें लगता है कि ठक्कन की याद उसकी अपनी याद है धुंधली-सी, स्वप्नवत, बल्कि दुःस्वप्नवत। चेहरे याद आते हैं, घटनाएं नहीं। घटनाएं याद आती हैं तो उनसे चेहरे नहीं जोड़े जा पाते। बग़ैर इतिहास के चेहरे, बग़ैर चेहरे का इतिहास।

क्या ठक्कन ने सचमुच देखा कि उसके पिता उसकी माता को दबोचे हुए हैं, मारे क्रोध के उसका गला घोंट रहे हैं और वह ग़रीब औरत घिघिया रही है? या कि यह दमा की रोगिनी माता की छटपटाहट की ही स्मृति है?

वितृष्णा, उसका बचपन इस एक शब्द में समेटा जा सकता है। यद्यपि पंडितों के घर जन्मा बालक भी चार साल की उम्र में इस शब्द को कहां जानता होगा!

वितृष्णा होती थी हमको, समझ गये ना? चाची हमारी माता के लिए दो पैसा की दवा नहीं करने देती थी। हमको बराबर लगा कि पिता चाची के इशारों पर माता की उपेक्षा करते हैं। समझ गये ना?

कवि नागार्जुन के बचपन में बांस-वन, कदली-गाछ, काली घटा, आम्र-मंजरी, पोखर-वोखर आप लाख ढूंढ़िए नहीं मिलेंगे। आप स्थापित करना चाहें, ठक्कन की स्मृति करने नहीं देगी। आपने सही कहा कि 'बड़ दिब लागल कदमक फूल', लेकिन ठक्कन को कदंब के फूलों वाला नहीं, वह गांव याद आता है जहां क़दम-क़दम पर धर्म-मोक्ष के झंडाबरदार अर्थ-कामविषयक कानाफूसी करते थे।

किसका तो गर्भ गिराये जाने की चर्चा थी? रतिनाथ को ठीक-ठीक याद है, ठक्कन को एक आभास-मात्र-सा। ठक्कन के नाना ठक्कन के पिता का दुबारा विवाह करना चाहते थे, अपनी ही छोटी बेटी से। विवाह क्यों नहीं हुआ! इसलिए कि लड़की 'पगलेट'-सी थी, या इसलिए कि ठक्कन के पिता अपनी विधवा भाभी के होलटाइमर सेवक थे? जो हो, इस विवाह के न हो सकने का एक दुष्परिणाम हुआ। ठक्कन मां की मृत्यु के बाद नानी की स्नेह-छाया में रह रहा था। गुस्से में नाना ने उसे वापस बाप के पास भेज दिया। बाप के पास और चाची के पास। चाची ने कभी नहीं चाहा कि ठक्कन के लिए विशेष कुछ किया जाये। ठक्कन का बचपन ठुकराये जाने की यादों से भरा हुआ है।

शायद ही किसी कवि की स्मृति में अपने गांव की इतनी ग़ैर-रूमानी छवि हो, जितनी नागार्जुन के मन में है। तुलसी चौरा पर संझबाती-वंझबाती तो ख़ैर हइये नहीं, आप धरती-पुत्र की प्रगतिशीलता से धड़कती ज़िंदादिली भी यहां नहीं पाइयेगा। यह वह गांव है, जिसमें 'पुरखा लोकनि पिबइ छला भाङ्, खाइ छला माजूम' और 'हमरा लोकनि, आजुक प्रबुद्ध मैथिल चढ़वइ छी नापिक देशी-विदेशी दारू मात्रानुसार'। गोया वहां से वहां तक तृप्यंताम् तृप्यंताम्!

और आश्चर्य कि ठक्कन का बचपन पांडित्य परंपरा से, अनुष्ठान-वैभव से भी नहीं जुड़ा है। न कोई श्लोक उसके ठोक रहा है और न वह श्लोक ठोकने की कला में पारंगत हो रहा है।

किंतु बाबा, आपने अपने उपनयन के विषय में बताया था कि ऐसा ही काम-चलाऊ-सा कर दिया गया था?

हमने कभी नहीं बताया। याद ही नहीं तो कैसे बताते! तुम नोट लेते नहीं, टेप करते नहीं। क्या-का-क्या जने सुन समझ लेते हो! 'पगलेट' की तरह लिख दोगे कुछ अंट-शंट। वैसा कुछ ग़लत-सलत लिख दोगे तो हम बहुत क्रुद्ध होंगे, समझ गये ना?

आपने यह भी कहा था कि मैथिलों में दो उपनयन होते हैं—एक वैदिक, दूसरा तांत्रिक। आपकी तांत्रिक दीक्षा भी हुई थी?

तांत्रिक दीक्षा में वैसा कुछ विशेष नहीं होता। इतना ही होता है कि अपने ही कुल का कोई सयाना कान में कोई तांत्रिक मंत्र फूंक देता है। वैसे ही जैसे सामान्य उपनयन में गायत्री फूंकी जाती है। ह्रीं क्लीं वग़ैरह-वग़ैरह। समझ गये ना? तारा हम लोगों की इष्ट है। छिन्नमस्ता के हम आराधक हैं।

निस्संदेह वह पंडित परिवार से है, किंतु उनका बचपन बटुक का बचपन नहीं। आप फिर फ्रायडवादी लीक पकड़ते हैं। ओदीपस-ग्रंथि! अजी काहे की ग्रंथि!

आपको अपने पिता से घृणा थी बाबा?

घृणा हम नहीं कहेंगे, क्रोध अवश्य था। प्रतिशोध की-सी भावना थी, समझ गये ना, कि इन्होंने हमारी मां को परेशान किया, हम इन्हें करेंगे।

आप इसीलिए गांव से भागे?

हां।

आपने अपने पिता से, गांव से, नाता पूरी तरह कभी तोड़ा नहीं लेकिन—ऐसा क्यों?

नहीं तोड़ा, इसमें क्यों कहां से आता है?

आपकी आधुनिकता को फ्रायड से कितना ही अनुराग क्यों न हो, ठक्कन के बचपन

के संदर्भ में फ्रायडवाद ख़ास काम आयेगा नहीं। कारण फ्रायड पंडित था ज़रूर, किंतु यहूदी था, ब्राह्मण नहीं। ब्राह्मण-खोपड़ी के विषय में विशेष जानकारी के लिए हशमत से संपर्क करें!

पिता का मन गांव में लगता नहीं था। ज़मीन इतनी थी कि परिवार की पालना कर सके किंतु खेती-बारी में पिता का मन रमता नहीं था। बेकारी, घुमक्कड़ी उन्होंने अपनी इच्छा से अपना रखी थी। मिथिला-प्रदेश में उन दिनों रेल का चक्र-पथ-टिकट मिला करता था, जिसे पिता अक्सर ख़रीदते और ठक्कन भी उनके साथ-साथ छुक-छुक गाड़ी में गोल-गोल घूमता। पिता ने ठक्कन को और कुछ न भी दिया हो, पांव का सनीचर उत्तराधिकार में अवश्य दिया।

ठक्कन अब इतना बड़ा हो चला था कि अक्षरारंभ की चिंता हो। पिता उसे लादे-लादे गांव-गांव फिरने से थक चुके थे। वह बोझा-सा बन गया था उसके स्वच्छंद जीवन में। संस्कृत पढ़वाने की बात तजवीज हुई। उसमें कोई ख़र्च नहीं होगा। पाठशाला में डाला गया ठक्कन। पिता की घुमक्कड़ी से बच्चे की पढ़ाई में आगे अक्सर विघ्न आया।

वाङ्मय बनाम व्याकरण—पंडिताऊ बहस का यह दिलचस्प विषय है। परिवार में जो पंडित थे, वे इस स्थापना के क़ायल थे कि पंडित तो व्याकरणाचार्य ही होता है, काव्य में क्या धरा है! रजनी-सजनी करना भी कोई चीज़ है! किंतु ठक्कन को यही रजनी-सजनी करने की विधा भायी। करने लगा रजनी-सजनी।

छंद हमें बहुत जल्दी सिद्ध हो गये। कह लेते थे संस्कृत में भी, मैथिली में भी। तुरंत बना देते थे कविता। समझ गये ना?

प्रथमा 1925 में किया। मध्यमा करने के लिए गये निकटवर्ती गोनौली विद्यालय में और अंततः हमारे ठक्कन, वैद्यनाथ शास्त्री बनने के लिए काशी पहुंचे। रानियों द्वारा संचालित क्षेत्रों की काशी। मेधावी बटुकों को मुफ़्त भोजन करानेवाली काशी।

बनैली की रानी द्वारा संचालित क्षेत्र था—तारा मंदिर, नेपाली खपरा मोहल्ला, बनारस। पूरे एक सौ आठ छात्रों को भोजन कराया जाता था वहां। हम वहीं खाते थे।

यह वह काशी भी थी जिसमें धनाढ्य स्त्रियां, किसी विद्यार्थी द्वारा की गयी छंदबद्ध प्रशस्ति सुनकर प्रसादाभिमुख होती थीं, पुरस्कार देती थीं। दरभंगा की महारानी लक्ष्मीवती पांच रुपय्या इनाम देती थीं। पांच रुपय्या बहुत बड़ी चीज़ थी उस सस्ती के ज़माने में। रुपये का बीस सेर आटा था। समझ गये ना?

वैद्यनाथ बाबू की काव्य प्रतिभा ने बारंबार यह पंचटकिया पुरस्कार जीतने का चमत्कार दिखाया। हम तभी से काव्यजीवी हो गये, समझ गये ना? नहीं, अब वे कविताएं याद नहीं हैं। हां, एक छंद याद है, सुनो—लक्ष्मी ओ लक्ष्मीवती दुहु सम बूझथि धीर (बूझथि में ह्रस्व इकार है) हां? क्या कहा; हां, लक्ष्मी ओ लक्ष्मीवती (एक देवी का नाम, दूसरा महारानी का) लक्ष्मी ओ लक्ष्मीवती, दुहू सम बूझथि धीर, किंतु कने ओ चंचला, इनक प्रकृति छनि धीर। लक्ष्मी और लक्ष्मीवती दोनों को विद्वान एक-समान मानते हैं, किंतु वह ज़रा चंचला है और इनकी प्रकृति धीर है। समझ गये ना? बहुत खुश हुई सुनकर। बाद में महारानी के भाई रायबहादुर श्रीनाथ मिश्र ने कहा कि हर हफ़्ते हर महीने, हमारी दाईजी को लिखकर दे देते

हो चिकनी-चुपड़ी कविता, पैसा झटक लेते हो, यह ठीक नहीं। औरों को भी तो इनाम मिलना चाहिए।

विद्यार्थियों की प्रतियोगिताएं भी होती रहती थीं। नक़द इनाम। अढ़ाई-तीन रुपया ऐसा कुछ। वैद्यनाथ बाबू—लेखन में प्रथम, वक्तृता में तृतीय। ढाई रुपये में तब पचास सेर आटा आता था, याद है ना?

काशी मात्र पंडिताऊपन की नहीं, पुनर्जागरण की नगरी भी थी उसी दौर में। वैद्यनाथ बाबू अख़बार बांचने लगे। पहली बार देश की ओर देश के स्वाधीनता संग्राम को झांकी-झलक पायी। इससे पहले पोंगा-पंडितों की दुनिया में रहते आये थे, अब गांधी-तिलक वह सब जाना-समझा। लेखक बनने की सोची। यहां-वहां पत्र भेजते रहने की आदत का बीज पड़ा। समस्यापूर्ति करायी जाती थी उन दिनों। पूर्ण सिद्धि पायी उसमें। अवधी, ब्रज, खड़ी बोली—तीनों पर हाथ आजमाया। लिखा ज़्यादातर मैथिली में। 'वैदेह' उपनाम हुआ करता था वैद्यनाथ बाबू का।

पहली बार 1930 में इसी नाम से छपी है हमारी कविता, समझ गये ना? 'यात्री' नाम बाद का है। जितना अधिक पढ़ते-बढ़ते गये, उतना अधिक यह मूड बना कि घूमना चाहिए, देखना चाहिए। जब वह मूड बना तब 'यात्री' उपनाम रखा। प्रेरणा मिली रवींद्र की इन पंक्तियों से—'पतन अभ्युदय बंधुर पंथा जुग-जुग धावित जात्री, तुमि चिर आरथी, तव रथ-चक्रे मुखरित दिन रात्री'। इसमें जात्री ही बोला जाता है। 'ज' और 'य' का रहस्य बता देता हूं, काम देगा। संस्कृत में कहा है, पदांते पदमध्यमे...

श्लोक तो वह ठोकबे करेगा।

तो बाबा! आप कुल मिलाकर हुए वैद्यनाथ मिसिर, ठक्कन, वैदेह, यात्री, नागार्जुन।

बहुत गड़बड़ हुआ है ज़्यादा नाम से। बेनीपुरी ने 45 में कहा कि नाम एक ही रखिए। तब से हम शुद्ध नागार्जुन हैं, समझ गये ना?

हिंदी में हमारी पहली कविता? हमारी पहली कविता छपी 35 में। लाहौर से 'विश्वबंधु' निकलता था, उसमें। माधवजी संपादक थे। तुम जानते होगे माधवजी को, पुरानी पीढ़ी के पत्रकार हैं।

इधर वैद्यनाथ बाबू कविता में रजनी-सजनी कर रहे थे, उधर गांव में उनके बुर्जुर्ग इस चिंता में थे कि ठक्कन की रजनी सजनीमय हो सके। सौराठ-सभाओं में रिश्ते हुआ करते थे मैथिल ब्राह्मणों के। ठक्कन छुट्टियों में घर आया हुआ था काशी से। सौराठ-सभा का मेला-तमाशा देखने के मूड में पहुंचा मौसी के घर। उसे पता नहीं था कि पिताश्री एक सौभाग्यकांक्षिणी विशेष को चुन आये हैं और कहीं प्रस्ताव उधर से ठुकरा न दिया जाये, इस आशंका में वधू-पक्ष से पैसे लेने के बजाय वधू-पक्ष को पैसे दे आये हैं! आज भी वयोवृद्ध दंपति में इस बात को लेकर नोंक-झोंक होती है। ठक्कन के बाप का पैसा देना इस बात का प्रमाण जो था कि वह अपनी स्थिति समधियों की तुलना में अकिंचन मानता है। ब्राह्मणी की इस ब्राह्मण-विशेष के बारे में, जिसे हिंदी साहित्य नागार्जुन के नाम से जानता है, वह राय थी, है और आशा करनी चाहिए कि रहेगी भी, कि वह डोम है। बिचारी ब्राह्मणी की मा सौतेली थी, उसके पिताश्री को इनके पिताश्री ने कुछ दे-दिलाकर फुसला दिया और संस्कारी कन्या के मत्थे एक ठो

संस्कारहीन वर मढ़ दिया।

नागार्जुन बमकते हैं। उन पर छींटा कसते हैं जो डोम को खुशी-खुशी ब्याह ले गये। परमडोमत्व प्राप्त करने की धमकी देते हैं। लेकिन पिताश्री का समधी को पैसा देना गड़बड़ मामला रहा। महाभारत वहीं अशुद्ध हो गया। आदिपर्व में ही। महाभारत अशुद्ध हो जाना, यह बांग्ला का मुहावरा है। समझ गये ना?

तो ठक्कन पहुंचे मौसी के घर तमाशा देखने और स्वयं तमाशा बन गये। सजाये संवारे जाने लगे। आंख में काजल-सुरमा। कोई बता नहीं रहा है कि किस खुशी में? भला हो मौसी की देवरानी का कि रहस्योद्घाटन कर गयी। कान में धीरे से बोली, 'बचवा तोहर बियाऽह हेतउ।' बचवा ठक्कन ने थोड़ा लजाते-शरमाते अपने चेहरे का शीशे में मुआयना किया।

उस ज़माने में शादी के बाद वर तुरंत विदा नहीं होते थे। कम-से-कम चतुर्थी कर्म तक तो टिकते ही थे। संपन्न लोगों के जमाई महीना-दो-महीना श्वसुर-गृह का सुख लूटते थे। ठक्कन के श्वसुर संपन्न थे। एक आकर्षण यह भी था कि जिस दिन ठक्कन का विवाह हुआ, उसी दिन ठक्कन की दुल्हन की तेरह सहेलियों का विवाह हुआ। सहेलियां सालियां हुईं ठक्कन की। उनमें से सात तो पत्नी की ही उम्र की थीं। यही तेरह-पंद्रह की। अट्ठारह वर्षीय ठक्कन के लिए (पत्नी को भी किसी गिनती में लेते हुए) कुल जमा आठ षोडषियां उपलब्ध थीं ससुराल के गांव में। और ठक्कन कवि-ववि थे और हां भले ही पिताश्री से उनकी बनती न हो, पुत्र तो उनके ही थे!

गांव के तमाम नये जमाई सुबह-शाम टहलते हुए गप्प-गप्पाष्टक करते। अपनी-अपनी प्रगति का विवरण देते। काम कला के कतिपय रहस्य समझते-समझाते, आंखें चौड़ी किये हुए, मुंह खोले हुए। जमाइयों में एक अदद बुजुर्ग भी थे, अनुभवी। अरे साहब यह चौथी शादी थी उनकी, उन्हें अनुभव नहीं होगा तो किसे होगा!

नटराज थे पूरे हमारे ये गुरुवर। कोचिंग क्लास लगाते थे बाक़ायदा। इतने अधिक शिष्य पाकर अतिशय प्रसन्न। स्पर्श कहां से शुरू किया जाय, यह था उनके प्रथम पाठ का विषय। और फिर आगे इसी तरह। समझ गये ना?

नटवर-नटराज गुरु की भूमिका में भले ही रहे हों, नायक की भूमिका में कविवर वैदेह ही थे। कुछ ही मौक़े तो ऐसे होते हैं जिनमें कविता किसी काम की साबित होती है। दिन में 'सालियां' जीजाजी को घेरे रहतीं। इनमें नटवर गुरुवर की किशोर पत्नी भी शामिल थी। बाद में भी मिली एक बार (बहुत बाद में!), बोली, 'मिसिर हमर त दांते टूटि गेल, कहन लगइ छी हम?' मिसिर उवाचः 'ख़ाक सन लगै छी!'

बाबा जवानी में कितने रंगीन तबीयत रहे, कुछ बतायेंगे इस बारे में? 'उसका बचपन' बेस्टसेलर न रहा हो तो 'उसकी जवानी' में ही गुंजाइश देखें बरकत की।

सेक्स, रोमांस वह सब हम नहीं बतायेंगे। तुम्हें तो निश्चय ही नहीं। कृष्ण को बतायेंगे। समझ गये ना?

अरे हां, किया है, खूब किया है प्रेम वग़ैरह भी। रामविलास जानते हैं इलाहाबाद वाली बात। और भी कई कांड हैं। इंटरव्यू के लिए लेकिन यह सब फ़ालतू बात।

बहरहाल, उस नवविवाहित वैद्यनाथ, 'सालियों' से घिरे उस जीजा, के विषय में यह समझना ग़लत होगा कि गांव-देहात से बाहर रहने के कारण वह किसी भी अर्थ में उदारमना या आधुनिक

हो गया था। ब्राह्मणी आज भी नहीं भूली है कि जब उसकी सौतेली मां ने जमाई बाबू से बेटी की यह शिकायत की कि नदी में सीना मल-मलकर नहाती है, तब इस सीनाज़ोरी पर वैद्यनाथ ने अपनी सद्यःविवाहिता की पिटाई की! चार तमाचे लगाये और कान पकड़कर उसे अपने मायके से ही बाहर कर दिया!

वर्षों-वर्षों बाद एक दिन वैद्यनाथ ने पंजाब में घर-गांव से बहुत दूर आधुनिकता की मद में अपनी पत्नी से यह कहा, 'देखो, कालेज के लड़के जा रहे हैं। इनमें कौन तुम्हें पसंद आता है, बताओ तो?' इस आधुनिकता से ब्राह्मणी आतंकित भइ। उसने सोचा पति मेरा 'पगलेट' हो गया है। परदेस का मामला, पगलेट पति, सोच-सोचकर रो पड़ी। उसे समझाया तो इतना ही समझ सकी कि पति बाक़ायदा पगलेट नहीं हुआ है, वही कवि-मार्का बेक़ायदा पगलेट ही है। ब्राह्मणी ने सीना मल-मलकर नहाने की शिकायत पर पिटाई की जाने की बात ब्राह्मण को याद दिलायी और कहा कि कौन से वाले तुम, तुम हो? मुझे तो इस तुम से वही तुम ज़्यादा पसंद है।

वैद्यनाथ बाबू आइंदा आधुनिकता से बाज़ आये।

काशी से शास्त्री की परीक्षा पास करने के बाद वैद्यनाथ बाबू कलकत्ता गये कि गवर्नमेंट संस्कृत कालेज से काव्यतीर्थ करें। या फिर व्याकरणतीर्थ-पंडित-पछाड़ विद्या सीखें। चेतना आ गयी थी। शादी-वादी हो गयी थी। समझ गये ना? सोचा, महानगर में जाकर नया रास्ता खुलेगा। बड़े मामा वहीं थे। रहने की कोई परेशानी नहीं थी।

कालेज के प्रिंसिपल थे—डा...सुरेंद्रनाथ दास गुप्त। संस्कृत, हिंदी, अंग्रेज़ी, बंगला के प्रकांड पंडित! रवींद्राइट। बाघा प्रिंसिपल कहलाये जाते थे। मने बहुत दबंग। तुमि एक बारि बाघा मानुस—ऐसा कहते हैं बंगला में, समझ गये ना? कालेज में छात्र-वृत्तियों के लिए नाम तय होने वाले थे। पंद्रह रुपये का था वजीफ़ा। पंद्रह बहुत होते थे उन दिनों।

सवाल यह था कि बाघा प्रिंसिपल से छात्रवृत्ति के लिए कहा कैसे जाये? तो वैद्यनाथ ने एक अर्जी लिखी, बहुत सुंदर अक्षरों में, संस्कृत में। छंदबद्ध आवेदन-अनुरोध। उपजाति छंद। उपजाति छंद जानते हो ना? रघुवंश में प्रयुक्त हुआ है। अर्जी लिखी तो गयी लेकिन भेजी कैसे जाये? पुरबिया दरबान था प्रिंसिपल साहब का। उसको दिया चार आना अर्जी पहुंचाने का। चार आना उन दिनों बहुत होता था।

बाघा प्रिंसिपल कविता पढ़कर चमत्कृत हुए। किसने लिखी है? खोज हुई कक्षा में, पूछताछ हुई और 'ऐइ धोरा गेलो' गोया पकड़े गये कविवर। छात्रवृत्ति उन्हें मिली। किंतु आश्चर्य कि जमने-जमाने का इस प्रकार जुगाड़ होने के बावजूद, धड़ल्ले से बंगला बोलने-लिखनेवाले वैद्यनाथ बाबू कलकत्ता से भी भाग खड़े हुए पहला अवसर मिलते ही। सहारनपुर के इंटर कालेज में प्राध्यापक, किन्हीं बंगाली सज्जन ने प्राकृत सिखाने वाले के लिए विज्ञापन दिया था कलकत्ता के अख़बार में। वैद्यनाथ प्राकृत जानते थे।

नाटकों के अध्ययन में सीखनी पड़ती है—स्त्रीपात्र प्राकृत ही बोलते हैं संस्कृत नाटकों में। हमने कर लिया था काशी में प्राकृत का अध्ययन। अच्छा अधिकार हो गया था हमारा। तो प्राकृत में ही हमने अपना आवेदन लिख भेजा। बंगाली सज्जन ने हमें तार देकर बुला लिया। बहुत अच्छा वेतन देने को कहा।

तो फिर आप उनके प्राकृत टयूटर हो गये बाबा?

नहीं। वह ज़रा 'पगलेट' टाइप निकले, समझ गये ना? उनकी पत्नी ने हमसे कहा इनके फेर में मत आना। हम लोग तुम्हें इतना वेतन दे नहीं पायेंगे। बंगला में बोलीं, समझ गये ना? ताहाले तुमि थाको। अरे थाकेगा केमोन तो बाबा!

तो आप वापस लौट गये कलकत्ता?

नहीं, वहीं रहे सहारनपुर में। कन्हैया लाल मिश्र प्रभाकर का एक ग्रुप था तरुणों का। इस ग्रुपवालों से मेल-जोल बढ़ा। सहारनपुर में भूतेश्वर ब्रह्मचर्य आश्रम था, जिसके संचालक थे डा. जगन्नाथ शास्त्री उड़ीसा के। एक मैथिल ब्राह्मण ही वहां अध्यापक थे। हमें बताया गया आश्रम में हमारा स्वागत होगा। तात्कालिक झंझट ख़त्म होगा। तो हम वहां गये और छह महीना रहे।

यों शुरू हुआ घुमक्कड़ी और प्रवास का लंबा सिलसिला। इच्छा होती है कि युवा वैद्यनाथ को किसी रूमानी उपन्यास के बेचैन नायक के रूप में देख-दिखा सकें। भीतरी बेचैनी जो बाहरी दौड़-धूप में अपने को भुला रही है, भुला नहीं पा रही है तो भूलने की कोशिश ज़रूर कर रही है। जहां इतने सारे उपनाम हैं ही, वहां यह मालूम करने की कोशिश क्यों न करें कि 'श्रीकांत' उपनाम ठीक बैठता है कि नहीं?

किंतु वैसा कोई साहित्यिक चक्कर नहीं है यहां। मन की मौज ले गयी है, आत्मा की बेचैनी नहीं।

आप कलकत्ता क्यों नहीं लौट गये? आपसे तो वहां सब बहुत खुश थे। अध्ययन-अध्यापन के क्षेत्र में आप जम जाते। हस्तलिखित पत्रिकाएं निकालनी आपने शुरू कर ही दी थीं, पत्रकारिता में ही उभर जाते। कलकत्ता का साहित्यिक-राजनीतिक वातावरण भी आपको रास आता।

हमको लगा कि जब निकल पड़े हैं तब वापस लौटकर कलकत्ता जाना नहीं है। सहारनपुर से हम पंजाब की तरफ़ निकल गये।

बाउल से भंगड़ा! मगर क्यों? हमारी ससुराल के एक बहुत बड़े विद्वान राजपंडित थे पटियाला में, उनके पास गये हम। कुछ दिन पटियाला रहे। वहां से लाहौर पहुंच गये। हिंदी का बहुत काम हो रहा था उन दिनों लाहौर में। हरिकृष्ण प्रेमी, उदयशंकर भट्ट, माधवजी, ये सब पंजाबियों में हिंदी के प्रचार-प्रसार में जुटे हुए थे। गोस्वामी गणेशदत्त की पत्रिका निकलती थी 'सुबंधु'। हम उसके लिए लिखने लगे। बंगाल में हस्तलिखित पत्रिकाएं निकालने का जो अभ्यास किया था, अब काम आया। पहला चांस मिला हिंदी में खुलकर लिखने का। धुंआधार लिखा, समझ गये ना?

संभव है कि हमें वैद्यनाथजी को, 'लाहौर-क़लम' के लेखक के रूप में जानना पड़ता। लेकिन नहीं। बैद्यनाथ बाबू लाहौर से अबोहर चले गये। क्यों? स्वामी केशवानंद पहुंचे लाहौर। अद्भुत आदमी थे। टंडनजी के शिष्य। टंडनजी के लिए और हिंदी के लिए सब-कुछ देने को सदा तत्पर। स्वयं जाट थे और जाटों में विद्या-बुद्धि के प्रसार के लिए जितना कार्य उन्होंने किया, हम समझते हैं शायद ही किसी और ने किया हो। अरे तुम स्वामी केशवानंद को नहीं जानते! बाद में एम. पी. हो गये थे वे। विलक्षण व्यक्ति थे। इलाक़े में जहां भी पढ़े-लिखे लोग हैं, उन्हें हिंदी की अच्छी-अच्छी पुस्तकें पहुंचाना स्वामीजी अपना धर्म समझते थे। हर अच्छी हिंदी किताब की चार-चार आठ-आठ प्रतियां ख़रीदकर बांट देते थे। समझ गये ना?

जो समझ गये वे यह भी समझें कि इन स्वामीजी की एक पत्रिका थी 'दीपक', जिसके लिए उन्हें एक कर्मठ तरुण संपादक अपेक्षित था। लाहौर में पाया गया। माधवजी के सान्निध्य में। नाम आचार्य वैद्यनाथ मिश्र। संपादक का यही नाम गया है पत्रिका में।

किंतु इस अद्‌भुत आचार्य को यह आचार्यत्व भी रास नहीं आया। यद्यपि स्वामीजी का अपार स्नेह प्राप्त था। वे तो पुत्रवत मान बैठे थे और समझते थे अब लड़का यहीं रहेगा अपने आश्रम में।

मगर नहीं। क्यों? राहुल एक नया नाम, एक नयी प्रेरणा। बाबा इस आम धारणा को अस्वीकार करते हैं कि राहुल सांकृत्यायन ने आचार्य वैद्यनाथ को भिक्खु नागार्जुन बनाया। बल्कि उनसे बात करने से तो ऐसी प्रतीति होती है कि वे अपने व्यक्तित्व और कृतित्व के विकास में राहुल का कैसा भी व्यक्तिगत योगदान नहीं मानते।

राहुलजी ने हमें नहीं भिजवाया। हम स्वयं गये अपनी कोशिश से। सुनो, बताते हैं। हुआ यह, हमने उन दिनों राहुलजी द्वारा अनूदित 'संजुक्त-निकाय' पढ़ा। ऐसी इच्छा हुई कि मूल में पढ़ना चाहिए। किसी ऐसी जगह जाना चाहिए जहां बौद्ध ग्रंथों का विधिवत अध्ययन संभव हो। हमने सारनाथ से पत्र-व्यवहार किया। वहां से पता चला कि श्रीलंका में ही हमारी इच्छा पूरी हो सकती है।

वैद्यनाथ अब श्रीलंका जाहुंजू की रट लगाने लगे और स्वामीजी उन्हें रोकने की कोशिश करने लगे। उन्होंने कहा, अरे, यहां विद्या-प्रचार का कितना काम पड़ा है, उसमें जुटो! लेकिन वैद्यनाथ ने कहा कि श्रीलंका में हम जो विद्या सीखेंगे, वह भी देश ही के काम आयेगी। अस्तु, स्वामीजी ने भारी मन से वैद्यनाथ को विदा किया और मार्ग-व्यय के लिए उसे पांच सौ रुपये दिये। कहा, लौटकर यहीं आना। तुम्हारा आसन यहां खाली रहेगा।

लेकिन हम गये नहीं। लौटकर आया था तब भी आफ़र भेजा था. लेकिन हम माने नहीं। बहुत दुखी हुए। बड़ा स्नेह करते थे हम से। हिंदी साहित्य सम्मेलन के लिए बहुत काम किया था स्वामीजी ने। सम्मेलन का, याद नहीं आता कौन-सा, एक बहुत धूमधाम का अधिवेशन हुआ था अबोहर में।

आपको पांच सौ रुपये दिये बाबा, फिर?

अरे उस रुपये का भी बड़ा कांड हुआ। बटुआ-ब्रीफ़केस हमारे पास वह सब तो होता नहीं था। जैसी पंडितों की आदत होती है ना, नोटों को पुस्तक के बीच में दबा देते थे। किताब में नोट रखता है ना पंडित लोग, देखा होगा तुमने। वैसे ही। जब हम पहुंचे मद्रास—वज्रपात। पार कर दिया किसी ने सारा नोट। विकट समस्या हुई। सोचा हिंदी प्रचार सभा वालों के यहां कुछ काम ढूंढ़ लेंगे। कोई जुगाड़ करेंगे लेकिन वापस नहीं जायेंगे। संकल्प तो कर लिया लेकिन इतनी बड़ी चोट खाने के बाद श्रीलंका जाने का फिर से डौल बैठाना असंभवप्राय हो गया। बेचैनी दूर करने के लिए, मन बदलने के लिए, घूमघाम करने की ठानी। रामेश्वरम् चले गये।

'राम ही राम एक, राम ही राम दो' ऐसी राममय गिनती करते हुए एक साधु धान तोलता नज़र आया वैद्यनाथ बाबू को भारत के उस दक्षिणी छोर पर। शक्ल सूरत से भी हिंदीभाषी क्षेत्र का मालूम होता था वह। वैद्यनाथ ने हिंदी में संबोधित किया, 'गुरुभाई' और काम बन गया।

गुरुभाई उत्तर प्रदेश का निकला। कवि बनने का इच्छुक। उसे जानकर प्रसन्नता हुई कि आगंतुक महोदय कवि हैं। कविता फिर काम आयी। वैद्यनाथ ने छंद सिखाये, गुरुभाई ने भोजन का प्रबंध किया।

भोजन का ही नहीं, अनंतर श्रीलंका भिजवाने का भी। खुशख़बरी–गुरुभाई के संप्रदाय का एक मठ और मंदिर दक्षिण श्रीलंका में है। वैद्यनाथ को वहीं पहुंचवा दिया जायेगा। मज़े से रहे, खाये, पूजा-पाठ करे।

घने जंगल में थी यह जगह। बहुत पुराना मंदिर था। विशेषता यह थी कि भारतीय संन्यासियों द्वारा कंट्रोल्ड था। बाबा कल्याणपुरी का मठ। बहुत ठाठ का। श्रीलंका के तमिल हिंदुओं का आराध्य स्थल, समझ गये ना? जितना तमिल मज़दूर हिंदू था, दो-चार पैसा अवश्य चढ़ाता था। बोरियों पैसा चढ़ता था वहां। बोरी मने वह बोरा नहीं बड़ा। एक छोटी बोरी नहीं होती, मने छोटी बोरी, समझ गये ना? आरती, पूजा-पाठ से लेकर ज्ञान-चर्चा तक सब काम सौंपा गया मंदिर में। बहुत प्रसन्न-संतुष्ट हुए मठाधीश हम से। आग्रह किया यहीं रहिए। हम सौ रुपया महीना आपके घर भिजवा दिया करेंगे। बाक़ी आपकी सारी व्यवस्था यहां हमारे ज़िम्मे रहेगी ही। लेकिन बाबा का उद्देश्य तो बौद्ध-दर्शन का अध्ययन करना था।

और स्वास्थ्य भी हमारा उस जंगल में ख़राब ही रहता था। मार मच्छर, मलेरिया। पानी भी ख़राब, वग़ैर-वग़ैरह, समझ गये ना? तो हमने विदा ली। उन लोगों ने तब तक की सेवा के लिए मने दक्षिणा-स्वरूप, एक बोरी सिक्का भेंट किया। कहां लादे-लादे घूमेंगे। दुकान पर जाकर तुलवा आये। तोल पर चलता था मामला। दुकानदार रुपया 785 दिया बदले में। ठीक ही होगा। कौन गिनता है! यह पूंजी लेकर हम पहुंचे कोलंबो। सन् '37 के आरंभ की बात है यह। हमारे मन में था कि उसी मठ में अध्ययन करेंगे जिसमें राहुल इत्यादि ने किया था। जगह कहां है। ठीक से पता नहीं था। कोलंबो के निकट ही है, बस इतना पता था। खादी भंडार जैसी दुकान दिखायी दी। उसमें चले गये। सत्यनारायण शर्मा थे वहां इनचार्ज, विद्यालंकार, बातचीत-वातचीत हुई। वह समझे अच्छा मुर्गा फंसा है, चेला मूड़ो, वग़ैरह-वग़ैरह। मने यहीं रख लो इसे भी। हमने कहा महाराज हमें तो आप मठ कहां है, सो बताइए!

अच्छा, मठ में हमें तीन दिन तक प्रवेश नहीं मिला। नहीं, दरवाज़े से बाहर नहीं खड़े रखे गये। मने मुख्य भवन में ही प्रवेश निषिद्ध रहा। उस समय क़ायदा यह था कि जिस भारतीय के विषय में पूरी जानकारी न हो, उसे भरती मत करो। कई बंगाली क्रांतिकारी बंधु मठ को झंझट में फंसा चुके थे। भारत में बम गिरा आये और श्रीलंका में भिक्खु बन गये! तो हम मने बहिरंग में रखे गये, वहीं भोजन-वोजन दे जाते थे। संस्तुति लाओ, ऐसा आग्रह था। राहुलजी की या काशी प्रसादजी जयसवाल की। राहुलजी तो उन दिनों मास्को थे। हमने जायसवालजी को तुरत पत्र भेजा संस्कृत में। उन्होंने तार दे दिया मैंनेजिंग कमेटी के चेयरमैन सर जयतिलके को कि एडमिट दिस संस्कृत पंडित फ्राम मिथिला। सर जयतिलके ने हमारे लिए संस्कृत-सिंहली दुभाषिये की व्यवस्था करायी, जिसकी सहायता से हमने पढ़ाई शुरू की। पढ़ाया भी। संस्कृत पढ़ाते थे हम भिक्षुओं को। विद्याया विद्ये, समझ गये ना?

समझ गये, मगर वैद्यनाथबाबू, नागार्जुन क्यों बने?

ऐसा है, मठ में रहना और भिक्खु न होना, इसमें बड़ी झंझटबाज़ी थी। क़ायदा यह होता है कि जो भिक्खु बन गया सो उच्चतर आसन का अधिकारी हो गया, वस्तुतः। मने उम्र

में छोटा होगा तो भी भिक्खु आपसे ऊंचे आसन पर बैठेगा। मठ में जितने भी शिष्य हमसे संस्कृत सीख रहे थे, सब भिक्खु थे। वे बैठे ऊंची कुर्सी पर, हम बैठे नीची कुर्सी पर। उन्होंने कहा कि गुरुजी यह ठीक नहीं लगता। अन्य भी कई बातों में भिक्खु-ग़ैरभिक्खु में इतना-इतना फ़र्क़ कि क्या बतायें! तो हमने कहा चलो शिष्यों की ही बात मान लो। हल्की दीक्षा ले ली। दीक्षा दो तरह की होती है, हल्की और पक्की, समझ गये ना?

भिक्खु बनते हुए किसी तरह का कोई द्वंद्व? नहीं, वैद्यनाथ को कोई द्वंद्व नहीं था। आकर्षक अवश्य मालूम होता था भिक्खु बन जाना।

मित्र बड़ी सुविधा है भिक्खु बन जाने में, अपार आनंद। हर भिक्खु को एक संरक्षक गृहस्थ दिया जाता है। कोई संपन्न व्यक्ति। हमारे संरक्षक बने बैरिस्टर निशंक। संभव है, जीवित हों अब भी। गुणी व्यक्ति, गुणग्राहक व्यक्ति। हमारी सुख-सुविधा के लिए यथाशक्य यत्नशील रहते थे। गाड़ी वाड़ी भिजवा देते थे कि हवाखोरी कर आइए भिक्खु महोदय! भिक्खु बनने में यह सुख भी है कि अन्यान्य बौद्ध देशों की यात्रा का चांस लग जाता है। हमारी इच्छा थी थाईदेश जाने की। घूमघाम का बड़ा सुख है भिक्खु जीवन में, समझ गये ना? और मठ में लिखने-पढ़ने के लिए इतनी शांति, मने इतना एकांत, हर तरह की सुविधा वग़ैरह-वग़ैरह। और भी कई बातें।

वैद्यनाथ बाबू से भिक्खु नागार्जुन बन चुका यह नवयुवक न श्रीलंका में जमा और न थाइदेश गया। लौट आया बिहार। क्यों? इसलिए कि वह भारतीय समाचारपत्रों में आज़ादी की लड़ाई की ख़बरें पढ़ता था और पढ़-पढ़कर भड़कता था। भिक्खु बन गया था दीक्षा लेकर और अख़बार पढ़-पढ़ कर बन रहा था सुभाषचंद्र बोस का भगत! स्वामी सहजानंद बिहार में किसान-आंदोलन चला रहे थे। उन्होंने अमृतबाज़ार पत्रिका में 'लठ्ठ हमारी ज़िंदाबाद' शीर्षक से उत्तेजनापूर्ण और उत्तेजक लेख लिखा था। भिक्खु बन जाने के बाद भी वैद्यनाथ बाबू की चारों दिशाओं में पत्र पैठाते रहने की आदत गयी नहीं थी। उन्होंने स्वामीजी को भी पत्र लिखा और स्वामीजी ने यही कहा कि वहां अतीत के बिल में घुस बैठे हो, वर्तमान संघर्ष के खुले मैदान में आओ!

उधर राहुलजी से भी इस नये-नये भिक्खु का संपर्क था। राहुलजी ने शोधार्थियों का एक दल तिब्बत ले जाने की योजना बनायी, जिसके लिए बिहार सरकार ने पचीस हज़ार रुपया दिया। राहुलजी ने इस दल में नागार्जुन को भी शामिल किया। मठवालों ने इस भागते भिक्खु की पक्की दीक्षा तुरंत कर दी।

किंतु क्या नागार्जुन राहुल जी के साथ तिब्बत गया? अगली क़िस्त में आपको फिर निराशा हाथ लगेगी।

नहीं, हम नहीं गये। रास्ते से लौट आये। तबीयत ख़राब हो गयी। वास्तव में हुई। किंतु हां, यह बात भी मन के किसी कोने में थी कि वर्त्तमान से मुंह मोड़कर अतीत में भागना ठीक नहीं। स्वामी सहजानंद ने हमसे कहा था कि क्या करोगे पुरातत्त्व का, पुरालेख का, नये तत्व से जूझो, नये लेख को बांचो। तो हम उनके आश्रम में चले गये। उनके आंदोलन में कूद पड़े। दो वर्ष में तीन बार जेल गये, समझ गये ना?

राजनीतिक जीवन की शुरुआत होने के इस क्षण में, सहृदय पाठकों के मन में सहज

ही यह जिज्ञासा बलवती होगी कि वैद्यनाथ बाबू के पारिवारिक जीवन का क्या हुआ? इनकी तो तभी शादी हो गयी थी जब ये काशी में थे। वह एक अदद ग़रीब ब्राह्मणी इस बीच कहां रहीं, कैसे रहीं?

वे अपने पिताश्री के यहां चली गयी थीं छह महीना बाद। गर्भवती थीं। पितृगृह में सुव्यवस्था थी। हमारा तो कुछ पता ही न था। ख़बर कोई न थी हमारे बारे में। अफ़वाहें थीं बस, एक से एक, मने कपोल कल्पित। सब यही कहते कि बछिया के पीठ पर छुरा घोंपकर भाग गया है। बछिया, हमारी घरवाली, कसाई हम। समझ गये ना?

वैद्यनाथ के गांव में एक पंडितजी थे जो हिंदी अंखबार बांचते थे। उन्होंने नागार्जुन नामक एक भिक्खु के विषय में ख़बर पढ़ी कि रजनी-सजनी करनेवाला कवि है और फ़िलहाल उसका मुक़ाम भागलपुर सेंट्रल जेल है।

र्‌यूमर उड़ता है कि नहीं? एक-से-एक र्‌यूमर उड़ गया हमारे बारे में, संन्यासी हो जाने की बात छिपायी गयी हमारे घरवालों द्वारा, ससुरालवालों द्वारा। वृद्धावस्था में कोई गृहस्थ वानप्रस्थ हो जाये, ठीक है, किंतु भरी जवानी में मने घर-द्वार छोड़कर जोगी बन जाये, यह घोर कलंक माना जाता है। अरे ठक्कन, कहां जाकर ठगा रे!

ठक्कन के पिताश्री ने चना-चबैना बांधा पोटलिया में और पहुंचे भागलपुर। चक्कर काटने लगे सेंट्रल जेल के बाहर। ठक्कन का परिवार रहा हो, भिक्खु नागार्जुन का तो कोई परिवार था नहीं कि उससे कोई मिलने आता या वही पूछता जेलवालों से कि कोई मुझसे मिलने आया? भगतसिंह के साथी क्रांतिकारी केदारमणि शुक्ल, नागार्जुन के साथ जेल में थे। उन्होंने कहा कि भाई कोई तुमसे मिलने के लिए चक्कर काट रहा है, मिल क्यों नहीं लेते! चलिये न गेट पर!

पिता-पुत्र का साक्षात हुआ अंततः। विकल पिता, भगोड़ा पुत्र। भागलपुर कारागार के मुख्य द्वार के आर-पार। कौन पहले रोया, कौन ज़्यादा रोया, ऐसा सच-सच बतलाने का आग्रह न किया जाये।

पिताश्री गश खाकर गिर पड़े।

पानी-वानी पीने, आंखें-वाखें पोंछने के बाद दुनियादारी की सुध आयी। पिता ने जानना चाहा कि पुत्र यज्ञोपवीत धारण किये हैं कि नहीं? नहीं किये हैं! सत्यानाश! पिता साथ में लाये हैं एक ठो, धारण कर लिया जाये। संन्यास-वन्यास कुछ नहीं, गांव लौटना होगा। आंदोलन-वांदोलन भी छोड़ो।

पुत्र ने यज्ञोपवीत धारण किया। भिक्खु तो वह यों भी रह नहीं गया था मन अथवा कर्म से। गांव लौटने की बात भी साथियों के समझाने पर उसने मान ली। किंतु आंदोलन छोड़ने की नहीं। क्रांतिकारी साथी भी बस गांव जाने भर के आग्रह में पिता का पक्ष ले रहे थे।

लौटकर बुद्ध घर को आये। बहुत प्रसन्नता हुई ब्राह्मणी को, ब्राह्मणी के बाप को। शुद्ध कर दिये गये बुद्ध। उन पुंडरीकाक्ष का नाम लिया गया, जिनके स्मरण-मात्र से बाहर-भीतर शुचि विराज जाती है।

आग्रह हुआ कि जब क़लम-घिसाई के माहिर हो तब 'आर्यावर्त्त' दैनिक में नौकरी क्यों नहीं कर लेते! किंतु किसान कार्यकर्त्ता नागार्जुन जिन दरभंगा नरेश को रात-दिन गाली देता

आया था—मने राजनीतिक गाली—उनके अख़बार में वह नौकरी कैसे कर ले!

तब बचुवा, तुम्हारा लिखना-लिखाना परिवार के किस काम का!

ताव में हमने अपनी मैथिली कविताओं का छोटा पंफ़लेट छपवाया और उसे रेलगाड़ी में गा-गाकर बेचने लगे। चना जोर गरमवाला जैसा बेचता है, समझ गये ना? दिन में बारह-आना-रुपया ले आते थे। पिताश्री समझे कि दम है, मने लड़के की कविता में। जहां तक ब्राह्मणी का संबंध था, उसे यह गीतफ़रोशी-सरफ़रोशी पगलेटोंवाले काम ही मालूम होते थे। अरे कोई मर्दोंवाला काम करे! यह क्या है, रजनी-सजनी।

अब कवि ने एक अदद मर्दोंवाला काम कर दिखाने की ठानी—क्यों न वह जवांमर्द अपनी पत्नी को इस गांव से, इस चिखचिख से, भगाकर दूर ले जाये। माडर्न बना दे गोया।

बहुत मने असंभव क़िस्म का काम था यह। पहले पत्नी को राज़ी करना पड़ा। राज़ी हुई तो यह समस्या आयी कि कैसे लेकर जायें। उसका मर्द का भेष बनाकर निकाला उसे रात के वक़्त गांव से। जैन-महंतों के साथ चले। पटना में छिपकर रहे। वहां से गये लुधियाना। रत्न-भूषण प्रभाकर वग़ैरह-वग़ैरह हिंदी परीक्षाएं स्त्रियों में बहुत लोकप्रिय थीं तब। महिलाओं ने ही मने सुरक्षित रखा है हिंदी को पंजाब में, समझ गये ना? हमने सोचा ट्यूशन का काम मिलेगा बहुत, उससे कमाई होगी, कुछ लिख-लिखाकर काम लेंगे। गंवईगांव से बाहर आकर ब्राह्मणी को युगबोध होगा।

इसी लुधियाना-प्रवास में आधुनिक ब्राह्मण ने एक दिन यह कहा कि देखो-देखो लड़के-लड़कियां कालेज जा रहे हैं। मैं लड़कियों को देखता हूं। तुम लड़कों को देखो। कितने सुंदर होते हैं पंजाबी लड़के-लड़कियां। और ब्राह्मणी ने सोचा पगलेट हो गया! ब्राह्मणी को यह आशंका भी हुई कि यहां घर से दूर कहीं हमें बेच-बाच तो न देगा!

उन्होंने कहीं से सुन रखा था कि पंजाब से लड़कियां भगा कर काबुल में बेच दी जाती हैं। बहुत मुश्किल से हम समझा पाये कि ऐसा कोई इरादा नहीं है हमारा।

अब कहीं आप यह न समझ बैठें कि ब्राह्मणी को समझा-बुझा कर नागार्जुन मध्यवर्गीय गृहस्थ बन सके या उन्होंने बनना चाहा। ब्राह्मणी वापस गयी गांव और यह निकल पड़े टूर पर।

तिब्बत नहीं गये? गये एक मर्तबा। राहुलजी ले गये। भोटगंगा में उनकी घोड़ी बह गयी। वह वहीं से लौट गये। हम अकेले ही पहुंचे थोलिङ्ग। वहां के रेजीडेंट लामा ने, लामा दो तरह का होता है—एक गुरुलामा, दूसरा रेजीडेंड लामा, समझ गये ना? हां तो रेजीडेट लामा ने हमको कोई लिफ़्ट नहीं दी। हमने उसे कहलवाया कि हम तांत्रिक हैं मिथिला के, तांत्रिक-ज्योतिषी। उसने पूछा, आप क्या देखते हैं, हाथ कि कुंडली? हमने कहा, महाराज हाथ न कुंडली, हम देखते हैं जीभ। चमत्कृत हुआ। जीभ देखी हमने और दो-चार दिन में उसकी जो पोल-पट्टी मालूम हुई थी सो बयान कर दी। वह बोला, आप भीतर चलिए, बाक़ी बात वहां होगी। बस अब शुरू हो गयी आवभगत।

फिर वहीं रहे? नहीं, वापस आ गये।

नहीं, वापस आ गये, कहीं और चले गये, बाबा की कहानी की टेक यही है।

राजनीति में भी बाबा का टूर बेढब रहा है। गांधीवादी, सुभाषवादी, समाजवादी, साम्यवादी, जयप्रकाशवादी, हर जमात में उठे-बैठे हैं। कहीं भी जमे नहीं हैं।

फारवर्ड ब्लाकिस्ट हम इसलिए नहीं रहे कि सुभाष ने ग़लत निर्णय किया, तोजो-हिलटर

से सांठ-गांठ कर ली।

क्या सभी ने ग़लत निर्णय किये? कोई भी दल, कोई भी व्यक्ति या नेता ऐसा नहीं निकला जिसने अधिकतर निर्णय सही किये हों?

जिसने जो ग़लत निर्णय किया सो हमने कहा, साफ़ कहा, मुंह पर कहा। इससे न हम उनके शत्रु हो गये, न वे हमारे। राहुलजी की मने कोई कम आलोचना की हमने? प्रेम के क्षेत्र में उनकी महानता हमें कभी पसंद नहीं आयी। एक मर्त्तबा हमने उन्हें 36 प्रेमिकाओं-विवाहितों का हिसाब लगा कर दिया था। उनका तरंग में आकर लिखना, ढीलम-पोलम, जैसा तैसा, यह हमें कभी ठीक नहीं लगा। कई बार उनसे बहुत हुई। कहते थे कि कसने-मांजने का काम अगली पीढ़ी करेगी। उनकी महंतगिरी की हमने आलोचना की। प्रयाग के साहित्यिक महंतों पर जब हमने प्रहार किया, राहुलजी को भी नहीं बख़्शा, यद्यपि मित्र कहते थे कि उनका नाम न लो, उन्हें इसमें मत घसीटो, वे अपनी राजनीतिक विचारधारा के हैं।

विधिवत किसी भी दल के कार्यकर्त्ता नहीं बने। यद्यपि उन्हें कम्युनिस्ट समझा जाता है और उनका काव्य राजनीतिक रंग में रंगा हुआ है। ऐसा क्यों?

हम जब किसी स्थान में बसे ही नहीं, तब किसी राजनीतिक दल में कैसे बस जाते! आदमी किसी एक जगह रहता है, तभी न लगकर काम कर सकता है पार्टी का। ढोलक मजीरा बजाने का ही काम ले भले, लेकिन सुबह-शाम आरती के समय ढोलक-मजीरा बजाने के लिए उपलब्ध तो हो!

सुना बाबा का झगड़ा हो जाता है, बहुत जल्दी?

ग़लत बात को हम ग़लत कहते हैं। झगड़ा होता हो, हो। आपने ठप्पा लगाया, मैंने भी बग़ैर पूछे लगा दिया। आपने कहा अंगूठा टेको, हमने अंगूठा टिका दिया—वह हमसे नहीं होता। कम्युनिस्टों में संगठन बहुत टाइट क़िस्म का होता है। समाजवादियों का भी टाइट है, पर कुछ कम।

तो क्या बाबा संगठन के विरुद्ध हैं? एनार्किस्ट!

हम संगठन के विरुद्ध नहीं हैं, लेकिन संगठन के साथ होने का मतलब अगर यह लगाया जाता हो कि हम अपने विवेक के शत्रु हो जायें तो हमें स्वीकार नहीं। हम सर्वहारा के साथ हैं, अपनी राजनीति में, अपने साहित्य में, किंतु हमें इस विषय में किसी की लगायी कोई क़ैद मंजूर नहीं है। समझ गये ना? हमें जो करना है, अपनी तरह से करते हैं। हमें किसी का सम्मान नहीं चाहिए, कैसा भी आचार्यत्व नहीं चाहिए।

आचार्यत्व से परहेज!

आचार्यत्व बहुत महंगा पड़ता है, समझ गये ना? एक होता है साहित्य, एक होती है साहित्य की राजनीति। हम साहित्यवाले हैं। हमारा वह नहीं है कि छह-सात कमेटियों की शोभा बढ़ा रहे हैं और साहित्य में कुछ कर-धर नहीं पा रहे।

हज़ारीप्रसाद द्विवेदी तो आचार्य थे?

वह निभा ले गये आचार्यत्व, यह हम जानते हैं। एक्सेप्शन होता है हर रूल का। बाक़ी आचार्यत्व का मतलब ही यह है कि साहित्यिक लुटिया डूबी। हमारे मित्र थे चतुरानंद मिश्र। नितांत प्रतिभाशाली। दो बहुत संदुर उपन्यास लिखे। फिर राजनीतिक गति को प्राप्त हुए।

रमेश सिन्हा का क्या हुआ! ओ...पी...सिंघल का क्या हाल हुआ! और नामवर! नामवर सिंह के लिए हमको बहुत दया आती है। इतना मेधावी व्यक्ति और एक लाइन नहीं लिख पाता, एक लाइन!

कहीं बाबा नागार्जुन भी एक्स-कम्युनिस्ट-मैनिफ़ेस्टो पर हस्ताक्षर तो नहीं कर चुके हैं इस बीच? किंतु नहीं, यह व्यक्ति हस्ताक्षर करने और अंगूठा टेकने के सिद्धांततः विरुद्ध है।

सर्वहारा से हमारी सहानुभूमि स्पष्ट है, हमारे लेखन का मंतव्य स्पष्ट है। तमगा-बिल्ला, वह सब हमें अभीष्ट नहीं।

बाबा ने प्रतिष्ठित लेखक होने के बाद कुल एक विदेशयात्रा की है–सोवियत-संघ की। सोवियत-संघ के अनुभव।

और आप आश्चर्य से सुनते हैं कि बाबा आपको निहायत राज़ की बात बता रहे हैं, जो वहां उन्हें किसी ने इधर-उधर देख लेने के बाद चुपचाप कान में बतायी थी। वहां और सब है, स्वतंत्रता नहीं है मित्र, बहुत टाइट है मामला, समझ गये ना?

आप नये सिरे से शुरू होते हैं। यह जानने की एक और कोशिश करते हैं कि क्या बाबा नागार्जुन जो कम्युनिस्ट-मार्क्सवादी समझे जाते हैं, इस बीच निर्मल वर्मा की तरह बदल तो नहीं गये? संगठन बनाम स्वतंत्रता, सिद्धांतवादिता बनाम मानवीयता वाली बहस में अब वे प्रतिपक्ष में तो नहीं बैठ गये?

लेकिन नहीं। बाबा आपको वहां बैठे दिख भले ही रहे हों, लेकिन बाबा वहां बैठे नहीं हैं, लस्टम-पस्टम के साथ। बाबा कहीं बैठते नहीं।

तब आपके मन में यह जिज्ञासा होती है कि पुरातत्त्व और नवतत्त्व के अध्येता ये बाबा, जो संस्कार, और शिक्षादीक्षा से पंडित और भिक्खु दोनों ही हैं, कहीं पूर्व और पश्चिम के किसी समन्वय के साधक तो नहीं हो गये? आख़िर इन्होंने प्राचीन मनीषियों की ज्ञान-गंगा में गोते लगाये हैं और आज की दुनिया में उपभोक्ता संस्कृति के तहत जो कुछ हो रहा है, उससे भी ये परिचित हैं। क्या इन्हें किसी तीसरे रास्ते की तलाश है? क्या इनका ध्यान ऐसी किसी संभावना की ओर गया है?

आप सवाल को कई तरह से घुमा-फिराकर पेश करते हैं, लेकिन जवाब में आपके हाथ विशेष कुछ लगता नहीं। बाबा, मनमौजी बाबा हैं, इंटलेक्चुअलता से, बेकार की बारीकियां छांटने से उन्हें कुछ लेना-देना नहीं है।

हम ग़रीब किसान के साथ हैं, ग़रीब मज़दूर के साथ हैं, हरिजन के साथ हैं। इनका उद्धार हो, ऐसा हम चाहते हैं। लोगों को खाने-पीने को मिले, वे अच्छी तरह रह सकें। पहले का जो था उसमें सब बुरा-ही-बुरा नहीं, आज जो है उसमें सब अच्छा-ही-अच्छा नहीं। जो मानवमात्र के लिए अच्छा हो, उसे रखो, शेष फेंक दो।

आप फिर पारिवारिक परिवेश की ओर लौटते हैं। पूछते हैं, आपने गृहस्थी कभी क़ायदे से बसायी नहीं, मगर गृहस्थी से आप पूरी तरह विमुख नहीं हुए। क्यों?

देखो, ऐसा होता है कि स्थायित्व में आजीविका के स्रोत का बहुत बड़ा हाथ होता है। हमने नौकरी की ही नहीं तब स्थायी गृहस्थी कैसे होती! पत्नी गांव में ही रहीं। ज़मीन है।

ब्राह्मणी का मन लगता है वहां। उनके वहां रहने से कुछ प्राप्ति हो पाती है ज़मीन से। हमारा खेती में मन नहीं। गांव जाते रहते हैं। लेकिन एक जो वह लगातार निरंतर गृहजीवन होता है, वह हमारा हुआ नहीं। कभी ये कभी वो, उसमें पचास झंझट हैं। हमारी अपनी घुमक्कड़ी की पचासों ललक हैं। घुमक्कड़ होने का यह मतलब नहीं कि हम घरेलू आदमी नहीं हैं। जहां रहते हैं, वहां हमारा घर ही होता है। समझ गये ना? नितांत मने पारिवारिक दृष्टिकोण है हमारा। जितने भी मित्र हैं, स्नेहभाजन नये साहित्यकार हैं, सबसे बिलकुल घरेलू नाता है हमारा। तुम्हारे यहां हमें फिर कभी आना पड़ेगा क्योंकि तुम हमसे साहित्य की फ़ालतू बात करते रहे, तुम्हारे बच्चों से हमारी ठीक से बात ही नहीं हो पायी। बच्चे हमें बहुत अच्छे लगते हैं और बच्चों को हम बहुत अच्छे लगते हैं। बच्चों से हमारा कभी झगड़ा नहीं होता।

बच्चों का बाबा को बहुत ख़याल है। अपने बच्चों का भी। भगोड़े, घुमक्कड़ व्यक्ति के संदर्भ में सर्वथा आश्चर्यजनक! उनकी नौकरी, शादी-ब्याह, जचगी सबके विषय में चिंतित। सोचने-सुझानेवाले।

शादी करनी है छोटेवाले की। कुछ भी न करो तो भी दस हज़ार-तेरह हज़ार ऐसा ख़र्च हो ही जाता हैं। उगाही पर निकले हैं। प्रकाशकों से पुराना हिसाब ले रहे हैं। पेशगी ली है। एन.सी.ई.आर.टी...में एक मित्र हैं। उन्होंने बताया है कि चैक तैयार करवा रहे हैं, ले जाइयेगा। बाद में कहीं खो-खा न जाये डाक में। कल जायेंगे वहां।

हर मोर्चे पर पिटने के बाद आप यह तय करते हैं कि बाबा को साहित्यिक महत्वाकांक्षा के ही मामले में चांपा जाये। क्या बाबा के मन में कभी यह बात नहीं उठती कि जमकर कोई महान कृति लिखें, कोई बड़ा काम करें? क्या सचमुच इनका दृष्टिकोण कारीगर का दृष्टिकोण है कि बनाया, दिहाड़ी वसूली और चूल्हे पर भात चढ़ाया?

हम कभी निश्चिंत मनःस्थिति में कुछ लिख नहीं पाये अभी तक। हमेशा झंझट लगा रहा। अब सब दायित्वों से मुक्त हो गये हैं तो इस ओर ध्यान देंगे। अभी तो यह स्थिति है कि जो लिखा है सो ही एक जगह इकट्ठा नहीं कर पाये हैं। संकलित-संपादित-प्रकाशित नहीं कर सके हैं। संस्कृत में बहुत लिखा हमने एक बार मौज में आकर। 'लेनिन शतकम्' लिखा, और भी बहुत कुछ। जोधपुर में पड़ा हुआ है। वहां से मित्र का पत्र आया है कि ले जाइए, मेरे पास तो सुरक्षित है, मेरे बाद जाने क्या हो! हम को अभी तो दो लघु उपन्यास और एक खंड-काव्य देना है, उसमें जुटे हैं। किंतु हमारी इच्छा है बहुत पुरानी कि अवश्घोष के 'बुद्धचरित' का पुनरोद्धार करें। यह काम राहुलजी ने हमें सुझाया था। 'बुद्धचरित' अश्वघोष ने संस्कृत में लिखा था। किंतु इसके अट्ठाइस सर्गों में से मूल भाषा में केवल पांच ही उपलब्ध हैं, शेष नष्ट हो गये। तिब्बती अनुवाद में पूरा ग्रंथ है। राहुलजी का कहना था कि तुम संस्कृत जानते हो, तिब्बती से इस तरह अनुवाद करो फिर संस्कृत में कि अश्वघोष उसमें गूंजता मालूम हो। जीवन की आपाधापी में हम तिब्बती पर ऐसा अधिकार कर नहीं पाये कि इस काम को उठा सकें। छह महीना-साल भर सिक्किम के नामग्याल इंस्टीट्यूट फ़ॉर टिबेटियन स्टडीज़ में जाकर घोटा लगायें तो इस लायक़ तिब्बती आ जायेगी कि अश्वघोष की महान कृति फिर से संस्कृत में ढाल सकें। कीर्ति के लिए यही एक काम काफ़ी है।

तो इसे कर रहे हैं कि यहां भी ठक्कन रमेगा नहीं?

करेंगे ज़रूर। हम सोच रहे हैं कि फिर चीवर धारण कर लें। समझे, बेताल उसी पेड़

पर। अब तो उम्र भी वानप्रस्थ की है। श्रीलंका चले जायेंगे अपने मठ में। थाईदेश, जापान सब घूमेंगे। और लिखेंगे 'बुद्धचरित'। शायद एक महाकाव्य भी, एक बड़ा उपन्यास भी।

सब तरफ़ से पिटकर आप सादी पत्ती चूने में रगड़ते हैं, पान-मसाला इस चैतन्य चूर्ण में मिलाते हैं। बाबा को देते हैं, ख़ुद लेते हैं।

एक आख़िरी मरी-मरी-सी कोशिश। आप पूछते हैं, बाबा, आप अपने को क्या मानते हैं? आप यही हैं जो कुछ मेरे सामने हैं? इतने ज्ञान, इतने अध्ययन, इतने अनुभव, इतने राग और इतने विराग के बावजूद—यही, या कि यह धोखा है?

हम यही हैं, समझे, धरती-पुत्र मिथिला के।

धरती-पुत्र हैं, मगर गांव में लगातार नहीं रहे? ग्राम्यजीवन को रूमानी क़लम से आंका नहीं?

तुम हमारी मैथिली कविताएं पढ़ो, तब तुम्हें मालूम होगा हम कौन है और अपनी धरती के बारे में क्या लिखते हैं। धोखा-वोखा कुछ नहीं, समझ गये ना? हम मात्र यहीं हैं, गांव-देहात के आदमी और इससे ज़्यादा कुछ होना भी नहीं चाहते।

बाबा ने बग़ैर हैंडलवाले प्याले में पीक थूक दी है।

मैं पीक को निगलते हुए सोच रहा हूं—ऐसे तो बाबा मिथिला के धरती पुत्र हैं, वैसे यह कौन हैं? या कि बाबा उन लोगों में से हैं जो ऐसे ही होते हैं, 'वैसे' नहीं?

यात्री के गांव में तीर्थयात्री

इब्बार रब्बी

नागार्जुन के गांव में पहुंचे कवि इब्बार रब्बी ने बाबा की धर्मपत्नी तथा बालसखा से बातचीत की थी। प्रस्तुत है इस बातचीत के माध्यम से बाबा के व्यक्तित्व का अंतरंग परिचय। यह बातचीत 'आजकल' जून 1996 के अंक में प्रकाशित हुई थी।–सं.

यह बात 1990 की है। 16 सितंबर को रविवार था। सुबह सात बजे मैं और नीलाभ मिश्र पटना से दरभंगा को चले। अब तो गंगा की छाती पर विशाल पुल है, बस की सुविधा है। पिछली बार मैं जब हाजीपुर और वैशाली गया था, तो महेंद्रू घाट से स्टीमर का आनंद लिया था। अब सड़क पुल ने स्टीमर की धूं-धूं और पानी के थपेड़ों से उछलती फुहारों को संस्मरण बना दिया है। अब बस पकड़ो और उत्तर बिहार में कहीं भी चले जाओ। गंगा का पुल पार होते ही हरा-भरा मार्ग है। बांस वन, आम के बाग और कदली-कुंज, सब हरा ही हरा। इसके विपरीत पटना से गया जाते हुए सन्नाटा और उजाड़ था, पर यहां पक्षियों का कोलाहल है, जैसे आप गांव, सड़क पार करते हुए यात्रा पर नहीं हैं, बल्कि एक विशाल हरे दृश्य में से गुज़र रहे हैं। साढ़े दस बजे हम लोग दरभंगा में थे।

दरभंगा यात्रा का उद्देश्य था हमारी सदी के तुलसीदास बाबा नागार्जुन के गांव तरौनी की यात्रा। दरभंगा से 50 किलोमीटर पर मधुबनी और झंझारपुर के बीच में है सकरी। यदि आप दरभंगा से सकरी पहुंच गये तो आ गये बाबा के गांव। यहां से केवल पांच किलोमीटर ही तो है तरौनी। पं...वैद्यनाथ मिश्र हिंदी साहित्य में 'नागार्जुन' और मैथिली साहित्य में 'यात्री' हो गये। 'यात्री' नाम सार्थक करने वाले घुमक्कड़ बाबा गांव में नहीं हैं, यह हमें दरभंगा में ही पता चल गया था। वह तो सालों बाद घूमते घामते गांव आते हैं, फिर कुछ दिन ठहरकर दिल्ली, बनारस, विदिशा, ज़हरीखाल कहीं भी चल पड़ते हैं। गांव के लिए बाबा नागार्जुन 'यात्रीजी' हैं, तो पत्नी अपराजिता देवी गांव भर की 'बाबी'। 'दादा' का स्त्रीलिंग 'दादी' है तो 'बाबा' का 'बाबी' ठीक ही तो है। यह है हमारी देसी प्रतिभा यानी भाषा निर्माण की देसी तकनीक। शहरी बाबू तो 'बाबा' और 'दादा' दोनों के लिए 'दादी' से ही काम चलाते हैं, शब्दों के मामले में निर्धन जो ठहरे।

अगले दिन 17 सितंबर को सोमवार था। दरभंगा से हम चले तरौनी। दो मोटर साइकिलें थीं। अमिताभ का पिलियन सवार था मैं और संजय ने नीलाभ को लाद रखा था। दरभंगा भी खूब हरा-भरा है। चारों तरफ़ पानी ही पानी, मछली ही मछली। हम सुबह होते ही चल

पड़े। दो-चार किलोमीटर बाद जब शहर से बाहर निकले तो हरे-भरे खेत वर्षा के पानी से लबालब थे। उमस, ठंडी हवा, पसीना और अचानक हल्की-हल्की फुहार। पुलिया के पास विशाल भूखंड में पानी भरा था। लंगोटी बांधे नंग-धड़ंग लगभग 50 लोग जगह-जगह कमर तक पानी में खड़े थे। हरेक के हाथ में बांस की तीलियों की डलिया, जिसे कांजी कहते हैं। बड़े बिगुल के आकार जैसी कांजी, जिससे अल्युमीनियम की पतीली बंधी रहती है, जो पानी पर तैरती रहती है। गोता लगाकर लोग मखाने कांजी में भरते हैं जो छलनी का काम करती हैं। कीचड़, गाद, पानी सब कांजी से निकल जाता है। रह जाते हैं, सिर्फ़ काले-काले मखाने, जिन्हें छान-छानकर बग़ल में तैरती पतीली में डालते जाते हैं। बच्चे और बूढ़े सब लगे थे आपरेशन मखाना में। विशाल पोखर में जगह-जगह पानी में तरल द्रव्य टटोलते लोग।

कच्चा मखाना 20 रुपये किलो बिक जाता है। भूंजने के बाद इसकी कीमत है सौ रुपये किलो। एक दिन में एक मन तक निकाल लेते हैं। कम हुआ तो भी 10 या 15 किलो निकाल ही लेते हैं, बाद में इसे सुखाकर भूना जाता है। पौराणिक और आध्यात्मिक फूल कमल मैंने पिछली यात्रा में बिहार में ही देखा था। अब मखाने की जन्म-प्रक्रिया देख ली। राजगीर, वैशाली, नालंदा और पाटलिपुत्र की मां, धन्य है बिहार भूमि। यह प्राकृतिक टेक्नोलाजी अपनी ब्रजभूमि में तो दूर-दूर तक नज़र नहीं आयी। सारा बचपन ऐसे ही बीत गया। मक्खन और बांसुरी के बीच। असली मधुपुरी और वृंदावन तो आज भी यहीं है।

विशाल भूखंड पर हरी-भरो पगडंडी। अचानक बदली का छाना। कभी रिमझिम कभी हल्की नरम धूप। भरे-भरे बादलों की लुकाछिपी। अमराइयों और धान के खेतों के बीच से दो हरी लकीरों की तरह हम दो मोटर साइकिलों पर आगे बढ़ रहे थे। रास्ते में दोनों तरफ़ पोखर और पोखर में मखाना।

दरभंगा से 30 किलोमीटर पर है बड़ी तरौनी। बाबा का गांव भी प्राकृतिक सुषमा से भरपूर है। मध्य बिहार के विपरीत उत्तर बिहार प्राकृतिक सौंदर्य का धनी है। पतली डगर। सड़क पता नहीं कहां खो गयी! खेतों के बीच में पानी के साथ चलकर लो आ गया बाबा का गांव। आधुनिक बिहार ने रेणु और नागार्जुन, दो महान प्रतिभाएं दी हैं। दोनों राम की ससुराल मिथिला के वासी। तरौनी और औराही हिंगना मिथिलांचल के आधुनिक तीर्थ हैं।

दिल्ली जाकर दोस्तों के बीच खूब रौब मारेंगे 'हम बाबा के गांव देखे हैं, हम रेणु के गांव भी गये रहे।' गांव की गलियों से गुज़र रही हैं मोटर साइकिलें। तरौनी में पोखर के किनारे विशाल वृक्ष के नीचे मिट्टी का चबूतरा-सा है, किनारे पर बांस, कुछ पेड़ और कदली। चबूतरे पर 74 वर्षीया वृद्धा बैठी हैं। तालाब की ओर देख रही हैं। यही 'बाबी' हैं। चेहरे पर झुर्रियों का जाल कठोर संघर्षपूर्ण जीवन की कहानी कह रहा है। बूढ़ी फीकी आंखें। गठीला मझोला कद। वृद्धावस्था के कारण जर्जर शरीर। बाबा की तरह ही पक्का रंग।

हमने बाबी का चरणस्पर्श किया उन्होंने आशीर्वचन कहे। हमने बताया 'दरभंगा और पटना से आये हैं आपके दर्शन करने।' वह चबूतरे से उठकर चल देती हैं। हम चारों साथ हैं। दो-तीन बच्चे भी साथ हो लिये। बाबी बताती हैं, 'यात्री जी बीमार पड़ने के बाद तीन वर्ष से गांव नहीं आये हैं।' बाबी भी पटना में थीं, अभी 17 दिन पहले गांव लौटी हैं। हम भाग्यशाली हैं कि बाबी के दर्शन हुए। वे नंगे पैर हैं। खूब खांटी मैथिली बोलती हैं। मुझे बार-बार नीलाभ या अमिताभ से पूछना पड़ता है, 'क्या कह रही हैं?'

एक पक्के मकान की बग़ल से गुज़रकर हम पीछे एक अहाते में आते हैं। एक ओर खपरैल वाले दो कमरे हैं। दोनों के बाहर खपरैल का ही बरामदा। मिट्टी से लिपी-पुती जगह। पांच बांसों पर टिका है खपरैल। हम बरामदे में ही बैठ जाते हैं। दो तरफ़ पक्के मकान हैं। दो मकान सामने हैं। पीछे कच्चा खपरैल वाला घर है बाबा का।

गांव में मेहमान आये हैं। नंग धड़ंग बच्चे कर्त्तव्य पूरा करने के लिए आकर देख जाते हैं। कुछ स्त्रियां और बेकार घूमते लौंडे-लबारे भी चक्कर लगाकर चले जाते हैं। कुछ टिक भी जाते हैं। यात्री जी यानी वैद्यनाथ मिश्र के यहां अख़बार वाले आये हैं। गांव भर देखने नहीं आयेगा क्या!

बाबी बताती हैं, 'जिस तालाब के किनारे बैठी थीं, वह यात्री जी के पूर्वजों का है। यात्री जी के चचेरे भाई से तालाब को लेकर झंझट हुआ। वे लोग कहते थे, 'जब यात्री जी आयेंगे, तब बंटवारा होगा', हमने कहा कि जब यात्री जी झंझट के समय नहीं आये तो अब बंटवारे के समय क्यों आयेंगे भला! जो हमसे भिड़ेगा उसकी हम टांग काट देंगे। अब बंटवारा हो गया है। डेढ़ कट्ठा पोखर हमें मिली है। हमारे खाने लायक हो जाता है। साल में चार हज़ार रुपये का मखाना निकलता है। मछली होती है, तो आधी मल्लाह ले लेते हैं, आधे में 18 हिस्से होते हैं। हमें कुल दो किलो मिलती हैं। तालाब ठेकेदार को देते हैं, वह तीन हज़ार रुपये किराया देगा, वही मखाना उपजायेगा। अभी मखाना 85 रुपये किलो है।'

यात्री जी का जन्म यहीं हुआ। गांव में उमेश महाविद्यालय में पढ़े। इंद्रकांत मिश्र ने प्रथमा तक पढ़ाया। फिर बनारस पढ़ने चले गये। महारानी छात्रवृत्ति देती थीं। वह पढ़ाई में तेज़ थे। महारानी की छात्रवृत्ति पर पढ़ने गये, वरना बनारस में रहकर खर्च कैसे चलाते!

'गांव में अब उनका कोई मित्र नहीं है। सारे बाहर चले गये। नागेंद्र मिश्र घनिष्ठ थे। वह कटिहार चले गये। यात्री जी का कोई सहपाठी नहीं है। सब मर गये। यात्री जी के कारण काफ़ी लोग यहां आते हैं, पर जब भी कोई आता है, हम गांव में नहीं होतीं, सब हमारे पीछे ही आते हैं। केवल आप लोग हमारे सामने आये हैं।

'हमारा नाम है अपराजिता देवी। पिता कृष्णकांत झा के पास 150 बीघा ज़मीन थी। मधुबनी जिले में बक्शीटोल, हरीपुर गांव की हैं। नैहर यहां से दस कोस पर है। मुकंद झा चाचा थे। विवाह के समय हम साक्षर थीं, लिख-पढ़ लेती थीं। यात्री जी तब बनारस में पढ़ते थे। इसी घर में विवाह हुआ। मेरी आयु उस समय 12 वर्ष थी। ये 18 वर्ष के थे।

'विवाह के दो वर्ष बाद ही से साधु हो गये। तब हम नैहर में पिता के यहां रहे। वैसे भी यहां खेती नहीं थी। ये लोग खेत बेचकर खाते रहे थे। विवाह के चार वर्ष बाद ये कविता लिखने लगे, पर पहली कविता हमें नहीं सुनायी। जिस घर में विवाह हुआ वह गिर गया। 20 वर्ष पहले मैंने यह घर बनवाया।

'हमारे चार पुत्र हैं। बड़ा शोभाकांत ब्रह्मानंद कला विद्यालय दरभंगा में पढ़ाता है। सुकांत पटना में पत्रकार है। तीसरा पुत्र श्रीकांत मिश्र दिल्ली में पुस्तक प्रकाशन में है और छोटा श्यामाकांत मिश्र विदिशा (म...प्र.) में है। दो बेटियां हैं—उर्मिला और मंजु। छोटी बेटी बेगूसराय में है। यात्री जी ने घर की देखभाल कभी नहीं की। घर को झंझट मानते हैं। कभी साधु हो गये, कभी कम्युनिस्ट, कभी इधर-उधर घूमते रहे। घर से कोई मतलब नहीं। उनका जीवन

फरारी का जीवर रहा। हम या तो पिता के घर रहीं या यहां गांव में अकेली घर संभालती रहीं। हम पति-पत्नी हैं, पर दोनों का संसार अलग-अलग रहा। उन्हें बाहर से फुरसत नहीं, हमें घर-गिरस्ती से फुरसत नहीं। बच्चों की पढ़ाई-लिखाई, ब्याह-शादी किसी बात की उन्होंने कभी कोई चिंता नहीं की। स्कूल में सुकांत का नाम हमने लिखाया। घर का खर्च नैहर वाले पूरा करते थे। वहीं से सारा सामान आता था। यात्री जी ने गृहस्थी का बोझ न कभी उठाया न कभी चिंता की। वे यहां कभी ठीक से रहे ही नहीं तो बच्चों की या घर की देखभाल क्या करते! बीमारी-हारी में भी वे यहां नहीं रहे। पहले नैहर वाले हमारी देखभाल करते। जब बेटे बड़े हो गये तो बेटे करने लगे। बेटे ने ही हमें पहली बार सिनेमा दिखाया। यात्री जी ने कभी सब्जी लाकर भी नहीं दी। जेवर वग़ैरह भी बच्चों ने बड़े होकर बनवाये। पर हमने कभी शिकायत नहीं की। जिसे अपनी चिंता नहीं, ऐसे आदमी से क्या शिकायत करें! गहने आदि के लिए हमने इनसे झगड़ा कभी नहीं किया। यात्री जी बच्चों को खूब प्यार करते हैं। चारों बेटों में मुझे सुकांत सबसे अधिक मानते हैं।

'बच्चों के शादी-ब्याह मेरे भाई ने किये। ये तो सब कुछ तय हो जाने पर मेहमान की तरह आते हैं। बाहर वालों की तरह इन्हें भी निमंत्रण भेजा जाता है। गांव में आते हैं तो दो-चार दिन रहकर चले जाते हैं, टिके कभी नहीं। उनका मन बाहर ही लगता है। 'यात्री' जो ठहरे। आज़ादी से पहले जेलों में भी बाहर ही रहे, उन दिनों भी यहां नहीं रहे।

'गांव में दो-चार दिन रहकर कहते हैं—घर का कामकाज करेंगे, पर करते कुछ नहीं। लोग शिकायत नहीं करें, इसलिए इधर-उधर के क़िस्से-कहानी सुनाकर ठहाके लगाते रहते हैं। घर का झंझट है, ज़मीन का विवाद, बच्चों की पढ़ाई, शादी ब्याह, इन सबको टालने के लिए इधर-उधर की बातें करके व्यस्त रखते हैं। गांववालों को भी कविता सुना-सुनाकर भुलाये रहते हैं। पूरे इंडिया में उनके नाम का हल्ला है। उनको कोई क्या कह सकता है! उनके ही कारण पूरे गांव का देश भर में नाम ऊंचा है वरना तरौनी को कौन जानता! दुनिया भर के लोग उनके ही कारण यहां आते हैं। जब भी यात्री जी गांव आते हैं तो पूरा गांव आ जाता है। पूरा घर भर जाता है। खूब गपशप चलती है। पूरा गांव उन्हें सिर-आंखों पर रखता है। कभी यहां कभी वहां, लोग उन्हें छोड़ते ही नहीं। जब पूरा देश उन्हें प्यार करता है तो उनकी जन्मभूमि के लोग नहीं करेंगे क्या!'

दालान में खड़े हैं कमर तक नंगे राजाराम यादव। कविता की बात चलने पर बोले, 'यात्री जी जिससे मिलते हैं, उसी को कविता पढ़कर सुना देते है। हम उनके गोड़ (पांव) लगते हैं तो हमें कविता सुना देते हैं :

छिट्टा में पाकल आम
गम गम करई दालान

(छिट्टा अर्थात टोकरी) ऐसी तुकबंदी सुनाकर प्रसन्न कर देते हैं।'

गांव की लड़कियां सेवा में जुटी हैं। बाबी हमें नाश्ता कराती हैं। चाय और आलू के चिप्स। बाद में पान भी हैं। बार-बार मना करते हैं, पर बाबी नहीं मानतीं।

बाबी बताती हैं : 'ज़मीन वग़ैरह हम ही बचाये हुए हैं। खुद खेती कराकर हम सब हिसाब-किताब रखती हैं। बेटे-बेटियों के घर और रीति-रिवाज भी हमें ही देखने होते हैं।

उन्हें इस बारे में कुछ नहीं मालूम। अब पांच कट्ठा ज़मीन है। धान होता है। सुभद्र यादव बटाई पर हमारा खेत देखता था। एक साल में तीन या चार मन धान और दो मन गेहूं होता था। बैंगन, आम, तोरई, भिंडी, झिंगुनी आदि सब्जी होती है। बांस पूरा है, केला भी है। इनको बेचते नहीं हैं, आम भी नहीं।

'यात्री जी का सारा जीवन ग़रीबी में कट गया इसलिए उन्हें ग़रीबों से सहानुभूति है। वे ग़रीबों के ही कवि हैं। ग़रीबों की ही पार्टी के साथ रहे। गांव आते हैं तो यादव-धानुकों के बीच जाकर बैठ जाते हैं। शान-शौकत पसंद नहीं। उन्हें ग़रीबों के बीच ही अच्छा लगता है। एक कोठी वाले ने कहा, 'मूर्ख हो। ब्राह्मण होकर नीचे जाति वालों के बीच क्यों बैठे हो।' ये बोले, 'मैं सफ़ेद कपड़े वालों के पास भी बैठता हूं, पर असली खुराक यहीं मिलती है। मुझे यहां बैठने से जो लाभ होता है वह आप नहीं समझोगे।'

'ज़मींदारी जा रही थी। बैजनाथ सिंह ज़मींदार ने इन्हें बुलाया। उन्हें पांच बीघा ज़मीन दे रहे थे। यात्री जी ने इनकार कर दिया। बोले, 'हम क्या करेंगे ज़मीन का!'

दरभंगा में महाराजा ने कई बार कविता पढ़ने के लिए बुलवाया पर ये कभी गये नहीं। चाहते तो महाराज से लाभ उठा सकते थे, पर नहीं गये। इनमें बड़े आदमियों वाला कोई गुण नहीं–न भांग, न तंबाकू खाते हैं, न शराब पीते हैं। यात्री जी को हरी सब्ज़ी और माछ बहुत पसंद है। मैं भगवती की पूजा करती हूं। ये पूजा पाठ नहीं करते पर मुझे रोका कभी नहीं। बच्चे भी पूजा करते हैं। मैंने इनसे पूजा करने को कभी नहीं कहा। कम्युनिस्ट हैं। ईश्वर को नहीं मानते, पूजा-पाठ क्या करेंगे! ऐसे आदमी से कुछ भी कहना बेकार है। हमें वे 'बउआ' कहकर बुलाते हैं। 'बउआ' अर्थात् बहू। इनकी सब कविताएं तो हमने नहीं पढ़ी, फिर भी बहुत पढ़ी हैं। 'इंदु जी इंदु जी क्या हुआ आपको!' कविता लिखी, जिसके कारण बक्सर जेल में डेढ़ साल बंद रहे। कविता के मामले में हमसे राय नहीं लेते। इस समय कोई कविता याद नहीं आ रही।

'हमने उपन्यास पढ़े हैं। *रतिनाथ की चाची* और *इमरतिया* बढ़िया हैं। लोग मांगकर ले जाते हैं, फिर वापस नहीं करते, इसलिए घर में इनकी कोई किताब नहीं है।

'मैं इनके साथ दिल्ली या पटना नहीं गयी। यदि मैं इनके साथ रहकर इधर-उधर भटकती रहती तो बच्चे पढ़ते कैसे! मैंने घर संहाला, बच्चों को देखा, इन्होंने बाहर साहित्य और राजनीति की। दोनों का काम ज़रूरी था। वैसे मैं पांच बार अकेली दिल्ली जा चुकी हूं। ख़राब जगह नहीं है, लेकिन जो बात अपने गांव में है, वह दिल्ली में कहां!

'बच्चे पूजा में गांव आते हैं! अभी पोखर की समस्या है, इसलिए गांव छोड़कर नहीं जा सकती। मैं हर छह माह बाद दिल्ली जाती हूं। अकेली ही जाती हूं। यहां से समस्तीपुर, वहां से ट्रेन लेती हूं। दिल्ली में स्टेशन पर उतर कर स्कूटर वाले से कहती हूं, 'सादतपुर चलो' और सीधी घर पहुंच जाती हूं। कभी किसी ने तंग नहीं किया। 20 साल पहले पहली बार दिल्ली गयी, तब भी कोई डर नहीं लगा।

'मैं हर चुनाव में वोट ज़रूर डालती हूं। इंदिरा गांधी को ही वोट देती रही हूं। स्त्री होकर स्त्री को वोट नहीं देगी? यह तो ज़रूरी है। इस बार सबने कहा, शकील उर रहमान को दो। हमने भी उन्हीं को दिया।'

बातचीत के बाद फोटोग्राफी हुई। जिस खपरैल के नीचे बैठे थे–वहीं सामने पुराने घर

का ढेर हैं–ईंटें और झाड़-झंखाड़! यही पुराना घर था जो ढह गया। बाबा को वहीं खड़ा करके फ़ोटोग्राफ़ी होती है।

तरौनी गांव रमणीक है। दोनों ओर कमर तक की ऊंचाई वाले धान पानी भरे खेती में लहरा रहे हैं। बीच-बीच में अमराइयां। केला और बांस कम हैं। ब्राह्मणों का गांव है, कर्मकांड और पूजा-पाठ करके गुज़र-बसर करने वाले लोग। गांव में 300 घर ब्राह्मणों के हैं। दूसरा नंबर है यादवों का, जिनके 25 घर हैं। पांच हज़ार की जनसंख्या वाले इस गांव में राजपूत कोई नहीं है। मुसलमान, बढ़ई, हज्जाम और धोबी भी नहीं है।

मंडल लोगों के भी 25 घर हैं। कुम्हारों के सात, दुसाधों के तीन और चमारों के दो परिवार हैं। गांव में सबसे धनी हरिश्चंद्र झा हैं। कभी इनके पास 60 बीघा ज़मीन थी। बिक-बिका गयी। अब 35 बीघा है। झा जी भी संस्कृत के पंडित थे। गांव में पक्के मकान भी हैं और मार्बल चिप्स के भी। धनी गांव है। पश्चिमी उत्तर प्रदेश के गांवों जैसा साफ़-सुथरा, हरा-भरा, पर भूमि पंजाब और हरियाणा जैसी नहीं है। किसान खाद और उर्वरक का प्रयोग नहीं करते। फ़सल उत्पादन के आधुनिक तामझाम से दूर अपने आप जो कुछ हो गया, उसी पर संतोष। गांव में उमेश महाविद्यालय कालेज है। 150 छात्र हैं। उपनिषदों की जन्मभूमि और राजा जनक के इलाके में बौद्धिक गतिविधि और सफ़ाई-सुथराई तो स्वाभाविक है। स्त्रियां केवल धोती पहनती हैं, ब्लाउज नज़र नहीं आते। कारण–ग़रीबी या गर्मी, पता नहीं।

जयानंद झा कांग्रेसी हैं। वह बाबा के समवयस्क हैं और अंतरंग भी। उनके घर गये। ऊंचे लिपे-पुते कच्चे चबूतरे पर बैठे थे। शरीर पर मात्र धोती और जनेऊ। साफ़ सुथरा बड़ा-सा आंगन, फूलों की क्यारियां। बाबा के घर की तरह यहां विपन्नता और जर्जरता नहीं। नागार्जुन के बचपन में गांव कैसा था और अब कैसा है, इस बारे में झा जी बताते हैं :

'यह विद्वानों का गांव है। यहां तब सब संस्कृत के विद्वान थे, अब सब अंग्रेज़ी के विद्वान हैं। संस्कृत के विद्वान गांव में ही रहते थे। अंग्रेज़ी के विद्वान होते ही लोग बाहर चले गये। अंग्रेज़ी विद्वानों को गांव पसंद नहीं आता। उन्हें शहर में ही सुविधा मिलती है। हमारे बचपन में गांव में गोभी, टमाटर और लालटेन कोई नहीं जानता। टमाटर को विलायती बैंगन कहते थे। गांव में कोई गोभी लाता तो खूब हल्ला होता कि 'देखो, क्या लाया है!' अब तो गोभी और टमाटर की तरफ़ किसी का ध्यान ही नहीं जाता। गांव में ही खूब होती है गोभी।

'स्वराज की लड़ाई चल रही थी। तिलक और पटेल की रचनाएं हम लोग पढ़ते थे, उनसे प्रभावित होकर मैं कांग्रेसी हो गया।'

'मैं यात्री जी से उम्र में थोड़ा छोटा हूं। बचपन में हम दोनों कुश्ती लड़ते थे और कबड्डी खेलते थे। मैं कांग्रेस में था, बाद में वे कम्युनिस्ट हो गये। वे पूरा देश घूमकर आते और कहते 'हिंदुस्तान में कम्युनिज़्म होना चाहिए।' मैं उनका मज़ाक़ उड़ाता। दोनों में खूब विवाद होता। विवाद विनोदपूर्ण होता था–मित्रों वाला। उसमें कटुता नहीं थी।'

'मैं कहता, 'तुम बिना सिद्धांत के आदमी हो। दिल्ली की कहकर जाते हो, पहुंच जाते हो नेपाल। बंबई बताते हो तो कलकत्ता पहुंच जाते हो। कभी सत्याग्रह, कभी बौद्ध, कभी कम्युनिस्ट, तो कभी संपूर्ण क्रांति– एक जगह टिकते नहीं।' बहस में खूब मज़ा आता। वे झगड़े वाले आदमी नहीं हैं। उनका किसी से भी कभी झगड़ा नहीं हुआ। घर में औरतों में झगड़ा होता, पर उनसे कभी नहीं हुआ। जिससे झगड़े की आशंका होती है, वे उसी के घर

जाकर गप्प करते। तब झगड़ा क्या होता! मैं उनकी आलोचना करता तो वे हंसते रहते। अब तो बहुत कम गांव आते हैं।

'किताब छपते ही मुझे देते रहे, पर मेरे पास उनकी कोई किताब नहीं है, लोग मांगकर ले जाते हैं, वापस नहीं करते। यात्री लिखने-पढ़ने में जवान हैं मगर देह से थोड़ा जर्जर हैं, दमा के रोगी हैं। उन्हें देहाती भोजन पसंद है। यात्री जी के पिता गोकुल मिश्र थे। ये माता-पिता की अकेली संतान हैं। चार बरस के थे कि मां का निधन हो गया, पिता ने ही पाला। घर में पिता और पुत्र दो ही जन। पिता गांव में पूजा-पाठ करते थे। यात्री टुअर (मातृहीन) थे, इसलिए पिता के बहुत दुलारे थे। पिता इन्हें मारते नहीं थे।

'यात्री जी का विवाह हुआ, ससुर बड़े ज़मींदार थे। साला कचहरी में चपरासी था। उस समय यह ऊंचा पद माना जाता था। ससुर बाद में ग़रीब हो गये। विवाह के बाद यात्री जी घर में टिके नहीं। पत्नी को परिवार का सुख नहीं दे पाये। यात्री जी के मन में कहीं यह तकलीफ़ रही। पत्नी अपराजिता देवी पर कविता लिखी :

हूं पराजित
व्यर्थ ही
अपराजिता है नाम मेरा

'यात्री जी संस्कृत पढ़ते थे। तभी नौकरी मिली। यहां पिता बहुत खुश हुए, पर वे नौकरी छोड़कर तिब्बत चले गये। चीन गये। राहुल जी से मिले तो बौद्ध हो गये। जनेऊ उतारकर फेंक दिया। संन्यासी बनने पर 'अंतिम प्रणाम' कविता लिखी :

मां मिथिले
ई अंतिम प्रणाम

'जब भिक्षु हो गये तो गांव में पिता बहुत दुखी हुए, बहुत रोये। जिसका एकमात्र पुत्र घर छोड़ दे, उसकी क्या हालत होगी! पिता का तो अंतिम सहारा भी नष्ट हो गया। गठरी बांधकर काशी चले। मेरी आयु तब 22 वर्ष थी। मैं रास्ते में मिला। मैंने उन्हें बहुत समझाया, पर उनका दुख कम नहीं हुआ। उनकी गठरी लेकर मैं सकरी तक गया। वे बेटे को खोजने काशी गये, वहीं उनका निधन हो गया, पर पुत्र से भेंट नहीं हुई। उनका श्राद्ध भतीजे ने किया। बाद में जब यात्री गांव लौटे तो मागध ब्राह्मणों ने विरोध किया, वे लंका आदि गये थे समुद्र पार, जो कि अपराध था। उन्हें गंगाजल से नहलाकर संस्कार किया गया। दोबारा जनेऊ पहनाकर हिंदू बनाया गया।

'चंपारन में राहुल सांकृत्यायन ने किसान आंदोलन किया तो यात्री जी जेल गये। मैं जेल कभी नहीं गया। वारंट ज़रूर निकले, पर जेल यात्रा नहीं हुई।

'मैं रहा कांग्रेसी और उन्होंने सारी कविताएं कांग्रेस सरकार के विरुद्ध लिखीं, *'बीच रोड पर मचल रही है, तीस हज़ारी कार'*। फिर भी हमारी मित्रता क़ायम रही। बचपन की दोस्ती ठहरी। राघबपुर ड्योढ़ी के ज़मींदार दरभंगा महाराज के वंशज थे। वे रियाया पर खूब अत्याचार करते। मुफ़्त तेल और दूध ले जाते। दूध का दाम दस सेर का था। उस समय कोई घर बनता तो सिपाही आकर खूब जुर्माना करता। जो मन में आता छीन ले जाता। सिपाही लोगों को मारते थे। यात्री जी ने मैथिली में 'फेकनी' कविता लिखी। वह यहां के बारे में है। जिस स्त्री से दूध लेते थे, उसी पर कविता लिख दी :

छैं रखने पौआही फुच्ची दैवहिक देल,
दै छही मिला तइओ अँटकर सँ पानि नित्त।

'सारे ग्रामीण उन्हें बड़ा विद्वान और कवि मानते हैं। दूर-दूर तक उनकी प्रतिष्ठा है, उन जैसा विद्वान यहां कोई नहीं है। गांव के कई लोग कमिश्नर और कलक्टर बने हैं, पर यात्री जी की मान्यता सबसे ऊपर है। कमिश्नर और कलक्टर को बाहर कौन जानता है! हमारे गांव को लोग 'यात्री जी का तरौनी' कहते हैं। तरौनी उनका पर्याय है।'

गांव को प्रणाम करके हम सकरी लौट रहे हैं। चंडीगढ़ पर पंजाब और हरियाणा दोनों का अधिकार है, इसी तरह की स्थिति सकरी की है। आधा ब्लाक मधुबनी में है, आधा दरभंगा में। जगह-जगह विश्वकर्मा पूजा हो रही है। लाउडस्पीकर लगे हैं। दो-चार वर्ष पूर्व बिहार में विश्वकर्मा पूजा कोई नहीं जानता था, यह नया चलन है। ज़ाहिर है, इसके पीछे राजनीति का खेल है। 'तरौनी का नागार्जुन' या 'यात्री जी की तरौनी' दोनों अमर हैं। हर राजनीतिक करवट और हर सामाजिक घटना पर काव्यात्मक प्रतिक्रिया करने वाले बाबा अपने गांव को कैसे भूल जाते! उन्होंने तरौनी पर भी 'जोड़ा मंदिर' कविता लिखी है :

'ए हो सरगुज बाप मां की समाधि पर
तरौनी गांव में कहां किसी ने खड़ा किया था जोड़ा मंदिर।'
...
फिर मेरी नज़रों को थाहता बोला सरजुग—
फुसफुसाहट के स्वर में :
'तरौनी गांव के बाबू-भैया सभी
हंसी उड़ाते हैं मेरी'
इस पर कहा मैंने सरजुग से:
'धत पगले, ऐसा भी कोई बोले!
पता नहीं है तुझे?
तरौनी गांव के बाबू-भैया लोग
हंसी उड़ाते हैं मेरी भी।'

बाबा दुनिया भर में घूमते रहे, पर लिखना-पढ़ना उनकी पहली प्राथमिकता है। भला यह स्वधर्म अपने गांव में कैसे छूट जाता! 1946 में 'कृतिका नक्षत्र में' और 1949 में 'जेठक विकट दुपहरिआ' जैसी कविताएं उन्होंने तरौनी में ही लिखी थीं।

संस्मरण

स्मृतियां और चिट्ठियां

रामविलास शर्मा

अवध से दूर नागार्जुन मिथिला जनपद के कवि हैं। उन्होंने मैथिली में रचनाएं की हैं। हिंदी में तो उनकी रचनाएं प्रसिद्ध हैं ही। जनआंदोलनों से वह घनिष्ठ रूप से जुड़े रहे हैं। सोद्देश्य, राजनीतिक, व्यंग्यपूर्ण रचनाओं के अपने ढंग के, हिंदी में वह एक ही कवि हैं। भारतेंदु-युग की परंपरा उनमें पूरे विकास और निखार पर दिखायी देती है। अगस्त 1946 के पत्र में उन्होंने अपनी हिंदी और मैथिली, दोनों भाषाओं में रचनाओं का जिक्र किया है। किसी प्रगतिशील लेखक सम्मेलन में उनसे पहले पहल भेंट हुई थी। भेंट होने पर उनसे बहुत-सी कविताएं मैंने सुनीं, हिंदी और मैथिली में। कविताएं सुनने के साथ ही हम दोनों में घनिष्ठता हो गयी। नागार्जुन ने अपना एक उपनाम 'यात्री' रखा था। बड़ा सार्थक नाम था। त्रिलोचन की तरह वह भी बहुत कुछ घुमंतू जीवन बिताते रहे हैं। कुछ दिन इलाहाबाद में थे। मैं भी पहुंचने वाला था। कैसी जगह में रहते थे, उसका चित्र यह हैः 'यहां जगह मिल सकती है मगर मकान में बिजली और बंबा नहीं। रामजी के आसरे और सब ठीक है। सामने-पीछे की खिड़कियां खोल दो तो गंगा भागीरथी पुण्या और छोटी लाइन का पुल बिलकुल क़रीब है।' मैं इस घर में गया हूं और खिड़की खोल कर गंगा और छोटी लाइन के पुल का दृश्य भी देखा है। गंगा भागीरथी पुण्या मानो पुरानी दुनिया की याद दिलाती है और छोटी लाइन नयी दुनिया की। नागार्जुन का संबंध पुरानी दुनिया से था और नयी दुनिया से भी। इस पत्र में उन्होंने निराला से मिलने पर, जिस ढंग से निराला बातें करते थे, उसका उल्लेख भी किया है। त्रिलोचन की तरह नागार्जुन भी निराला-काव्य के प्रेमी थे। हम दोनों की मैत्री का यह भी एक आधार था। सन् '57 के पत्र में उन्होंने लिखा था कि वे निराला से मिलने गये : 'आज दारागंज गया था। निरालाजी मध्याह्नोत्तर विश्राम ले रहे थे। सोये हुए थे। फिर भाभी से मिलने हरभजन दास का मंदिर चला गया। लौटते वक़्त नहीं जा सका निराला जी के यहां। 23 को फिर जाऊंगा।' ये भाभी वैसी ही कोठरी में रहती थीं जिसकी खिड़की खोलने पर गंगा और छोटी लाइन का दृश्य दिखायी देता था। मैंने उनके दर्शन किये हैं और उनके हाथ का बनाया हुआ भोजन भी किया है। मैंने कहीं लिखा था, वह नागार्जुन की भाभी होने के सर्वथा योग्य हैं। उनसे मिलने जा कर फिर उसी दिन निराला से मिलने का समय न मिला, तो यह कोई बहुत अस्वाभाविक बात नहीं थी। निराला के अतिरिक्त केदारनाथ अग्रवाल की कविताओं से भी नागार्जुन को प्रेम था। मैत्री का यह दूसरा आधार था। वह बांदा गये। केदार के साथ रहे। उन पर कविता लिखी : 'बांदा स्मृति और केदार पर कुल मिलाकर 99 लाइनों की एक लंबी

कविता तैयार की है। खूब अच्छी बनी है। मिलने पर सुनाऊंगा।' केदार ने भी नागार्जुन के बांदा आने पर कविता लिखी थी। कवियों के अतिरिक्त वह वृंदावनलाल वर्मा के साहित्य के प्रेमी भी थे। मैं तो था ही। लिखा था : 'और यदि मूड आ गया तो दो-तीन रोज़ झांसी वृंदावनलाल वर्मा के साथ कुछ वक़्त बिताने की लालसा जाने कब पूरी होगी।' यह तब की बात है जब वह आगरा आने वाले थे। आगरा तो आये थे। उसके बाद झांसी गये कि नहीं, मुझे ठीक याद नहीं। कभी-कभी उनका गद्य शमशेर की याद दिलाता है : 'अब, चूंकि, अप्रैल के अंत तक यहां रहना ही है और फिर सितंबर में दिल्ली वापस लौटकर इसी प्रकार दूसरे अप्रैल तक यहां रहना है यानि प्रति वर्ष 8 महीने के अनुपात में दिल्ली निवास का इरादा :

'अरे भाई, नहीं!

अरे भाई, हां!'

ये पत्र कहां से लिखा था, यह पता लगाना कठिन नहीं है, क्योंकि अंतर्देशीय पत्र पर पीछे राजकमल प्रकाशन, दिल्ली छपा हुआ है। अपने वाक्यों की व्याख्या करते हुए आगे उन्होंने लिखा : 'दरअसल बात यह है कि यहां प्रकाशकीय सुविधाएं इतनी प्रचुर हैं कि अगले 10-20-30 वर्ष यदि यहीं गुज़ार सकूं तो जाने कितना विपुल वाङ्मय लोगों के लिए सुलभ कर दूं। जी, साहब!...आधा दर्जन बड़े प्रकाशक मुझे थिरकाते रहते हैं—साहब, इत्ता अच्छा आपकी मार्किट है, मगर आप तो जाने क्या करते रहते हैं। लिखते ही नहीं...आदि आदि। अब बतलाओ तुम्हीं कि अर्जुन नागा नाम का यह जंतु क्या करे।' अपने नाम की संधि का विच्छेद करके अर्जुन ले आये पहले और नागा रखा बाद में। दिलचस्प बात है कि मई सन् '46 में उन्होंने जो पत्र लिखा, उसमें नाम भिक्षु नागार्जुन लिखा था। नागार्जुन को भिक्षु रूप में अब शायद ही कोई याद करता हो। 1946 के पत्र में नागार्जुन ने लिखा था : 'नीयत है कि चार रोज़ जमकर तुम्हारे साथ रहूं।' जमकर साथ रहने का मतलब है खूब कविताएं सुनायें और खूब बातें करें। 1981 में मैं दिल्ली आ गया था। अप्रैल 1983 में नागार्जुन ने लिखा : 'पहली मई को 4 बजे अवश्य पहुंच रहा हूं...इस बार बातें तो होंगी ही, कविताएं भी सुनायेंगे, हिंदी और संस्कृत की ताजा रचनाएं...' उसके बाद केदार एक बार दिल्ली आये। मैं उनके साथ नागार्जुन के घर उनसे मिलने गया। फिर सुना वह अस्वस्थ रहने लगे हैं और दरभंगा चले गये हैं।

भारत में जितनी कम्युनिस्ट पार्टियां हैं, उतने ही उनसे जुड़े हुए साहित्यिक संगठन हैं। इन सबकी गतिविधि पर नागार्जुन ध्यान रखते थे। नवंबर 1970 के पत्र में उन्होंने लिखा था : 'अफ्रो-एशियाई का बड़ा ज़ोर है...तुम तो नहीं आ रहे? युवक साहित्यकारों ने 16 वाली मीटिंग में मुल्कराज की बड़ी रगड़ाई की...शिवदान और सज्जाद ज़हीर भी खींचे गये...।' त्रिलोचन की तरह कभी-कभी नागार्जुन उग्रपंथियों के जन संस्कृति मंच के प्रति भी अपनी सहानुभूति प्रकट करते थे। इसी पत्र में आगे लिखा है : 'यह साफ़ है कि इंदिरापंथी और रूसपंथी साहित्य-पुरोहितों की अगवानी में बाहर के काफ़ी मेहमान यहां जुटेंगे। बाहर से गुरिल्ला जन-पुत्रों के बारे में भले ही दो-चार शब्द कह सुन लिये जायेंगे मगर श्रीकाकुलम् में, बंगाल में, और अन्यत्र सैकड़ों की तादाद में जो धरती-पुत्र मारे जा रहे हैं, उनकी याद तक नहीं की जायेगी। ठीक है, सरकारी हिंसा हिंसा न भवति।' जो गुरिल्ला मारे जा रहे थे, उनकी हत्या का विरोध करना उचित था। पर साथ ही यह बताना भी आवश्यक है कि इक्का-दुक्का

या छोटे-मोटे गुट बनाकर हिंसा करने से क्रांति नहीं होती। क्रांतिकारी आंदोलन किस तरह का होता है, यह 1946 के जन-उभार का अध्ययन करने से ज्ञात होगा। बड़े पैमाने पर मज़दूरों और किसानों का संगठन किये बिना हिंसक या अहिंसक किसी तरह की क्रांति भारत में संभव नहीं है। इन उग्रपंथियों के साथ एक कठिनाई यह भी है कि वे भारत की जातीय समस्या नहीं समझते, हिंदी प्रदेश की एकता पर ज़ोर नहीं देते। भारत में जो दीर्घ काल से राष्ट्रीय चेतना का विकास हुआ है, उसे नज़रंदाज़ करते हैं। परंतु इन सब भ्रांतियों का बहुत बड़ा कारण प्रमुख कम्युनिस्ट पार्टियों की अपनी कमज़ोरी है। वे भारत में, और विशेष रूप से हिंदी प्रदेश में, एक शक्तिशाली जन-संगठन खड़ा नहीं कर पाये। और कांग्रेस की नीतियों से जब जनता में क्षोभ बढ़ा, तो उससे लाभ उठाया दक्षिणपंथी प्रतिक्रियावादी दलों ने। इसलिए नागार्जुन की आलोचना से बिदकने के बदले उस पर ध्यान देना चाहिए कि ऐसा लेखक जो कम्युनिस्ट आंदोलन से इतना घनिष्ठ रूप में जुड़ा हुआ था, वह ऐसी बातें क्यों लिख रहा है। मेरी नीति यह है कि सभी कम्युनिस्ट गुटों को राजनीतिक स्तर पर अल्पतम कार्यक्रम तय करके संयुक्त आंदोलन चलाना चाहिए और इसी तरह साहित्य में विभिन्न प्रगतिशील संगठनों को न्यूनतम कार्यक्रम तय करके, मिलकर अपना साहित्यिक आंदोलन चलाना चाहिए। एक-दूसरे की आलोचना ज़रूर करते रहें, पर साथ मिलकर काम करना भी ज़रूरी है। बहुत-सी बातें सिद्धांत-चर्चा से स्पष्ट नहीं होतीं। वे काम करने और अनुभव प्राप्त करने से ही स्पष्ट होती हैं।

यादों भरे वे दिन

रामशरण शर्मा 'मुंशी'

उस समय तक मैं दिल्ली का बाशिंदा नहीं हुआ था। 'साइटिका' से पीड़ित अवस्था में खुर्जा में रहता था जहां मेरी पत्नी (अब स्वर्गीय) श्रीमती धनवंत कुमारी शर्मा लड़कियों के एक कॉलेज में अध्यापिका थीं। पत्नी के (जिन्हें सब 'धन्नो' जी कहते थे) एक फुफेरे भाई ने, जिनकी ससुराल दिल्ली में थी, दिल्ली चल कर एक वैद्य जी को दिखा लेने पर बहुत ज़ोर डाला था। अतः उन्हीं के साथ मैं पहली बार दिल्ली आया और उनकी ससुराल में ही ठहरा था। वैसे तत्कालीन बंबई के सैंडहर्स्ट रोड स्थित केंद्रीय कार्यालय में कार्यरत अवस्था में जब इस बीमारी का शिकार बना था, वहां कई जगह मेरा इलाज कराया गया जिनमें सबसे लंबा इलाज मुंबई के जे...जे...हॉस्पिटल में चला था। उसके जनरल वार्ड में मुझे तीन महीने रहना पड़ा था। किंतु हालत में कोई सुधार न होने पर, डॉक्टरों की राय से, जलवायु बदलने के लिए मुझे मेरे प्रांत उत्तर प्रदेश भेज दिया गया था। उत्तर प्रदेश आने के बाद भी हालत सुधरने के बजाय बिगड़ती ही गयी। एक महीना मुझे लखनऊ के अस्पताल में भी बिताना पड़ा था। कुछ समय बाद मैं जब अपने एक भाई के निमंत्रण पर, जो बुलंदशहर में थे, रहने गया तो हालत में कुछ सुधार के आसार नज़र आये। लेकिन शरीर तब भी टेढ़ा का टेढ़ा था।

खुर्जा बुलंदशहर के पास ही है। धन्नो जी के वहां अध्यापिका हो जाने पर मैं भी खुर्जा चला आया था। डायसन कार्टर की पुस्तक 'सिन एंड साइन्स' का अनुवाद मैंने पी...पी.. .एच...के लिए, खुर्जा में रहते हुए ही किया था। हिंदी में वह 'पाप और विज्ञान' नाम से छपी। यहां यह बता देना प्रासंगिक होगा कि श्री नरोत्तम प्रसाद नागर मेरी बीमारी की हालत का जायज़ा लेने बुलंदशहर आकर मुझसे मिले थे।

नागार्जुन के 'प्रथम दर्शन' का सुयोग भी मुझे उन्हीं के कारण उपलब्ध हुआ।

नागर जी उन दिनों दिल्ली में 'सोवियत भूमि' पत्रिका के संपादकीय विभाग में कार्यरत थे। मैंने उनके घर पत्र डाल कर उन्हें सूचित कर दिया था कि अमुक दिन मैं दिल्ली पहुंचूंगा और अपने एक रिश्तेदार के यहां अमुक पते पर ठहरूंगा। नागर जी वहां आकर मुझसे मिले थे। एक दिन वह मुझे पहाड़ी धीरज के अपने किराये के मकान पर भी ले गये थे।

उन्हीं दिनों एक शाम उन्होंने दिल्ली की कपड़ा मिल के कुछ मज़दूर साथियों से मेरी मुलाक़ात कराने का कार्यक्रम बनाया। उन्हें शंकर शैलेंद्र से मेरी घनिष्ठता के बारे में मालूम था; यह भी कि मुंबई में मैं अक्सर शनिवार की शाम को शैलेंद्र की 'खोली' पर जाया करता था, जहां दूसरे मज़दूर साथी भी आ जाते थे और हम लोग वहां अपने-अपने दिमाग़ के 'बोरे'

उलटते थे जिससे शैलेंद्र को कविताओं के लिए 'मसाला' और मुझ जैसे व्यक्ति को 'काफ़ी सोचने-विचारने को' मिल जाता था। इसलिए दिल्ली के मज़दूर साथियों से मिलने के कार्यक्रम का मैंने खुले दिल से स्वागत किया था।

दिल्ली मेरे लिए अपरिचित, भद्र-जनों की नगरी थी। यहां मैं दूसरों के सहारे आया था, दूसरों के सहारे ही कहीं आ-जा सकता था। निश्चित दिन निश्चित समय पर नागर जी आ गये और कभी बस से कभी पैदल चल कर कुछ समय बाद हम दोनों अपने गंतव्य स्थान पर पहुंच गये। जिन साथी के दरवाज़े पर हम लोग रुके उनका नाम लाल बिहारी पांडे था। वह यूनियन में सक्रिय होने के साथ ही, पार्टी सदस्य भी थे। उन्हीं के चबूतरे पर हम लोग जमे। कुछ ही देर में अन्य मज़दूर साथियों का आना शुरू हो गया। साथियों के एकत्र हो जाने पर नागर जी ने संक्षेप में मेरा परिचय दिया। नागर जी जिन साथियों को जानते थे, उनका परिचय स्वयं देते थे, पर जिनके बारे में नहीं जानते थे उनके परिचय के लिए पांडे जी की ओर संकेत कर देते थे। मसलन, एक साथी का जो लगभग मेरी ही उम्र के थे, परिचय कराते हुए नागर जी ने बताया, 'ये कामरेड ओमप्रकाश शर्मा हैं। मिल में काम करते हैं, जासूसी और सामाजिक उपन्यास भी लिखते हैं।' मुझे बड़ी प्रसन्नता हुई कि एक मज़दूर लेखक से परिचय हुआ। ज़्यादातर साथी मेरे नाम से परिचित थे क्योंकि मैं मुंबई में 'जनयुग' से संबद्ध था। मैं खड़ा हुआ उनसे हाथ मिलाता और उनके हालचाल पूछता जाता। मुझे पता चला था कि धुनाई-सफ़ाई खाते की गर्द से ओमप्रकाश शर्मा के गले व छाती में दर्द रहता है; शायद उन्हें मिल की नौकरी छोड़नी पड़े। यह बात मैंने मन में नोट कर ली। बाद में दिल्ली में बसने पर, उन साथी से घनिष्ठ मित्रता हो गयी।

यह क्रम चल ही रहा था कि एक बुजुर्ग आगंतुक का, जो मटमैला सा कुर्ता पहने, कंधे पर लाल अंगौछा डाले, मेरी ओर बढ़े आ रहे थे, स्वयं परिचय कराते हुए नागर जी ने कहा, 'ये नागार्जुन हैं।' वैसे तो मैं बुजुर्ग को देख कर पहले ही कुछ 'अतिरिक्त विनम्रता' धारण कर चुका था। पर मुझे अपने कानों पर विश्वास नहीं हुआ। मुझे लगा, नागर जी ने मज़दूर साथी का जो नाम बोला है वह मैंने ग़लत सुना है (नागर जी वैसे भी बहुत धीरे बोलते थे)। इसलिए मैंने पूछा, 'कौन?...' इस बार उन्होंने ज़रा ज़ोर से बोलने की कोशिश करते हुए कहा, 'नागार्जुन।' मेरी स्व-आरोपित 'अतिरिक्त विनम्रता' वहीं पानी-पानी हो गयी।

नागार्जुन ने प्यार से मेरे कंधे पर हाथ रख कर पूछा, 'तुम्हीं रामविलास के भाई मुंशी हो?' मैंने अपनी झुकी मुंडी स्वीकृति में हिला दी। नागार्जुन को उस शाम के कार्यक्रम की सूचना थी।

नागार्जुन के नाम से मैं बंबई से ही परिचित था। केदारनाथ अग्रवाल और नागार्जुन – हिंदी जगत की इन दो विभूतियों की अपने मित्रों से और घर पर भी – अक्सर चर्चा होती रहती थी। जब मैं छात्र था, उस समय से ही कवि केदार को जानता था। नागर जी से भी उनका परिचय लखनऊ से प्रकाशित 'चकल्लस' के दिनों से था। नागार्जुन की कविताएं भी हम लोग बड़े मनोयोग से पढ़ते थे। मुंबई में व्यतीत हुए दिनों में शैलेंद्र से भी इन दोनों कवियों की सहज-सरल भाषा व 'गहरी पकड़' पर चर्चा होती थी।

मुझे एक बात पर अपनी पत्नी से ईर्ष्या थी। मैं जिन दिनों मुंबई के जे...जे...हॉस्पिटल

के जनरल वार्ड में था, मुझे पता चला था कि आगरा के पास चूड़ी बनाने के मशहूर केंद्र फीरोज़बाद में चूड़ी मज़दूरों की एक सभा हुई थी। वहां के मज़दूरों के बीच पार्टी का काम अच्छा था। मेरी पत्नी उन दिनों पार्टी में खूब सक्रिय थीं। (बाद में वह कॉ...रुस्तम सैटिन समेत उ.प्र...में पार्टी कन्ट्रोल कमीशन की सदस्य भी रहीं)। उन्हें सभा का अध्यक्ष बनाया गया था। उस सभा में नागार्जुन भी उपस्थित थे और उन्होंने अपनी कविता 'कांग्रेस की बूढ़ी गाय' तथा अन्य कुछ कविताएं सुनायी थीं। उस सभा को मेरे भाई साहब (राम विलास जी) ने भी संबोधित किया था।

मुझे ईर्ष्या इस कारण थी कि वह न सिर्फ़ मुझसे पहले से नागार्जुन से परिचित थीं, वरन् उनका कविता-पाठ भी सुन चुकी थीं।

बाद में, मेरे दिल्ली में आ बसने पर, तुर्कमान गेट के 2203, गली डकौतान वाले मकान में नागार्जुन से अक्सर भेंट होती रहती थी। उस मकान के नीचे के हिस्से के अलग-अलग कमरों में सपरिवार मैं, बिहार के सुप्रसिद्ध किसान नेता कार्यानंद शर्मा के सुपुत्र सच्चिदानंद शर्मा अपने परिवार सहित तथा एक अन्य साथी जवाहर चौधरी भी अपने परिवार सहित रहते थे। हम लोगों के पुत्र-पुत्रियां लगभग सम-आयु थे। एक साथ खेलते और ऊधम मचाते थे।

एक बार नागार्जुन आये तो उन्होंने मेरी बड़ी बेटी कादंबरी शर्मा की एक कॉपी पर अपनी कविता 'पांच पुत्र भारत माता के' लिख कर दे दी। मैंने देखा कि एक-दो दिन बाद ही सब बच्चों को वह कविता कंठस्थ हो गयी है। वे आंगन में खड़े होकर बड़े उन्मुक्त भाव से कविता सुनाते। इसी तरह उन्हें 'कई दिनों तक चूल्हा रोया, चक्की रही उदास' कविता भी याद हो गयी थी जिसकी 'भीत पर छिपकलियों की गश्त' और 'चूहों की भी हालत रही शिकस्त' वाली पंक्तियों को वे, विशेष मज़ा लेते हुए स्वरारोह के साथ, सुनाते थे। मैंने नोट किया कि इतनी सहज-सरल भाषा में शायद ही हिंदी का कोई दूसरा कवि राजनीतिक यथार्थ से सराबोर कविताएं लिख रहा हो जो बच्चों तक के मन में आसानी से उतरती चली जाती हैं। इसी तरह की उनकी और भी कई कविताएं हैं। नागार्जुन की यह बहुत बड़ी सिद्धि थी। कहने की ज़रूरत नहीं कि नागार्जुन ने उस घर के बच्चों के बीच भी, देखते ही देखते, अद्भुत अपनत्व का वातावरण निर्मित कर लिया था।

नरोत्तम नागर बहुधा हमारे तुर्कमान गेट वाले मकान में आते रहते थे। मैं उन दिनों की चर्चा कर रहा हूं, जब वह साप्ताहिक पत्र 'हिंदी टाइम्स' के संपादक थे।

नागार्जुन के भी दिल्ली आ जाने से उनको बहुत बल मिला था। पाठक शायद जानते होंगे कि नागर जी प्रेमचंद जी के सुपुत्र अमृत राय के साथ 'हंस' के संपादक रह चुके थे। वामपंथी विचारधारा के लगभग सभी लेखकों से उनका परिचय था और वे नागर जी का बहुत सम्मान करते थे।

'हिंदी टाइम्स' के स्टाफ़ में जो लोग थे, उनके अतिरिक्त वह जगह-जगह के अपने परिचित लेखकों से लिखवाया करते थे। नागार्जुन की दिल्ली में उपस्थिति का लाभ नागर जी न उठायें, यह कैसे संभव था?...इसलिए, यह कोई आश्चर्य की बात नहीं कि 22 अक्तूबर 1960 के 'दीपावली विशेषांक' के प्रथम पृष्ठ पर नागार्जुन की हस्तलिपि में, उनके हस्ताक्षरों सहित,

उनकी कविता 'आलोक प्राण यह पर्व' छपी जिसकी पंक्तियां हैं :

धुली अमावस, धुले निखिल संसार
व्यक्ति-व्यक्ति हों सुख में साझीदार
कुटी-कुटी में मिटे तिमिर का गर्व
दीप-देह आलोक-प्राण यह पर्व
जन-जन का मानस हो जलज-समान
संजो सकें हम लक्ष्मी का वरदान।

पर, इसी अंक के पृष्ठ 12 पर उनकी प्रसिद्ध लंबी कविता 'पुरानी जूतियों का कोरस' भी, खूब सजा कर, उनके चित्र सहित छापी गयी।

कविता तीन दृश्यों में विभाजित है। तरह-तरह की जूतियां हैं। 'चिप्पियों वाले चमरौधे' और 'जूती सलीमशाही' से लेकर 'निज़ाम की ज़रीदार जूती' तक। सबका अंदाज़े-बयां, उनकी वर्ग स्थिति के अनुसार, अलग-अलग है। यह व्यंग्य कविता बहुत लोकप्रिय हुई। 'जूती सलीमशाही' के बोल हैं :

मुझे पहन कर इठलाती थी
रूपनगर की रानी
फ़ौजी बूट भरा करते थे मेरे आगे पानी
नाक रगड़ते थे मुझ पर
लुक-छिप कर प्रणय भिखारी
अरे कहां से कहां आ गयी मैं
किस्मत की मारी!

'फ्रेंच शू' में नागार्जुन का व्यंग्य अभिव्यक्त हुआ है इस रूप में :

बाल डांस में हम उनसे टकराये
काकटेल में घुल-मिल कर मुस्काये
चले गये आस्ट्रिया युवक उत्सव में
विश्व शांति का सौरभ ही ढो लाये।

'ज़रीदार जूती निज़ाम की' सिर्फ़ दो पंक्तियों में अपनी दास्तान कह डालती है :

सौ पूत एक हज़ार नाती
हरम के चेहरों की याद नहीं आती।

अंत में पुरानी जूतियों का सहगान है :

आओ हम सब चलें, राष्ट्रपति भवन पधारें
महामहिम के जूतों की आरती उतारें
जीरादेई की धरती अब भी रोती है
फसल नहीं है, धूल उड़ा कर खुश होती है
बैठ गये हैं जो कानों में उंगली डाले
उनके सर पर हाथ बनें हम चंपी वाले
जादूगर हैं सबका होश दुरुस्त करेंगे
व्रत लेते हैं, दुखियारों का दैन्य हरेंगे

है अनमोल हमारी धूल
धूल हमारी धूल हमारी धूल
है अनमोल हमारी धूल।

'दीपावली अंक' में केदारनाथ अग्रवाल की कविता 'उजाला दौड़ा' पृष्ठ तीन पर दी गयी है :

नवजात उजाला दौड़ा
कन-कन बन गया रुपहला
मधु गीत पवन ने गाया
संगीत हुई यह धरती
हर फूल जगा, मुस्काया।

दीपावली के इस अंक में उन्होंने हिंदी के प्रख्यात पुराने पत्रकार का 'छै! छै!! छै!!!' लेख भी छापा और विद्यासागर नौटियाल का लेख 'मेले की बहार' भी। 'हिंदी टाइम्स' के अंतिम पृष्ठ पर पहले यशपाल जी की 'चक्कर क्लब' छपती थी, पर अब एक उपनाम से वह मुझसे अंतिम पृष्ठ लिखवाते थे। शायद उनको सुविधा यह थी कि यदि मेरा लिखा उन्हें पसंद न आया तो फ़ोन से कहला देते थे 'नागर जी ने बुलाया है।' मैं समझ जाता था कि पिछला मैटर रद्दी की टोकरी में गया...और उनके कार्यालय जाकर नया मैटर लिख आता था।

हां तो, 'हिंदी टाइम्स' के 19 नवंबर 1960 के अंक में फिर नागार्जुन की दो कविताएं छपीं। (नागार्जुन का कोई कविता संग्रह इस समय मेरे पास नहीं है, इसलिए मैं नहीं जानता कि ये उनमें मौजूद हैं या नहीं। इसीलिए यहां दे रहा हूं)। पहली :

टप-टप चूता रहा रात भर घर का कोना
रही फफकती, नहीं थमा ढिबरी का रोना
फटी भीत के छेदों में खोये थे झींगुर
भूल गये थे क्या अपनी शहनाई के सुर!

दूसरी :

चंदन वन की सर-सर ध्वनि में
शब्द-वेध का त्रास भरूं क्या?
शीशमहल के सोपानों पर
श्लथ छंदों में प्रास भरूं क्या?
कल तक डूबे थे, उन पंकिल
खेतों का उपहास करूं क्या?
शरद शेष के इन आवारा
मेघों का विश्वास करूं क्या?

यहां कह देना अप्रासंगिक न होगा कि नागर जी हिंदी के पुराने और नये सभी प्रगतिशील और जनवादी लेखकों से संपर्क रखते थे। उन्होंने शील जी से भी लिखाया। उनकी कविताएं छापीं।

नागार्जुन की सर्वाधिक लोकप्रिय कविताओं में से एक 'आओ रानी हम ढोयेंगे पालकी' की चर्चा पर पहुंचने से पहले उनकी एक और कविता 'हिंदी टाइम्स' से देने की अनुमति

चाहता हूं। यह कविता मुझे इसलिए प्रिय है क्योंकि गांव की युवा पीढ़ी के प्रति नागार्जुन की प्रीति और उनका विश्वास इसमें अनूठे रूप में मुखर हुए हैं। कविता का शीर्षक है : 'धरती की रूह, युग का हुलास'। (यह कविता 24 दिसंबर 1960 के अंक के पृष्ठ 10 पर उनके चित्र के साथ छपी है) :

लगे हैं काम में
सैकड़ों तरुण-तरुणियां
बोते हैं, निराते हैं
करते हैं मेड़ों की मरम्मत
उठा-उठा कर देखते हैं
अधपकी बालियां
फसलों की झील में
सीने तक डूब कर
देते हैं हांक
दूर के साथियों को
ऊंचा करके खुर्पी वाला हाथ...
लावारिस जीव नहीं हैं ये
नये गांव की नयी औलाद हैं
कि जिनकी खातिर
कुदरत भी करती है इंतज़ार
कि जिन्हें पाखंडी मौसम भी
देता है दुलार।
क़ैद करो
इनका एक-एक स्पंदन
निब की नोक में क़ैद करो
बांध लो स्वर की लहरों में
इनका एक-एक इंगित
रंखाएं, रंग, चमक-दमक...
सब कुछ टांक कर रख लो इनका!
नये गांव की नयी औलाद हैं ये
धरती की रूह, युग का हुलास।

उन दिनों वामपंथी दलों में शायद ही कोई ऐसा दल हो, जो भारत के कॉमनवेल्थ में बने रहने का समर्थन करता हो। इसलिए ब्रिटेन की साम्राज्ञी के भारत आगमन का जब सरकार ने बानक बनाया तो 'महारानी' के 'स्वागत' में राजनीतिक रूप से सजग लेखकों की जो प्रतिक्रिया हुई वह बड़ी हद तक नागर जी द्वारा संपादित पत्र में प्रतिबिंबित होनी ही थी।

जिस अंक में यह प्रतिक्रिया सामने आयी वह संयोगवश 'हिंदी टाइम्स' का नव-वर्षांक था। इसके आवरण पृष्ठ पर, नीले आसमानी रंग में शांति कपोत का (संभवतः सुप्रसिद्ध

चित्रकार जे...स्वामिनाथन द्वारा बनाया) चित्र था। आवरण पृष्ठ पर इस चित्र के बायीं ओर अंक की मुख्य रचनाओं की जो सूची दी गयी, उसमें सबसे ऊपर है – नागार्जुन : 'आओ रानी हम ढोयेंगे पालकी'। अन्य रचनाओं में, पांडेय बेचन शर्मा 'उग्र' की 'यह तस्वीर', अमृतलाल नागर की 'दास्ताने तीतर-बुलबुल-बटेर', केदारनाथ अग्रवाल की 'दरसन दइ मुसकइयो', जनकवि खेमसिंह नागर की 'भूत निहंगे नाचैं', आदि हैं।

'आओ रानी हम ढोयेंगे पालकी' तीसरे पृष्ठ पर नागार्जुन के चित्र के साथ छपी है। कविता महाराजाओं-महासेठों और नेताओं द्वारा ढोयी जाती पालकी के रेखाचित्रों से अलंकृत है। कविता के मर्म को स्पष्ट करने वाली पंक्ति है, 'रफ़ू करेंगे फटे-पुराने जाल की'। यह फटा-पुराना जाल है कॉमनवेल्थ के रूप में साम्राज्यवाद का। साम्राज्यवाद के फटे-पुराने जाल के 'रफ़ू' किये जाने का काम आज भी जारी है। फ़र्क़ सिर्फ़ यह है कि साम्राज्यवादी ताक़तों का सरगना अब ब्रिटेन नहीं बल्कि अमरीका है और देश के प्रधान मंत्री जवाहरलाल नेहरू नहीं, एक अन्य व्यक्ति हैं।

कविता, हर सुनने वाले आम इन्सान की समझ में आने वाले सहज-सरल शब्दों में शुरू होती है–

आओ रानी हम ढोयेंगे पालकी
यही हुई है राय जवाहरलाल की
रफ़ू करेंगे फटे-पुराने जाल की
यही हुई है राय जवाहरलाल की
आओ रानी हम ढोयेंगे पालकी।

रानी के स्वागत के लिए धन-कुबेर निश्चय ही उत्सुक होंगे, इसलिए नागार्जुन रानी को परामर्श देते हैं :

धन-कुबेर उत्सुक दीखेंगे
उनको ज़रा दुलार लो
होठों को कंपित कर लो
रह-रह के कनखी मार लो।

लेकिन साथ ही रानी को चेतावनी देना भी नहीं भूलते,

एक बात कह दूं मलका
थोड़ी सी लाज उधार लो,
बापू को मत छेड़ो
अपने पुरखों से उपहार लो।

नागार्जुन जन-हित के सजग प्रहरी के रूप में लेखकों की टीम के साथ काम करना जानते थे।

'जनयुग' के लखनऊ से दिल्ली आ जाने पर मज़दूरों और किसानों के बीच लोकप्रिय अपने पुराने आकार में निकाले जाने पर, मेरे मन में नागार्जुन से प्रत्येक सप्ताह 'जनयुग' के लिए किसी-न-किसी सामयिक मसले पर एक कविता लिखाने का विचार पनपा। मैं जानता था कि इसके लिए उन्हें राज़ी करना आसान काम नहीं है। फिर भी सोचा, बात करके देखते हैं। मना ही तो कर देंगे। मैंने उनसे बात की। सौभाग्य से, आग्रह करने पर, वह लिखने

को तैयार हो गये। इसके एवज में, जहां तक मुझे याद है, उनके लिए कुछ पैसों की व्यवस्था भी कर दी गयी थी।

वह प्रायः दोपहर में, भोजन की छुट्टी से कुछ समय पहले आते। भूखे हुए, तो बिना तकल्लुफ, मेरे लिए धन्नो जी द्वारा टिफिन में रखे गये भोजन में हाथ बंटाते। भूखे न हुए तो कहते, 'तुम झटपट खा लो, फिर चलते हैं।' खाना खा लेने के बाद हम लोग, झंडेवालान के डाकखाने के सामने के पार्क में जा बैठते। जिस मसले पर लिखने की बात तय हुई होती, उस पर कुछ और चर्चा की ज़रूरत उन्हें महसूस होती तो उस पर थोड़ी और बातचीत हो जाती, वर्ना वह कह देते, 'तुम चलो। मैं लिख लूं तो आ जाऊंगा।' मैं कार्यालय जाकर अपने काम में लग जाता। थोड़ी देर में वह आते और कविता मेरे सामने रख देते। ठीक लगी तो मैं प्रेस में भेजने के मैटर के साथ रख देता। कहीं कुछ सुधार या निखार की गुंजाइश मुझे लगती तो मैं कहता, 'चलो एक प्याला चाय पीकर आते हैं।' और हम लोग पार्क के पास स्थित चाय की दूकान की तरफ़ चल देते। रास्ते में मैं साफ़-साफ़ अपने मन की बात कह देता। वह सुनते चलते। हम लोग चाय पी चुकते तो वह कहते, 'तुम चलो। मैं भी अपने मन को ज़रा उलट-पलट लूं।...अभी आता हूं।' मैं चला आता। थोड़ी देर में वह आते और फिर कविता, कुछ बदली पंक्तियों के साथ, मेरे सामने रख देते।

ऐसा कभी नहीं हुआ कि उनकी कोई कविता – वह इस प्रक्रिया से होकर गुज़री हो अथवा नहीं – मैंने नहीं छापी। वैसे, मेरा अनुमान है कि उन्हें इस तरह की प्रक्रिया में रस आने लगा था।

मेरे पास इस समय 'जनयुग' की उन दिनों की प्रतियां नहीं हैं। लेकिन मैंने सुना था कि शोभाकांत अजय भवन के पुस्तकालय जाकर 'जनयुग' से उन कविताओं की प्रतिलिपि ले गये थे।

जहां तक मैं समझता हूं, नागार्जुन का मेरे प्रति स्नेह भाव अंत तक बना रहा।

लेकिन इसका मतलब यह नहीं कि वह मेरे प्रति सदा 'सहिष्णु', 'सुकोमल' एवं 'उदार' रहे हों। स्नेह भाव तो मेरे भाई साहब का भी मेरे प्रति अंत तक रहा, लेकिन कोई सामान्य मसला हो या सैद्धांतिक, वह मेरी 'टांग घसीटने' का कोई भी मौक / ा हाथ में आने पर 'चूकते' नहीं थे। यहां दृष्टि के सामने नागार्जुन हैं, इसलिए एक क्षेपक यह भी।

पी.पी.एच...से प्रकाशित 'बाल जीवनी माला' के लिए मैं 'निराला' पुस्तिका रामविलास जी से लिखा चुका था। उसे लिखने से पहले भाई साहब का प्रश्न था, 'बच्चों को निराला जी के बारे में क्या बताया जा सकता है? वे निराला जी के बारे में समझेंगे ही क्या?' मेरा कहना था कि यह तो बताने के तरीक़े पर निर्भर है। काफ़ी बातचीत होने के बाद उन्होंने सीधा सवाल दागा, 'तुम मुझे बताओ मैं किस बच्चे के लिए लिखूं। तुम मुझे वह बच्चा दिखा दो। मैं लिख दूंगा।' मुझे जब और कुछ न सूझा तो मैंने कहा, 'यह सेवा खड़ी है। आप सेवा के लिए लिख दीजिए।' सेवा उनकी मझली बेटी का नाम है। वह कुछ देर सोचते रहे। फिर पूछा, 'सेवा के लिए...?' मैंने कहा : 'हां।' बोले, 'अच्छा।...लिख दूंगा।'

और कुछ समय बाद 'बाल जीवनी माला' की 'निराला' की पांडुलिपि मेरे हाथ में आ गयी। लेकिन वह धाराप्रवाह बातचीत थी सेवा और भाई साहब के बीच। मेरी कल्पना में

बच्चों के लिए छोटे-छोटे अध्यायों वाली पुस्तिका बसी थी। एक सांस में सारी पुस्तिका पढ़ जाने का धैर्य शायद ही किसी बच्चे में होता। एक-दो जगह के बारे में मेरे अपने भी कुछ सुझाव थे।

सवाल था, 'अब ...? अब क्या किया जाय?' अगर भाई साहब से कुछ कहूंगा तो उनका सीधा जवाब होगा, 'पांडुलिपि पसंद नहीं। वापस कर दो।' और मैं कुछ नहीं कर पाऊंगा।

मैंने अमृतलाल नागर, केदारनाथ अग्रवाल और नागार्जुन तीनों को एक निजी पत्र लिखा जिसमें कहा कि मैं पांडुलिपि को छोटे-छोटे अध्यायों में बांटना चाहता हूं। मेरे मन में जो सुझाव थे, वे भी उन्हें लिख दिये। मैं जानता था कि तीनों निराला जी का बहुत सम्मान करते हैं।

तीनों भाई साहब के अभिन्न मित्र हैं और मेरे गुणों-दुर्गुणों से भी भली भांति परिचित हैं। ये लोग जो सलाह देंगे, उसे मैं निश्चय ही मानूंगा। जब तीनों की तरफ़ से मुझे हरी झंडी मिल गयी, तो पांडुलिपि में मुझे जो करना था मैंने किया। और 'निराला' छप कर आ गयी। भाई साहब के पास भी वह पहुंची। मैं इसे अपना सौभाग्य ही कहूंगा कि भाई साहब की कोई प्रतिकूल प्रतिक्रिया नहीं हुई।

हां, तीनों दिग्गजों को मैंने यह संकेत दे दिया था कि भाई साहब को उस पत्र के बारे में नहीं मालूम है।

तो जिन दिनों भाई साहब दिल्ली आये हुए थे और हम लोगों के साथ ही गली डकौतान वाले मकान में ठहरे थे, एक दिन नागार्जुन भी उनसे मिलने आये। छुट्टी का दिन होने के कारण धन्नो जी ने हम लोगों को साथ बैठा कर भोजन कराने की व्यवस्था की थी।

हम तीनों साथ बैठे अलग-अलग थालियों में भोजन कर रहे थे। धन्नो जी चौके से गरम रोटियां लाकर हम लोगों की थालियों में डालती जा रही थीं। खाते-खाते कुछ देर बाद नागार्जुन ने कहा, 'बस अब खा चुका हूं।' लेकिन धन्नो जी ने 'एक गरम रोटी तो और खा लीजिए,' कहते हुए उनकी थाली में एक गरम रोटी और डाल दी।' नागार्जुन ने धन्नो जी की तरफ़ देखते हुए, किंचित डाटते हुए, कहा, 'मना कर दिया, फिर भी डाले जा रही हैं, डाले जा रही हैं!' तभी भाई साहब ने टिप्पणी कसी, 'तुम्हारी बीवी है, जो इस तरह डाट रहे हो?...'

नागार्जुन चुप्प। उनके चेहरे का भाव देखते बनता था। जैसे कोई गुनाह करते पकड़े गये हों। भाई साहब मधुर-मधुर मुस्करा रहे थे।

भोजनोपरांत बातचीत चल रही थी। तभी नागार्जुन को अचानक जैसे कुछ याद आया हो। अपने सुपरिचित अंदाज़ में उन्होंने भाई साहब की जांघ पर आत्मीयता भरी ज़ोर की थपकी मारी। फिर बोले, 'रामविलास, तुम्हें तुम्हारे भाई की एक करतूत दिखाता हूं।' और उन्होंने अपने कुर्ते की जेब में हाथ डाला। मेरी कुछ समझ में नहीं आ रहा था। कोई ऐसी बात तो मैंने भाई साहब के बारे में किसी से कही नहीं थी, जो उनके सामने कहने में डरता होऊं।

तभी नागार्जुन ने एक पत्र जेब से निकाला और चुपचाप भाई साहब को थमा दिया। भाई साहब जब गंभीरता से वह पत्र पढ़ रहे थे तो मैंने ज़रा उझक कर देखना चाहा कि किसका पत्र है। पत्र मेरी ही हस्तलिपि में था। अरे यह तो वही पत्र था जो मैंने 'निराला' की पांडुलिपि के बारे में तीन दिग्गजों को लिखा था!

मेरी क्या दशा थी, मैं ही जानता हूं।

भाई साहब ने पत्र पढ़ कर उसे नागार्जुन को लौटाते हुए कहा, 'अरे तुम लोगों ने तो इसे अब जाना है। मैं तो इसके बचपन से इसकी हरकतों को जानता हूं।'

इति क्षेपक।

मेरे सामने सवाल था, 'बाल जीवनी माला' के लिए प्रेमचंद की जीवनी लिखाने का। अमृत राय से उसे लिखाने की बात पक्की हो गयी थी। वह लिख भी रहे थे। पत्रों से हम दोनों एक-दूसरे से संपर्क बनाये रहते थे।

उन्होंने जीवनी लिख डाली। लिख ही नहीं डाली, पांडुलिपि अपनी माता जी को और पत्नी को सुनायी भी। बाद में मुझे पत्र लिखा कि यहां राय यह बनी है कि इसे हम लोग ही छापें। गुस्सा तो मुझे आया। पर क्या करता? चुप रहा। हां, अपने संबंधों में इसके कारण कभी कोई 'खटास' नहीं आने दी।

तो सवाल था, अब किससे लिखाऊं। मेरा मन जाकर 'बलचनमा' के लेखक पर अटका। मुझे लगा कि प्रेमचंद की जीवनी लिखने को अगर नागार्जुन तैयार हो जायें, तो क्या कहने! आखिर 'गोदान' के बाद हिंदी कथा साहित्य का अगला डग 'बलचनमा' ही तो था।

नागार्जुन से अपने मन का तार जोड़ने में बहुत दिक़्क़त नहीं हुई। इतने दिनों के 'सत्संग' में हम लोग एक-दूसरे को अच्छी तरह जान चुके थे। नागार्जुन प्रेमचंद की जीवनी 'बाल जीवनी माला' के लिए लिखने को तैयार हो गये। फिर तो जब भी मैं उनसे मिलता, पूछ लेता, 'कोई दिक़्क़त तो नहीं? लिख रहे हैं न!' उनका उत्तर होता, 'हां, लिख रहा हूं।'

धीरे-धीरे यह कठिनाई होने लगी कि पता ही न चलता कि वह कब कहां हैं। मैं उन्हें पत्र लिखता, तो किस पते पर? वह रमते जोगी थे। महीने पर महीने बीतते जाते, फिर साल भी। कोई ताज्जुब नहीं कि उनके बारे में अपने परिचितों से पूछने पर पता चलता : 'सुना है, पिछले दिनों बिहार में थे।' कोई कहता, 'सुना है, मुंबई में थे। फिर पता नहीं कहां चले गये।'

एक दिन मुझे अचानक उनका वह 'मंत्र' याद आया, जो उन्होंने मुझे भी दिया था लेकिन जिसे मैं कभी 'सिद्ध' नहीं कर पाया। उनका कहना था, 'मुंशी, चुपचाप दिल्ली से तीन-चार महीने के लिए ग़ायब हो जाया करो और जो लिखना हो, लिख कर फिर अपने ठीहे पर आ जाया करो।' लेकिन जिस तरह के काम और ज़िम्मेदारियों से मैं जुड़ा रहा हूं, उनके चलते इस मंत्र को सिद्ध कर पाना मेरे लिए असंभव साबित हुआ। यहां तक कि, प्रेमचंद की जीवनी के प्रसंग से पहले, एक बार जब भाई साहब का पोस्टकार्ड आगरा से आया था कि 'नागार्जुन ने केदार पर बहुत ज़ोरदार कविता लिखी है। सुनना चाहो तो काम से एक दिन की छुट्टी लेकर आ जाओ।' किरात के फंदे के तौर पर, मुझे ललचाने के लिए, उन्होंने पोस्टकार्ड पर लाल स्याही से उस कविता की कुछ पंक्तियां भी लिख भेजी थीं :

केन कूल की काली मिट्टी, वह भी तुम हो
कालिंजर का चौड़ा सीना, वह भी तुम हो
कृषक वधू की दबी हुई कजरारी चितवन
वह भी तुम हो।

कुपित कृषक की टेढ़ी भौंहें वह भी तुम हो
खड़ी सुनहली फसलों की छवि छटा निराली
वह भी तुम हो।
लाठी लेकर काल-रात्रि में करता जो उनकी रखवाली
वह भी तुम हो।

पर उनके इस सारे प्रयत्न के बावजूद, बहुत इच्छा होते हुए भी, मैं अपना काम छोड़ कर आगरा जा नहीं पाया था।

बहरहाल, काफ़ी समय बीत जाने पर जब दिल्ली में नागार्जुन एक बार पकड़ में आये तो मुझे कहना पड़ा, 'सच-सच बताइये कि प्रेमचंद की जीवनी लिख रहे हैं या इस बार दिल्ली से आपके 'ग़ायब' होने से पहले मुझे आपको रेल के डिब्बे से उतार कर लाना पड़ेगा?' वह समझ गये कि मैं बहुत परेशान हो चुका हूं, इसलिए ऐसी बात मेरी ज़बान से निकली है।

बोले, 'धीरज रखो, इस बार प्रेमचंद को तुम्हें सौंप करके ही दिल्ली से बाहर जाऊंगा।'

मैं निश्चिंत तो तब भी नहीं हुआ।

लेकिन एक दिन वह आये और कई कापियों की एक सिली हुई गड्डी मेरे सामने मेज पर रख कर बोले, 'लो अब इसे गांठो या रद्दी की टोकरी में फेंको। मुझे जो करना था, मैंने कर दिया है।' उनके 'गांठो' में जो प्यार अंतर्निहित था, उसने मुझे निरस्त्र कर दिया।

प्रेमचंद की वैसी जीवनी मैं 'बाल जीवनी माला' के लिए किसी दूसरे से लिखा पाने की कल्पना आज भी नहीं कर पाता हूं। जीवनी में एक जगह नागार्जुन कहते हैं :

धनपत के बचपन का चित्र अधूरा रह जायेगा अगर कजाकी को हम उसमें से हटा देंगे...
'कजाकी डाक का हरकारा था।
जाति का पासी था।
बड़ा ही साहसी, बड़ा ही ज़िंदादिल, बड़ा ही हंसमुख।
रोजाना डाक का थैला लेकर आता...'
और सुनोगे? अच्छा सुनो...
'जब वह दौड़ता तो उसकी बल्लमी झुंझुनी बजती...
उसे देखते ही मैं खुशी से पागल हो उठता, दौड़ पड़ता
और एक क्षण में कजाकी का कंधा मेरा सिंहासन बन जाता। जब कजाकी मुझे कंधे पर लिये हुए दौड़ने लगता तब तो ऐसा महसूस होता मानो मैं हवा के घोड़े पर उड़ा जा रहा हूं...'
लगता है, 'और सुनोगे? अच्छा सुनो।' नागार्जुन नहीं, बल्कि प्रेमचंद ही 'कजाकी' कहानी सुन रहे बच्चों से पूछते हैं।

पी.पी.एच...ने 'राहुल स्मृति' पुस्तक प्रकाशित करने का फ़ैसला कर लिया था। नागार्जुन राहुल जी के साथ काफ़ी घूमे-फिरे थे। उनके साथ की यात्राओं पर उन्होंने लेख भी लिखे थे।

हम लोगों ने नागार्जुन के दो पूर्व-प्रकाशित लेख उस पुस्तक में शामिल करने का फ़ैसला किया। एक था, 'टिहरी से नेलङ्' और दूसरा, 'राहुल जी – उनका साहित्य और व्यक्तित्व'।

इन लेखों को 'राहुल स्मृति' में शामिल करने की उनसे अनुमति लेनी थी।

इसके लिए मैं और स्वर्गीय साथी पदम कुमार जैन की पत्नी श्रीमती पुष्पमाला जैन, जो देहरादून स्थित 'महापंडित राहुल सांकृत्यायन मेमोरियल ट्रस्ट' की अध्यक्ष थीं और 'राहुल स्मृति' में मेरे साथ सह-संपादक के रूप में काम कर रही थीं, नागार्जुन से मिलने दिल्ली में उनके निवास स्थान पर गये।

नागार्जुन ने बड़ी प्रसन्नता से दोनों लेख शामिल करने की अनुमति दे दी। मैंने उन्हें बताया कि 'बाल जीवनी माला' के लिए राहुल जी की जीवनी भदंत आनंद कौसल्यायन से लिखायी है। बोले, 'बहुत ठीक किया है। वह साधिकार उन पर लिख सकते हैं।'

कुछ देर तक इधर-उधर की बातचीत के बाद हम लोग नागार्जुन के अच्छे स्वास्थ्य की कामना करके चले आये।

...उस समय मुझे नहीं मालूम था कि मेरे लिए ये नागार्जुन के अंतिम दर्शन साबित होंगे।

लेकिन वह कितने ही ग़ायब हों आंखों के सामने से, क्या वह कभी हमारी चेतना से विलुप्त हो सकते हैं?...नहीं।

नागार्जुन ने अपने गद्य और पद्य दोनों से हिंदी भाषा और साहित्य को जितना और जिस रूप में समृद्ध किया है, उसके लिए हिंदी जगत सदा उनका ऋणी रहेगा। उन्होंने हमारे इस युग की प्रगति में सक्रिय योगदान किया है। उनके कवि-मित्र केदार के शब्दों में कहें तो,

जो युग के रथ का घोड़ा है,
वह जन मारे नहीं मरेगा –
नहीं मरेगा।।

काल को चुनौती

खगेंद्र ठाकुर

जब से मैंने मुरारका कॉलेज, सुलतानगंज में अध्यापन कार्य शुरू किया, तब से मैं चाहता रहा कि बाबा सुलतानगंज आयें और वे स्वयं भी यह कहते रहे कि तुम्हारे यहां आना है। लेकिन ऐसा सुयोग बैठा नहीं। नागार्जुन जैसे क्रांतिकारी कवि के आने का सुयोग क्या होता? एक तो नौकरी शुरू करने के बाद चार वर्षों तक मैं जीवन में अकेला था। मैं खुद होटलापेक्षी, ऐसे में बाबा आकर क्या करते। सन् '63 में शादी हुई, बाबा न आ सके, मुरली बाबू सहित अनेक मित्र आये थे। सन् '64 से स्वागत-सत्कार की परिस्थिति बनी। लेकिन '64-65 के बिहार में राजनीतिक उथल-पुथल मची हुई थी। '65 में मुझ पर भारत रक्षा कानून के अनुसार वारंट जारी हुआ। मैं गिरफ़्तार नहीं किया जा सका, लेकिन भाग-दौड़ तो बढ़ ही गयी। यह परिस्थिति बाबा के लिए अनुकूल ही थी। सन् '65 में तो नहीं लेकिन '66 में जनवरी का महीना था। बाबा का एक पत्र मिला, एक कार्ड था—मैं अमुक तारीख़ को आ रहा हूं। एक-दो दिन तुम्हारे साथ रहूंगा। मौसम जाड़े का ही था। बाबा के स्वागत में सबसे पहले हमने खादी भंडार से एक कंबल खरीदा। तब तक घर में एक ही रजाई थी जो हम दो प्राणियों के लिए काफ़ी थी। '66 की जनवरी में देश में भारी परिवर्तन हो गया, प्रधानमंत्री लाल बहादुर शास्त्री का ताशकंद में ही पाकिस्तान से समझौते के बाद देहावसान हो गया और उसके बाद 9 जनवरी को इंदिरा गांधी प्रधानमंत्री चुनी गयीं। बाबा के सुलतानगंज आने से इस परिवर्तन का संबंध है। बाबा आ गये, मैं उन्हें स्टेशन से अपने आवास पर ले गया। अपने अध्यापक मित्रों को बाबा के आने की सूचना भेजी। शाम को कई अध्याप्क बंधु बाबा को देखने-सुनने आये। तय हुआ कि दसरे दिन कॉलेज में बाबा का कविता-पाठ होगा। तो यह आयोजन हुआ, प्राचार्य ने अनुमति दे दी। शहर के विभिन्न तबकों के सामाजिक, राजनीतिक नेताओं और कार्यकत्ताओं को ख़बर दी गयी। भारी संख्या में लोग जुटे। यह तारीख़ मेरी स्मृति के अनुसार जनवरी के अंतिम सप्ताह में थी। बाबा ने देशकाल का ध्यान रखते हुए कविताएं सुनायीं, लेकिन बाबा आख़िर कहां तक बचते-बचाते। पंडित नेहरू पर एक छोटी-सी कविता उन्होंने सुनायी जिसमें कहा गया है :

तुमने तोड़े दनुजों के नखदंत
हेमंती ठिठुरन पर विजयी हुआ वसंत।

इसी कविता में नेहरू के सीने पर गुलाब के शोभने का जिक्र है। यह सुनाते हुए बाबा कह गये—देखिए, गुलाब गया, गुलबिया आ गयी।। श्रोताओं ने ठहाका लगाया। मैं समझ रहा

था कि आयोजन बहुत सफल हुआ। श्रोताओं की उपस्थिति और प्रतिकिया देख कर बाबा बहुत खुश थे। इसी दिन पता चला कि कांग्रेसी लोग बहुत नाराज़ थे, क्योंकि बाबा ने इंदिरा गांधी को गुलबिया कह दिया था, और गुलबिया को उन्होंने गाली के रूप में लिया था। बाबा तो चले गये, लेकिन कांग्रेसी लोग मेरे ख़िलाफ़ अभियान चलाने लगे। यों वह दौर कांग्रेस-विरोधी जन उभार का था, अतः मेरे ख़िलाफ़ अभियान ठप पड़ गया। मैं खुद कांग्रेस विरोधी अभियान चला रहा था। बाबा के अचानक आ जाने और कविताएं सुनाने से कांग्रेस विरोधी अभियान को बल ही मिला। मैंने सुलतानगंज में कई बार कवि सम्मेलनों का आयोजन किया कराया जिनमें भागलपुर से मुंगेर तक के कविगण और शायर भाग लेते थे। एक नयी साहित्यिक सांस्कृतिक चेतना अंकुरित हो रही थी। सन् '30 का सुलतानगंज याद आ रहा था, जब यहां से 'गंगा' नाम की पत्रिका बनेली प्रेस से निकलती थी, और शिवपूजन सहाय, रामगोविद त्रिवेदी, जगदीश झा विमल, जनार्दन प्रसाद झा द्विज आदि उसके संपादन से जुड़े थे। महापंडित राहुल सांकृत्यायन सन '33 में 'गंगा' के पुरातत्त्वांक के संपादन के लिए तीन महीने यहां रहे थे। शायद इस स्मृति को उकेरने और नये जागरण को बल पहुंचाने बाबा सन '67 में फिर सुलतानगंज पहुंचे। यह गर्मी का समय था, शायद अगस्त का महीना। कांग्रेस नौ राज्यों में हार चुकी थी, बिहार में भी और गैर कांग्रेसी सरकार बनी थी। एक दिन मैं कॉलेज से लौट कर डेरा पहुंचा ही था कि एक छात्र दौड़ा हुआ आया, और मेरे हाथ में एक पुर्जा दे गया। पुर्जे में लिखा था—मैं तुम्हारे कॉलेज के सामने खड़ा हूं—नागार्जुन। प्रो...कृष्ण कुमार झा अर्थशास्त्र के अध्यापक लेकिन साहित्यप्रेमी, विद्या-प्रेमी, मेरे आवास की बगल में थे। मैं उन्हें यह सूचना देकर दौड़ा हुआ कॉलेज गया। बाबा एक झोला कंधे से टांगे गेट पर खड़े थे। उन्हें लेकर डेरा पहुंचा। धीरे-धीरे लोग पहुंचने लगे, मेरे अध्यापक बंधु। दूसरे दिन संध्या नया दुर्गा स्थान में फिर बाबा के कविता पाठ के लिए एक समारोही आयोजन किया हमने। शहर और कॉलेज के लोगों का हर तरह से सहयोग मिला। बाबा ने नयी कविताएं सुनायीं और फिर नयी राजनीतिक परिस्थिति का जिक्र करते हुए उन्होंने कहा कि कांग्रेस के दिन लद गये, अब कांग्रेस का पूरा सिंगार नहीं लौटने वाला है। सिंगार शब्द का उपयोग बाबा अपनी राजनीतिक कविताओं में करते रहे हैं। मुझे याद आया– 1957 में जमशेदपुर से कम्युनिस्ट विधायक चुने गये मशहूर मजदूर नेता केदार दास। इस पर बाबा ने एक कविता लिखी थी :

छेद हो गया लोहे की दीवार में
खलल पड़ गयी बूढी दुलहन के श्रृंगार में।

यहां तो खलल ही पड़ी थी, 1967 में राज ही उलट गया। बाबा उन दिनों बहुत खुश थे।

1967 के ग्रीष्म काल में मैं पटना गया और हिंदी-साहित्य सम्मेलन के हॉल के उत्तर किनारे वाले कमरे में ठहरा था। मुझे अपना शोध कार्य पूरा करना था। बाबा पहले से सम्मेलन में मंच के पीछे वाले कमरे में ठहरे थे। उन्हीं दिनों कुमारेंद्र पारसनाथ सिंह भी कलकत्ता से आकर सम्मेलन में ही थे। इस दरम्यान बाबा के साथ कई तरह के अनुभव हुए। कुमारेंद्र रात में चौकी बरामदे पर निकाल कर बाहर ही सोते थे। और देर से उठते थे। उठ जाने के बाद भी बिछावन पड़ा रहता था। एक दिन बाबा ने उनका बिछावन समेट कर हटा दिया और कहा, देखो तो यह आलसी नज़रिया है या विलासी। कुमारेंद्र झेंप गये। एक दोपहर

मैं भोजन करके अपने कमरे में लेटा हुआ था, फिर नींद आ गयी, इतने में कुछ खटपट सुन कर मैं जाग गया, तो देखा बाबा मेरी गंजी अपने हाथ में लेकर खड़े थे। मैं उठ बैठा और बाबा से पूछा—क्या कर रहे हैं? बाबा इस पर बोले, सोचा तुम्हारी गंजी साफ़ कर दूं, गंदी हो गयी है। मैंने झट से उठ कर उनके हाथ से गंजी ले ली और कहा, यह क्या कर रहे हैं बाबा, मैंने इसे रखा ही है साफ़ करने के लिए, फिर मैंने कहा, चलिए चाय पीने। सम्मेलन की बगल में एक बहुत ही रोचक चाय वाला था, वह नेपाल के राज भवन में रहे होने का दावा करता था, चाय बड़ी अच्छी बनाता था।

एक दिन शाम को बाबा मेरे पास आये और बोले, चलो घूमने-टहलने। तैयार होकर मैं उनके साथ हो गया। रास्ते में बोले—अरे भाई आज सबेरे हरिनंदन ठाकुर आये थे। जानते हो न वे अभी राज्य सरकार के राहत-सचिव हैं। मैंने कहा, जानता हूं, उनके पुत्र तुषारकांत ठाकुर मेरे सहपाठी रहे हैं।

अच्छा तो सुनो, वे कह रहे थे कि अकाल की स्थिति है। उसको देखते हुए घूमते-फिरते यह देखें कि राहत कार्य कितना हो रहा है और महीने में एक या दो रिपोर्ट सरकार को दे दें। आपको कहीं कार्यालय में नहीं बैठना है। कहीं कोई हाज़िरी नहीं बनानी है। घूमने-फिरने के लिए गाड़ी, ड्राइवर, तेल आदि के साथ ही माहवारी मानदेय का भी प्रबंध हम करेंगे। मैंने सोचने का समय मांगा है, अब तुम बोलो क्या किया जाये?

मैंने कुछ देर सोच कर बाबा से कहा, देखिए, यह नौकरी नहीं है। अभी जो अकाल की भयानकता है, उसे तो आप देखना चाहते होंगे। आप यह भी देखना चाहेंगे कि सरकार राहत का इंतज़ाम किस तरह कर रही है। आप अकालग्रस्त इलाक़ों में घूमें और अपने निरीक्षण के आधार पर अपने ही अनुभव के अनुसार रिपोर्ट दे दें, तो शायद अकाल पीड़ितों को लाभ मिल जाये। इन सब बातों को ध्यान में रख कर आप श्री हरिनंदन ठाकुर का प्रस्ताव मान लें तो अच्छा ही होगा। यह भी देखा जाना चाहिए कि राहत कार्य-विभाग कम्युनिस्ट मिनिस्टर के हाथों में है।

ठीक कहते हो तुम। बाबा ने श्री हरिनंदन ठाकुर का प्रस्ताव मान लिया। मैं नहीं कह सकता कि उन्होंने कोई रिपोर्ट दी या नहीं। लेकिन तीन महीनों के बाद वे इस जवाबदेही से मुक्त हो गये। उन्होंने कहा—अरे भाई, मैंने छोड़ दिया। तीन महीनों से बिहार से बाहर नहीं जा सका हूं। यह तो बिना नौकरी के नौकरी हो गयी।

उन्हीं दिनों अमृत राय पटना आये और अकालग्रस्त इलाक़ों में जा कर घूमे। मैं ग्रीष्मावकाश में अपने शोधकार्य की ज़रूरत से पटना में ही था। बाबा ने कहा, अमृत अकाल क्षेत्र घूम आये हैं, उनके लिए एक प्रेस कांफ्रेंस करा दो। उन्होंने पैट्रियट के पटना-प्रतिनिधि विश्वनाथ लाल से भी कहा। विश्वनाथ लाल की मदद से सी.पी.आई.. के कार्यालय में जगह मिल गयी और कुछ बीस रुपये के खर्च में प्रेस-कांफ्रेंस हो गयी। उसमें बाबा थे, मैं भी था। प्रेस कांफ्रेंस के बाद अमृत जी ने कहा, भाई, नयी सरकार में अपने लोग मंत्री बने हैं, उन से मिलवाओ। मैंने राजस्व और राहत मंत्री कॉमरेड इंद्रदीप सिंह से संपर्क किया, उन्होंने दस बजे रात में समय दिया। मैं बाबा और अमृत जी को लेकर कॉमरेड इंद्रदीप के आवास पर पहुंचा। कॉमरेड इंद्रदीप के सरकारी आवास की बैठक में कई अफ़सर थे और मंत्री स्वयं। हमलोग पहुंचे तो उन्होंने खड़े होकर स्वागत किया। हमने देखा, दीवार पर राज्य का बड़ा-सा नक़्शा टंगा

था, उसमें अकाल क्षेत्र को ख़ास तौर से उभारा गया था। राहत केंद्रों को दिखाया गया था। राज्य के अन्न भंडारों की स्थिति और राहत की स्थिति का भी जिक्र था। कॉमरेड इंद्रदीप के हाथ में एक लंबी पतली और नुकीली छड़ी थी जिससे वे नक्शे पर सारी अंकित बातों की ओर इशारा करते थे।

चाय आदि लेकर हम लोग वहां से निकले तो बाबा और अमृत जी कॉमरेड इंद्रदीप की कार्य पद्धति और क्षमता की तारीफ़ कर रहे थे।

बात 1967 की ही है। मैं और बाबा सम्मेलन भवन में ही ठहरे थे; तभी एक दिन मेरा पहला कविता संग्रह परिमल प्रकाशन से प्रकाशित होकर आया। मैंने उसकी पहली प्रति बाबा को दी। यह बात तो ध्यान में ही नहीं आयी कि बाबा से उसका लोकार्पण करा लियां जाये। खैर, संग्रह की कविताएं पढ़ लेने के बाद बाबा मेरे कमरे में आये। बोले—अरे भाई, यह तो प्रगतिशील कविताओं का अच्छा संग्रह है। चलो, इस पर कम-स-कम चाय तो पी लें। चाय तो उस दिन उन्होंने मुझे पिलायी, लेकिन कविताओं के बारे में ज़्यादा बोलते रहे। दूसरे दिन सबेरे मुझे कह गये, देखो जी, आज दिन का खाना मेरे साथ खाना। मैंने कहा, ठीक है, बाबा। एक बजे दिन में मैं उनके कमरे में आया, तो बोले, बस तैयार ही है समझो, नये ढंग का खाना बनाया है मैंने—मीट और चावल एक साथ मिला कर बनाये गये हैं। मसाला, प्रायः नहीं, मसाले के नाम पर प्याज भर। तो बाबा ने थाली में निकाला और हम लोग खाने लगे—न पुलाव, न बिरयानी, दोनों से अलग और दूर, लेकिन खाने में स्वादिष्ट। उस दिन बाबा ने दही का भी इंतज़ाम कर रखा था। बोले दही खाना चाहिए, इससे पेट का विकार दूर होता है। बाबा की पाक कला का स्वाद तो मैं पहले भी ले चुका था, लेकिन ऐसी सादगी में ऐसा बढ़िया स्वाद!

एक दिन आरा जाना था। सबेरे क़रीब दस बजे डा. चद्रभूषण तिवारी आये। मुझे लेकर बाबा के कमरे में गये और पूछा—बाबा, आज तो आरा चल रहे हैं न? बाबा ने कहा, तुम तो यही हो? मैं भी आपके साथ ही लौटूंगा। साढ़े बारह वाली ट्रेन से चल रहे हैं न?

हां, उसी से चलेंगे।

तो मैं एक काम से निबट कर आता हूं। यह कह कर वे चले गये।

हमलोग, यानी मैं और बाबा स्टेशन पहुंचे। टिकट लेकर आरा चले गये। चंद्रभूषण जी नहीं मिले। हम लोग रात में आरा में ही ठहरे। शाम को चंद्रभूषण जी आये बाबा से मिलने। बोले, बाबा गाड़ी छूट गयी।

अरे भई स्लोगन होगा नक्सलबाड़ी का और प्रोग्राम होगा राइटर्स बिल्डिंग का, तो गाड़ी छूटेगी ही। यह सुन कर उपस्थित लोग हंसने लगे।

एक दिन बाबा ने कहा, अरे आज डॉ. ए.के...सेन की बेटी की शादी है, चलोगे न। मुझे तो निमंत्रण नहीं है, मैंने कहा। इस पर बाबा बोले, अरे निमंत्रण कैसे नहीं होगा। तुम लौट कर सुल्तानगंज जाओगे, तो वहां पड़ा मिलेगा। सच में वहां जाने पर निमंत्रण पड़ा मिला।

सन सड़सठ में एक गंभीर बात यह हुई कि राजकमल चौधरी का देहांत हो गया। सिर्फ़ तीस साल की उम्र में। मैं और बाबा साहित्य सम्मेलन में आयोजित शोक-सभा में शामिल हुए। मेंने कहा एक संभावनाशील प्रतिभा का निधन हो गया। बाबा ने भी इस प्रतिक्रिया से सहमति जतायी। वे बहुत दुखी थे। बाबा मैथिली कविता के इतिहास में युगांतर के प्रवर्तक

हैं। राजकमल चौधरी युगांतर को आगे बढ़ाते हैं। उन्हीं दिनों प्रसिद्ध कथाकार राधाकृष्ण ने बाबा को लंबा पत्र लिखा था, जिसमें उन्होंने लिखा कि राजकमल चौधरी प्रतिभाशाली लेखक थे, उन्होंने हिंदी कविता और कहानी में हलचल तो पैदा की, लेकिन अराजकतापूर्ण जीवन पद्धति ने उस प्रतिभा की संभावना को नष्ट कर दिया। बाबा ने यह पत्र मुझे पढ़ कर सुनाया था।

1967 में ही एक बात और हुई और नहीं भी हुई। मैं सुलतानगंज में था, तो बाबा का एक पत्र मुझे मिला, जिसमें उन्होंने लिखा था कि एक साप्ताहिक पत्र निकालने की योजना बना रहा हूं। उसका नाम होगा 'जनरुचि'।

ज़ाहिर है कि उसका प्रकाशक-संपादक सब कुछ नागार्जुन को ही होना था। मुझे उन्होंने लिखा कि तुम्हें 'जनरुचि' में नियमित लिखना है। मैंने तुरंत जबाव देकर बाबा को बताया, 'जनरुचि' बहुत अच्छा नाम है। चौथे आम चुनाव में जन-चेतना का जो राजनीतिक इजहार हुआ, उसने देश की राजनीति को बदल दिया है, अब 'जनरुचि' या जन-चेतना को ठोस पूंजीवाद-विरोधी रुख़ देने का काम तत्परता से करना चाहिए, ताकि जनचेतना पीछे न लौटे।' बाबा ने फिर लिखा, तुम्हारा पत्र अच्छा लगा। उसके अनुसार ही 'जनरुचि' का प्रकाशन होगा। लेकिन हुआ यह कि जनरुचि का जन्म हुआ ही नहीं।

इसी वर्ष हम और बाबा एक साथ मुजफ्फरपुर गये थे, रामचंद्र भारद्वाज की शादी थी, हमलोग उनकी बारात में गये थे। बारात में चलते हुए बाबा ने कहा—अरे भाई सुनो, रामचंद्र ने धनुष तोड़ने के बाद विवाह करने में बड़ी देर कर दी। समझने वाले खूब हंसे, नहीं समझने वाले ताकते रहे।

विवाह के बाद दूसरे दिन सुबह का नाश्ता करने के बाद बाबा ने कहा—चलो जरा जानकीवल्लभ जी से मिल आयें। तुम उनसे कभी मिले हो? मैंने कहा, देखा-सुना है कई बार, मिला हूं। आमने सामने बैठ कर। एक बार देवघर में संथाल परगना हिंदी साहित्य सम्मेलन के कवि सम्मेलन में। ख़ैर, रिक्शे पर बैठ कर हम लोग चले। रिक्शा चतुर्भुज स्थान होकर गुज़र रहा था, तो बाबा ने कहा, देखो शास्त्री जी ने, चतुर्भुज स्थान के पास अपना निराला निकेतन बनाया है, जहां भुजाएं चार होती हैं। शास्त्री जी के यहां पहुंचे देखा तो उनके कमरे में लगभग सारी जगहें उनके प्रिय कुत्तों और बिल्लियों ने छेक रखी थीं। किसी तरह हमलोग बैठे; बाबा ने कहा– देखिए खगेंद्र को लेता आया हूं, आप से मिलाने। शास्त्री जी ने कहा, बड़ा अच्छा किया आपने और फिर मेरी ओर मुख़ातिब होकर शास्त्री जी बोले, खगेंद्र जी, नागार्जुन जी को बचाकर जुगाकर रखिए, बड़े काम की कविताएं लिख रहे हैं ये। हमें मिठाई नमकीन और चाय मिली वहां प्रेम से। यह सब ग्रहण करके हमलोग वहां से विदा हुए। निराला-निकेतन मैं पहली बार गया था। बाबा के साथ जाना ख़ास तौर से अच्छा लगा। मैंने यहां भी अनुभव किया कि शास्त्री जी के मन में बाबा के लिए बहुत आदर था, ख़ास कर उनकी कविताओं के लिए।

1967 में हमलोग साहित्य-सम्मेलन भवन में थे, तभी कुछ दिनों के लिए बाबा का दूसरा पुत्र सुकांत पटना आया और बाबा के साथ रहा था। मैंने एक दिन पूछ दिया, ये लड़का क्या कर रहा है। बाबा कुछ देर चुप रहे। सोचने लगे, फिर बोले, अरे क्या करेगा, इंटर का इम्तिहान देना था। मैं परीक्षा-फीस नहीं दे सका तो यह परीक्षा नहीं दे सका, अब अगले

साल देगा। अब मैं सोचने लगा, कुछ देर सोचता ही रहा। लेकिन सिर्फ़ सोचने से क्या फायदा। किस काम का। मेरे मन में कोई कांटा गड़ने लगा, हिंदी का इतना बड़ा क्रांतिकारी कवि दोनों काम कैसे करेगा—क्रांति भी करे और बेटे की परीक्षा-पीस भी जमा करे, यह कैसे होगा? यह क्यों कर होगा? बाबा के ज्येष्ठ पुत्र शोभाकांत ने 'मेरे बाबू जी' नाम की किताब में आगे चल कर लिखा, 'हमने जब-जब बाबू जी की खोज की तो हमें बाबू जी की जगह नागार्जुन मिले।' क्रांतिकारी कवि के बच्चों के लिए यह मार्मिक कथन है। इस दृष्टि से भी नागार्जुन हिंदी के अकेले कवि हैं। सुकांत ने अभी तक बाबा के बारे में कुछ कहां लिखा। ख़ैर, मैंने सोचा, तय किया और कहा, 'बाबा, इसे मेरे साथ जाने दीजिए।' बाबा ने कहा, 'ले जाओ।' और सुकांत मेरे साथ सुलतानगंज आ गया। उस समय मैं परिवार के साथ श्याम बाग मुहल्ले में एक मकान किराये पर लेकर रह रहा था। उस समय हमारा वेतन मात्र 220 रुपये था। दो सौ वेतन और बीस रुपये मंहगाई भत्ता। वेतन ज़रूर नियमित मिल जाता था, लेकिन वार्षिक वृद्धि नहीं मिल रही थी और महंगाई भत्ता सबसे कम हमारे कॉलेज में था। तब भी मैं सुलतानगंज गया सुकांत को लेकर और अपनी जीवन संगिनी इंदिरा ठाकुर से कहा, देखो, यह तुम्हारा देवर है, बाबा नागार्जुन का पुत्र सुकांत। यह यहां रह कर पढ़ेगा। और इंटर की परीक्षा देगा। इंदिरा ने उसे देवर के रूप में ही रखा और सुकांत निःसंकोच भाभी से घुलमिल गया। उस समय मेरी बच्चियां जन्म ले चुकी थीं। इंदिरा ने मेरे सामाजिक दायित्व को अपना दायित्व मान लिया, मैं बेहद खुश था, क्योंकि उसके बिना मैं क्या कर सकता था। बाद में सन सड़सठ की राजनीतिक परिस्थिति का लाभ उठा कर हमने शिक्षकों की हड़ताल संगठित की। फिर भूख हड़ताल भी की और राज्य की संविद सरकार से हस्तक्षेप कराया तो मंहगाई भत्ता बढ़कर साढ़े सत्रह प्रतिशत हो गया और सालाना वृद्धि भी मिली, तो थोड़ी राहत मिली। लेकिन यह दौर मंहगाई बढ़ने का भी था। सुकांत अनियमित छात्र हो गये थे। हमारे कॉलेज से परीक्षा का प्रबंध नहीं हो सका। वहीं पर गंगा के उस पार परबत्ता में एक कॉलेज था और उसके प्राचार्य मेरे कनिष्ठ मित्र। यह मित्रता तो कृष्ण कुमार झा के कारण हुई थी। तो उन्होंने सुकांत को नियमित छात्र बना लिया और 1969 में वहीं से इंटर का इम्तहान दिला दिया। सुकांत इंटर कर गये, फिर आगे मेरी स्थिति समझ कर वे सहरसा चले गये और वहां बी.ए...ऑनर्स (अर्थशास्त्र) पढ़ने लगे। और समय पर बी.ए...कर भी गये। जहां तक मुझे याद है, भागलपुर विश्वविद्यालय ने उन्हें कुछ आर्थिक मदद दी थी। मैं उन दिनों यूनिवर्सिटी का सिनेटर था और भागलपुर विश्वविद्यालय शिक्षक संघ का महासचिव था। इसका क्षेत्र पुराने भागलपुर प्रमंडल तक था।

1969 में भागलपुर के भगवान पुस्तकालय में एक गोष्ठी हो रही थी नागार्जुन के सम्मान में। संयोजक थे बेचन जी। श्रोताओं में मैं तो था ही, भागवत झा आज़ाद भी थे। और भी बहुत से लोग थे। बाबा ने अपनी ताज़ा लिखी कविताएं सुनायीं, जिनमें इंदिरा गांधी की प्रशंसा में लिखी दो-तीन कविताएं भी थीं। असल में वे कविताएं बैंक राष्ट्रीयकरण के पक्ष में लिखी गयी थीं और इदिंरा गांधी को कवि ने 'छोटी बहन हमारी' या 'लक्ष्मी' आदि कहा था। गोष्ठी के बाद बाबा तो वहीं पुस्तकालय में रहे। मुझे सुलतानगंज लौटना था और आज़ाद जी को सर्किट हाउस जाना था। उन्होंने मुझे अपनी गाड़ी में बिठाया और रेलवे स्टेशन में छोड़ दिया। रास्ते में वे बोले, बाबा को जल्द ही इंदिरा गांधी पर दूसरी कविता लिखनी पड़ेगी,

उनके ख़िलाफ़। ऐसा हुआ भी। 1972 के विधानसभा चुनाव के बाद बाबा ने लंबी कविता लिखी थी : 'अब तो बंद करो हे देवि, यह चुनाव का प्रहसन!' यह पश्चिम बंगाल के प्रसंग में लिखा गया था।

हम वामपंथी अध्यापकों ने सुलतानगंज में एक नया मुहल्ला बसाया। उसमें एक छोटा सा मकान अपना भी था। 23 फरवरी 1970 से हमलोग वहां रहने लगे थे। मुहल्ले का नाम रखा राहुल नगर।

1971 की जनवरी के आरंभ में बाबा सुलतानगंज आ गये, हमलोगों ने राहुलनगर का उद्घाटन उनसे कराया। एक सार्वजनिक कवि-सम्मेलन भी कराया। बाबा ने अपनी कई राजनीतिक कविताएं सुनायीं। कांग्रेसी लोग फिर नाराज़ हुए। लेकिन खादी भंडार वालों ने आग्रह किया मुझसे कि बाबा को एक बार फिर बुलाइए, तीस जनवरी को गांधी शहादत दिवस मनायेंगे। मेंने बाबा तक यह आग्रह पहुंचाया, वे आने को राज़ी हो गये। कांग्रेसियों ने आम लोगों के बीच यह प्रचार करना शुरू किया कि वे कवि-सम्मेलन में न आवें। लेकिन मैंने भी गांवों तक अपने लोगों को कहवाया कि जुटकर उन्हें आना है। कॉलेज के छात्रों से भी कहा। भागलपुर से बेचन जी की मंडली कवियों को लेकर आयी, मुंगेर से कई लोग आये। तारापुर से प्रवासी जी थे। जाड़े की शाम थी, फिर भी कम-से-कम पांच हज़ार लोग जुटे, खादी भंडार के लिए यह अनोखी बात थी, उन दिनों गांधी जी के लिए भी। अतः गांधी शहादत दिवस की अद्भुत सफलता चर्चा का विषय बनी। बाबा भी भीड़ देख कर बेहद खुश थे। यह उस संघर्ष का फल था, जो कांग्रेसियों की संकीर्णता ने छेड़ दिया था।

1973 के संभवतः मार्च महीने में बांदा में केदारनाथ अग्रवाल ने एक विराट 'प्रगतिशील साहित्यकार सम्मेलन' का आयोजन किया-कराया। बिहार से हमलोग गये थे। कन्हैया जी, प्रवासी जी, ब्रजकुमार पांडेय, राजनंदन सिंह राजन, चंद्रभूषण तिवारी, श्याम सुंदर घोष, अंकिमचंद्र, रामकृष्ण पांडेय आदि। वहां बाबा भी आये थे, शायद दिल्ली से। त्रिलोचन जी भी थे। शमशेर भी। युवा लेखकों भी संख्या बहुत ज़्यादा थी। सज्जाद ज़हीर भी दूसरे दिन पहुंचे थे। मन्नथनाथ गुप्त भी थे। एक गोष्ठी में विचारधारा और कविता के संबंध पर बोल रहे थे। उन्होंने कहा कि यह संबंध बड़ा जटिल है। कविता में विचारधारा होती है, लेकिन जीवन उससे अधिक महत्वपूर्ण है। बोलते-बोलते सज्जाद ज़हीर ने कहा, देखिए, नागार्जुन जी एक बड़े कवि हैं, लेकिन विचारधारा की दृष्टि से उनका हाल यह है कि छह महीने इधर रहते हैं तो छह महीने उधर। कहने का मतलब यह कि वामपंथ में ही कई टुकड़े थे और बाबा कभी इस टुकड़े का साथ देते, कभी उस टुकड़े का साथ देते। बात तीखी थी। लेकिन बाबा के चेहरे पर कोई गुस्सा नहीं था। गोष्ठी समाप्त होने पर उन्होंने इतना ही कहा, आज तो बन्ने भाई ने दीक्षांत भाषण करके मुझे डिग्री दे दी।

बाबा से संबंधित एक महत्वपूर्ण प्रसंग संपूर्ण क्रांति का है। संपूर्ण क्रांति में जयप्रकाश नारायण कूदे और उन्होंने ही उसे पहले दलहीन जनतंत्र और बाद में संपूर्ण क्रांति कहा। ऊपरी मध्यवर्ग, व्यापारियों, अधिकारियों और गैरवामपंथी, गैरकांग्रेसी राजनीतिक दलों का भरपूर समर्थन उसे मिला। अचानक यह चर्चा सुनने को मिली कि नागार्जुन कुछ साहित्यकारों के साथ संपूर्ण क्रांति के पक्ष में अनशन करेंगे। मैं और कन्हैया जी उनसे मिलने गये। उस समय गुलाबीघाट रोड के उनके आवास पर। वे कई दिनों से आवास में नहीं थे। बहुत पूछने

पर हमें भनक मिली कि वे उमाशंकर श्रीवास्तव के यहां हैं। हमलोग वहां गये और वे वहां मिल गये। हमने बात छेड़ी। उन दिनों कविता की दो पंक्तियां उनके नाम से खूब उद्धृत की जा रही थीं :

होंगे दक्षिण, होंगे वाम
जनता को रोटी से काम!

मैंने पूछा, बाबा ये पंक्तियां आपकी हैं?

बाबा चुप रहे। फिर हमलोगों ने आग्रह किया कि वे अनशन पर नहीं बैठें। तब उन्होंने मौन तोड़ा—तुम लोग भी तो कुछ नहीं कर रहे हो, मतलब यह कि कोई आंदोलन छिड़े। खैर, अंततः रेणुजी, मधुकर सिंह आदि के साथ बाबा भी डाक बंगला चौराहे पर एक दिन बैठ गये अनशन पर। फिर तो वे सभाओं में, नुक्कड़ों पर कविताएं सुनाने लगे। उन दिनों यह कविता बहुत लोकप्रिय थी, दूसरे लोग भी सुनाते थे :

इंदु जी, इंदु जी, क्या हुआ आपको
सत्ता के मद में भूल गयीं बाप को
छात्रों के खून का चस्का लगा आपको

उन दिनों हम जैसे लोगों से उनका संपर्क लगभग टूट गया था। मैंने एक लंबा पत्र उनको लिखा था। उन्होंने कार्ड पर उत्तर दिया, तुम्हारा लंबा पत्र मिला है, समय निकाल कर कभी उत्तर दूंगा। ऐसा समय कभी नहीं आया।

सन् 1975 के मार्च महीने में बाबा जनता सरकार का उद्घाटन करने गये और वहीं गिरफ़्तार करके जेल भेज दिये गये। काफ़ी दिनों तक जेल में रहे। पटना उच्च न्यायालय में बंदी प्रत्यक्षीकरण याचिका दाख़िल की गयी और उच्च न्यायालय के आदेश पर बाबा को रिहा कर दिया गया। इस तरह ध्यान देने की बात यह है कि वे आपातकाल लागू किये जाने से पहले ही गिरफ़्तार किये गये थे और आपातकाल के रहते हुए वे रिहा कर दिये गये थे। जेल से छूटे तो वे मेरे पटना आवास पर आये। बोले, देखो, मैंने जेल में ये कविताएं लिखी हैं, तुम सुनो! मैंने कहा—सुनाइए और बैठ गया सुनने। कविताएं संपूर्ण क्रांति के ख़िलाफ़ थीं। वे फिर बोले—अब और लोगों को सुनवाओ, तो मैंने एक गोष्ठी आयोजित की, पच्चीस-तीस लोग जुटे, जिनमें चतुरानन मिश्र और प्रभुनारायण राय भी थे। पूरा एक संग्रह था कविताओं का जिसका नाम उन्होंने दिया, 'खिचड़ी विप्लव देखा हमने।' क्रांति एकदम नहीं, विप्लव, वह भी खिचड़ी। विप्लव यदि खिचड़ी हो, तो वह जन विरोधी और जनतंत्र विरोधी होता है। वैसी ही उसकी गति आगे चल कर हुई। फिर बाबा के बहुत कहने पर एक इंटरव्यू लिया गया, जनशक्ति दैनिक के लिए। उन दिनों, नंदकिशोर नवल प्रगतिशील लेखक संघ में थे और बाबा की प्रशंसा कुछ आगे बढ़ कर करते थे। तो मैंने उनसे आग्रह किया कि वे बाबा का इंटरव्यू ले लें। उन्होंने मुझसे कहा, आप भी उपस्थित रहिए। तो यह काम संपन्न हुआ, नवल जी के आवास पर ही। उसमें बाबा ने शुरू में ही कहा— मुझे ऐसा महसूस हो रहा है कि मैं वेश्याओं और भड़ुओं की गली से निकल आया हूं। मैंने कहा, बाबा ऐसा न कहिए, भाषा बदल दीजिए। इस पर उन्होंने कहा, नहीं, रहने दो इसे। बात यह है कि इतने दिन मैं उस आंदोलन में रहा, उनके साथ जेल में भी रहा, तो बहुत से नये दोस्त और साथी बन गये, जिनकी संगति से मैं मुक्त होना चाहता हूं। यह छप जायेगा, तो वे मुझे गाली देंगे और

उनसे मेरा साथ छूटेगा। अंततः वह इंटरव्यू 18 जुलाई 1976 को जनशक्ति दैनिक के साप्ताहिक परिशिष्ट में छपा। मुझे मालूम हुआ कि वह इंटरव्यू जब जय प्रकाश बाबू को लोगों ने दिखाया तो उन्होंने पढ़ कर कहा, नागार्जुन से तो ऐसी उम्मीद थी ही।

1976 के 24-25 दिसंबर को मढ़ौरा में बिहार प्रगतिशील लेखक संघ का राज्य सम्मेलन था। उसमें बाबा हमारे साथ गये थे। वहां एक सरकारी अधिकारी लेखक आये थे सम्मेलन में शामिल होने, लेकिन उन्होंने मुझसे कहा, भाई सम्मेलन-स्थल के इर्दगिर्द खुफिया तंत्र के लोग भरे पड़े हैं, मैं तो भाग नहीं ले सकूंगा। मैंने कहा, आप चले ही जाइए। बड़ी संख्या में राज्य भर से लेखक प्रतिनिधि आये थे और स्थानीय लोग तो कई हज़ार थे। सम्मेलन में बोलते हुए बाबा ने कहा, मेरा मनोद्रव्य कमजोर पड़ गया था, असल में जनता से ही लगाव कमजोर पड़ गया था। मनोद्रव्य तो जनता से ही मिलता है। यही कारण है कि मैं राष्ट्रीय स्वयं सेवक संघ के प्रभुत्व वाले जनविरोधी आंदोलन को जनआंदोलन समझ कर शामिल हो गया था। जेल में जाकर मुझे यह अनुभव हुआ। ऐसा कहते हुए बाबा रो पड़े, आंखों से आंसू छलक पड़े। सम्मेलन का वातावरण भी गीला हो गया। आत्मालोचन के गंगाजल में स्नान कर निकले हुए नये नागार्जुन को हम देख रहे थे, यह भी एक नया तत्व उनके व्यक्तित्व का हमें प्रेरित कर रहा था।

26 दिसंबर को हमलोग लौटती यात्रा में छपरा पहुंचे तो मालूम हुआ कि यशपाल जी नहीं रहे। वहीं छपरा में बाबा की अध्यक्षता में हमने यशपाल जी को श्रद्धांजलि अर्पित करने के लिए शोक-सभा की।

'आत्मालोचन' से धुले नागार्जुन भी कई बार हमें अपनी आस्था-चिंता का झटका देते रहते थे। एक बार जब वे हमारे विधायक क्लव वाले आवास में ठहरे थे, तो राकेश चौधरी नामक एक पत्रकार आकर कुछ सवालों के जवाब ले गये और एक दैनिक पत्र में छपा दिया। उसमें एक जगह कहा गया था, प्रगतिशील लेखक संघ को धनाढ्य लोगों से पैसा मिलता है। यह पढ़ कर मैं बड़ा दुखी हुआ। बाबा तो हमारे ही यहां थे। मैंने उन्हें अखबार दिखाया और पूछा, बाबा क्या सचमुच आप ऐसा समझते हैं! बाबा बहुत देर तक कुछ नहीं बोले, फिर गमगीन स्वर में बोले, ऐसा मैं बोल सकता हूं क्या? मैंने कहा आप बोल नहीं सकते, लेकिन आपके नाम से ऐसा छप गया है। बाबा बोले, 'मै राकेश को डाटूंगा।' लेकिन उसके बाद राकेश कभी दिखा नहीं। एक बार जब बाबा मेरे आवास में थे, तो मैंने सुनील मुखर्जी से कहा, नागार्जुन मेरे आवास में हैं इन दिनों, मैं चाहता हूं कि आप उनसे मिलें। उन्होंने कहा, ठीक है। कल सबेरे साढ़े नौ बजे के क़रीब डॉ. सुनील मुखर्जी बाबा से मिलने आ गये। दोनों ने एक दूसरे का अभिवादन किया, हाल-चाल पूछा, स्वास्थ्य की जानकारी ली। सुनील मुखर्जी का स्वास्थ्य तो लंबे समय से ख़राब था। बाबा ने उनके स्वास्थ्य का हाल पूछा, जबाब मिला, बहुत ठीक नहीं। डाक्टर ने गतिविधि सीमित कही है। ज़्यादा झोल-झाल वाली यात्रा करने से मना किया है।

बाद में मैंने बाबा से कहा, आप यह जानते हैं कि लंबे जेल जीवन ने उनका स्वास्थ्य तोड़ दिया है, फिर भी आपने उनको व्यंग्य का पात्र बना दिया और विरोधियों ने टेप भी किया है; आपके कथन का वे इस्तेमाल करेंगे। बाबा बोले, अरे, यह तो मैंने सोचा भी नहीं था, गलती हो गयी, मैं उन लोगों को मना कर दूंगा। ख़ैर, यह वक्तव्य कहीं नहीं छपा।

एक उदाहरण और देना चाहता हूं। 1982 में बिहार प्रगतिशील लेखक संघ का राज्य सम्मेलन था बेगूसराय में। बाबा वहां पटना से मेरे साथ ही गये। कार्यक्रम ऐसा बना था कि बेगूसराय से वे सुलतानगंज जायेंगे। वहां मुरारका कालेज में कविता सुनायेंगे।

बेगूसराय सम्मेलन में उन्होंने जम के पूरे मन से भाग लिया। उद्घाटन सत्र को उन्होंने संबोधित भी किया। अपने वक्तव्य में उन्होंने प्रगतिशील आंदोलन की ज़रूरत पर बल दिया। याद आता है कि इस सम्मेलन के ठीक पहले बाबा ने डेहरी ऑन सोन में प्रलेस के समारोह में भाग लिया था। उसमें सुरेंद्र चौधरी भी उपस्थित थे। बाबा ने डेहरी ऑन सोन में कहा, बिहार में साहित्यिक जागरण फैलाने में प्रगतिशील आंदोलन की बड़ी भूमिका है। बेगूसराय सम्मेलन में उन्होंने यह बात और भी ज़ोर से कही। लेकिन वहीं कुछ अतिवाम वालों ने बाबा से देश की वाम राजनीति के हाल के बारे में पूछ दिया, तो बाबा ने कह दिया आई.पी.एफ. (यह माले नेता विनोद मिश्र का बाहरी संगठन था) को मेरा सलाम बोलो। उसी शीर्षक से उनका बयान दिनमान में छपा था। पढ़ कर हम चकित और दुखी भी हुए, लेकिन हमने उनसे कुछ नहीं कहा। असल में बाबा की चेतना में कहीं यह बात थी कि क्रांतिकारी परिवर्तन हथियारबंद संघर्ष से ही होगा। एक घटना याद आती है। बेगूसराय जिले के मटिहानी क्षेत्र में भारतीय कम्युनिस्ट पार्टी के विधायक सीताराम मिश्र की हत्या कर दी गयी। वे इससे बड़े दुखी थे। बोले, यह क्या हो रहा है, सीताराम मिश्र जैसे नेता मार दिये जाते हैं। और कुछ नहीं होता। उसी दिन मैंने उन्हें कहा, बाबा, आप जानते हैं, सीताराम मिश्र के हत्यारे भी मारे गये। यह सुनते ही वे मेरी बैठक में कुर्सी से उठ कर नाचने और ताली बजाने लगे। मैं उन्हें देखता रहा।

खैर, दिनमान वाले वक्तव्य के बाद भी हमलोग उनको बिहार प्रगतिशील लेखक संघ का अध्यक्ष बनाये रहे और वे भी बने रहे।

बेगूसराय से हम उन्हें लेकर सुलतानगंज गये। मेरी भतीजी डॉ. पुष्पा उन दिनों वहां महिला अस्पताल में चिकित्सक थी। हमलोग वहीं ठहरे। दिन में कॉलेज में बाबा का काव्यपाठ हुआ। छात्र और शिक्षक बड़ी तादाद में उपस्थित थे। छात्रों ने आग्रह करके कविताएं सुनीं। रात में हमारी भतीजी के आवास में रहे। उसी रात उनकी तबीयत थोड़ी खराब हुई, उल्टी हुई, लेकिन सुबह तक तबीयत ठीक हो गयी। रात में उन्होंने मुझे बताया नहीं। मैंने उनसे कहा, तो बोले, अरे तुम्हें कितना कष्ट देते।

1977 में हुए आम चुनाव में संपूर्ण क्रांति की हवा चल रही थी। अतः बाबा के अनुसार उस संपूर्ण क्रांति-संपूर्ण भ्रांति से उपजी जनता पार्टी ने बहुतायत राज्यों और केंद्र में भी पूरी जीत हासिल करके सरकार बनायी। बिहार में भी कर्पूरी जी के मुख्यमंत्रित्व में जनता पार्टी की सरकार बनी। बाबा उन दिनों पटना में ही थे। एक दिन उन्होंने मुझसे कहा, अजी सुनो, मैंने संपूर्ण क्रांति आंदोलन के समय राज्य-सरकार से मिल रही वृत्ति को ठुकरा दिया था। अब तो वह सरकार नहीं है, वह वृत्ति फिर से ली जा सकती है। मैंने कहा—बाबा सरकार तो बदल ही गयी है, हालांकि क्या फ़र्क़ पड़ा है, संपूर्ण भ्रांति लेकर आयी है; फिर भी सरकार का पैसा तो जनता का होता है। उसे लेने में कभी हिचक नहीं होती। कोशिश करता हूं। उस समय बिहार राष्ट्रभाषा परिषद के निदेशक थे श्रुति देव शास्त्री। उनसे मिला और बाबा की बात उनके सामने रखी। शास्त्री जी ने बताया कि नागार्जुन और रेणुजी ने सरकारी वृत्ति

छोड़ने का एलान तो कर दिया। लेकिन लिखित कुछ दिया नहीं। फिर भी जब उन्होंने छोड़ने की सार्वजनिक घोषणा की, तो सरकार ने अखबार के आधार पर उन्हें वृत्ति देना बंद कर दिया। अब यदि बाबा लेना चाहते हैं, तो उन्हें यह बात लिख कर देनी चाहिए। मैंने बाबा से यह बात बतायी और फिर एक दिन अजय भवन (पटना) में निदेशक शास्त्री जी को बुला कर बाबा से भेंट करायी। बाबा लिख कर देने को राज़ी हो गये। बाबा और शास्त्री जी दोनों ने मुझसे प्रारूप तैयार कर देने का आग्रह किया। असल समस्या यह थी कि ऐसा लिखा जाये कि बाबा की मर्यादा रह जाय और वृत्ति भी मिल जाय। तो सोच-विचार कर मैंने इस तरह लिखा कि एक ख़ास राजनीतिक परिस्थिति में वृत्ति छोड़ने की घोषणा की गयी थी, अब राजनीतिक परिस्थिति बदल चुकी है। दूसरी बात यह कि सरकार ने किसी दस्तावेजी आधार के बिना ही वृत्ति बंद कर दी थी। अतः अब फिर से वृत्ति का भुगतान सरकार कर दे, तो वे उसे स्वीकार कर लेंगे। तो संचिका बना कर निदेशक ने प्रस्ताव आगे बढ़ाया। शिक्षा-सचिव से होते हुए बात राज्यपाल तक जानी थी तो मैंने कहा चतुरानन मिश्र से। शिक्षा-सचिव और राज्यपाल को कहलाया और प्रस्ताव मंजूर हो गया बाबा को वृत्ति मिलने लगी। आगे चलकर उसकी रकम बढ़ाकर एक हजार रुपये प्रति माह कर दी गयी। एक हजार भी क्या था, ऊंट के मुंह में जीरे का फ़ोरन। बाबा ऊंट नहीं थे, अतः जीरे से थोड़ी ज़्यादा मदद मिली।

एक बार बाबा जब मेरे यहां ठहरे थे, तो भागवत झा आज़ाद उनसे मिलने आये। उस समय तक आज़ाद जी पूर्व मुख्यमंत्री हो चुके थे और विधान परिषद के सदस्य थे। उन्होंने बाबा से आग्रह किया कि चलिए, मेरे साथ मेरे आवास पर। शाम को यहां पहुंचा दूंगा। कहकर उन्होंने मेरी ओर देखा। आज़ाद जी बाबा को ले गये और शाम को पांच बजे पहुंचा भी गये। मैंने बाबा से पूछा, क्या हुआ दिन भर? तो बोले, अरे गपशप हुआ, खाना-पीना हुआ और आज़ाद जी ने अपनी कविताएं सुनायीं। पूछने लगे, कैसी हैं ये कविताएं, तो मैंने कहा, अरे, अब बुढ़ापे में नाती-पोता खेलाइए। देखिए, ऐसी गहरी व्यंजनाधर्मी बात बाबा के सिवा और कौन कह सकता था। आज़ाद जी ने एक लंबी आध्यात्मिक कविता लिखी थी, वही कविता उन्होंने बाबा को सुनायी और बाबा ने ऐसी कविता के बदले नाती पोता खेलाने की सलाह दी। शायद बाबा की सलाह का फल है कि आज़ाद जी की कविता पुस्तक नहीं छपी।

अगले दिन उनको लेकर मैं भागलपुर गया। बेचन जी को मैंने पहले ही ख़बर दे दी थी। वे उस समय मारवाड़ी कॉलेज के प्रभारी प्राचार्य थे। मारवाड़ी कॉलेज में भी उनका काव्यपाठ हुआ। दोनों कार्यक्रम से उन्हें मानदेय मिला। बाबा खुश थे। पटना लौटते समय बोले भी—इस बार तुमने अच्छा प्रबंध किया।

1985 में पटना प्रगतिशील लेखक संघ की ओर से 'नागार्जुन की राजनीति' नाम से एक पुस्तिका छपायी गयी, जिसे अपूर्वानंद ने लिखा और नंदकिशोर नवल ने उसकी भूमिका लिखी। यह संकीर्णतावादी, आक्रामक और उद्दंड आलोचना का अच्छा नमूना था। हमने उसका विरोध किया। कई जगह अतिवाम वालों ने गोष्ठी कर के विरोध किया। बाबा धनबाद में थे, तो उनके सामने ही कुछ लोगों ने कहा, बिहार प्रगतिशील लेखक संघ का विरोध किया जाना चाहिए इस प्रकाशन के लिए। इस पर बाबा ने कहा, यह प्रकाशन पटना प्रलेस का है और बिहार प्रलेस ने उसका विरोध किया है, यह ध्यान में रखो। तो कोई प्रस्ताव पारित

नहीं हुआ। उसके बाद ही जमशेदपुर में बिहार प्रगतिशील लेखक संघ का राज्य सम्मेलन था, उसमें बाबा नहीं पहुंचे। उनका संदेश मेरे पास ज़रूर पहुंचा कि अब मुझे अध्यक्ष प्रद से मुक्त कर दो, बहुत दिन रह चुका हूं। उनका आग्रह मान लिया गया। लेकिन बाबा क्या अपने सम्मान से मुक्त हो पाये?

1988 में बिहार में भारतीय कम्युनिस्ट पार्टी ने एक बड़ा सत्याग्रह आंदोलन संगठित किया। बाबा उन दिनों पटना में थे। सत्याग्रह आर ब्लॉक चौराहे पर होता था। बाबा रोज़ उस चौराहे पर जाते थे और सत्याग्रहियों में बैठ जाते थे। सत्याग्रही दिन में गिरफ़्तार किये जाते और शाम को छोड़ दिये जाते। बाबा को किसी दिन गिरफ़्तार नहीं किया गया। वे चाहते थे कि उग्र आंदोलन हो। एक दिन शाम को उन्होंने जनशक्ति में आकर कहा भी। भाकपा की इस गतिविधि से वे खुश थे।

1988 में वी.पी. सिंह ने कांग्रेस और लोकसभा से इस्तीफा दे दिया। लोकसभा का चुनाव हुआ, वी.पी. सिंह निर्दलीय खड़े हुए। बाबा चले गये इलाहाबाद वी.पी. सिंह के पक्ष में प्रचार करने। एक धर्मशाला में ठहर गये थे। किसी ने वी.पी. सिंह को इसकी जानकारी दी, तो वी.पी. सिंह चले आये धर्मशाला में और बाबा से कहा, आप यहां क्यों! मैं किसी होटल में आपके ठहरने का प्रबंध किये देता हूं। इस पर बाबा ने कहा, मैं यहीं ठीक हूं, आप मेरी चिंता न करें। यह सुन कर वी.पी. सिंह चकित थे।

1988 के जून महीने में मेरी बड़ी बेटी निशिप्रभा की शादी हुई। बाबा उसमें सपरिवार, अपराजिता देवी सहित सम्मिलित हुए। उन दिनों वे सुकांत के कंकड़ बाग स्थित आवास में रुके हुए थे। सुकांत पत्नी और बच्चों के साथ शादी में शामिल थे। बाबा देर रात तक पंडाल में बैठे रहे।

संभवतः उसी वर्ष एक बार वे इलाहाबाद से पटना आ रहे थे। उन्होंने मुझे ख़बर कर दी थी। मैं उन्हें लिवा लाने स्टेशन गया। लेकिन बाबा मिले नहीं। मैं निराश लौट आया। थोड़ी देर के बाद मैं फिर घर से निकल कर जनशक्ति की ओर जा रहा था, तो देखा बाबा कंधे पर कोई गठरी लिये चले आ रहे हैं। उस दिन वामपंथी दलों के आह्वान पर पटना बंद था। मैं दौड़ कर उनके पास पहुंचा। देखा, कंधे पर गमछा में तरबूज लपेटे लिये हुए थे। मैंने उनके कंधे पर से उसे ले लिया। तरबूज फट गया था, रस चू रहा था। मैं कुछ पूछता, उसके पहले ही उन्होंने कहा, चलो घर में बैठ कर जरा सुस्ता लेंगे, तब कहीं सुनायेंगे। मैंने उन्हें बताया कि मैं स्टेशन गया था। ख़ैर, आवास में पहुंचे, चाय-पानी लेकर, कुछ सुस्ता कर बोले, भीड़ इतनी थी कि मैं प्लैटफार्म पर उतर नहीं सका। गाड़ी खुल गयी, थोड़ा ही आगे जाने पर किसी ने चेन खींची तो गाड़ी रुक गयी और मैं उतरा। उतरने के क्रम में ही तरबूज नीचे गिर कर फट गया। मैंने उठाकर गमछे में बांधा, तभी टी.टी आ गया और बोला क्यों बूढ़े, बिना टिकट चल कर यहां उतरे! इस पर मैंने खीझ कर कहा, आपको लगता है कि मैं बिना टिकट हूं। टिकट क्या मैं अपने ललाट पर साट कर चलूं? इतना सुन कर टी.टी. खिसक गया, मैं वहां से, फिर प्लेटफार्म पर आकर गेट से बाहर निकला, रिक्शा तो मिला नहीं।

आपको बड़ा कष्ट हो गया, आज पटना बंद है बाबा! मैंने कहा।

कोई बात नहीं, मुझे खुशी है कि बच्चों के लिए इलाहाबादी तरबूज ले ही आया। कह

कर बाबा हंसने लगे।

एक बहुत रोचक प्रसंग है। मैंने एक बार कहा, बाबा *उत्तरशती* के लिए कविता दीजिए न! इस पर बोले, कोई ताज़ा कविता लिख कर दूंगा। और दूसरे दिन सबेरे ही चाय-वाय लेने के बाद बोले, कविता तैयार है, सुनो! और सुनाने लगे :

किसकी है जनवरी, किसका अगस्त है?
कौन यहां पस्त है, कौन यहां मस्त है?

कविता सुनाते हुए बाबा खड़े होकर नाचने लगे। इतने में भीतर से मेरा पुत्र भास्कर आ गया। तब वह दस-ग्यारह साल का रहा होगा। बाबा ने उससे कहा, जाओ भीतर! वह बोलते चला गया, मैं कविता सुनने थोड़े ही आया हूं। और दिन भर वह बैठक में नहीं आया। शाम को बाबा गये काफ़ी हाउस! तब वह बालक बाहर आया और बोला :

बाबू जी, किसकी है जनवरी, किसका अगस्त है
कौन है पस्त यहां, कौन है मस्त यहां
कौन है बुझा-बुझा, कौन है खिला-खिला!

जबाब सुनिए :

बाबा की है जनवरी, बाबा का अगस्त है
हम यहां पस्त हैं, बाबा यहां मस्त है
मैं हूं बुझा-बुझा, बाबा है खिला-खिला।

मैं सुनकर चकित हो गया। दिन भर बालक जिस मनोदशा में रहा उसका इज़हार वह कर रहा था। बाबा काफ़ी हाउस से लौटे, तो वह सो गया था। मैंने बाबा को सुना दिया। बाबा बोले, अरे बड़ी भूल हो गयी है, कहां है वह! मैंने कहा, सो गया।

अगली सुबह बाबा ने उसे बुलाया, पुचकारा और विधायक कैन्टीन ले गये, उधर से गुलाब जामुन खिला लौटे तो वह भी खिला-खिला हो गया था। कविता उन्हीं दिनों *उत्तरशती* में छपी थी।

प्रसंग और भी बहुत से हैं। उन्हें यहां छोड़ता हूं। अंतिम वर्षों में वे बीमार रहे और लहेरियासराय के पंडासराय में किराये के मकान में रहते थे। शोभाकांत (ज्येष्ठ पुत्र) अपने परिवार के साथ उनकी सेवा में लगे थे। इसके बाद वे किसी यात्रा पर नहीं निकल सके। यात्री का अभियान अब बंद होने के लक्षण दिखने लगे थे। बाबा ने एक कविता में लिखा :

क्या कर लेगा मेरा मन
इंद्रियां साथ नहीं देंगी तो!

और वह अंत पांच नवंबर 1998 को आ गया। हम जो समझते थे कि यह यात्री कभी हमारा साथ नहीं छोड़ेगा, वह छोड़ गया। हम क्या कर सकते थे, क्या कर सकते हैं? बाबा अक्षय जीवनी शक्ति और जिजीविषा के स्रष्टा थे। डॉ. रामविलास शर्मा के अनुसार डेढ़ हड्डी की काठी थी उनकी, लेकिन मैं कहना चाहता हूं कि डेढ़ हड्डी को लेकर उन्होंने सत्तासी वर्षों तक काल को चुनौती दी।

जीना है संग्राम बंदे...

शोभाकांत

इलाहाबाद के दारागंज का मोरी मोहल्ला। गंगा के किनारे 'हरभजन दास का मंदिर' नामक मठिया। वैरागियों का एक पुराना मठ। भीड़-भाड़ नाम मात्र...पुराने क़िस्म का मकान था। एक छोटे दरवाज़े से होकर प्रवेश था, फिर बड़ा-सा आंगन। उसके सामने बरामदा और दो कमरे भजन-कीर्तन के लिए। बाईं ओर तीन कमरे पुजारी के ज़िम्मे। दाहिनी ओर दो कमरे और उसके ऊपर दो कमरे...नागार्जुन ऊपर वाले एक कमरे में रहते थे। आंगन में एक ओर हैंडपाइप। बिजली नहीं। अधिकांश दिन मठ खाली रहता। गंगा स्नान के लिए जब कोई तिथि पड़ती, तो मठ में दो-तीन दिन भीड़ रहती। यों अन्य दिनों में नीचे बरामदे पर चार-छह लोग दिख जाते और रात्रि निवास करने वाले दो-एक यात्री भी...नागार्जुन जिस कमरे में रहते उसके पीछे की खिड़कियां खोलने पर गंगा और छोटी लाइन का पुल सामने बिलकुल क़रीब दिखता...बरसात में गंगा जब उमड़ती, तो मठ की मज़बूत नींव से सटकर बहती। और बाढ़ के समय 'देखते हैं रात दिन जल-प्रयल का ही दृश्य / पत्थरों से बंधी गहरी नींव वाला / किराये का घर हमारा रहे यह आबाद/ पुराना ही सही पर मज़बूत / रही जिसको अनवरत झकझोर / क्षुब्ध गंगा की विकट हिलकोर / सामने ही पड़ोसी के / नीम, सहजन, आंवला, अमरूद / हो रहे आकंठ जल में मग्न/ रह न पाये स्तंभ पुल के नग्न / दूधिया पानी बना उनका रजत परिधान...चिर उपेक्षित हमारी छोटी गली की / रूढ़-दंतुर सीढ़ियां ही बन गयी हैं घाट...'। इस मठ में कमरा तलाशने आये थे तो पुजारी या मठ के कर्ता-धर्ता को नागार्जुन ने 'बड़े भैया' कहकर संबोधित किया था। रविवार का दिन था। न जाने क्यों घंटे भर बैठाकर बातें करता रहा। बीच में चाय, वह भी कांसे के गिलास में और सुपारी, काला कत्था, चूना और तंबाकू के दोखरे के बाद कमरा मिला ढाई रुपये महीना के भाड़ा पर। कमरा देखने के बाद नागार्जुन ने चार महीने का किराया अग्रिम दे दिया था...हफ़्ते भर के भीतर 'बड़े भाई' अर्थात पुजारी का अति स्नेही छोटा भाई बन गये थे और उसके बेटे लखन के चाचा। लखन की मां अर्थात पुजारिन ने इस यायावर मैथिली ब्राह्मण को अपना देवर बना लिया था। पूरा परिवार इस तरह घुल-मिल गया कि हफ़्ते-दस दिन के बाद एक दिन रात के नौ बजे के क़रीब बस अड्डा के पास वाले होटल में खाना खाकर आये, तो 'बड़े भाई' ने बैठा लिया और पुजारिन भाभी ने कहा, 'नाहक बाहर होटल में खाकर अपना स्वास्थ्य चौपट करोगे... यहीं खा-पी लो। भगवान की दया से कोई दिक़्क़त तो है नहीं। मंगनी में नहीं खिलाऊंगी। जो जी में आये दे देना। कुछ देना तो पड़ेगा ही।' पुजारी मठ की देखरेख के साथ 'छिऊकी'

के सैनिक साज़ समान वाले कारख़ाने में काम भी करते थे। सबेरे की चाय और रात का खाना साथ ही खाते।

लगभग दस महीने के बाद इस बार फिर वह इलाहाबाद आये। शाम को पटना से चलकर सबेरे-सबेरे गाड़ी से उतरकर सीधे हरभजन दास के मंदिर वाले अपने पुराने आवास आये। पुजारी और पुजारिन भाभी ने हुलसकर स्वागत किया। 1951 के मार्च की 13 तारीख को इलाहाबाद से निकले। याद आया नागार्जुन को...उस समय यहां से मसूरी गये थे राहुल जी के पास। राष्ट्रभाषा प्रचार समिति वर्धा की एक संस्था थी। भाड़े की एक कोठरी में किसी समय आरंभ होकर विशाल संस्था के रूप में विकसित हो गयी थी। महात्मा गांधी ने इसकी नींव रखी थी। हिंदी साहित्य सम्मेलन प्रयाग ने इसे जोड़ रखा था। समिति की परीक्षाओं में पचास हज़ार से ज़्यादा छात्र बैठते। इसकी परीक्षाओं को मान्यता मिली थी। विद्यार्थियों की पाठ्य पुस्तकें समिति से छपती थीं। भदंत आनंद कौसल्यायन इसके मंत्री थे। सब कुछ इन्हीं की निगरानी में होता था। राहुल जी की इच्छा थी कि हिंदी के माध्यम से यह संस्था भारत की सभी प्रादेशिक और विदेशी भाषाओं की श्रेष्ठ कृतियों को लोगों के सामने लाये। साथ ही विभिन्न भारतीय भाषाओं के साहित्य का इतिहास, वह भी विभिन्न भाषाओं में और विभिन्न भाषाओं के स्वयं शिक्षक आदि जैसी अनेक महत्वपूर्ण योजनाएं राष्ट्रभाषा प्रचार समिति अपने हाथ में ले। राहुल से ही पूरी योजना बनवायी गयी और उन्हीं की देखरेख में इस तरह का साहित्य तैयार करने का काम मसूरी में और छपाई, प्रकाशन और प्रसारण वर्धा से होना तय किया गया। इस काम में राहुल जी को अपनी रुचि के अनुसार ढेर सारे विद्वानों की आवश्यकता थी। इसी सिलसिले में उन्होंने नागार्जुन को बुलवाया। एक समस्या यह ज़रूर थी कि दमा का मरीज नागार्जुन सर्दी में मसूरी जैसी सर्द जगह पर रह सकता है या नहीं। सोचा यह गया कि सर्दियों में छपाई आदि की देखरेख के लिए वर्धा में रह लेंगे. ..राहुल जी चाहते थे कि नागार्जुन को ऐसे काम में लगाया जाये जहां पत्नी और बच्चों के निर्वाह के लिए समय से दो पैसा मिल जाये। वर्धा वाली योजना से पहले भी कोलकाता के एक प्रकाशक ने पचीस हज़ार शब्दों का एक गुटका कोश तैयार करने का आग्रह राहुल से किया, तो उसमें भी नागार्जुन को साथ रखने का विचार था। राहुल के साथ किसी भी तरह काम करने को हमेशा तैयार रहते थे नागार्जुन। 'रतिनाथ की चाची' लिखने के बाद राहुल ने उनसे लिपिक का काम लेना एक तरह से बंद कर दिया। उनका कहना था कि नागार्जुन तो स्वयं अब रचनाकार के रूप में माने जाने लगे हैं। कोश वाली जब बात हुई थी, तो नागार्जुन गांव से पटना और फिर इलाहाबाद आ गये थे। नवंबर 1950 की बात है। उसी समय हरभजन दास के मंदिर में अपना ठौर-ठिकाना ले गये थे। उन दिनों भी बड़े बेटे का लगातार बीमार रहना उनके लिए सबसे बड़ी समस्या थी।

बड़ा बेटा शोभा मिसर (शोभाकांत) नौंवे वर्ष में चल रहा था और जन्म के तीसरे वर्ष के बाद से ही रोगी रहने लगा। अपराजिता तो बिलकुल ठीक हैं। नागार्जुन खुद अच्छे स्वास्थ्य के नहीं रहे, पर बीमार कहां रहे कभी। दमा भी तो 1947 के अंत में प्रकट हुआ। वह भी बदलते मौसम में ही परेशान करता। शोभा मिसर की देह को मलेरिया और मियादी बुखार ने जर्जर बना डाला। सकरी, दरभंगा और पटना के डॉक्टरों से दिखा चुकने के बाद जब नागार्जुन वर्धा रहने के लिए गये, तो उसे भी साथ ले गये, ताकि इलाज समय पर हो जायेगा

और पथ्यादि की सुविधा रहेगी, जो तरौनी में संभव नहीं था। पर वहां भी चार माह में कुछ ख़ास परिवर्तन नहीं हुआ। फिर सघन जांच में पाया गया कि फेफड़े वाली हड्डी में टीबी हो गया था, अर्थात बोन टीबी और इलाज किसी बड़े अस्पताल में ही संभव है। वहां मित्रों की राय बनी कि पटना मेडिकल कॉलेज में ही इलाज करवाना अच्छा रहेगा। ठीक उन्हीं दिनों ऐसी बातें हो गयीं कि राहुल जी को सूचित कर दिया गया कि राष्ट्रभाषा प्रचार समिति के 'साहित्य निर्माण' से संबंधित काम करने में जो-जो प्रमुख लोग वर्धा में थे, वे सब समिति छोड़ने का निर्णय कर चुके हैं। उसी निर्णय के अनुसार नागार्जुन लंबी छुट्टी का आवेदन देकर पुत्र के इलाज के लिए सितंबर, 1951 के अंतिम सप्ताह में तरौनी गये और अक्तूबर के प्रथम सप्ताह में पूरे परिवार को लेकर पटना पहुंचे।

पटना की लंगरटोली वाली गली में पार्टी का पुराने ढंग का बड़ा मकान था। पानी और बिजली की अच्छी व्यवस्था थी वहां। उसी मकान के पीछे वाले भाग में एक कोठरी और सामने का बरामदा नागार्जुन के परिवार को दिया गया। कोठरी छोटी नहीं थी। बड़ी-बड़ी दो खिड़कियां, न हवा की कमी और न प्रकाश का अभाव। उस मकान में प्रेस और 'जनशक्ति' के अलावा किसान-संघ, मज़दूर संगठन, कर्मचारी संगठन आदि नेताओं के ठौर ठिकाना हुआ करते थे। इसके अलावा कोर्ट और अस्पताल या अन्य कामों से जो भी पार्टी का कार्यकर्ता पटना आता, तो वहीं ठहरता। पटना पहुंचकर पार्टी के शुभचिंतक डॉ. सेन से शोभा मिसर को दिखलाया, तो रोग की गंभीरता को देखकर डॉक्टर साहब ने खुद सारा काम छोड़ पटना मेडिकल कॉलेज अस्पताल के डॉ. नवाब से मिलकर रोगी को बच्चा वार्ड में भर्ती करवाया। उसके बाद वापस आये, तो देखा अपराजिता नहा-धोकर दोनों छोटे बच्चों को खिला चुकी थीं। शायद ऑफिस के किसी कार्यकर्ता के मार्फत नुक्कड़ के होटल से खाना मंगवाया था। शोभा मिसर के अस्पताल में होने के बारे में जानकर वह देर तक मौन रहीं और पति पर नज़र गड़ाये रहीं, फिर धीरे से बोलीं, 'भाग्य ने खिलवाड़ करना शुरू किया...तूफ़ान के बीच भी सब तरफ़ से मुझे ही ठोकर लगनी है क्या...' और उसकी आंखें छलछला आयीं। नागार्जुन चुपचाप पत्नी को देखते रहे, 'बहे जा रहे थे नयनों से नीर/ बिंदुमाल-अविरल कपोल पथ पांथ/पिघला-पिघला बहा रही ज्यों स्नेह/ दंड दीपिका-मोममयी दो ओर...'

उस दिन बारह बजे के आस-पास अपराजिता पति के साथ पहली बार बड़े अस्पताल गयीं। पटना मेडिकल कॉलेज अस्पताल के हथुआ वार्ड का ऊपरी हिस्सा बच्चा बार्ड था। घंटे भर अकेले अपने बिस्तर पर बैठे-बैठे शोभाकांत ने जब मां को देखा, तो रो उठा। अपराजिता ने लपककर बेटे को छाती से चिपकाया। दोनों छोटे बच्चे को वहीं अस्पताली सीट पर बैठा दिया गया था। उसी समय एक नर्स सुई देने आयी। नागार्जुन दस दिनों के लिए बीस सुई खरीदते हुए आये थे। अस्पताल की ओर से यह सुई मिलने वाली नहीं, कुछ दवा तो बाहर खरीदनी थी। अपराजिता स्टूल पर बैठे रोगी पुत्र का सिर सहलाती रहीं और नागार्जुन बरामदे पर चक्कर लगा-लगाकार अस्पताल की व्यवस्था को देखते रहे...उन्हें बताया गया था कि लड़का भीतर से भी कमज़ोर है, सो पूरी डॉक्टरी देखरेख में चार-पांच माह रहेगा, फिर ऑपरेशन किया जायेगा। छाती की दो हड्डियां प्रभावित हैं।

उस दिन शाम तक अस्पताल में ही वे रहे। साढ़े छह के आस-पास रोगी पुत्र को समझा-बुझाकर घंटे-डेढ़ घंटे के लिए नागार्जुन अपराजिता को लंगरटोली ले आये। एक कॉमरेड

मित्र को समझा आये कि गिरस्थी जमाने के लिए तात्कालिक सामान आदि सबेरे तक ला दे। नुक्कड़ वाले होटल से खाना ले नागार्जुन जब अस्पताल वापस हुए, तो एक उबला हुआ अंडा पुत्र के लिए लेते गये...अगले दिन से दोनों पति-पत्नी ने पुत्र की तीमारदारी का अपना-अपना मोर्चा संभाल लिया। अपराजिता दिन के साढ़े नौ-दस के बीच खाना बनाकर किरी तरह दो-चार कौर गले के अंदर डाल एक बच्चा गोद में और दूसरे का हाथ पकड़े और किसी तरह तीन खाना वाला टिफिन कैरियर संभाले गोविंद मित्रा रोड या दुरुखी गली पार कर अस्पताल पहुंचने लगीं। तब तक रात भर रोगी पुत्र के पास रहने वाले पिता को डॉक्टरों से भेंट-मुलाकात हो जाती...डॉक्टरों ने इतना तो ज़रूर बताया कि बोन टीबी गंभीर रोग है, लेकिन समय पर अस्पताल आ जाने से बच्चे का जीवन सुरक्षित तो हो ही गया। दिन में कुछ देर विश्राम के बाद नागार्जुन का समय इसी सोच में ज़्यादा बीतने लगा कि इलाज का ख़र्च कैसे संभलेगा? यों अपराजिता के मायके वालों ने यह अवश्य कहा कि जो भी खर्चा आयेगा, वह सब किया जायेगा। पर तत्काल मना कर दिया था कि ज़रूरत पड़ने पर कहा जायेगा...यह तो तय था कि पूरा परिवार तब तक पटना में ही रहेगा, जब तक रोगी पुत्र ठीक नहीं होता। चाहते थे कि मन मारकर क़लम को कसकर पकड़ें। उन्हें अपने मित्रों और क़लम पर ही भरोसा था। मन ही मन तय कर रहे थे कि निश्चित दिनचर्या बनाकर क़लम को कसकर पकड़ना तो पड़ेगा ही...इसी वजह से रोगी को पटना के अस्पताल में और परिवार को पटना में ही छोड़कर नागार्जुन इलाहाबाद आ गये थे।

पुजारी बड़े भाई और पुजारिन को जब यह कहा गया कि शोभाकांत अस्पताल में सांघातिक रोग के कारण पड़ा है, तो वे सब भी परेशान हो गये थे। उसी परिवार की देखरेख में नागार्जुन ने आसन जमाया। तीन-चार दिन तो मित्रों से मिलने-जुलने में लगाया। हां, इलाहाबाद आने के दूसरे दिन अपराजिता को दो सौ रुपये का मनिऑर्डर भेज दिया था। यह रकम तत्काल दो-तीन पुस्तकों के प्रकाशकीय संपादन और भाषा शुद्ध करने के पारिश्रमिक के तौर पर लिया था अपने प्रकाशक से। इस काम में पांच-छह दिनों का समय लगा और फिर 'बलचनमा' का लिखा अंश लगे पढ़ने। पिछले तीन-चार वर्षों के भीतर इस नगर, उस नगर रहते हुए थोड़ी-थोड़ी लिखी कॉपी यहां-वहां भटकती रही और न जाने कितनी बार उसे पढ़ा...जाने कितनी बार बालचंद सिर चढ़ बैठा...लगा उस खेत-मज़दूर की तरह हाड़-तोड़ परिश्रम करें, तो संकट से त्राण पा सकते हैं। मानो बलचनमा कह रहा हो, 'मेरे सिवाय अभी और कोई रास्ता नहीं...मुसीबतों के पहाड़ को खुशी-खुशी सिर पर उठा लो...' सत्य थिक ई मनोबल अ-विजय / सत्य थिक ई बांहि / सत्य थिक ई हाथ / एकरे प्रतापे कमा लइछी चारि कैंचा नित्य...(सत्य है यह मनोबल अ-विजय/सत्य है यह बांह / सत्य है यह हाथ / इसकी कृपा से कमा लेता दो-चार पैसा रोज़)।

नित्य कमाने के चक्कर में ही तो वर्धा वाले काम को लेकर मसूरी गये थे। वहां राहुल जी ने अपने अतिघनिष्ठ तमाम मित्रों में से चुन-चुनकर कुछ को बुलावा भेजा और अधिकांश मसूरी पहुंच चुके थे। सभी प्रायः एक मानसिकता के थे, फिर भी टकराहट की गुंजाइश तो थी ही, पर राहुल की छत्र-छाया में सब निश्चिंत थे। निश्चित था ही कि राष्ट्रभाषा प्रचार समिति वर्धा के लिए साहित्य-निर्माण योजना कार्य रूप में परिणत हो जायेगी। इतने लोग राहुल जी के आवास पर जमा हो गये थे कि अलग आवासीय व्यवस्था ज़रूरी हो गयी। अलग

मकान लिया गया और होटल में भोजनादि की व्यवस्था की गयी। रविवार को छुट्टी का दिन रहता। छुट्टी का उपयोग नागार्जुन राहुल के साथ पढ़ने-लिखने या बातचीत में किया करते। याद आया, एक रविवार को मसूरी में ही रह रहा एक भोटिया परिवार आया। उन्हें शायद यह पता था कि राहुल और नागार्जुन तिब्बत रह आये लोगों में हैं, तो साथ में सूखा गोश्त और तिब्बती चाय वे लेते आये। भाप में पकाकर गोश्त का समोसा (मोमो) बनाया और मक्खन डालकर तिब्बती चाय। वर्षों बाद उस दिन नागार्जुन को तिब्बती नाश्ते का स्वाद मिला था।

मसूरी में जिस रफ़्तार से काम हो रहा था उसमें वर्धा की छपाई संबंधी ढिलाई से परेशानी हो रही थी। उस दिक्कत को दूर करने के लिए अप्रैल के अंतिम सप्ताह में राहुल जी ने नागार्जुन को काम में गति लाने के लिए वर्धा में रहने को कहा था। नागार्जुन ने तरौनी जाकर शोभाकांत को साथ लिया और जा पहुंचे वर्धा। उनके वहां जाने पर भी काम में कोई ख़ास प्रगति नहीं हो पा रही थी। एक कंपोजीटर था, प्रूफ रीडर था ही नहीं। काम शब्दकोश पर चल रहा था। छपाई में देर होते देख और शब्दों को डालने की बात हुई। पर साहित्य निर्माण योजना के लिए जो साहित्यिकार वर्धा में थे, उनमें और राष्ट्रभाषा प्रचार समिति की कार्यकारिणी तथा प्रांतीय मंत्री के बीच छोटी-छोटी बातें व्यवहार में टकराहट बढ़ाने लगीं। समिति के लिए अपने पुराने कार्यकर्ताओं को देखना तथा उनके हितों की रक्षा के साथ उनकी बातों से सहमत होना पहला काम था। यों तो दोनों पक्ष एक दूसरे के मित्र ही थे। नौबत यहां तक आयी कि व्यवस्थापकीय पक्ष ने साहित्य निर्माण में लगे कुछ लोगों को निकालने का प्रयास किया। सितंबर, 1951 के मध्य आते-आते राष्ट्रभाषा प्रचार समिति के व्यवस्थापक के ख़िलाफ़ विद्रोह हो गया। समिति में काम करने वाले स्पष्ट रूप से दो दलों में विभाजित हो गये। स्थिति तो यहां तक आ गयी कि एक दूसरे के ख़िलाफ़ पोस्टर और बुकलेट तक छपने लगे। व्यवस्थापक पक्ष बचाव की मुद्रा में लड़ाई लड़ रहा था, तो विरोधी खेमा आक्रामक था। आक्रामकों में नागार्जुन प्रमुख थे। उन्हीं दिनों 'नवयुग' में छपी उनकी मुकरियों के दो बंद खूब प्रचारित हुए : 'मारै मौज, मनावैं खैर / अपन-अपन से जिनका वैर / रिखी-मुनी को देय नजीर / क्या सखि प्रीतम? नहीं वजीर...नहीं खुशामद न दरबार / झुकने को है नहीं तैयार / मुंह पे चिढ़ अंखियन में लाली / का सखि साजन? न हड़ताली...' परिणाम यह हुआ कि समिति की कार्यकारिणी ने व्यवस्थापक का पक्ष लिया, तो नागार्जुन जैसे कई लोगों को वहां से निकलना उचित लगा। यदि रोगी पुत्र साथ न होता, तो बंबई या इलाहाबाद चले जाते उस समय। पार्टी में भी खूब रमे थे उन दिनों...

राहुल मन-मिज़ाज पर छा गये, तो याद आया उस बार मसूरी जाने से लगभग तीन माह पूर्व राहुल ने अपनी तीसरी शादी में बुलाया था उन्हें। 23 दिसंबर, 1950 को राहुल ने कमला परियार से शादी की। बाद में राहुल जी ने बताया था कि उन्हें पूरा विश्वास था कि नागार्जुन उस मौके पर ज़रूर संग रहेंगे...लेकिन नागार्जुन तो राहुल जी का कमला से शादी वाला पत्र पाकर उद्वेलित हो गये थे। उसी समय उन्हें याद आ गया कि छपरा जेल में 1939 में वे राहुल के साथ थे, तो वहीं पहली बार पता लगा कि रूस में राहुल ने शादी की है और यह सूचना तब मिली, जब पुत्र पैदा होने की ख़बर आयी। यों राहुल का ग्यारह साल की उम्र में तिलक चढ़ा और ब्याह हो गया था। उस बाल विवाह के बाद चौदह वर्ष

की उम्र के राहुल ऐसे भड़के कि प्रतिज्ञा कर डाली, 'पचास वर्ष की उम्र तक आजमगढ़ जिले में पैर नहीं रखूंगा।' संभवतः विद्रोह का प्रथम अंकुर उनके अंदर तभी फूटा था। राहुल के वैराग्य, गृहत्याग, घुमक्कड़ी, खोजी व्यक्तित्व और एक संस्था के प्रतीक बनने में बाल विवाह का जबर्दस्त हाथ रहा है। कच्ची उम्र में उस रुढ़िगत सामाजिक खिलवाड़ ने केदारनाथ पांडेय को महापंडित राहुल सांकृत्यायन बना डाला। और प्रतिज्ञा के अनुसार 1943 में जब राहुल पचास वर्ष के हुए, तो आजमगढ़ जिले में पैर रखा। तब चार घंटे के लिए अपने गांव कनैला भी गये, उनके साथ थे उस यात्रा में...स्वस्थ और संदुर प्रौढ़ा अर्थात राहुल की पहली पत्नी का चेहरा आंखों के सामने नाच उठा, जिसने कैफियत तलब की थी, 'मेरा क्या कुसूर है, क्यों छोड़ रखा है उन्होंने...' जवाब में एक भी शब्द नहीं निकले थे नागार्जुन के मुंह से। चुपचाप निगाहें नीचे कर ली थीं। छोटी-बड़ी अनेक स्त्रियां खुले जंगले के बाहर खड़ी थीं। तभी तैश में आकर एक वृद्धा ने राहुल की पत्नी की कलाई पकड़ ली और खींचती हुई चीख़ी-'छोड़ो, छोड़ो चलो यहां से। यह भी किसी को छोड़कर भाग आया होगा। केदार ने भगोड़ों की जमात बना रखी है...' वह आक्रोश भरा स्वर कभी नहीं भूलता...कनैला में उस समय भी उन्हें अपनी पत्नी अपराजिता का सिंदूर तिलकित भाल याद आ गया था...नागार्जुन जब बौद्ध का ताना-बान छोड़कर अपराजिता के पास लौटे, तो लगा था कि वह कह रही हैं, 'विकल थी चिर प्यास से यह चातकी / आ गये तुम अब कमी किस बात की...' तो उन्होंने भी महसूस किया, 'आज तेरी गोद में यह शीश रखकर / क्या बताऊं मैं कि जो विश्राम पाया...' और राहुल ने पहली ग्रामीण पत्नी और रूसी पत्नी के ग्यारह वर्षीय पुत्र को छोड़ कलिंपोंङ की रहने वाली कुमारी कमला माया परियार से शादी की, जो उम्र में उनसे लगभग पैंतीस वर्ष छोटी थी...

एक दिन प्रयाग के दारागंज बस अड्डे से सीधे गंगा की ओर चले गये और किनारे-किनारे पुल तक चले आये। उसी दरम्यान अचानक ख़याल आया कि उपन्यास तो आगे बढ़ ही नहीं रहा है। अपने ठिकाने पर आये, तो देखा कि बड़े भाई (पुजारी) अपनी ड्यूटी से वापस आ गये हैं। दोनों ने साथ-साथ चाय पी और उसी पुजारिन भाभी ने अपने पति से कहा, 'आजकल मिसिर जी खूब जमे रहते हैं काग़ज़-क़लम लेकर...' तो नागार्जुन को लगा कि जमते अवश्य पर उपन्यास पर ध्यान केंद्रित कहां कर पाते। जबकि पटना से आये दस-बारह दिन तो हो ही गये थे। अपराजिता से कहकर आये थे, 'उपन्यास पूरा करने में बीस-पचीस दिन ही लगेंगे और पैसे तुरंत मिल जायेंगे...' अस्पताल में ही दोनों पति-पत्नी थे। बीमार पुत्र को देखकर उन्होंने कहा था, 'कंधे पर भारी बोझ हो, तो फुर्ती ही फुर्ती चाहिए!' अपराजिता को यह सब जानकर परेशानी हुई थी, 'ठीक है किसी तरह पंद्रह-बीस दिन रह लूंगी। कहीं बीच में ऑपरेशन न हो जाये?' नागार्जुन ने पत्नी को बताया था कि डॉ. नवाब ने कहा है, ऑपरेशन में अभी डेढ़-दो मास का समय है।...और उसी दिन किरासन तेल वाले लालटेन की रोशनी वाला बलचनमा फिर सामने आया। कथा को आगे बढ़ाने के क्रम में उन्हें साफ़-साफ़ लगने लगा, 'ज़मींदार के लठैत बेगारी के लिए ग़रीबगुरबा को बांधकर ले जाते...घर उजाड़ देते...महिलाओं को उठा लेते...एक रुपया या सेर भर अनाज के लिए मालिकों के दालान पर भूखे पेट और नंगे बदन जी हुजूरी में दिन भर लगा देते...जिस समाज में विषमता की लंबी खाई हो, वहां रूढ़िगत परंपरा जड़ और गतिहीन होकर जमी रहती ही है। न जाने कितनी

बुराइयां जन्म लेती हैं। वहां क़र्ज़ के एवज में बंधुआ मज़दूर की तरह मज़दूरी करते हुए बलचनमा का कांग्रेस के लोगों से संबंध बनना और फिर सोशलिस्ट और किसान नेता के क़रीब पहुंचना। अपनी परिस्थिति और परिवेश को देख-समझकर वह लाल झंडे के नीचे आया। हक़ के लिए लड़ने को तत्पर...' वह ज़माना कहां आया कि खाली ईमानदारी से सारा काम निकल जाय। चालाक और चाईं लोगों से बचने के लिए चौकस रहना ज़रूरी हो जाता है, बलचनमा ही क्यों, नागार्जुन जैसे लोगों के लिए भी। सामान्य युवा कृषि मज़दूर गालियां, पिटाई, तिरस्कार, अपमान, दुत्कार और फटकार के साथ जीना सीखता है और अपनी ग़रीबी उसे हल की नोंक बनकर कलेजे को फाड़ने लगती...कर्मठ और स्वाभिमानी पात्र को जब मां ने कहा, 'बबुआ मर जाना लाख गुना अच्छा है, मगर इज़्ज़त का सौदा करना अच्छा नहीं, तो बेटा भला क्यों न सोचे—चाहे उजड़ जाना पड़े, चाहे जेहल-दामुल हो, चाहे फांसी चढ़ूं मगर कभी जालिम के सामने सिर नहीं झुकाऊंगा...' और अपने पात्र के विकास से यह तो साफ़ हो ही गया कि वह निश्चित रूप से सोचता होगा अंग्रेज़ बहादुर से सोराज लाने के लिए बाबू भैया ने एक होकर हल्ला-गुल्ला और झगड़ा-झंझट मचाया, उसी तरह जन-बनिहार कुली-मज़दूर और बहिया खबास लोगों को अपने हक़ के लिए बाबू भैया से लड़ना होगा...स्वतंत्रता प्राप्ति से वर्षों पूर्व की कथा और परिवेश पर आज़ादी मिलने के चार वर्षों बाद सोचने पर लगता तो यही है कि 'आज़ादी हासिल करने से पहले हमारे राष्ट्रीय नेताओं का ध्यान समाज की छोटी-बड़ी विसंगतियों की ओर अक्सर जाता था। वे सामाजिक समस्याओं का हल निकालने को उद्यत दिखते थे। रुढ़ियों के ख़िलाफ़ वे अक्सर लोहा लेते थे। स्त्रियों, शूद्रों, निर्धनों, पीड़ितों का पक्ष लेने में हिचकते नहीं थे। अब लेकिन इन मामलों में उन्होंने देहातों को अनाथ छोड़ दिया है।' उन्हीं दिनों देश का पहला आम चुनाव संपन्न हुआ था। उससे यह तो साफ़ हो गया था कि 'ग्रामीण जनता से हमारे महाप्रभुओं को उतना भर मतलब रहता है, जितने से चुनाव में जीत हासिल हो। बाक़ी भाड़ में जायें! देहाती क्षेत्रों में स्वाधीनता के लड्डू निम्न वर्गों के हाथों तक कहां पहुंचे हैं।' और बलचनमा जैसे पात्र जिस गांव-घर से आते हैं, वहां 'क़र्ज़ और ग़ुलामी में सिर से पैर तक डूबा हुआ आदमी मलेरिया की हड्डी तोड़ बीमारी से गलपचकर जब मरा, तभी छुटकारा पा सका...' क़र्ज़ के बोझ और बेटे की हड्डी वाली बीमारी को वे स्वयं झेल रहे हैं...

इलाहाबाद के गंगा किनारे वैरागी मठ में 'बलचनमा' पर काम करते हुए यदा-कदा क्या, अक्सर मन-मिज़ाज पटना के यतीन प्रेस वाले मकान से लेकर अस्पताल तक का चक्कर लगाता रहता...रंग-बिरंगी पर्चे और पोस्टरों से गली और सड़कें भर गयी थीं। लाल, हरे, पीले कागजों पर शीर्षस्थ नेताओं की तस्वीर...हाथ जोड़े उम्मीदवारों की नाटकीय मुद्रा...गांधी की सूक्तियां...जनतंत्र की मायावी परिभाषा...जन साधारण की फटेहाली पर विकास के मंत्र... क्या नहीं दिखा था उन पोस्टरों में...सड़कों पर ज़ोर-ज़ोर बजते लाउडस्पीकर...कांग्रेस ने स्वतंत्रता की लड़ाई लड़ी है...देश आज़ाद हुआ...हक़ की लड़ाई...ज़मीन की लड़ाई जारी है...नये परिवेश में नये तामझाम से विषमता ने अपना हाथ-पांव मारना शुरू किया। चुनावी कर्मकांड की तैयारी के समय ही एक रचना छपी, 'कांग्रेसजन तो तेणे कहिए, जे पीर आपणी जाणे रे...' वर्धा में प्रायः रोज़ ही गांधी का प्रिय भजन 'वैष्णन जन तो तेणे कहिए, जो पीर परायी जाणे रे' सुनते थे। उसी शैली-छंद की यह रचना पटना में खूब पसंद की गयी। 'जैसे-तैसे वोट

बटौरे, पिछली कीर्ति वरवाणे रे / बड़े-बड़े सेठन के हीत मां, अपणा हित पहचाणे रे...' अपस्ताल के विशाल परिसर में शाम को अक्सर 'चनाज़ोर' वाला से सामना होता, वह गाने लगता... 'चना जोर गरम प्यारे / मैं लाया मजेदार चना जोर गरम।' अचनाक कौंधा, 'चना खायें कांग्रेसी लोग / कि जिनमें दुनिया भर के रोग...' और एक लंबी कविता लोकशैली में तैयार हो गयी। वे देख रहे थे : 'कहीं पर भोज, कहीं गुनगान / कहीं सिगरेट, कहीं पर पान / कहीं पर मिलती रेशम की थान / कहीं पर थोक नगद नगदान' क्योंकि 'वोट पाने का है उद्‌योग/ भिड़ाते हैं छल-बल का जोग...' और एक बुकलेट तुरंत छपी। उस बुकलेट को उन्होंने खुद भी घूम-घूमकर पटना और इलाहाबाद में बेचा। सब खर्च काटकर दो सौ रुपये हाथ आये थे। 'हंस' में भी छपी वह रचना।

हां बीच में एक दिन के लिए पटना हो आये थे, क्योंकि बलचनमा के परिवेश में दिमाग़ लगा था। ठेठ ग्रामीण मज़दूर की तरह सोचा तो लगा कि संतान कोई मामूली चीज़ नहीं होती है। पटना में डॉक्टरों ने बताया कि ऑपरेशन लायक ताक़त तो हो गयी है, पर कुछ और शक्ति आ जाये, तो ठीक रहेगा। अर्थात एक मास तो लगेगा ही। उनके पटना पहुंचने पर अपराजिता रो उठीं...बताया जिस दिन नागार्जुन पटना से निकले तो उनसे खाना नहीं खाया गया था। खूब रोयी थीं। दो-तीन दिन गुन-धुन में पड़ी रहीं, तो एक दिन अचानक लगा कि डटकर खुद को संभालने के अलावा और कोई विकल्प नहीं है। नागार्जुन को लगा कि ग्रामीण छुई-मुई महिला विपत्ति पड़ने पर तनकर खड़ी हो सकती है, और अपराजित खड़ी थीं पूरी ज़िम्मेदारी के साथ। उस दिन अस्पताल में उनकी फुर्ती और व्यवहार देखकर सोचने लगे थे कि कि श्रम, सहयोग, प्रज्ञा, विवेक और सुरुचि केवल पुरुषों की बपौती नहीं है, स्त्रियों का भी साझा है इनमें। उद्योग-धंधे बढ़ेंगे, खेती-बाड़ी बढ़ेगी, जहालत और ग़रीबी हटेगी, साधारण जनता का जीवन सुखमय होगा-तब स्त्रियां कदम मिलाकर चलेंगी...तीनों बच्चे उस दिन चिपके रहे अपने पिता से। अपराजिता जिस सहजता के साथ सब कुछ झेल रही थीं, उसमें आत्मविश्वास साफ़ झलक रहा था। उनके लिए तुलसीदास की पंक्ति चरितार्थ हो रही थी, 'धीरज, धरम, मित्र अरु नारी, आपातकाल परिखहु चारि...'

हां, इतना अवश्य हुआ कि राजनीति द्वारा साहित्य-संस्कृति को अपना चरणदास बनाने का प्रयोग तेज़ी से आरंभ हुआ, तो अच्छी तनख्वाह और सरकारी सुविधा के लोभ में उनके समकालीनों में से अनेक अपना वर्ग बदलने लगे...रहन-सहन ही नहीं, अपितु सामाजिक चिंतन में भी वे सब परिवर्तित होने लगे थे। प्रमाद-संशय, आत्मरति, दंभ, मोह आदि का पनपना उन सब के बीच स्वाभाविक होता जा रहा था। सत्ता की रेशमी छांह में आराम से बौद्धिक कला-संस्कृति का लबादा ओढ़े दो अर्थी सूत्र वाक्यों का सहारा लेना उन सबके लिए आवश्यक हो गया था : 'कलाकार को लग गया प्रवचन का चस्का / सरल को जटिल बनाने का रोग.../ यह भी ठीक है / वह भी ठीक है / हां भी कह लो / जंच जाये तो 'ना' भी कह लीजिए... क़लम की नीब को लग गयी हैं जंग / अनेकांत दर्शन ला रहा है रंग...' बलचनमा की रचना प्रक्रिया से गुज़रते हुए संस्कृत के अच्छे ज्ञाता और मार्क्सवाद को व्यावहारिक स्तर तक जन-जन के बीच ले जाने की आकांक्षा वाले नागार्जुन चारों ओर नज़र दौड़ाने की अपनी मज़बूरी के कारण यहां तक सोच लेते, 'आवर्त-विवर्त-संवर्त-प्रवर्त-परावर्त वामावर्त-दक्षिणावर्त अथच घूर्णावर्त...' विलक्षण था संकट! पर यथार्थ अनुभव तो संघर्ष की ओर ही ले जाता लोगों

को। प्रथम आम चुनाव के बाद राजनीतिक उठापटक, बेटा को लेकर अस्पताल-डॉक्टर के साथ दवा और नमक-रोटी की ज़रूरत के बीच बलचनमा भी अपनी समस्याओं में विकसित हो रहा था। बलचनमा में उन्हें कुछ और नहीं, बहुत कुछ की ज़रूरत थी। बलचनमा भी उन्हीं की तरह चाहता, 'समांग' दुरुस्त रहे, कामकाज मिलता जाये, परिवार छोटा हो, नीयत बिगड़े नहीं, दिल में दस-बीस के लिए जगह हो-और क्या चाहिए।'

डूबना ही पड़ा उपन्यास में। बलचनमा रचनाकार को कहानी सुनाता...बहुत ज़ोर डालने पर भी उम्र के बारहवें वर्ष की घटना से ही शुरू करता। बबुनी (मुंगिया), बुचुवा और परदिपवा तीन संतान का पिता बलचनमा शायद उनकी ही उम्र का होगा उस समय। पहली बार चौदह-पंद्रह की उम्र में गांव के ज़मींदार की बेगारी करने के क्रम में शहर पहुंचा, तो देखा कि चलते-फिरते लोगों के रूप-रंग के साथ बोली भी बदली हुई थी। काहे-कुहे वाली हिंदी-उर्दू जब पहले-पहल सुनी, तो लगा कि कानों में कोई खूंटा ठोंकता जा रहा था और 'अब तो मुझे भी इसी बोली की लत पड़ गयी है, अपनी बोली भूलता जा रहा हूं। बबुनी की बात छोड़ो, चार बरस का मेरा ननकिरवा (बेटा) परदिपवा फर-फर हिंदी बोलता है!' बालचंद का ठेठ किसानी स्वर हरभजनदास के मंदिर से इलाहाबाद में नागार्जुन सुनते हैं। उसे देखकर गांव में कहा जाता है, 'दरभंगा पटना घूमे हुए हो, हम तो जाहिल गंवार ठहरे...' उन्हीं जाहिल-गंवार लोगों के बीच पला-बढ़ा बलचनमा जालिम ज़मींदार और महात्मा गांधी के भक्तों के आश्रम से होता हुआ जहां पहुंचा, वह 'समर स्कूल ऑफ पॉलिटिक्स' सोनपुर के 1938 के कैंप जैसा ही था। दूर से ही देखा, बांस की छिपाठी पर लाल झंडा फहरा रहा था। नज़दीक जाकर नज़र ऊपर की, तो लाल झंडे पर दो औजारों के निशान दिखायी पड़े-एक निशान था हंसुआ का, दूसरा हथौड़ा का...हंसुआ के सूने पेट पर हथौड़े का माथा। वह भी आश्रम था, जहां ख़ाकी जंघिया लाल हाफ कमीज़ पहने सोसलिस्ट वालंटियर उसे दिखे और पहली बार कॉमरेड शब्द कानों में पड़े थे। नागार्जुन को भी 'कॉमरेड' शब्द से संबोधित समर स्कूल ऑफ पॉलिटिक्स में ही पहली बार किया गया था। कांग्रेस के अंदर से ही समाजवादी लोग निकले थे। उन दिनों के सोशलिस्टों का कहना था कि ज़मींदार-महाजन की फाजिल धन-संपदा ग़रीबों में बंट जायेगी, रोज़ी-रोटी का सवाल हल होगा, बच्चों की पढ़ाई-लिखाई... खान-पान और रहन-सहन का ठौर-ठिकाना...दवा-दारू, पथ्य-पानी का इंतजाम सभी के लिए सुलभ होगा...दरभंगा के महाराज हों, चाहे पटना के लाट-साहेब, मुफ्त का खाना किसी को नहीं मिलेगा...सब काम करेगा, सब दाम पावेगा...पैसे के बल पर कोई किसी को बंधुआ गुलाम नहीं बना सकेगा...जिसका हल-फार उसकी धरती, जिसका हुनर और जिसका हाथ उसी का कल-कारखाना...लाल झंडे के नीचे नागार्जुन की भी तो बलचनमा जैसी प्रतिबद्धता रही है न!

वैरागी मठ के ऊपर तले के कमरे में सबेरे से दोपहर तक जमे रहते! समय पर भोजन के लिए झांक जाती पुजारिन भाभी। चिंतित पर चमकती आंख और फड़कते होंठ तो दिख ही जाते। यदाकदा उनके तनावयुक्त चेहरे को देख वह थरथरा जाती। मिथिला के इस ब्राह्मण के प्रति आदर और स्नेह समान रूप से रखती वह...अक्सर वह अपने पति से पूछ बैठती– 'पढ़ा-लिखा है, लोग जानते हैं, बाल-बच्चेदार होकर बैरागी जैसा क्यों है नागार्जुन।' गोल मुंह, बादामी आंख, मोटी नाक, पत्तर-सा कपार, सुनहले बाल, पतले होंठ, तनिक सी ठुड्डी,

सुरेख गर्दन, हल्का गेहुंआ रंग वाली पुजारिन बड़ी भली लगती। साक्षर मात्र वह प्रौढ़ महिला नागार्जुन के प्रति वही भाव रखती, जो एक मां और आज्ञाकारी बहन की होती है। जितना हंसाती-गुदगुदाती उतना ही सेवा के लिए सतत तैयार रहती। नागार्जुन को भी पुजारी और उसके परिवार से श्रद्धा और लगाव-सा हो गया था। दोपहर के बाद कुछ मित्र अक्सर आ जाते। उन मित्रों के साथ उन्मुक्त ठहाकों के बीच गिलास में चाय भेज देती अपने दस वर्षीय पुत्र के हाथ और शाम नागार्जुन के सामने अपने पति से कहती, 'लखन के बाबू, यह मिसिर तो खूब हंसता है, अपने यार-दोस्तों के बीच।'

उन्हें वहां रहते बुलहवा मठ याद आ जाता। वह मठ तो इससे बिलकुल भिन्न था। पुजारी नौकरी करता, ताकि पत्नी और एकमात्र पुत्र का पेट भर सके...जिस इलाके के लोगों की कृपा से कभी मठ बना होगा, उधर के लोगों से अब कुछ भी नहीं मिलता। पता लगा कि एकाध संपन्न गृहस्थ पांच-सात मन अनाज भेज देता, ताकि कोई उधर से प्रयागराज आये, तो यहां रुक सके। अंगनई में कई चूल्हे बने थे। पर न देव मंदिर, न ठोप-चंदन, न भस्म और न झंडा। यह पुराना जर्जर मठ आडंबरहीन दिखावे और कर्मकांड से मुक्त था... मन में आता, तो दोनों पति-पत्नी शाम में भजन गाया करते। एक दिन किसी बात के दरम्यान पुजारी ने किसी से कहा, 'बारहों महीने जाड़ा ही पड़ता रहे, तो कैसा लगेगा? कभी रात न हो, सुबह-शाम न हो, हर हमेशा दुपहरिया ही तपती रहे, तो कैसा लगेगा? क्या जिनगी, क्या जहान, क्या जुग, क्या ज़माना, सभी में फेर-फार चलती रहती है। हेर-फेर का यह चक्कर घूमता ही रहता है।' नागार्जुन को लगा था कि जीवन का सही ज्ञान उस पुजारी को शायद उनसे ज़्यादा है। पर उन दिनों बालचंद के जन्मदाता को अपने इलाके में वर्षों पूर्व सुना गया गीत बार-बार याद आ रहा था– 'दुर्दिनमा कैलक हरान / रे फिकिरिया मारलक जान / करजा करिके खेती केलूं, मरि गेलई सब धान / रे फिकिरिया मारलक जान / बैल बेचि रजवा के देलू, छोड़ए नहिं बईमान / ज़मींदार के जुलुम रोकअऽ / चेतअऽ भई किसान / रे फिकिरिया मारलक जान!' (दुर्दिन ने किया हैरान / चिंता फिक्र ने मारा जान / कर्जा लें खेती की, मर गया धान / चिंता-फिक्र ने मारा जान / बैल बेच राजा को दिया / छोड़ता कहां बेईमान / ज़मींदार का जुलुम रोको / चेतो भाई किसान...)। बिहार तो आरंभ से ही किसान आंदोलन का समर-क्षेत्र रहा है। वर्षों पूर्व दरभंगा में किसी से सुना था, 'पीसै अछि हमरा जमिंदार / सोखै अछि हमरा सूद वला / चौपट करै छथि साल-साल / जीवछ करेह कोसी कमला...' (ज़मींदार पीसता और सूदखोर सोखता / जीवछ करती हैं, कोसी, कमला नदियां, चौपट कर रहीं साल-साल...)।

बलचनमा अपनी पूरी कहानी सुनाने को व्यग्र था...लगा, दो उपन्यास तो आसानी से तैयार होगा! इस खेतिहर नायक ने सम्मोहित कर रखा था नागार्जुन को। पर औरस पुत्र की दशा नागार्जुन को बाध्य कर रही थी कि बलचनमा से कुछ समय के लिए अनुमति लें। वह युवा खेतिहर कथा कहते-कहते उस जगह पहुंच गया था, जहां एक विराम लगाया जा सके। पच्चीस वर्ष की उम्र रही होगी बालचंद की और एक डेढ़ वर्ष की बेटी का बाप भी हो गया था वह सन् 1937 के शुरू में। उन दिनों कांग्रेस की स्वदेशी हुकूमत क़ायम होने को थी, तो कांग्रेसियों के ज़मीन वाले भाई-बंद और साले-ससुर मूंछों पर ताव देने लगे थे। बलचनमा जैसे लोग ज़मींदार के लठैतों के साथ पुलिस को भी समझ रहे थे। ज़मींदारों की

शह पाकर तरह-तरह के मुक़दमों में उन्हें फंसाया जा रहा था पुलिस के द्वारा। नागार्जुन को अमबारी का किसान सत्याग्रह याद आ गया। वह सत्याग्रह गन्ने की कटाई को लेकर किया गया था। वहां राहुल के ऊपर ज़मींदार के लठैत ने हमला किया था...उस स्मृति से कथा को दिशा मिल गयी। गन्ने की खड़ी फसल के बीच बलचनमा को घेरकर सिर पर ज़ोर से लाठी की चोट पड़ी और वह बेहोश होकर ज़मीन पर लुढ़क गया...बालचंद की आवाज़ कंठ में अवरुद्ध सी हो गयी और नागार्जुन ने क़लमबंद की।

उपन्यास ख़त्म करने के दूसरे दिन ठीक साढ़े दस बजे नागार्जुन जीरो रोड स्थित किताब महल पहुंचे। उपन्यास पर एकमुश्त उतनी रकम तो उन्हें चाहिए ही, जितने की उन्हें तत्काल पुत्र के इलाज के लिए ज़रूरत थी। पर 'चार सौ से ज़्यादा धेला भी नहीं / हो अगर मंजूर तो देता हूं चेक / वरना मैनस्कृप्ट वापस लीजिए / जाइए ग़रीब पर रहम भी तो कीजिए...'

लाचार उपन्यासकार अपनी पांडुलिपि को सूनी नज़रों से देखता हुआ बोला, 'बेटा जकड़ा है बोन टीबी की गिरफ़्त में / पचास ठो रुपया और दीजियेगा / जैसा मेरा वैसा आपका / लड़का ही ठहरा/ एं हें हें हें कृपा कीजिए/ अब की बचा लीजिए...एं हें हें हें / पचास ठो रुपया लौंडे के नाम पर!' पर साहित्यकारों के दीन दयाल / प्रूफरीडरों के प्रणतपाल नहीं पिघले तो नागार्जुन ने कहा था, 'इस हीरो' की और कहानी है। उसी के लिए कुछ अग्रिम करें...' किताब महल के मालिक ने कहा, 'साहित्यकारों से बड़ा डर लगता है। न जाने कितनों की एडवांस रकम पचाकर साहित्यकार विशुद्ध साहित्यकार बनता है! जाने कितनी पांडुलिपियां आप लोगों की कृपा से प्रकाशकों की दराज में अधूरी पड़ी होंगी...'

चाय के प्याले सामने आ गये थे। घूंट लेकर नागार्जुन ने कहा था, 'साहित्यकार को भी ठीक इसी तरह प्रकाशकों से बड़ा डर लगता है। प्रकाशकों के प्रति भी उसकी सौ शिकायतें हैं...मार्केट डल है जेनरल बुक्स का और चारों ओर स्लम्पिंग है...लेकिन मैं आपसे एक बात पूछता हूं, आप इस धंधे में आखिर आये ही क्यों?' प्रकाशक हंसने लगा और बोला, 'मैं इस धंधे में नहीं आता, तो आपसे उपन्यास भला और कौन लिखवाता?'

नागार्जुन को हंसी आ गयी थी और सोचा 'उतराये खूब अब दुनिया की थाह लो'। फिर एग्रीमेंट पर किया साइन, कॉपीराइट बेच दी। शोभाकांत को बचाने के लिए बलचनमा को घायल अवस्था में बंधक रख आये...चेक लेकर बैंक गये और वहां से सीधे दारागंज की टमटम पकड़कर ढाई बजे तक अपने ठौर पर वापस आ गये। कानों में बलचनमा की आवाज़ लगातार आती रही, 'कोई ताकत नहीं हमारे संघर्षों को धीमा कर पायेगी। हां अलबत्ते कीर्ति तुम्हारी खूब बढ़ा जायेगी...'

उस दिन पुजारी अपनी सरकारी ड्यूटी से किसी कारणवश दोपहर में ही आ गये थे। नागार्जुन पहुंचे, तो देखा कि 'बड़े भाई' और पुजारिन भाभी बरामदा में चुपचाप बैठे थे। उन्हें देखते ही 'बड़े भाई' ने उनके नाम आया तार थमाया...देखा लिखा था, 'ऑपरेशन ऑन फ्राइडे, कम...' हाथ कांप गया था। मन एकाएक परेशानी और तनाव की स्थितियों में सोचता रहा, अनिश्चितता और काल्पनिक भय की परिधि में मन प्रवेश कर गया। बड़े भाई की बगल में चौकी पर बैठ गये।

'कोई गाड़ी है, तो शाम में निकल जाओ भैया।'—पुजारिन भाभी ने नागार्जुन की ओर देखकर कहा था। वे उठे अपने कमरे में जाकर सामान ठीक किया। सोचा आज बृहस्पतिवार

है, सबेरे-सबेरे पटना पहुंच जायेंगे।

सबेरे के पांच-छह बजे के आस-पास नागार्जुन स्टेशन से सीधे अस्पताल ही पहुंचे, तो देखा अस्पताली खाट की बगल में खादी भंडार वाले काले कंबल पर दोनों छोटे बच्चे सोये पड़े हैं और अपराजिता स्टूल पर बैठी शोभा मिसर के सिर पर हाथ रखे एकटक उसे निहार रही थीं। उन्हें देखकर एक बार सिर उठाया अपराजिता ने और फिर रोगी पुत्र को देखने लगीं। नागार्जुन को लगा पत्नी नाराज हैं उनसे। वह उनकी पीठ पर हाथ रख मुस्कुराकर बीमार बेटे की ओर देखने लगे। पत्नी ने उनका हाथ हटाया और भर्राये गले से बोलीं, 'क्या ज़रूरत थी अब आने की। लोकनाथ की जलेबी और दही जाकर खाइये और सब कुछ वहीं इलाहाबाद में ही है न!'

नागार्जुन एक निरीह प्राणी की तरह मुस्कुराते हुए दोनों सोये बच्चे को बारी-बारी से चूमते रहे। उन बच्चों के बदन पर आहिस्ते-आहिस्ते हाथ फेरते रहे। भला हो सुई लगाने वाली नर्स का, वह दवा और सीरिंज लेकर आ पहुंची। रोगी भी जग चुका था। बाबूजी को सामने पाकर उसके होंठों पर मुस्कान खेल गयी। सुई लगवाने के बाद शोभा ने धीमे से कहा, 'ऑपरेशन हो गया बाबूजी! कैसे हुआ सो पता नहीं!' फिर बाहर की तरफ़ दिखाकर बोला, 'उस तरफ़ कोने वाले रूम में एक ऊंची टेबुल पर सुला दिया और मुंह-नाक पर एक छोटी टोपी रख दी और कहा, सांस लो...जाने कैसी तो गंध थी। फिर शाम में यहीं मां के पास न जाने कैसे आ गया।'

फिर अपराजिता ने बताया कि तार देने के बाद नवाब साहेब, सेन साहेब और मुखोपाध्याय, तीनों आये और कहा ऑपरेशन कल ही होगा। सेन साहेब ने बताया था, सारी व्यवस्था हो गयी है। घबराने की कोई बात नहीं है। नागार्जुन नहीं हैं तो क्या? और लोग तो हैं न! ऑपरेशन के लिए स्ट्रेचर ट्राली पर लेटकर जाते समय बेटा हंस रहा था...तीन-साढ़े तीन घंटा लगा ऑपरेशन में। उस अवधि में अपराजिता के प्राण अधर में टंगे रहे। ऑपरेशन रूम बाहर अपने दोनों बच्चों के साथ चुपचाप रो-रो उठतीं और अपनी कुलदेवी के मंत्र जप लेतीं... पार्टी ऑफिस के कई लोग थे, पर कोढ़-करेज तो फट ही रहा था।

ऑपरेशन हुए पुत्र को लगातार देखे जा रहे थे नागार्जुन, और सोच रहे थे कि श्रमजीवी साहित्यकार को अभावग्रस्त जीवन की राह त्याग कर कोई दूसरा धंधा पकड़ लेना चाहिए क्या? पर दिमाग़ी पटल पर बलचनमा भी बेहोश पड़ा था और उसकी आवाज़ कानों में गूंज गयी, 'सस्ती-महंगी और खुली-तंगी तो ज़िंदगी भर साथ चलेगी...जीना है संग्राम बंदे, जीना है संग्राम...'

सपनों में भी सुनते हैं धरती की धड़कन

निर्मला गर्ग

कविता लिखना मुझे सुंदर लगता है। मगर मुश्किल। कविता पर लिखना और भी मुश्किल।

नागार्जुन की दो कविताएं चुनी हैं। उन पर लिख रही हूं। पर नागार्जुन की रचनाओं पर जितना लिखा जा चुका है और जितनी तरह से लिखा गया उसमें कोई नया आयाम जोड़ पाऊंगी—ऐसा नहीं है। जन्मशती वर्ष पर शब्दों के कुछ पुष्पगुच्छ उन्हें भेंट कर रही हूं। बस इतना ही।

किताब खोलते ही उस बीहड़ कवि का स्नेहिल चेहरा सामने आ जाता है। क्रोध, खीझ, झुंझलाहट, मुस्कान, मोटी मुस्कान—अनेकों भावों से भरा। उनकी कविताओं जैसा है वह चेहरा या यों कह लें कविताएं उनके चेहरे जैसी हैं। दोनों में द्वैत नहीं है।

ऐसा बहुत कम होता है। हम लिखते कुछ हैं पर हमारा व्यक्तित्व कुछ और है। जिनके लिए लिखते हैं, उनसे किसी भी स्तर पर जुड़े नहीं होते।

नागार्जुन का अधिकांश काव्य साधारण लोगों के अभाव, उनके दुःख-दर्द, उनकी अभिलाषाओं से जुड़ा है। रचनाओं, भाषाशैली, स्थापत्य की भूमिका के बारे में नामवर जी ने उचित ही लिखा है 'तुलसीदास और निराला के बाद कविता में हिंदी भाषा की विविधता और समृद्धि का ऐसा सर्जनात्मक संयोग नागार्जुन में ही दिखायी पड़ता है।'

नागार्जुन के यहां वर्गचेतना बहुत गहरी है। वे श्रमिक वर्ग के सामने अभिजात वर्ग को खड़ा कर उस पर व्यंग कसते हैं। उनके व्यंग की धार बहुत तीखी होती है, पर कभी-कभी मासूमियत से भरी भी।

'घिन तो नहीं आती' एक ऐसी ही कविता है। ट्राम में कुली मज़दूर ठट्ठा कर रहे हैं। गप्प मार रहे हैं। वे ट्राम के सबसे पिछले डिब्बे में बैठे हैं। एक संभ्रांत युवक भी वहां मौजूद है। उसे लक्ष्य कर बाबा कहते हैं :

पूरी स्पीड में है ट्राम
खाती है दचके पे दचका
सटता है बदन से बदन
पसीने से लथपथ ...
छूती है निगाहों को
कत्थई दांतों की मोटी मुस्कान ...

घिन तो नहीं आती है?
जी तो नहीं कुढ़ता है?

मुझे बाबा के कत्थई दांत याद आते हैं। सुबह उठने के बाद वे ब्रश दातुन कुछ नहीं करते थे। बस पानी से कुल्ला कर लेते। भरी गर्मी में भी रोज़ नहीं नहाते थे।

कुली मज़दूरों पर लिखने के लिए क्या बिल्कुल वैसे ही रहना होगा? स्वच्छ नहीं रहना तो प्रतिबद्ध होने की शर्त नहीं है। गांधीजी भी सफ़ाई पर बहुत ज़ोर देते थे।

जहां तक कविता का सवाल है—श्रमिक वर्ग और कुलीन वर्ग के बीच की दूरी, तल्ख़ी साफ़ उभरकर आती है। युवक से व्यंग में कहते हैं :

दूध सा सादा लिबास है तुम्हारा
निकले हो शायद चौरंगी की हवा खाने
बैठना था पंखे के नीचे, अगले डिब्बे में...

आज के समय में तो वर्गों की दूरियां और बढ़ी हैं। खाई और चौड़ी हुई है। एक वर्ग ऐशोआराम में डूब रहा है, दूसरा अभावों के दलदल में। सरकार की नीतियां ही ऐसी हैं। आमलोगों की तकलीफ़ उसके लिए बस चुनावी एजेंडा है। लोकतंत्र का समाजवादी सपना हिरण हो चुका है। सरकार पर विदेशी निवेश और कारपोरेट पूंजी का दबाव है।

नागार्जुन आज होते तो इस समय पर तल्ख़ टिप्पणी करते। उनकी कविताएं मनमोहन सिंह के कान खींचतीं...ख़ासकर उनकी अमेरिकापरस्ती पर।

नागार्जुन में तात्कालिकता है। पर उनकी तात्कालिकता में सार्वभौम होने के गुण हैं। उनकी कविता 'आओ रानी हम ढोयेंगे पालकी / यही हुई है राय जवाहरलाल की'...कितने मौक़ों पर याद आती है।

बाबा के चार दिनों के आतिथ्य का सौभाग्य मुझे मिला है। एक सुबह मैंने देखा-मैग्नीफ़ाइंग ग्लास से बड़े ध्यान से बाबा अख़बार में कुछ देख रहे हैं। मैं पास गयी, अरे! यह तो श्रीदेवी हैं। सौंदर्य सब को लुभाता है। नागार्जुन भी उसे अनदेखा नहीं कर सके। मुझे कॉलेज में पॉल सर का इलियट या शायद शेली को पढ़ाते हुए यह बताना याद आया, 'Beauty is its own excuse for being '...उसी दिन थोड़ी देर बाद बातचीत में रजनीश का ज़िक्र आया। नागार्जुन ने रजनीश की तारीफ़ की। कहा—बड़ा विद्वान है वह। मेरा मुंह सारा दिन फूला रहा। मुझे रजनीश का दर्शन पसंद नहीं। रात होते-होते बात समझ में आ गयी। बाबा के प्रति सम्मान और बढ़ा। हम अपने विरोधियों को पूरी तरह ख़ारिज कर देते हैं। उनकी विद्वत्ता, उनके गुणों को नहीं सराहते।

बाबा की दृष्टि चीज़ों को भीतर तक महसूस करती है। भोजन में एक दिन मैंने तोरी की सब्जी बनायी। उसमें अलग से पानी डाला। जैसा कि मैं हमेशा करती थी। बाबा ने डांटते हुए समझाया : कितनी मूढ़ हो। तोरी, घिया तो खुद पकते समय पानी छोड़ते हैं। अलग से पानी मिलाने से उनका स्वाद बिगड़ जाता है।

अपने दैनंदिन जीवन में हमलोग बाहर से ऐसा बहुत कुछ ग्रहण करते हैं जो हमारी ऊर्जा और मानवीय गुणों को प्रदूषित करता है और आंतरिक मिठास को क्षीण।

इसी सिलसिले में एक बात और याद आती है जो है तो बहुत मामूली, पर उसने मुझ पर ख़ासा प्रभाव डाला। हमारी खानपान की आदतों से भी हमारे विचारों का पता

चलता है।

नागार्जुन के भोजन करने का तरीक़ा मैंने अलग देखा। थाली में दो सब्ज़ियां हों और दो रोटियां तो वे एक सब्ज़ी से एक रोटी खायेंगे। दूसरी सब्ज़ी से दूसरी रोटी। उनके चेहरे पर मैंने अन्न के स्वाद की तृप्ति देखी।

हममें से अधिकांश इस तरह नहीं करते। खाते समय हम और और बातें सोचते रहते हैं। भोजन का आनंद शायद ही कभी ले पाते हैं। हर चीज़ का अपना रस है, अपना राग, अपना रंग, अपना रूप। इन्हें ठीक से समझना कविधर्म का या कह लें मनुष्य धर्म का सही निर्वाह है।

नागार्जुन की दूसरी कविता है 'पैने दांतोंवाली'। मुझे लगा—जो कविताएं मैंने अपने लिखने के लिए चुनी हैं, उन पर औरों का ध्यान नहीं जायेगा; जैसे...'कविगण', 'प्रतिबद्ध हूं', 'बादल को घिरते देखा है' 'बहुत दिनों के बाद', 'बाक़ी बच गया अंडा', 'अकाल और उसके बाद', आओ रानी हम ढोयेंगे पालकी', 'शासन की बंदूक,' 'मंत्र कविता', 'कालिदास सच सच बतलाना'। नामवर जी ने 'प्रतिनिधि कविताएं' की भूमिका में 'पैने दांतोंवाली' का ज़िक्र किया है।

'पैने दांतोंवाली' कविता में पैने दांत मादा सूअर के हैं। वह जमना किनारे पूस की गुनगुनी धूप में पसरकर लेटी है। उसके छौने मां का दूध पी रहे हैं।

एक निगाह में लगेगा कि इस कविता में ख़ास क्या है! यह सब तो हम देखते रहते हैं। हम देखते हैं पर लिखा नागार्जुन ने ही। यह नागार्जुन की दृष्टि, उनके सरोकारों की गहराई और उनकी व्यापकता दिखाता है। उनकी कवि निगाह सूअर जैसे जीव तक चली गयी है। और उसे भी उन्होंने 'मादरे हिंद की बेटी' बतलाया है।

यह पृथ्वी सिर्फ़ इंसानों की ही नहीं तमाम जीव जंतुओं, कीड़े-मकोड़ों, पशु-पक्षियों की भी है। सबका इस पर बराबर का अधिकार है। मनुष्य अपने लालच में, अपने अहंकार में सब नष्ट किये दे रहा है।

'यात्री' की कविताओं की ख़ास बात यह है कि जब भी वे साधारण मनुष्य या जीव-जंतुओं का ज़िक्र करते हैं तो उनके प्रति दया भाव नहीं होता बल्कि उन्हें वे उनकी पूरी गरिमा में प्रतिष्ठित करते हैं।

'वह भी तो मादरे हिंद की बेटी है' कहकर कवि उसे हमारी पंक्ति में बिठाते हैं—हमसे नीचे नहीं। दुर्लभ दृष्टि है यह। जहां तक कविता के शिल्प का सवाल है तो अरुण कमल के अनुसार 'रोटी की तरह कविता में सबका हिस्सा होना चाहिए।' इस कविता का शिल्प भी वही है जो नागार्जुन की अधिकांश कविताओं का है।

नागार्जुन के देहावसान के बाद सादतपुर में स्मृति-सभा थी। उस सभा में मैंने इसी मादा सूअर पर आधारित अपनी कविता से बाबा को श्रद्धांजलि दी थी। उस कविता को मैं आज भी यहां लिख रही हूं :

स्मृति-सभा में

भद्रजनो, इस स्मृति-सभा में थोड़ी सी जगह खाली रखिए मेरे लिए भी
बैठूंगी मैं यहां अपने बच्चों के साथ
यूं अकचकाकर क्या देख रहे हैं

मैं वही पैने दांतों वाली अधेड़ मादा सूअर हूं
जिसके लिए बाबा ने लिखा था
यह भी तो मादरे हिंद की बेटी है।
आयी हूं मैं किताब के पन्नों से निकलकर
यमुना किनारे की गुनगुनी धूप छोड़कर
कहना चाहती हूं कुछ अपने और बाबा के रिश्तों के बारे में
चौंकिए मत जितना और जैसा रिश्ता
उनका आप लोगों से था
मुझसे भी कोई कम न था
जीवों में मैं अधम
देखा सबने सदा कीचड़ में लोटते
बिष्ठा खाते
नाक पर रूमाल रख गुज़र जाते बग़ल से
यह नागार्जुन ही थे, गरिमा दी मुझे मां की
परखा मन-मिज़ाज
प्यार से निहारा मेरे छौनों को
ऐसे कवि अपनी मिट्टी से
नाभिनाल की तरह जुड़े होते हैं
चूकती नहीं उनकी क़लम से
छोटी से छोटी चीज़
खोज लाती है वह उनमें जीवन के स्रोत
देखती छोटे-छोटे लोगों में
संभावनाएं परिवर्तन की
बोझ नहीं था उनके लिए जीना
यद्यपि संघर्ष बहुत था
हंसना-रोना, गाना, दांत पीसना
सब एक गाछ के पत्ते थे
औघड़ थे वे, शिव थे
नहीं रहे वे बीच हमारे तो क्या
मैं तो हूं और अनेकों मेरे जैसे।

खिचड़ी विप्लव घर में देखा

रामप्रकाश त्रिपाठी

बाबा, बाबा और बाबावाद : यों तो वे बाक़ायदा बौद्ध भिक्खु रहे हैं। नागार्जुन संज्ञा बौद्ध धर्म का दीक्षानाम है। सांसारिक राग में नहीं रमे तो संन्यास में चले गये। मगर वहां भी वीतरागी नहीं रह सके। नतीजतन कविता-क्रांति-कम्युनिज़्म में वापिस चले आये। जैसे वे सिद्ध साधु नहीं रहे वैसे ही सिद्ध मार्क्सवादी भी नहीं रहे, अलबत्ता मार्क्सवाद से उनका मोहभंग कभी नहीं हुआ। उस दौर में बौद्ध धर्म और मार्क्सवाद के बीच बहुतों ने काम किया। इनमें राहुल सांकृत्यायन, भदंत आनंद कौसल्यायन के साथ नागार्जुन का नाम भी लिया जाता है।

हमारे बाबा नागार्जुन का 'बाबा' बाबावादी नहीं है। पहली बार ग्वालियरी शैली में मैंने उन्हें आदरणीय कह कर संबोधित किया तो उन्होंने मुझे घूर कर देखा। बोले, 'लउए हम तुम्हारे आदरणीय नहीं फादरणीय हैं।' यह कह कर उन्होंने सभ्यता के नक़ली संबोधन, उम्रगत फ़ासले, आत्मगत दूरियों और अंग्रेज़ी कहन की एक साथ धज्जियां बिखेर दीं। बराबरी का बर्ताव करते हुए भी उन्होंने परम पितृत्व की भूमिका कभी नहीं छोड़ी और वस्तुतः ग्रेण्ड फादरणीय बने रहे। बाबा वे बने ज़रूर थे, मगर बाबावाद को कबीर की चदरिया की तरह वहीं छोड़ आये थे। बाबा स्वभाव अलबत्ता वे साथ लेते आये थे।

बाबा के स्वभाव को तब तक नहीं जाना जा सकता जब तक कि हिंदी प्रदेश के बुजुर्गों के स्वभाव और बाबा बने सधुक्कड़ों के स्वभाव को मिला कर नहीं देखा जाये। मैंने अपने गांव के बुजुर्गों के साथ भी वक़्त बिताया है और 'नर्मदा यात्रा' सीरियल करते वक़्त 22 दिन नर्मदा के बाबाओं के साथ भी बिताये हैं। कम उम्र के बाबाओं का स्वभाव भी उम्रदराज़ ग्रामीणों जैसा हो जाता है। शायद ऐसा 'परमपद की प्राप्ति' और सम्माननीय होने के भाव से हो जाता है। बहरहाल नागार्जुन में सारी चीज़ों के प्रति एक तरह का जो विराग-भाव परिलक्षित था, उनके एटीट्यूड में जो खिलंदड़ापन था वह मुझे नारदीय बाबाओं में खूब देखने को मिला। गो बाबा बिहार से थे। राजस्थान की मीराबाई ने यों ही नहीं कह दिया था, संतन ढिग बैठ-बैठ लोकलाज खोयी। बाबा नागार्जुन की फक्कड़ी में लोक-लाज के बजाय फ़र्रुख़ाबादी खुला खेल ज्यादा नज़र आता था।

हाजत और कमोड की सैद्धांतिकी : एक बार नागार्जुन से संवाद के लिए हमें विदिशा से डॉ. विजय बहादुर सिंह ने न्यौता भेजा। भोपाल से राजेश जोशी, शशांक और मैं गये। शलभ श्रीराम सिंह, नरेंद्र जैन, वग़ैरह वहां थे ही। बहुत सवाल-जबाव हुए। बातचीत में बाबा देर तक औपचारिक नहीं रह पाते थे। वे बार-बार टेप रिकार्डर बंद करने को कहते। डाक्टर

साब बंद कर देते और फिर बाबा लोकलाज छोड़कर भदेस हो जाते। हल्की-फुल्की मज़ा मौज की बातें करते। हंसी ठठ्ठा होता। कभी-कभी डाक्टर साहब चोरी से टेप चालू कर देते और वह सब भी रिकार्ड हो जाता जो बाबा नहीं चाहते थे।

इस चर्चा आलूद दिनचर्या की एक शाम हम बाबा के साथ एक लड़के के मेहमान थे। दूसरी मंज़िल पर ठहरे थे। हम वहां से निकल रहे थे कि बाबा ने कहा यह लट्टू-वट्टू बुझा दो। हम सोयेंगे। बाबा की तबियत थोड़ी खराब थी। बोले पेट में गड़बड़ है। हमने पूछा, दवा-अबा लायें? डॉक्टर को बुलायें? वे भड़क गये। हमें क्या अपनी तबियत ठीक करनी नहीं आती? हमारा पेट, हमारे मरोड़, हम ठीक कर लेंगे। तुम लोग जाओ। हम निकल आये। घूम फिर कर, खाना-वाना खाने का प्रोग्राम था। लिहाज़ा बाहर से ताला डालकर, बाबा को अंधेरे घर में अकेला छोड़ आये।

इसके बाद बाबा के मरोड़ों ने करतब दिखाया। उन्हें हाजत हुई। लाइट बंद। नयी जगह। बाथरूम का ठीक ठीक अंदाज़ा नहीं। बाहर बालकनी में दूर के बिजली के खम्बे की रोशनी कुछ इनायत कर रही थी। बाबा बालकनी में आये। साज संभाल के अभाव में कुछ गमले सूख गये थे। कुछेक हरे थे। बाबा ने एक सूखे गमले की आधी मिट्टी बाहर निकाली और कमोड के सुखासन में बैठ कर हलके हो लिये। बाद में मिट्टी फिर गमले में भर दी। साफ़-सफ़ाई का काम भी मिट्टी से लिया। बाद में हरे गमले की नमी से रगड़-रगड़ कर हाथ साफ़ कर लिये।

नर्मदा यात्रा के दौरान एक ढाबे पर खाना खाते हुए मैंने बाबा को एक खुरपी और लोटा लेकर दिशा-मैदान को जाते हुए देखा। लोटा तो समझ में आया पर खुरपी का तर्क समझ में नहीं आया। श्रीराज बोले, यार खेत में से कुछ गाजर-मूली भी उखाड़ता लायेगा। हम हंसे और बात ख़त्म।

खाना ख़त्म होते न होते बाबा लौट आये। उनके हाथ में मिट्टी से मंजा हुआ लोटा था। खुरपी थी और कुछ नहीं था। मैने सोचा बाबाओं से लोकलाज क्या? पूछ लिया, खुरपी क्यों ले गये थे?

तुझे कोई तकलीफ़ है क्या? बाबा तुनक कर बोले।

नहीं तकलीफ़ नहीं, पर बात कुछ समझ में नहीं आयी। मैंने आजिज़ी से कहा।

तुम शहरी बाबुओं को कुछ समझ में आता भी है? अरे खुरपी से गड्ढा खोदा। शौच किया। वापिस मिट्टी ऊपर डाल दी। इससे एक तो गाय-सुअर विष्टा खाने से बच गये। दूसरे खेत को थोड़ी खाद की खुराक मिल गयी।

बाबा ने भरपूर भाषण दिया। पारिस्थितिकी-संतुलन के कुछ देशी गुर समझाये और बतौर ट्यूशन-फ़ीस अपने खाने का बिल हम से जमा करवा दिया।

मौज में आते थे तो बाबा नागार्जुन भी ठीक इसी तरह का बर्ताव करते थे। क़िस्सा-कमोड-विदिशा हमने खुद बाबा के मुंह से सुना। इस अंदाज़ से उन्होंने सुनाया कि उनके पेट के मरोड़ हंसते-हंसते हमारे पेट में प्रवेश कर गये।

बाबा बेलौस : ऐसे ही नागार्जुन प्रसंग में एक संगोष्ठी का संचालन हरदा वाले मौर्य कर रहे थे। सरापा रस रंजित और गंध-मागंध। इस सूरते हाल में जैसा संभव था, वैसा संचालन हो रहा था। किसी क़ायदे के वक्ता को वे बुला नहीं रहे थे। इंतज़ाम अली बने डॉ. विजय

बहादुर सिंह बीच बीच में आते और ख़ास वक्ताओं को ठूंस जाते और उनका भारी भरकम परिचय दे जाते। आचार्य विष्णुकांत शास्त्री को भी उन्होंने इसी अंदाज़ में प्रस्तुत किया। कहा कि वे जनसंघर्षों और ज़मीन और विचारधारा से जुड़े विद्वान हैं। कुछ असहमतियों के बावजूद वे नागार्जुन के प्रशंसक हैं, यह उनकी उदारता है। जनवाद के प्रति उस ज़माने में डॉ. सिंह इतने आग्रही थे कि वे उसे कहीं भी फ़िट कर देते थे।

इसके बाद शास्त्रीजी का 'विद्वत्तापूर्ण' भाषण हुआ। मैं पक गया। नरेंद्र बोला, यार तुम बोलो, यह तो अति है। हमने एक पर्ची लिखी, एप्लीकेशन टु द मंच! डियर संचालक, बहुत देर से तरस रहे हैं। रामप्रकाश त्रिपाठी को भी बुला लें। कृपा होगी तो वे भी कुछ पार्टीसिपेट कर पायेंगे। एप्लीकेंट, नरेंद्र जैन, विदिशा! मौर्य जी ने उपहासात्मक ढंग से उस पर्ची को ज्यों का त्यों पढ़ दिया। मैं गया और संचालक का शुक्रिया अदा किया। आयोजक डॉ. सिंह का शुक्रिया अदा किया जिन्होंने वैचारिक जड़ता को विचारधारात्मकता कहा था और संचालक की अराजकता पर तीखी टिप्पणियां कीं।

बाबा धर्मशाला के उस हॉल में पीछे अधलेटे होकर कार्रवाई सुन रहे थे। उन्होंने पास बुलाया और कहा, 'बडे गरज-तरज रहे थे लउए!' मैंने कहा, 'कुछ अनुचित किया क्या?' 'बिलकुल नहीं', वे बोले, 'बुढऊ (शास्त्री जी) की विचारधारा की तुमने अच्छी व्याख्या की।' बिना इस बात की परवाह किये कि इन बातों को पास ही बैठे शास्त्रीजी भी सुन रहे हैं, उन्होंने मेरी पीठ ज़ोर-ज़ोर से ठोकी। ऐसे थे बाबा।

हड़बौंग-चौकन्नापन और दूर दृष्टि : इसी तरह उनको एक बार भोपाल आना था। प्रसंग था, मैथिली शरण गुप्त के नाम से स्थापित शासकीय सम्मान का। हम भी बाबा का एकल काव्य-पाठ चाह रहे थे। इसके लिए हमने उनसे जनवादी लेखक संघ के बनारस में हुए दूसरे राष्ट्रीय सम्मेलन में ही वचन ले लिया था। लेकिन बाबा तो ठहरे बाबा। वे बार बार टाल देते। इस बार उन्होंने सोमदत्त (सुख्यात कवि और तत्कालीन सचिव मध्यप्रदेश साहित्य परिषद) से कहा कि काव्यपाठ तो हम जनवादी लेखक संघ में ही करेंगे। रामप्रकसवा बहुत दिनों से जिद्द किये है। सम्मान समारोह के दो दिन बाद की तारीख उसे दे दो। काव्यपाठ तय हो गया। उन्हें संपर्क किया तो उन्होंने इसकी पुष्टि भी की और तब हमने यह भी कहा, ठीक है, आपकी एक 'मीट विद द् प्रेस' भी करवा देंगे।

बस, यहीं से बाबा का माथा ठनक गया। आये तो वे तीन-चार दिन पहले ही पर किसी को ख़बर नहीं की। दिन भर प्लेटफ़ार्म पर गुज़ार कर शाम की गाड़ी से परसाई जी से मिलने जबलपुर चले गये। सोमदत्त और हम सब परेशान रहे लेकिन उन्होंने जबलपुर जाकर ही ख़बर की। वे ऐन सम्मान समारोह के दिन ही भोपाल पहुंचे। सम्मान समारोह के बाद वे अपने बेटे श्यामाकांत को होटल में छोड़कर सोमदत्त के यहां रहने के लिए आ गये। औपचारिक माहौल में उनका मन रमता नहीं था। वे यात्री ज़रूर थे, लेकिन मन उनका या तो सधुक्कड़ी-फक्कड़ी में रमता था या घरेलू माहौल में। सोमदत्त के घर का वातावरण उनके नाज़ उठाने के लिए बिलकुल उपयुक्त था।

हमने वालिगा इंसटीट्यूट ऑफ़ रशियन स्टडीज़ के कन्वेंशन हॉल में काव्यपाठ का आयोजन किया। भोपाल के लोगों के लिए वह अद्भुत और अभूतपूर्व अनुभव था। यहां मैं उस काव्यपाठ के डिटेल्स में नहीं जाऊंगा। सिर्फ़ इतना कहूंगा कि बाबा बहुत खुश थे। मेरे घर उनका आना

भी ओवरड्यू था और कई बार से टल रहा था। उचित वजहों से राजेश जोशी अक्सर मौक़ा मार ले जाते थे। इस बार उन्होंने अपने से कहा कि 'लउए आज शाम तुम्हारे यहां खिचड़ी विप्लव होगा।' कितने लोग होंगे बाबा? मैंने सहज ही पूछ लिया। वे बोले , 'तुम्हारे परिवार वालों के अलावा दो लोग और एक मैं, एक सोमदत्त, बस।'

मैं घर आया और रमा जी से मैंने कहा कि बीस लोगों की खिचड़ी बननी है। उन्होंने पूछा 'इतनी खिचड़ी?' मैंने उन्हें बताया, संदर्भ समझाया और कहा कि बाबा आयेंगे तो पीछे-पीछे पूरी टोली आयेगी। ऐसा तो हो नहीं सकता कि अकेले बाबा खायें और बाक़ी सब देखें। बहरहाल श्रीमती जी ने खिचड़ी के अलावा बाजरे के गुड़ वाले पुए, मलीदा और मुंगोड़ों की व्यवस्था की। बाबा ने तो चिखौना भर किया। मगर उनसे मिलने वालों का तांता लगा रहा, सोमदत्त, विनोद तिवारी, राजेशी जोशी, सुदीप बनर्जी, संतोष चौबे, राजेंद्र शर्मा, जलेस-प्रलेस के तमाम साथी, प्राध्यापकीय परिवार के मित्र आदि। जी 94/52, तुलसी नगर का बैठका 'आंचल ही न समाये' वाला हो गया। खिचड़ी विप्लव भी कुछ ऐसा हुआ कि हमें और पत्नी को बर्तन में बची ठुर्री और झाड़ पर गुज़ारा करना पड़ा। बहरहाल हमारे घर में उस दिन मेले जैसा माहौल था। कम से कम पड़ोसी तो यही महसूस कर रहे थे।

उस दिन अगर बाबा की बात का भरोसा करके सिर्फ़ दो चार लोगों का इंतज़ाम किया होता तो क्या गत बनती, मुझे तो यह सोच कर ही झुरझुरी हो जाती है। ऐसे 'बे-भरोसे के आदमी' थे बाबा। इसके बावजूद जो लोग बाबा को ज़रा भी जानते हैं वे उनके बे-भरोसे में भरोसे की लय खोज लेते हैं।

फुरसत पाकर हमने बाबा से शिकायत की कि आप तो तीन चार दिन ठहरने वाले थे, जबलपुर क्यों चले गये? पहले तो बाबा ने एक भावुक झटका दिया। बोले, परसाई की इतनी याद आ रही थी कि हम तड़पने लगे थे। ज़ाहिर है, बाबा की यह भावुकता ना-क़ाबिले-एतबार थी। हमने नहीं माना। उनकी दीगर टाल-मटोलों को भी नहीं माना। बाबा ने फिर हथियार डालने में ज्यादा देर नहीं लगायी। झल्ला कर बोले, वह मीट विद द प्रेस का चक्कर क्यों रखा तुमने? हमने कहा, इतना बड़ा सम्मान वह भी अशोक वाटिका में! प्रेस आपसे सम्मान और आपकी रचनात्मकता पर बात करना चाह रहा था। जैसे मैंने उनका बहाना नहीं माना था, उन्होंने भी मेरी सफ़ाई ख़ारिज कर दी। भड़क कर बोले, मैं तुम्हारा हरामीपन और पॉलिटिक्स ताड़ गया था। सोमदत्त की ओर मुड़कर बोले, क्यों हरामीपन और हर जगह है, है ना! फिर सोम और वे हंसे। मैं किंचित तनावग्रस्त हो गया। बाबा रुके नहीं। उन्होंने कहा, तुम पुरस्कार से पहले मुझसे सरकार-वरकार, अशोक-वाटिका और जंगल पर कुछ उल्टा-सीधा कहलवाना चाहते थे। बाबा ने एक से एक झांसेबाज़ देखे हैं। तुम ससुरऊ हमें चलाने चले थे? अब बुलाओ ससुरी प्रेस को। हमने प्रेस को अलग से तो नहीं बुलाया। काव्यपाठ में मगर बाबा ने उन्हें इतना मसाला दे दिया कि दो दिन तक अख़बार रंगे रहे। उनकी फक्कड़ी-सधुक्कड़ी में हडबोंगीपन उतना नहीं था जितनी कि दूर दृष्टि। अपना यह उच्च विचार जब मैने उन्हें बताया तो उनका हाथ सीधे अपने डंडे पर गया और मैं भाग खड़ा हुआ। ऐसे तेवरधारी थे बाबा।

पितृऋण से मुक्ति : उत्तराधिकार के कानून और परंपरा के हिसाब से पिता की संपत्ति पर सहज अधिकार पुत्रों का होता है। इस बार शोभाकांत साथ थे। सम्मान राशि का लखटकिया

क्रास्ड चैक उन्हें मिला था। बाबा सोमदत्त जी से बोले हम खुद अपने पर चेक नहीं रख पाते, इस चेक को कहां रखेंगे। इसका खुल्ला करवा दो। सोमदत्त बोले, क्रॉस्ड तो सुरक्षा के लिए है। यहां-वहां गिर गया चैक, तो भी पैसे बचे रहेंगे। 'हमें पट्टी न पढ़ाओ, इसका खुल्ला करवा दो' ख़ैर क़िस्सा कोताह यह कि सोमजी ने क्रॉस कैंसिल करवाया और चैक की राशि बाबा को सौंप दी। बाबा ने हस्बमामूल नोटों की गड्डियां मैले कुचैले योजन-गंधा थैले में ठूंस लीं। शोभाकांत को खटका कि बाबा कहीं भी मुंह उठा कर चल देते हैं। थैला कहीं भी रख देते हैं। ऐसे में रक़म इधर उधर हो गयी तो? श्यामकांत को खटका लगा रहा मगर वे कुछ कह न पाते। बस जब पास होते तो थैले पर नज़र गड़ाये रखते।

बाबा ने नज़रें ताड़ लीं। तुरंत झोले में से पूरे एक लाख निकाले। एक गड्डी तोड़कर, पंद्रह हज़ार उससे निकाल, झोले में ढूंसे और 85 हज़ार शोभाकांत के हाथ में रखे और दोनों हाथ ज़ोर से इस तरह जोड़े कि गंभीर ताली की तरह आवाज़ हुई। बाबा बोले, 'लो, मैं पितृऋण से मुक्त हुआ। मेरा पिंड छोड़ो।'

यह सरासर ज्यादती थी। शोभाकांत जी के जाने के बाद मैंने दबी ज़बान से एतराज जताया। वे तब तक प्रकृतिस्थ हो चुके थे। गुस्सा काफूर हो चुका था। कहने लगे, तुमने देखा नहीं वह कैसे थैले को देख रहा था। जब से रक़म आयी उसका ध्यान ही नहीं हट रहा था। मैंने कहा, रक़म और आपकी सुरक्षा के लिए उनको फ़िक्र हो रही होगी।

इस बीच बाबा को लगा होगा कि ज्यादती हो गयी। सॉरी तो कहने से रहे। सो बोले कि उस की उपस्थिति से अपनी स्वतंत्रता में बाधा आ रही थी। अब अपन स्वतंत्र हैं। कोई सेंसर बोर्ड नहीं अपने ऊपर। और बाबा अपने सहज सुभाव में आ गये। बाबा ऐसे दिलचस्प इंसान थे। पत्ते-पत्ते पर गुलाटें इस तरह खाते कि खुद को खरोंच लगे न पत्ते में कोई लचक आये।

फटना मीठे से दूध का : इस के बाद लंबे समय तक उनसे मुलाक़ात नहीं हुई। विदिशा-भोपाल आना भी नहीं हुआ। एक दिन अचानक प्रगति मैदान के हॉल-3 में प्रवेश करते ही उनके दर्शन हो गये। मौक़ा विश्वपुस्तक मेले का था। वे अपने बेटे के 'यात्री प्रकाशन' के स्टॉल पर बैठे थे। तबियत कुछ नर्म लग रही थी। मैंने सादर प्रणाम किया तो अचानक वाचाल हो उठे। तमाम बातें की। घर के बच्चों से लगाकर यार-दोस्तों, कला-संस्कृति, साहित्यिक हलचलों के बारे में तमाम सवाल किये। मैंने पूछा कि बाबा आप बहुत दिन से विदिशा भी नहीं आये। बस, वे तुनक गये। बोले, 'मैं अब ज़िंदगी में कभी वहां नहीं जाऊंगा।'

'मगर क्यों, विदिशा तो आपको बहुत पसंद है।' मैने उन्हें बीच में टोकते हुए कहा।

'हां! मगर तुमने 'नागार्जुन संवाद' पढ़ी है?' बाबा ने पूछा।

'बिलकुल पढ़ी है। वह तो आपके साथ हुए संवादों की किताब है।'

'ख़ाक है', बाबा बोले, 'कितना अण्ड-बण्ड छापा है उसमें।'

'मगर वह तो आपकी बातचीत के टेप से लेकर छापा गया है।'

'छापा होगा, मगर इसमें बदमाशी है। हमने जो टेप पर कहा उसके अलावा भी बहुत कुछ ऐसा है, जो ऑफ़ द रिकार्ड था। हमने मौजमस्ती में कहा। वह सब चोरी से टेप कर लिया गया। यह तो धोखा है, विश्वासघात।'

'लेकिन बाबा, उसमें अपनी तरफ़ से' मेरे अधूरे वाक्य को रोककर बाबा फट पड़े, 'इस

बुढौती में मेरा कंधा आप अपने मज़े के लिए, पालिटिक्स के लिए इस्तेमाल करेंगे? किसी की छवि और चरित्र का मटियामैट करने के लिए बाबा के मज़ाक़ों और बतकही को लाठी बनायेंगे? अरे बाबा ने विदिशा में बहुत सारा हगा भी था, उसे बाबा के व्यक्तित्व की तरह पेश करोगे?'

बाबा उत्तेजना में हांफने लगे थे। दम उखड़ आया था। मैंने पांव छूकर फूट लेने में ही ख़ैर समझी। बाद में श्रीकांत ने बताया कि वे 'नागार्जुन-संवाद' पर बहुत भड़के हुए हैं। ख़ास कर सविता को लेकर उसमें जो छापा गया है। सविता को वे बहुत लाड़ करते हैं।

गरज यह कि जहां बाबा के संबंध खीर-शकर जैसे थे, विवेक और सम्मान पर चोट पड़ने पर झिड़कने में वे देर नहीं लगाते थे। बाबा की बहुत यादें हैं। बहुत संस्मरण। बातें ऐसी तहदार कि उनकी परतें करमकले के पत्तों की तरह उघाड़ते जाओ। हर बार नयी रंगत, नये आकार में नज़र आये।

यह सब कुछ बहुत शिष्ट, प्रांजल और 'सभ्यभाषा' में भी व्यक्त किया जा सकता था। लेकिन लगा कि बाबा भदेस थे, तो उसी तरह उन्हें याद किया जाये। फिर भी नक़ली भाषा में बरतने का अभ्यासी होने के कारण कहीं कही औपचारिक हो गया होऊं तो पढ़ने वाले मेरी सीमाओं को समझते हुए माफ़ कर ही देंगे, ऐसा मान कर चल रहा हूं।

नागार्जुन नहछू

सविता भार्गव

मैं सोचती हूं बाबा एक महानद हैं जो न जाने कितनी कितनी देहरियों तक बहे-चढ़े और अपने स्नेह जल से न जाने कितनों को गौरवान्वित करते गये। कइ कई परिवारों का सदस्य बन अपने कुटुंब को बढ़ाते गये। जिसे भी अपनाया वही कह उठा 'अरे बाबा! वे तो मेरे ही बाबा हैं। मुझे अपना बेटा/बेटी की तरह ही लाड़ करते थे।' वग़ैरह-वग़ैरह। ऐसे ही गुमानकारी लोगों में, मैं भी शुमार हूं। मुझे भी यह शान से कहने का अवसर मिला कि कहूं—

'बाबा! अरे बाबा तो मेरे ही घर के थे। उनके साथ तो मैं महीनों-महीनों रही। जब मैं मां बनने वाली थी तब वे ख़ास तौर पर लगातार दो-चार महीने मेरे साथ रहे। और एक बड़ी बुजुर्ग नानी/दादी की तरह मेरी देखभाल की। मेरे खान-पान, उठने-बैठने, बोलने बतियाने, पढ़ने-लिखने सब बातों में निर्देश करते रहे। यहां तक कि मेरे आसपास के लोगों श्यामाकांतजी, नीलेश, आदि सभी को हिदायतें और समझाइश देते चले कि ये लोग मेरा किस तरह ख़याल रहें।

इस दौर में अहसास होता था कि बाबा के साथ रहना तो यों समझो जैसे भदभदा के सारे गेट खुल गये और मेरी भाग्य रूपी बेतवा पानी से लबलबा गयी। बहने लगी धारों-धार। नहीं तो, 'हम च्या थे? हमारी औकात च्या थी?' (राजेश जोशी के तुक्के पे तुक्का नाटक का संवाद) जिन दिनों मैं यह नहीं जानती थी कि कविता क्या है? (हालांकि आज तक भी जानने की पुरज़ोर कोशिश ही है) कवि कौन होता है, कैसा दिखता है? उन दिनों अनायास ही मैं एक महाकवि का सानिध्य प्राप्त कर रही थी।

मेरे पिता संस्कृत के आचार्य थे। बनारस से पढ़े। अन्यान्य विषयों पर हमेशा ही वे मेरा ज्ञानवर्द्धन करते रहते थे। मुझे लगता था कि संसार में संस्कृत, विज्ञान, भूगोल, इतिहास के वे ही सबसे बड़े ज्ञाता हैं। बाबा जब पहली दफ़ा मेरे पिता के घर आये और बात बात पर प्रसंग से जोड़कर कभी वेदों के श्लोक, कभी *रघुवंश, कुमारसंभव* की पंक्तियों को उद्धृत कर उच्चारित करते तो मेरे पिता गदगद हो लगभग आंसुओं से लबरेज़ अपना मस्तक बाबा के चरणों में रख देते। इन दृश्यों से मुझे यह अहसास होने लगा कि बाबा ज़रूर ही कोई महान या कि महानतम हस्ती हैं। फिर तो वे मेरे बिल्कुल ही आत्मीय! पिता के पिता की तरह लगने लगे। यही वजह है कि आज भी जब मैं कक्षा में उनकी कविताएं पढ़ाती हूं तो कविता कम बाबा को ही ज़्यादा बखानती हूं। उस समय ऐसी पुलक भरी अनुभूति होती

है मानो मैं अपने ही दादा/नाना के बारे में या अपने ही घर के कोई रहस्य, कोई कथा सुना रही हूं। एक तरह के नास्टेल्जिया की शिकार होती रही हूं। इस समय, यह सब लिखते समय भी मेरी दशा यही है। कई दिनों से लिखने का प्रयास कर रही थी। पर क़लम उंगलियों में ही फंसी रह जाती और काग़ज़ कोरा। मन न जाने कहीं पीछे स्मृति दृश्यों में खो जाता। बाबा का खांसना, कुबरी की खटर-पटर, खादी का मोटा लद्दड़ सा कुर्ता, नाड़ा लटकता पाजामा बिखरे-बिखरे धूसर खिचड़ी बाल, खिबड़े और कत्थई दांत, तीखी चमकती आंखें जैसे अभी भेदकर घुस जायेंगी भीतर। यही सब कुछ साकार हो जाता है। घंटों बाद अहसास होता कि अरे मुझे तो लिखना है। पर क्या लिखूं, क्या-क्या लिखूं। कभी वर्णनातीत तो कभी बहुतायत की स्थिति।

शुरू-शुरू में बाबा के भड़क्के तेवर से बड़ा डर लगता था। जाने कब और किस पर वे भड़क जायें, दुत्कार दें, भगा दें, कोई भरोसा नहीं। एक दिन वे अच्छे मूड में थे। मैंने हिम्मत जुटा कर पूछ ही लिया :

'बाबा', आप 'फलां' पर क्यों बिगड़ रहे थे?' 'देखो तुम्हें हम इसका रहस्य बताते हैं। यह जो हमारा क्रोध है, यह दो तरह से हमारी रक्षा करता है। एक हमारी भड़ास निकल जाती है, दूसरे अगर कोई हमारा कच्चा प्रेमी है तो एक दो डांट में ही भाग खड़ा होता है और हम फ़िज़ूल की भीड़ से बच जाते है। हां, अगर बार-बार डांट खाकर भी हमारे पास आये तो फिर वह हमारे स्नेह का पात्र हो जाता है। इससे छंटनी हो जाती है भाई।' 'तो फिर हमें तो आपने डांटा ही नहीं! क्या हमारी परीक्षा नहीं हुई?

'अरे तुम तो हमारी अपनी हो।' मेरे गालों पर हाथ फेरते हुए बाबा ने मेरा हाथ अपने हाथ में ले लिया।

बाबा ने लड़कियों को कभी डांटा-फटकारा हो, ऐसा मुझे स्मरण नहीं। अलबत्ता लड़कियां तो उन्हें प्यारी ही लगती थीं। उन पर विशेष तौर पर उनका लाड़ बरसता था। एक बार ऐसा ही कुछ नज़ारा उपस्थित हुआ। दोपहर के भोजन के बाद बाबा ने लेटते हुए कहा, 'अब हम सोयेंगे। किसी से नहीं मिलेंगे। दरवाज़ा बंद कर दीजिए।'

बाबा को लेटे अभी आधा-पौन घंटा ही हुआ था कि दरवाज़े पर दस्तक हुई। मेरे ही कॉलेज की छात्राएं थीं। बाबा से मिलना चाह रही थीं। मैंने उन्हें शाम को आने का कहकर दरवाज़ा बंद कर लिया। इसी बीच बाबा तख़्त पर उठ बैठे और बोले :

'कौन है भाई? अरे बुलाओं उन्हें।'

'बाबा आप ही ने तो कहा ...'

'अरे भाई! लड़कियों को मना थोड़े ही किया था। जाओ आवाज़ दो उन्हें।'

(हां-हां क्यों नहीं। अभी कोई और होता तो बुढ़ऊ भिनभिना जाते) मैं मन ही मन बुदबुदायी। 'बुढ़ऊ की संज्ञा बाबा के छोटे बेटे श्यामाकांत जी की ही दी हुई थी। अक्सर मैं और श्यामाकांत बाबा के इस तरह के पक्षपात पर मज़ा ले लेकर टिप्पणी किया करते थे, 'अरे बुढ़ऊ को कम मत समझो। अभी उनका दिल जवान है।' श्यामाकांत हंसकर कहते।

इसी सिलसिले की एक और घटना है। विदिशा में बाबा का लोक-सम्मान होना था। जैसा कि बाबा के बारे में सब जानते हैं कि उन्हें नहाने से बड़ा परहेज़ था। वे महीनों नहीं

नहाते थे। जाड़े में तो ख़ैर उनका 'जल-सत्याग्रह' ही होता था। तो उस दिन कैसे नहाते (सर्दी के दिन जो थे)। श्यामाकांत मुझसे बोले :

'अरे ये क्या ऐसे ही मंच पर बैठेंगे। बासे कूसे कपड़ों में, बास मारते? इन्हें कम से कम नहला तो दो।'

ख़ैर! बड़ी मान-मनुहार के बाद बाबा ने उस दिन कौआ स्नान किया। कुर्ता-पाजामा बदला। लेकिन नाखून जो बड़े गंदे और बेतरतीब थे, बहुत कहने पर भी नहीं कटवाये।

'नाखून तो कटवा लीजियेगा।' श्यामाकांत लगभग बाबा को झिंझोड़ते हुए बोले।

बस फिर क्या था? बाबा ऐसे भड़के कि श्यामाकांत जी को कमरे से भगा कर ही दम लिया। पर कुछ देर बाद श्यामाकांत कमरे में फिर से दाख़िल। वंदना (मेरी दोस्त) के साथ।

'सविता वंदना को नेलकटर दे दो। अब बुढ़ऊ आराम से कटवा लेंगे नाखून।' श्यामाकांत ने हंसते हुए मेरे कान में फुसफुसा कर कहा।

'लाओ बाबा आपके नाखून काट दें। कितने बढ़ गये हैं। आपको सुंदर बना दें।' वंदना बाबा से चुहल करते हुए लड़ियायी।

'अरे आप ही के ये हाथ। लीजिए काट दीजिए नाखून और हमें भी।' वे हंसते हुए बोले।

क्या तो नज़ारा था। बाबा बिल्कुल छोटे बच्चे की तरह नाखून कटवाते हुए। और उनकी आंखें चमकतीं, पुलकतीं वंदना पर लाड़ बरसातीं। श्यामाकांत हंसी दबाये कमरे से बाहर हो गये।

यों तो बाबा का पूरा जीवन ही बेहद दिलचस्प और अनुकरणीय है पर उनकी दों आदतें मैंने चुरायीं। एक, किताबों को द्रुत गति से पढ़ने का सुगम तरीक़ा। (बाबा पंद्रह-बीस किताबें दो तीन घंटे में निपटा देते थे) मैंने एक दिन जब इसका राज़ पूछा तो उन्होंने स्पष्ट किया कि 'अरे भाई लेखक तो एकाध बात कहने को बड़ा सा पैराग्राफ़ लिखता है। कभी-कभी तो दो-चार पन्ने भी। वह बात कहीं बीच में रहती है। वहीं तो हमारी नज़र होती है और क्या! बस, उसी एक वाक्य या शब्द को पढ़ लेते हैं।'

दूसरी आदत उनकी खाने की। वे आधे-पौन घंटे में बिल्कुल ही थोड़ी मात्रा में बार-बार कुछ न कुछ खा लेते थे। थोड़ा-थोड़ा खाने और देर तक खाली पेट न रहने से हाज़मा दुरुस्त रहता है, यह उन्होंने मुझे समझाया था। यों बाबा तरह तरह के व्यंजनों के बड़े शौक़ीन थे। कहा जा सकता है कि चटोरे थे। पोहा जलेबी उन्हें खाने को डॉक्टर साहब ने मना किया था। वे चौके में थोड़ी थोड़ी देर में कुबरी से खटर पटर कर आते थे। यह उनका सिग्नल था कुछ चटर-पटर खाने का। कभी खाने, कभी बजाय गंभीर होकर कुबरी से खटर-पटर करने के साथ वे मेरे पास आकर मेरे गाल बड़े लाड़ से सहलाते थे। ये सिगनल था उनका पोहा या मिठाई-विठाई खाने का। अब इतना लाड़ मिले तो क्यों नहीं मैं उन्हें पोहा बनाकर देती। भोजन करते समय बाबा को राजनीतिक, साहित्यिक बहसें बिल्कुल ही नागवार गुज़रतीं। वे हमेशा ही थाली में रखे भोजन की ओर सबका ध्यान आकर्षित करते :

'अरे भाई! भोजन की थाली में ध्यान दो। देखो दाल कितनी सुंदर और पीली है, गाजर के हलवे का रंग देखो, खीर को निहारो, मूली की सफ़ेदी और फूली फूली रोटी का आकार

देखो। पहले भोजन के रंग-आकार का सौंदर्यरस ग्रहण करो फिर जीभ पर उसके अलग अलग स्वाद का। तभी न भोजन का रस है।' खाना पूरी तन्मयता से आनंद में डूब कर खाना मैंने उन्हीं से सीखा। सीखने-जानने के ऐसे अनेक क़िस्से हैं। उनकी ढेरों सीख, बातें, उनके द्वारा लिखी चिट्ठियां, लोक-सम्मान में मिला काष्ठ शिल्प जो उन्होंने मुझे दे दिया था, वे हस्ताक्षरित किताबें ख़ासतौर पर 'उग्रतारा' मेरे पास उनकी अमूल्य निधि की तरह हैं। मेरी थाती हैं।

व्यंग्य-कविताओं के अंतःतल में संवेदनशीलता

रामविलास शर्मा

इंदिरा गांधी मुक्त विश्वविद्यालय में रामविलास जी से 'हिंदी के प्रगतिशील कवि' विषय पर एक बातचीत की वीडियो फ़िल्म बनी थी। प्रस्तुत लेख उस बातचीत पर आधारित है।—सं.

नागार्जुन की लिखी कविताओं में सबसे ज़्यादा संख्या राजनीतिक कविताओं की है और उनमें भी अधिकतर व्यंग्यपूर्ण हैं। ये कविताएं साम्राज्यवाद के विरुद्ध हैं, सामंतवाद के विरुद्ध हैं तथा उच्च्व मध्य वर्ग की जो आकांक्षाएं हैं और जिस तरह की बनावटी ज़िंदगी वह जीता है, उसकी आलोचना भी इन कविताओं में है। शासन किस तरह से जनता से वादे करता है और उन्हें झुठलाता है, इसकी बहुत तीखी आलोचना नागार्जुन ने की है। नागार्जुन की कविताओं में कहीं-कहीं लोकगीतों का स्वर सुनायी पड़ता है और कहीं-कहीं तो उन्होंने लोकगीतों की पंक्तियां ही उठा ली हैं, जैसे 'हाथी घोड़ा पालकी' या 'आओ रानी हम ढोयेंगे पालकी'। नागार्जुन की व्यंग्य कविताएं प्रसिद्ध हैं और सब लोग इन कविताओं से परिचित है। लोग यह भी जानते हैं कि हिंदी में इतना बड़ा व्यंग्यकवि दूसरा और कोई नहीं हुआ। व्यंग्य की धारा तो हिंदी के दूसरे कवियों में भी रही है, भारतेंदु में रही है, निराला में रही है, केदार में भी है, लेकिन व्यंग्य को लगभग एक मुख्य विधा बना लेना, एक पैने अस्त्र की तरह इस्तेमाल करना और जनआंदोलन को बढ़ाने में इसकी मदद लेना, यह नागार्जुन की विशेषता है।

नागार्जुन की कविता में एक चीज़ जो छिपी हुई है, और जिसे लोग अक्सर भूल जाते हैं, वह है उनकी संवेदनशीलता। उनकी संवेदनशीलता लगभग वैसी ही है, जैसी त्रिलोचन में है, और जैसी केदार में है। कविता में व्यंग्य ऊपर से आच्छन्न रहता है, इसलिए वह दिखायी देता है, लेकिन उसके भीतर जो संवेदनशीलता है, वह दिखायी नहीं देती। नागार्जुन जब कलकत्ते में थे, तब उन्होंने वहां के रिक्शा चलाने वालों पर एक कविता लिखी थी; वह कविता उन्होंने मुझे सुनायी थी। वह तब तक प्रकाशित नहीं हुई थी। वह दृश्य मुझे अभी तक याद है, कैसे वह कविता सुना रहे थे और सुनाते समय कैसे उनका कंठावरोध-सा हो जाता था। उस कविता में वह रिक्शा चलाने वाले के सिर्फ़ पैरों को देखते हैं। केवल एक बिंब के सहारे पूरे चित्र को खींचते हैं और इस चित्र के द्वारा रिक्शेवाले के सारे संघर्ष को उजागर करते हैं। कविता में एक लाइन आती है— 'खुरदरे पैर, धंस गये, कुसुम कोमल मन में'। यह कुसुम कोमल मन कवि का है। यह एक वैषम्य है; एक तरफ़ उसके पैर हैं और

दूसरी तरफ़ कवि का मन है।

जिस चीज़ पर मैं ज़ोर देना चाहता हूं, वह यह है कि व्यंग्य का आधार संवेदनशीलता है। संवेदनशीलता की अभिव्यक्ति व्यंग्य के माध्यम से होती है और यह अभिव्यक्ति व्यंग्यविहीन माध्यम से भी होती है। नागार्जुन की ऐसी कविताएं भी हैं, जिनमें व्यंग्य नहीं है और केवल संवेदनशीलता है। गांव से जैसा गहरा लगाव केदार को है, वैसा ही नागार्जुन को भी है। बहुत दिनों के बाद एक आदमी गांव जाता है और वहां क्या देखता है, उसका उसके मन पर क्या प्रभाव पड़ता है, यह सब उनकी कविता 'बहुत दिनों के बाद' में चित्रित है।

यह व्यंग्यविहीन संसार उनको बहुत प्रिय है और यह संसार उनके गांव का है। इसके विपरीत, नागार्जुन की एक कविता है, जिसमें अकाल का वर्णन है, बहुत दिनों के बाद घर में दाना आता है।

नागार्जुन को मैंने इस कविता को सुनाते हुए देखा है। फिरोज़ाबाद में, जहां चूड़ियों का बहुत बड़ा कारोबार होता है, वहां के मज़दूरों की एक सभा में उन्होंने यह कविता सुनायी थी। कितनी आसानी से मज़दूर उनकी कविता को समझ लेते हैं और अपने आनंद की अभिव्यक्ति करते हैं, यह मैंने अपनी आंखों देखा है। इस कविता में शब्दों का संयम है, बात बढ़ाकर नहीं कही गयी है, कहीं अतिरंजित नहीं।

इसमें छोटे-छोटे बिंब हैं, जिनके माध्यम से भारतीय जनता की वेदना को व्यक्त किया गया है।

यह एक अद्‌भुत कविता है। इस तरह से बिंब पकड़ना और उसके माध्यम से जनता की स्थिति को दिखाना, यह कमाल एक जीनियस ही कर सकता था। इसमें कोई शक नहीं कि नागार्जुन एक अत्यंत प्रतिभाशाली कवि थे जो हिंदी के माध्यम से ऐसी बातें कह सकते थे, जिनसे भाषा की शक्ति दिखायी दे।

प्रस्तुतिः विजय मोहन शर्मा

काव्यलोक से गुज़रते हुए

शिवकुमार मिश्र

अतिशय बहुआयामी है नागार्जुन का काव्य-लोक, उनका रचना-संसार। जितना बहुआयामी, उतना ही प्रशस्त, विशद और वैविध्यपूर्ण। इस अनंत-रूपात्मक जगत के नाना रूपों से जुड़े शब्द, स्पर्श, रूप, रस और गंध के बेहद बारीक़ अहसासों वाली इंद्रिय-संवेदनों की विपुल राशि तो उसका हिस्सा है ही, आदमी के मनोजगत के एक-एक कोने को भीतर तक थाहने और उजागर करने वाली विपुल भाव-संपदा भी उसका अभिन्न अंग है। अपने विपर्यस्त समय का दर्पण, दीपक और आलोचनात्मक भाष्य होने के साथ-साथ, इतिहास, पुराण तथा जातक कथाओं के ढेरों संदर्भ भी अपनी आधुनिक अर्थवत्ता के साथ उसमें गुंथे हुए हैं। कह सकते हैं कि नर-नारी और नरेतर बाह्य जगत का पूरा प्रसार उसके दायरे में है। साधारण-असाधारण, परुष-कोमल, शुभ-अशुभ, सुंदर और विरूप, अनगिनत विरुद्धों को वह अपने में समेटे हुए है। व्यक्ति-विशिष्ट निजी सवेदनाएं भी उसमें हिलोरें ले रही हैं, और देश, धरती तथा उसके निवासियों के सामाजिक जीवन का यथार्थ के साथ उनके सम-विषम जीवन संदर्भ भी उसमें अक्षत लिपिबद्ध हैं। 'प्रतिबद्ध हूं' शीर्षक अपनी एक कविता में नागार्जुन ने जगत तथा उसमें स्पंदित होने वाले जीवन के प्रति अपनी प्रतिबद्धता, आबद्धता और संबद्धता को जिन आयामों पर विशद किया है, वे अपने आप में उनके काव्यलोक और मनालोक के विशद व्यापक फलक का साक्ष्य हैं। नागार्जुन के इस काव्यलोक से होकर गुज़रने के मायने हैं, इस अनंत रूपात्मक जगत और आदमी के भावलोक से अपने परिचय और अपने संबंधों को विशद, व्यापक तथा सघन बनाना, उनके बरक्स अपने जीवन-विवेक और काव्य-विवेक को निरंतर मांजते-निखारते रहना, परंपरा और वर्तमान, तथा उनके आपसी संबंधों को जानने-समझने की सही दृष्टि पाना तथा ग्रहण और त्याग के उस ज़रूरी विवेक से अभिज्ञ होना जो उनकी ग्राह्यता और अग्राह्यता के बिदुंओं के बारे में मन को निरभ्र कर सके। यही नहीं, देश, धरती तथा उनके साधारण जनों के बेहतर भविष्य से प्रतिबद्ध जनधर्मी रचनाशीलता की शक्ति तथा संभावनाओं की सही और खरी समझ के साथ उनके पक्ष में चल रही आमूल सामाजिक बदलाव तथा न्यायसंगत व्यवस्था की मुहिम में पूरे मन से शामिल तथा सक्रिय होना। अपने जनपद की मिट्टी के रूप-रस और गंध में रचा पगा होते हुए भी नागार्जुन का रचनाविश्व आंचलिक नहीं है। इसके साथ देश, धरती और उसके साधारण जनों के सुख-दुख, ताप-त्रास तथा जीवन संदर्भों और जीवन संघर्षों से एकतान होते हुए भी वह विश्व-मानवता की पीड़ा, सुखः-दुख, तथा जीवन संघर्षों को भी अपनी प्रशस्त संवेदना के दायरे में लिये हुए है।

नागार्जुन का काव्यलोक जितना बहुआयामी, विशद और वैविध्यपूर्ण, साथ ही, तमाम विरुद्धों की संहिति वाला है, उनके अपने जीवन संदर्भ भी लगभग वैसे ही हैं। पुरोहिताई से जीविका अर्जित करने वाले, मिथिला के एक नितांत रूढ़िवादी, अपठित, ब्राह्मण परिवार में जन्म। वास्तविक नाम वैद्यनाथ मिश्र। चार साल की अवस्था में मातृवियोग। माता के वात्सल्य से वंचित एवं निहायत क्रूर, अनपढ़, दुराचारी पिता के आतंक के साये में बीता कुंठा और क्लेश से भरा बचपन। दूसरों के अन्न से पलने वाले विद्यार्थी के रूप में कलकत्ता और काशी में संस्कृत तथा पालि भाषाओं के माध्यम से साहित्य और दर्शन का अध्ययन। उन्नीस वर्षों की अवस्था में विवाह, परंतु विवाह के बाद ही बौद्ध भिक्षु के रूप में गृहस्थी तथा घर-परिवार से विरत थाइलैंड, लंका, तिब्बत, कैलास-मानसरोवर आदि का भ्रमण। लंका से बौद्ध धर्म तथा दर्शन में पारंगत होकर स्वदेश वापसी। स्वदेश लौटते ही पुनः गृहस्थ धर्म का निर्वाह एवं बड़े कठिन संघर्षों में जीवन यापन तथा परिवार का भरण-पोषण। उपरांत स्वामी सहजानंद और राहुल सांकृत्यायन की प्रेरणा से किसान-आंदोलन में शिरकत, जेल यात्राएं, अनंतर मार्क्सवाद-समाजवाद को जीवन-दर्शन के रूप में अपनाकर साहित्य, कला और संस्कृति के जनधर्मी सरोकारों और संकल्पों से जुड़कर जनधर्मी, प्रतिबद्ध रचनाकर्म के बूते पर ख्यात प्रगतिशील रचनाधर्मी के रूप में मान्य और लोकप्रिय। आजीवन कांग्रेसी शासन की जनविरोधी नीतियों की कठोर आलोचना, ख़ासतौर से इंदिरा गांधी के अधिनायकतंत्र का मुखर विरोध, फलतः आपातकाल के पहले ही गिरफ़्तारी। कुछ समय तक जयप्रकाश नारायण के संपूर्ण क्रांति के आंदोलन में शिरकत। अंततः उससे भी मोहभंग। जेल से छूटकर जब तक जिये, अपनी जनधर्मी निष्ठाओं के तहत अपने रचनाकर्म में सक्रिय। बेहद रोमांचक, बेहद असामान्य और बड़े कठिन जीवन संघर्षों से भरा पूरा है नागार्जुन की जीवन-यात्रा का वृत्तांत। उसके जो भी अन्य निहितार्थ और फलितार्थ हों, चली आ रही नैतिकता के दायरे से वह कैसा भी, कितना भी पृथक हो, नागार्जुन का धर्म और नीति के मान्य प्रतिमानों से बाहर आना ही उनके नागार्जुन होने या बनने का मूलाधार है। उन्हीं के शब्दों में, 'पहले तुम भी वही चुटन्ना और जनेऊ वाले पंडित जी थे न! न पुरानी परिधि से बाहर निकलते, न आंखें खुलतीं। न इस तरह युग का साथ दे पाते।' दुखों ने किसी और को मांजा हो या न मांजा हो, नागार्जुन के व्यक्ति और जीवन को उन्होंने ज़रूर मांजा और निखारा है। ऐसा न होता तो सचमुच चोटी, जनेऊ, तिलक धारण किये वे कहीं वैदिक कर्मकांड संपादित करवाते हुए आख़िरी सांस लेते। उनके इस नितांत असहज, रोमांचक और बेधक जीवनानुभवों वाले जीवन-यात्रा वृत्तांत को उनकी कविताओं तथा इतर लेखन में उसकी समस्त निष्पत्तियों के साथ अवसरोचित संदर्भों में देखा और पढ़ा जा सकता है। अपनी एक कविता 'रवि ठाकुर' में 'जो रवींद्रनाथ ठाकुर को निवेदित है' अपने जीवन-संदर्भों की कुछ परतों के साथ उन्होंने अपने को दबी हुई दूब के रूपक में प्रस्तुत किया है :

पैदा हुआ था मैं
दीन-हीन अपठित किसी कृषक-कुल में
आ रहा हूं पीता अभाव का आसव, ठेठ बचपन से
कवि मैं रूपक हूं दबी हुई दूब का
हरा हुआ नहीं कि चरने को दौड़ते!!

अपने अग्रज कवि से उन्होंने आशीष चाही है :

आशीष दो मुझको, मन मेरा स्थिर हो!!
नहीं लौटूं चीर चलूं, कैसा भी तिमिर हो!!
प्रलोभन में पड़कर बदलूं नहीं रुख़
रहूं साथ सबके, भोगूं साथ सुख-दुख।

सबसे एकात्म होकर सबके सुखःदुख में सहभागिता, नागार्जुन जब तक जिये, इस प्रतिश्रुति को उन्होंने निभाया। निःसंग, एकाकी, अपनी वैयक्तिकता में बंधी ज़िंदगी को उन्होंने नकारा। 'यह कैसे होगा' शीर्षक अपनी एक कविता में अपनी जनधर्मी संवेदना की समूची ऊष्मा के साथ वे मौजूद हैं।

दमा जैसे कठिन रोग से जर्जर शरीर होते हुए भी, प्रकृति ने आदमी को जो आयुष्य दिया है, नागार्जुन ने अधिकांश में उसे जिया, विषम से विषम परिस्थितियों में भी भग्न-मन नहीं हुए, इस लोक या परलोक की बड़ी से भी बड़ी सत्ता के समक्ष नतशिर नहीं हुए। जब तक जिये, अपने स्वाभिमान को अक्षत रखते हुए जिये। अपने ज़मीर की क़ीमत पर कभी, किसी तरह का समझौता उन्होंने नहीं किया। बड़े से बड़े प्रलोभन को उन्होंने ठुकराया। व्यवस्था और सत्ता के प्रभुओं की धमकियों से भयभीत नहीं हुए। उनकी आंखों से आखें मिलाते हुए, उन्हें ललकारते और चुनौतियां देते हुए जिये। आपातकाल के पहले ही वे बंदी बना लिये गये, परंतु उस दौर के दमन तंत्र और स्वैराचार की उनकी भर्त्सना जारी रही। 'जली ठूंठ पर बैठकर गयी कोकिला कूक / बाल न बांका कर सकी, शासन की बंदूक' आपात्काल पर उनकी यह टिप्पणी उस दौर में करोड़ों कंठों से गूंजी। आपाधापी, व्यक्तिगत लाभ-लोभ और परले दर्जे की स्वार्थपरता वाले आज के समय में इस तरह जी लेना या जी पाना कोई मामूली बात नहीं। वह भी एक मसिजीवी, व्यवस्था तथा सत्ता की आंख की किरकिरी बने। ध्यातव्य है कि प्रेमचंद, मुक्तिबोध तथा अपवाद-स्वरूप कुछ अन्य लोगों के साथ वे ऐसे रचनाकार हैं कि जीवन के तमाम विष को पीते और पचाते हुए उन्होंने अपने कृतित्व में उसके निशान नहीं पड़ने दिये हैं। उनकी वाणी से देश, धरती और जनता के आतपतप्त प्राणों को शीतल करने वाला अमृत ही छलका है। वैश्विक ज्ञान तथा गहन जीवनानुभवों की जो संपदा उन्होंने अर्जित की और जिसका उनके रचनाकर्म में अपने पूरे प्रभाव के साथ विनियोग है, अपने श्रम और स्वाध्याय के बल पर अर्जित की, किसी की कृपा से नहीं। अपनी मातृभाषा मैथिली के साथ संस्कृत, बांग्ला और हिंदी–इन चार भाषाओं की काव्य परंपराओं का सर्वोत्तम उनके रचनाकर्म में विद्यमान है। प्रगतिशील हिंदी कविता की वृहत्तत्रयी में यदि वे 'कनिष्ठिकाधिष्ठित' हैं तो प्रशस्त, जनधर्मी संवेदनाओं और संकल्पों को शब्द और रूप देने वाले अपने रचनाकर्म के नाते। कविता और मानव-जीवन, कविता और समाज, कविता की संप्रेषणीयता जैसे विषयों को लेकर चल रही तमाम बहसें नागार्जुन जैसे जनधर्मी, जीवनधर्मी और समाजचेता रचनाकार की सर्जना के बरक्स आप से आप अर्थहीन हो जाती हैं।

हम कह चुके हैं कि नागार्जुन का रचना-संसार, उनका काव्यलोक अतिशय विशद और बहुआयामी है। बावजूद इसके उसमें केंद्रीयता उस सामाजिक यथार्थ की है, अपने समूचे जीवन और अपने समूचे रचनाकाल में नागार्जुन जिसके दृष्टा ही नहीं, भोक्ता भी रहे हैं। उनके अपने विपर्यस्त समय का चेहरा अपनी सारी विद्रूपताओं और तेवरों में उनकी रचना

में प्रतिबिंबित और चित्रित है। इतिहास साक्षी है कि बेहद लंबे और कठिन स्वाधीनता संघर्ष के बाद जो आज़ादी देश को मिली वह सही कहा जाये, तो विखंडित आज़ादी थी—मात्र राजनीतिक सत्ता का हस्तांतरण। इसके मूल में ये स्वाधीनता आंदोलन के पूंजीवादी-सामंती नेतृत्व के अपने वर्गहित, राजनीतिक सत्ता पाने की उसकी आकांक्षा, जिसके चलते देश-विभाजन की शर्त को भी स्वीकार किया गया। साधारण जनता के आर्थिक सामाजिक हित से जुड़े बुनियादी सवालों को हाशिये पर डाल दिया गया; जनता से किये गये इस वायदे के बावजूद कि आज़ादी के बाद उन्हें हल किया जायेगा, आज़ादी के बाद भी उन्हें हाशिये पर ही रहने दिया गया। विकास और जनकल्याण के नाम पर जो कुछ सामने आया, वह था असमान आर्थिक विकास। परिणामतः कुछ इलाक़े तो जगमगाये, अधिकांश को अंधेरे की ही नियति मिली। व्यापक जन-असंतोष से घबराये शासक वर्ग ने अपनी सत्ता को बनाये रखने के लिए जिस तरह जन के तंत्र को अधिनायक तंत्र के रूप में बदला, आपातकाल और उससे जुड़ा आतंक और दमन का सिलसिला, अपने विषम फलितार्थों के साथ स्वाधीन भारत के पटल पर अंकित है। वह नागार्जुन की सर्जना में भी अपने कलंकित रूप में, उनकी पैनी निगाहों और जनधर्मी संवेदनाओं से छनते हुए प्रतिबिंबित और मूर्त है।

सच और झूठ का टकराव, और व्यवस्था तथा सत्ता का छल फ़रेब भी इसका हिस्सा है। इसमें राजनीति तथा अर्थनीति की तिकड़में, पहेलियां तथा तिलस्म हैं तो उससे जूझते-टकराते, उसे खोलने के लिए संकल्पबद्ध साधारण जन का जीवट भी। इसमें देश में धरती तथा साधारण जन के जीवन को नरक बनाने वालों की साज़िशें भी हैं, तो अपने बेहतर भविष्य के लिए संघर्ष करती जनता की अपार निष्ठा और सक्रियता भी। अभिशप्त जीवन जीने वालों की जिजीविषा भी इसका हिस्सा है और उनके हर्ष-उल्लास और उमंग, तरंगित मन की आकाक्षाएं और स्वप्न भी। साथ ही जनशक्ति के आवेग से घबराये शासक शोषक वर्ग के भयभीत चेहरे भी। अकाल, बाढ़, महामारी, दमनचक्र, अन्याय और अत्याचार की गाथाएं भी इसमें हैं और आतंक के इसी माहौल में जन्म लेने वाले कल्कि के अवतार भी। शांति और अहिंसा की बातें भी इसमें हैं और बंदूकों की गोलियों की गूंज भी। नगर तथा गांव ही नहीं, दूर-दराज़ के अंचलों की गहमागहमी भी इसमें हैं, और उनमें छाया निस्तब्ध सन्नाटा भी। इस सामाजिक यथार्थ से जुड़ी उनकी कविताएं महज कविताएं नहीं, समय और समाज की जीती-जागती हक़ीक़त, उसका प्रामाणिक दस्तावेज़ हैं। कवि की अपनी मनोभूमि की बात करें तो साधारण जनता के जीवन संदर्भों, जनशक्ति के स्वरूप, जन की आकांक्षाओं, बेहतर जीवन के उसके स्वप्नों और उसके संघर्ष को उस जन से एकात्म होते हुए जितनी संलग्नता तथा संवेदना की जितनी ऊष्मा से उन्होंने चित्रित किया है, साधारण जन की व्यथा तथा उसके शरीर और मन के दंशों को जिस तरह आकुल होते हुए चूमा-सहलाया है, आहत हुए हैं, जन शक्ति के उफान को देखकर उल्लसित और हर्षित हुए हैं, देश, धरती तथा जन की पीड़ा तथा व्यथा की ज़िम्मेदार जनविरोधी शक्तियों पर उतने ही कठोर प्रहार भी उन्होंने किये हैं : 'प्रतिहिंसा ही स्थायी भाव है मेरे कवि का' जैसे संकल्प के साथ। इसी शीर्षक की उनकी कविता की कुछ पंक्तियां हैं :

नव दुर्वासा, शबर पुत्र मैं, शबर-पितामह
सभी रसों को गला-गलाकर

अभिनव द्रव तैयार करूंगा
महासिद्ध मैं, मैं नागार्जुन
...
हिंसा मुझसे थर्रायेगी।
मैं तो उसका खून पियूंगा
प्रतिहिंसा ही ...

एक पूरा सिलसिला है ऐसी कविताओं का उनके काव्यलोक में, जिसमें उनके उक्त संकल्प को शब्द और रूप मिला है। 'अन्न पचीसी', 'जयति जयति सर्व मंगला', 'नदियां बदला ले ही लेंगी', उनकी वे लंबी कविताएं हैं, जिनमें उनका यह संकल्प अपने निहायत पारदर्शी रूप में जीवंत हुआ है।

नागार्जुन हिंदी जगत में अपने धारदार व्यंग्यों के नाते विशेष ख्यात और लोकप्रिय हैं। उनके ये व्यंग्य उसी सामाजिक यथार्थ की उपज हैं, अभी जिसका ज़िक्र हमने किया है। ध्यान रहने कि ये व्यंग्य नागार्जुन के काव्यलोक में अभिव्यक्ति की एक विशिष्ट भंगिमा भर नहीं हैं वे मानव-मुक्ति के उस विचार दर्शन का हिस्सा हैं', जिससे नागार्जुन का मनोलोक आलोकित है। व्यंग्य यों भी गहरी मानवीय करुणा से उपजता है और विश्व-मानवता शोषण-मूलक जिन व्यवस्थाओं के शिंकजे में फंसी है, उसके दुखःदर्द के मूल उन शोषक-व्यवस्थाओं के वृत्त में ही हैं, जिनके उन्मूलन के बिना संतप्त मनुष्यता की मुक्ति संभव नहीं है, नागार्जुन इसे समझते हैं। उनके व्यंग्य की इसी ज़मीन से जुड़े हैं। इसी नाते नागार्जुन जब नये-नये तेवरों में शोषणमूलक इन व्यवस्थाओं पर, उनके शासन-तंत्र पर, समाज तथा धर्म के उनके बनाये नीति-निर्देशों पर, साधारण जन के सुखःदुख से निरपेक्ष उपरले वर्गों की मानसिकता पर, साहित्य कला और संस्कृति की जन-विमुख गतिविधियों पर कभी आगबबूला होते हुए, कभी चिकोटियां काटते हुए, कभी उनका मखौल उड़ाते, कभी-कभी निहायत गंभीर मुद्रा में तो कभी निहायत शरारती अंदाज़ में व्यंग्य-बाणों की बौछार करते हैं, तो यह सब अपनी जन-प्रतिबद्धता और गहरे मानवीय सरोकारों के तहत करते हैं। उनके व्यंग्यों की ज़द में देश विदेश के बड़े-बड़े नेता, थैलीशाह, बाहुबली, धर्म के ध्वजाधारक, सामाजिक नियमों के नियंता, चापलूस, नौकरशाह, छुटभैये, साधु-संन्यासी, पंडित-मौलवी, पीर-फ़कीर, सब आये हैं। किसी को उन्होंने बख़्शा नहीं है। नाम ले लेकर उन पर प्रहार किये हैं, उनके मुखौटे नोचे हैं।

उनके व्यंग्यों की दुनिया इतनी वैविध्यपूर्ण है कि उसके सारे आयामों को समेटना बहुत कठिन है। फिर भी, 'मंत्र', 'प्रेत का बयान', 'पुरानी जूतियों का कोरस', 'तीनों बंदर बापू के', 'बाघिन', 'पैने दांतों वाली', 'खिचड़ी विप्लव', 'तालाब की मछलियां', 'मांजो और मांजो', 'वे और तुम' जैसी तमाम छोटी-बड़ी कविताओं में उनकी धार और तेवरों को परखा जा सकता है।

हमने नागार्जुन के काव्य लोक में विरुद्धों की संहिति की बात की है, उनके नव दुर्वासा रूप की झलक हम देख चुके हैं। 'खुब गये दुधिया निगाहों में', 'गुलाबी चूड़ियां, 'एक मित्र का पत्र', 'आओ प्रिय आओ' जैसी कविताओं में, या उन कविताओं में जो शिशुओं को संबोधित हैं, या किशोरों और तरुणों को, उनके कवि का नितांत द्रवणशील, वत्सल, करुणार्द्र, तरल और बेहद उदार रूप हमारे सामने आता है। उनकी कुछ कविताएं विशिष्ट व्यक्तियों पर

हैं जो उनके प्रेरणास्पद रहे हैं, जिनसे उन्होंने आलोक पाया है, मसलन रवि ठाकुर, भारतेंदु, निराला आदि। कुछ कवि-मित्रों को संबोधित हैं—केदार अग्रवाल जैसे आत्मीय मित्रों को। कुछ अनुज कवियों पर हैं, जैसे राजकमल चौधरी पर। इन कविताओं में भी नागार्जुन की कवि-संवदेना का निहायत तरल रूप सामने आया है। निराला पर उनकी एकाधिक कविताएं हैं। एक कविता की कुछ पंक्तियां :

मरु-प्रांतर को तुमने अंतर का नीर दिया
कविता-तपस्विनी को ज्योतिमय चीर दिया
रह गये प्रतीक्षा में सारे दिग्पाल, किंतु तुम झुके नहीं,
तुम कड़ी साधना में दधीचि को जीत चुके
कोई आये तुमसे सीखे
वह द्वापर वाली शरशैया की चुभन आज
आये कोई तुमसे सीखे युग-युग का हालाहल पीना
आये कोई तुमसे सीखे यह रक्तदान
आये कोई तुमसे सीखे यह स्वाभिमान।

नागार्जुन छायावाद के परवर्ती दौर में उस समय हिंदी कविता के मंच पर आये जब कविता को अपना उल्लेखनीय प्रदेय देकर छायावाद असीम और अनंत के गलियारों में विचरण करने लगा था। पंत और निराला पथ बदल चुके थे। प्रेम और प्रकृति, दो ऐसे विषय थे जिनमें छायावादी कवियों ने अपनी कवि-संवेदनाओं को उनके बाह्य रूप तक ही नहीं, उनके अंतरंग सौंदर्य तक को समेटा था। प्रेम छायावादी कविता में सच्चे सात्विक राग तक पहुंचा है। नागार्जुन देश, धरती तथा जन के जीवन संदर्भों और जीवन संघर्षों के प्रति अपनी सारी प्रतिबद्धता के साथ प्रेम और प्रकृति जैसे उन विषयों की गहराइयों में भी डूबे और उतराये हैं जिनके लिए छायावादी कविता विशेष ख्यात रही है। स्त्री-पुरुष के बीच के प्रेम पर भी उन्होंने पूरे मन और संवेदना की सारी ऊष्मा के साथ लिखा है। उनकी प्रेम संवेदना का वैशिष्ट्य इस बात में है कि उनकी प्रेम कविताओं का आलंबन परकीया न होकर स्वकीया रही है। नागार्जुन ही नहीं, प्रगतिशील काव्यधारा के केदार और त्रिलोचन जैसे कवियों ने भी प्रेम कविताओं की चली आ रही परंपरा में स्वकीया को केंद्र में लाकर दांपत्य प्रेम की उस कड़ी को न केवल आगे बढ़ाया है, उसे एक नया जीवन दिया है जो संस्कृत की काव्य-परंपरा के बाद लगभग हाशिये पर चली गयी थी। दांपत्य प्रेम के मनोहारी चित्र हमें संस्कृत के महाकाव्यों में मिलते हैं या फिर मध्यकालीन आख्यान कविता में। प्रेम भारतीय परंपरा में साहचर्यजन्य माना गया है। जितना लंबा साहचर्य, उतना ही प्रगाढ़ प्रेम। दांपत्य रति में प्रेम का यह रूप अपने पूरे उत्कर्ष में उभरा है। जहां तक नागार्जुन का प्रश्न है, एकाधिक कविताओं में उन्होंने अपनी प्रिया अपनी पत्नी को पूरे भावान्मेष में याद किया है, पूरे राग के साथ। 'सिंदूर तिलकित भाल' शीर्षक उनकी कविता इस संदर्भ में बार बार याद की गयी है। 'घोर निर्जन में परिस्थिति ने दिया है डाल/ याद आता तुम्हारा सिंदूर तिलकित भाल।' अपनी एक अन्य कविता 'वह तुम थीं' में नागार्जुन दांपत्य प्रेम के राग को उस बिंदु पर जाकर उभारते हैं जब पति और पत्नी दोनों उम्र के आखिरी दौर में पहुंच चुके होते हैं, उनके बीच के इस रागात्मक संबंध को नागार्जुन ने प्रकृति-चित्रों के माध्यम से मूर्त किया है। कविता आरंभ होती है :

सिकुड़ गयी रग-रग
झुलस गया अंग-अंग
बनाकर ठूंठ छोड़ गया पतझार
उलंग असगुन-सा खड़ा रहा कचनार
अचानक उमगी डालों की संधि से
छरहरी टहनी
पोर-पोर में गसे थे टूसे
यह तुम थीं।

उम्र के आख़िरी दौर में एक ओर पीछे छूटा अतीत, दूसरी ओर आगे मृत्यु की पीड़ा भरी प्रतीक्षा। मनोलोक में अंधकार के अलावा और कुछ नहीं। ऐसे क्षण, वृद्धा प्रिया-पत्नी की हथेलियों का माथे पर स्पर्श गहरे अंधकार को चीर देने वाली ज्योति की किरण होती है। आगे कचनार का रूपक है, पतझर में ठूंठ हो चुका, घर के आंगन में पत्र विहीन, अपशुकन की भांति खड़ा। बुढ़ापे के शरीर जैसा ही तो रह जाता है कचनार। बुढ़ापे का शरीर, घर-परिवार में सब ओर से उपेक्षित। परंतु पतझड़ के बाद वसंत के आते ही जैसे कचनार की डालों की संधि से छरहरी टहनियों के अंकुर फूटते हैं, वह हरा भरा हो जाता है, बुढ़ापे के एकाकीपन की व्यथा में पत्नी-प्रिया का सिर पर हाथ फेरते हुए तबियत का हाल पूछना, कचनार के फिर से हरिया उठने जैसा ही होता है, जीने की नयी उमंग उपजाता है। और भी कविताएं हैं। अपनी एक बांग्ला कविता में वृद्ध कवि प्रिया-पत्नी से कहता है, 'माथे की वह जगह तो बताओ जहां तुम सिंदूर लगाया करती थीं'। वृद्ध-दांपत्य के बारे में बेहद मार्मिक कविताएं नागार्जुन की हैं।

प्रकृति नागार्जुन के काव्यलोक में अपने पूरे प्रसार और वैभव के साथ चित्रित हुई है। प्रकृति के सारे तेवर नागार्जुन के काव्यलोक में हैं, उसका सुंदर, मनोहारी रूप तो रौद्र रूप भी, उससे जुड़े हर्ष-उल्लास तो उसके दुख-दाह भी। प्रकृति से इतना अंतरंग और गहरा नाता आधुनिक कविता में अन्यत्र कम मिलेगा, छायावादी कवियों तक में भी। उनके काव्यलोक में प्रकृति साधारण रूप-रंग में भी है और असाधारण रूप में भी। उसकी सारी ऋतुओं से नागार्जुन का गहरा लगाव है, निराला की तरह पावस से कुछ ज़्यादा। पावस के कीचड़ तक का अभिनंदन उन्होंने अपनी एक कविता 'जय हे कीचड़' में किया है। एक अन्य कविता में उसे 'हरिचंदन' कहा है। बादलों पर भी, निराला की तरह उन्होंने बहुत लिखा है, उनके सारे रूपों और तेवरों के साथ। हिमालय पर उनकी कविता संस्कृत के क्लासिक कवियों की याद ताज़ा कराती है। उसका वैशिष्ट्य यह है कि वह उनका देखा हिमालय है, कालिदास की तरह कल्पित नहीं। 'अमल धवल गिरि के शिखरों पर बादल को घिरते देखा है', कविता में वे कहते हैं कि कहां है कालिदास के मेघदूत का वह धनपति कुबेर और कहां है उसकी अलका। उनका मेघदूत भी पता नहीं कहां है। 'जाने दो वह कवि-कल्पित था/ मैंने तो भीषण जाड़ों में/ नभ चुंबी कैलाश शीर्ष पर/ महामेघ को झंझानिल से गरज-गरज भिड़ते देखा है/ बादल को घिरते देखा है'। हिमालय है तो देवदार चिनार सब उनके यहां हैं, शिशु-चिनार भी। मेघ है तो मेघनियां भी और कुरंग की तरह दौड़ते शिशु-मेघ भी। पुष्पों की पूरी दुनिया है उनके काव्यलोक में। 'फूले कदंब/ डाली-डाली पर कंदुक सम झूले कदंब।' ग्रीष्म का आतप

भी है और शरद की चांदनी भी। खेत-खलिहान, बीज, अंकुर, लहलहाती पकी फसलों की छवि सब कुछ नागार्जुन के काव्यलोक में है। प्रकृति नागार्जुन के काव्यलोक में निःसंग कहीं नहीं है। मनुष्य के पूरे साहचर्य में है। नागार्जुन ने प्रकृति को उसके समूचेपन में जिया है।

नागार्जुन मुकम्मिल कवि हैं, जीवन की समग्रता के कवि, बेहद गहरे राग के कवि। आदमी और आदमीयत की उच्चतर संभावनाओं के चितेरे। भाषा और रचना-शिल्प के वैविध्य में भी नागार्जुन की कविता मानक कविता है। इतनी जीवंत, अनेकरूपा, व्यंजक भाषा, छंदों की जितनी समृद्ध दुनिया उनके काव्यलोक में है, अन्यत्र कम ही मिलेगी। आधुनिक कवियों में एक निराला ही नागार्जुन की कवि प्रतिभा के बरक्स अपनी छाप मन पर छोड़ते हैं। जन-कवि तो वे हैं ही—जनधर्मिता की मिसाल है उनकी कविता। उनकी जन्मशती पर उन्हें मेरा शतशः प्रणाम।

साम्राज्यवादी भूमंडलीकरण के इस दौर में

विश्वनाथ त्रिपाठी

नागार्जुन ने कई कविताओं में अपने को बुड्ढा, बुड्ढा बंदर आदि कहा है। आत्मव्यंग्य करने में कवियों में उनके साथ केवल निराला खड़े हो सकते हैं और गद्यकारों में केवल हरिशंकर परसाई। इसके साथ ही वामपंथी पार्टियों और समाजवादी विचाराधारा से संबद्ध लेखक-संगठनों पर जितने प्रहार नागार्जुन ने किये हैं, शायद और किसी कवि ने नहीं। यहां प्रगतिशील-जनवादी कवियों-लेखकों की बात की जा रही है। फिर भी वे आजीवन इन पार्टियों और संगठनों के प्रेरणा-स्रोत बने रहे। अंतिम समय में उनकी स्थिति घर के उस परम बुजुर्ग की हो गयी थी जो सबको गाली देता है और सभी गाली खाने वाले उसका पैर छूते हैं। यह अकारण नहीं था। नागार्जुन अपने को बुड्ढा कहते ही प्रमाणित कर देते थे कि वे शरीर से बुड्ढे हुए हैं, बुद्धि और चेतना से नहीं। सच्चा बुड्ढा तो बुड्ढा कहने से नाराज होता है। नागार्जुन अंत तक विवेकवान, जाग्रत और निर्मम बने रहे। ऐसी निर्ममता जो बहुत व्यापक और संगत ममता की भूमि पर ही पैदा होती है। नागार्जुन के अंतिम काव्य-संकलनों में से एक का नाम है—**भूल जाओ पुराने सपने**। सपने को भूल जाने की ऐतिहासिक व्यथा नागार्जुन ने अपने समसामयिक अनेक युवक रचनाकारों से पहले ही झेल ली थी। क्या आज हमारे दौर की सबसे बड़ी ऐतिहासिक त्रासदी नहीं है कि उत्तरआधुनिकतावाद हममें एक ऐसा पराजय बोध पैदा कर रहा है, जिसमें स्वप्न और संघर्ष की कोई जगह नहीं है। इतिहास और विचारधारा के अंत का परिणामी फल क्या साम्राज्यवाद को सनातन सत्य बना देना नहीं है? नागार्जुन ने यह त्रासदी अपने जीवन काल के अंतिम दौर में झेली। यह सोचना कितना करुणाजनक है। नागार्जुन की पीढ़ी ने सोवियत संघ का विघटन भी झेला और सोवियत संघ के विघटन का गहरा संबंध उत्तरआधुनिकता के उत्कर्ष और हमारे मानस की स्वप्न-विहीनता से है।

नागार्जुन का कृतित्व ही नहीं उनका व्यक्तित्व भी कालजयी है। नागार्जुन बुजुर्गों के साथ बुजुर्ग, जवानों के साथ जवान और बच्चों के साथ बच्चे हैं। जिन लोगों ने उन्हें महिलाओं के साथ घुल-मिलकर बातें करते देखा है वे लिस्ट को और आगे बढ़ायेंगे। अपनी एक कविता में वह कालिदास से जवाब तलब करते हैं, 'कालिदास सच-सच बतलाना...' उनका जीवन अनुभव व्यापक है। कबीरदास की भांति वह अनेक परस्पर विरोधी प्रवृतियों के समुच्चय हैं। जीवन के प्रति गहरी आसिक्त है। तीव्र सौंदर्यानुभूति के रचनाकार हैं और इसीलिए गहरी घृणा और तिलमिला देने वाले व्यंग्य के सहज कवि। यह सहजता जटिल अंतर्वस्तु का रूप है। जटिल अंतर्वस्तु के बग़ैर सहजता आ ही नहीं सकती, इसीलिए सहजता मार्मिक और

भेदक होती है। कविता की बात छोड़िए। जीवन में भी वह जो इतने सहज हैं, उसकी भी वजह व्यापक परस्पर-विरोधी जीवन स्थितियों को पचा सकने वाली क्षमता में ही अंतर्निहित है।

मैनेजर पांडे के यहां नागार्जुन प्रायः ठहरते थे। वहां उन्हें आत्मीयता मिलती थी। वो बता रहे थे– एक बार उन्होंने देखा, बाबा जांघों पर ताल देकर गा रहे हैं, 'दमकिपा, दमकिपा, दमकिपा', दमकिपा यानी दलित मज़दूर-किसान पार्टी। उन दिनों यह पार्टी बनी थी—ग़ैर-कांग्रेसी और ग़ैर-वामपंथी दलों की। नागार्जुन के उस गान-तान में ही इस पार्टी के प्रति गहरे व्यंग्य की अंर्तवस्तु मौजूद रही होगी। रुक-रुककर कहिए, सामान्य ढंग से दमकिपा तो व्यंग्य नहीं होगा- ज़रा लय से गाकर बोलिए ताल के साथ तो दलित मज़दूर किसान के प्रति प्रतिबद्धता का सारा पाखंड ढह जायेगा। यह कला जितनी नागार्जुन को आती है, किसी को नहीं। वाचन की लय वस्तुतः बोलने की लय ही है। गद्य में भी यह लय होती है। नागार्जुन ऐसी सर्वध्वंसक लय का उपयोग कविता में ही करते हैं। गद्य में इसका उपयोग परसाई और अमरकांत करते हैं।

एक बार नगार्जुन मेरे यहां भी आये। वह जाते, ठहरते वहीं थे, जहां उनका मन रमता था। पटना में खगेंद्र ठाकुर के यहां, सादतपुर में वीरेंद्र जैन के घर। एक घर और जहां उनका मन रमता था। लेकिन मैं उन सज्जन का नाम भूल रहा हूं- वहां नागार्जुन के साथ मैंने मसूर की दाल का कबाब खाया था।

सो, एक बार नागार्जुन ने मेरे घर पर भी कृपा की। घर पहुंचते ही उन्होंने परिवार के सभी लोगों से सीधा संबंध जोड़ लिया। सबेरे दलिया में नमक कम था। बोले, 'नमक नहीं पड़ा है दलिया में।'

पत्नी ने कहा, 'कम डाला है, इन्हें ब्लडप्रेशर रहता है, कम खाते हैं।'

बाबा के शरीर में पता नहीं कहां से फुर्ती आ गयी—कटोरा लेकर सीधे किचन में पहुंचे। बोले, 'खा मैं रहा हूं—नमक का पता मुझे है या तुम्हें! दलिया ऐसे नहीं बनाया जाता। पहले थोड़ा घी में भून लो फिर पकाओ तो खिलता है।'

पत्नी मुझसे अकेले में बोली, 'यह तुम मेरी सासू कहां से ले आये। ऐसी डांट और ऐसी शिक्षा तो अम्मा ने भी कभी नहीं दी।'

मेरी बड़ी नातिन चार-पांच साल की थी। उससे नागार्जुन की सबसे ज़्यादा पटी। एक दिन तीसरे पहर मैं भोजनोपरांत शयन के बाद उठा तो देखा, नागार्जुन बहुत देर तक फ़र्श पर पड़ी किसी चीज़ को बड़ी गंभीरता से देखने में तन्मय हैं। समाधि लगी हो मानो। जब उन्हें मेरी आहट मिली तो बोले, 'देखो, कविता है यह'। नातिन की छोटी-छोटी चप्पलों को वह देख रहे थे। रचना- समाधि में लीन उनका चेहरा मैं कभी नहीं भूल सकता।

तीन-चार दिनों के बाद वह जाने लगे तो पत्नी रोने लगीं, बोलीं 'बड़े भाग्य से ऐसे लोग घर में आते हैं, मानो सचमुच मां-बाप हों।'

उन्हीं दिनों मुझसे कहा, 'मौक़ा मिलने पर चार-पांच महीने में एक बार दिल्ली से बाहर हो आया करो। स्वास्थ्य ठीक रहेगा। ब्लडप्रेशर वग़ैरह के लिए अच्छा रहेगा।'

राहुल सांकृत्यायन की घुमक्कड़ी की बात होती है, मुझे लगता है, नागार्जुन की भी घुमक्कड़ी की बात होनी चाहिए। फ़र्क़ होगा भी तो उन्नीस-बीस का होगा, नागार्जुन का

यात्री-जीवन ज़्यादा सहज होगा, अनुकरणीय तो निश्चय ही ज़्यादा।

मैंने पहली बार नागार्जुन को बनारस में, 1951 में देखा। साहित्यिक संघ का समारोह था। उसी में पहली बार रामविलास शर्मा, शमशेर, उपेंद्रनाथ 'अश्क' को देखा। समारोह के प्रारंभ में नागार्जुन ने 'हे कोटि बाहु, हे कोटि शीश' कविता पढ़ी। अजब पोशाक थी, शायद कंबल का कोट और पैंट पहने थे। दिल्ली मॉडल टाउन में रहने लगा तो अक्सर दिखलायी पड़ते कर्णसिंह चौहान, सुधीश पचौरी, अशोक चक्रधर के सामूहिक निवास पर। मैं दो मंज़िलें पर एक बरसातीनुमा मकान में रहता था। एक दिन सुबह-सुबह खटखट सीढ़ियां चढ़ते हुए बोले, 'एक महीने इलाहाबाद रहकर आया हूं। रोज़ सबेरे अमरूद खाता था। दमा ठीक हो गया है।' बहुत प्रसन्न स्वस्थ लगे। इमरजेंसी के कुछ दिन पहले उन्होंने एक लंबी कविता इंदिरा गांधी पर लिखी। मैं इंदिरा गांधी को फासिस्ट, तानाशाह नहीं मानता था। कविता में उन्हें यही बताया गया था। फिर भी कविता मुझे बहुत अच्छी लगी। ख़ास तौर पर यह पंक्ति :

पूंछ उठाकर नाच रहे हैं लोकसभाई मोर

मोर आत्मसुग्धता का प्रतीक है। अंग्रेज़ी में 'पीकाकिश' का भी यही अर्थ है। पूंछ उठाकर नाचने में जो बिंब बनता है उसका अर्थ न भी खुले तो भी वह सुनने-पढ़ने वालों को लहालोट कर देने में समर्थ है। अर्थ खुलने पर तो व्यंग्यार्थ गजब ढाता है। आत्ममुग्ध मोर नाच रहा है। आत्ममुग्धता की चरमावस्था में उसकी पूंछ ऊपर उठ जाती है, पूंछ ऊपर उठाये वह चारों ओर घूमता है, समझता है कि दर्शक भी उस पर मुग्ध हैं और दर्शकों का यह हाल है कि या तो हंसी के मारे पेट में बल पड़ रहे हैं या घृणा- जुगुप्सा से मुंह फेरकर इधर-उधर देख रहे हैं- या आंख मूंदे, नाक दाबे हैं। पूंछ उठाने से जो अंग दिखलाई पड़ने लगता है, मोर को इसकी ख़बर ही नहीं है, उल्टे वह प्रसन्न मत्त है। आत्ममुग्ध, अहंकारी, सत्ता-मत्त शासक शोषकों का यही हश्र होता है।

नागार्जुन संपूर्ण क्रांति में शामिल हुए—जयप्रकाश नारायण और रेणु के साथ, लालू यादव से उनकी प्रगाढ़ता उसी समय हुई होगी। आपातकाल में जेल गये। फिर छूट आये। संपूर्ण क्रांति से मोहभंग हुआ। मोहभंग क्यों हुआ, संपूर्ण क्रांति के समर्थक दलों का वर्ग-चरित्र क्या था? इस सबका प्रभाव नागार्जुन पर जेल में पड़ा होगा। उस दौर में लिखी कविताओं के संकलन का नाम है—**खिचड़ी विप्लव**।

बेलछी कांड हुआ—13 दलितों को सवर्णों ने ज़िंदा आग में डाल दिया। यह अभूतपूर्व था। नागार्जुन ने कविता लिखी, 'हरिजन-गाथा'। 'हरिजन-गाथा' में हरिजन बालक कलुआ को संपूर्ण क्रांति का भावी नेता कहा गया है :

श्याम सलोना यह अछूत शिशु / हम सबका उद्धार करेगा।
आज यही संपूर्ण क्रांति का / बेड़ा सचमुच पार करेगा।

नागार्जुन हमेशा संतुलित रहते थे—चिड़चिड़ाते वह अपनों पर ही थे। जिस पर क्रुद्ध हों, समझो वह उनका आत्मीय है। 'नापसंदों' को मुंह नहीं लगाते। उनके मुंह लगते भी नहीं, जिसको पंसद नहीं करें। उनके साथ खाना-पीना उन्हें अच्छा नहीं लगता। उन्हें वह अपने यहां खिलाते भी नहीं। खाने -खिलाने का बेहद शौक। जीभ-चटोर। चिउरा, मछली विशेष प्रिय। उनकी कविताओं में चिउरा, मछली, गन्ना, मखाना, शहद, कटहल, धान और भी कई-कई चीज़ों

की भरमार है– कविताओं में इसका मज़ा अलग है। जिन कविताओं में ऐसी खाने वाली चीज़ें आती हैं, मुझे विशेष पसंद आती हैं।

संतुलन का एक वाकया 1980 ई...में भोपाल में 'महत्व केदारनाथ अग्रवाल' के आयोजन के दौरान हुआ। आयोजन मध्य प्रदेश प्रगतिशील लेखक संघ ने किया था। सभा में नागार्जुन अध्यक्ष, वक्ताओं में त्रिलोचन, केदारनाथ सिंह, धनंजय वर्मा। इन पंक्तियों का लेखक भी। धनंजय और पंक्ति लेखक ने पर्चा पढ़ा। किसी के पर्चे में 'ऐंद्रिय' शब्द आया था। त्रिलोचन को बोलने कहा गया। त्रिलोचन ने लगभग 45 मिनटों तक ऐंद्रिय शब्द का अर्थ, ऐंद्रिय और ऐंद्रिक के अर्थ में अंतर, हिंदी शब्दकोशों का महत्व, उनके निर्माण का इतिहास आदि बताया। केदार का पूरे भाषण में नामोल्लेख तक नहीं। 46 वें मिनट में धैर्य टूट गया। श्रोता तो सांस दबाये रहे। केदरनाथ अग्रवाल ने डपटकर कहा, 'त्रिलोचन तुम शब्दकोषों पर बोलने आये हो या मुझ पर, मेरी कविताओं पर, (यह उन्होंने एक चकार का प्रयोग करते हुए कहा) बंद करो। त्रिलोचन वाक्य बीच में छोड़कर चुप बैठ गये। कुछ हुआ ही नहीं मानो। सभा में, मौन में स्पंदित विषम वातावरण छा गया।

नागार्जुन अध्यक्ष थे, बोले, 'केदार त्रिलोचन से उम्र में बड़े हैं। हमारे बीच ऐसा होता आया है। केदार जहां आदरणीय हैं, वहां हम फादरणीय हो जाते हैं। जहां हम आदरणीय होते हैं, वहां वह फादरणीय हो जाते हैं। आज तो केदार आदरणीय हैं और फादरणीय भी हो गये।' हंसी-ठहाके से विषम मौन टूटा।

एक ऐसी कविता लिखी जानी चाहिए जिसमें नागर्जुन, शमशेर, त्रिलोचन के पारस्परिक संबंध के आत्मीय संस्मरण हों, मेल और रूठने के आत्मीय चित्रांकन (क्लोज़अप) हों। एक-दूसरे की रचनाओं पर बेबाक राय हो। कुछ सामग्री तो पहले से मौजूद है–जैसे नागार्जुन की केदार पर और केदार की नागार्जुन पर लिखी हुई कविता।

नागार्जुन, केदार, त्रिलोचन–तीनों का काव्य जनपदीयता पर टिका है। टिका क्या है, काव्य के रेशे-रेशे में मिला है। नागार्जुन के पूर्वज कवि विद्यपति हैं। नागार्जुन की कविताओं पर अनेक आलोचना-पुस्तकें और लेख लिखे गये हैं। मुझे उनकी कविताओं की विशेषताओं का सर्वोत्तम आकलन केदारनाथ अग्रवाल की उन पर लिखी गयी इन पंक्तियों में दिखलायी पड़ता है :

आओ साथी गले लगा लूं
तुम्हें, तुम्हारी मिथिला की प्यारी धरती को,
तुममें व्यापे विद्यापति को,
और वहां की जनवाणी के छंद चूम लूं
और वहां के गढ़-पोखर का पानी छूकर नैन जुड़ा लूं
और वहां के दुखमोचन, मोहन मांझी को मित्र बना लूं
और वहां के हर चावल को हाथों में ले हृदय लगा लूं
और वहां की आबोहवा से वह सुख पा लूं
जो गीतों में गाया जाकर कभी न चुकता
जो नृत्यों में नाचा जाकर कभी न चुकता
जो आंखों में आंजा जाकर कभी न चुकता

जो ज्वाला में डाला जाकर कभी न जलता
जो रोटी में खाया जाकर कभी न कमता
जो गोली से मारा जाकर कभी न मरता
और वहां नदियों में बहता
नावों को ले आगे बढ़ता
और वहां फूलों में खिलता
बागों को सौरभ से भरता।

यह सब नागार्जुन की कविता में व्याप्त है। यह सब पढ़ते हुए नैनं छिंदंति शस्त्राणि नैनं दहति पावकः की याद आती है। ठेठ द्वंद्वात्मक भौतिकावादी सिद्धांत का शब्द चित्र—संसार नश्वर नहीं, मिथ्या नहीं, सत्य है, सत्य है, सत्य यानी जो हमेशा बना रहे, ऐसी कृति और ऐसे कृतिकार को कालजयी कहते हैं।

नागार्जुन, केदार, त्रिलोचन—तीनों प्रगतिशील कवि हैं, किंतु वे तीनों अपने भिन्न- भिन्न जनपदीय संस्कारों के साथ-साथ प्रगतिशील हैं, उनकी विशेषताएं यानी परस्पर-भिन्नता इसी आधार पर समझी जायेगी, अस्तु।

नागार्जुन की एक पंक्ति है—जनकवि हूं मैं क्यों हकलाऊं! उनकी भाषा की सहजता का प्रतीक है यह न हकलाना।

हकलाना भौतिक बाधा की अपेक्षा आत्मविश्वास की कमी ज़्यादा प्रकट करता है। आत्मविश्वास की कमी वाला आदमी सहज और स्वस्थ (मानसिक रूप से) नहीं हो सकता। जो सहज स्वस्थ नहीं वह प्रकृति, इतिहास और बोली की लय—कुछ भी नहीं पकड़ सकता। बात सुनने में अटपटी लगती है किंतु शमशेर की कविता के बारे में मुझे हमेशा लगता है कि उनमें लय की खोज बहुत है किंतु खुद कविता में लय की कमी है। कारण कि उनकी बोली का प्रभाव उनकी काव्यभाषा पर कम है। उनमें जनपदीयता कम है। इस दृष्टि से मुक्तिबोध का अध्ययन विशेष रूप से किया जाना चाहिए और उनकी काव्यभाषा पर विचार उनकी मातृभाषा मराठी के संदर्भ में होना चाहिए।

प्रगतिशील कवि कल्पना, स्मृति आदि की अपेक्षा देखने पर अर्थात् जो सामने दिख रहा है, उससे ज़्यादा आकृष्ट होते हैं। जो सामने है उसी में इतिहास, भविष्य सब कुछ समाया है। इसलिए देखने को कल्पना आदि से कम महत्वपूर्ण नहीं समझना चाहिए। वस्तुतः यह अंतर लोक और वेद का है। लोक और वेद के संतुलन की बात तुलसी करते थे। कबीर लोक ओर वेद के संतुलन पर नहीं, उसके अंतर पर बल देते थे—तू कहता कागद की लेखी, मैं कहता आंखिन की देखी।

इस देखी की रचनात्मकता में बड़ी महिमा है। नागार्जुन की एक कविता है : 'बादल को घिरते देखा है'।

'देखा है' का अर्थ प्रत्यक्ष अनुभव किया है। अपनी आंखों देखकर जाना है। किताबों में पढ़कर, सुनी-सुनायी बात नहीं। मैं अपने अनुभव को अभिव्यक्त कर रहा हूं। आंख और कान में अंतर होता है। अनुभव का सर्वाधिक विश्वसनीय इंद्रिय माध्यम आंख है। आंख प्रतीक है प्रत्यक्ष अनुभव का—अनुमान इससे कमतर है। इसी कविता में नागार्जुन ने लिखा :

कहां गया धनपति कुबेर वह
कहां गयी उसकी वह अलका
नहीं ठिकाना कालिदास के व्योम-प्रवाही गंगाजल का
ढूंढ़ा बहुत परंतु लगा क्या
मेघदूत का पता कहीं पर
...
जाने दो वह कवि-कल्पित था
मैंने तो भीषण जाड़ों में
नभचुंबी कैलाश-शीर्ष पर महामेघ को झंझानिल से
गरज गरज भिड़ते देखा है
बादल को घिरते देखा है।

कुबेर, अलका, व्योम-प्रवाही गंगाजल—सुनी-सुनायी बातें हैं। मेघदूत किताब है। मैंने जो बादल देखे, वे किताबी नहीं—आंखों से देखे हैं—ये पंक्तियां उनको चित्रित करती हैं। लोग कालिदास के बादलों के बारे में लिखते होंगे। 'मैंने तो' में 'तो' के आग्रह पर विचार कीजिए। कालिदास की महानता से इंकार नहीं लेकिन उनका अनुभव नागार्जुन का भी अनुभव हो, तो नागार्जुन की कविता की क्या ज़रूरत है। सच्चे अर्थ में यह कवि की स्वायत्तता और निजता है।

कविता का सौंदर्य नैतिकता की धार से खरादकर गढ़ा जाता है। कविता सर्वाधिक जनतांत्रिक संस्कृति रूप है। मानवीय नैतिकता की प्रवृति यह है कि विकास-यात्रा में जो पीछे रह गये हैं, या जो किसी तरह किसी भी कारण से साथ नहीं चल पाते, उन्हें अपने साथ ले लिया जाये। इसी प्रवृत्ति के कारण मानवता और कविता दोनों की भाव परिधि की व्याप्ति सर्वाधिक होती है। सच पूछिए तो 'जहां न जाये रवि वहां जाये कवि' का रहस्य यही है। भाव-योग इस नैतिकता को सौंदर्यबोध में परिणत कर देता है। सौंदर्यबोध की तह में नैतिकता होती है। मनुष्य प्रकृति को बहुत प्यार करता है। एक तरफ़ जंगल काटता है। शेर मारता है। दूसरी तरफ़ पेड़ लगाता है। पर्यावरण सुरक्षा का कारण सिर्फ़ उपयोगिता नहीं। पेड़ पौधे वनस्पतियां, पशु-पक्षी, नदी, तालाब, पर्वत, समुद्र मनुष्य को अनायास सुंदर लगते हैं। वस्तुतः मनुष्य भी प्रकृति का ही अंग है। लेकिन मनुष्य विद्या, बुद्धि से, भाषा-व्यवहार, सामाजिक चेतना आदि के कारण प्रकृति की अन्य वस्तुओं और प्राणियों को पीछे छोड़कर बहुत आगे चला आया है। वह पीछे छूटी हुई चिर-सहचरी प्रकृति को इतिहास से समकालीन में नहीं ला सकता तो भावना के क्षेत्र में लाता है—यानी प्रकृति सौंदर्य है। नागार्जुन ने प्रकृति पर जो कविताएं लिखी हैं वे इसका प्रमाण हैं। प्रकृति-प्रेम की उत्कट कविता है, 'मेरे नास्तिक को पछाड़ दिया'—यह प्रकृति-सौंदर्य का बोध है कि आत्म-बोध, कि प्रकृति के एक घटक मनुष्य के प्रकृति-मात्र में विलीन न होने या उसे आत्म-लीन न कर पाने की पीड़ा! इसे पीड़ा नहीं करुणा कहना चाहिए।

बच्चों के प्रति हमारी अपार ममता का मूल कारण यही है। हम बच्चे थे, बचपन छोड़कर हम बहुत आगे बढ़ गये हैं। हम फिर बचपन में लौटना चाहते हैं। जो छूट गया है उसकी दुर्निवार ललक है। सशरीर हम अतीत में नहीं लौट सकते। एक मन है जिसके सहारे हम बचपन से भावात्म्य कर लेते हैं। परिवार में बाबा की सबसे ज़्यादा पटरी पोते/पोती से बैठने

का यह रहस्य है। नागार्जुन की कविताओं में से इसके उदाहरणों को उद्धृत करके लेख का कलेवर बढ़ाने की ज़रूरत नहीं है। वह तो चिनार के भी शिशु पर कविता लिखते हैं, 'दंतुरित-मुस्कान' जैसा बिंब अन्यत्र नहीं होगा, गुलाबी चूड़ियों को याद कीजिए और इस लेख में पहले आये हुए उस उल्लेख का भी कि मेरी नातिन की छोटी-छोटी चप्पलों को देखकर समाधि में स्थित नागार्जुन उन्हें कविता कह रहे थे।

अभावग्रस्त भी पिछड़े हुए हैं, हम सुविधा में हैं और वे असुविधा में। जो सार्वभौमिकता, एकता, विश्वबंधुत्व की बात करते हैं, वे प्रायः ग़रीबी-अमीरी का भेदभाव बनाये रखना चाहते हैं। फिर बंधुत्व किसका? अमीरों, धनवानों का! सच्चा मानवतावाद ग़रीबी, बेरोज़गारी, वर्ण-व्यवस्था, ऊंच-नीच को समाप्त करने में है। कोई आदमी भोजन कर रहा हो और उसके सामने कुछ लोग भूख से तड़प रहे हों तो खाने वाले को भोजन रुचेगा नहीं, अगर वह मनुष्य है। आर्थक विषमता को बरकरार रखकर विश्वबंधुत्व, संस्कृति या मानवतावाद की बात करना पाखंड है। आर्थिक समानता मानवीय संस्कृति का अंतरंग है, सवाल उसको तीव्रता से अनुभव करने का है। बहुसंख्यक निर्धन समूह में कहीं-कहीं इक्के-दुक्के धनी दिखलाई पड़ते हैं। नागार्जुन कहते हैं—वे ऐसे लगते हैं, मानो कोढ़ी के शरीर पर सोने के आभूषण।

हमारे अभावग्रस्त देश का एक और अभिशाप है। इस देश में शूद्र होने का अर्थ क्या होता है, यह शूद्र ही जानता है। वर्ण-व्यवस्था को हमारा देश सनातन मानता आया है। इसलिए तुलसीदास जैसे करुणावान कवि ने भी वर्ण-व्यवस्था का समर्थन किया—शूद्रों को अपूज्य ठहराया। बेलछी कांड पर नागार्जुन ने जो कविता लिखी, वह हिंदी साहित्य में अभूतपूर्व है। हरिजनों के हत्याकांड की क्रूरता की जो यातना नागार्जुन ने भोगी वह किसी भी अन्य कवि ने नहीं। इस यातना का अनुभव व्यर्थ नहीं, वह इतिहास-विधाता की यातना है। ऐसी कल्पना शायद ही कहीं किसी अन्य कवि ने की हो कि अपने जनकों पर जो अत्याचार हो रहे थे, उसकी पीड़ा से उनकी संतान-भ्रूण उद्वेलित होकर पेट में दौड़ने लगी :

एक अपूर्व आकुलता उनकी गर्भ-कुक्षियों के अंदर
बार-बार उठने लगीं टीसें लगाने लगे दौड़ उनके भ्रूण /अंदर ही अंदर

अभिमन्यु ने गर्भ में चक्रव्यूह में प्रवेश करने की विधि सीखी थी। हरिजन भ्रूणों ने अपने जनकों को ज़िंदा जलाये जाने की यातना सही। उनका भाग्य उन हथियारों से नियत हो गया जिनसे उनके पिताओं को मारा गया था। हरिजन-शिशु की हथेली पर उन हथियारों के निशान थे। हथेली पर निशान यानी भाग्य रेखा। उसकी हथेलियों पर ध्वज, अंकुश, कमल, चक्र के चिह्न थे :

देख रहा है नवजातक के
दाएं कर की नरम हथेली
सोच रहा था—इस ग़रीब ने सूक्ष्म रूप में विपदा झेली
आड़ी-तिरछी रेखाओं में
हथियारों के ही निशान हैं खुखरी हैं, बम हैं असि भी है
गंडासा-भाला प्रधान हैं।

नागार्जुन ने इस हरिजन-शिशु को वराह अवतार कहा है। वह धरती का उद्धार करने वाला होगा। बालक निम्न वर्ग का नायक होगा। वह नयी ऋचाओं का निर्माता होगा।

सच्ची बात यह है कि नागार्जुन ने दलित शिशु को अतीत की सारी सांस्कृतिक संपत्ति का उत्तराधिकार भी सौंप दिया है। दलित को लोग राज्य, अर्थ, भूमि की सत्ता तो सौंप देते हैं लेकिन उसे हमारा सांस्कृतिक नायक भी बनाना है, यह बात कम लोगों के गले से नीचे उतरती है। ख़ुद दलित व्यक्ति और उसके नेताओं ने भी इस बारे में कोई बात नहीं की है। फ़ैज़ अहमद फ़ैज़ ने कहा है कि ग़रीब वर्ग का अधिकार सिर्फ़ रोटी, कपड़ा, मकान पर ही नहीं, बाल्मीकि होमर, शेक्सपियर, ग़ालिब, प्रेमचंद पर भी है। नागार्जुन ने दलित की अधिकार सीमा को फ़ैज़ से भी कहीं ज़्यादा व्याप्ति दी है। समस्त अतीत का भी वह उत्तराधिकारी है। वह अवतार है—वैदिक मंत्र का गायक, पृथ्वी का उद्धारक, धर्म संस्थापनाय संभवामि युगे-युगे का परंपरावाहक।

और इसके लिए नागार्जुन ने कविता में कई मिथक, कई कथानक रूढ़ियां गूंथी हैं। बच्चे को अत्याचारियों के डर से स्थानांतरित कर देना—कंस के डर से कृष्ण को स्थानांतरित करने की गाथा, गर्भावस्था में प्रभाव-ग्रहण—अभिमन्यु की कथा, वराहावतार द्वारा धरती का उद्धार आदि। एक और रोचक एवं मार्मिक रूढ़ि 'हरिजन गाथा' में गूंथी गयी है जो नागार्जुन के दलित प्रेम या दलित तादात्म्य की भावना की प्रगाढ़ता व्यंजित करती है। तुलसी और सूर, दोनों अपने इष्ट के दर्शन के लिए अपने काव्य में रूप-परिवर्तन करके प्रस्तुत होते हैं। तुलसी राम-गमन के अवसर पर तापस के रूप में और सूर कृष्ण जन्मोत्सव के अवसर पर ढाढ़ी (गायक) के रूप में। 'हरिजन गाथा' में अधेड़ संत ग़रीब दास आते हैं। वह रैदासी कुटिया के संत हैं। उनका चित्रण दृष्टव्य है :

अगले नहीं, उससे अगले रोज़
पधारे हैं गुरु महाराज
रैदासी कुटिया के अधेड़ संत ग़रीब दास
बकरी वाली गंगा-जमनी दाढ़ी थी,
लटक रहा था गले से
अंगुठानुमा ज़रा-सा टुकड़ा तुलसी काठ का,
कद था नाटा, सूरत थी सांवली,
कपार पर, बाईं तरह घोड़े के खुर का निशान था
चेहरा था गोल-मटोल, आंखे थीं घुच्ची
बदन कठमस्त था
ऐसे आप अधेड़ संत ग़रीब दास पधारे
चमरटोली में।

बाबा ग़रीब दास ने शिशु को हथेली देखी, भाग्य रेखाएं पढ़ीं। सलाह दी कि इसे फौरन मां के साथ-साथ झरिया-फरिया भेज दो। यही नहीं, बाबा ने दस-दस के छः नोट निकाले, रेल भाड़े का पैसा भी दिया। इसके बाद :

फिर तो बाबा की आंखें
बार-बार गीली हो आयीं
साफ़ सिलेटी हृदय गगन में
जाने कैसी सुधियां छाईं

नव शिशु का सिर सूंघ रहा था
विह्वल होकर बार-बार वो
सांस खींचता था रह-रहकर
गुमसुम-सा था लगातार वो।

इसी तरह सूर और तुलसी अपने इष्ट देव का दर्शन करके विह्वल होते हैं। मैथिल ब्राह्मण कवि नागार्जुन के इष्ट वराहावतार हरिजन शिशु हैं। यह संत ग़रीब दास नागार्जुन ही हैं। कवि सूर और तुलसी के समान रूप बदलकर अपने इष्ट के जन्मोत्सव पर दर्शन करने आये हैं। दलितों को वोट बैंक बनाने वाले दलित शुभचिंतकों के व्यवहार से यह आचरण भिन्न है। नया मानवतावाद सर्जना में भी किस तरह परंपरा से अपने को समृद्ध करता है, इसका प्रमाण नागार्जुन की कविता है। दलित चेतना को सिर्फ़ प्रहार और ध्वंस ही नहीं करना है, उसे यथासंभव अपने स्रोतों से जुड़ना और विकसित भी होना है। ढांचे में सबकी समाई होनी चाहिए—ख़ास तौर पर विकसित चेतना के ढांचे में।

नागार्जुन की भाषा-शक्ति यह है कि उनकी अपनी कोई काव्य-भाषा शैली नहीं है। हिंदी भाषा की जितनी शैलियां हैं वे सभी नागार्जुन की शैलियां हैं। यथावसर उनका उपयोग करने की क्षमता जिसमें होती है वह सिद्ध कवि होता है। प्रबंधत्व में तो विशेष रूप से ऐसी ही सिद्धि की क्षमता चाहिए। भाषा की विविध भंगिमाओं के प्रयोग के बिना नाट्यधर्मिता नहीं आती। संभवतः नाट्यधर्मिता का सारा बल अंततोगत्वा भाषा पर ही पड़ता है। लय, अनुतान, मौन आदि के साथ। यह जो शरीर-भाषा (बॉडी लैंग्वेज) की बात की जाती है वही नाटक में बड़ी दूर तक अभिनय का काम करती है। नाटक के शब्द बोले तो अभिनेता द्वारा जाते हैं किंतु नाट्यधर्मिता का उत्कर्ष रचनाकार की भाषा में अंतर्निहित होता है। प्रगतिशील कवियों की त्रयी में प्रबंध-काव्य लिखने की क्षमता सबसे अधिक नागार्जुन में थी। उसका प्रमाण उनकी भाषा की शैली-निर्विशेषता है।

'हरिजन गाथा' के नायक यानी हरिजन-शिशु के बारे में एक बात और ध्यातव्य है। वह कलुआ है, काला है, वह मज़दूरों के बीच पलने वाला है, इसकी अपनी पार्टी होगी। बुद्ध और खदेरन इसकी देखरेख करते हैं। नागार्जुन ने इस दलित शिशु के विषय में लिखा :

थाम लिए विह्वल बाबा ने / अभिनव लघु मानव के मृदु पग
पाकर इनके परस जादुई / भूमि अकंटक होगी लगभग

समर्थ कवि मुक्तिबोध के रक्तालोक स्नात पुरुष से नागार्जुन का वराहावतार भिन्न है। रक्तालोक स्नात पुरुष दीप्तवर्ण आजानुभुज, सौम्य दृग है! कामायनी के मनु से मिलता-जुलता। भावी इतिहास पुरुष को ठीक-ठीक किसने पहचाना है? मेरा ख़्याल है, नागार्जुन ने। मैं मुक्तिबोध के बिंबों की अनेकार्थता को समझते हुए भी कह सकता हूं कि भावी युग का नायक कलुआ अधिक ऐतिहासिक चेतना से निर्मित है। नया सौंदर्य-बोध यह है। यह 'वह तोड़ती पत्थर', 'एक हथोड़े-वाला घर में और हुआ', 'नगई महरा' और 'हरिजन गाथा' के कलुआ के माध्यम से हिंदी कविता में प्रसारित हुआ है। मुक्तिबोध के यहां सौंदर्य बोध है। किंतु प्रतीकों, विबों, उपमाओं में प्रबंधात्मक रचना के किसी हाड़-मांस वाले पात्र में नहीं। मूल दिक़्क़त वही जनपदीयता की है। मुक्तिबोध की काव्य भाषा की मराठी के प्रभाव के बारे में विचार करना चाहिए। नागार्जुन की सौंदर्य दृष्टि बहुत सूक्ष्म और बहुत व्यापक है। उनके काव्य में सारी

सृष्टि का सौंदर्य-रस निचुड़ आया है। प्रकृति सौंदर्य, मानव सौंदर्य, कर्म सौंदर्य एवं श्रम सौंदर्य– सब उनके यहां भपूर मिलेगा। जो सौंदर्य का प्रेमी होगा वह कुरूपता से घृणा करेगा। नागार्जुन की घृणा ने प्रधानतः व्यंग्य का रूप लिया है। उनका व्यंग्य असंगति और विषमता बोध पर आधरित है। स्वातंत्र्योत्तर भारत में स्वाधीनता आंदोलन के सिद्धांत मुखौटे बन गये हैं। नागार्जुन ने राजनैतिक-सामाजिक व्यंग्य की अपूर्व कविताएं लिखी है। इनमें 'आओ रानी हम ढोयेंगे पालकी' सर्वाधिक प्रसिद्ध हुआ है।

नागार्जुन जनकवि हैं। वह प्रगतिशील कवि भी हैं। जनवादी कवि भी, नव जनवादी कवि भी और राष्ट्रीय कवि भी। वह किसी राजनीतिक दल की आलोचना कर सकते हैं और किसी की भी प्रशंसा। वह पार्टी कवि भी हो सकते हैं, पार्टीवादी नहीं। नागार्जुन कवि रूप में किसी को बख्शने वाले कवि नहीं। नागार्जुन के पास वह ठेठ निग़ाह है जो ताड़ने में अचूक है कि कौन नस कैसे फड़क रही है। भाषा का सर्वाधिक सर्जनात्मक प्रयोग लोक-जीवन में होता है। महान कवि उससे सीखते हैं और रचना में उतारते हैं। प्रसंगानुसार उसका नियोजन करते हैं। नागार्जुन ऐसा ही करते हैं।

एक छुटभइया नेता को टिकट मिल गया है, उसका इतराता उल्लास देखिए :

आये दिन बहार के / खिले हैं दांत ज्यों दाने अनार के
दिल्ली से लौटे हैं अभी टिकट मार के

'टिकट मार के' प्रयोग लोकवादी कवि ही कर सकता हैं। दांतों की उपमा अनार के दानों से दी जाती है। रूढ़ उपमान है लेकिन 'खिले हैं दांत' नेता के मुखमंडल का वीभत्स रूप दर्शाता है, जो वीभत्स, अभद्र, कांइयां, पान चबाने से गंदे दांतों का जो कुरूप बिंब उभरता है, उस सबों को एक साथ साक्षात कर देता है। जैसे कोई कुशल कार्टूनिस्ट किसी रेखा के ज़रा से बल से अंदर की सारी व्यंग्यात्मकता उभार देता है। कार्टून कला की सबसे बड़ी सिद्धि यही है कि वह अनायास और सहज लगती है मानो कार्टूनिस्ट ने ऐसे ही चलते-चलते रेखाएं खींच दी हैं। यह अनायासता बहुत गहरे जाकर प्रभावित करती है।

नागार्जुन का काव्य प्रतिमान है कि पारंपरिक काव्यरूपों में, अपनी भाषा के ठेठ मुहावरे में, हिंदी और उसकी बोलियों की लय में आधुनिक जटिल अंतर्वस्तु कैसे व्यक्त की जा सकती है। नागार्जुन का काव्य प्रतिमान है परंपरा और प्रयोग के विलय का। परंपरा और प्रयोग का बहसें बहुत होती हैं। बहसें निरर्थक होती हैं और सार्थक भी, किंतु परंपरा और प्रयोग के संश्लेष का सर्वोत्तम उदाहरण नागार्जुन का काव्य है। हर गंगे, मंत्र, दोहा में उन्होंने समकालीन संवेदना की अभिव्यक्ति की है।

साहित्य में प्रगतिशील आंदोलन का विरोध करने वाले प्रगतिशील साहित्य पर कलाहीनता का आरोप लगाते नहीं थकते। इनमें से एक आध तो ऐसे हैं जो अपने को रूपवादी तक घोषित करते हैं। सब करते हैं लेकिन नागार्जुन की कविता के रूप पक्ष पर विचार करने का ख़तरा नहीं उठाते। हमारे विचार से निराला के बाद नागार्जुन ने कविता में सर्वाधिक प्रयोग किये हैं। उनके प्रयोग परंपरा से जुड़े हुए हैं। काव्य वस्तु की निर्मिति करते समय नागार्जुन बोलियों की भंगिमाओं, मुहावरों, मिथकों, लोक-विश्वासों इत्यादि से भपूर मसाला तैयार करते हैं। नागार्जुन आदि प्रगतिशील कवियों ने अधिकांश रचनाएं छंदोबद्ध की हैं। यह लोकोन्मुख रूप-प्रयोग वस्तुगत लाकोन्मुखता का ही आयाम है। हिंदी में बहुप्रचलित शब्द 'भाव-बोध'

पर विचार करते समय एक गोष्ठी में डॉ. रामविलास शर्मा ने कहा था कि भाव और बोध में अंतर करना चाहिए। बुद्धिजीवी और अवकाशभोगी वर्ग निम्न वर्ग की स्थिति से सहानुभूति रखता है। उनकी दारुण स्थिति का उसे बोध होता है। भाव भी हो, यह ज़रूरी नहीं है। निम्नवर्गीय व्यक्ति को अपनी स्थिति का बोध होते ही भाव हो जाता है। भावबोध के इस अंतर को ध्यान में रखकर कविता में छंद, लय और अर्थ के महत्त्व पर विचार किया जा सकता है। यह जो काव्य-क्षेत्र में गद्य की इतनी छटा है, उसका प्रधान कारण मध्यवर्गीय हिंदी कवियों का निम्नवर्ग की स्थिति का बोध की स्थिति तक ही रह जाना है। यह अकारण नहीं है कि हिंदी कविता में इस गद्य छटा को बिखरने का काम स्वातंत्र्योत्तर भारत में उस समय हुआ जब विदेशी कवियों का अनुवाद, उन्हें उद्धृत करने, उनकी तर्ज पर कविता करने, उनको चुराने का काम ज़ोर-शोर से शुरू हुआ। निश्चय ही गद्य में भी मार्मिकता लायी जा सकती है और विष्णु खरे, मंगलेश डबराल, असद ज़ैदी, विष्णु नागर, हरिश्चंद्र पांडेय आदि कवियों और इधर के अनेक कवियों ने उपलब्ध की है। लेकिन ऐतिहासिक अभिव्यक्तियां सामने आने के लिए छंद का सहारा लेती हैं। छंद भावावेग की गति का माप है। कवि-कर्म वैयक्तिक साधना है। लेकिन कवि के व्यक्तित्व में अनेकानेक लोगों की वैयक्तिक भावनाओं का गुणन होता है। अगणित लोगों की भावनाएं लय और, परिणामतः, छंद में व्यक्त होती हैं। प्रगतिशील कवियों के यहां छंद विधान का आग्रह इसी ऐतिहासिक भाववेग के कारण है। सामान्य अर्थ मन का अर्थ बन कर ही काव्यार्थ बनता है और मन केवल व्यक्ति का नहीं होता, समूह का होता है, जाति का होता है, वर्ग का होता है। इसीलिए जातीय भावना है, राष्ट्रीय भावना होती है। विश्व बंधुत्व का भाव होता है। इस सबकी अभिव्यक्ति में छंद अतीव साधक होता है।

सामान्य अर्थ लय समन्वित होकर कितनी अर्थ समृद्धि ग्रहण कर लेता है और वही वाक्य यदि संगीत में भी रूपांतरित हो जाये तो कितनी अर्थ समृद्धि ग्रहण कर लेता है, यह जानी पहचानी बात है। लय और राग अपनी ओर से भाषा में अर्थ समृद्धि अंतर्भुक्त करते हैं।

हमारे दौर के कवि रघुवीर सहाय की प्रशंसा करते नहीं थकते। रघुवीर सहाय ने छंद का आग्रह कभी नहीं छोड़ा। उन्होंने 'रामदास' जैसी कविता रोला छंद में लिखी। छंद को अछूत समझने वाले हमारे अनेक समकालीन कवि रघुवीर सहाय की प्रशंसा करने के बावजूद उनके इस रचनात्मक आयाम को समझने का प्रयास भी नहीं करते और अपने को रूप का पैरोकार समझते हैं। यह छंद का ही जादू था कि रघुवीर सहाय ने नागार्जुन की लगने वाली ये पंक्तियां लिखीं :

राष्ट्रगीत में भला कौन वह
भाग्य भारत विधाता है
फटा सुथन्ना पहने जिसका
गुन हरिचरना गाता है।

आज का भूमंडलीकरण नवसाम्राज्यवाद का साधन है। 'दुनिया के मज़दूरो एक हो' का भूमंडलीकरण सर्वहारा का था। नागार्जुन सर्वहारा के विश्व बंधुत्व के भाव-बोध से जुड़े थे। इसीलिए उन्होंने अनेकानेक अंतर्राष्ट्रीय व्यक्तियों और घटनाओं पर कविताएं लिखीं।

उत्तरआधुनिकतावाद समस्याओं को प्रस्तुत करने में ज़्यादा कोताही नहीं करता। हाशिये, परिधि और उपेक्षित लोगों की बात करता है। विभिन्न अस्मिताओं की बात करता है। लेकिन इन अस्मिताओं को एक जुट कर (जिन्हें आगे बढ़ने के लिए, बेहतरी के लिए एकजुट होने की ज़रूरत है) उन्हें संघर्ष करने की प्रेरणा नहीं देता और इस तरह उत्तरआधुनिकतावाद पराजय बोध की एक ऐसी विचारधारा बन जाती है जो वंचित लोगों को कोई स्वप्न नहीं दे सकता, जिससे कि वे संघर्ष करें। नागार्जुन ने अपने अंतिम काव्य संकलन 'भूल जाओ पुराने सपने' का नाम देकर इसी व्यथा और ऐतिहासिक त्रासदी का संकेत दिया था।

आज की कविता जन-सामान्य को एक ऐसा स्वप्न देकर ही अपने को नागार्जुन से जोड़ सकती है, जो इस दुनिया को बेहतर बनाने के लिए संघर्ष की प्रेरणा दे।

नेता परेशान हैं, जनता का तूफ़ान दबाने में

कांतिमोहन

बीसवीं सदी के तीसरे दशक के आसपास हिंदी-उर्दू शायरी अपने पूरे हुस्नो-जमाल के साथ मंज़रे-आम पर आयी और वक़्त गुज़रने के साथ साथ उसका रूप निखरता ही गया। ज़िंदगी का शायद ही कोई पहलू ऐसा रहा हो, जिससे इस ज़माने के शुअरा दो-चार न हुए हों। उनकी इस कोशिश ने शायरी की सिन्फ़ को रंगारंग और मालामाल कर दिया और वह इस महाद्वीप की कोटि-कोटि जनता की विविधवर्णी छवि का पूरा अक्स अपनी आंखों में समोकर अपने पाठकों और श्रोताओं के दिल में उतरने लगी। अन्य कवियों के अलावा इस दौर ने तीन ऐसे राजनीतिक कवियों को भी जन्म दिया जिन्होंने राजनीति को कविता का विषय बनाया और कविता की मदद से अपनी राजनीति को मक़बूल बनाने के लिए अथक प्रयत्न किया। हिंदी-उर्दू का कविता-समाज इन तीनों कवियों को नागार्जुन, शील और साहिर लुधियानवी के नाम से जानता है, उनकी सैकड़ों लाइनों को गुनगनाता है, उन पर जान छिड़कता है। फिलहाल मैं शील पर नहीं लिख रहा हूं। बाद में कभी उन पर भी लिखूंगा। यहां नागार्जुन और साहिर पर ही अपनी टिप्पणी मैं केंद्रित कर रहा हूं।

उम्र में नागार्जुन साहिर से दसेक साल बड़े थे, लेकिन उपलब्ध कविताओं के आधार पर कहा जा सकता है कि दोनों ने आसपास ही लिखना शुरू किया था। साहिर का पहला कविता संग्रह 'तलख़ियां' 1943 में छपकर आ गया था; ज़ाहिर है कि उनकी कविता-यात्रा सात-आठ साल पहले आरंभ हुई होगी। नागार्जुन की हिंदी कविताओं का पहला कविता संग्रह 'युगधारा' तो 1953 में ही आ पाया लेकिन उनकी कविताएं हिंदी की श्रेष्ठ साहित्यिक पत्रिकाओं में 1936-37 के ज़माने से ही छपनी शुरू हो चुकी थीं। इस तरह उम्र में छोटे होते हुए भी शायर की हैसियत से साहिर नागार्जुन के समकालीन ही ठहरते हैं।

हिंदी-उर्दू के विशिष्ट राजनीतिक कवि की हैसियत रखते हुए भी नागार्जुन और साहिर को इस धारा का प्रवर्तक नहीं कहा जा सकता। हिंदी-उर्दू की राजनीतिक कविता इनसे पुरानी है। असल बात यह है कि छायावाद के समांतर ही एक और कविता-धारा सतत प्रवाहित हो रही थी, जिसे कुछ लोग राष्ट्रीय काव्यधारा कहना पसंद करते हैं। हिंदी में माखन लाल चतुर्वेदी, गया प्रसाद शुक्ल सनेही, राम नरेश त्रिपाठी, जगदंबा प्रसाद हितैषी और रामधारी सिंह दिनकर आदि इस धारा के प्रमुख कवि हैं। इसी प्रकार उर्दू में हाली, अकबर इलाहाबादी, इक़बाल और ज़ोश मलीहाबादी ऐसे कवि हैं जो मुख्य रूप से राजनीतिक कवि थे और फिर उनके तथा नागार्जुन-साहिर के बीच 1936 भी है जिसमें प्रगतिशील लेखक संघ की स्थापना

हुई थी और जिसने अपनी स्थापना के बाद से ही साहित्य और राजनीति के बीच अगर कोई खाई थी तो उसे तेज़ी से पाटना शुरू कर दिया था। फिर नागार्जुन और साहिर की राजनीतिक कविता का वैशिष्ट्य क्या है?

नागार्जुन और साहिर की विशेषता यह है कि ये दोनों अपने समकालीन राजनीतिक घटना-विकास पर पैनी नज़र रखते हैं और जो राजनीतिक घटनाएं उनकी धारदार वैचारिक प्रतिबद्धता की दृष्टि से महत्वपूर्ण होती हैं, उन्हें अपनी कविता का उपजीव्य बनाते हैं और अपनी कविता-यात्रा के दौरान राजनीति के सूत्र को कहीं नहीं छोड़ते। वे दोनों अपने से पहले के राष्ट्रीय कवियों की तरह राष्ट्रीय राजनीति तक सीमित नहीं रहते बल्कि संपूर्ण विश्व फलक को अपनी दृष्टि में रखते हैं और अंतर्राष्ट्रीय घटना-विकास भी उनकी कविता का विषय बनता है। इन दोनों की एक और विशेषता है जो इन्हें अपने पूर्ववर्ती कवियों से अलग करती है। ये दोनों ही अपनी विचारधारा से इस क़दर प्रतिबद्ध हैं कि इस बात की ज़रा भी परवाह नहीं करते कि उन्हें कवि भी माना जायेगा या प्रचारक कहकर ख़ारिज कर दिया जायेगा? दोनों ने बार बार इस बात पर बल दिया है कि उनके लिए महत्वपूर्ण यह है कि कविता में क्या कहना है? न कि यह कि उसे कैसे कहना है? दोनों अपने वैचारिक सरोकारों के प्रति सतत सजग हैं और अपनी कविता में रह रहकर अपने संकल्प को दुहराते रहते हैं।

दोनों में एक फ़र्क़ भी है। साहिर की कविता कम्युनिस्ट पार्टी के किसी ज़िम्मेदार पैरोकार के बयान के नज़दीक पड़ती है। 26 जनवरी हो, नाविक विद्रोह हो, देश का विभाजन हो या फ़िरक़ावाराना फ़सादात, या फिर रूस और चीन आदि के इनक़लाब ही क्यों न हों, साहिर पार्टी प्रवक्ता की तरह उन्हें अपनी शायरी का मौज़ू बनाते हैं। वे इस बात की चिंता नहीं करते कि एक आला शेर के पैमाने पर उनके अशआर पूरे उतरेंगे या नहीं। अपना जीवन और काव्य मेहनतकश तबक़ों की नज़्र करते हुए वे कहते हैं :

मुझको इसका रंज नहीं है लोग मुझे फ़नकार न मानें
फ़िक्रो-फ़न के ताजिर मेरे शेरों को अशआर न मानें
मेरा फ़न मेरी उम्मीदें आज से तुमको अरपन हैं
आज से मेरे गीत तुम्हारे सुख और दुख का दरपन हैं।

'कला कला के लिए' की हिमायत करनेवालों को नागार्जुन ने तो लगातार रगड़ा ही है, बख़्शा साहिर ने भी नहीं:

सितम के दौर में हम अहले-दिल ही काम आये
ज़बां पे नाज़ था जिनको वो बेज़बां निकले।

साहिर उस कला को कला मानने के लिए तैयार ही न थे जो ग़रीब जनता तक नहीं पहुंचती और ज़रदारों की मीरास बनकर रह जाती है:

फ़न जो नादार तक नहीं पहुंचा
अभी मेयार तक नहीं पहुंचा।

लेकिन साहिर ने कलावादी कवियों को अपने हमले का निशाना नहीं बनाया है, जबकि नागार्जुन ने चुन-चुनकर उनकी ख़बर ली है। सुमित्रानंदन पंत और अज्ञेय को उन्होंने कलावाद का प्रतीक माना है और अपनी कई कविताएं उन पर ख़र्च की हैं। शायद इस फ़र्क़ की वजह दोनों ज़बानों के अदबी पसमंज़र में ढूंढ़ी जा सकती है। उर्दू में कलावाद जदीदियत की शक्ल

में अपना सर उठा रहा था और हल्क़ए-अरबाबे-ज़ौक़ की शक्ल में कलावाद को पनपाने की कोशिश भी कर रहा था। नून मीम राशिद और मीराजी जैसे शायर दिलोजान से शायरी को प्रगतिवाद की पटरी से उतारने के जतन में लगे थे, लेकिन फ़ैज़, कैफ़ी, अली सरदार जाफ़री, फ़िराक़ और साहिर लुधियानवी जैसे घोषित तरक़्क़ीपसंद शायरों के होते हुए वह अपने मक़्सद में कामयाब न हो सकते थे, और न हुए। हिंदी की स्थिति इससे भिन्न थी। निराला के मुख़ालिफ़ पंत को खड़ा किया जा रहा था और 'तार सप्तकों' और 'परिमल' के संगठित प्रयत्नों और शीतयुद्ध के साज़-सामान की मदद से प्रगतिशील कवियों को बर्फ़ में लगाने की साज़िश कामयाब होने की धमकी दे रही थी। यह अकारण नहीं था कि हिंदी समीक्षा में एक लंबे अर्से तक मुक्तिबोध, नागार्जुन, केदारनाथ अग्रवाल और त्रिलोचन जैसे समर्थ कवियों का कोई नामलेवा तक आसानी से नज़र नहीं आता। इसलिए, ऐसे ठिकानों पर बम-वर्षा के लिए नागार्जुन का आक्रामक हो उठना स्वाभाविक था और ज़रूरी भी।

यह आक्रमण ज़रूरी तो था, लेकिन कुल मिलाकर, था तो नकारात्मक ही। इसे सकारात्मक और संपूर्ण बनाने के लिए यह ज़रूरी था कि प्रगतिशील आंदोलन का नेतृत्व करनेवाले अपने को उस काव्य-परंपरा से जोड़ें जो व्यापक जनता के पक्ष में और शोषक-शासक वर्गों के विपक्ष में खड़ी रही है। ग़ौरतलब है कि नागार्जुन ने भारतेंदु, टैगोर, प्रेमचंद, गोर्की, लू शुन, निराला, केदारनाथ अग्रवाल, यहां तक कि राजकमल चौधरी पर भी कविताएं लिखीं और उनकी परंपरा से अपना संबंध स्थापित किया। याद नहीं आता कि हिंदी-उर्दू के अन्य किसी बड़े कवि ने कवियों और लेखकों पर इतनी कविताएं लिखी हों, वह भी इतने मनोयोग और इतनी आत्मीयता के साथ। शायद इस मामले में नागार्जुन के बाद फ़ैज़ का ही नाम लेना पड़े जिन्होंने इक़बाल, मख़्दूम, बन्ने भाई, मेजर इस्हाक़ मोहम्मद, नाज़िम हिकमत और हसन नासिर जैसे एक दर्जन अदीबों को अपनी शायरी का विषय बनाया।

साहिर साठ बरस भी पूरा न कर पाये। उनका कवि और भी पहले मर गया। आज़ादी की भोर में ही वे फ़िल्मों में क्या गये, नक़्क़ादों ने फ़िल्म में उनके काम को उनके कवि-कर्म की निरंतरता में देखने के बजाय उनके शायर का मर्सिया लिखना बेहतर समझा। फ़िल्म के दायरे में रहकर वे अपनी बामपंथी-जनवादी विचारधारा के लिए जो कुछ कर सकते थे, उसमें उन्होंने कोई कोर-कसर नहीं छोड़ी, लेकिन एक उभरते हुए शक्तिशाली राजनीतिक शायर की जो उम्मीद उन्होंने जगायी थी, उसे पूरा करने की उस दायरे में बहुत गंजाइश न थी। बेशक, जब कोई उत्तेजक घटना घटी, उनका शायर बेक़ाबू हो गया, जैसे जब कांगो के राष्ट्रपति पैट्रिक लुमुंबा की हत्या की गयी तो उन्होंने अपनी वे मशहूर नज़्म लिखी जो इस पैग़ाम के साथ ख़त्म होती है :

जुल्म की बात ही क्या जुल्म की औक़ात ही क्या
जुल्म बस जुल्म है आग़ाज़ से अंजाम तलक
ख़ून फिर ख़ून है सौ शक्ल बदल सकता है
ऐसी शक्लें कि मिटाओ तो मिटाये न बने
ऐसे शोले कि बुझाओ तो बुझाये न बने
ऐसे नारे कि दबाओ तो दबाये न बने।

लुमुंबा की हत्या से नागार्जुन कम विचलित नहीं हुए थे। उन्होंने भी एक कविता लिखी जो

उनकी श्रेष्ठ कविताओं में गिनी जाती है और इन शब्दों के साथ समाप्त होती है :

भाड़े के भेड़िए जुटे होंगे जब चारों ओर
चींथ-चांथ के लिए मचा होगा तब भारी शोर
गोरों के गोरे ईश्वर की कांपी होगी रूह
राष्ट्रसंघ की कूटनीति का बड़ा विकट है व्यूह
तुम मरकर भी अमर रहोगे लोगे ही प्रतिशोध
कालनेमि को भस्म करेगा जन-जन का यह क्रोध
कोटि-कोटि काले कंठों की सुनकर यह ललकार
वह देखो गोरे दनुजों पर भय का चढ़ा बुख़ार।

इन दोनों कविताओं की विस्तृत तुलना यहां संभव नहीं, तो भी एक हद तक दोनों कवियों का अंतर तो स्पष्ट हो ही जाता है। साहिर ने लुमुंबा को एक शहीद के रूप में देखा है और इस तथ्य को रेखांकित किया है कि शहीद की जान लेकर हत्यारा निज़ाम अपनी हिफ़ाज़त नहीं कर सकता, क्योंकि उसकी शहादत आनेवाली पीढ़ियों को अनुप्राणित करती रहेगी और जुल्म और शहादत के बीच जारी संघर्ष में आख़िरकार उन्हें विजयी बनाकर ही दम लेगी। साहिर के यहां यह हत्या और इससे पैदा होनेवाला विद्रोह सैद्धांतिक जामा पहनकर आता है और संघर्षशील तबक़ों के हाथ में इस पूरी नज़्म को एक फ़लसफ़ाई हथियार की तरह सौंप देता है। यहां राजनीति है, लेकिन विचारधारा के अनुशासन में और समय की एक ऐतिहासिक अनिवार्यता बनकर। इसके विपरीत, नागार्जुन राजनीतिक शब्दावली प्रयोग करते हैं और इस प्रसंग को राजनीतिक अनुषंगों से भर देते हैं। यहां राष्ट्रसंघ है, व्यूह-रचना है, प्रतिशोध है, क्रोध है, रंगभेद है और अफ़्रीका के बहुसंख्यक अश्वेत समुदाय की धनुष-टंकार है जिनके बीच समन्वय और सामंजस्य हो भी सकता है और नहीं भी हो सकता। कवि को इस बात की ज़्यादा परवाह नहीं, लेकिन अपने पाठकों के सामने वह यह स्पष्ट करने में कोई चूक नहीं करता कि रंगभेद का ज़माना लद चुका है और अब उसे निर्मूल होने से नहीं रोका जा सकता। 26 जनवरी, लेनिन, गांधी, नेहरू, नयी नस्ल आदि कई विषय ऐसे हैं जिन्हें इन दोनों कवियों ने अपनी कविताओं का उपजीव्य बनाया है। इन कविताओं को एक साथ रखकर पढ़ना दिलचस्प हो सकता है और लाभप्रद भी।

साहिर साठ पूरे न कर पाये हों, लेकिन सौभाग्य से बाबा को लंबी उम्र मिली और कविता उन पर अंत तक मेहरबान रही। वे एक लंबे समय तक राजनीतिक कविता लिखते रहे। अगर उनकी कविताओं को आधार बनाकर देश का राजनीतिक इतिहास लिखा जाये तो यह न सिर्फ़ एक दिलचस्प अनुभव होगा बल्कि इससे कविता और राजनीति के रिश्ते के कुछ नये आयाम भी सामने आ सकते हैं। अगर किसी मूढ़मति शोधनिदेशक की आंखें खुलें तो यह शोध का अच्छा विषय हो सकता है। इसका लाभ हिंदी-उर्दू के कवियों को भी मिल सकता है और वे बाबा से सीख सकते हैं कि राजनीतिक घटना-विकास को किस तरह कविता का उपजीव्य बनाना चाहिए, घटनाओं में से किन्हें लेना चाहिए और किन्हें छोड़ देना चाहिए, कविताओं को किस तरह विचारधारा से संपृक्त करना चाहिए और फिर भी उनकी कलात्मकता की रक्षा करनी चाहिए।

नागार्जुन की काव्यभाषा पर बात किये बिना उनकी राजनीतिक कविताओं के प्रसंग

को ख़त्म नहीं किया जा सकता। उनकी भाषा उनकी निजी भाषा है और किसी भी अन्य कवि से उसका मुक़ाबला नहीं हो सकता। अस्ल बात यह है कि बाबा हमारे भौतिक संसार के जितने बड़े और विविध अंश को अपने काव्य में घसीट लाये हैं, उसे देखकर आश्चर्यचकित होने के अलावा कुछ किया ही नहीं जा सकता। जिन परिघटनाओं, घटनाओं और दुर्घटनाओं पर दूसरे कवि सोच भी नहीं सके, उन्हें बाबा ने अपनी कविता का विषय बना दिया और उनका बड़े से बड़ा विरोधी भी यह नहीं कह सका, भला यह भी कोई कविता हुई। उनकी कविता पढ़कर यह सवाल खड़ा हो जाता है कि क्या दुनिया में कोई विषय ऐसा भी है जिस पर कविता नहीं लिखी जा सकती? क्या काव्यभाषा की यह मज़ाल हो सकती है कि वह किसी समर्थ कवि का हुक्म टाल दे और उसके चयनित विषय को कविता का स्वरूप देने से इनकार कर दे? फटकार कर कह दे कि यह विषय काव्य-जगत से बाहर का है और इस पर कदापि कविता नहीं लिखी जा सकती।

अगर छोटे मुंह बड़ी बात की इजाज़त हो तो कहना चाहूंगा कि केवल भाषा की दृष्टि से नागार्जुन तुलसीदास के बाद शायद भारत के सबसे बड़े कवि ठहरें। मैं तुलसीदास का घोर निंदक रहा हूं, लेकिन उनकी भाषा का क्या करूं। संस्कृत के परम विद्वान होते हुए भी जहां कविता के लिए ज़रूरी हुआ है, वे संस्कृत की टांग तोड़ने में नहीं चूके हैं। 'जय राम रमारमणं शमणं' लिखते वक़्त उन्होंने एक बार भी नहीं सोचा कि अगर किसी ने पूछ लिया कि गोस्वामीजी! यह शमणम् क्या होता है और किस भाषा का शब्द है? या राम रमा के साथ रमण करते हुए शमण कैसे कर गुज़रेंगे तो उसे क्या जवाब दिया जायेगा? तत्सम संस्कृत में स्तुति जैसी गंभीर विधा लिखते वक़्त वे 'भवकूप अगाध परें नर ते पदपंकज प्रेम न जे करते' जैसी पंक्ति लिखकर आगे बढ़ जायेंगे और किसी का ध्यान इस बात पर नहीं जायेगा कि बाबा संस्कृत कहकर यह क्या पकड़ा गये? और, अगर उन्होंने 'हा रघुराज देव रघुराया' लिख दिया है तो फिर उन्हें 'केहि अपराध बिसारेहु दाया' लिखने से कोई नहीं रोक सकता, इस बात की क़तई चिंता किये बग़ैर कि दया किस भाषा के किस नियम से 'दाया' हो सकती है? और उतने ही अजीब हैं उनके पाठक भी जो उनसे यह सवाल कभी करते ही नहीं। कुछ ऐसा ही नागार्जुन के साथ भी होता है, लोग उन्हें यों ही बाबा नहीं कहते।

भाषा नागार्जुन की चेरी है। वे उससे मनमाना काम ले सकते हैं। उनके हुज़ूर में वह बांदी की तरह हाथ बांधे खड़ी रहती है और सर झुकाकर उनकी हर आज्ञा का पालन करती है। तुलसीदास की तरह ही वे संस्कृत, प्राकृत और अपभ्रंश के पंडित हैं और वेद-पुराण के दुर्लंघ्य ज्ञाता हैं। शुद्ध गद्य की तरह किसी शुष्क से विषय पर वे अपनी कविता में संस्कृत पदों की झड़ी लगा देंगे और फिर अचानक 'शमणम्' जैसा कोई शब्द चिपकाकर चंपत हो जायेंगे। घोर संस्कृतनिष्ठ किंतु जयदेव की तरह की कोमलकांत पदावली में काव्य-रचना करते-करते अचानक वे 'अजी वाह तुम!' या 'वह भी तुम हो' जैसी कोई पंक्ति चस्पां कर सकते हैं और फिर बाक़ी कविता में ध्रुव पंक्ति की तरह उसका इस्तेमाल कर सकते हैं और मज़ाल है कि पाठक को भाषा के साथ कवि की यह मनमानी ज़रा भी अखर जाये। अस्ल बात तो यह है कि नागार्जुन की व्यापक मक़बूलियत ख़ास तौर पर उनके अद्‌भुत विषय-चयन और असाधारण काव्य-भाषा पर ही टिकी हुई है। भाषा पर ऐसा अधिकार ज़ोश मलीहाबादी के अलावा आधुनिक युग के किसी अन्य कवि में नज़र नहीं आता।

घोर छंदविरोधी और तुकदुश्मन ज़माने में भी नागार्जुन ने छंद को नहीं छोड़ा और अपनी कविता को तुकबंदी कहे जाने का ख़तरा मोल लेकर भी वे अपने बीहड़ और औघड़ मनोभावों को छंद में ही बांधते रहे, बेशक उन्होंने इस मामले में बेहद लचीलेपन से काम लिया। कविता की टांग तोड़ने के बजाय वे छंद की टांग तोड़ना हमेशा बेहतर समझते थे। तुक से उन्हें प्रेम था, और वे तुकांत कविता में भाव-प्रकाशन की असीम संभावनाओं को लेकर आशान्वित बल्कि निश्चिंत थे। लेकिन, तुक से उन्हें अंध मोह नहीं था और ज़रूरी होने पर वे तुक को त्याग भी देते थे, मगर लय से विलग होना उन्हें मंजूर न था। वे उन लयलीन लोगों में थे जो लयहीन कविता को कविता मानने के बजाय गद्य कहना ज़्यादा पसंद करते हैं। गोया, उन जैसे लोगों के लिए लय गद्य और पद्य के बीच की व्यावर्तक रेखा है, छंद या तुक नहीं। ऐसा नहीं है कि उनकी कविताओं में लय टूटती नहीं, बार-बार टूटती है मगर वे अक्सर उसे संभाल लेते हैं। फिर भी टूट जाती तो वे उसकी परवाह नहीं करते थे और अपने काव्य-पाठ से, भ्रू-भंगिमा-विलास और अंग संचालन से उसकी कमी पूरी कर लेते थे। बेशक उन्होंने छंदहीन कविता भी लिखी, लेकिन उनके प्राण छंदोबद्ध कविता में ही बसते थे। जनकवि होने के नाते यह बात उनसे छिपी न थी कि हिंदी-उर्दू प्रदेश छंदों में ही सांस लेता है, यहां तक कि वह उन्हीं कहावतों और मुहावरों से काम चलाता है जो छंदोबद्ध हैं, वे हिंदी के हों, संस्कृत के हों या फ़ारसी के ही क्यों न हों। वे मानते थे कि यदि कविता को लाखों-लाख लोगों की ज़बान पर चढ़ना है तो उसे छंद का सहारा लेना ही होगा। वे यह भी मानते थे कि छंद को छोड़ देने और उसके प्रति उपेक्षा, तिरस्कार या शत्रुता का भाव अपना लेने से हिंदी कविता का भारी नुक़्सान हुआ है और कविता जनसाधारण से दूर जा पड़ी है। किसी भी कवि के लिए वे छंदशास्त्र का अध्ययन अनिवार्य मानते थे, बेशक शास्त्र का ज्ञान प्राप्त करने के बाद वे छंद का प्रयोग करने या न करने का फ़ैसला कवि के विवेक पर छोड़ने के लिए तैयार थे, लेकिन छंद से पूर्णतः अज्ञानी कवि हिंदी-उर्दू की समृद्ध काव्य-परंपरा को आत्मसात कर सकता है, इस पर उन्हें पूरा संदेह था और बिना इस परंपरा को आत्मसात किये कविता क्या ख़ाक होगी?

1954 में लिखी गयी 'छेदी जगन' नागार्जुन की एक विशिष्ट कविता है जो सर्वहारा अंतर्राष्ट्रीयतावाद में डूबकर लिखी गयी है। छेदी जगन इसलिए कवि के प्रणम्य नहीं हैं कि वे एक हिंदुस्तानी हैं जो ग़रीब घर में जन्म लेकर और विदेश में पलकर भी सर्वोच्च पद पर पहुंचे हैं। वे प्रणम्य इसलिए हैं कि उन्होंने 'उपनिवेशी दासता के पंक की तह' छेद दी है, —छेदी के लिए छेदना तो स्वाभाविक है ही। इतना ही नहीं उन्होंने विश्व की मुक्तिकामी जनशक्तियों से मिलकर 'ब्रिटिश दानव को नगन' कर दिया है। अब इतिहास की गति को कोई रोक नहीं सकता। अब 'अफ़्रीका में, मलाया में, अरब में, ईरान में; मिस्र, बर्मा, हिंद, पाकिस्तान में; श्राद्ध होने जा रहा है अब ब्रिटिश साम्राज्य का'। उन जैसों के प्रयत्नों से 'उपनिवेशों में छिड़ा स्वाधीनता संग्राम, ब्रिटिश महलों में मचा कुहराम'।

आज के हिंदुस्तानी गयाना के इस महापुरुष को लगभग भूल चुके हैं, हालांकि उनकी मृत्यु को अभी मुश्किल से चौदह-पंद्रह साल हुए हैं। 1997 तक गयाना के राष्ट्रपति स्व. छेदी जगन के बारे में जानकारी के अभाव में बाबा की इस कविता का मर्म पूरी तरह नहीं समझा जा सकता और न उनके इस सात्विक उत्साह से तादात्म्य स्थापित किया जा

सकता है :

अंत तक देंगे तुम्हारा साथ हम
नहीं यों ही नवाते हैं माथ हम
हिंदवासी जनगणों का प्यार लो!
विषमता के प्रति धृणा का अनोखा उपहार लो!
विश्व मानव के लिए मनुहार लो!
दो हमें भी ज़रा अपना ओज दो अपनी लगन!
मित्रवर प्रिय बर्नहम, बंधुवर छेदी जगन!!

22 मार्च 1918 को जन्मे छेदी जगन एक ऐसे आप्रवासी हिंदुस्तानी मज़दूर के बेटे थे जो गयाना में गन्ने के खेत में मज़दूरी करते थे। अपनी प्रतिभा और परिश्रम के बल पर उन्होंने उच्च शिक्षा प्राप्त की और अपना बहुमूल्य जीवन गयाना की जनता के नाम लिख दिया। 1953 में ब्रिटिश उपनिवेश गयाना में पहले चुनाव हुए जिसमें उनकी पीपुल्स प्रोग्रेसिव पार्टी भारी बहुमत से जीती और विश्व के आक्रामक गोरे जनमत को अंगूठा दिखाकर जगन देश के प्रधानमंत्री बने। पदासीन होते ही उन्होंने अपनी पार्टी की नीतियों का अनुसरण करते हुए जनतांत्रिक और समाजवादी देशों से मैत्री की राह पर चलना शुरू कर दिया जिसे ब्रिटिश साम्राज्यवादी और उनके नये अमरीकी आक़ा किसी हाल में बर्दाश्त नहीं कर सकते थे। लिहाज़ा 133 दिन के शासन के बाद ही उन्हें अपना देश छोड़कर भागना पड़ा। उनका दूसरा गुनाह यह था कि उन्होंने आस्ट्रेलियाई कम्युनिस्ट जेनेट से शादी की थी और अमरीका के गौरांग महाप्रभुओं को कोई कम्युनिस्ट फूटी आंखों नहीं सुहाता। जेनेट जगन केवल श्रीमती जगन नहीं थीं, बल्कि उनके सुख-दुःख की साथिन और उनके बाद पीपुल्स प्रोग्रेसिव पार्टी की सर्वोच्च नेता थीं, इतनी मक़बूल कि जगन की मृत्यु के बाद उन्हें ही गयाना का राष्ट्रपति बनाया गया। साम्राज्यवादियों के लिए जागृत राष्ट्र गयाना की जनता के कंठहार जगन को अधिक दिनों तक सत्ता से दूर रखना असंभव था, लिहाज़ा 1961 में जब संविधान बदलकर चुनाव कराये गये तो गयाना की जनता ने उनकी पार्टी को फिर भारी बहुमत से जिताया और वे 1964 तक देश के प्रधान मंत्री रहे। बाद में संविधान एक बार फिर बदला गया और अमरीका की तर्ज़ पर वहां भी राष्ट्रपति प्रणाली स्थापित की गयी। इस बार फिर प्रत्यक्ष चुनाव जीतकर डॉ. जगन 1992 में फिर गयाना के राष्ट्रपति बने और इसी पद पर रहते हुए 6 मार्च 1997 को उनकी मृत्यु हुई। गयाना की जनता आज भी अपने इस महान नेता की पूजा-अभ्यर्थना करती है और विश्व स्तर पर वे जनवादी शक्तियों के प्रेरणा-स्रोत बने हुए हैं।

इस कविता को एक वर्ष पूर्व लिखी गयी 'आइज़नहावर' के प्रतिमुख खड़ा करके नागार्जुन की प्रतिबद्धता को समझने में काफ़ी मदद मिल सकती है। 1953 तक भारत-पाकिस्तान और भारत-चीन के बीच कुछ सवालों पर मतभेद ज़रूर थे और आज़ादी के फ़ौरन बाद ही भारत-पाकिस्तान के बीच काश्मीर को लेकर संघर्ष भी हो चुका था तो भी पड़ोसी देशों के बीच ऐसे शत्रुतापूर्ण संबंध न थे कि विश्व की एक महाशक्ति का प्रतिनिधि उन अंतर्विरोधों का लाभ उठाने की ग़रज़ से भारत आये और इस इलाक़े में हस्तक्षेप करे। 1953 में अमरीका के राष्ट्रपति आइज़नहावर की भारत-यात्रा का ऐलान होते ही बाबा न सिर्फ़ इसके निहितार्थ

समझ गये बल्कि उन्होंने संबद्ध देशों की जनता को सावधान भी कर दिया:

सजग एशिया, सजग अफ़्रीका, सजग आज भूमंडल सारा
बना नहीं पाओगे तुम हमको अपनी तोपों का चारा
दुर्दम युग ज्वाला में जलकर प्रतिशोधी हथियार ढल रहे
नवल चीन की सबल सांस से फ़ौलादी घेरे पिघल रहे
भाई-भाई नहीं लड़ेंगे, दाल गलेगी नहीं तुम्हारी
अरबों डालर की सामग्री लील जायगी भूमि हमारी
पैर तुम्हारे धो सकता क्या अरब-हिंदसागर का पानी
शांति चाहते कोटि-कोटि हम हिंदुस्तानी-पाकिस्तानी
याद करो हर हिटलर को इन दीवारों से मत टकराओ
अपने सींगों की परछाईं देख-देखकर मत चकराओ।

दोनों कविताओं की भाषा एक-दूसरे से कितनी जुदा है। इससे यह भी साबित हो जाता है कि एक समर्थ कवि की भाषा उसके मनोभाव का अनुरण करके अपने अंदर विस्मयजनक परिवर्तन कर सकती है। दोनों कविताओं के अध्ययन से यह भी स्पष्ट हो जाता है कि नागार्जुन की वैचारिक प्रतिबद्धता भारत तक सीमित नहीं है बल्कि उसका एक अंतर्राष्ट्रीय पार्श्व भी है और वह भी उतना ही महत्वपूर्ण है।

नागार्जुन ने हिंदी में लिखना और पत्रिकाओं आदि में छपना तो चौथे दशक के मध्य से ही शुरू कर दिया था, लेकिन तब उनकी छवि एक ऐसे कवि की थी जो छंदोबद्ध कविता करता है, जिसका प्रकृति वर्णन अद्भुत और मौलिक है और जिसकी भाषा संस्कृतप्रधान किंतु निजविशिष्ट है और जो ऐसे विषयों पर कविता करता है जिन पर आम तौर पर हिंदी के कवि नज़र डालना भी गवारा नहीं करते। राजनीतिक कवि के रूप में उनकी छवि का मूलाधार तैलंगाना के किसानों के सशस्त्र संग्राम पर लिखी गयी कविता 'लाल भवानी' है जिसकी टेक है, 'लाल भवानी प्रकट हुई है सुना कि तैलंगाना में'। ग़ौरतलब है कि तैलंगाना के सशस्त्र संग्रम को तेलुगु, उर्दू और हिंदी कवियों का नैतिक समर्थन प्राप्त था। तेलुगु के कई कवि और उर्दू के मख़दूम मोहीउद्दीन और हसन नासिर जैसे कई शायर तो किसानों के कंधे से कंधा मिलाकर उस युद्ध में भाग भी ले रहे थे। फिर भी, हिंदी-उर्दू प्रदेश में नागार्जुन की उपर्युक्त कविता ही सबसे अधिक लोकप्रिय हुई और उस कविता ने बाबा की काव्यधारा की भावी दिशा ही तय कर दी। तैलंगाना के जन-संघर्ष से जुड़कर वे जनकवि हो गये और वामपंथी राजनीति से जुड़कर वामपंथी। 1948 के बाद बाबा ने हिंदी के कोश को अपनी बहुविध कविताओं से लगातार समृद्ध किया और विषय-चयन में उनकी विविधता ने हिंदी के समीक्षकों को हैरान-परेशान कर दिया, लेकिन उनकी छवि आरंभ से अंत तक एक जनवादी-वामपंथी या वामपंथी-जनवादी कवि की ही बनी रही और जब उनके प्रशंसक उन्हें इस रूप में पहचानते थे तो बाबा पुलकित हो उठते थे। इस कविता ने उत्तरी भारत में तैलंगाना की धूम मचा दी। इन पंक्तियों के लेखक ने अपनी किशोरावस्था में पश्चिमी उत्तर प्रदेश के छोटे-मोटे क़स्बों में इस कविता का सामूहिक पाठ होते देखा है, वैसे ही जैसे आल्हा-ऊदल की कहानियों पर आधारित काव्य का जिसे आल्हा के नाम से ही संबोधित किया जाता था और छंदशास्त्र में जिसके छंद को वीर छंद के नाम से जाना जाता है। 'लाल भवानी' का

एक बंद देखिए :

पुलिस और पलटन के हाथी कितना चारा खाते हैं,
वही रंग है वही ढंग है फ़रक नहीं कुछ पाते हैं;
ऊपर वाले बैठे-बैठे खाली बात बनाते हैं,
बाढ़-अकाल-महामारी में काम नहीं कुछ आते हैं;
देशभक्ति की सनद मिल रही आये दिन शैतानों को,
डांट-डपट उपदेश मिल रहे दुखी मजूर-किसानों को;
बात-बात में नाक रगड़ना पड़ता है इंसानों को,
हरी फ़सल चरने को छुट्टा छोड़ दिया हैवानों को;
सड़ी-गली नौकरशाही से पहले ही ऊबे थे हम,
इधर सुराज मिला है जब से दूर हो गया सभी भरम;
नेता परेशान हैं जनता का तूफ़ान दबाने में,
लाल भवानी प्रकट हुई है सुना कि तैलंगाने में!

इस बंद को उद्धृत करने का कारण यह नहीं है कि यह पूरी कविता का उत्कृष्ट अंश है। आशय यह दिखाना है कि आज़ादी से जनता का मोहभंग तैलंगाना, यानी 1948 से ही शुरू हो गया था। भारत के शासक-शोषक वर्ग आज़ादी के फ़ौरन बाद से ही जनता के दमन और शोषण की नीति पर चल रहे थे। अंग्रेज़ों ने कोटि-कोटि जन के निर्मम शोषण और दमन के लिए जो भारी भरकम तामझाम बनाया था वह भारत के नये शासकों को अपने काम की चीज़ लग रही थी और वे उसमें कोई तब्दीली करने को तैयार न थे। प्रेमचंद ने सुराज के नाम पर जिस मज़दूर-किसान राज का सपना देखा था, वह सपना ही बनकर रह गया था और फ़र्क़ सिर्फ़ इतना पड़ा था कि 'जॉन' की जगह गद्दी पर 'गोविंद' आ बिराजा था।

तैलंगाना के बाद कम्युनिस्ट नेतृत्व के एक हिस्से ने नेहरू और बाद में नेहरू परिवार का अंध समर्थन किया और वामपंथी आंदोलन इस समर्थन के चलते बदनाम भी हुआ, लेकिन नागार्जुन ने तैलंगाना में नेहरू-पटेल की सरकार का जो जनविरोधी रूप देखा था, उसे देखने के बाद वे जीवन के अंत तक कांग्रेस के दुश्मन ही बने रहे। इसी कांग्रेस-विरोध के चलते उनमें राजनीतिक विचलन भी आया लेकिन अपनी अविचल वामपंथी-जनवादी आस्था के चलते जल्दी ही उन्होंने दुरुस्त भी कर लिया।

आइए, जवाहर लाल नेहरू की मृत्यु पर नागार्जुन और साहिर लुधियानवी द्वारा रचित दो कविताओं के कुछ अंशों का आस्वाद करें और ऐसा करते वक़्त दोनों कवियों की एप्रोच के फ़र्क़ पर भी ग़ौर करें:

रो देती क्रांतिकुमारी तब, जब होता उसका चीर हरण
नब्बे प्रतिशत का दस प्रतिशत खुलकर करते तक़दीरहरण
निश्चय ही सपना हो जाता पीड़ित आंखों का नीरहरण
लहराता फ़ैशन का समुद्र, सुंदरियां करतीं वीरहरण
ओढ़ते संत कुछ खाल और
बढ़ जाते उनके बाल और

टपका करती कुछ राल और
तुम रह जाते दस साल और
मिलवाले होते सोशलिस्ट, धनपतियों को लेनिन भाता
माओ आकर मिलता तुमसे पेकिंग दिल्ली से शरमाता
मार्शल अयूब वर्धा आता, सर्वोदय की दीक्षा पाता
बढ़कर भारत सेवक समाज दुनिया में झंडा फहराता
छिपता क्या नटवरलाल और
तुम रह जाते दस साल और
गलती समता की दाल और
तुम रह जाते दस साल और
झुकती स्वराज्य की डाल और
तुम रह जाते दस साल और।

—नागार्जुन

जिसने ज़रदार मशीअत[1] को गवारा न किया
जिसको आईने-मसावात[2] पे इसरार रहा
उसके फ़रमानों की ऐलानों की ताज़ीम[3] करो
राख तक्सीम की अरमान भी तक्सीम करो।
मौत और ज़ीस्त के संगम पे परेशां क्यूं हो
उसका बख़्शा हुआ सहरंग[4] अलम लेके चलो
जो तुम्हें जादए-मंज़िल[5] का पता देता है
अपनी पेशानी[6] पे वो नक़्शे-क़दम लेके चलो
दामने-वक़्त पे अब खून के छींटे न पड़ें
एक मरकज़[7] की तरफ़ दैरो-हरम[8] लेके चलो
हम मिटा डालेंगे सरमाया-ओ-मेहनत का तज़ाद[9]
ये अक़ीदा[10] ये इरादा ये क़सम लेके चलो।'

साफ़ है कि साहिर की नज़्म में उस वक़्त की कम्युनिस्ट पार्टी के नेतृत्व पर क़ाबिज़ हिस्से की लाइन झलक रही है, जबकि बाबा की कविता में नेतृत्व के छोटे हिस्से की नेहरूविरोधी लाइन अभिव्यक्ति पाती है और विरोध का कारण यह है कि नेहरू की नीतियां नब्बे प्रतिशत भारतीयों की क़ीमत पर दस प्रतिशत लोगों की झोली भर रही थीं। नेहरू से उनकी नाराज़गी की दूसरी वजह यह है कि उन्होंने भारत को कॉमनवेल्थ से बाहर नहीं निकाला। दोनों कविताओं में तब के कम्युनिस्ट आंदोलन में कांग्रेस और नेहरू के समर्थन पर जो आपादमस्तक विभाजन था, वह भी अभिव्यक्त होता है। डांगे और गोपालन की भिन्न स्थिति को ऐसे ही रेखांकित नहीं किया गया है, इसके पीछे सचेत प्रयास है क्योंकि ये दोनों नेता पार्टी के भीतर संभावित विभाजन की रहनुमाई कर रहे थे। जहां साहिर की कविता अपने पाठकों को नेहरू के चरणचिह्नों पर चलने को ललकारती है, वहीं बाबा अपने पाठकों को इससे उल्टा ही संदेश देते हैं। पूरी

1. दौलत की दिव्य शक्ति; 2. बराबरी पर आधारित संविधान; 3. इज़्ज़त; 4. तिरंगा; 5. मंज़िल का रास्ता 6. माथा; 7. केंद्र; 8. मंदिर-मस्जिद; 9. द्वंद्व, संघर्ष; 10. विश्वास।

कविता में कहीं ऐसा नहीं लगता कि देश के प्रधानमंत्री की मृत्यु हुई है इसलिए देश की जनता को उसका शोक मनाना चाहिए, बल्कि ऐसा आभास होता है कि एक तरह से यह अच्छा ही हुआ, बूढ़ा दस साल और जी जाता तो इस महादेश को और उसकी जनता को, और भी बुरी और पस्त हालत में छोड़ता। दरअसल यह वह ज़माना था जब बाबा पार्टी के बहुत निकट थे और पार्टी के अंदर-बाहर की सारी खोज-ख़बर रखते थे। ग़ौरतलब है कि कांग्रेस के समर्थन को लेकर ही कम्युनिस्ट पार्टी नेहरू के मृत्यु वर्ष 1964 में दोफाड़ हुई और जो लोग कांग्रेस को समर्थन देना ग़लत समझते थे, उन्होंने सी पी आइ (एम) नाम से अपनी पार्टी अलग बना ली।

कविता की दृष्टि से देखें तो नागार्जुन की राजनीतिक कविता 1948 में 'लाल भवानी' से शुरू होकर 1964 में रचित 'तुम रह जाते दस साल और' तक आते-आते अपने उत्कर्ष बिंदु को छू लेती है। 'लाल भवानी' की प्रेरणादायिनी शक्ति और आंदोलन के लिए उसकी उपादेयता से इनकार नहीं किया जा सकता, लेकिन कविता की दृष्टि से देखा जाये तो उसमें निरी नारेबाज़ी और एक शानदार सशस्त्र संग्राम की घनगरज के अलावा शायद ही कुछ ऐसा नज़र आये जो कविता को साहित्यिक मानदंडों पर उत्कृष्ट साबित कर सके। पूरी कविता अभिधा में है और कविता के पारंपरिक शिल्प को मुंह चिढ़ाती है; जैसे कवि ललकार कर अपने आलोचकों से कहना चाहता हो कि अगर मेरी कविता साहित्यिक मानदंडों पर खरी नहीं उतरती तो न उतरे, अगर तुम मुझे कवि न मानना चाहो तो एक बार नहीं सौ बार न मानो, मैं तुम्हारी परवाह ही कहां करता हूं। मुझे तो एक प्रवहमान आंदोलन से शक्ति पाकर उस नवप्राप्त शक्ति से आंदोलन को प्राणपण से और अधिक सशक्त और अधिक प्रवहमान बनाना है, मेरे पास तुम्हारे वाग्विलास से उलझने का वक़्त कहां? लेकिन, बाबा ने जल्द ही अनुभव कर लिया होगा कि कविता करनी है तो कविकर्म को गंभीरता से लेना ही होगा। अभिधा आंदोलन की गरिमा के ताप से कुछ दूर तो साथ चलेगी, लेकिन आगे चलकर दम तोड़ जायेगी। उन्होंने ज़रूर बर्तोल्त ब्रेश्त जैसे पश्चिम के राजनीतिक कवियों का अध्ययन किया होगा और माखनलाल चतुर्वेदी जैसे प्रथम हिंदी राजनीतिक कवि से भी सीखा होगा कि राजनीतिक कवि के लिए कारगर और पुरअसर व्यंग्य आवश्यक है और यदि कविता को संघर्षशील जन के हाथ में कारगर हथियार बनाना है तो उसे व्यंग्य की सान पर रखना ही होगा। इसलिए 'लाल भवानी' के बाद की उनकी राजनीतिक कविताओं में हम अचानक बेधक व्यंग्य के दर्शन करते हैं और अभिधा के साथ-साथ लक्षणा तथा व्यंजना की शब्द-शक्तियों का खुला खेल देखते हैं। 1964 तक आते आते उनकी व्यंग्यात्मकता केवल शब्द शक्तियों या काव्य के अन्य उपादानों तक सीमित नहीं रह जाती बल्कि दुनिया को देखने के नज़रिये के तौर पर सामने आती है। 1964 में देश के बुज़ुर्ग प्रधान मंत्री की मृत्यु पर यह सोचना ही कौतुक और विस्मय उत्पन्न करने के लिए काफ़ी है कि ये हज़रत दस-पांच साल और ज़िंदा रह गये होते तो हमारे देश और उसके लोगों का क्या हश्र होता? उसके सामाजिक-आर्थिक-राजनीतिक और अंतर्राष्ट्रीय निहितार्थ क्या होते? यह दुनिया हमारी दुनिया से कितना भिन्न हो जाती?

1948 से पहले या 'लाल भवानी' में व्यंग्य ग़ैरहाज़िर है, लेकिन उसी वर्ष रचित 'मांजो और मांजो' शीर्षक कविता में वह भरपूर ताक़त से सामने आता है। इसका एक कारण तो

हिंदी कविता की तत्कालीन परिस्थितियों में देखा जा सकता है। 1948 के आसपास ही 'कला कला के लिए' का नारा नयी नयी शक्लों में सामने आया, कांग्रेस फ़ॉर कल्चरल फ़्रीडम और परिमल जैसी संस्थाओं की दाग़ बेल पड़ी और इस सबके पीछे शीतयुद्ध की ताक़तें भी क्रियाशील नज़र आयीं। उन्हें जवाब देना ज़रूरी था, सिर्फ़ आलोचना में नहीं, कविता में भी। और, इसके लिए नागार्जुन से बेहतर कवि कौन हो सकता था? उन्होंने यह जवाब दो तरह से दिया। एक तो एकाधिक कविताओं में उनका मखौल उड़ाकर, उनके 'गुरु गंभीर' सिद्धांतों का खोखलापन उजागर करके; दूसरे उनसे भिन्न और पारंपरिक अर्थों में काव्येतर विषयों पर उनसे बढ़कर और अधिक कलात्मक कविताओं की रचना करके; ऐसी रचनाएं जो सौंदर्य शास्त्र के किन्हीं भी मानदंडों पर खरी उतरें और जनवादी-वामपंथी आंदोलन की खिल्ली उड़ानेवालों को पानी पानी कर दें। यह प्रक्रिया जारी रही और 1964 में 'तुम रह जाते दस साल और' में अपने उत्कर्ष पर पहुंची।

लो मशाल, अब घर-घर को आलोकित कर दो

मुरली मनोहर प्रसाद सिंह

तोतारटंत वेदपाठी ब्राह्मणों के ज्ञानकेंद्र से नागार्जुन की शिक्षादीक्षा नहीं हुई और न ब्रिटिश औपनिवेशिक शिक्षा संस्थानों में ही उन्हें 'ज्ञानदान' मिला। घर से भागे हुए एक तरुण के रूप में उन्होंने प्राचीन काल से चली आ रही श्रमण संस्कृति के ज्ञानमार्ग से शिक्षा दीक्षा प्राप्त करने के लिए नेपाल, तिब्बत और श्रीलंका के बौद्ध अध्ययन केंद्रों की सहायता ली। शिक्षा दीक्षा और ज्ञान साधना के दूसरे स्रोत के रूप में कभी यहां, कभी वहां—न जाने कितने स्थानों और लोगों के बीच घुमक्कड़ी करके ज्ञानान्वेषण और जीवनानुभव से नागार्जुन ने अपने को समृद्ध किया। शिक्षा दीक्षा और ज्ञान साधना के तीसरे केंद्र के रूप में नागार्जुन जनसंघर्षों के विद्यालयों से मृत्यु-पर्यंत सीख और सबक लेते-देते रहे। शास्त्रों की शब्दावली में कहें तो विद्या से कहीं ज़्यादा अविद्या ग्रहण करने का यह सिलसिला निरंतर जारी रहा।

उपुर्यक्त तीनों प्रकार की ज्ञानधाराओं ने नागार्जुन के स्रष्टा साहित्यकार और बहुज्ञ पंडित व्यक्तित्व का निर्माण किया। उनके समकालीन कवियों में क्या ऐसा भी कोई रचनाकार था, जो संस्कृत, पालि, प्राकृत, अपभ्रंश, बांग्ला, मराठी, गुजराती, सिंधी, मैथिली, भोजपुरी आदि भाषाओं में पारंगत हो? नागार्जुन के रचनाकार व्यक्तित्व की इन विशिष्टताओं के कारण ही एक ओर उनकी रचनावली में हम जनकविताएं पाते हैं; दूसरी ओर भारतीय काव्य पंरपरा में रचीबसी क्लासिक कृतियों की भी आभा देखते हैं। वाल्मीकि, कालिदास और भवभूति का गहरा प्रभाव नागार्जुन की सृजन-प्रक्रिया में परिलक्षित होता है। अष्टभुजा शुक्ल के शब्दों में यह कहना सटीक है कि संस्कृत काव्यशास्त्र के आचार्यों ने कवियों के लिए जिन-जिन निषिद्ध क्षेत्रों की घोषणा की थी, नागार्जुन उन वर्जित क्षेत्रों में प्रवेश कर अनुपम रचनाएं करते रहे हैं। जहां तक नागार्जुन की संस्कृत कविताओं का प्रश्न है, कमलेश दत्त त्रिपाठी यह बताते हैं कि संस्कृत काव्य की जनोन्मुख धारा वस्तुतः शूद्रक, धर्म कीर्ति, योगेश्वर, क्षेमेंद्र आदि के कृतित्व में स्पष्ट रूप से विद्यमान है। नागार्जुन अपनी संस्कृत, मैथिली, बांग्ला और हिंदी कविताओं में इसी दूसरी धारा से अपना रिश्ता जोड़ते हैं। इसलिए उनके कवि-व्यक्तित्व की सम्यक परख करते हुए इस बात को याद रखना आवश्यक है कि वे जनता के दुःख दर्द और संघर्ष के गायक-चितेरे होने के साथ-साथ एक ऐसे रचनाकार भी हैं जो जनता के बीच से पैदा होता है, अपने अंचल और स्वेदश की मिट्टी से अंकुरित-पल्लवित होता है। यह भी स्मरणीय और विशेष तौर पर उल्लेखनीय है कि जनकवि की यह संज्ञा उन रचनाकारों के लिए प्रचलित हुई थी जो टोले-मुहल्ले, हाट-बाज़ार, मेलेठेले, नुक्कड़ सभा, धरने-प्रदर्शन

तथा रेल के डब्बों में अपनी कविताएं सुनाते थे, वहीं रमे रहते थे और अपनी कविता-पुस्तिकाएं स्वयं ही बेचते थे। 1857 की पहली आज़ादी की लड़ाई के दौरान जनबोलियों तथा उर्दू-हिंदी के सक्रिय रचनाकारों ने जन-साहित्य की जिस परंपरा का सूत्रपात किया था, नागार्जुन उसी की अगली कड़ी बनकर सामने आये थे। बाबा रामचंद्र, राहुल सांकृत्यायन, कार्यानंद शर्मा, स्वामी सहजानंद सरस्वती के नेतृत्व वाले किसान-आंदोलनों के बीच जनबोलियों तथा उर्दू-हिंदी के जनकवियों की पूरी एक जमात मौजूद रही है।

नागार्जुन के प्रसंग में इसका प्रमाण स्वयं उनके बड़े बेटे शोभाकांत ने प्रस्तुत किया है। 'नागार्जुन रचनावली' के पांचवें खंड की भूमिका में उन्होंने उल्लेख किया है :

> '1942 में यात्री ने 'बूढ़वर' और 'विलाप' नाम से दो बुकलेट छपवायी। बूढ़वर में बूढ़वर नाम वाली कविता और विलाप में विलाप। ये दोनों बुकलेट्स उन दिनों हाटों, बाज़ारों, मेलों, रेल के डब्बों में खूब बिकीं। यात्री स्वयं भी कविता पाठ करके इन बुकलेटों को बेचा करते थे।'

ज़ाहिर है कि मैथिली की इन कविताओं की चर्चा गांव-गांव तक पहुंच गयी। हिंदू राष्ट्रवाद के उन्मादी नाथूराम गोड्से ने जब 1948 के 30 जनवरी के दिन प्रार्थना सभा में गांधी की हत्या की तो नागार्जुन ने 'शपथ' नाम से चार कविताओं (शपथ, तर्पण, गोड्से और मत क्षमा करना) की एक पुस्तिका छपवायी तो उसे जगह-जगह घूम कर नागार्जुन ने स्वयं भी उसकी बिक्री की तथा उस पुस्तिका को हिंदी-उर्दू क्षेत्र के अनेक कम्युनिस्ट कार्यकर्त्ताओं ने भी सारे उत्तर भारत में पहुंचा दिया। ज़ाहिर है कि हज़ारों की संख्या में इस पुस्तिका की बिक्री इसलिए भी संभव हो पायी चूंकि बिहार सरकार ने इसके प्रचार-प्रचार पर पाबंदी ही नहीं लगायी, कानूनी कार्रवाई करके नागार्जुन को गिरफ़्तार भी कर लिया था।

जन-कविता की इस परंपरा को व्यापक स्तर पर संगठित करने और आगे बढ़ाने के उद्देश्य से प्रगतिशील लेखक संघ ने इलाहाबाद में आयोजित 1947 के अपने अधिवेशन के दौरान जनबोलियों के रचयिताओं का स्वतंत्र सम्मेलन भी किया। 'संकेत' में प्रकाशित भगवत शरण उपाध्याय के 'प्रगति का ऐरावत' शीर्षक आलेख से पता चलता है कि उल्लिखित जनकवि सम्मेलन में अवधी के वंशीधर शुक्ल, ब्रजभाषा के मूढ़ जी और साहेब सिंह मेहरा, भोजपुरी के रामकेर, गंगाशरण पांडे और धर्मराज, मुंगेरी मगही के श्री नंदन और बैजनाथ कुम्हार, मैथिली के विजय जी, अंगिका मगही के अधिक लाल और कानपुरी आल्हा की रचना करने वाले सुदर्शन ने अपनी कविताएं सुनायी थीं। इन सभी रचनाकारों की काव्य-पुस्तिकाएं हज़ारों की संख्या में वहां बिकी, चूंकि विशाल श्रोतासमूह ने उन जनकवियों का दिल खोलकर स्वागत किया।

इन जनकवियों को हिंदी प्रकाशकों की वितरण-व्यवस्था पर कभी भरोसा नहीं रहा। नागार्जुन की भी यही स्थिति रही है। 10 सितंबर 1994 के दिन नागार्जुन ने रामविलास शर्मा को लिखे अपने पत्र में यह बताया कि :

'मैं क्या कर रहा हूं इन दिनों? झख नहीं मार रहा हूं भाई! एक नया धंधा ज़ोरों से शुरू कर दिया है, यानि?

यानि...एक प्रख्यात साहित्यकार हैं नागार्जुन साहब! मैं उन्हीं की चाकरी बजा रहा हूं आजकल! नागार्जुन-साहित्य का प्रचार-प्रसार करने का। ठेका ले लिया है। बुकसेलरी कर

रहा हूं—बिहार के सत्रह जिले हैं, पता है न? एक-एक करके सभी जिलों की धूल छानने का संकल्प लिया है। अभी पूर्णिया से वापस लौटा हूं। दो सप्ताह के अंदर दो हज़ार की पुस्तकें बेची हैं—अभी तीन ट्रिप पूर्णिया की ओर लगाऊंगा। ततः परम? सहरसा! ततः परम दो महीने का विश्राम—यानि जाड़ों में पटना बैठकर लिखाई चलेगी। होली के बाद छोटानागपुर जिलों की ख़ाक छानने का इरादा है।'

हिंदी के कुलीन भद्रसमाज में अभिजन लेखकों को कविता पुस्तकों के प्रकाशक नहीं मिल रहे थे, अज्ञेय और नेमिचंद्र जैन ने तारसप्तक के प्रकाशन की पृष्ठभूमि के रूप में इस तथ्य का खुलासा किया है। इस पृष्ठभूमि में आसानी से यह समझा जा सकता है कि नागार्जुन किस प्रक्रिया में जन-जन के बीच लोकप्रिय जनकवि बने।

तारसप्तक, दूसरा सप्तक आदि के प्रकाशन के साथ प्रयोगवाद तथा 'परिमल' नामक संगोष्ठी के संगठन-आयोजन के संदर्भ में यह उल्लेखनीय है कि स्वाधीन भारत के पूंजीवादी विकास की नीति के तहत शहरीकरण की जो प्रक्रिया शुरू हुई, उसके प्रवक्ता रचनाकारों के लिए स्वदेश का अभिप्राय था शहर, महानगर और अभिजन। परिमलवादियों की सांस्कृतिक-साहित्यिक परियोजना में गांव का अर्थ था भदेस (रस्टिक)। उनके स्वदेश में भदेस के लिए कोई जगह नहीं थी। इन लोगों की रचना-प्रक्रिया में व्यक्ति-स्वातंत्र्य और अमूर्त्त मानवाद को तो सम्मानित स्थान प्राप्त था, पर उत्पीड़ित जनगण की समस्या और उनके दर्दनाक हाहाकार के लिए कोई भी जगह नहीं थी। 1914 में ही अपनी एक मैथिली कविता 'कविक स्वप्न' में नागार्जुन ने जनपक्षधर साहित्य पर वैचारिक आक्रमण करने वाले कवियों का हुलिया पेश किया था :

तेरा मन दौड़ता है महलों की तरफ़
बड़े-बड़े धनिकों, दरबार की तरफ़!
ग़रीबों की तरफ़ किसी की जाती है नज़र
देखता है कौन मेरी अश्रुधार की तरफ़।
कर रहे अपनी प्रतिभा खर्च तुम
उन्हीं लोगों के सुखद स्वागत गान में,
जिनके रैयत फूट-फूट कर रो रहे हैं
घर-आंगन औ खेत-खलिहान में।

जब 'भारतमाता ग्रामवासिनी' के धूल भरे मैला आंचल की भावभूमि को तिलांजलि देकर सुमित्रानंदन पंत ने महर्षि अरविंद के अध्यात्म का चोला ग्रहण किया और 'स्वर्ण धूलि' तथा 'स्वर्णकिरण' नाम से अपने कविता-संग्रह प्रकाशित कराये तो नागार्जुन की एक कवित्वपूर्ण टिप्पणी 'कवि कोकिल' शीर्षक से प्रकाशित हुई। इस कविता में वे सत्ताधारी वर्ग के हित में पाले पोसे गये स्वप्ननीड़ के भस्मसात होने की चेतावनी देते हैं :

सुरभित चीनांशुक फैलाकर राखों पर, झूलों पर
अजी, धन्य हो कवि कोकिल तुम
आज नहीं तो कल अवश्य ही नंदनवन में आग लगेगी
भस्मसात होने वाला है नीड़ तुम्हारा
काम आयेगी स्वर्ण किरण की जाली

पैरा सूट बना लेना प्रिय
डैनों में रह गयी न ताक़त
उड़ तो क्या सकते हो!!

लगभग इन्हीं दिनों योगिराज अरविंद को संबोधित अपनी कविता में नागार्जुन उन्हें 'आज़ाद हिंद के पोप' की संज्ञा देते हुए कह चुके थे कि अपने आध्यात्मिक दर्शन द्वारा वे आंख मूंद कर 'क्षणिक सत्य की तुच्छ भूमि' से ऊपर उठकर चिदानंद की रोचक मदिरा बांट रहे हैं और उनके चेले 'शांतिपाठ करते फिरते हैं। विप्लव के क्षेत्रों में।' उन्हें एक जनधर्मी कवि की यह परिहासपूर्ण टिप्पणी भी सुनायी गयी थी कि उनकी ध्यान-धारणा से

बाहर आती स्वर्णकिरण की जाली
होने लगता रह-रह अंतः विस्फोट

तत्कालीन पत्र-पत्रिकाओं और साहित्यिक संगोष्ठियों के उसी सरगर्म माहौल में नागार्जुन की कविता को लेकर परिमल मंडली की ओर से कहा जा रहा था कि वे प्रचारवादी हैं भदेस कविता लिखते हैं; बल्कि यहां तक कि उन्हें कवि मानने से भी लगभग इनकार कर दिया गया था। जो लोग उनकी कविता में भदेस देखते थे, दरअसल वे स्वदेश को समझने से भी इनकार कर रहे थे।

ज़ाहिर है इस वितंडावाद में भी नागार्जुन अपना पक्ष रखते और उनसे पूछते हैं कि व्यक्ति-स्वातंत्र्य के रेशमी दुकूल के साथ उनके मुंह में रखी आत्मा की बांसुरी क्या कर रही है?

पता नहीं
कितने हैं छेद
तुम्हारी आत्मा की बांसुरी में!
बजती है, फूंक से,
अथवा बिन फूंके ही?
पता नहीं रूपहली या सुनहली
कैसी है तुम्हारी आत्मा की बांसुरी
पहाड़ी या देशवाली, किस बांस की बनी है?

परिमलवादियों के हृदय को ढूंढ़ते हुए उसे नागार्जुन देखते हैं 'विकट दरार में खोयी हुई मणि-सा'। इसके बाद वे सुनाते हैं :

आत्मा की बांसुरी से उठता है अनहद नाद
सुनने को जिसे अंतः श्रुति चाहिए
सर्वतंत्र स्वतंत्र, निर्लिप्त निरंजन कलाकार
अंतरतर के प्रति सर्वथा ईमानदार

अपनी अबूझ काव्यवस्तु और आत्मक्रीड़ा को तरह-तरह के रूपविधानों से अलंकृत करने वाली प्रयोगवादी-रूपवादी उद्‌भावनाओं में फंसे परिमलवादियों से नागार्जुन ने वाद-विवाद किया। 'वे और तुम' शीर्षक कविता इसी संदर्भ की एक कड़ी है :

वे लोहा पीट रहे हैं
तुम मन को पीट रहे हो

वे पत्तर जोड़ रहे हैं
तुम सपने जोड़ रहे हो
उनकी घुटन ठहाकों में घुलती है
और तुम्हारी घुटन?

इसके साथ ही शिल्प के अतिरंजित आग्रहों पर भी नागार्जुन ने टिप्पणी की :

मत करो पर्वाह क्या है कहना
कैसे कहोगे इसी पर ध्यान रहे
चुस्त हो सेंटेंस, दुरुस्त हो कड़ियां
पके इत्मीनान से गीत की बड़ियां
ऐसी भी जल्दी क्या है?
...
तलधर, घोलकर, बघार कर कहो
वस्तु है भूसी, रूप है चमत्कार
ध्वनि और व्यंग्य पर मरता है संसार।

एक जनपक्षधर कृतिकार की ओर से तत्कालीन रचनाशीलता के कलावादी-रूपवादी दुराग्रहों को लेकर व्यंग्योक्ति और उपालंभ व्यक्तिगत द्वेष की भावना से सर्वथा मुक्त है। यह चेतावनी उस समय ज़रूरी थी। चूंकि प्रगतिशील आंदोलन और प्रयोगवादी आंदोलन के बीच एक स्पष्ट विभाजन था। पहला जनोन्मुख सांस्कृतिक क्रियाकलाप था और दूसरा यूरोपीय-अमरीकी प्रेरणा से गढ़ा गया अभिजनमुखी सांस्कृतिक कर्म। नागार्जुन की उल्लिखित कविताएं इस अंतर को पूरी गहराई से उद्घाटित कर देती हैं। ख़ासकर इस बात की रोशनी में उपर्युक्त वक्रोक्तियों और टिप्पणियों का अभिप्राय पूरी तरह खुलता है, जब हम यह पाते हैं कि कविता के रूप विधान के क्षेत्र में जितने विविध प्रकार के प्रयोग नागार्जुन ने किये, प्रगतिशील कृतिकारों ने किये, जनबोलियों के रचनाकारों ने किये, उतने कलात्मक प्रयोग परिमलवादियों के यहां लाख ढूंढ़ने पर भी नहीं मिलते। सांस्कृतिक कर्म में नयी-नयी उद्भावनाओं और भावोन्मेष का स्रोत लोक, जन और हमारी परंपरा है। इस बात के प्रति प्रयोगवादी-परिमलवादी एक तरफ़ जहां सजग न थे, वहीं दूसरी ओर प्रयोग की विविधता की झूठी दुंदुभि बजाकर व्यक्तिवादी रचनाकार आत्मप्रतिष्ठा में डूबे हुए थे।

जनचेतना और संघर्ष की कविता

विजेंद्र नारायण सिंह

जन का अर्थ है समाज की श्रमजीवी जनता, जो भौतिक मूल्यों का उत्पादन करती है और वे वर्ग और सामाजिक श्रेणियां भी जो अपनी वस्तुगत अवस्था के कारण किसी देश और युग विशेष में प्रगतिशील ऐतिहासिक कार्यों को पूरा करती हैं। इस जन की रचना सामंती समाज से कुछ भिन्न होती है। जन और सर्वहारा में अंतर है। सर्वहारा कारखाने का मज़दूर वर्ग है, पर जन में बहुत छोटे किसान और भारत के संदर्भ में धन, धर्म और धरती से रहित दलित भी शामिल हैं। इस कारण जनचेतना की व्याप्ति सर्वहारा की चेतना से अधिक है। सामंत और पूंजीपति वर्ग से इतर जो है वह है जन। अतः यह भारत का आम आदमी है।

जन की वर्ग-चेतना जिस पल अपनी मांगों को व्यक्त करना शुरू करती है, वही पल होता है, जब वह एक संगत यथार्थ पैदा करती है जो समग्र प्रक्रिया में सक्रिय हस्तक्षेप है। हम पूंजीवादी समाज में जन की दुर्दशा को तथा उत्पादन की शक्तियों के हाथों उसकी असहाय दासता को प्रतिबिंबित होते देखते हैं। जनता के एक व्यापक वर्ग-चेतन समूह द्वारा राज्य की वास्तविक शक्ति का अधिग्रहण स्वयं बुर्जुआ समाज के आसन्न पतन की उपज होता है और इसलिए उसके अंदर उचित समय पर उसके आगमन की आर्थिक और राजनीतिक चेतना पायी जाती है। केवल जन ही समाज के यथार्थ को सक्रिय ढंग से भेद सकता है और उसे उसकी पूरी समग्रता में बदल सकता है। जन एक ही हमले में असमर्थता की दुविधा को नष्ट कर देता है। इस दुविधा को भाग्यवाद के रूढ़ नियमों ने जन्म दिया है।

मार्क्सवादी विचारधारा में जन की अवधारणा इसकी सामान्य अवधारणा से भिन्न है और इसका व्यावर्तक लक्षण है वर्ग का समावेश। पूंजीवादी और मार्क्सवादी धारा का एक अंतर जन के साथ रिश्ते को लेकर भी है। जन-चेतना सामंती और पूंजीवादी चेतना का प्रतिलोम है। यह मनुष्य के सामाजिक विकास की विकसनशील परिणति है। यह जनचेतना हमारे बीच है और हमारे चारों ओर है। ऐतिहासिक कारणों से जनचेतना सामंती समाज की अपेक्षा पूंजीवादी समाज में अधिक तीव्र हो गयी है और वर्ग-संघर्ष गहन हो गया है। जनचेतना की रचना जन को अपनी स्थिति के अहसास से होती है। यह अहसास उसकी आत्मगत चीज़ है जो उसकी वस्तुगत स्थिति से उत्पन्न होती है। इस जनचेतना का विकास सत्ता के लिए राजनीतिक संघर्ष से होता है। इसलिए संघर्ष का सीधा तात्पर्य राजनीतिक सत्ता के लिए जन का संघर्ष है। जनचेतना का विकास जन-आंदोलन पर निर्भर है और यह आंदोलन का रूप लेता है मज़दूर, छोटे किसान और दलित की एकजुटता से। ये सब मिलकर जन-आंदोलन और

जनचेतना का निर्माण करते हैं। इस जनचेतना का विकास बुद्धिजीवी के सहयोग से होता है क्योंकि अधिक प्रबुद्ध होने के कारण वे नेतृत्व प्रदान कर सकते हैं। यह जनचेतना समाज को समग्र रूप से प्रभावित करती है क्योंकि यह सजगता परिवर्तन लाने का माध्यम बनती है। चूंकि जनचेतना इस तरह परिभाषित होती है, इस कारण यह ऐतिहासिक रूप से आरोपित विषय बन जाती है। इस चेतना के विकास के कारण अपने आप में वर्ग (Class in itself), अपने लिए वर्ग (Class to itself) में रूपांतरित हो गया है। जहां चेतना का जागरण होता है वहां 'अपने लिए वर्ग' होता है। यदि चेतना को हम विचारधारात्मक अंतर्वस्तु से रहित कर देते हैं, तब कुछ नहीं बचता है। जन एक वर्ग के रूप में स्वयं को तब तक मुक्त नहीं कर सकता जब तक वह साथ ही साथ स्वयं वर्गीय समाज का उन्मूलन न कर दे। विचारधारा जन के लिए जंग का परचम नहीं होती, न वह उसके सच्चे उद्देश्यों के लिये किसी आवरण जैसी होती है वरन् वह स्वयं उद्देश्य और शस्त्र होती है। केवल जन की चेतना ही वह मार्ग खोलती है जो पूंजीवाद के गतिरोध से उसे बाहर ले जाती है। जन, यथार्थवाद और सत्य में जैव संबंध है। पूंज़ीवादी व्यवस्था के अंतर्गत जन इज़ारेदार पूंजीपतियों के ख़िलाफ़ खड़े हैं। पूंजीवादी समाज व्यवस्था पर एक सटीक निर्णय सुनाना, पूंजीवादी समाज को बेनक़ाब करना जन का सबसे अहम प्रकार्य है।

जन-चेतना

रूसी आलोचक बेलिंस्की ने लिखा है कि सच्ची कविता वही है जो जनता के साथ रिश्ता व्यक्त करती है। जन ही वह क्षेत्र है जहां विचारधारा और राजनीति कविता में अपने को अभिव्यक्त करती है। नागार्जुन ने ऐसी कविताएं लिखीं जिनमें जनता का संघर्ष है। जनचेतना नागार्जुन की रचना में आदि से अंत तक है और इस कारण यह रिश्ता एक सौंदर्यपरक अमूर्त्तन बन गया है। संघर्ष की कविता से सीधा तात्पर्य राजनीतिक सत्ता के लिए जन का संघर्ष है। नागार्जुन खांटी राजनीतिक कवि हैं। उनमें जन ऐतिहासिक प्रक्रिया की निर्णायक शक्ति है। इतिहास की रचना प्रधानमंत्री निवास या राष्ट्रपति भवन में नहीं, मंत्रियों के निवास स्थान तथा संसद भवनों में नहीं बल्कि खानों और कारखानों में, खेतों और खलिहानों में, दुकानों में, निर्माण स्थलों पर, भौतिक उत्पादन के क्षेत्र में होती है। मंदिरों और राजभवनों से उतर कर नागार्जुन की कविता जन के इन्हीं क्रियाकलापों के बीच रची गयी है। पूंजीवादी समाज में बुर्जुआ राजनीति और प्रगतिशील रचनाकार की रचना में निरंतर संघर्ष चलता रहता है और बहुत बार अनजाने रूप से ही रचनाकार बुर्जुआ व्यवस्था का विध्वंसक बन जाता है। स्वयं को जन के प्रतिनिधि के रूप में रखता हुआ कवि लिखता है :

मैं रूपक हूं दबी हुई दूब का
हरा हुआ नहीं कि चरने दौड़ते।

यह कवि की ही नियति नहीं, जन की भी नियति है। यानी जन को सब लूटते हैं। नागार्जुन की विचारधारा मार्क्सवाद है जिसके केंद्र में जन है। उन्होंने सामंती और पूंजीवादी दोनों को तिरस्कृत कर जन को व्यवस्था-विमर्श के केंद्र में प्रतिष्ठित किया।

नागार्जुन की सोच को तैलंगाना के विद्रोह ने विचारधारा का रूप दे दिया। उनके जनवाद का उत्स यही है। मार्क्सवाद का प्रभाव 1948 से उनकी कविताओं में दीखने लगता है। हालांकि

लेनिन की वंदना में एक कविता उन्होंने 1944 में ही लिखी थी। तैलंगाना में विद्रोह की वंदना उन्होंने 'लाल भवानी' नामक कविता में की। 1948 ही वह वर्ष है जब नागार्जुन की रचनात्मकता परवान चढ़ती है। इस साल उन्होंने जनपीड़ा की अनेक कविताएं लिखीं। 'सच न बोलना' नामक कविता में वे शोषक वर्ग की तस्वीर यों पेश करते हैं :

ज़मींदार हैं, साहुकार हैं, बनिया है, व्यापारी है
अंदर-अंदर विकट कसाई, बाहर खद्दरधारी है।
सब घुस आये, भरा पड़ा है, भारतमाता का मंदिर
एक बार तो फिसले अगुआ, फिसल रहे हैं फिर फिर फिर।

कविता लेखन का आरंभ उन्होंने जन से तो नहीं किया पर जन तक पहुंचने में उन्हें थोड़ा ही समय लगा। 1944 ई...में प्रकाशित 'महामानव लेनिन' शीर्षक कविता में वे सीधे जन-चेतना को परिभाषित करते हैं :

जन चेतना
तन-मन लगाकर
मथते हैं सागर
अमृत निकाल कर
पीते हैं ढाल-ढाल कर
स्वयं उत्पादक
स्वयं हम विभाजक।

यानी जन-चेतना है श्रम की संस्कृति। श्रम की संस्कृति ही जन और अभिजन का पार्थक्य रचती है। नागार्जुन ने भारतीय जन को सर्वहारा के रूप में देखा है। यानी जिसके पास कुछ नहीं है वे उसकी विपन्नता के अनेकशः चित्र देते हैं।

स्वाधीनता प्राप्त करने के बाद राजनीतिक दासता से मुक्ति मिली किंतु सवाल रोजी-रोटी का है, जीविका का है। यदि जनता का पेट नहीं भरता है तो आज़ादी केवल काग़ज़ का टुकड़ा बन कर रह जाती है। राष्ट्रगीत के 'जनगणमन' को स्वाधीन देश की सरकार ने मखौल बना दिया है। यथा :

जनगणमन अधिनायक जय हो, प्रजा विचित्र तुम्हारी है
भूख-भूख चिल्लाने वाले अशुभ, अमंगलकारी है।

भारत की स्वाधीनता के संबंध में उनका मत भारतीय साम्यवादी दल वाला ही है। वे भारत की स्वाधीनता को जनता के साथ दग़ाबाज़ी मानते हैं। उनकी राजनीतिक कविता का यह भी एक प्रस्थान बिंदु है। 1948 के स्वाधीनता दिवस पर वे लिखते हैं :

जन्मदिन शिशु राष्ट्र का है
आज ही तुम मिल गये थे
दुश्मनों से, गुनहगारों से
छोड़कर संघर्ष का पथ
भूलकर अंतिम विजय की घोषणाएं
भोंककर लंबा छुरा तुम सर्वहारा जनगणों की पीठ में
लड़खड़ा कर गिर पड़े आज ही के रोज़

स्पष्ट ही नागार्जुन का जन सर्वहारा ही है जो ऊपर की पंक्ति में स्पष्ट है। 1960 में स्वाधीनता के तेरह साल बीतते हैं। तब भी जन का वही हाल है। बेहतरी का कोई प्रमाण नहीं मिलता है। 'बीते तेरह साल' कविता में वे लिखते हैं :

अंदर संकट, बाहर संकट, संकट चारों ओर
जीभ कटी है, भारतमाता मचा न पाती शोर
देखो धंसी-धंसी ये आंखें, पिचके-पिचके गाल
कौन कहेगा, आज़ादी के बीते तेरह साल?

और इस जन की एक प्रजाति है प्राथमिक पाठशाला का शिक्षक। इस पाठशाला में पढ़ाते दुखरन मास्टर की यह छवि है :

घुन खाए शहतीरों पर की, बाराखड़ी विधाता बांचे
फटी भीत है, छत चूती है, आले पर बिसतुइया नाचे
बरसा कर बेबस बच्चों पर मिनट-मिनट में पांच तमाचे
इसी तरह से दुखरन मास्टर गढ़ते हैं आदम के सांचे।

दुखरन मास्टर आज़ादी की निष्फलता की छवि प्रस्तुत करते हैं। उनकी उक्ति है : 'जन-सामान्य हमारी आशाओं के प्राण केंद्र हैं।'

संघर्ष की कविता

ग़रीबी से बढ़कर कोई दुख नहीं होता है, **'नहि दरिद्र सम दुख जग माही।'** आदमी चेतना शून्य होने लगता है। उसमें जीवन का स्पंदन नहीं रहता है। इस चेतना-शून्यता को रेखांकित करते हुए कवि लिखता है :

दरअसल तुम्हारे जिस्म के कुछ ही हिस्से जिंदा
दरअसल तुम्हारे दिल और दिमाग़ के अंदर
ढेर-सा कूड़ा सुरक्षित है
दुनिया हमसे पूछती है
लोथ की अखंडता भला किस काम की?
पुराने रोगों के अपने कीटाणुओं ने तो
तुमको लोथ बना रखा है न?

इस कविता का शीर्षक है 'हुकूमत की नर्सरी।' हुकूमत ऐसी है जिसने अपने लाभ के लिए जनता को लोथ बना रखा है। स्वाधीन भारत की सरकारी नीति की यह शव-परीक्षा है।

सत्ता के लिए जन के संघर्ष में वे सीधे हिंसा का समर्थन करते हैं। जन ने निकाला है स्वयं की मुक्ति का मार्ग। कवि कहता है :

मशीनों पर और श्रम पर,
उपज के सब साधनों पर
सर्वहारा स्वयं करेगा अपना अधिकार स्थापित
दूहकर वह आंत जोंकों की, मिटा देगा धरा की प्यास
करेगा आरंभ अपना स्वयं ही इतिहास।

संघर्ष आवश्यक है। समतामूलक समाज की स्थापना के लिए पहले उग्र संघर्ष आवश्यक

है। यथा :

रुद्रता अनिवार्य होगी भद्रता के पूर्व
सर्वहारा वर्ग के नील लोहित फूल,
तुम बहुतेरा फलो-
टुकड़ी के बहादुर बंधु!

जनता की अनंत शक्ति को वे संघर्ष की अनंत चेतना के रूप में यों निरूपित करते हैं :

हे महारुद्र, हे निर्मोही
हे शाश्वत मल के महाकाल
तुम मानवता के दूषित गलित अवयवों पर
प्रलयांतवह्नि बन बरस रहे
हो रहा तुम्हारे लोहित नील स्फुलिंगों से
त्रिभुवन का तम-तोम हरण
हे कोटिशीर्ष, हे कोटि बाहु, हे कोटिचरण।

नागार्जुन ने कई कविताओं में जन और भद्र के पार्थक्य को रेखांकित किया है पर इस पार्थक्य को रेखांकित करने वाली सबसे अच्छी कविता 'वे और तुम' है :

वे हुलसित हैं
अपनी ही फसलों में डूब गये हैं
तुम हुलसित हो
चितकबरी चांदनियों में खोये हो
उनको दुख है
नये आम की मंजरियों को पाला मार गया है
तुमको दुख है
काव्य-संकलन दीमक चाट गये हैं।

ये हैं दो वर्ग : दो संस्कृतियां। एक है मिथ्या संस्कृति जो पूंजीपतियों, भद्रलोक के जीवन से उत्पन्न है, एक ऐसी संस्कृति जो अमानुषिकता और भोगवाद का प्रचार करती है। दूसरी है जो मनुष्य जाति के सामने स्वाधीनता के ऊंचे मूल्य, शांति और मनुष्य के व्यक्तित्व का मानवीय प्रश्न प्रस्तुत करती है। यह परस्पर विरोधी चेतना की कविता है। चेतना के ऐसे प्रतिलोम की रचना हिंदी के किसी और कवि ने नहीं की है। लक्ष्मी वाहन उलूक है और ग्रीक पुराकथा में इसका प्रतिरूप है मिनर्वा। पैसा आदमी को अमानुषिक और अंधा बना देता है। हेगेल ने लिखा है : 'जब शाम का धुंधलका गहराने लगता है तभी मिनर्वा का उल्लू अपने पंख फैलाता और उड़ता है।'

नागार्जुन की चेतना में श्रमजीवी और काश्तकार हावी रहे हैं। उनकी चेतना की संरचना यही है। उनकी कविताओं में परिवर्तन और संघर्ष यथार्थ के दो चरण हैं। संघर्ष परिवर्तन के लिए है। यहां मार्क्स नागार्जुन की आंखों में उंगली डाल कर बतलाते हैं : 'दार्शनिकों ने तरह-तरह से विश्व की केवल व्याख्या की है, असल सवाल इसे बदलने का है।' (मार्क्स : फायरबाख संबंधी प्रस्थापनाएं)। समाज को बदलने का आह्वान कवि नागार्जुन करते हैं :

सड़ गयी है आंत
पर दिखाये जा रहे हैं दांत
छोड़कर संकोच, तजकर लाज
दे रहा है गालियां यह जीर्ण-शीर्ण समाज
खोलकर बंधन, मिटाकर नियति के आलेख
लिया है मुक्तिपथ को देख।

नदी पार कर लेने पर नाव को लादकर कोई नहीं चलता। पंत ने कहा था, 'द्रुत झरो जगत के जीर्णपत्र।' नया समाज बनाने के लिए संघर्ष करना पड़ता है।

नागार्जुन को इतिहास में जनता की ताक़त का एहसास है। 'अन्न पचीसी' कविता में कहते हैं :

कूच करेंगे भुक्खड़, थर्रायेगी दुनिया सारी
काम न आयेंगे स्त्री भर विधि-निषेध सरकारी।

भारतीय साम्यवादी दल की राजनीति ही उनकी राजनीतिक कविता का आधार रही है। उसी की दृष्टि से उन्होंने भारतीय लोकतंत्र की धज्जी उड़ायी है। पर, भारतीय साम्यवादी दल के विचलन की उन्होंने खुलकर भर्त्सना की। उन्हें लगा कि भोग की लालसा में साथी भी भद्रजन का जीवन जीने लगे हैं :

आग उगलते थे जो साथी
चिकने उनके गाल हो गये।

आपातकाल का उन्होंने विरोध किया था जबकि भारतीय साम्यवादी दल उसके समर्थन में खड़ा था। उन्होंने इसका सीधा विरोध किया है :

तेवर तो हैं छद्म वाम के
दक्षिणपंथी भोगलाग की विकट गंध है
पतन और विच्युत विभ्रम का जरासंध है।

कवि नागार्जुन का संघर्षशील मन प्रतिबद्ध है। उनकी कविता जन के विचारों और आकांक्षाओं से एकाकार है। अपनी प्रतिबद्धता की व्याप्ति का वे यों निरूपण करते हैं :

प्रतिबद्ध हूं, जी हां प्रतिबद्ध हूं
बहुजन समाज की अनुपल प्रगति के निमित्त
संकुचित 'स्व' की आपाधापी के निषेधार्थ
अविवेकी भीड़ के 'भेड़ियाधसान' के ख़िलाफ़
अंध-बधिर व्यक्तियों को सही राह बतलाने के लिए
अपने आप को भी 'व्यामोह' से उतारने की खातिर
प्रतिबद्ध हूं, जी हां, शतधा प्रतिबद्ध हूं।

कविता लंबी है और जीवन के सभी क्षेत्र, समाज के सभी प्रसंग इस प्रतिबद्धता के वृत्त में आ गये हैं। विचारों के बिना कोई प्रतिबद्धता नहीं होती है। इस कारण प्रबिद्धता का संबंध कवि की विश्वदृष्टि से है। उनकी विश्वदृष्टि का संबंध सीधे जन की चेतना से है। प्रत्येक यथार्थवादी कविता जन से जुड़ी होती है। वह जन-कवि इस अर्थ में भी हैं कि वे वर्तमान क्षण की सेवा में हैं, आज के समय में यथार्थ के मुंशी हैं, जन के दर्द के दस्तावेज़कार हैं।

उनकी प्रतिबद्धता इस बात में सन्निहित है कि उनकी पूरी प्रतिभा, उनकी पूरी साधना जन को समर्पित है। उनके लिए कविता का एक ही लक्ष्य है जन के लिए संघर्ष और जन की सेवा कविता या कला में प्रतिबद्धता और बातों के अतिरिक्त एक सौंदर्यानुभूति भी है जो कि एक साथ ही कलात्मक रचना की विशिष्ट प्रकृति और रचनाकार की निजता को भी प्रकट करती है। इसी बिंदु पर केदारनाथ अग्रवाल और नागार्जुन का अंतर स्पष्ट होता है।

नागार्जुन संघर्ष के कवि हैं, विद्रोह के कवि हैं और यह संघर्ष और संघर्षशील जीवट का प्रमाण है। यह संघर्ष उनका असल चेहरा है। उनके स्वप्न और उनके संघर्ष एकाकार हो गये हैं। स्वप्न जनचेतना का है और संघर्ष उसको स्थापित करने का है। ऐसे में क्रांति का क्षण स्वयं ही लक्ष्य बन जाता है; या एक भविष्य सूचक या समूह सुखबोध बन जाता है। यह अस्तित्व का रूपांतरण जैसी बड़ी चीज़ है न कि उत्पादन के संबंध या कानूनी संबंध के परिवर्तन की कोशिश। यह तो मानना होगा कि उनकी कविताओं में साम्यवाद और आतंकवाद का पुराना झगड़ा सर उठाता है। मार्क्सवाद उनकी विचारधारा है पर नक्सलवाद जैसे आतंकवादी आंदोलन को भी वे शह देते हैं। संपूर्ण क्रांति जैसी अराजक अवधारणा के पक्षधर बन जाते हैं। इस विचारधारात्मक उलझन में असली चीज़ है उनकी ईमानदारी। परिवर्तन की आकांक्षा और संघर्ष के मार्ग के संबंध में उन्हें कोई संदेह नहीं है। उनकी कविता की वास्तविक ताक़त यही प्रतिरोध की शक्ति है। उनकी कविता में संघर्ष का लक्ष्य है मेहनतकश लोगों द्वारा सत्ता पर अधिकार प्राप्त करना। उनकी कविता का नायक बहुत स्पष्ट है : जन। नागार्जुन ने कविता लिखना 1936 से शुरू किया था और यही 'कामायनी' के प्रकाशन और छायावाद के अंत का काल है। उनकी कविताओं से हिंदी कविता व्यक्तिवाद की कुहा से निकलकर जनचेतना के प्रकाश में आ जाती है। वह छायावादी भाषा की कुहा से भी बाहर निकलती है। व्यक्तिवाद का भाषा की कुहा से कोई न कोई संबंध है। नागार्जुन ने भाषा खेतों, खलिहानों और मज़दूरों से ली है।

कवि नागार्जुन प्रकृति से विद्रोही हैं। मार्क्सवाद उनका वैचारिक आधार ज़रूर है पर जहां उसका विचलन होता है वहां वे उसे भी नहीं बख्शते हैं। एक कवि अपनी प्रकृति से ही प्रतिरोधक होता है। वह सत्ता का दुश्मन होता है, व्यवस्था का शत्रु होता है। उन्हें स्वयं इसका अहसास है :

हमने तो रगड़ा है
इनको भी, उनको भी, उनको भी।

रगड़ा तो उन्होंने हर किसी को। किसी को नहीं बख्शा है, न कांग्रेसियों को, न साम्यवादियों को, न चीनियों को, न सोवियत रूस को, न नेहरू को और न इंदिरा गांधी को। उनकी आत्मा एक परम ईमानदार व्यक्ति की आत्मा है। जहां बेईमानी देखी, वहां वे क्रुद्ध हो जाते हैं। वे ऐसा बुद्धिजीवी हैं 'जो न तो किसी के राज्य में रहते हैं न किसी के अन्न पर पलते हैं। स्वराज्य में विचरते हैं और अमृत पीकर जीते हैं' (जयशंकर प्रसाद)। एक सच्चा बुद्धिजीवी, एक यायावर। अपने ढंग के करपात्री, अपने ढंग के अग्निहोत्री। इसी यायावरी ने उन्हें एक योद्धा का कलेजा और एक कवि का विद्रोही स्वभाव प्रदान किया।

परिणत प्रज्ञा का काव्यसंसार

गोपेश्वर सिंह

कवि रूप में नागार्जुन से मेरा परिचय 1974 में हुआ। लोकनायक जयप्रकाश नारायण के नेतृत्व में बिहार में छात्रों-युवाओं का आंदोलन उभार पर था। जयप्रकाश जी की सभाओं में और नुक्कड़ों-चौराहों पर होने वाले धरना-प्रदर्शनों में यह कविता पढ़ी जाती थी :

क्या हुआ आपको?
क्या हुआ आपको?
सत्ता की मस्ती में भूल गयीं बाप को?
इंदु जी, इंदु जी, क्या हुआ आपको?

यह नागार्जुन की कविता थी। पटना की सड़कों पर जब लोकनायक पर पुलिस ने लाठियां बरसायीं तो एक और कविता लोगों की ज़बान पर आयी—जयप्रकाश पर पड़ीं लाठियां लोकतंत्र की। यह कविता भी नागार्जुन की थी। और इस तरह कवि नागार्जुन से मेरी पहली मुलाकात एक विशाल जनांदोलन के दौरान हुई। तब मैं नागार्जुन को जानता नहीं था। स्नातक का छात्र था। पाठ्यक्रम में शामिल कवियों को ही प्रायः जानता था।

जहां तक मुझे याद है, नागार्जुन की कोई कविता, बिहार के पाठ्यक्रमों में नहीं थी। जबकि उनके समकालीन अनेक गौण कवियों की कविताएं थीं और उन्हें हम जानते थे। नागार्जुन की इस उपेक्षा का कारण उनका कम्युनिस्ट होना और जनांदोलनों के साथ जुड़ा होना ही था। तब तक कम्युनिज्म कवियों-लेखकों के लिए सिर्फ़ बौद्धिक सचेतनता का दर्शन भर नहीं था, वह अग्निपथ था, जिस पर जाने का मतलब था उपेक्षा और तबाही को न्योता देना। आज प्रगतिशील या जनवादी कवि कहलाने में कोई जोखिम नहीं है। यह प्रकाशन, चर्चा, पुरस्कार आदि का राजपथ है।

तब खोना ही खोना था, आज पाना ही पाना है। नागार्जुन के संघर्ष और प्रतिबद्धता से आज की प्रगतिशील-जनवादी कविताओं की तुलना नहीं हो सकती। बहरहाल, नागार्जुन अपनी कविताओं और राजनीतिक कार्यों के ज़रिये तबाही-बर्बादी को न्योता दे चुके थे, स्वाभाविक था कि उनकी कविताएं न तो पाठ्यक्रम में थीं और न उनकी काव्य-पुस्तकें कायदे से प्रकाशित थीं। युगधारा (1953), सतरंगे पंखों वाली (1959), प्यासी पथरायी आंखें (1963) और तालाब की मछलियां (1974) संग्रह के लेखक-प्रकाशक खुद नागार्जुन थे और वे उन्हें झोले में रख कर घूम-घूम कर बेचा करते थे। शिक्षित समाज के बीच उनकी कवि रूप में ठीक से मान्यता भी नहीं थी। वे राजनीतिक प्रोपेगंडा के कवि माने जाते थे।

जो लोग नागार्जुन के समकालीन अन्य कवियों की उपेक्षा और प्रगतिशीलों द्वारा उनकी आलोचना से विचलित होते हैं, उनका ध्यान इस तथ्य की ओर जाना चाहिए। 1974-75 तक कवि के रूप में नागार्जुन की स्वीकृति उस बिहार में नहीं थी, जहां के वे निवासी थे। प्रभाकर माचवे के संपादन में 1978 में पहली बार 'आज के लोकप्रिय कवि' शृंखला में नागार्जुन शामिल किये गये। उस समय तक नागार्जुन का कोई काव्य संग्रह किसी प्रकाशक ने प्रकाशन योग्य नहीं माना था। उनके उपन्यास छापने वाले प्रकाशक भी उनकी कविताएं नहीं छापते थे। ऊपर जिन संग्रहों का जिक्र हुआ है उनके अतिरिक्त चना ज़ोर गरम, खून और शोले, प्रेत का बयान आदि काव्य पुस्तिकाएं भी नागार्जुन ने खुद छापी थीं, जिन्हें घूम-घूम कर वे बेचते थे।

यह सहज अनुमान का विषय है कि झोले में काव्य पुस्तिकाएं लेकर घूमने वाले और उन्हें गा-गाकर बेचने वाले नागार्जुन की कैसी कवि-छवि तथाकथित साहित्यिक समाज के बीच रही होगी? इसके बावजूद जनसंघर्षों से जुड़े और सहानुभूति रखने वाले लोगों के बीच नागार्जुन का सम्मान था। उनके बीच वे रमते थे और कवि रूप में उनका आदर भी था।

नागार्जुन को पहली बार 1975 में इमरजेंसी लगने से पहले देखा। बिहार के सीवान में छात्रों-युवाओं की एक सभा को वे संबोधित कर रहे थे। अपनी कविताएं भी सुना रहे थे। उस सभा में मैं भी था। वहीं पुलिस ने उन्हें गिरफ़्तार किया और बक्सर जेल में डाल दिया। कुछ दिन बाद ही इमरजेंसी लग गयी और जेपी सहित विरोधी दलों के नेता गिरफ़्तार कर लिए गये। प्रेस पर सेंसरशिप लागू हो गयी।

इमरजेंसी के बीच में ही अख़बारों से मालूम हुआ कि नागार्जुन जेल से छूट गये। यह भी सुना कि वे पैरोल पर छूटे हैं। बाहर आकर उन्होंने जयप्रकाश जी के ख़िलाफ़ बयान दिया। वह बयान अभद्र भाषा में था। जयप्रकाश और नागार्जुन के प्रति सम्मान रखने वाले हम छात्रों-नौजवानों के लिए यह एक झटका था। आखिर ऐसा क्यों किया नागार्जुन ने? हम प्रश्न से भरे थे, लेकिन नागार्जुन तो नागार्जुन थे। जेल में रह कर उन्होंने जयप्रकाश के साथ जुड़ी उन सांप्रदायिक शक्तियों का शायद असली मकसद समझा था। वे यह देखने में सफल हुए थे कि जयप्रकाश जी का इस्तेमाल कर सांप्रदायिक-फ़ासीवादी ताक़तें किस तरह राजनीतिक वैधता हासिल करने के चक्कर में हैं।

उन्होंने जो कड़ा बयान दिया उसके मूल में यह वजह तो थी ही, शायद एक दूसरी वजह भी थी। भाकपा से जुड़े होने के बावजूद वे जेपी आंदोलन में सक्रिय थे। पार्टी के कुछ लोगों को नागार्जुन की यह भूमिका पसंद नहीं थी। कहा जाता है कि पार्टी से जुड़े खगेंद्र ठाकुर और नंदकिशोर नवल की पहल पर नागार्जुन ने यह बयान दिया था। जो भी हो, नागार्जुन इस रूप में हमारे सामने थे और जन संघर्ष के कवि रूप में हमारे सम्मान के पात्र भी।

1977 में जब इमरजेंसी हटी और केंद्र और कई प्रदेशों में जनता पार्टी की सरकार आ गयी तो उसके अंतर्विरोधों और क्रियाकलापों पर नागार्जुन लगातार काव्यात्मक टीका-टिप्पणी करते रहे। उस दौर को उन्होंने 'खिचड़ी विप्लव' नाम दिया। आज हमें लगता है कि नागार्जुन का वह आकलन ग़लत नहीं था। वे ज़मीन से जुड़े कवि-लेखक थे, इसीलिए अपने सहज अनुभव से राजनीति और समाज की सारी बारीकियां वे समझ लेते थे, जिसे बहुतेरे बुद्धिजीवी पोथियों के ज़रिये समझा करते हैं। वे न सिर्फ़ राजनीतिक घटनाक्रमों के अच्छे विश्लेषक

थे, बल्कि व्यक्तियों को भी समझने में माहिर थे। वह व्यक्ति चाहे साहित्य का हो या राजनीति का।

मुझे याद है, पटना के दो आलोचकों के बारे में की गयी उनकी अत्यंत तीक्ष्ण टिप्पणी। वे दोनों आलोचक बिहार में प्रगतिशील लेखक संघ के कर्ताधर्ता थे। बाबा अक्सर उनके यहां ठहरते थे। बावजूद इसके उनके आलोचनाकर्म के प्रति वे अत्यंत कठोर थे। एक आलोचक, जो पटना विश्वविद्यालय में तब प्राध्यापक थे, की आलोचना के बारे में नागार्जुन की टिप्पणी थी-'उनकी आलोचना सफ़ेद तरबूज की तरह है। काटो तो कोई रंग नहीं, खाओ तो बेस्वाद। हाजमा अलग से खराब।' दूसरे आलोचक, जो भागलपुर विश्वविद्यालय की अध्यापकी छोड़ कर कम्युनिस्ट पार्टी के होलटाइमर थे, पर बाबा की टिप्पणी थी-' ये महाशय हाथी छाप आलोचक हैं। इनकी आलोचना धम्म-धम्म चलती है, हाथी की तरह। कोई गति नहीं है।'

एक तीसरे आलोचक, जो दिल्ली निवासी थे और जनवादी लेखक संघ के कर्ताधर्ताओं में से थे और अब उत्तरआधुनिक मीडियाकर्मी हो गये हैं, की आलोचना के बारे में बाबा अक्सर बड़ी मज़ेदार टिप्पणी करते थे। संयोग यह कि बाबा दिल्ली में होने पर उनके यहां भी रुकते थे। बाबा कहते थे, 'यह हिरणछाप आलोचक हैं। यूं सूंघा यूं उछला।' ऐसा कहते हुए हाथ से हिरण के ज़मीन सूंघने और तत्क्षण उछलने का अभिनय भी करते थे। हिरण के ज़मीन सूंघने और उछलने से उनका आशय पश्चिमी साहित्य चिंतन की गंध लगते ही हिंदी में बिना सोचे-समझे उछलने से था।

ऐसा नहीं है कि बाबा अपने मित्रों की कमज़ोरियों पर ही चुटीली टिप्पणियां करते थे, उनके व्यक्तित्व की ताक़त की भी ठीक-ठीक पहचान करते थे। एक बार वे पटना के एक फुटपाथी होटल में रोटी-सब्जी खा रहे थे, जहां आमतौर पर मज़दूर ही खाया करते थे। हम सामान्य किसान परिवारों के थे, हमारे पास पैसे अक्सर नहीं होते थे। फिर भी हम ऐसी जगहों पर नहीं खाते थे। बाबा का वहां रोटी खाना हमें हैरत में डाल गया। हमने बाद में पूछा, 'बाबा फणीश्वरनाथ रेणु यहां रोटी खाते या नहीं?' रेणु का कुछ ही समय पहले निधन हुआ था। बाबा और वे दोनों जेपी आंदोलन में साथ थे। दोनों में मित्रता थी। लेकिन रेणु परिष्कृत रुचि और कायदे के वस्त्र-विन्यास और खानपान के व्यक्ति थे। हमारे प्रश्न पर बाबा चुप रहे और चलते रहे। गंभीरतापूर्वक सोचने लगे थे। फिर वे रुके और हमसे मुख़ातिब हुए-'नहीं, रेणु यहां रोटी नहीं खाते, लेकिन वे इन लोगों के लिए गोली ज़रूर खा लेते।' उनका यह उत्तर साहित्यकार की जन प्रतिबद्धता का दूसरा आयाम उद्‌घाटित कर रहा था।

तब तक हमारी समझ थी कि जो साहित्यकार किसानों-मज़दूरों-सा रहता है, उनके बीच उठता-बैठता है वही सच्चे अर्थों में जनप्रतिबद्ध है। नागार्जुन ने उस दिन हमारी आंखें खोलीं कि इसके बावजूद लेखक जनता के साथ होता है। जनता जैसा होना और उनके बीच रोटी खा लेना ही आखिरी पहचान नहीं है। तब हमारा ध्यान रेणु के राजनीतिक संघर्ष पर गया। अपनी परिष्कृत जीवन शैली के बावजूद रेणु जनपक्षधर और परिवर्तनकामी आंदोलनों से जुड़े लेखक थे। नागार्जुन के इस कथन से यह जाहिर हो रहा था कि जनपक्षधरता के एक आयाम नागार्जुन हैं तो दूसरे रेणु।

नागार्जुन जनांदोलनों के कवि हैं। स्वतंत्र भारत का कोई ऐसा जन आंदोलन नहीं, जिसके साथ नागार्जुन की कविता खड़ी न हो। वह चाहे कम्युनिस्ट पार्टी के नेतृत्व में चलने वाला

किसान आंदोलन हो, तैलंगाना, नक्सलवाड़ी, जेपी आंदोलन हो या कोई और आंदोलन। इसी तरह दुनिया में चलने वाले विभिन्न मुक्ति संघर्षों के साथ उनकी कविता खड़ी मिलती है। इसकी वजह यह है कि जनता की मुक्ति के सवाल पर नागार्जुन के भीतर कोई दुविधा नहीं है। अपने अन्य समकालीन कवि-मित्रों की तरह वे न तो एज़रा पाउंड और इलियट की चक्करघिन्नी में पड़ते हैं और न कोई रहस्यमयी गुफा उन्हें आकर्षित करती है। अपनी एक कविता में वे साफ़-साफ़ कहते हैं :

जनता मुझसे पूछ रही है क्या बतलाऊं।
जनकवि हूं मैं सत्य कहूंगा क्यों हकलाऊं?

1940 की लिखी 'भारतेंदु' नामक अपनी प्रसिद्ध कविता में उनकी साहित्य चेतना के साथ अपने को जोड़ते हुए वे लिखते हैं :

हिंदी की है असली रीढ़ गंवारू बोली,
यह उत्तम भावना तुम्हीं ने हममें घोली।
हे जनकवि सिरमौर!
सहज भाषा लिखवइया,
तुम्हें नहीं पहचान सकेंगे बाबू भइया।

बाबू-भइया यानी अभिजन वर्ग। यानी संभ्रांत तबक़ा। नागार्जुन का सारा काव्य-संघर्ष कविता में अभिजन रुचि के समांतर नये और लोकधर्मी काव्य-संसार की रचना का संघर्ष है। उनका काव्य-संघर्ष अपने समकालीन कवियों, मसलन, अज्ञेय, शमशेर और मुक्तिबोध से अलग है। इन कवियों की काव्य-चेतना शहरी मध्यवर्ग की है। मध्यवर्गीय जीवन, स्वप्न, संघर्ष और सौंदर्यचेतना के साथ मध्यवर्गीय द्वंद्व इन कवियों की काव्यभूमि है। इनकी तुलना में नागार्जुन की काव्यभूमि अत्यंत 'विपुल और विषम' है।

साही 'लघुमानव' को नयी कविता की कसौटी बनाते हैं और नयी कविता का सर्वश्रेष्ठ कवि अज्ञेय को घोषित करते हैं। यह लघुमानव शहरी मध्यवर्ग का प्रतिनिधि चरित्र है। नामवर सिंह व्यंग्य, विडंबना और तनाव को कविता का नया प्रतिमान बताते हैं जिसका सर्वश्रेष्ठ कवि मुक्तिबोध को घोषित करते हैं। 'अंधेरे में' का काव्यनायक या मुक्तिबोध की दूसरी कविताओं का काव्यनायक इस शहरी मध्यवर्ग का ही प्रतिनिधि चरित्र है। इनकी तुलना में नागार्जुन की काव्यभूमि काफ़ी विस्तृत है और स्वाभाविक रूप से विपुल भी। इसका मुख्य कारण यह है कि अज्ञेय, शमशेर, मुक्तिबोध के काव्यबोध की निर्मिति में जितना पश्चिम का योगदान है, उतना नागार्जुन के काव्यबोध की निर्मिति में नहीं।

शंभुनाथ ने एक बार सही कहा था कि नागार्जुन इस दौर के एकमात्र कवि हैं जिनकी काव्यचेतना पश्चिम के बौद्धिक उपनिवेश से मुक्त है। संस्कृत, प्राकृत, पालि, मैथिली, बांग्ला आदि भाषाओं की लोकधर्मी काव्य-परंपरा और भारतीय जनता की जीवन स्थितियां उनकी कविता को ताक़त देती हैं। अपने समकालीन कवि-मित्रों की तरह वे अपनी कविता को विश्व-विजय की होड़ में शामिल नहीं करते। वे इसके लिए परेशान नहीं रहते कि उनके बिंब और प्रतिमान कितने अनूठे और विश्वस्तरीय हैं। उनकी चिंता भारतीय जन की आकांक्षाओं को बड़े पैमाने पर अपने छंद और मुहावरे में ढालने की है। इसलिए वे नयी कविता के दौर के कवि होते हुए भी नयी कविता के रचना-विधान को झुठलाते हैं।

नागार्जुन का काव्य नयी कविता के समांतर खड़ा एक ऐसा काव्य-संसार है जो अपनी कसौटी आप है। जब छंदों की विदाई हो चुकी थी तब भी छंद में लिखते हुए यानी काव्य-फैशन के विरुद्ध चलते हुए यह नागार्जुन की ही काव्यशक्ति थी, जिसने प्रकाशकों, आलोचकों और सत्ता-प्रतिष्ठानों की उपेक्षा के बावजूद देर से ही सही, अपनी कविता का लोहा मनवाया। जिस मानवर सिंह के नये प्रतिमान पर नागार्जुन कहीं नहीं आते थे, उन्हें भी कहना पड़ा कि कविता में नागार्जुन ने जितने प्रयोग किये हैं, प्रयोगवादी कवियों ने भी नहीं किये। उनका यह कथन भी ध्यान देने लायक है कि 'तुलसी के बाद नागार्जुन अकेले ऐसे कवि हैं जिनकी कविता की पहुंच किसानों की चौपाल से लेकर काव्य-रसिकों की गोष्ठी तक है।'

रामविलास शर्मा ने उस दौर के मूल्यांकन के लिए यथार्थवाद को काव्य-निकष बनाया। उसमें भी केदारनाथ अग्रवाल सबसे ऊपर थे। नागार्जुन दूसरे नंबर पर आ गये। लेकिन रामविलास जी ने एक महत्वपूर्ण बात नागार्जुन के संदर्भ में यह कही कि उनकी कविता में लोकप्रियता और कलात्मक सौंदर्य का संतुलन है। अगर लोकप्रियता और कलात्मक सौंदर्य को काव्य कसौटी बनाया जाये तो नागार्जुन इस दौर के सबसे बड़े कवि ठहरते हैं। बड़ी से बड़ी बात को आसान ढंग से कह देने की कला में माहिर।

दिनकर ने अपने बारे में कहा है कि मैं रिल्के की बात को तुलसीदास की सफ़ाई से कहना चाहता हूं। पता नहीं दिनकर ऐसा कर सके या नहीं, लेकिन नागार्जुन की कविताएं इसका श्रेष्ठ उदाहरण हैं। वह प्रकृति हो, देशी-विदेशी राजनीति हो, प्रेम हो, दांपत्य हो या घर-बाहर का समाज। नागार्जुन जटिल से जटिल स्थितियों को सहज-सामान्य ढंग से कविता में व्यक्त करते हैं।

नागार्जुन के यहां इंदुमति के मृत्युशोक पर रोने वाले 'कालिदास' के साथ अमल धवल गिरि के शिखरों पर घिरते बादल हैं। 'गंवई पगडंडी की चंदनवर्णी धूल' है। दांपत्य और गृहस्थ की महक से महकता 'सिंदूर तिलकित भाल' है। बच्चे की 'दंतुरित मुस्कान' है। एक ड्राइवर की नन्हीं बेटी की 'गुलाबी चूड़ियां' हैं। मज़दूर के 'खुरदरे पैर' हैं, तो चंदू के बहाने नये जीवन का कलेंडर उलटने वाला नये जमाने का नया सपना देखने वाला कवि भी है :

चंदू, मैंने सपना देखा, तुम हो बाहर, मैं हूं बाहर,
चंदू, मैंने सपना देखा, लाये हो तुम नया कलेंडर।

नागार्जुन ने प्रकृति, राजनीति, संघर्ष आदि पर जितनी सुंदर कविताएं लिखी हैं, प्रेम की भी उतनी ही सुंदर कविताएं लिखी हैं। 'यह तुम थीं' शीर्षक कविता इस दृष्टि से देखने योग्य है :

कर गयी चाक
तिमिर का सीना
जोत की फांक
यह तुम थीं
सिकुड़ गयी रग-रग
झुलस गया अंग-अंग
बना कर ठूंठ छोड़ गया पतझार
उलंग असगुन-सा खड़ा रहा कचनार

अचानक उमगी डालों की संधि में
छरहरी टहनी
पोर-पोर में गसे थे टूसे
यह तुम थीं।

इस पूरी कविता को एक साथ देखें तो पता चलेगा कि वे प्रेम की अनुभूति को कितने कोमल ढंग से प्राकृतिक उपादानों के ज़रिये व्यक्त करते हैं। आधुनिक हिंदी कविता में प्रेम की इतनी संयमित कविता शायद ही किसी ने लिखी हो।

अज्ञेय ने आधुनिक कविता की पहचान यह बतायी है कि उसे श्रव्य से रहित होकर पठ्य होना चाहिए। अपने प्रसिद्ध निबंध ' कविता श्रव्य से पठ्य तक' में वे बताते हैं कि अब चूंकि प्रेस का आविष्कार हो गया है, इसलिए कविता में श्रव्यता उसका दुर्गुण है और उसका पठ्य होना ज़रूरी है। आधुनिक कविता की कसौटी अज्ञेय के लिए उसका पठ्य होना है। नागार्जुन की कविता इसका प्रत्याख्यान है। इसके साथ ही वह आधुनिक भी है। नागार्जुन की कविता पठ्य और श्रव्य दोनों ही दृष्टियों से अद्‌भुत है। वह सुनने-सुनाने वाली कविता के रूप में जितनी श्रेष्ठ है, उतनी ही पठ्य कविता के रूप में भी। इस दृष्टि से उनकी 'मंत्र' कविता सहज ही द्रष्टव्य है। अपने अद्‌भुत शब्द-संयोजन, रचना-विधान, परंपराबोध, वर्तमान पर व्यंग्य आदि के कारण आधुनिक हिंदी कविता की सर्वश्रेष्ठ उपलिब्ध है। लोकप्रियता और कलात्मक सौंदर्य के संतुलन से निर्मित इस कविता को पढ़ें या सुनें, समान रूप से यह बौद्धिक पाठक से लेकर सामान्य श्रोता तक अपनी पहुंच बनाये हुए है।

नागार्जुन ने जितनी साधारण कविताएं लिखी हैं, उनसे कई गुना अधिक असाधारण कविताएं लिखी हैं। कवि रूप में उनके महत्व को आंकने के लिए यह ज़रूरी नहीं कि हम उन्हें अज्ञेय, शमशेर, मुक्तिबोध, के अखाड़े में ले जाकर देखें और परखें। इन तीनों कवियों का महत्व अपनी जगह है और रहेगा। नागार्जुन की काव्यभूमि और काव्यचिंता इनसे बिलकुल भिन्न है। काव्य की शास्त्रीय और लोकधर्मी परंपरा से निर्मित उनकी चेतना आधुनिक युवा के बहुतेरे संघर्षों से संचालित है। उनकी कविता के अनेक रंग हैं। कुछ लोग प्रश्नाकुलता को आधुनिकता की कसौटी बनाते हैं और अज्ञेय को हिंदी का प्रथम आधुनिक कवि घोषित करते हैं। यहां यह कहने की ज़रूरत है कि यह न सिर्फ़ आधुनिकता की सीमित समझ है, बल्कि अज्ञेय की भी और आधुनिक हिंदी कविता की भी।

अगर प्रश्नाकुलता को ही कसौटी बनायें तो नागार्जुन की दर्जन भर ऐसी कविताएं होंगी जिनके शीर्षक में ही प्रश्नवाचकता है। उनकी शेष कविताएं तो व्यवस्था के सामने प्रश्न दर प्रश्न हैं। नागार्जुन की कविता नये कर्म-सौंदर्य की कविता है। वह ऐसी कविता है जो सुंदर दुनिया की रचना में श्रमिक और बौद्धिक दोनों के श्रम-सौंदर्य की हिमायती है। प्रकृति उस श्रमिक और बौद्धिक से अलग नहीं है। इस दृष्टि से उनकी 'यह कैसे होगा?' शीर्षक कविता को देखा जा सकता है–

यथासमय मुकुलित हों
यथासमय पुष्पित हों
यथासमय फल दें
आम और जामुन, लीची और कटहल।

तो फिर मैं ही बांझ रहूं।
मैं ही न दे पाऊं
परिणत प्रज्ञा का अपना फल।
यह कैसे होगा?
यह क्यों कर होगा?

जीवन की परिणत प्रज्ञा के कवि हैं नागार्जुन। उनके पास कबीर के व्यंग्य की मारक क्षमता है तो तुलसी-सा अपनी विरासत का गहरा ज्ञान और बोध भी।

विषयवस्तु, भाषा और छंद के बहुआयामी विस्तार का उन-सा दूसरा कोई कवि छायावादोत्तर हिंदी कविता में नहीं है।

कविता में प्रकृति की लय

विजेंद्र

दरअसल नागार्जुन प्रकृति के कवि नहीं हैं। प्रकृति उनके यहां प्रसंगात् है। आकस्मिक है। पर जब भी वे कविता में प्रकृति चित्रित करते हैं, बेजोड़ होती है। हिंदी में सुमित्रानंदन पंत पूरी तरह प्रकृति के कवि हैं। कहना चाहिए, प्रकृतिमय। निराला उतने प्रकृतिमय नहीं हैं। पर वे प्रकृति को अपने कवि से अलग नहीं कर पाते। जनवादी कवियों में त्रिलोचन और केदार, दोनों ही प्रकृति के बिना अधूरे हैं। नागार्जुन की कविता से यदि प्रकृति की कविता निकाल दी जाये तो उनकी कविता के सारतत्व में बहुत कम अंतर आयेगा। अंग्रेज़ी में महाकवि वर्डस्वर्थ बिना प्रकृति के कविता लिखने की प्रेरणा ही नहीं पाते। उनके लिए प्रकृति एक मंदिर है। उसके वे एकमात्र पुजारी हैं। नागार्जुन प्रकृति के प्रति इतने न तो आकर्षित हैं, न मोहासक्त। यहां मुझे एक संस्मरण याद आता है। नागार्जुन भरतपुर मेरे घर कई दिन रहे। पर उन्होंने भरतपुर के विश्वविख्यात पक्षी विहार 'घना' को देखने के लिये कोई इच्छा नहीं जतायी। एक-दो बार मैंने संकेत भी किया, पर टाल गये। त्रिलोचन जितने दिन मेरे यहां भरतपुर रहे, उनका ज़्यादा समय 'घना' में ही बीता। उन्होंने वहां की प्रकृति का रेशा रेशा नाम और गुणों से जानना चाहा। वहां के किसानों से बातचीत कर वहां के वृक्षों, वनस्पतियों, बेलों, लताओं तथा झाड़ियों को बड़ी उत्सुकता से जानने की बेचैनी दिखायी। यहां दो बड़े कवियों की प्रकृति के प्रति रुचि को जान सकते हैं। एक बार नेरुदा से किसी ने पूछा, उन्हें प्रकृति से इतना प्रेम क्यों है। उन्होंने कहा कि वे 'प्रकृति से अलग होकर नहीं' रह सकते। होटलों में कुछ दिन वे गुज़ार सकते हैं। एक-आध घंटे हवाई जहाज़ में रहना भी उन्हें अच्छा लगता है। लेकिन उन्हें सच्ची प्रसन्नता 'वनों, रेत पर, या नाव खेते' हुए मिलती है—जहां आग, धरती, पानी और हवा से सीधा संपर्क हो सके। कवि का प्रकृति से सीधा संपर्क उतना ही ज़रूरी है जितनी कविता में शब्द की अचूक साधना। ऐसा आग्रह नागार्जुन का नहीं है। उनकी कविता का क्षेत्र है संघर्षशील 'सर्वहारा', उसकी जयपराजय, उसका संगठित होना, किसान आंदोलन, श्रमिकों और मझोले किसानों का मज़बूत एका, बूर्जुआ सत्ता को ललकारते रहना, उसके कूट छद्म को तार तार करना, सामाजिक गतिकी को अग्रगामी दिशा देना, सर्वहारा के लिए एक सुंदर समतामूलक तथा सामाजिक न्यायपरक व्यवस्था का सपना देखना। इसी पृष्ठभूमि में प्रकृति भी उनको नयी ऊर्जा देती है। मुझे लगा, नागार्जुन में प्रकृति एक दुखांत नाटक के बीच अंतराल जैसी है। विश्व के महानतम नाटक रचयिता शेक्सपीयर के महान दुखांत नाटकों में किसी भी त्रासद

दृश्य के बाद वस्तुस्थिति के बिल्कुल प्रतिकूल फ़िज़ा रची जाती है। इसके दो काम हैं। एक तो त्रासदी के असर को और गहरा करना, विपरीत फ़िज़ा बनाकर; दूसरे, जो घटा है, उसके क्या नतीजे हो सकते हैं, उस पर सूझबूझ की रचनापरक टिप्पणी करना। नागार्जुन की समग्र कविता जनता के संघर्ष और उसकी त्रासदी की कविता है। ऐसी कविता पढ़ते-पढ़ते जब हम मनोरम प्रकृति के बीच कुछ क्षण गुज़ारते होते हैं तो हम उस तनाव से थोड़ा मुक्त अनुभव करते हैं। यह भी लगता है कि जीवन निरी त्रासदी नहीं है, उसमें जीवन का सौदर्य, उल्लास तथा उद्देश्यपरक सार्थकता बची हुई है।

नागार्जुन की प्रकृति की लय में कई तरह के आरोह-अवरोह होकर भी उसकी केंद्रीय एकान्विति बराबर बनी रहती है। मुझे उनकी कुछ कविताएं बहुत महत्वपूर्ण लगीं। एक है, 'पछाड़ दिया मेरे आस्तिक ने'। इस कविता की पृष्ठभूमि परमान नदी के आसपास की प्रकृति तथा नदी के कीचड़-भरे किनारे हैं। यहां कवि बिना किसी व्यवधान तथा दुनियादारी की हड़बड़ी से मुक्त होकर प्रकृति में आकंठ डूबना चाहता है। यह कातिक का महीना है। सुबह होने को है। सुबह होने का धुंधलका ओस बूंदों से भीगा है। कवि सोचता है : थोड़ी देर में सूर्योदय होगा। बाल रवि अगहन में पकने वाले धान की दुद्धी मंजरियों को आभामय बनायेगा। उनका सौंदर्य निखर उठेगा। कवि कीचड़ लिथड़ी खेत की मेंड़ों पर निकल जाता है। यहां के प्रशांत क्षणों में उसे अपना बचपन याद आता है। जैसे कवि कई युगों के बाद वहां लौटा हो। कवि के मन में बाल रवि को देखने की बड़ी इच्छा है। बाल रवि कभी महाकवि तुलसी ने भी देखा था। वे राम के संदर्भ में बिंब रचते हैं : 'उदित उदय गिरि मंच पर / रघुवर बाल पतंग'।

नागार्जुन बार-बार अपने साथी रत्नेश्वर को प्रकृति के बीच बड़े संकेत से सजग करते हैं। प्रकृति के बीच हड़बड़ी नहीं; न उतावलापन। इनसे रस भंग होता है। प्रकृति भी अपमानित अनुभव करती है। कविता में प्रकृति का फलक बड़ा है। यहां कवि का सूक्ष्म पर्यवेक्षण भी है। कवि को प्रतीक्षा है : शरद का बाल रवि परमान नदी की 'द्रुतविलंबित लहरों' पर चमकेगा। नागार्जुन की कविता में प्रकृति की लय ऐसे ही विलक्षण रूपकों से रची गयी है। सब जानते हैं, यह एक वर्णवृत्त है। इसमें प्रत्येक चरण में एक नगण, दो भगण, एक रगण होते हैं। मैंने सोचा, आख़िर नागार्जुन ने ऐसा अमूर्त रूपक, मूर्त लहरों के सादृश्य को क्यों चुना? शायद लहरों में व्याप्त मंद गति, जैविक लय, सौम्य नाद को व्यक्त करने के उद्देश्य से ऐसा अमूर्त तथा शास्त्रीय रूपक चुना हो। इससे बेहतर रूपक उन्हें और न लगा होगा। दूसरे, पंक्ति में कविता की लय खंडित नहीं होती। कई बार कविता में लय तथा वाक्यविन्यास साधने को कवि ऐसे रूपक, उपमा या विशेषण ले आता है जो सादृश्य की दृष्टि से उतने सटीक नहीं होते। न उनमें समृद्ध बिंब का भावसाहचर्य होता है। मूर्त वस्तु को एक ख़ास छंद जैसी अमूर्त वस्तु से क्यों बताया है कवि ने, यह सोचने की बात है। वैसे समृद्ध बिंब वही है जो अमूर्त भाव को मूर्त रूपक से कहे। मूर्त को अमूर्त से कहना कविता में अच्छा नहीं माना जाता। उपनिषद् में ऋषि को 'जीव' और 'आत्मा' जैसी अमूर्त चीज़ों को कहने के लिए 'द्वा सुपर्णा' जैसा जीवित बिंब चुनना पड़ा था। हमें वेदांत दर्शन से असहमति हो, पर बिंब आज भी तरोताज़ा और जीवित बना हुआ है। अमूर्त बिंब वाग्मिता या 'कन्सीट' कहे जाते हैं। शुक्ल जी इसे 'अद्‌भुतत्त्व' कहते हैं।

नागार्जुन प्रकृति का जब चित्रण करते हैं, तब उन चीज़ों को भी कहते हैं जहां कवि अक्सर असजग रहे हैं। जैसे सैकतपुलिन, नीलकंठ, जवान पाकड़ की फुनगी, बूढ़े पीपल की बदरंग डाल, मौलसिरी की सघन पत्तियां आदि। प्रकृति के ये ऐसे उपकरण हैं जिन्हें सामान्यतः हम देखते सराहते हैं। इन से कवि रूपक, उपमा तथा विशेषण आदि भी उत्खनित करते हैं। पर कछारों के पास की कीचड़, उनमें बने पशुओं के खुर, सामान्यतः कवियों की दृष्टि से ओझल रहते हैं। नागार्जुन ऐसी सामान्य चीज़ों को कभी नहीं छोड़ते। यही नहीं, कींच में बने पशु खुर उन्हें सुंदर लगते हैं :

उतर पडूंगा तत्क्षण पंकिल कछार में
बुलायेंगे अपनी ओर भारी खुरों के निशान

यहां 'भारी खुर' भी हमारा ध्यान खीचता है। संकेत है गाय, बैल, भैंस आदि के खुर। बकरी या हिरन के खुर नहीं। एक और अभिनव प्रसंग है। यानी कवि का सहसा 'दुधारू भैसों' की याद में मस्तक झुकाना। यहां एकदम बदला सौंदर्यबोध है। एक प्रकार से कुलीन सौंदर्यबोध पर रचनापरक व्यंग्य। नागार्जुन के यहां प्रकृति के ऐसे उपकरण नहीं हैं जिन्हें नया कहा जाये। दरअसल वे प्रकृति के बीच पहुंच कर उस लोक से जुड़ते हैं जो आज की कविता में लगभग ग़ायब हो रहा है। जनपदों तथा ग्रामांचलों से अपना रिश्ता बनाते हैं। आज की कविता में प्रकृति का न होना संकेत है कि हम लोक से कटे हैं। हमने अपने जनपदों को भुलाया है। ग्रामांचलों की उपेक्षा की है। परोक्षतः हम अपनी जातीयता के रंग को खोते जा रहे हैं। नागार्जुन हर बार सजग करते हैं कि हम अपने जनपदों को न भूलें। ग्रामांचलों से दूरियां न बनायें। अपनी जातीय जड़ों को न त्यागें। इसी व्यापक संदर्भ में वे कहते हैं :

यह बाल रवि कहां दिखता है रोज़ रोज़
सोते ही बिता देता हूं शत शत प्रभात
छूट सा गया है जनपदों का स्पर्श
(हाय रे आंचलिक कथाकार)

यहां मध्यवर्गीय कुलीन जीवन शैली पर भी व्यंग्य है। हम बाल रवि न देख कर प्रौढ़ रवि ही देख पाते हैं। इसमें कवि अपने को भी शामिल करता है। जनपद की याद त्रिलोचन को भी आती है :

उस जनपद का कवि हूं जो भूखा दूखा है
नंगा है, अनजान है, कला—नहीं जानता
कैसी होती है, क्या है

ऐसी ही जनपदीय चेतना केदार बाबू में है। न तो 'केन नदी' को भूलते हैं, न 'टुनटुनिया पत्थर' को, न बुंदेलखंड के 'कठा आदमियों' को। ये तीनों कवि भारतीय महान काव्य परंपरा को इसी तरह विकसित करते हैं। उसका पुनर्नवन भी करते हैं। जनपदों, ग्रामांचलों तथा लोक से दूरी बनाकर हमने अपनी संघर्षशील जनता से भी दूरी बनायी है। कविता की लोकधर्मी पहचान भी खोयी है।

उक्त कविता के प्रकृति चित्रण में अहम बात है, कवि के आस्थागत अंतर्विरोध। नागार्जुन अपने को नास्तिक कहते रहे हैं। लेकिन प्रकृति के बीच वे अपने को जनजीवन के इतने क़रीब पाते हैं कि उन्हें उसी में 'अस्ति' का भाव प्रतिबिंबित होता लगता है। वैसे 'अस्ति'

का अर्थ ईश्वर में विश्वास करना हमारे यहां जानबूझ कर चलाया गया है। यह अब एक रूढ़ि है। अस्ति का अभिप्रायमूलक अर्थ है किसी सत्ता को मानना। प्रकृति से बड़ी और कोई सत्ता नहीं है। यह विज्ञान सम्मत सत्य है। वह हम से स्वायत्त है। हमने उसका सृजन नहीं किया। वही मनुष्य के अस्तित्व का मूल है। इसी व्यापक अर्थ में नागार्जुन प्रकृति को 'अस्ति' मानते हैं। अपने को तत्क्षण 'आस्तिक'। कई बार प्रकृति के बीच हम 'स्व' को भूलते हैं। अपनी मानवीय सीमाओं से ऊपर उठते हैं। यह प्रकृति का विरल प्रभाव है जो हमें उसकी स्वायत्त सत्ता को मानने के लिए विवश करता है। नागार्जुन जब कहते हैं : 'पछाड़ दिया है आज मेरे आस्तिक ने मेरे नास्तिक को', इसका सार है प्रकृति की सर्वस्वायत्तता को स्वीकार कर उससे अपने द्वंद्वमय रिश्तों को समझना।

प्रकृति को लेकर उनकी दूसरी महत्वपूर्ण कविता है, 'मेरी भी आभा है इसमें।' यहां भी सूर्य से कविता का प्रारंभ होता है। सूर्य नागार्जुन की कविता में रूपक, उपमा, विशेषण तथा प्रतीक के रूप में बराबर प्रयुक्त हुआ है। इसमें संदेह नहीं नागार्जुन प्रकृति की स्वायत्त सत्ता को नतमस्तक होकर स्वीकार करते हैं। पर उसे मनुष्य निरपेक्ष नहीं, मानते। उनके लिए वह सापेक्षतः स्वायत्त है। जो विशाल भूखंड सूर्य से तप रहा है, वह मनुष्य निरपेक्ष नहीं है। कवि उसमें अपनी भी आभामय छवि देखता है। यानी यदि मनुष्य न हो तो सूर्य को कौन सराहेगा। इसीलिए कवि का यह कहना बहुत ही प्रासंगिक है :

नये गगन में नया सूर्य जो चमक रहा है
यह विशाल भूखंड आज जो दमक रहा है
मेरी भी आभा है उसमें।

इसका एक सांकेतिक अभिप्राय यह भी हो सकता है कि आज़ादी के बाद जो भारत निर्मित हुआ है, उसमें कवि की, यानी सामान्य जन की भूमिका को नकारा नहीं जा सकता। पहली कविता में प्रकृति सर्वसत्ता है। यहां वह मनुष्य सापेक्ष है। कुछ लोगों को यह कवि की दृष्टि का अंतर्विरोध लग सकता है। पर वह है नहीं। नागार्जुन का काव्य-विज़न दो विपरीत तत्वों की एकरूपता का सच है। हर बड़े कवि में ऐसा होता है। इसे अंतर्विरोध न कहकर दो विपरीत तत्वों की एकरूपता कहना ही उचित होगा। यानी प्रकृति सर्वसत्ता है। वह निरपेक्ष है। पर मनुष्य के बीच यह मनुष्य सापेक्ष भी है। विपरीत तत्वों की एकरूपता का मार्क्सवादी सिद्धांत वैश्विक है। कालातीत भी। 'ईश' उपनिषद् में शांति पाठ है। वहां कहा गया है :

पूर्णमदः पूर्णमिदम्

यानि 'इदम्' वस्तु सत्य भी पूर्ण है। 'अदः' जो इदम् नहीं है, वह भी पूर्ण है। यदि मार्क्सवाद की भाषा में कहें तो एक के बिना दूसरे का अस्तित्व संभव नहीं हो सकता। यही नहीं, ये दोनों परस्पर टकराते हैं। सहअस्तित्व भी बनाये रखते हैं। परस्पर निर्भर होते हैं। इसीलिए अंतर्विरोध सार्वभौम सत्य है। विपरीत तत्वों की एकरूपता इसका सार है। जीवन और प्रकृति में दोनों छाया-प्रतीति तथा सारतत्व की तरह दृश्य-अदृश्य तथा व्याप्त रहते हैं। इससे लगता है, नागार्जुन की पहली कविता तथा दूसरी कविता के अंतरंग सूत्र जुड़े हैं। यही वजह है, स्थिति आने पर विपरीत तत्व एकरूप होकर सजीव हो उठते हैं। यहां तक कि वे एक दूसरे में बदल भी जाते हैं। नागार्जुन सूर्य की प्रचंडता में, भीनी-भीनी खुशबू वाले रंग-बिरंगे खिले फूलों में, भरे खलियानों में, अपनी रगों में बहते शोणित की बूंदों में जब अपने अस्तित्व की

आभा देखते हैं, तो वे विपरीत तत्वों की एकरूपता का ही अनुभव करते लगते हैं। आखिर कोई कवि प्रकृति के रूपक, उपमाएं, विशेषण, उत्प्रेक्षाएं क्यों चुनता है। यह हमारे अचेतन की वह चिकीर्षा है जो प्रकृति को अपने अनुसार रूपांतरित होते देखना चाहती है। प्रकृति का मानवीकरण कविता में इसका बेहतरीन उदाहरण है। नागार्जुन अपनी एक कविता में कहते हैं :

गीली भादों
रैन अमावस
कैसे ये नीले उजास के
अच्छत छींट रहे जंगल में
कितना अद्‌भुत योगदान है
इनका भी वर्षा मंगल में
लगता है ये ही जीतेंगे
शक्ति प्रदर्शन के दंगल में
लाख-लाख हैं सौ हज़ार हैं
कौन गिनेगा बेशुमार हैं
मिल-जुल कर दिप-दिप करते हैं
कौन कहेगा जल मरते हैं
जान भर रहे हैं जंगल में
जुगनू हैं ये स्वयंप्रकाशी
पल-पल भास्वर, पल-पल नाशी
कैसा अद्‌भुत योगदान है
इनका भी वर्षा मंगल में
इनकी विजय सुनिश्चित ही है
तिमिर तीर्थ वाले दंगल में
इन्हें न तुम बेचारे कहना
अजी यही तो जोति कीट हैं
जान भर रहे हैं जंगल में

यह पूरी कविता नागार्जुन में प्रकृति की लय को और खोलती है। यहां गीली, भादों की अमावस रात है। अंधेरी छायी है। जुगनू उस अंधेरे को प्रकाश के अच्छत छींट कर भंग कर रहे हैं। कवि कहता है कि वर्षा मंगल में इन जुगनुओं का अद्‌भुत योगदान है। एक जगह कवि प्रकृति में मनुष्य की आभा देखता है। यहां वह जुगनुओं को अंधकार के विरुद्ध योद्धाओं की तरह लड़ते देखता है। इस वाक्य में आकर, कि 'लगता है वे ही जीतेंगे...' मानो जुगनू सर्वहारा शक्ति के प्रतीक बन गये हों। वे असंख्य हैं, प्रदर्शन के दंगल में। मिल-जुल कर दिप-दिप प्रकाश करते हैं। हमें यह न समझ लेना चाहिए कि वे पल भर में जल कर नष्ट हो जायेंगे। वे स्वयंप्रकाशी है। यानी अपनी आंतरिक शक्ति से ही वे प्रकाशित होते हैं। यह भी कि वे हर क्षण प्रकाशित हैं। हर क्षण नष्ट होते हैं। यह द्रव्य के ऊर्जा में और ऊर्जा के द्रव्य में बदल जाने की प्रक्रिया है। उसकी अनूठी लय है। प्रकृति हो या जीवन, नष्ट कुछ नहीं होता।

रूप बदलता है। उसके साथ वस्तु का गुण धर्म और सौंदर्य बदलता है।

इनकी विजय सुनिश्चित ही है
तिमिर तीर्थ वाले दंगल में

जुगनुओं में कवि सर्वहारा जैसी अजेय शक्ति का संकेत करता है। जो अंधकार को तोड़ते हैं, उन्हें असहाय या बेचारे कहना ठीक न होगा :

उन्हें न तुम बेचारे कहना
अजी यही तो ज्योति कीट हैं,
जान भर रहे हैं जंगल में

यह वही प्रक्रिया है जहां कवि कविता में प्रकृति को रूपांतरित होते देखना चाहता है। यानी वह सर्वस्वायत्त होकर भी निरपेक्ष नहीं है। हमारे यहां इसी को आचार्य आनंदवर्धन ने बड़े औचित्य से कहा है :

अपारे काव्य संसारे कविरेकः प्रजापति
यथास्मे रोचते विश्वं तथेदं परिवर्तते

यहां भी बलाघात कवि की इच्छानुसार वस्तु जगह को रूपांतरित करने पर है। यह रूप परिवर्तन वस्तु में निहित अंतर्विरोधों की बारीक़ प्रक्रिया से ही संभव होता है। मार्क्स का मत है कि सारी पौराणिक कथाएं–मिथक में कल्पना के द्वारा प्रकृति की शक्तियों पर काबू पााने की इच्छा का ही प्रतिबिंबन है। नागार्जुन द्वारा प्रकृति से उत्खनित रूपक, उपमाएं, उत्प्रेक्षाएं, विशेषण या प्रकृति का मानवीकरण इसी सत्य की ओर संकेत करते हैं। ध्यान देने की बात है कि कवि प्रकृति में चाहे जितना डूबा रहे, वह सर्वहारा का संघर्ष कभी विस्मृत नहीं करता। वह उनकी कविता का सर्वदा नाभिकेंद्र बना ही रहता है।

सर्वहारा-चेतना के प्रति इतनी सजगता बहुत कम कवियों में मिलेगी, प्रकृति के साथ, उसके व्यापक संदर्भ में। नागार्जुन को 'शिशिर की निशा' धुंध में डूबी लगती है। 'नखत उदास' लगते हैं। चांद गगन के बीचो-बीच 'खांसता' दिखता है। वह 'हांफता' भी है। मुक्तिबोध को चांद का मुंह आख़िर टेढ़ा क्यों लगा होगा? नागार्जुन को घन 'कुरंग' लगता है। मेघ 'बजते' हुए लगते हैं। सूरज उन्हें 'तेजाब की फुहारें' छिड़कता लगता है। कलियां 'मुंहबायीं' लगती हैं। कोयल 'क़लमुंही।'

नागार्जुन में प्रकृति की लय का एक और रुचिकर पहलू है। वह प्रकृति द्वारा किये गये विनाश में ही निर्माण देखते हैं। यह सच भी है। जैसे जीवन के साथ मृत्यु। अंधकार के साथ आलोक। यानी एक का अस्तित्व दूजे के बिना आधा-अधूरा है। विपरीत तत्वों की एकरूपता का मार्क्सवादी नियम द्रव्य के हर रूप पर हर जगह लागू होता है। हम बाढ़ को नहीं चाहते। सूखा से डरते हैं। पर दोनों ही सच हैं। इनमें से एक के बिना दूसरे का सच अधूरा है। प्रकृति विपरीत तत्वों की एकरूपता को कभी नहीं त्यागती। नागार्जुन ने इस बात को अपने काव्य संग्रह की एक कविता 'चीलों की चली बारात' में भलीभांति कहा है :

लाभकारी जलप्रलय को गालियां मत दे अबे, नादान
न आये सैलाब तो बंजर बनेगी भूमि, उपजेगा कहां से धान?

यहां वही ध्वनि है। विनाश और निर्माण का सह-अस्तित्व अनिवार्य है। यह प्रकृति का अटल नियम है। इसे मनुष्य नहीं बदल सकता। सामान्य पाठक नागार्जुन की यह बात सुनकर कुछ

चकित हो सकते हैं, पर यह सच है। न हम बाढ़ को रोक पाये हैं। न अकाल को। दोनों को मनुष्य झेलता है। उनसे लड़ता है। जीता है। प्रकृति की यही लय है नागार्जुन की कविता में, जो विपरीत तत्वों की एकरूपता के द्वंद्व तथा सहअस्तित्व को कहती है। इसी कविता में कवि मनुष्य की अनुमानित अजेय शक्ति तथा प्रकृति के अविजित रूप को आमने-सामने रखता है। यह सच है, प्रकृति अपने विकराल रूप में विनाश करती है। पर हमने उसे जीतने के प्रयत्न कम नहीं किये हैं। प्रकृति और मनुष्य के बीच सहअस्तित्व तथा संघर्ष सतत है। रहा है। आगे भी रहेगा। क्योंकि इसके बिना कोई विकास संभव नहीं है। न नवनिर्माण की कोई संभावना बचती है। नागार्जुन कहते हैं :

चुनौती है तुम्हारी सामर्थ्य को बस कोसी के असंयत तीर
हो रहे हम क्षुब्ध और अधीर
देख लो तुम हमारा दृश्य चीर
प्रकृति के दुर्दांत पैरों को न सकती बांध
क्या जनशक्ति की ज़ंजीर
हाय नाहक देश माता के दृगों से बह रहा है नीर।

यहां प्रकृति की अविजित शक्ति को जनशक्ति की चुनौती है। मनुष्य का समग्र इतिहास ऐसी चुनौतियों से भरा पड़ा है। महाविनाश होते हैं। युद्धों से। बाढ़ से। सूखा से। अकाल से। मनुष्य ने प्रकृति को बहुत कुछ वश में भी किया है। पर अभी न भूकंप रुके। न सुनामी। न ज्वालामुखी उद्‌गार। पर यह सब होते हुए भी मनुष्य की सृजन-यात्रा रुकती नहीं। क्या यहां यह संकेत नहीं कि ध्वंस और निर्माण जीवन की समग्रता को बताते हैं। यदि हम सिर्फ़ निर्माण को ही सर्वसत्य कहें तो यह इतिहास और विज्ञान दोनों को झुठलाना होगा। नागार्जुन की कविता में प्रकृति की व्यापक लय हमें उक्त बात का सदा संकेत देती रहती है। कहना न होगा कि यही वह बारीक़ प्रक्रिया है जिसके द्वारा नागार्जुन प्रकृति के सौंदर्य को मानवमूल्यों की ऊंचाई तक ले जाते हैं। वे मनुष्य को सचेत भी करते हैं। 'पुरानी जूतियों का कोरस' में उनकी एक कविता है, 'नदियां' बदला ले ही लेंगी'। पूरी कविता वर्तमान बूर्जुआ व्यवस्था पर सीधा प्रहार है। यहां प्रकृति बहुतायत में नहीं है, जैसा कविता के नाम से लगता है। पर कविता के अंत में कवि नदियों का प्रसंग उठाता है :

हां, पानी में आग लगाओ
नदियां बदला ले ही लेंगी
नयन-नीर सिंचित खेतों को
शोणित की धारें धो देंगी
अंत करेंगी यही तुम्हारा
यही तुम्हारी जड़ खोदेंगी

यहां साफ़ है, नागार्जुन प्रकृति के क्रूर विदोहन की तरफ़ संकेत कर रहे हैं। इस संदर्भ में 'मार्क्स की इकौलोजी' (*Marx's Ecology : Materialism and Nature* by John Bellany Fopster, 2001) पुस्तक बहुत प्रासंगिक जान पड़ती है। इसके लेखक हैं, जॉन बैलामे फॉस्टर। मार्क्स ने बहुत पहले मनुष्य और प्रकृति के बीच 'मैटॉबोलिक रिफ़्ट' की बात कही है। उन्होंने माना है कि सारा समाज, एक राष्ट्र...ये सब पृथ्वी–प्रकृति के अर्थ में–के स्वामी नहीं हैं।

बल्कि भोक्ता हैं। लाभ उठाने वाले। अतः इनका दायित्व है कि प्रकृति को समृद्ध और विकसित अवस्था में इसे आगे आने वाली पीढ़ियों को सौंप दें। उन्होंने संकेत दिया है कि पूंजीवादी व्यवस्था में प्रकृति और मनुष्य के बीच उक्त 'मैटॉबोलिक रिफ्ट' बढता ही जायेगा। नागार्जुन इसी 'रिफ़्ट' को 'पानी में आग लगाओ' कहकर व्यक्त कर पा रहे हैं।

नागार्जुन की प्रकृति में भूमि और बादल बहुत प्रमुख हैं। इन दोनों के अद्‌भुत चित्र वह रच पाते हैं। वे 'काली-भूरी-पीली-मिट्टी' की सुगंध से उल्लसित होते हैं। 'रक्ताभा भूमि' पर 'उगते दूर्वांकुर' उन्हें मोहते हैं। केरल की 'सरसब्ज़ धरती' में धान, नारियल, काजू के वन उन्हें प्रेरित करते हैं। इसी भूमि से उन्हें 'किसानों-श्रमिकों' की नयी संस्कृति रची जाती दिखती है। ध्यान देने की बात है भारत में मझोले किसानों, भूमिहीन खेतिहरों तथा श्रमिकों को एकजुट किये बिना कोई बड़ा बुनियादी परिवर्तन संभव नहीं है, नागार्जुन की कविता में यह व्यापक काव्यध्वनि है। कई बार नागार्जुन को 'भूमि दग्ध' दिखती है। तो कई बार वह 'रत्नप्रसविनी' भी। उन्हें जन, जनपद, ग्रामांचल, तथा वहां की परिचित प्रकृति बहुत अच्छी लगती है।

नागार्जुन निरी प्रकृति में नहीं खोते। जनपद और ग्रामांचलों की प्रकृति में किसानों की जीवन क्रियाएं खनकती रहती हैं। इसीलिए वे कहते हैं :

प्रकृति की इस लीला को
एक टक देखते रह जायेंगे।

धरती का मानवीकरण वे बड़े संश्लिष्ट ढंग से करते हैं :

धरती के बाल, मुखमंडल, कंधे, उभरे हुए सीने
बीच-बीच में भींग जाते हैं

मगर बिचारी धरती के होंठ सूखे-के-सूखे हैं। कवि ने होंठों के लिए 'कगार' रूपक चुना है। इसी तरह एक जगह कहते हैं, 'झुलसा पड़ा' है यहां 'दिल का बगीचा'। नागार्जुन ने आदिवासियों से कहवाया है :

जंगल और पहाड़ हमारे बाप हैं, चाचा हैं
नदियां हमारी मां हैं, मौसी हैं, मामी हैं
झरने हैं हमारे सगे
ये खोह, वो झरमुट, वो कछार
पत्रों टहनियों से छायी हुई ये झोंपड़ियां
ये हैं हमारे, गांव, शहर, ज़िला

('अपने खेत' कविता से)

'लाल खून' से दरक गयी 'धरती' उन्हें बेचारी लगती है। असहाय भी। वहीं वसुधा को होता है 'सुलभ सागर का आलंगिन'। नागार्जुन की कविता में वैसे तो लगभग सभी ऋतुओं के चित्र हैं। पर उन्हें वर्षा ऋतु तथा बादल बहुत प्रेरित करते हैं। इसका कारण है, इन दोनों का किसान जीवन से गहरा जुड़ाव। बादलों को उन्होंने 'आवारा' कहा है। पावस को 'ऋतुओं के प्रतिपालक ऋतुवर'। 'शिशु घन' कहा है। आगे कहा है, 'वर्षा वो ऋतु है, ऋतुओं में सबसे महान'। नागार्जुन बादल को 'भगवान' भी कहते हैं। निराला ने भी बादल पर अनेक कविताएं लिखी हैं। पर उन्हें वसंत ज़्यादा प्रिय है। त्रिलोचन और केदार को भी। पर निराला बादल

को 'भगवान' नहीं कहते। वे उसे कहते हैं 'ऐ विप्लव के वीर'। जिसे 'बुलाता कृषक अधीर'। नागार्जुन के बादल के साथ सभी किसान नालबद्ध हैं। किसान के साथ धरती है। कवि जानता है कि किसान भारतीय स्वाधीनता संग्राम के केंद्र में है। इस तरह नागार्जुन किसानों और श्रमिकों को एक करने की प्रक्रिया को तेज़ कर रहे हैं। केदार में भी कहीं-कहीं यह प्रक्रिया लक्ष्य की जा सकती है। मुक्तिबोध में किसान लगभग ग़ायब हैं। कहीं-कहीं नागार्जुन की कविता में प्रकृति चित्रकला के क़रीब पहुंचती लगती है : 'श्वेत घनों से प्रतिबिंबित है/श्याम सलिल झीलों का आनन।' नागार्जुन 'बेलगाम लहरों' से 'मछुआरों का गठबंधन' दिखाते हैं। पानी की सतह पर 'ढेर-ढेर झाग', 'कास-कुसुमों' का भ्रम पैदा करते हैं।

कई बार नागार्जुन एक साथ प्रकृति में विरोधी और चौंकाने वाली स्थितियों को बताते हैं, *रत्नगर्भा* संकलन में 'राम-लक्षमण' कविता की पंक्तियां हैं :

नीरज नील निरभ्र परम रमणीय
ज्यों हो शरद् प्रकृति का विजय वितान

इसके तत्काल बाद कहते हैं :

सड़ी घास की, सड़े पात की गंध
अध सूखे कर्दम की गीली वास

नागार्जुन में कीचड़ की छवियां बार-बार आती हैं। उनकी पूरी कविता से ध्वनि आती है कि वे कुलीन सौंदर्यबोध को देर तक बर्दाश्त नहीं कर सकते। दूसरे, वे यथार्थ की भूमि से कभी दूर नहीं होना चाहते। कहा भी है :

अधसूखे कर्दम की गीली वास
ध्यान खींच है लाती है भू पर, ओह

इसके बाद धरती पर पशु खुर, कंटक, चरवाहों के पैर, जो अपनी छाप छोड़ गये हैं धरती पर। सच में कहा जाये तो 'नीरज नील नीरभ्र परम रमणीय', नागार्जुन की चित्तभूमि नहीं है। उनकी रुचि है विकट झाड़-झंखाड़ों में। मिथिला की भूमि में है। वे जामुन, लीची, कटहल, आम, शरीफा, कदली-थंभ आदि में रुचि लेते हैं। कहा है :

गणों में ज्यों हम लिच्छवि श्रेष्ठ
फलों में त्यों यह राजा आम

'रत्नगर्भा' शीर्षक लंबी कविता में नागार्जुन पृथ्वी की अनदेखी खनिज दुनिया का भी बखान करते हैं :

देख कर हरे-भरे ये क्षेत्र
मुदित होते न तुम्हारे नेत्र
...
रजत, कांचन, मणि, मुक्ताजाल
पद्म, हीरक, वैदूर्य, प्रवाल
...
लाख, अबरख, शीशा, औ कांच
कांस, पीतल, लोहा ताम
जाने और कितने हैं जिनकी गिनती नहीं कही जा सकती।

गिनाऊं यदि चीज़ों के नाम
सुबह से हो जायेगी शाम

कई बार नागार्जुन प्रकृति के वर्णन से कुलीनों के सौंदर्यबोध को आहत कर हमें चौंकाते भी हैं : 'कावेरी सागर कन्या रेत पर सोयी सारी रात / दिव्य मूत का लवण सरोवर...' । कहकर जैसे वे स्वयं पर ही हंस रहे हों। नागार्जुन की प्रकृति-लय में 'हिम के फाये' बरसते हैं। दांतदार पहिया से तराशी जाती है परत-परत। उन्हें 'अलसी के ताज़े फूल', 'अमराई की मंजरियां', 'टूसे...', 'फूट रहे गंध कषायित गुच्छ/अरुण हरित-प्रभु मंजरियों के' अच्छे लगते हैं। नागार्जुन को नंगी टहनियां अच्छी लगती हैं। 'पत्र हीन नग्न गाछ' । इसी तरह 'गंवई चंदनवर्णी पगडंडियां' उन्हें आकर्षित करती हैं। 'चंपई कांति', 'गुलाबी धूप' के प्रसंग शमशेर की कविता की याद दिलाते हैं। नीम, सहजन, आमला, अमरूद, महुआ, शालवन तथा देवदार आदि वृक्षों के चित्र बड़ी खूबसूरती से सामने आते हैं।

नागार्जुन ने पुरवैया को 'छिनाल' कहा है। पिछले दिनों इस शब्द को लेकर हिंदी में बड़ा बवाल मचा था। सामाजिक अंतर्विरोध दिखाने को नागार्जुन दो-टूक बात प्रकृति के माध्यम से कहते हैं :

बेबस-बेसुध सूखे रुखड़े
हम ठहरे तिनकों के टुकड़े
टहनी हो तुम भारी भरकम डाल
बीत गयी सर्दी बीत गया माघ
रानी के खसम ने मारा है बाघ

जैसा मैंने शुरू में कहा, नागार्जुन मूलतः प्रकृति के कवि नहीं हैं। प्रकृति उन्हें लोक से संपर्क रखने तथा उसके संघर्ष को दिखाने का नाटकीय अंतराल है। दूसरे, उनके यहां बहुत ऊबड़-खाबड़, वन-बेहड़ों, खादर, डांग, पर्वतों, चट्टानों, पठारों, रेत के ढूहों, रेतीली लहरों, आदि के चित्र ना के बराबर है, जैसे मुक्तिबोध की कविता 'चंबल की घाटी' में हैं :

अजी यह चंबल की घाटी है
पहाड़ों के बियावान
अजीब-उठान और धंसान-नीचाइयां
पठार के दर्रे, कटीले कगार
सूखे झरनों की बहुत तंग
और गहरी हैं पथरीली गलियां
गोल-गोल टीले व खंडहर-गढ़ियां

नागार्जुन में छोटानागपुर की पठारी चट्टानों के चित्र भी नहीं हैं। दरअसल निराला की तरह नागार्जुन, केदार तथा त्रिलोचन में गंगा-जमुना के दोआब की प्रकृति बोलती है। उसमें भी नागार्जुन में मिथिला, केदार में बुंदेलखंड, निराला और त्रिलोचन में अवध के इलाके की प्रकृति की लय प्रमुख है। इन बड़े कवियों में प्रकृति उनकी विश्वदृष्टि तथा अचेतन की परतें तो खोलती है, पर वह स्वयं एक स्वायत्त चरित्र नहीं बन पाती, जैसे वाल्मीकि में या कालिदास में। अंग्रेज़ी के महाकवि वर्डस्वर्थ तथा प्रसिद्ध उपन्यासकार टॉमस हार्डी में प्रकृति स्वायत्त चरित्र के रूप में अपनी लय रचती है। बल्कि कहें, विश्व के विराट मंच पर वह एक अदभ्य

अभिनेता की भूमिका निभाती है।

यहां यह सवाल ज़रूर उठेगा कि विश्व के सभी महान कवियों में प्रकृति की अभिप्राय-मूलक प्रचुरता है। वह कविता में आज भी बिलकुल ताज़ा छवियों के साथ जीवित हैं। उसकी लय बड़ी व्यापक है। वह कविता में बिखरे सूत्रों को एक सूत करती है। हमारे प्राचीन क्लैसिक्स के विचार भले ही पुराने पड़ गये हों, पर प्रकृति के समृद्ध बिंब आज भी उसी तरह मनुष्य के आभ्यंतर सौंदर्य की लय बनाते हुए हैं। उनकी स्वायत्त अस्मिता हमें आज भी आकर्षित करती है। वह बड़ी जीवंत है। यदि उसे कविता से निकाल दिया जाये तो बहुत सारी कविता विरस होगी। इकहरी भी। कविता की इस अपूरणीय क्षति का कोई विकल्प नहीं जो उसकी जगह ले सके। पर क्या वजह है, आज की अधिकांश कविता से यह ग़ायब है। क्या प्रकृति की लक्षित अनुपस्थिति ने कविता को इकहरा नहीं बनाया? क्या वह सिलपट नहीं दिखायी देती? क्या उसमें समृद्ध भावसाहचर्यों की कमी नहीं अखरती? हमारे महान कवि नागार्जुन की कविता में प्रकृति की लय के साथ हमें इस बात पर भी आगे सोचने की ज़रूरत है। कविता की ज़्यादा क्षति न हो, उसके लिए भी यह ज़रूरी है।

जन जन में जो ऊर्जा भर दे

राजेश जोशी

एक शांतिनिकेतनी झोला हमेशा ही नागार्जुन के पास होता था। वह कभी उनके कंधे पर लटका होता और कभी उनकी बग़ल में पड़ा रहता। वह उनकी धज का अनिवार्य हिस्सा था। उसमें कई कोरे पोस्टकार्ड होते और कई दूसरी जगहों से आयीं उनके पाठकों और मित्रों की चिट्ठियां। नागार्जुन जब भी जिस जगह की यात्रा पर निकल रहे होते वहां के मित्रों को पहले ही उनका बड़े बड़े और सुंदर अक्षरों में लिखा पोस्टकार्ड मिल जाता, अगर एक दो दिन या आठ दस दिन बाद वहां से किसी दूसरे शहर जाने का कार्यक्रम होता तो वहां के मित्रों को नागार्जुन अपना कार्यक्रम भेज देते। पोस्टकार्ड्स के अलावा झोले में कोई एकाध किताब होती और दो एक पत्रिकाएं। लेकिन इस झोले में दो चीज़ें हमेशा मौजूद होतीं। एक छोटा सा ट्रांज़िस्टर और एक बड़ा सा मैग्नीफ़ाइंग ग्लास...आवर्धक लेन्स। बाबा जब भी अकेले होते, ख़ासतौर पर रात गये जब वे बिस्तर में होते तो ट्रांज़िस्टर उनके कान से सटा होता। कभी उस पर ख़बरें चल रही होतीं, हर ख़बर पर उनके कान होते। कभी कोई संगीत चल रहा होता। यह संगीत दुनिया के किसी भी हिस्से का हो सकता था। उसके शब्दों और भाषा से उनका लेनादेना ही ज़रूरी नहीं। हो सकता है उस पर अफ़्रीकी संगीत चल रहा हो और उसे सुन सुन कर नागार्जुन मगन हो रहे हों। पहले मुझे लगता था कि नागार्जुन की कविता की लय और छंद का रिश्ता हिंदी के पारंपरिक छंद, मैथिली, पाली, प्राकृत, संस्कृत या बांग्ला से है लेकिन कई बार उनकी कविता की लय में अचानक कई ऐसी लयों की अनुगूंज मिल जाती है जिनके स्रोत ठीक ठीक निर्धारित करना आसान नहीं होता। यह संभव है कि उन लयों के स्रोत धरती के एकदम दूसरे हिस्सों से आकर नागार्जुन की हिंदी में अंतर्लीन हो गये हों। उसका कायांतरण हो गया हो। उजागर स्रोतों के पीछे कई अलक्षित स्रोत छिपे हो सकते हैं। जातीय और विजातीय का कोई झगड़ा टंटा वहां नहीं है। खाने के मामले में जिस तरह नागार्जुन एक चटोरे व्यक्ति थे, नयी नयी और तरह तरह की लयों को खोज लेने और उपयोग करने में भी उन्हें किसी तरह का कोई परहेज़ नहीं था। हिंदी का शायद ही कोई दूसरा कवि होगा जिसकी कविता में लयों की ऐसी विकट विराट बहुलता को खोजा जा सके। उनके कान बहुत चौकन्ने थे। उनसे धरती की तेज़ से तेज़ और धीमी से धीमी लगभग अनसुनी रह जाने वाली कोई आवाज़, अनसुनी नहीं रह सकती थी।

इस झोले की दूसरी सबसे दिलचस्प चीज़ है मैग्नीफ़ाइंग ग्लास। कभी-कभी लगता है नागार्जुन की कविता ही एक मैग्नीफ़ाइंग ग्लास है। कभी कभी जब किसी किताब या किसी

पत्रिका को वे उस मैग्नीफ़ाइंग ग्लास से पढ़ रहे होते तो मेरे मन में एक सवाल अक्सर कौंधता रहता कि अगर शब्द मैग्नीफ़ाइंग ग्लास की दूसरी तरफ़ से नागार्जुन को देख रहे होंगे तो उन्हें नागार्जुन कैसे नज़र आते होंगे? इस मैग्नीफ़ाइंग ग्लास से वे छोटे-छोटे अक्षरों को बड़ा कर लेते और दूर के अक्षर उनके एकदम पास चले आते। यथार्थ की कई ऐसी परतें और सच्चाइयां जो दूर दिखतीं, दूरी के कारण बहुत छोटी और धुंधली नज़र आतीं, उनके भीतर की कुटिलताएं, ढकी-छिपी मनुष्य विरोधी विद्रूपताएं और विसंगतियां अचानक नागार्जुन की कविता में आकर अपने विकट स्वरूप में प्रकट हो जातीं। बहुवचन एक वचन में परिणत होकर विपुल विराट हो जाता। यह मैग्नीफ़ाइंग ग्लास किसी भी बुराई या बहुत धुंधली सी दिखती मनुष्य की छोटी से छोटी अच्छाई को आवर्धित कर देता है। नागार्जुन की कविता सिर्फ़ विद्रूपताओं को ही विराट नहीं बनाती वह अच्छाइयों को भी आवर्धित कर देती है। यह मैग्नीफ़ाइंग ग्लास सिर्फ़ दृश्य चीज़ों को ही आवर्धित नहीं करता वह आवाज़ों को भी आवर्धित कर देता है। वह गंध को भी आवर्धित कर देता है। वह हमारी ऐंद्रिकता का नया संस्कार करने वाला मैग्नीफ़ाइंग ग्लास है। लेनिन ने कहीं कहा था कि छोटे-छोटे आंदोलनों और हड़तालों में भी भावी क्रांति का सर्प फुंफकारता हुआ बैठा होता है। नागार्जुन का यह मैग्नीफ़ाइंग ग्लास वास्तव में एक उपकरण मात्र नहीं है। यह जैसे उनकी दृष्टि और उनकी कविता का एक रूपक भी है। वह अत्यंत साधारण की असाधारणता को देख सकने और दिखा सकने का एक आला है...एक लेन्स है।

हम एक ऐसे समय में रह रहे हैं जहां आभासी यथार्थ वास्तविक यथार्थ को धुंधला कर रहा है। जहां मनुष्य की कराह और गुस्से भरी चीख़ को निरर्थक आवाज़ों में दबाया जा रहा है। जहां रोशनी की चकाचौंध हमारे देखने को बाधित कर रही है। फ़ज़ल ताबिश की एक पंक्ति का सहारा लेकर कहूं कि हम नहीं देख पा रहे हैं कि यह रौशनी किस जगह से काली है। ऐसे समय में कविता का यह ज़रूरी काम होता है कि वह चीज़ों को मैग्नीफ़ाई करके हमें दिखा सके। मुझे लगता है कि नागार्जुन के शांतिनिकेतनी झोले से निकला मैग्नीफ़ाइंग ग्लास जैसे हमारे समय को देखने का एक ज़रूरी उपकरण है।

जब इस मैग्नीफ़ाइंग ग्लास से नागार्जुन नागार्जुन को देखते हैं तो इसमें नागार्जुन कभी छोटे कभी लंबे यानी उनके अंदर बाहर के कई कई रूप नज़र आते हैं। मैग्नीफ़ाइंग ग्लास एक आईना बन जाता है। आईने वाली आकृति कहती है : बात यह हुई कि तुम्हारा सारा बचपन घुटन और कुंठा में कटा। ग़रीबी, कुसंस्कार और रूढ़िग्रस्त पंडिताऊ परिवेश तुम्हें लील नहीं पाये, यह कितने आश्चर्य की बात है! पहले तुम भी वही चुटन्ना और जनेऊ वाले पंडित जी थे न? न पुरानी परिधि से बाहर निकलते, न आंखें खुलतीं, न इस तरह युग का साथ दे पाते ...।' यही आकृति कहती है कि 'आधुनिकता या मॉडर्निटी को अंगूठा दिखाने में तुम्हारी आत्मा को जाने कौन-सी परितृप्ति मिलती है!' इस वाक्य से यह भ्रम हो सकता है कि नागार्जुन आधुनिक संवेदना के कवि नहीं हैं। लेकिन ऐसा नहीं है। नागार्जुन और त्रिलोचन दोनों ही एक स्तर पर माडर्निटी का मखौल उड़ाते हैं, उसे अंगूठा दिखाते हैं। यह कुछ हद तक नयी कवितावादियों के आधुनिकतावाद का विरोध है जो इन कवियों में दिखायी पड़ता है। वस्तुतः पश्चिमी आधुनिकता के बरक्स एक देशज आधुनिकता का विवाद हिंदी साहित्य में हमेशा से बना रहा है। यह बात अलग है कि पश्चिमी आधुनिकता हमेशा वर्चस्व प्राप्त

कर लेती रही है, क्योंकि शक्ति केंद्र ओर पत्रिकाएं उसी को प्रश्रय देती रहीं। लेकिन यह भी सच है कि प्रगतिवादी कवियों ने एक देशज आधुनिकता को अपने लिए अर्जित किया। इसे देर से पहचाना गया लेकिन अब वह एक ऐसी अवधारणा नहीं है जो कहीं रेखांकित न की गयी हो।

यह जादुई मैग्नीफ़ाइंग ग्लास नागार्जुन की कविता की बनावट में कहीं केंद्रीय रूप से मौज़ूद है। इस ग्लास ने हमारे आसपास और दूर-दराज़ की अनेक अलक्षित और धुंधली सच्चाइयों को, बुराइयों और अच्छाइयों को हमारे एकदम निकट ला दिया है ...उन्हें आवर्धित कर दिया है।

तलवों के सहारे पी गयी माघी आकाश
की हिमानी ओस और बादल पानी
और नागार्जुन।

नागार्जुन और पानी के संबंधों को लेकर अनेक किंवदंतियां हैं। नागार्जुन को पढ़ते हुए कई बार लगता है कि आप प्रकृति के उन पक्षों के प्रति ज़्यादा इंद्रियग्राह्य होते हैं जिनसे आप अधिक से अधिक बचने की कोशिश करते हैं। स्वास्थ्य कारणों से नागार्जुन शीत और पानी से बचने की कोशिश करते थे, ऐसा सभी जानते हैं। शायद इस दूरी ने उन्हें पानी के प्रति बहुत ऐंद्रियसेनूस्युअॅस...बनाया होगा। नागार्जुन निराला के बाद पानी के प्रति सबसे सेनूस्युअॅस कवि हैं। पत्रहीन नग्न गाछ में एक कविता है :

सुबह ही सुबह
आया हूं टहल
दूब भरी लॉन में
सुबह ही सुबह
रौंद आया हूं
मोतियों का पथार
सुबह ही सुबह
किया है अनुभव
पुलकित हो रहे हैं रोम रोम
स्पर्श के प्रभाव से किस तरह
सुबह ही सुबह
पैरों के तलवों के सहारे
पी आया हूं
माघी आकाश की हिमानी ओस
सुबह ही सुबह
आया हूं टहल
दूबभरी लॉन में।

नागार्जुन को इस अनुभव ने कहीं ज़रूर इतना रोमांचित किया होगा कि मैथिली की इसी कविता से मिलती-जुलती एक कविता नागार्जुन ने 'सुबह-सुबह' शीर्षक से हिंदी में भी लिखी। यहां भी माघ का ही महीना है और सुबह-सुबह उन्होंने नंगे पांव चहलक़दमी की है,रात्रि

शेष की भीगी दूबों पर। दूब के मोतियों के पथार को रौंद आना और तलवों से माघी आकाश की हिमानी ओस को पीना यह इंद्रियग्राह्यता उस व्यक्ति में शायद इस तरह न हो जिसकी देह पानी के प्रति लगभग अभ्यस्त है। ओस के स्पर्श से रोम-रोम के पुलकित होने का भाव शायद उसमें होना संभव नहीं होगा।

रघुवीर सहाय की कविता की एक पंक्ति 'मन में पानी के अनेक संस्मरण हैं', का सहारा लेकर कहा जा सकता है कि नागार्जुन की कविता पानी के संस्मरणों का एक पूरा अलबम है। निराला के 'बादल राग' और नागार्जुन के 'बादल को घिरते देखा है' के बीच बहुत महीन सा रिश्ता है। स्वाधीनता-संग्राम का वह विप्लव का वीर यहां जन-संघर्षों का बादल राग बन जाता है। विप्लव का वीर यहां महामेघ हो जाता है। नागार्जुन बहुवचन को जोड़कर महा-एकवचन बना देते हैं :

मैंने तो भीषण जाड़ों में
नभचुंबी कैलाश शीर्ष पर
महामेघ को झंझानिल से
गरज गरज भिड़ते देखा है
बादल को घिरते देखा है।

बादल और पानी को लेकर नागार्जुन की एक कविता को याद करें तो एक के बाद एक कविताएं याद आने लगती हैं। 'अंतश्रावण का यह मेघ', 'देखना ओ गंगा मइया', 'बाढ़-67', 'सिंधु नद', 'बदलियां हैं', 'मन करता है' ...न जाने कितनी कविताएं...।

पता नहीं नागार्जुन पर कितने कवियों ने कितनी कविताएं लिखी हैं। एक संग्रह ऐसा तैयार किया जाना चाहिए जिसमें कवियों द्वारा कवियों पर लिखी कविताओं को संकलित किया जा सके। शायद निराला पर हिंदी के अधिकांश कवियों ने कविताएं लिखी हैं। नागार्जुन पर लिखी गयी कविताओं में एक प्रसिद्ध कविता केदारनाथ अग्रवाल की है—नागार्जुन के बांदा आने पर। हालांकि यह कविता नागार्जुन की शख़्सियत के पक्षों को उजागर नहीं करती। उसमें नागार्जुन के बांदा आने की खुशी और कृतज्ञता अधिक है। उसमें केदारनाथ अग्रवाल का अपना अकेलापन है।

दोस्तों के बांदा नहीं आने की शिकायत है और निराला, रामविलास शर्मा, महादेव साहा आदि कुछ मित्रों के बांदा आने का और उससे पैदा हुई खुशी का इज़हार है। शमशेर की कविता 'बाबा हमारे, नागार्जुन बाबा' छोटी मगर बहुत दिलचस्प कविता है। यह बहुत कम शब्दों में नागार्जुन की शख़्सियत और उनकी कविता की कुछ खूबियों की ओर संकेत करती है। पहला ही बंद है :

'खुल सीसेम!' सबों के सामने-
कहते सबों के सामने -
ख़ज़ानों की गुफ़ाएं
सबों के लिए खुल पड़तीं,
क्लासिक क्रांतिकारी ख़ज़ाने

इस अलीबाबा के खज़ाने क्लासिक और क्रांतिकारी खज़ाने हैं। नागार्जुन की कविता कभी न हार मानने वाली जनता के बहादुर तराने और ज़िंदा फ़साने हैं। वे आज के इतिहास को

छंद में समझाने वाले हैं। नागार्जुन की कविता की जिन विशेषताओं को आलोचना का एक लंबा लेख भी अपने में पूरी तरह न समेट पाता उसे शमशेर ने बहुत सीमित शब्दों की एक छोटी सी कविता में समेट लिया है। नागार्जुन की कविता के छंद की भी कई विशेषताओं की ओर शमशेर इंगित करते हैं :

कभी धीमी गुनगुनाहट में
कभी थिरकते व्यंग्य में
कभी करुण सन्नाटे में
तो कभी बिगुल बजाते
और कभी चिमटा।

इसी कविता में आगे की कुछ पंक्तियां हैं :

इसी मस्ती से क्रोध और आवेश के
कड़ुए घूंट को
किसी तरह मीठा-सा बनाये
जनता के, जलते हुए अभावों की आग में

नागार्जुन की कविता की यह विशेषता रही है कि वह अपने क्रोध और आवेश को भी एक ख़ास तरह की नाटकीयता में रूपांतरित कर लेती है।

शमशेर की यह कविता नागार्जुन की कविता की अनेक बारीक़ियों की तरफ़ इंगित करती है। वह युग की गंगा में उनके गोते लगाने के हुनर को भी जानती है और उनके अदभुत स्वांग को भी।

कभी-कभी लगता है कि नागार्जुन की सारी कविताएं एक घुमक्कड़ कवि की यात्रा-डायरियां हैं। उसमें हमारे भूगोल, हमारे रहन-सहन, हमारी बोली-बानी, हमारे सुख- दुख, हमारी प्रतिपल परिवर्तित होती प्रकृति और आसपास घटती राजनीतिक- सामाजिक-सांस्कृतिक घटनाएं सभी कुछ दर्ज है। उसमें कटहल के पकने, नये भुट्टों के आने और बस सर्विस बंद होने जैसी अनेक सूचनाएं हैं, जिन्हें हम अक्सर अनदेखा और अनसुना कर जाते हैं। यह कविता न किसी को बख़्शती है न अदेखा करती है। नागार्जुन स्पष्ट रूप से कह चुके हैं कि प्रतिहिंसा ही स्थायी भाव है मेरे कवि का। उनकी कविता में बुद्ध की करुणा और कबीर का मुंहफटपन है। वे एक ऐसे कवि हैं, जो एक ऐसे रवि का उद्गाता है, जो जन-जन में ऊर्जा भर दे।

ये सिर्फ़ व्यंग्य कवि नहीं हैं

विष्णु नागर

मुझसे नागार्जुन की व्यंग्य कविताओं पर लिखने के लिए कहा गया है। जब मुझसे कहा गया था, तब मैंने ज़्यादा कुछ नहीं सोचा था और इस प्रस्ताव को मुरली मनोहर प्रसाद सिंह का आदेश मानकर स्वीकार कर लिया। यह मानकर कि शायद इसलिए भी मुझसे कहा गया होगा कि मै व्यंग्य-फ्यंग्य कविताओं जैसा ही कुछ लिखता हूं। लेकिन जब नागार्जुन पर लिखने बैठा तो लगा कि मुझे अपना विषय बात करके तय करना चाहिए था क्योंकि नागार्जुन या किसी भी बड़े कवि की कविता का कोई बना-बनाया एक सांचा-ढांचा नहीं होता। उनकी बाक़ी कविताओं को उनकी व्यंग्य कविताओं से अलग करके, उनसे स्वायत्त करके नहीं देखा जा सकता। ये दो स्वायत्त व्यक्तित्व नहीं हैं। यह एक ही कवि है जो कालिदास, अकाल और उसके बाद, घिन तो नहीं आती है, चंदू मैंने सपना देखा, उनको प्रणाम जैसी अनेकानेक अद्‌भुत कविताएं लिखता है और वही शासन की बंदूक, तीनों बंदर बापू के, मंत्र कविता, आये दिन बहार के आदि-आदि व्यंग्य कविताएं भी लिखता है। क्या आप कवि से उम्मीद रखते हैं कि वह एक जैसी कविताएं उत्पादित करे या वह समग्र जीवन को जैसे वह देखता है, अपनी कविताओं में व्यक्त करे? फिर आप नहीं कह सकते कि नागार्जुन के कवि का व्यंग्य रूप ही महत्वपूर्ण है, अन्य रूप नहीं। एक कवि जो बाक़ी कविताएं खराब लिखेगा, माफ कीजिए, वह व्यंग्य कविताएं अच्छी नहीं लिख सकता। इसलिए मैं किसी कवि को हाथ-पैर-गर्दन-पेट के रूप में नही देखता, एक संपूर्ण व्यक्तित्व की तरह देखता हूं। हां उसकी अच्छी रचनाओं की तरह बुरी और सामान्य रचनाएं भी हो सकती हैं और सबके पास ऐसी रचनाएं होती हैं। नागार्जुन के साथ यह ख़तरा ज़्यादा था क्योंकि उन्होंने विपुल लिखा और तरह-तरह की चुनौतियों का जवाब देने के लिए लिखा, जो साहित्यिक से ज़्यादा हमारे सामाजिक, राजनीतिक जीवन से जुड़ी थीं। एक तरह से उन्होंने कविता में अपने समय को रिकार्ड करने की कोशिश की, इसलिए जाहिर है कि उनकी साधारण कविताओं की संख्या भी कम नहीं है। लेकिन यह स्थिति तो अपनी कविताएं कम छपवानेवाले, इस मामले में बेहद सावधानी बरतने वाले कवियों के साथ भी है। बहरहाल महत्वपूर्ण उनकी असफलताएं नहीं हैं, महत्वपूर्ण उनकी उपलब्धियां हैं जो दरअसल अब हिंदी कविता की उपलब्धियां हैं। उन जैसा भाषाई, शैलीगत, अनुभवगत, भावगत वैविध्य और अप्रत्याशितता कितने कवियों में मिलेगी? जीवन का ऐसा राग, ऐसा उत्सव, ऐसी ऐंद्रिकता, ऐसी बैचेनी, ऐसी ललकार, ऐसा भदेसपन, ऐसा खिलंदड़ापन और कहां है? और यह हमारी-आपकी तरह घर बैठेनेलाले या आफिस जानेवाले,

मात्र मध्यवर्गियों की दुनिया में घुलने-मिलने से नहीं आया है। यह आया है जीवन को सचमुच एक घुमक्कड़ की तरह जीने के कारण। अपना सबकुछ कविता को देने की वजह से। अपने परिवार की यथासंभव चिंता को बिसराते हुए। यह आया है जन आंदोलनों से जुड़ने के कारण, यह आया है अपनी संवेदनात्मक धार को लगातार तेज़ करते रहने से, अपने को भूलने से, लोगों के बीच घुलने-मिलने से, उन जैसा हो जाने से। यह कविता के लिए जीवन की बहुत कुछ कीमत चुकाने से आया है।

यह कहने के लिए मुझे माफ किया जाये कि कुछ मायनों में वे निराला से बड़े कवि लगते हैं, हालांकि कुछ व्यापक सहमतियां कवियों-लेखकों के समाज में ऐसी बन जाती हैं, जो जड़ हो जाती हैं, उनमें कोई दरार नहीं डाली जा सकती। उन सहमतियों से अलग हटकर सोचना-कहना एक किस्म का दुस्साहस-अहम्मन्यता तक माना जाता है। हालांकि नागार्जुन के पक्ष में ऐसी बात अगर आप कहीं कह दें, तो आपसे जो असहमत हैं, वे भी सामान्यतः इसका खंडन करना पसंद नहीं करेंगे, चुप रह जायेंगे। यह भी नागार्जुन की कविता के हक़ में बहुत कुछ कह जाता है। बहरहाल मैं निराला बनाम नागार्जुन जैसी किसी बहस के पक्ष में नहीं हूं। हम यहां नागार्जुन के महत्व को रेखांकित करना चाहते हैं जिसका अर्थ यह नहीं है कि हम उन्हें निराला से कुछ मायनों में बड़ा या छोटा कवि सिद्ध करने पर तुले हैं। ऐसी तुलनाओं का कोई ख़ास महत्व भी नहीं होता। मगर मुझे फिर भी लगता है कि जो महसूस होता है, उसे थोड़े संकोच के साथ कह भी देना चाहिए।

हां यह सही है कि नागार्जुन के पास शायद किसी भी और कवि से ज़्यादा व्यंग्य कविताएं हैं। शायद इसीलिए उन्हें व्यंग्य कवि के खाते में अक्सर डाल दिया जाता है, कई बार बिना यह सोचे कि हम अनजाने ही उन्हें छोटा कर रहे हैं। नागार्जुन की कविता पूरे जीवन की कविता शायद इसलिए भी है कि वे ख़तरे उठाने से डरनेवाले कवि नहीं हैं बल्कि वे ऐसे कवि हैं जो जानबूझकर इस हद तक जाने को तैयार रहता है कि उन्हें कवि और उनकी कविता को कविता मानने से भी आप इनकार कर सकते हैं। ऐसा उनके जीवन में भी हुआ और उनके शताब्दी वर्ष में भी होता दिखायी दे रहा है। कम से कम उन्हें कमतर कवि की तरह तो पेश किया ही जा रहा है जबकि वे ऐसे कवि थे, जो किसी भी विषय को कहीं से भी उठाने की क्षमता रखता था, जैसे एक सिद्धहस्त कलाकार या गायक करता है। इसे दरअसल विषय को उठाना कहना भी शायद इसलिए ठीक नहीं होगा क्योंकि नागार्जुन के बाद की पीढ़ियों के तमाम कवियों में नये-नये विषयों को उठाने की एक होड़ सी लगी है और किसी नये विषय को उठाना ही जैसे कविकर्म का पर्याय बना दिया गया है, जबकि यह बहुत अहमकाना कोशिश है। कविता न नये विषयों के ज्ञान का प्रदर्शन है, न पुराने-नये छंदों के ज्ञान का। वह प्रदर्शन तो किसी भी चीज़ का हो नहीं सकती। कविता प्रदर्शनीय लगने लगी तो समझो कि गयी। इसलिए नागार्जुन के यहां कुछ भी प्रदर्शनीय नहीं है। वे ढेर सारे मरणशील विषयों का कविता में सहज प्रवेश इसीलिए करा सके क्योंकि मरणशीलता से उन्हें डर नहीं था। जैसे कि कबीर को भी नहीं था। भूख, अकाल, हड़ताल, कालाबाजारी, प्लेग, नौ-नौ महीने तनख्वाह न मिलना, फटी बिवाइयां, सिंके हुए भुट्टे यानी कुछ भी जो इस दुनिया में है, सड़क पर, घर में, बाजार-हाट में है, इलाहाबाद-चेन्नई में है, वह सब उनके यहां है और किसी स्टैंडर्ड तरीक़े से, पूर्वकल्पित तरीके से कविता में नहीं आता है। जो उनकी नज़रों

के सामने हो रहा है, उनके अंदर-बाहर घट रहा है, वह सब उन्हें कविता लिखने के लिए उत्तेजित करता है, बाध्य करता है। इतने मरणशील विषयों पर पता नहीं कितने कवियों ने इतनी स्मरणीय कविताएं लिखी होंगी, जितनी नागार्जुन ने लिखी हैं। मरणशील विषयों को लेकर कविताएं लिखने का बड़ा ख़तरा यह है कि ऐसे विषयों पर कविताएं भी मरणशील हो सकती हैं, हालांकि अमर विषयों पर कविताएं लिखने पर यह ख़तरा कुछ ज़्यादा बढ़ जाता है, बल्कि स्थायी हो जाता है।

बहरहाल नागार्जुन पहले विषय तय करके कविता नहीं लिखते, जैसाकि आजकल हम लोग अक्सर करने लगे हैं। मेज़, कुर्सी, पलंग, मच्छर, सांप, मां, बच्चा, कबूतर कोई भी विषय उठाया और एक निबंधात्मक सी कविता बुनकर, पेश कर, पाठकों के सिर पर मार दी कि लीजिए, यह रहा मेरा नया माल। इसके विपरीत नागार्जुन की एक लोकप्रिय कविता देखिए-तीनों बंदर बापू के। जरा इसकी पहली पंक्ति पर गौर कीजिए-बापू के भी ताऊ निकले तीनों बंदर बापू के। कविता ऐसे अनौपचारिक, ऐसे अप्रत्याशित तरीक़े से शुरू होती है और तीनों बंदर बापू के जैसी अर्द्धपंक्ति के तीस बार दोहराव के साथ ही यह कविता दो छंदों में, एकसाथ चलती है और कहीं भी बनावटी दोहराव दोष नहीं दिखायी देता, कहीं भी छंद लड़खड़ाता नज़र नहीं आता, न यह लगता है कि इसे साधने की कोशिश हो रही है। ऐसा लगता है कि जैसे झरने से पानी की धार अविचल-अविकल बह रही हो, बिना सोचे, बिना थमे, बिना यांत्रिक हुए। हालांकि पूरी कविता में वह इतना ही अलग-अलग तरह से कहते हुए दीखते हैं कि ये तीनों बंदर बापू के भी ताऊ निकले हैं। गांधी का नाम लेकर गांधीवाद की ही ऐसीतैसी करने में कोई कसर नहीं छोड़ी जा रही है। इस कविता में कथनभंगिमाओं का इतना अकृत्रिम वैविध्य है कि आप 54 पंक्तियों की इस कविता को पढ़ते चले जाते हैं और जब कभी इस कविता तक फिर पहुंचते हैं। इसे फिर-फिर पढ़ने का, इसे कंठस्थ करने का आपका मन होता है।

मंत्र कविता लें। वह इससे बहुत अलग है। यह कविता अराजकता का सा टाठ लिये, शब्द बहुलता का बाना पहने पूंजीवादी राजनीति की हंसी उड़ाती है मगर किसी पूर्वकल्पित एजेंडे के तहत नहीं, बल्कि सहज भाव से, अपने शिल्प में पूरी तरह रमकर, उसके तर्क को निभाते हुए चलती है। यह कविता कविताई भद्रता की तथाकथित सीमाएं लांघती है, जिसको लांघने की हिम्मत में बाद में भी बहुत कम दीखती है। यज्ञ के समय उच्चारे जानेवाले मंत्र की शैली में लिखी यह कविता सबसे पहले मंत्र का ही मजाक बनाती है और उसमें मंत्र की भाषा से तिरस्कृत तमाम सड़कछाप कहे जानेवाले, रोजमर्रा की भाषा के शब्दों को ले आती है। पुनः इस कविता में कुछ ऐसा आकर्षण है कि इसकी अराजक सी लगनेवाली टोन में ही आपको कविता दीखने लगती है। उनकी कविताओं में व्यंग्य की कई सतहें हैं। कहीं आक्रोश है, कहीं आक्रोश के साथ सत्ताधारियों को चिढ़ाने जैसा भाव है, कहीं खुद इसमें आनंद लेने जैसा भाव है, कहीं खिलंदड़ापन है। उधर घिन तो नहीं आती है कविता देखिये। यह कविता कलकत्ता की चौरंगी की हवा खाने निकले बाबूवर्ग के आदमी पर व्यंग्य है जो ट्राम में कुली या मजदूरों के पास बैठने को मजबूर है। ये मजदूर ठहाके लगा रहे हैं, सुरती फांक रहे हैं, खूब बातें कर रहे हैं, जिनके कपड़े पसीने से लथपथ हैं। लेकिन यह कविता इस सबसे परेशान नज़र आ रहे उस आदमी का मजाक नहीं उड़ाती बल्कि उसे इतनी आत्मीयता

से इस सच को, इस आनंद को स्वीकार करने का आग्रह करती है। फिर वह अपना मजाक भी बनाते हैं कविताओं में तमाम जगहों पर-खुद को वनमानुष-उजबक कहकर।

बहरहाल अपने को रचनात्मक रूप से ताजा करने के लिए नागार्जुन को पढ़ने का अपना सुख है। दरअसल शमशेर-नागार्जुन हमारे बीच अब नहीं हैं, यह तो स्वीकार होता है मगर सौ बरस के हो चुके हैं, यह पता नहीं क्यों गले नहीं उतरता।

यथार्थवादी जादू और सर्जनात्मक अराजकता

कुमार अंबुज

एक उक्ति का सार है कि लेखकों को अपना घर ज्वालामुखियों के किनारे बनाना चाहिए। इसकी व्यंजना और ध्वनि मुक्तिबोध के कथन के इस आशय तक भी आती है कि सच्चे लेखकों को अभिव्यक्ति के ख़तरे उठाने ही होते हैं। बीसवीं सदी की समूची हिंदी कविता में नागार्जुन ही एक मात्र कवि हैं जो इस तरह यायावरी करते हैं कि जहां जाते हैं वहां अपना घर और अपने ज्वालामुखी साथ लेकर चलते हैं और अभिव्यक्ति के समस्त संभव ख़तरों से तो गुज़रते ही हैं। इन ख़तरों को निराला, मुक्तिबोध जैसे कवि भी उठाते हैं। नागार्जुन के सामने भी अपने समय के सभी अंतर्विरोध, अमानुषिकता और सत्ता की शक्ति के भयावह रूप उपस्थित थे, साथ ही व्यक्तिगत जीवन की कठिनाइयां। इनके बीच कविकर्म करना, एक सर्जक की तरह सक्रिय रहना, लेखक के मन में अनेक तरह की निराशाएं, भय और आशंकाएं भर सकता है, लेकिन यह देखना आश्वस्त कर सकता है कि इनके बरअक्स नागार्जुन कभी भी, किसी भी स्थिति में 'पैरानोइया' के लक्षणों से ग्रस्त नहीं होते। किसी तरह के अवसाद या निराशा के कोटर में नहीं बैठते। अपवाद स्वरूप भी अपना आत्मविश्वास, प्रतिरोध, प्रतिबद्धता और आशावाद नहीं छोड़ते। इस धरातल पर वे निश्चय ही छह सौ साल पुराने कबीर के साथ तुलनीय हैं, जिनके सामने अनाचार, अत्याचार, अभाव और उत्पीड़न की स्पष्ट आशंकाएं थीं लेकिन वे सर्वाधिक निडर नागरिक की तरह, विराट कवि की तरह अडिग, विवेकशील और आस्थावान बने रहे।

कबीर के पास उनके आराध्य राम का, एक तरह की आध्यात्मिकता का भी संबल था लेकिन नागार्जुन सिर्फ़ और सिर्फ़ आमजन, शोषित बहुजन के संबल के सहारे ही एक अराजक सर्जनात्मकता को मुमकिन करते हैं। नागार्जुन का अध्यात्म यही जनता थी। उनकी समूची कविता में सतत् एक ऐसी अराजकता विद्यमान है जो विशिष्ट और जनोन्मुखी सर्जनात्मकता का प्रादुर्भाव करती है। एक नयी दुनिया के लिए, समानता, स्वतंत्रता, लोकतांत्रिकता और बेहतर व्यवस्था की आकांक्षा से प्रसूत यह अराजकता जगह-जगह उनकी कविता में विन्यस्त है, वैचारिक स्तर पर एवं भाषा छंद और रूप के निर्माण और उल्लंघन में भी। सत्ता की अराजकता से निबटने के लिए वे अपनी रचनाओं में उस अराजकता की निर्मिति करते हैं जो एक प्रभावी और सर्जनात्मक औजार की तरह सामने आती है। इंदु जी और मंत्र जैसी अनेक कविताओं में इसे कहीं अधिक ज़ाहिर तौर

पर देखा जा सकता है। तमाम शक्तिपीठों के विरुद्ध उनकी कविता में इस अराजकता का गहरा रचनात्मक मूल्य है लेकिन वह अकविता की शब्दावली में या किसी शून्यवाद में या तेज़-तर्रार भाषा भर में गुम नहीं हो जाती। जिन वैचारिक विचलनों या विपथ होने की बात नागार्जुन के बारे में कर दी जाती है, दरअसल वह इसी अराजक सर्जनात्मकता को सही, व्यापक परिप्रेक्ष्य में न देख पाने की बदौलत भी है।

उनकी कविताएं और उनका जीवन बताता है कि वे लगातार खुद को डि-क्लास करते हैं। अपना प्रतिरोध भी डि-क्लास होकर दर्ज करते हैं। उनकी कविता 'एक्टिविस्ट' है। सक्रिय, सचेतन और आबद्ध। वह विचार, नारा, उक्ति और जीवन को एकमएक कर देती है। वह 'समकालीनता' की प्रामाणिक अभिव्यक्ति है जो समकालीनता के बाड़े को, उसकी परिधि को लांघ जाती है। लेकिन वह अपने समकाल को दिनांकित करती जाती है। इसलिए उनकी कविता में अपने समय की राजनैतिक और सामाजिक घटनाओं को साक्ष्य की तरह और एक रचनाकार की व्याख्या की तरह भी देखा जा सकता है। बल्कि उसे एक क्रम में रख देने से उसका एक ऐसा सामाजिक-राजनैतिक इतिहास लेखन संभव है जो सत्ता संरचनाओं के नियमित प्रतिरोध से उत्पन्न है। वे कवि की ओर से लगातार एक 'गजट' प्रकाशित करते जाते हैं और समकालीनता को एक जवाबदेह शक्ति में, एक विराट गतिशील रूपक और टकरावट में बदल देते हैं। वे अलसाये, अघाते, निश्चेष्ट कलावादी और आत्मदया से लबरेज कवियों में लज्जा भर सकते हैं।

बीसवीं सदी के जादुई यथार्थवाद के तमाम रचनात्मक तामझाम के बीच मुझे यह विचित्र आकर्षण और अचरज का विषय लगता रहा है कि नागार्जुन ने ऐसे सीधे, अक्षुण्ण और बींधते यथार्थ को सामने रखा जिसने हिंदी कविता में नयी तरह का जादू अपनी तरह से संभव किया। यह यथार्थवादी जादू है। यह प्रगतिवादी और जनवादी जादू है। यह जनपक्षधरता, जनप्रतिबद्धता और जनसमूह के बीच खड़े रहने का, उसमें विश्वास का जादू है। यह कला और कविता का जादू है। यह अनलंकृत होने का और अभिव्यक्ति के साहस का और दृष्टिसंपन्नता का जादू है। यह उस भाषा का जादू है जो जनता के कारखाने में बनती है, जो महज साहित्य से साहित्य में प्रकट नहीं होती। यह स्वाध्याय, अध्यवसाय और बहुपठित होने का और जनसंघर्षों में संलग्नता का जादू है।

विषयों की दृष्टि से देखें तो नागार्जुन की कविता सर्वाधिक अप्रत्याशित, प्रतिबंधित और अनुपयुक्त समझे जानेवाले क्षेत्रों में चली जाती है। सुअर, भुटटे, चूड़ियां, बादल, इंदिरा गांधी, नक्सलवाद, हरिजन, अकाल, ओं, जूतियां, खेत, विप्लव, बंदूक–इन कुछ शब्दों के सहारे अनुमान लगाया जा सकता है कि उनकी कविता यात्रा किस हद तक बीहड़ जनोन्मुखी और अनुपमेय थी। जबकि काव्य विषय संबंधी ये शब्द उनकी काव्यधर्मिता का दशमलब एक प्रतिशत भी नहीं। भाषा की शक्ति के दो अन्य अवयव लक्षणा और व्यंजना के उदाहरण उनकी कविता में कम नहीं हैं लेकिन उन्होंने कविता में अभिधा की ताक़त को बार-बार रेखांकित किया, उसे महत्ता दी। इस तरह उन्होंने कविता में 'टेक्स्ट' को भी महत्वपूर्ण बनाया। तत्सम, तद्भव और देशज शब्दों के संयोग और आवाजाही से उनकी कविता सर्वाधिक संपन्न भाषा की कविता है। उनकी कविता में संप्रेषणीयता का गुण भी इन्हीं माध्यमों के ज़रिये संभव हुआ और इन्हीं वजहों से उनकी कविता एक साथ भारतीयता, स्थानीयता और जनजीवन की

पर्यायवाची बन सकी है।

साहित्य-संस्कृति के क्षेत्र में राहुल सांकृत्यायन के बाद संभवतः सबसे बड़े यायावर नागार्जुन ने देश में घूम-फिरकर, जनता के बीच जाकर, घर-घर, गांव-शहर की घुमक्कड़ी से जो कुछ प्राप्त किया, उसका एक बड़ा हिस्सा अपने साहित्य में जनपक्षीय सरोकारों के साथ साकार किया। यही कारण है कि उनकी रचनाओं में दलित चेतना, स्त्री विमर्श, अन्याय, असमानता और अधिकार संपन्नता के प्रश्न भी प्रायः सबसे पहले और सहज ही उपस्थित हैं। वे जनता के प्रवक्ता हैं और इसलिए जनकवि हैं। और इसलिए ही वे एक संलग्न, नाटक से भरपूर और मंत्रमुग्ध कर देनेवाला काव्यपाठ भी कर सकते थे।

नागार्जुन की कविता एक अनवरत एफ़आईआर और मुक़दमा दायर करते चले जाने की कार्रवाई भी है। यदि प्रतिपक्ष की बेंच कवि की स्थायी जगह है तो हम देख सकते हैं कि नागार्जुन इस बेंच पर हमेशा ही पाये गये हैं। इस मामले में वे 'विशाल प्रगतिवादी साहित्यिक संयुक्त परिवार' के मुखिया की तरह पेश आये हैं, जिन्होंने अपने महती, आंदोलनधर्मी दायित्व से कभी मुंह नहीं मोड़ा। उन्होंने अपने समय की राजनीतिक और सामाजिक विसंगतियों पर, अंतर्विरोधों पर सबसे पहले उंगली रखी है। कविता दर कविता में इसके साक्ष्य हैं।

बच्चों के शिक्षण के क्षेत्र में काम कर रही संस्था 'एकलव्य' के मित्रों से बात करते हुए यह दिलचस्प पक्ष सामने आया कि 'अकाल और उसके बाद' सहित नागार्जुन की अन्य कुछ कविताओं को औसतन कक्षा 5 और उससे बड़ी कक्षाओं में पढ़ने वाले बच्चे बहुत रुचि से पढ़ते हैं। बच्चों को इन कविताओं में न केवल लय और संगीत नज़र आता है बल्कि उसका एक अर्थ विशेष भी उन तक सहज संप्रेषित होता है। ज़ाहिर है कि नागार्जुन की कविता उस मिथ को तोड़ती है जो कहता है कि बच्चों के लिए कविता महज गेंद, सूरज, चांद, अकड़म-बकड़म, हाथी, चींटी, तारे या रसगुल्ला के माध्यम से ही अधिक प्रासंगिक और उपयोगी है। और इस तरह पुनर्विचार करने का अवसर भी उपलब्ध कराती है कि क्या श्रेष्ठ कविता बच्चों और वयस्कों के लिए एक साथ मूल्यवान हो सकती है। यहां इस प्रसंग का उल्लेख इसलिए भी कि नागार्जुन की कविताएं अपनी विषयवस्तु, निर्वाह, निरीक्षण और संप्रेषण में उस कसौटी का निर्माण करती हैं जो जनजीवन और जनरुचि की कविता को जांचने के काम आ सकती है। उसका एक पुल भी बनाती है।

हिंदी में अच्छी प्रेम कविताओं का अभाव सा है। जो अत्यल्प बेहतर कविताएं हैं, उनमें नागार्जुन की कविता 'वह तुम थीं' अविस्मरणीय है। 'कर गयी चाक, तिमिर का सीना, जोत की फांक, वह तुम थीं', इन शब्दों में मितव्ययी होने का गुण है और शब्दों से कुछ अधिक कार्यभार संपन्न करा लेना भी अविस्मरणीय है। यह कविता तथा प्रकृति के उपादानों से लिखी अन्य अनेक कविताएं हमें नागार्जुन के उस उदात्त, प्रेमिल, मानवीय और भावुक रूप का भी पता दे सकती हैं, जिसे नागार्जुन के संदर्भ में प्रायः विस्मृत सा कर दिया जाता है। कविता के पाठक के रूप में जितना वैविध्य, उठापटक, तोड़फोड़ और सर्जनात्मकता मुझे नागार्जुन के यहां मिलती है, उतनी अन्य कवियों के यहां दुर्लभ है। भाषा, रूप और शैली को लेकर भी यह विविधता दृष्टव्य है। आज जबकि अधिकांश समकालीन कविता दृष्टिहीनता का शिकार हो रही है, तब नागार्जुन के क़रीब जाना अपने मोतियांबिद को दूर करने का एक उपाय

हो सकता है।

साथ ही, एक कवि के लिए आवश्यक विस्मय, चुनौती और प्रेरणा, तीनों नागार्जुन के पास जाने पर मिलेंगे ही, जो उन जैसे बड़े कवियों के पास जाकर ही मिलते हैं। नागार्जुन एक बड़ी परंपरा से जुड़े हैं और एक बड़ी परंपरा बनाते हैं।

काव्यशास्त्र की ऐसी तैसी

अष्टभुजा शुक्ल

केदार, शमशेर, त्रिलोचन आदि के बीच नागार्जुन ही ऐसे रहे जिनका दर्शन मुझे व्यक्तिगत रूप से कभी नहीं मिला! इसका एक प्रत्यक्ष कारण पीढ़ियों का अंतराल तो रहा ही, नागार्जुन की घुमंतू प्रकृति और जीवन की वे दशाएं भी रहीं जिनके वशीभूत होकर इतस्ततः होते रहना उनकी नियति बनी रही। अन्यों की तुलना में नागार्जुन का जीवन अधिक गतिशील बना रहा। लेकिन इन सबके बीच हिंदी की आधुनिक कविता में नागार्जुन जितने सर्वप्रिय हैं, 'क्यों' का उत्तर दे पाना उतना ही चुनौतीपूर्ण। जनकवि, विद्रोही, औघड़, कवि-योद्धा, प्रतिबद्ध आदि चलताऊ पदावलियों के ज़रिए कविता में उनके ऐतिहासिक प्रदाय को घेर देना मुझे हमेशा असहज लगता रहा है। इतने काव्य-वैभव से चमत्कृत करने वाले नागार्जुन यदि संवेदना के नाम पर व्याकुल भावुकता अथवा विचार के नाम पर ठस काव्यादेश या काव्यादर्श से तनिक भी विगलित हुए होते तो कब का उनका तर्पण कर दिया गया होगा। यह नागार्जुन के काव्य-विवेक की स्वाधीन चेतना ही उनकी उपस्थिति को इतना जबर्दस्त बनाती है कि कवियों, पाठकों, आलोचकों, सामाजिकों या राजनीतिकों की कोई भी भुनभुनाहट उन्हें अनसुना नहीं कर सकती। यद्यपि नागार्जुन के समय में बहुत-से महत्वपूर्ण कवि-कर्म संपादित हो रहे हैं। फिर भी निराला के बाद, निराला जैसे केवल वही दिखायी देते हैं- निराला की छायाप्रति बनने से सर्वथा इनकार करते हुए।

इनकार का ऐसा आत्मबल ही नागार्जुन को एक बड़ा कवि सिद्ध करता है क्योंकि वे कविता को कोई सिद्ध वस्तु न मानकर अनंत संभावनाओं की वस्तु मानते हैं। कविता के पूर्वकृत रूपों, विषयों या वस्तुओं की चौखट में क़ैद होना उन्हें मंज़ूर नहीं। अतः वे कविता के रूप विस्तार, विषय विस्तार और वस्तु विस्तार के लिए सदैव प्रयोगशील हैं। ऐसी प्रयोगशीलता अज्ञेय की उस प्रयोगशाला से एकदम भिन्न है जो ज़िद की हद तक प्रयोग किये जाने के फेर में प्रत्यभिज्ञा से लगातार च्युत होती जाती है। नागार्जुन के काव्य-प्रयोगों में एक प्रकार की पूर्वापरता भी है जिस पर हम आगे चलकर चर्चा करेंगे। प्रसंगतः नागार्जुन ही सच्चे अर्थों में अज्ञेय के अपनी-अपनी राहों के अन्वेषी कवियों में सबसे सार्थक कवि हैं। इस राह पर चलते हुए भी वे मेरे-पीछे-तू-आ-आ के ख़िलाफ़ हैं! क्योंकि वे किसी भी शिविर, स्कूल या संघ की अविनय अवज्ञा कर सकते हैं किंतु अपनी कविता के मिशन में च्युत नहीं हो सकते। बेशक अज्ञेय अपने समय के साहित्य की एक बड़ी कार्यशाला हैं। उनके यहां पचासों दायित्व हैं जो एक से बढ़कर एक हैं। साहित्य के हर मोर्चे पर वे एक

नये प्रस्थान की भांति हैं। किंतु उनके बाद की पीढ़ी खुद को नागार्जुन की परंपरा में देखे जाने को लेकर बहुत अधीर रहती है जबकि अज्ञेय से वह उतनी ही सम्मानित दूरी बनाये रखने को अभिशप्त है क्योंकि अज्ञेय न तो पूर्ववर्ती हिंदी काव्य परंपरा से जुड़ना चाहते थे, न किसी कवि परंपरा से। बल्कि वे अज्ञेय-परंपरा क़ायम करने के लिए अति सचेत थे। मौलिकता की इतनी महत्वाकांक्षा किसी दूसरे में न थी। नागार्जुन काव्य-परंपरा और कवि-परंपरा से आवेशित थे किंतु उनके आवेश में बह जाने वाले नहीं थे—उन्होंने देशकाल के अनुसार कविता की परंपरा को एक टर्न दिया और खुद उसमें बहुत बड़ा टर्न लिया। वास्तव में उस समय की कविता को सबसे बड़ा टर्न देने के लिए अज्ञेय जी ही कृतसंकल्प थे। इसलिए उनके काव्य-प्रतिमान विश्वजनीनता में सयत्न शामिल होकर सर्वाभौम होने के प्रतिमान हैं जबकि नागार्जुन के स्थानीयता में निरायास शामिल होकर सार्वभौम होने के। इसीलिए अज्ञेय के विश्वबोध में एक प्रकार की अलग-थलग और परायेपन की संवेदना अभिलक्षित होती है। वही उनका ममेतर है। जबकि नागार्जुन का विश्वबोध परंपरा की स्थानिकता से प्रारंभ होकर वृहत्तर रूप अख़्तियार करता है। अज्ञेय की अति मौलिकता होते-होते छिन्नमूल मौलिकता हो जाती है। इसके बरक्स नागार्जुन की बद्धमूल। अज्ञेय की मौलिकता में आत्म सर्वोपरि है, नागार्जुन में सर्वात्म। अज्ञेय की संवेदना रुई जैसी साफ़-शफ़्फ़ाक किंतु विरस है जबकि नागार्जुन की आषाढ़ के बादलों जैसी मटमैली किंतु सजल। इसीलिए अज्ञेय के यहां विषय की प्रायः एकरूपता है जबकि नागार्जुन के यहां बहुरंगी वैविध्य। यही कारण है कि अज्ञेय की कविता आलोचना के लिए वैसी चुनौती या प्रेरणा नहीं प्रस्तुत करती जैसी कि नागार्जुन की। जीवन-संग्राम के क्षेत्र में अज्ञेय की कविता एक छाया-युद्ध है जबकि नागार्जुन में गुरिल्ला छापामार की आहटें हैं। अज्ञेय की समस्या मानसिक अधिक है जबकि नागार्जुन की समस्या साक्षात् अधिक। अज्ञेय कभी-कभी ही ज़मीन पर उतरते हैं। नागार्जुन हमेशा ज़मीन से ही ऊपर उठते हैं। अज्ञेय जी की अपनी राह का अन्वेषी होने का मतलब सिर्फ़ अज्ञेय-पथ है, वही नागार्जुन के यहां जन-पथ है।

इसी जन-पथ के वरण के कारण ही नागार्जुन में इनकार का ऐसा आत्मबल पैदा होता है जो उन्हें प्रतिपक्ष का अनूठा कवि बनाता है। कविता के पूर्वप्रदत्त रूपों, विचारों और वस्तुओं से लगातार ठाने रहने का आत्मसंघर्ष ही उन्हें कल्पना और यथार्थ के उन अनुभव क्षेत्रों तक ले जाता है जिन्हें साहित्य का वर्जित क्षेत्र भी माना जाता है। शायद इसी नाते आधुनिक कवियों में नागार्जुन सबसे ज़्यादा चलने वाले सिक्के हैं—कभी-कभी निराला से भी ज़्यादा। अपनी लोकप्रियता की दुंदुभि से वे उन कवितावादियों को हतप्रभ और निरुत्तर कर देते हैं जो लोकप्रियता को कविता की एक ख़ास खामी एवं सरलीकरण का जोखिम सिद्ध करने पर उतारू रहते हैं। वे न केवल ओज, माधुर्य, प्रसाद जैसे संस्कृत के काव्य प्रतिमानों को धता बताते हुए चलते हैं बल्कि हिंदी के तनाव, अनुभूति, संप्रेषण जैसी शब्दावलियों के संभ्रम में नहीं उलझते। कविता कैसी हो या कैसी होगी, की समस्या नागार्जुन के यहां बिलकुल ही नहीं है। क्योंकि उन्हें पक्का भरोसा है कि वे जो भी लिख रहे हैं, वही कविता है। यही आत्मबल उन्हें आलोचना के सम्मुख एक चुनौती के रूप में पेश करता है तो हिंदी के विशाल पाठक वर्ग को बहुत ही चहेते कवि के रूप में।

काव्य-गुणों की निरंतर अनदेखी करने वाले नागार्जुन पुरातन काव्यशास्त्रीय दृष्टि से

काव्य-दोषों के कवि ठहरते हैं। कविता के लगभग सभी निषेध उनके यहां विधायी भूमिका में हैं। वे एक ऐसे विचित्र कवि हैं जिन्होंने पूर्वसिद्ध साहित्यिक रूपों या प्रतिमानों से लगातार असहमत होते हुए सृजन किया है। ऐसे कवियों को आचार्य आनंदवर्द्धन ने 'विशृंखलगिरा' अर्थात् बेढंगी काव्य-रचना वाला कवि माना है, 'एतच्च चित्रं कवीनां विशृंखलगेरां अस्माभिः परिकल्पितम्'। आगे आनंदवर्द्धन इसी बात को आगे बढ़ाते हुए स्पष्ट करते हैं कि नौसिखिए कवि आरंभ में भले ही चित्र (काव्य रचना) का व्यवहार करें, किंतु प्रौढ़ि प्राप्त कर लेने पर कवियों का तो ध्वनि ही एकमात्र काव्य है, 'प्राथमिकानामभ्यासार्थिनां यदि परं चित्रेण व्यवहारः प्राप्त परिणतीनां तु ध्वनिरेख काव्यमिति स्थितिमेतत्' (ध्वन्यालोक, तृतीय उद्योत)। आनंदवर्द्धन की दृष्टि में व्यंग्य ही ध्वनि है। स्पष्ट है कि अपनी आरंभिक उठान में नागार्जुन ने भले ही चित्र-काव्य (बेढंगी काव्य रचना) की रचना की हो किंतु उनके प्रौढ़ कवि की कविता की ध्वनि व्यंग्यप्रधान ही है। जो आनंदवर्द्धन का व्यंग्य है, वही नागार्जुन के यहां व्यंग्य है। इस व्यंग्य में काव्यशास्त्रीय दोषों की भरमार है। इस लिहाज़ से नागार्जुन सदोष कविता वाले कवि हैं। श्रुतिदोष से लेकर न्यून-अधिकपदत्व दोष और उससे भी आगे बढ़कर 'ग्राम्यत्व' या 'च्युत्संस्कृति' दोषों के बल पर ही वे हिंदी के चित्तवृत्तिविशेष वाले कवि बन जाते हैं। श्रुति-मधुर कविता से एक आवश्यक दूरी बनाये रखने को सजग नागार्जुन श्रुतिकटुत्व को ही अपना काव्य प्रतिमान बनाते हैं। इससे वर्ण की कटुता हो न हो, वर्ण्य विषय ही उतना कटु है कि तमाम वर्चस्वशाली ताक़तें तिलमिला जाती हैं। इसकी ज़द में भारतीय राजनीति की कारगुज़ारियां, आपात्काल का अंधेरा और नवधनाढ्य वर्ग की खाल खिंचाई—सब कुछ है। 'इंदु जी, इंदु जी, क्या हुआ आपको' या 'आओ रानी हम ढोयेंगे पालकी', 'तीनों बंदर बापू के', 'कोढ़ी कुढब तन पर मणिमय आभूषण जैसे दरिद्र देश के धनिक' वाली लोकप्रिय कविताओं को यहां याद किया जा सकता है। इसी प्रकार 'मंत्र' कविता में इस महादेश का उच्चाटन, मारण, कवच, अर्गल, कीलक सब है। 'ओं हमेशा हमेशा करेगा राज मेरा पोता' जैसी पंक्ति को 1984 में ही भविष्यवाणी की तरह सच होने की नामवर जी की अनूठी आलोचकीय दृष्टि आज 2010 तक आते-आते भविष्यवाणियों की भविष्यवाणी प्रतीत हो रही है।

जिस लिहाज़ से काव्यशास्त्र में 'ग्राम्यत्व' दोष का विधान किया गया है, उसी ग्राम्यत्व को नागार्जुन बार-बार अपनी कविताओं में महिमामंडित करते हैं। उनके भीतर एक किसान हमेशा चौकन्ना रहता है जो वाल्तेयर के 'किसान' जैसी गंवई होशियारी और विपदाओं को ठहाकों से ठेल देने की चुहलबाजी से भरा रहता है। जहां पर अज्ञेय जी सभ्य रुचि, सभ्य कवि और सभ्य कविता के समर्थक हैं, वहीं पर नागार्जुन रुचि भंग के कवि हैं। अज्ञेय जी 'सांप' के साथ भी-तुम सभ्य तो नहीं हुए-ही देखने के आग्रही हैं जबकि नागार्जुन कानी कुतिया, मादा सुअर, कौआ, प्रभु तुम कर दो वमन आदि पदों का बेधड़क प्रयोग करके अपनी भदेसता को कविता में वैध ठहराते हैं। इससे उनकी एक न्यारी छवि बनती है। नागार्जुन का रुचि-भंग किसी प्रकार की अरुचि पैदा करने के बजाय आलोचकों, पाठकों और अध्येताओं की साहित्यिक अभिरुचि का संवर्द्धन करता है। काव्यशास्त्र में गिनाये गये ये दोष नागार्जुन की कविता में स्थान पाकर यदि गुणों में रूपांतरित हो जाते हैं तो इसके पीछे अपार पाठकीय स्वीकृतियां ही हैं क्योंकि काव्य-गुणों की विधायिका वास्तव में सहृदयों की स्वीकृतियां ही हुआ करती

हैं, पुरातन काव्यशास्त्रीय निर्देश नहीं :

तदा जायंते गुणा यदा ये सहृदयैर्गृह्यंते।
रविकिरणानुगृहीतानि भवंति कमलानि कमलानि।।

नागार्जुन काव्यशास्त्रानुसारी कवि न होकर लोकशास्त्रानुसारी कवि हैं। इसीलिए उनकी कविता में या मनोदेश में हिंदी का बहुचर्चित 'तनाव' भूल में से भी नहीं दिखायी देता, ठीक वैसे ही जैसे तमाम संकटापन्न स्थितियों में लोक-मन या जन में। उनके यहां 'करुणा' है, इसीलिए प्राणिमात्र के प्रति संवेदना भी। वहां करुणा का कारण शोक है किंतु काव्यशास्त्रीय सिद्धांतवादियों की भांति शोक ही श्लोक में नहीं ढल जाता। वे शोकः श्लोकत्वमागतः के भी निषेध में खड़े हो जाते हैं। दूसरी ओर पंत जी की तरह उनके वियोगी होने से आंखों से निकलकर चुपचाप कविता बहने नहीं लगती बल्कि परिस्थितियां जब नागार्जुन को घोर संकट में डाल देती हैं तो संबल के रूप में उन्हें प्रिया का 'सिंदूर तिलकित भाल' याद आता है। यहां कवि वेदना से भरा हुआ होकर भी पाषाण-प्रतिम नहीं है–

चाहिए किसको नहीं सहयोग?
चाहिए किसको नहीं सहवास?
कौन चाहेगा कि उसका शून्य में टकराय यह उच्छ्वास?
हो गया हूं मैं नहीं पाषाण
जिसको डाल दे कोई कहीं भी
करेगा वह कभी कुछ न विरोध
करेगा वह कुछ नहीं अनुरोध
वेदना ही नहीं उसके पास
फिर उठेगा कहां से निःश्वास

(सिंदूर तिलकित भाल)

जिस पाषाणहृदयता से नागार्जुन बार-बार इनकार करते हैं, वही जब उन्हें समाजशास्त्र के भिड़ंतवादियों में भी दिखायी देने लगती है तो वे मखौल उड़ाने में तनिक भी संकोच नहीं करते :

क्या लाल? क्या लाल
लहू लाल? क्रांति लाल
युद्धोत्तर शांति लाल
चीन की देह लाल
चीन का हृदय लाल
अमरीका की नाक लाल
ब्रिटेन की जीभ लाला
यह लाल, वह लाल

(क्या लाल, क्या लाल?)

यहां साम्राज्यवादियों के साथ-साथ साम्यवादियों की भी वैसी ही छिः थू है! क्योंकि नागार्जुन एक सचेत, और जैसा कि पहले ही इंगित किया गया, स्वाधीन चेतना के जातीय कवि हैं। उनमें एक ऐसी राष्ट्रीय आस्तिकता है जिसे जनता की आत्मा की आवाज़ कह सकते है।

यह आस्तिकता वस्तुतः 'अस्त्युत्तरस्यां दिशि देवतात्मा' वाले कालिदास की आस्तिकता है। यह अकारण नहीं कि जनपद के अंचल में अगहनी धान की दुद्धी मंजरियों को कनकाभ बनाते बालारुण के प्रति स्वतन बांचते नागार्जुन का आस्तिक उनके नास्तिक को पछाड़ देता है। और वे भलीभांति जानते हैं कि तमाम ऐसे पाषाणहृदय समाजशास्त्री, जो लोकजीवन के आंतरिक विन्यास से सर्वथा अनभिज्ञ हैं, वे कवि के इस 'डेविएशन' को अपनी फाइलों में नोट कर ही रहे होंगे! यह वास्तव में कवि का प्रकृति के प्रति कृतज्ञता का ज्ञापन है। इस लोकेषणा से नागार्जुन तनिक भी विचलित होते तो दुबारा 'जोड़ा मंदिर' जैसी कविता न लिखते।

भोकर राउत और मुंगिया की माई की स्मृति में सरजुग द्वारा बनाये मंदिर की सूझ पर जब गांव के लोग उपहास करते हैं तो नागार्जुन गमिष्यामुपहास्यताम से विधिवत परिचित हैं :

इस पर कहा मैंने सरजुग से—
'धत् पगले, ऐसा भी कोई बोले!
पता नहीं है तुझे?
तरौनी गांव के बाबू-भैया लोग
हंसी उड़ाते हैं मेरी भी'

नागार्जुन की आस्तिकता लोक में है, उन मंदिरों में बिल्कुल नहीं जिनमें 'कल्पना के पुत्र भगवान' विराजते हैं। उस काल्पनिक भगवान से कवि वरदान भी चाहता है तो विचित्र :

घोर अपराधी-सदृश हो नत बदन निर्वाक्
बाप-दादों की तरह रगड़ूं न मैं निज नाक—
मंदिरों की देहली पर पकड़ दोनों कान
हे हमारी कल्पना के पुत्र, हे भगवान

कवि को खूब पता है कि गतानुगतिकता की संजीवनी कितनी मीठी होती है! इसके बरक्स वह तिक्त, काषाय, कटु अनुभवों का विधान कर सर्वथा लीक छोड़कर चलने वाला शायर बन जाता है। बाप-दादों की तरह मंदिरों की देहली पर नाक रगड़ने के बजाय नागार्जुन का प्रणाम उन्हें निवेदित है जो अपूर्णकाम तो हैं लेकिन सामाजिक निर्माण में असली भूमिका निभाने के बावजूद जो सदैव नेपथ्य में ही जीने के लिए अभिशप्त हैं। यही कारण है कि नागार्जुन जैसा शब्द-शिल्पी न तो शोक से अवसन्न होकर किंकर्त्तव्यविमूढ़ होता है और न ही सामाजिक परिवर्तन के अति उत्साह में शोक से भिड़ जाने को आस्तीनें चढ़ा लेता है, बल्कि भारतीय जन जीवन की मूल प्रकृति के अनुसार वे सबसे पहले शोक की अवज्ञा करते हैं, बाद में उसका विश्लेषण करते हैं और आख़िर में उसके निदान के लिए संघर्ष करते हैं। जीवन में अधिक से अधिक दिलचस्पी ही नागार्जुन के कवि का मौलिक स्वभाव है। यह दिलचस्पी भी भद्रता-विरोधिनी ही है। 'डियर तोताराम' 'कटहल' और 'नेवला' भी कविता के विषय बनकर मनुष्य की संवेदना का विस्तार करते हैं तो 'अकाल और उसके बाद' के सिर्फ़ दो पैराग्राफों में प्राकृतिक आपदा से तहस-नहस हुए और फिर जिजीविषा के अंकुरण का ऐसा मार्मिक वृत्तांत है जो मृतक में भी जान डाल देने जैसा ही है। चाहे वह किसी शिशु की दंतुरित मुस्कान से संभव हो, चाहे दिमाग़ की कटोरी में तकली-सी नाचती किसी सुंदरी

की छवि से। 'अकाल और उसके बाद' जैसी चमत्कृत करने वाली कविता का शोक सिर्फ़ शोक तक सिमट कर नहीं रह जाता बल्कि वह जीवन के नवोन्मेष तक पहुंचता है। ध्यान देने की बात है कि यहां शोक को व्यंजित करने वाले समस्त उपादान मनुष्येतर हैं। चूल्हा निर्जीव है पर वह रोता है। क्योंकि बुझा हुआ चूल्हा है। चूल्हे का जल जाना ही उसका हंसना है। चक्की भी निष्प्राण है पर वह भी उदास है। उसका चल जाना ही उसकी खुशी है। कुतिया है तो वह भी ब्राउनी ब्यूटी रोज़ी नहीं बल्कि कानी है। उनके पास उसका चुपचाप सोना आपदा की निस्पंद मार है। वह कौरे के लिए मोहताज है फिर भी साथ छोड़कर कहीं भाग जाने के लिए तैयार नहीं। अनाज के अभाव में चूहों की हरकत और उछल-कूद बंद है। लेकिन ज्यों ही अन्य का आगम दिखायी देता है, मनुष्य के परितः की संपूर्ण पारिस्थितिकी में जीवन की हलचल शुरू हो जाती है। घर भर की आंखों के चमक उठने में चूल्हे, चक्की, चूहे, बिस्तुइया, कुतिया-सबकी आंखों की चमक है। किसी भी समय, किसी भी संवेदना और किसी भी शिल्प की कविता अलंकारों को चाहे जितना भी उतार दे लेकिन मानवीकरण से निजात पाना उसके लिए मुश्किल है। इस कविता का मानवीकरण और उसके मूल में निहित करुणा कालिदास जैसे कालजयी कवि से अर्जित मानवीकरण और करुणा का ही विस्तार है जहां अधखायी घास को हिरनी उगल देती है, मोर नाचना बंद कर देते हैं और लताएं पीले पत्तों को आंसुओं की तरह चुआ रही हैं। नागार्जुन जैसे कवि की करुणा जहां जन-जीवन से उत्प्रेरित है, वहीं उसका रोष उस भद्र जीवन और व्यवस्था के प्रति है जिसके कारण लोक-जीवन नारकीय हो जाता है। उस लोकजीवन की आदिम आवश्यकता है भूख और उस भूख का निवारक है कृषक-जीवन का सर्वस्व अन्न। अतः नागार्जुन का अन्न-चिंतन ही ब्रह्म-चिंतन बन जाता है। यह एक नयी ऋषि-दृष्टि है जो अन्नोपनिषद् के ब्रह्म को ही ब्रह्म मानती है। शेष ब्राह्मी दृष्टियां कवि की निगाह में प्रेत-दृष्टियां हैं। प्रेत अर्थात् विगत। अतः नागार्जुन एक नये अध्यात्म का प्रस्ताव करते हैं जो जितना ही मानसिक है उससे कम साक्षात् नहीं—अन्न ब्रह्म है बाक़ी ब्रह्म पिशाच।

नागार्जुन न मुक्तछंद के कवि हैं न छंदोबद्ध। बल्कि वे छंदोमय कवि हैं। वे कविता में पूर्व प्रयुक्त सभी शिल्पों का उपयोग अपने ही ढंग से करने वाले हैं। उनकी जिन कविताओं को छंदमुक्त माना जाता है वे दरअसल 'बतकही छंद' में हैं और यह बतकही लोक-जीवन की ख़ास खूबी है। फलतः नागार्जुन की कविता में जन-जीवन की समस्याएं तो बहुत हैं लेकिन 'संप्रेषण' की कोई समस्या नहीं। जबकि हमारे समय की अधिकांश कविता 'संप्रेषण' की समस्या से ही इतनी जूझ रही है कि जीवन की समस्याओं से दो-चार हो पाने की उसके पास फुर्सत ही नहीं। नागार्जुन की पारगामी कविताओं में जीवन की समस्या और उसके सौंदर्य का अद्भुत समंजन है। वे जीवन-सौंदर्य की झांकियों से समस्याओं के पहाड़ तोप देने वाले कवि हैं। उनके यहां 'जली ठूंठ पर बैठकर' कोकिला कूकती है, हरे भरे पल्लवों के झुरमुट में नहीं। लेकिन चाहे जली ठूंठ हो या शासन की बंदूक सभी अपने आशयों में पूरी तरह संप्रेषित होते हैं, कविता के कथ्य और शिल्प की समस्त शर्तों के साथ।

नागार्जुन की काव्य-प्रतिज्ञा भी संप्रेषण पर टिकी हुई प्रतीत होती है। वे कविता में जटिलता और अनेक संस्तरीयताओं से जान बूझकर परहेज करते हुए मुक्तिबोध की क्षतिपूर्ति करते

नज़र आते हैं। मुक्तिबोध की विचार-प्रतिज्ञा का अक्षरशः पालन करते हुए भी उनकी कविता की संवेदना-प्रतिज्ञा अपनी है। अतः उनकी कविताओं का संवेदनात्मक विस्तार कहीं बहुव्यापी है तो इसलिए क्योंकि परंपरा में उनकी गहरी पैठ भी है। उनकी कविता काव्यशास्त्रीय परंपरा से टक्कर लेते हुए अपनी संभावनाओं की तलाश में मूलवादियों को बिदकाने की हद तक आगे बढ़ जाती है किंतु कवि-परंपरा से वह अपना तादात्म्य निरंतर बनाये रखती है। इस दृष्टि से विचार करने पर यह सहज ही लक्ष्य किया जा सकती है कि नागार्जुन पर अपने पूर्ववर्ती रचनाकारों का गहन प्रभाव है। यह प्रभाव न केवल भाव-संपदा का है बल्कि अनेकधा सीधे-सीधे विचार और पंक्तियां तक आयत्त कर ली गयी हैं। किंतु यह आयत्तता इतनी घुलनशील और कलात्मक है और उसमें ऐसा नागार्जुनी पुट आ जाता है कि ढूढ़ते रह जाना पड़ता है। ज्ञातव्य है कि काव्य-परंपरा की शास्त्रीयताओं में कवियों के चौर-कर्म पर भी बहुत ही संवेदनशील ढंग से विचार किया गया है और कविता के विकास एवं संवर्द्धन के हेतु इसे वैध भी ठहराया गया है। राजेशखर के अनुसार वणिक् और कवि अ-चौर हो ही नहीं सकते किंतु अपने-अपने व्यापार में वे ही आनंदित होते हैं जो वाक्-कला से निगूहन (छिपाने) में निपुण होते हैं :

नास्त्यचौरः कविजनो नास्त्यचौर वणिग्जनः।
स नंदति विना वाच्यं यो जानाति निगूहितुम।।

सुबरन की खोज में कवि, व्यभिचारी, चोर की श्रेणी को शायद इसीलिए नैतिक ठहराया गया हो! कोई चाहे तो 'व्यभिचारी' की जगह 'व्यापारी' को भी दे सकता है। तात्पर्य यह है कि प्राक्तन कविताओं या परंपराओं से छिन्नमूल होकर काव्य-परंपरा का समुचित विकास संभव ही नहीं। किंतु ऐसा वे ही विवेकसंपन्न कवि संभव कर पाते हैं, और उन्हीं के यहां शब्दार्थ की दरिद्रता नहीं होती, जो देश-काल का सम्यक् विभाग कर पाने की दृष्टि से संपन्न होते हैं :

देशं कालं च विभजमानः कविर्नार्थदर्शनदिशि दरिद्राति।

नागार्जुन की काव्य-संपदा न तो एकसंस्तरीयता का आभास देती है और न ही शब्दार्थ की दृष्टि से परिमित प्रतीत होती है बल्कि काव्य-परंपरा के गतिशील कारकों का वे ऐसा निगूहित प्रयोग करते हैं और उन्हें ऐसी जगहों पर अपने काव्य-कौशल से विन्यस्त कर देते हैं जिससे एक नया काव्यार्थ पैदा हो जाता है। जो कवि किसी दूसरे के मूल वाक्य को पिघलाकर नवीनता का संचार करते हुए अपने काव्य में आत्मसात कर ले और दूसरों को इसका पता भी न चले, उसे द्रावक कवि माना जाता है :

अप्रत्यभिज्ञेयतया स्ववाक्ये नवतां नयेत्।
यो द्रावयित्वा मूलार्थम् द्रावकः स भवेत् कविः।।

ऐसी द्रावकता नागार्जुन में स्थाने-स्थाने देखने को मिलती है। पहले ही इंगित किया गया है कि नागार्जुन की कविता पर बुद्ध की करुणा और कालिदास की संवदेना का प्रभाव सर्वाधिक है। 'गीले पांक की दुनिया गयी है छोड़' में गंगा की बाढ़ का दृश्य दर्शाते-दर्शाते कवि गर्मी की तन्वंगी गंगा को याद करने लगता है किंतु पंत जी की 'नौका-विहार' वाली संवेदना से नितांत भिन्न, कृष्णद्वैपायनों (मल्लाहों) के छोकरों में शामिल होकर मछली और घुंघचियां खोजने की कामना से भर जाता है। यहां नागार्जुन की यह गंगा :

भगवती भागीरथी—
ग्रीष्म में यह हो गयी थी प्रतनु-सलिला
विरहिणी की पीठ लुंठित एकवेणी-सदृश

बिलकुल ऐसी ही क्षीणकाय कालिदास की यह विरहिणी नायिका है :

वसने परिधूसरे वसान, नियमक्षाममुखी धृतैकवेणी।
अतिनिष्करुणस्य शुद्धशीला, मम दीर्घं विरहव्रतं विभर्ति।।

एक-दो नहीं अनेक ऐसे वस्तु वृत्तांत हैं जहां नागार्जुन कालिदास के बहुत क़रीब हैं किंतु यहां विस्तार में जाने का कोई औचित्य नहीं। खुद नागार्जुन भी इसे कवि-कल्पित मानकर अपने मौलिक अनुभवों को अपनी कविता में विस्तार देते हुए एक और ही संसार से परिचित कराते हैं जहां प्राकृतिक सौंदर्य में भी जीवन-संघर्ष की ही अनुगूंज है :

जाने दो, वह कवि-कल्पित था,
मैंने तो भीषण जाड़ों में
नभ-चुंबी कैलाश शीर्ष पर
महामेघ को झंझानिल से
गरज-गरज भिड़ते देखा है

यहां ऋतु भी बदल जाती है और कवि-कल्पना भी। नागार्जुन की अन्य कल्पनाओं के जो दो रचनाकार हैं, वे हैं लू-शुन और बर्तोल्त ब्रेख़्त और इन दोनों पर ही केंद्रित होकर उन्होंने रचनाएं भी की हैं। 'लू-शुन' पर केंद्रित श्रद्धांजलि की पंक्तियां देखिए:

दुर्दम, अनमनीय, क्रांतिदर्शी!
छद्म वाम पर निरंतर वाणवर्षी
अ-कपट बंधु तुम विश्व-सर्वहारा के
अक्षय उत्स तुम जन-चेतना धारा के
करो अंगीकार प्रणतियां हमारी
सहज-सरल लू-शुन व्यंग-वज्रधारी

और देखिए ब्रेख़्त की घुच्ची आंखें जो—

नफ़रत की धधकती भट्ठियां
प्यार का अनूठा रसायन
अपूर्व विक्षोभ
जिज्ञासा की बाल-सुलभ ताजगी
ठगे जाने की प्रयोगशाला सिधाई
और प्रवंचितों के प्रति अथाह ममता से भरी हुई हैं।

पहले कविता की एक और परंपरा में जहां कवियों में आत्मगर्व की भावना कूट-कूटकर भरी हुई है, वहीं नागार्जुन के यहां संत-कवियों जैसे आत्मधिक्कार और आत्मालोचन के अक्स बहुतायत हैं। खुद को पतित, नीच, बंदर, वनमानुष, सत्तरसाला, मिलिट्री का बूढ़ा घोड़ा कहकर कोसते रहना भी नागार्जुन की काव्य-कला का एक अनूठा आयाम है। उन्हें भलीभांति पता है कि लेखन जैसा वायवीय काम तथाकथित शिक्षित नौकरशाहों के किस काम का है? फिर भी वे लेखन से प्रतिबद्ध हैं, और आबद्ध हैं। इसी प्रतिज्ञा के तहत ही वे एक्सेप्ट करते हैं—

जी हां, लिख रहा हूं। लेकिन इस लेखन का मूल्य क्या है—आप तो 'फोर फिगर मासिक/वेतन वाले उच्च अधिकारी ठहरे/मन-ही-मन तो हंसोगे ही/ कि भला यह भी कोई काम हुआ, कि अनाप-शनाप ख़यालों की/ महीन लफ़्फ़ाजी ही/ करता चले कोई/ यह भी कोई काम हुआ भला!'

भले ही यह कोई भला काम न हो लेकिन कविता नागार्जुन की रग-रग में है। इस कवि-कर्म और जन-चेतना की सोच के निमित्त मिली समस्त चेतावनियों का साहसिक उपहास करना ही उनका ध्येय है। नागार्जुन दिनकर की भांति न तो अपने को 'अपने समय का सूर्य' घोषित करते हैं और न ही अज्ञेय की भांति 'धारा के नितंब पर स्थाणु-सा वीर्य स्खलित करने वाला सूर्य' बनना चाहते हैं, बल्कि वे निराला के 'नवल कंठ नव जलद मंद्र-रव' के उद्‌घोष से निःसृत 'नये गगन में नया सूर्य जो चमक रहा है' उसमें अपनी थोड़ी-बहुत आभा देखने वाले कवि हैं। उनमें यह आभा जीवन-संघर्ष, आत्मसंघर्ष और काव्य-संघर्ष के बल पर आयी है—किसी रंग-रोगन से नहीं।

लोकगायक औघड़ कवि

दिनेश कुमार शुक्ल

कविता की निर्मिति की प्रक्रिया को साक्षात् घटित होते हुए देखना हो तो हिंदी के बड़े कवि बाबा नागार्जुन के सहयोगी बनने की कल्पना कीजिये। अपने सारे संभव आयामों में प्रकट होकर यह कविता पढ़े जाने पर सिर्फ़ भाषा तक ही सीमित नहीं रह जाती। यह कविता नुक्कड़ नाटक, नारा, ललकार, उद्‌बोधन और प्रहार तक कुछ भी बन सकती है। नागार्जुन की कविता मुख्यतः अभिधा के उदात्तीकरण की कविता है। तभी तो इस कविता में रोज़मर्रा का एक अत्यंत साधारण-सा दृश्य देखते-ही-देखते क्या-से-क्या बन जाता है और पाठक को अपने ऊर्जस्वित प्रवाह में बहा कर कहां-से-कहां पहुंचा देता है। यह कविता फ़्लैश-फ़्लड की तरह आकर मन में जमा कूड़ा-करकट, झाड़-झंखाड़ को बहा कर दूर फेंक देती है और धीरे-धीरे कविता का प्रवाह सम पर आते-आते आपके मानस को शारदीय निर्मल जल से भर कर चला जाता है। भ्रम और भटकाव समाप्त हो जाते हैं। दृष्टि साफ़ हो जाती है। विचार स्पष्ट और संवेदना सजग हो जाती है। कभी-कभी तो ऐसा लगता है कि नागा बाबा आज भी इस धराधाम पर विराजमान हैं और अपनी औघड़ यात्रा के किसी पड़ाव को फ़िलमुक़ाम आबाद किये हुए हैं। बस इतना है कि वह पड़ाव किसी बड़े पहाड़ की ओट में पड़ता है, इसलिए वे दिख नहीं रहे। वैसे तो मेले-ठेले में, आंदोलन-हड़ताल में, भीड़-भड़क्का में बाबा के पाये जाने की संभावना अधिक रहती है, किंतु क्या पता कभी किसी गली के छोर पर नाई की दूकान पर बैठे बड़ा-सा लेंस लिए बाबा आपको अख़बार पढ़ते मिल जायें। बाबा की न जाने कितनी कविताएं इन अखबारों के भीतर छिपी ख़बरों के अंदर कुलबुला रही हैं। लगता है, एक न एक दिन बाबा इन्हें कविता में रूपांतरित करेंगे ज़रूर। इतने बड़े-बड़े घोटाले, इतनी हिंसा, इतना युद्ध, इतने विस्थापन, इतनी महंगाई...यह सब क्या अनकहा ही रह जायेगा।

चूंकि यह कविता एक यात्री की कविता है जो स्वर्ग से पाताल तक की यात्रा अनायास ही करती रही है, इसलिए इसमें 'नारदीय' परंपरा की छेड़खानी, व्यंग्य, खिलंदड़ीपन और ख़बर पहुंचाले वाली प्रवृत्ति का प्रभाव लगातार उपस्थित रहता है। भले ही वह क्लासिकल कसावट वाली 'अमल धवल गिरि के शिखरों' की कविता हो, लेकिन उसमें भी हंसी-मज़ाक और छेड़खानी की रौ आ ही जाती है—इस कविता का 'कस्तूरीमृग' इसी छेड़खानी के चलते खुद अपने ऊपर चिढ़-चिढ़ कर इधर-उधर खूंदने लगता है। 1976 का वर्ष आपातकाल का वर्ष था। इस समय अभिव्यक्ति की स्वतंत्रता पूरी तरह समाप्त कर दी गयी थी। निराशा

के भयानक अंधकार में देश डूबा हुआ था। ऐसे में भी नागार्जुन की कविता 'चंदू मैंने सपना देखा' में एक खिलंदड़ी उम्मीद के सपने का जीवंत चित्र देखते ही बनता है। 'चंदू मैंने सपना देखा, उछल रहे तुम ज्यों हिरनौटा/ चंदू मैने सपना देखा, अमुआ से हूं पटना लौटा/.../ चंदू मैंने सपना देखा तुम हो बाहर, मैं हूं बाहर/चंदू मैंने सपना देखा लाये हो तुम नया कलैंडर'। और सचमुच ही किसी भविष्यवाणी की तरह अगले वर्ष 1977 का नया कलैंडर अपने साथ अभूतपूर्व पतिवर्तन की लहर लाया जिसमें तानाशाही के धुर्रे उड़ गये। सत्तर के दशक की नागार्जुन की कविताएं भारतीय चेतना की सबसे प्रामाणिक और प्रतिनिधि कविताएं हैं जिनमें सिर्फ़ तात्कालिक घटनाओं का ही वर्णन नहीं हैं, बल्कि अर्थ और रूप की ऐसी लय है जो कालातीत है और जिसके पाठ में भारतीय राजनीति के वर्गचरित्र का सच्चा ख़ाका सहज ही पढ़ा जा सकता है। यह पाठ इतना सहज है कि अपढ़ जनता तक इस कविता के अर्थ-संसार में आसानी से पहुंच बना लेती है। इसीलिए यह संभव हुआ कि अपने समय के सबसे अधिक लोकप्रिय कवि के रूप में नागार्जुन का स्थान अद्वितीय बना रहा। जहां एक ओर इस कविता का निःसंग सधुक्कड़ी स्वभाव है तो वहीं दूसरी ओर घोषित तौर पर यह प्रतिबद्धता की कविता है। प्रतिबद्धता से भी आगे बढ़ कर यह आबद्धता और संबद्धता की कविता है। संबद्धता ऐसी जैसी पिता-पुत्र या मां-बेटे के बीच की। आबद्धता ऐसी जैसी पति-पत्नी, भाई-भाई, भाई-बहन के बीच की। और प्रतिबद्धता ऐसी जो संबद्धता और आबद्धता के साथ-साथ एक सैद्धांतिक-संवेदनात्मक चेतनात्मक-क्रियात्मक एकता का प्रतीक है। नागार्जुन ने मानो फ्री थिंकर्स, शुद्ध कलावादियों को चुनौती देते हुए, अपना घोषणा पत्र जारी किया हो, 'प्रतिबद्ध हूं/संबद्ध हूं/ आबद्ध हूं/.../बहुजन समाज की अनुपल प्रगति के निमित्त/ संकुचित 'स्व' की आपाधापी के निषेधार्थ/ अविवेकी भीड़ की भेड़िया धसान के ख़िलाफ/अंधबधिर व्यक्तियों को सही राह बतलाने के लिए/अपने आपको भी व्यामोह से बारंबार उबारने की ख़ातिर/ प्रतिबद्ध हूं, जी हां, शतधा प्रतिबद्ध हूं'। नागार्जुन की प्रतिबद्धता दूसरों को दिशा दिखाने के साथ-साथ अपने आपको भी लगातार कसौटी पर कसते रहने की प्रतिबद्धता है। यह प्रतिबद्धता हर प्रकार की जड़ता, भेड़िया-धसान और अपने आम्यंतर के अधंकार से लगातार संघर्ष करने की प्रतिबद्धता है। इसीलिए कभी-कभी के विचलनों के बावजूद, नागार्जुन ने खुल कर आत्मालोचना की और अपने 'भटकाव' को भी स्वीकार किया। 'खिचड़ी विप्लव देखा हमने' एक इसी प्रकार की कविता है जिसमें नागार्जुन ने एक बड़े जनांदोलन में भाग लिया, जेल गये लेकिन फिर भी उस जनांदोलन के वगचरित्र और कमज़ोरियों का उन्होंने पूनर्मूल्यांकन किया और भविष्य के लिए चेतावनी और सावधानी का रास्ता भी दिखाया। अब यह अलग बात है कि नागार्जुन के द्वारा समय-समय पर की गयी 'आत्मालोचना' की भी काफ़ी आलोचना की गयी और कई लोगों को उसमें कवि का डगमग स्वभाव ही दिखायी दिया।

नागार्जुन संघर्षरत जनता के कवि हैं। सिद्धांत मनुष्य के लिए होते हैं न कि मनुष्य सिद्धांत के लिए। लेकिन, बिना सिद्धांत का मनुष्य मनुष्य नहीं पशु हो जायेगा—यह भी उसी सत्य का दूसरा पहलू है। सिद्धांत जड़ता से ग्रस्त होकर सिद्धांत नहीं रह जाते, वे रूढ़ि बन जाते हैं। कवि की लड़ाई इसी रूढ़ि से होती है। इसीलिए तथाकथित राजनीतिक आकलनकारों को कवियों में विक्षेप और विचलन प्रायः दिखायी दे जाता है। जब कि सच्चाई यह है कि

कवि का यह 'विचलन' सिद्धांत की जड़ता पर प्रहार है न कि सिद्धांत के मूल तत्व पर। नागर्जुन की कविता जनांदोलन की कविता है। वह सावधान करती चलती है, उद्वेलित करती है, आह्वान करती है, नारे लगाती है और कभी-कभी उकसाती और उत्तेजित भी करती है। यह कविता तटस्थ पाठक को धकेल कर जुलूस के भीतर पहुंचा देती है, उसके अंदर सत्य की पक्षधरता पैदा करती है और धीरे-धीरे उसे सक्रिय कार्यकर्त्ता में भी बदल सकती है। नागार्जुन की कविता का पाठक कविता के स्वर में स्वर मिला कर संघर्ष में शामिल हो जाता है। महाप्राण निराला के बाद नागार्जुन में ही कविता का वह प्रवाह दिखायी देता है जो न उसके पहले है न उसके बाद। यहां कविता ज्वार की तरह उमड़ती हुई आती है। निराला की कविता में आस्था ही प्रबल है, अनास्था तो यदा-कदा ही तिलमिलाहट की तरह प्रकट होती है। किंतु नागार्जुन की कविता का तो स्थायी भाव ही अनास्थावादी है। 'कल्पना के पुत्र, हे भगवान' शीर्षक कविता में नागार्जुन लगभग चुनौती देते हुए कहते हैं :

कल्पना के पुत्र, हे भगवान
चाहिए मुझको नहीं वरदान
दे सको तो दो मुझे अभिशाप
प्रिय मुझे है जलन, प्रिय संताप
चाहिए मुझको नहीं यह शांति
चाहिए संदेह, उलझन भ्रांति
...बाप-दादों की तरह रगडूं न मैं निज नाक
मंदिरों की देहली पर पकड़ दोनों कान
ऐ हमारी कल्पना के पुत्र, हे भागवान।

किंतु इस प्रसंग में यह कहना ज़रूरी है कि नागार्जुन का अनीश्वरवाद कोई यांत्रिक दर्शन नहीं था बल्कि उसमें जीवन और जगत के उदात्त स्वरूप को परखने-समझने वाली जीवन दृष्टि के साथ-साथ सौंदर्य को उद्भासित करने वाली संवेदना और विवेक की संजीवनी भी थी। सूर्योदय के सौंदर्य से अभिभूत नागार्जुन की एक कविता है 'पछाड़ दिया मेरे आस्तिक ने' :

आओ मेरे साथ रत्नेश्वर
देखेंगे आज जी भर कर
उगते सूर्य का अरुण-अरुण पूर्ण बिंब
जाने कब से नहीं देखा था शिशु भास्कर
आओ रत्नेश्वर कृतार्थ हों हमारे नेत्र
देखना भई, जल्दी न करना
लौटना तो है ही
मगर यह कहां दिखता है रोज़-रोज़...
पछाड़ दिया आज मेरे आस्तिक ने मेरे नास्तिक को...।

यह वही चीज़ है जो कवि की आत्मा को लगातार बेचैन कर देने वाली अवस्था में खींच ले जाती है। यही बेचैनी मायकोव्स्की, मांदेल्त्शाम, आख़्मातोवा और लू-शुन को भी पार्टी लाइन के 'लौह पथ' से हट कर चलने की ताक़त देती रही। यही बेचैनी नागार्जुन, त्रिलोचन,

निराला और मुक्तिबोध के यहां भी है किंतु यह बेचैन अराजकतावादी भाववाद बेचैनी से हट कर एक अलग तरह की, अन्वेषण करने वाली, नया रास्ता बनाने वाली, सार्थक बेचैनी है। यह वह 'चीज़' है जो कवि को कवि बनाये रखती है और उसे 'राजनीतिक पशु' होने से बचाये रखती है। राजनीति की बनावट ही ऐसी है कि उसे अपने 'मूलपाठ' को बचाये रखने के लिए भले ही न्यूनतम, एक व्याकरण गढ़ना पड़ता है। उसके आख्यान और पाठ एक 'प्रणाली' के अंतर्गत ही तैयार किये जा सकते हैं। इस 'संरचनात्मक' मजबूरी के कारण राजनीति प्रायः कालप्रवाह का साथ नहीं दे पाती। जब कि साहित्य (और उसमें भी विशेष रूप से कविता) किसी भी बनावट, बुनावट या संरचना के विरोध पर ही पनपता है। साहित्य का मूलभाव ही प्रतिपक्ष की भूमिका वाला होता है। प्रगतिशीलता साहित्य के जीवद्रव्य का, साहित्य की जैविकी का मूलाधार है। साहित्य समय का सबसे बड़ा पारखी होता है। इसलिए उसे अग्रगामी दस्ते की भूमिका निभानी होती है। नागार्जुन इस अग्रगामी दस्ते में भी सबसे आगे चलने वाली टुकड़ी के सिपाही थे। उन्होंने बहुत पहले ही भारतीय जनजीवन के दैन्य के कारणों को समझ लिया था—उनकी अनेकानेक कविताएं इसके जीवित प्रमाण हैं। नया तरीक़ा, बाक़ी बच गया अंडा, प्रेत का बयान, भुस का पुतला, मास्टर, आओ रानी हम ढोयेंगे पालकी, आये दिन बहार के, शासन की बंदूक—जैसी अनेक कविताएं हैं जो नेहरू युग के स्वप्नभंग के दस्तावेज़ों की तरह हैं। ये कविताएं आम आदमी के कंठ में बस जाने वाली कविताएं है। इनका सत्य आज भी उतना ही भास्वर है, उतना ही प्रामाणिक, उतना ही तिलमिला देनेवाला और उतना ही करुण जितना वह आज से पचाल साल पहले था।

नागार्जुन की कविता के विशाल पटल पर मनुष्य के साथ-साथ जीव-जंतुओं के दुःख-सुख के मार्मिक चित्र अंकित हैं। मनुष्य प्रकृति से कहीं भी दूर नहीं है। नागार्जुन की कविता का मनुष्य स्वयं प्रकृति का ही एक हिस्सा है और उसी के साथ एकमेक है। यह मनुष्य न तो प्रकृति का विजेता है न स्वामी है और न ही उसका प्रकृति के साथ कोई शत्रुतापूर्ण अंतर्विरोध है। नागार्जुन की यह जीवनदृष्टि उसी भारतीय परंपरा का अगला चरण है जिससे पूरी की पूरी भक्तिकालीन कविता भरी पड़ी है। मनुष्य के सुख-दुख के साथी अगर बानर-भालू हैं तो कुत्ते, छिपकलियां, चूहे भी उसके साथ ही संसार सागर को पार कराने वाले सहभागी हैं। ऐसी एक कविता है 'नेवला'। यह लंबी कविता विशेष अध्ययन की मांग करती है। यह उसी परंपरा के सफल निर्वाह का उदाहरण है जिसका ऊपर उल्लेख किया गया है। नाग और नेवले में जनम-जनम का वैर है। किंतु नागा-अर्जुन का 'नेवला' किसी 'दुलरुआ' संतान की तरह कवि का और उनके साथ कारावास में बंदी दूसरे लोगों का स्नेहभाजन बन जाता है। पूरी कविता में मनुष्य और बृहत्तर जीवन की सांगोपांग एकता का बड़े कौतुकी अंदाज़ में वर्णन किया गया है। 'नेवला' कविता का रचनाकाल और रचनास्थल आपातकाल के समय का कारागार है जो अंधकार का प्रतीक है। कारा को भेद कर उसमें आवाज़ाही करने वाला नेवला मुक्ति का प्रतीक है। आपातकाल की तानाशाही के सर्प ने पूरे देश को अपने सांघातिक गुंजलक में जकड़ रखा था। इस कविता में खेल-खेल में, बिना कुछ कहे हुए, इस नेवले को संघर्ष के प्रतीक के रूप में स्थापित किया गया है। ऐसा लगता है मानो 'नेवला' आपातकाल के सर्प को खंड-खंड करके जनजीवन को तानाशाही से मुक्ति दिलायेगा। साहित्य में ऐसे अनेक प्रसंग आते हैं जहां जीव-जंतु, पशु-पक्षी मनुष्य के साथी बन कर अत्याचार के विरुद्ध

लड़ाई लड़ते हैं और मनुष्यता की विजय में महत्वपूर्ण योगदान करते हैं। माखनलाल चतुर्वेदी की कविता में जेल के भीतर आने वाली कोमल स्वतंत्रता और मुक्ति आशा के रूप में ही आती है। और नेवले की कथाएं तो, अनेक प्रकार से लोकजीवन के गीतों और कहानियों का विषय बनती रही हैं। भारत के गांवों में सर्पदंश के कारण मृत्यु के हज़ारों मामले हर साल होते हैं, ऐसे में सांप का दुश्मन नेवला अपने आप मनुष्य का मित्र बन जाता है और अक्सर मनुष्य और उसके बच्चों को सर्पदंश से बचाता है। नागार्जुन का 'नेवला' पूरे कारागार में अपने खेल, कौतुक, खिलंदड़ेपन और निडरता के द्वारा जीवन का, मुक्ति का, आशा का संचार करता घूमता रहता है। न उसके आने पर प्रतिबंध, न जाने पर। और तो और, वह जेलर के घर में भी उसी ढिठाई से रहता है जैसे बाहर। अपनी लगन और बुद्धिमत्ता के बल पर वह 'गोश्त' के उस टुकड़े को भी उछल कर पकड़ लेता है जो रस्सी में बांध कर 'अखलाक बाबू' ने उसकी पहुंच से दूर ऊपर टांग रखा है। इस नेवले की सारी स्फूर्ति में, संचलन में, उद्यम में, कौतुक में कवि नागार्जुन स्वयं ही कहीं न कहीं छुपे हुए हैं। एक कठिन देश काल में भी आनंद और मुक्ति का चित्रण करने वाली यह अनुपम कविता नागार्जुन के कविकर्म के फलक की विशालता का प्रमाण है।

लोकभाषा, लोककथा, लोकलय और लोकध्वनि के कवि नागार्जुन की कविता स्वतंत्र भारत के संघर्षरत जगनण की कविता है। भाषा और ध्वनि तथा लय के विविध रूप-रंगों से रची हुई यह कविता बीसवीं शताब्दी के उत्तरार्ध का प्रामाणिक दस्तावेज है जिसमें नयी किस्म के सौंदर्यबोध की रचना की गयी है। जहां एक ओर कालिदास के स्थापत्य वाली कविताएं हैं, हिमालय के, सूर्योदय के, फलो-फूलों के अप्रतिम चित्र हैं, वहीं 'अधेड़ मादा सूअर', 'कगार पर खड़ा कोढ़ी गूलर', 'खुरदरे पैर', 'घिन तो नहीं आती है' जैसी कविताएं भी हैं जो ऊपरी कुरूपता के भीतर छिपे हुए सौंदर्य की झलक दिखाती हैं। यह नयी सौंदर्यदृष्टि नागार्जुन ने अपनी प्रबुद्ध राजनीतिक चेतना के द्वारा अर्जित की थी। ये कविताएं 'कुकुरमुत्ता' की परंपरा को आगे बढ़ाने वाली कविताएं हैं।

नागार्जुन ने हिंदी कविता के लिए नयी ज़मीन तोड़ी। नये प्रतिमान स्थापित किये। नयी राहें बनायीं। किंतु परंपरा के जीवन-रस की सरिता को उन्होंने सदैव सजल बनाये रखा। उनकी अप्रतिम सृजनशक्ति और काव्यसाधना ने हिंदी की यथार्थवादी कविता के लिए नये काव्यलोक और काव्यभाषा की रचना की। प्रगतिशील भारतीय कविता के क्षेत्र में उनके जैसा लोकप्रिय लोकगायक दूसरा और कौन है?

किसान चेतना और प्रतिरोध

मदन कश्यप

बीसवीं सदी की हिंदी कविता पर विचार करते वक़्त ऐसा लगा था कि इसके केंद्र में है– किसान चेतना और प्रतिरोध। दरअसल, प्रतिरोध भी किसान चेतना का ही विस्तार है। भारतीय किसान अपनी तरह से शुरू से ही प्रतिकूल परिस्थितियों से संघर्ष करता रहा है। कृषिकर्म यहां आदिकाल से ही इस विसंगति का शिकार रहा है कि श्रेष्ठजन हल नहीं छूते। यह अलग से विचारणीय है। फिलहाल प्रतिरोध तक ही सीमित रहें तो श्रेष्ठजन भले ही हार मान जाते हों, किसान हार नहीं मानता। वह प्रकृति का प्रकोप और राज का दमन झेलकर भी अपना काम करता रहता है। सूखा पड़ने और फसल के पूरी तरह नष्ट हो जाने के बाद भी, वह अगले वर्ष फिर बीज डालता है और फिर से उसी उपक्रम में जुट जाता है। यह है किसान का प्रतिरोध। हताशा किसान की प्रवृत्ति नहीं है, संघर्ष उसके जीवन का अनिवार्य हिस्सा है। आत्महत्या जैसी परिस्थिति और प्रवृत्ति तभी आती है, जब कृषि संस्कृति और व्यवस्था में कोई बड़ा दमनकारी बदलाव आता है, जैसा कि आज भूमंडलीकरण के बाद आया है। अंग्रेज़ीराज के शुरुआती दौर में भी उत्तर भारत विशेष रूप से अवध के क्षेत्र में कृषि करों में बढ़ोत्तरी के चलते कुछ ऐसी निराशाजनक परिस्थितियां आयी थीं, लेकिन तब स्थिति इतनी भयानक नहीं थी। किसानों ने उन दिनों भी आत्महत्याएं की थीं, मगर इतनी बड़ी संख्या में नहीं। कह सकते हैं कि आज के सत्ताधारी और नीतिनिर्माता निलहों से कम क्रूर नहीं हैं।

पता नहीं, इस तथ्य को किस रूप में दर्ज किया जाना चाहिए कि किसानों की आत्महत्याओं का यह दौर शुरू होने के पहले ही किसान चेतना और प्रतिरोध के सबसे बड़े कवि बाबा नागार्जुन का निधन हो गया था। उन्होंने तो अपने अंतिम दिनों में 'भूमिपुत्र का संग्रामी तेवर' ही देखा था, यह हताशा नहीं देखी थी।

मिथिलांचल के जिस दूरदराज के तरौनी गांव में नागार्जुन का जन्म हुआ वह किसानों का ही गांव है। पुरोहिती वहां का मुख्य पेशा नहीं है, क्योंकि आसपास ज़मींदारों का कोई ऐसा बड़ा इलाका नहीं है जो पुरोहिती को संरक्षण दे सके। ज़्यादातर छोटी जोत के किसान हैं। इस तरह नागार्जुन बचपन में संस्कृत पढ़ने और गांव के ही एक संस्कृत पंडित से छंदरचना का ज्ञान पाकर संस्कृत में श्लोक रचने के बावजूद, अपनी चेतना के स्तर पर किसान ही थे। खेती-किसानी के प्रति उनके लगाव को उनके उपन्यासों के माध्यम से ज़्यादा विस्तार से समझा जा सकता है। उनकी मैथिली कविताओं में भी किसान के जीवन के संघर्ष, दुख और करुणा की मार्मिक अभिव्यक्तियां मिलती हैं।

नागार्जुन की किसान चेतना का विस्तार तीस के दशक में सहजानंद सरस्वती के किसान आंदोलन के दौरान हुआ। वे राहुल सांकृत्यायन के साथ किसान संघर्ष में शरीक हुए, बौद्ध धर्म अपनाकर नागार्जुन नाम रखा और हिंदी में इसी नाम से कविताएं लिखनी शुरू कीं। उसके पहले वे वैद्यनाथ मिश्र 'यात्री' के नाम से लिख रहे थे और मैथिली में आगे भी 'यात्री' उपनाम से ही लिखते रहे। ध्यान देने की बात है कि हिंदी की तुलना में उनकी मैथिली कविताओं में प्रतिरोध के स्वर ज़्यादा सूक्ष्म और सघन हैं, वहां ग्रामीण जीवन के दुख का वर्णन भी अधिक मार्मिक है। वहां वह मुखरता नहीं है, जिसके लिए हिंदी में वे जाने जाते हैं। हिंदी के मैथिलीभाषी युवा कवि मनोज कुमार झा ने टेलीफ़ोन पर उनकी मैथिली कविता की दो पंक्तियां उद्धृत की थीं, जो ग़ौरतलब हैं :

बांसक ओड़ि उपाड़ि करइछी जारन
हम्मर दिन नइ धूरत की जगतारन?

(हम बांस की कटी जड़ें उखाड़कर जलावन का काम लेते हैं, हे जगतारण क्या हमारे दिन नहीं लौटेंगे?)

इस कविता में गांव की ग़रीबी और दुख का वर्णन ही नहीं है, 'जगतारण' के सामने प्रश्न रखकर आस्था और उसके पूरे तंत्र पर चोट भी है। उस विडंबना का उद्घाटन भी कि धर्म और ईश्वर ग़रीबों के काम नहीं आते। भले ही इसमें वह तल्ख़ी नहीं है, जो हीरा डोम की कविता 'अछूत की पुकार' की इस पंक्ति में है : 'डोम जानी हमनी के छुए से डेरइल'; मगर यहां दुख इतना गहरा है कि वह एक प्रतिरोध में बदल जाता है और इस तरह यह कविता नागार्जुन की ही एक अतिप्रसिद्ध कविता 'मंत्र' से कहीं ज़्यादा चोट करती है। दुख का उत्तर बिहार, ख़ासकर विदेह जनपद से गहरा रिश्ता रहा है। विद्यापति के वहां भी इसके मार्मिक वर्णन मिलते हैं। परंतु, विद्यापति के यहां दुख लगभग एक नियति की तरह है, जबकि नागार्जुन की कविताओं में प्रतिरोध और प्रतिकार का स्वर प्रमुख है। उनकी एक प्रसिद्ध कविता है– 'अकाल और उसके बाद'। इस में शुरू की चार पंक्तियों में अकाल का वर्णन है, जबकि अगली चार पंक्तियों में घर में, दानों के आने की खुशी का :

दाने आये घर के अंदर कई दिनों के बाद
धुआं उठा आंगन के ऊपर कई दिनों के बाद
चमक उठी घर भर की आंखें कई दिनों के बाद
कौए ने खुजलायीं पांखें कई दिनों के बाद

ग़ौरतलब है फिर नागार्जुन कई बार प्रतिरोधी विचारों के माध्यम से कंट्रास्ट पैदा करते हैं, और इस प्रकार नये सौंदर्यमूल्यों का सृजन करते हैं। उनकी किसान-चेतना को काव्यसौंदर्य के उनके उपादानों से भी पहचाना जा सकता है।

नागार्जुन हिंदी के अकेले ऐसे कवि हैं जो प्रतिबद्धता और प्रतिहिंसा की खुली घोषणा करते हैं। 'प्रतिबद्ध हूं' (1975) उद्घोष का ही विस्तार है 'प्रतिहिंसा ही स्थाई भाव है' (1979) में।

नफ़रत की अपनी भट्ठी में
तुम्हें गलाने की कोशिश ही
मेरे अंदर बार-बार ताक़त भरती है
प्रतिहिंसा ही स्थायी भाव है अपने कवि का

ध्यान देने की बात है कि यह कविता हिंसा के विरुद्ध है :

हिंसा मुझसे थर्रायेगी
मैं तो उसका खून पियूंगा
प्रतिहिंसा ही स्थाई भाव है मेरे कवि का
जन-जन में जो उर्जा भर दे, उद्गाता हूं उस रवि का

नागार्जुन की किसान चेतना को सीधे-सीधे खेती-किसानी से संबंधित अभिव्यक्तियों के माध्यम से पूरी तरह नहीं समझा जा सकता है। उनके शब्दचयन, प्रतीक-योजना और बिंब-विधान का भी इस दृष्टि से विश्लेषण ज़रूरी है। 'बादल को घिरते देखा है' जैसी उनकी कविता को प्रायः प्रकृति के सुंदर चित्र के रूप में ही देखा जाता है। यह कविता 1938 की है और भाषा और शिल्प के स्तर पर छायावाद से पूरी तरह मुक्त नहीं है। हालांकि 1930 के दशक की भी उनकी कविताओं पर छायावाद का बहुत ही कम प्रभाव है, जबकि उस समय अज्ञेय जैसे उनके समकालीन कवि भी उस आंदोलनों के प्रभाव से मुक्त नहीं हो पाये थे। उस कविता में चकवा-चकई और फिर झंझानिल से महामेघ की भिड़ंत के जो प्रसंग आये हैं उनसे पता चलता है कि वे प्रेम और जीवन के संघर्ष और द्वंद्व को अपने शुरुआती दौर में ही समझने लगे थे। इसी तरह 'कालिदास' कविता में आया काव्य सिद्धांत भले ही सर्वथा नया नहीं हो (वैसे हिंदी में तो यह पहली ही बार आया था और आगे चलकर मोहन राकेश के प्रसिद्ध नाटक 'आषाढ़ का एक दिन' में इसी सिद्धांत का विस्तार दिखायी देता है, ऐसा लगता है मानो कालिदास नागार्जुन द्वारा पूछे गये प्रश्न का उत्तर दे रहे हों, वह भी विस्तृत व्याख्या के साथ) मगर अभिव्यक्ति नयी है।

1930 के दशक में नागार्जुन की ऊपर उल्लिखित दो कविताएं, 'बादल को घिरते देखा है' और 'कालिदास', सबसे ज़्यादा चर्चित हुई थीं। मगर उन दिनों की उनकी जीवन स्थितियां बिल्कुल ही भिन्न तरह की थीं। 1932 में उनकी शादी हुई और उसके बाद सद्गृहस्थ बनने की जगह वे यायावर बन गये। 1934 से 1941 तक लगातार भटकते रहे। अखबारनवीसी की। अबोहर, पंजाब से प्रकाशित पत्रिका *दीपक* का संपादन किया। मैथिली से हिंदी में आये। बौद्ध धर्म अपनाया और वैद्यनाथ मिश्र 'यात्री' से 'नागार्जुन' बन गये। उसके पहले 1933 में कोलकाता गये और वहां बांग्ला भाषा भी सीख ली। राहुल जी का साथ मिला। उनके साथ ही किसान आंदोलन की अगुवाई के चलते 1939 से 1941 के बीच कई बार जेल गये। इस कठिन और संघर्षपूर्ण दौर में लिखी गयी 'बादल' और 'कालिदास' जैसी कविता भी क्या प्रतिरोध का ही एक रूप नहीं है। कवि की खुद की जीवन स्थितियों का प्रतिरोध। नागार्जुन को इस रूप में भी समझे जाने की ज़रूरत है। वे काव्य-शिल्प और शब्द चयन के माध्यम से भी प्रतिरोध खड़ा कर सकते हैं। उनकी एक प्रसिद्ध कविता है 'तीन दिन तीन रात' :

बस-सर्विस बंद थी
तीन दिन, तीन रात
लगता था, जन जन की
हृदय गति मंद थी
तीन दिन तीन रात

शहर में बस-सेवा बंद हो गयी है और उसके चलते पूरा जीवन ठप्प-सा हो गया है। जैसे

पूर्णिया शहर में कफ़्र्यू लग गया हो। वैसे भी वह बंगाली प्रभाव वाला धीमी गति का छोटा-सा शहर है और बसों की हड़ताल से और भी जड़ता फैल गयी है। बाबा ने इस कविता में गतिहीनता का चित्र खींचा है लेकिन इसकी लय कुछ ऐसी है और भाषा को इस तरह बरता गया है कि पाठ में गति पैदा हो जाती है। जिन लोगों ने बाबा नागार्जुन को यह कविता पढ़ते सुना है, वे जानते हैं कि बाबा इसे पढ़ते हुए लगभग नाचने लगते थे। लय और पाठ की यह गतिशीलता असल में कविता में वर्णित जड़ता का प्रतिरोध है। निस्संदेह कथ्य की जड़ता के विरुद्ध शिल्प की गतिशीलता दुर्लभ है। ऐसा प्रतिरोध केवल नागार्जुन ही खड़ा कर सकते थे। केवल नागार्जुन ने ही किया है।

1940 का दशक नार्गाजुन की कविताई की दृष्टि से बहुत ही महत्वपूर्ण है। राहुल जी और स्वामी सहजनानंद का साथ, मार्क्सवाद से जुड़ाव, बौद्ध धर्म और दर्शन का गहन अध्ययन, कलकत्ता प्रवास के दौरान बांग्ला भाषा, साहित्य और संस्कृति से गहरा परिचय, किसान आंदोलनों की अगुआई और बार-बार जेल जाने के अनुभव ने उनकी काव्य-संवेदना को विस्तार और गहराई दी। उसी दौरान उन्होंने 'सिंदूर तिलकित भाल' और 'यह दंतुरित मुस्कान' जैसी कोमल कविताओं के साथ-साथ, 'मन करता है', 'भिक्षुणी', 'कल्पना के पुत्र हे भगवान', 'मनुष्य हूं', 'जनकवि', और 'तालाब की मछलियां' जैसी कविताएं भी लिखीं। 'सिंदूर तिलकित भाल' उनकी चर्चित कविता है। यह 1943 में लिखी गयी, तब तक नागार्जुन पक्के घुमक्कड़ हो चुके थे और 1941 में 'विलाप' और 'बूढ़वर' नाम से मैथिली कविताओं की दो पुस्तिकाएं छपवाकर, ट्रेन में घूम-घूमकर बेच चुके थे। फिर भी एक गंवई किसान उनके भीतर बचा था जो पत्नी के 'सिंदूर तिलकिल भाल' के साथ अपने गांव को भी याद कर रहा था।

लेकिन, उन दिनों की सबसे उल्लेखनीय कविता है : 'तालाब की मछलियां'। तालाब के बांध टूट जाने से मछलियां बह चली हैं। लेकिन बूढ़े मथुरा पाठक की तीसरी युवा पत्नी अब भी दीवारों के बीच क़ैद है। वह मछलियां तल रही है कि सहसा तली जाती मछलियां उससे संवाद करने लगती हैं :

हम भी मछली, तुम भी मछली
दोनों ही उपभोग वस्तु हैं
लेता स्वाद सुधीजन, सजनी हम दोनों को
अनुपम बतलाते हैं
वनिता घर पल्लव में किंवा
जंबीरी रस-सिक्त मत्स्य खंडों में
कहीं नहीं अन्यत्र
इन्हीं में
मिलती आयी है अमृत द्रव की अशेष परिवृति
उन लोगों को
इसीलिए तो हम तुम दोनों युग-युग से पाती आयी हैं
विपुल प्रशंसा
रसिकों की गोष्ठी में बहुशः
इसीलिए तो

हमें इन्होंने क़ैद कर लिया तालाबों में
इसीलिए तो
तुम्हें इन्होंने क़ैद कर लिया
सात-सात डेवढ़ियों वाली हवेलियों में

यह 1944 की कविता है, जबकि आज के स्त्री-विमर्श की दृष्टि से भी इसका महत्व है। आज़ादी के बाद नागार्जुन नये यथार्थ को पहचानने के साथ-साथ अपनी काव्यभाषा में भी बदलाव लाते हैं और छायावाद के भाषिक अवशिष्टों से पूरी तरह मुक्त हो जाते हैं। वे रूपवाद के नये हमले को भी समझते हैं और 'मांजो और माजो' कविता में प्रयोगवादियों पर व्यंग्य करते हुए लिखते हैं :

मत करो पर्वाह—क्या है कहना
कैसे कहोगे इसी पर ध्यान रहे
चुस्त हो सेंटेंस, दुरुस्त हों कड़ियां
पकें इत्मीनान से गीत की बड़ियां
ऐसी जल्दी भी क्या है?
उस्ताद पुराना, भले शागिर्द नया है।

नागार्जुन मूलतः जनांदोलनों के कवि हैं। आज़ादी के पहले तो लगभग पूरी हिंदी कविता मुक्ति-आंदोलन से जुड़ी थी, मगर आज़ादी के बाद आ रहे परिवर्तनों पर सबसे पहले और जल्दी उनका ध्यान गया। 1949 में एक तरफ़ 'मांजो और मांजो' जैसी कविता लिखी, तो दूसरी तरफ़ तेलंगाना के जनांदोलन से प्रेरित होकर 'लाल भवानी' लिखी। लेकिन उसके बाद के दो दशक लगभग आंदोलन विहीन थे। भारतीय लोकतंत्र के लिए भी वे बेहद कठिन दिन थे और हिंदी कविता के लिए तो थे ही। हालांकि उसी संक्रमण को भेदकर मुक्तिबोध जैसे कवि सामने आये, लेकिन उन्हें भी जीवनपर्यंत उपेक्षा झेलनी पड़ी। अन्य प्रगतिशील कवियों के साथ नागार्जुन की भी उपेक्षा हुई। लेकिन बाबा चुप नहीं बैठे। उन्होंने विपर्ययग्रस्त भारतीय समाज की विडंबनाओं को उजागर करने और उस पर चोट करने की ऐसी व्यंग्य शैली विकसित की, जिससे हिंदी कविता में एक नया आयाम जुड़ गया और नागार्जुन कविता के आम पाठकों के बीच सबसे लोकप्रिय कवि बन गये। उसी दौरान उन्होंने 'बाक़ी बच गया अंडा', 'अकाल और उसके बाद, 'मास्टर।', 'आओ रानी हम ढोयेंगे पालकी', 'तुम रह जाते दस साल और', 'शासन की बंदूक,' 'गेहूं दो चावल दो', 'मंत्र कविता' और 'तीन बंदर बापू के' आदि जैसी लोकप्रिय और दूर तक मार करने वाली कविताएं लिखीं। लेकिन हम यहां उनकी एक अन्य चर्चित कविता 'मेरी भी आभा है इसमें' को उद्धृत करना चाहेंगे :

नये गगन में नया सूर्य जो चमक रहा है
यह विशाल भूखंड आज जो दमक रहा है
मेरी भी आभा है इसमें

यह एक व्यक्तिवादी कविता भी हो सकती थी, मगर नागार्जुन की किसान-चेतना इसे एक भिन्न धरातल दे देती है :

पकी सुनहली फसलों से जो
अब की यह खलिहान भर गया

मेरी रग-रग के शोणित की बूंदे इसमें मुस्काती हैं।

1970 के आसपास नक्सलवादी आंदोलन का प्रभाव हिंदी मध्यवर्ग पर पड़ा और युवा कवियों की एक ऐसी पीढ़ी आयी जिसने नयी कविता और अकविता के कवियों द्वारा निर्वासित किये जा चुके नागार्जुन, केदार और त्रिलोचन जैसे कवियों को पुनर्स्थापित किया। हालांकि उस दौरान भी नागार्जुन ने किसी भी अन्य कवि की तुलना में अपने समय के संकट, संघर्ष और विडंबना को अपनी कविता में ज़्यादा दर्ज किया था। इतना ज़्यादा कि केवल उनकी कविता को साक्ष्य बनाकर इतिहास लिखा जा सकता है। ठीक इसके विपरीत, स्वतंत्र भारत के सामाजिक सांस्कृतिक इतिहास के लेखन में आधार सामग्री के रूप में अज्ञेय की कोई एक भी कविता शायद ही काम आये।

उन दिनों तब के युवा कवि कुमार विकल ने बाबा नागार्जुन पर एक कविता भी लिखी थी जो काफ़ी चर्चित हुई थी। बाबा ने भी उस नये किसान आंदोलन को नैतिक समर्थन दिया और 'मैं तुम्हें अपना चुंबन दूंगा' जैसी कविता लिखी। इस आंदोलन के प्रभाव से कविता की अंतर्वस्तु ही नहीं सौंदर्य मूल्यों में भी बदलाव आ रहा था जिसका संकेत 'पैनी दातों वाली' कविता में मिलता है। उस दौर की एक लोकप्रिय कविता 'अन्न पचीसी' भी अलग से विचार करने की मांग करती है।

1974 के बिहार आंदोलन ने नागार्जुन की कविता को एक बड़ी ऊंचाई दी और उनकी लोकप्रियता का भी विस्तार हुआ। 'नये देश की नयी दुर्गा है नये खून की प्यासी/नौ मन जले कपूर, रात दिन फिर भी वही उदासी' जैसी उनकी पंक्तियां नारों में बदल गयी। 'बाघिन', 'इंदुजी', 'जय प्रकाश पर पड़ी लाठियां लोकतंत्र की' जैसी रचनाएं गांव-गांव तक फैल गयीं। बाबा सक्रिय रूप से आंदोलन में कूद पड़े और जेल भी गये। उन दिनों जड़ पार्टीबद्धता से ग्रस्त बुद्धिजीवियों-आलोचकों ने बाबा पर हमला भी किया। उनके विरुद्ध पुस्तिका निकाली गयी। मगर वह नागार्जुन की किसान चेतना थी जिसने जनता के मनोभावों को पकड़ा और आंदोलन में भाग लेने के लिए प्रेरित किया। और उसी किसान चेतना की बदौलत वे आजीवन कम्युनिस्ट बने रहे, जबकि उन्हें पानी पी-पीकर कोसने वाले क्रांतिकारी सबके सब उत्तरआधुनिक हो गये।

1977 में नालंदा (बिहार) के बेलछी गांव के कुर्मी ज़मींदारों ने दिन दहाड़े 12 दलितों को जिंदा जला दिया था। यह घटना विश्व के स्तर पर चर्चित हुई थी और पूरी मनुष्यता शर्मशार हुई थी। मगर कविता लिखी इस पर केवल नागार्जुन ने। 'हरिजन गाथा' उस त्रासदी का वर्णन नहीं करती बल्कि उस शिशु प्रतिरोध को रेखांकित करती है जो आगे चलकर भोजपुर और जहानाबाद के जनांदोलनों में विस्तार पाता है। तभी तो नागार्जुन भोजपुर के संग्राम का स्वागत इन शब्दों में करते हैं :

मुन्ना मुझको मत जाने दो
दिल्ली-पटना मत जाने दो
भूमिपुत्र का संग्रामी तेवर लखने दो
पुलिस जुल्म का स्वाद मुझे भी चखने दो।

प्रतिरोध का 'अवांगार्द' कवि

मनमोहन

नागार्जुन बीसवीं शताब्दी के विरल विलक्षण कवि हैं (कुछ-कुछ निराला के ढंग के या जैसे एक अलग ढंग से मुक्तिबोध थे या गुज़रे ज़माने में कबीर थे), यह सभी जानते और मानते हैं, हालांकि पहचानते ज़रा कम हैं। उनकी कविताओं को अक्सर उदारतापूर्वक स्वीकार और पसंद किया जाता रहा है। उनका ख़ासा असर बाद की रचनाशीलता पर जब-तब और जहां-तहां देखना मुश्किल नहीं है। लेकिन आख़िरकार बाबा बाबा ही हैं, यानी 'घर के जोगना'। उनकी पानी की तरह तरल-सरल और अतिसुलभ कविताएं थोड़ी दिल्लगी का मौक़ा चाहे जुटा दें, कोई ख़ास रौब नहीं डालतीं। हमारी महान हिंदी के स्वनामधन्य आचार्यों-आलोचकों को उनमें ऐसी कोई ख़ास चीज़ कभी दिखायी नहीं दी जो उनके काव्य बोध या 'सैद्धांतिकी' के सामने कोई चुनौती पेश करती या पत्र-पुष्प चढ़ाने से अलग उन्हें किसी गहरी-बुनियादी छानबीन के लिए प्रेरित करती। यों भी अपने समाज की बड़ी चिंताओं या किसी सुसंगत सार्थक विमर्श की केंद्रीयता से संचालित न हो करके धंधे और साहित्यिक राजनीति की दैनिक मजबूरियों से संचालित होने वाला हिंदी उद्योग नये-पुराने रचनाकारों के कृतित्व को अपने धन्धे के काम आने वाला माल ही अधिक समझता है, उन्हें यह ऐसी किसी गहरी छानबीन या खोज का विषय कम ही लगता है। कुल मिला कर नागार्जुन की कविता के कामकाजीपन और साधारण रंगरूप ने उनकी विरल विलक्षणता को अपने में अच्छी तरह मिला कर छिपाये रखा है और यह एक तरह से अच्छा ही हुआ। बाबागीरी का बाना बाबा को खूब रास आया।

प्रसिद्ध है कि नागार्जुन 'जनकवि' हैं। 'जनता का साहित्य किसे कहते हैं' वाले मुक्तिबोधीय अर्थ में नहीं बल्कि जनता के साथ प्रत्यक्ष तात्कालिक संबंध में बंधे 'लोकप्रिय' कवि के अर्थ में। हालांकि विराट निरक्षरता और अपनी ऐतिहासिक समस्याग्रस्तता में घिरे फंसे आत्मविस्मृत उत्तरभारतीय समाज में नागार्जुन जैसे जनकवि की लोकप्रियता भी एक विडम्बना ही जगाती है। ख़ैर, नागार्जुन को लेकर हिंदी की कलावादी आलोचना का हाल तो कुछ-कुछ वैसा ही है जैसा हिंदी के मौजूदा 'स्टार-सिस्टम' के आदि प्रवर्तक 'हिंदी नवरत्न' वाले मिश्र बंधुओं का कबीर को लेकर हुआ था, जिन्हें 'महात्मा कबीर' को अपनी 'मैरिट लिस्ट' में चौथा या पांचवा स्थान इसलिए देना पड़ा कि कवि चाहे कैसे भी हों लेकिन 'महात्मा' हैं, 'बड़े' हैं, 'पहुंचे हुए' हैं, 'चमत्कारी' हैं वग़ैरह। इन्हें जगह न दी तो पता नहीं क्या हो जाये! इधर प्रगतिशील आलोचना तो बाबा के महाकवित्व के बारे में पहले से ही असंदिग्ध रूप से आश्वस्त है, सो काफ़ी है। 'लोकप्रियता' और 'कलात्मकता' के मुश्किल प्रपंच में उलझी हिंदी आलोचना

नागार्जुन के बारे में इसी तरह के नतीजों पर पहुंच पाती है कि नागार्जुन 'लोकप्रिय' हैं तो क्या हुआ, इसके बावजूद 'कलात्मक' भी हैं (हालांकि 'अज्ञेय' से कुछ कम) या नागार्जुन की 'लोकप्रियता' ही उनकी ऊंची कला का सबसे बड़ा प्रमाण है, जिसकी मदद से 'जनता से कटे' 'किसी की समझ में न आने वाले' तमाम कवियों को शर्मसार किया जा सकता है। सबसे 'संतुलित' दृष्टिकोण कुल जमा यही हो सकता है कि नागार्जुन की कविताओं में 'लोकप्रियता' और 'कलात्मकता'- दोनों का 'उचित संतुलन' ('सम्यक संतुलन') या 'मणि कांचन योग' है।

नागार्जुन एक अर्द्धकिसान कवि हैं। हालांकि वे मिथिला की मिट्टी की अपनी खरी उपज हैं और मैथिली भाषा की आंचलिक कविता में उनकी अग्रणी जगह है, उसके अलावा उनके उपन्यासों में भी आंचलिकता को रेखांकित किया जाता रहा है। लेकिन सारतः वे एक चकित-मुदित कौतुकी घुम्मकड़ हैं, जिसका आधुनिकता के नये से नये रूपों से भी जीवित सम्पर्क रहा है। यानी शहरी-देहाती दोनों ही दुनियाओं का उन्हें खूब अनुभव है। उनकी दुनिया किसी संक्षिप्त बंद वृत्त की सांस्कृतिक सीमाओं में घिरी कभी नहीं रही। ताक़तवर तबक़ों को छोड़ कर कोई भी उनका 'अन्य' नहीं है, कोई भी क्षेत्र उनके लिए वर्जित नहीं है। इसलिए उनकी कविताओं में कभी भूल-भटके भी कोई 'नास्टेल्जिया', गांव के जीवन का कोई छद्म रूमानी 'फ़ैन्टम' या 'जड़ों की ओर वापसी' जैसे वे मनोविपेक्ष दिखायी नहीं देते, जो या तो रिक्तता और आध्यात्मिक कंगाली से पैदा होते हैं या आधुनिक परिस्थिति की लाचारियों से। नागार्जुन की कविता 'मिट्टी की महक' उड़ा कर दिखाने वाली ऐसी बहुत सी नुमाइशी कविताओं से भी काफ़ी भिन्न है जो पिछले दिनों लिखी गयी हैं और जिनके कवि अपनी गिरह में थोड़ी सी गांव की मिट्टी (या इस मिट्टी का इत्र!) इसलिए रखते हैं कि उसकी कभी-कभी नुमाइश करके शहर में अपनी स्थिति मज़बूत कर सकें और बैठे-बिठाये उसके ज़्यादा फायदे उठा सकें। छद्म की उपजीवी ऐसी प्रदर्शन-सजग कविताओं का देहाती जीवन से इसके अलावा और कोई रिश्ता नहीं है।

नागार्जुन की सबसे बुनियादी और दिलचस्प खूबी यही लगती है कि हर हाल में वे चारों ओर फैले हमारे इसी दृश्यमान संसार के कवि हैं। इस स्पंदनशील और इंद्रियमय पार्थिव जगत के साथ जैविक और दुर्निवार अटूट सम्बन्ध में बंधे, इसमें हर पल जाग्रत, हर पल लिप्त रहने वाले इंद्रिय सजग कवि। इस तरह इहलोक से उनका सम्बन्ध बड़ा ही मूलगामी है– पूरी तरह बिना शर्त, नाभिनाल का। हमारे माया जगत का ऐसा सम्पूर्ण प्रतिनिधि कवि, ऐसा प्रबल पक्षपोषक, हिंदी में दूसरा ढूंढ़ना कठिन है। वे एक इसी के गुरुत्वाकर्षण और सम्मोहन से बंधे-बंधे चलते हैं। वे इसी पानी की मछली हैं। इसमें सांस लेने की तरह ही उनकी कविता होती है।

बाबा का जीवनदर्शन शंकर के 'मायावाद' से ठीक उलट है। 'कफ़न' कहानी की 'ठगिनी' से उनकी गाढ़ी दोस्ती है। वे कभी 'बौद्ध दर्शन' से प्रभावित हुए होंगे लेकिन वे बौद्धों के 'शून्यवाद' या 'निग्रहवाद' या 'निवृत्ति मार्ग' के क़तई क़ायल नहीं हैं। कई बार वे पुराने लोकायतों/चार्वाकों का कोई अवतार दिखायी देते हैं। देखा जाये तो नागार्जुन ने 'भौतिक' की सर्वोच्चता, संप्रभुता और निरपेक्ष स्वायत्तता को जैसी संस्तुति और स्वीकृति दी है, उसने कविता का मिज़ाज बिलकुल बदल दिया है।

जो सिलसिला कभी निराला ने शुरू किया था उसे नागार्जुन ने भरपूर आगे बढ़ाया। हिंदी की आधुनिक कविता में निराला पहले बड़े कवि हैं जिन्होंने कविकर्म की जड़ प्रतीकात्मकता और अलौकिकता के मेटाफ़िज़ीकल खोल को तोड़ कर कविता का लौकिकीकरण किया और कविता के केंद्र में लौकिक मनुष्य को लाकर उसे ठोस जगत और रूप-रस-गंध-स्पर्श और ध्वनि की अनगिन भौतिक गतियों के अविरत प्रपंच के बीचों बीच खड़ा कर दिया। हम जानते हैं तीस के बाद छायावादी निराला यथार्थवाद की ओर तेज़ी से आकर्षित हुए। 'कुल्लीभाट' का जीवन-चरित लिखते समय निराला गोर्की को याद करते हैं और कहते हैं कि हमारे यहां जीवन-चरितों में 'जीवन' से ज़्यादा 'चरित' ही भरा हुआ रहा है। इसे उलटना चाहिए। और वे कुल्लीभाट या बिल्लेसुर बकरिहा के आख्यान लिखते हुए ठोस जीवन के खुरदुरेपन और टेढ़ेमेढ़ेपन को या मनुष्य- व्यक्तित्व की पेचीदा द्वन्द्वात्मकता को खूब उजागर करते हैं। नागार्जुन भी ठीक इसी मिट्टी के बने हैं। इसके अलावा एक कवि के तौर पर वे तो पैदा ही यथार्थवाद की निर्णायक विजय के उस युग में हुए जब स्वाधीनता संघर्ष के अभूतपूर्व 'रेडीकलाइज़ेशन' के परिपार्श्व में साहित्य के लौकिकीकरण की प्रक्रिया चौतरफ़ा फैलकर एक आबोहवा का रूप ले चुकी थी। इसलिए निराला को जो हासिल करना पड़ा, नागार्जुन को वह सहज उपलब्ध था। निराला और नागार्जुन में बहुत-से उल्लेखनीय फ़र्क़ हैं। लेकिन एक बड़ी समानता यह है कि ये दोनों छोटी किसान पृष्ठभूमि से उभरे प्रामाणिक कवि-व्यक्तित्व हैं; दोनों की ठोस जीवन में और तलछट के जीवन में गहरी आंतरिक दिलचस्पी है; दोनों दुर्निवार जीवन प्रेमी और 'हिडोनिस्ट' हैं; दोनों जीवन के बहुरंगीपन, प्रचुरता, वैभवशीलता और अपार उर्वरता का जश्न मनाते हैं; दोनों के एंद्रिय संवेदन और 'रिफ़्लेक्सेज़' इंद्रियार्थ के लिए विकल रहते हैं।

हम जानते हैं कि नागार्जुन कालिदास और विद्यापति के प्रबल आकर्षण में रहे हैं लेकिन इनका प्रभाव नागार्जुन पर वैसा निख़ालिस नहीं है जैसा किसी समय रवींद्रनाथ और बांग्ला स्वच्छंदतावाद का निराला पर था। विद्यापति की पदावली का जो अनुवाद बाबा ने किया है, वह बेहद दिलचस्प है। बाबा का पाठ पढ़ कर लगता है जैसे हम विद्यापति को नहीं, प्राकृत में लिखी प्राचीन 'गाथा सप्तशती' की गाथाएं पढ़ रहे हैं। दरबारी कवि विद्यापति अपने भव्य लालित्य की छद्‌म गरिमा को उतार कर जैसे देहात-क़स्बे के लोकजीवन के प्रेमी युगलों के दांव-पेंचों से भरे क़िस्से सुना रहे हैं। इसके बाद कोई ताज्जुब नहीं होता कि कैसे विद्यापति मिथिला की लोकसंस्कृति के नियमित हिस्से बन गये होंगे। कालिदास में बाबा की दिलचस्पी भी इसी जगह से है। 'बादल को घिरते देखा है' जैसी कविता यदि ग़ौर से पढ़ें तब यह पता चलेगा कि अद्‌भुत अछूते प्रकृतिचित्रों की कड़ियों में पिरोयी हुई 1939 में लिखी गयी इस कविता में बाबा कैसे हिमालय की मनोहारी सुंदरता को तमाम अवांछित मिथकीय दबावों से अलग कर देते हैं।

'बादल को घिरते देखा है' जैसी कुछ कविताओं को छोड़कर नागार्जुन के यहां प्रकृति अक्सर अपनी उदात्त भव्यता और दिव्यता छोड़कर अतिसाधारण सादे रूपों में नीचे उतर आती है और तमाम कोलाहल- कलह, हड़बोंग और कम्बख़्त परिस्थितियों के बीचोंबीच भी मनुष्य के साथ रहने चली आती है। बाबा की दुनिया में कटहल, आंवला, आम, नीम, गूलर, कचनार यानी पूरी की पूरी जैविक विविधता है। यहां झींगुर, मेंढ़क, छिपकली, भैंस, कौआ,

नेवला, सुअर, नीलकंठ सब अपने-अपने खेलों में व्यस्त हैं। सब की अपनी-अपनी स्वायत्तता है। नागार्जुन इन चीज़ों में जो लुत्फ़ लेते हैं वही बड़ी बात है। जेल में भी सींखचों के पार नीम की दो टहनियां नमूदार हो जाती हैं। चांदनी पिछवाड़े पड़े टूटी बोतल के टुकड़ों पर झिलमिल बिखेरने और अपना खेल दिखाने चली आती है।

नागार्जुन की काव्य भाषा का मिज़ाज मिलाजुला है। उनकी परवरिश शमशेर की तरह खड़ी बोली या उर्दू के पुराने शहरी इलाक़ों में नहीं हुई थी, इसलिए किसी हद तक संस्कृत पदावली पर उनकी निर्भरता स्वाभाविक रूप से थी। वैसे भी छायावाद तक इस तरह के 'डिक्शन' की लगभग कहावत जैसी स्वीकार्यता थी, लेकिन इस की क़ैद में रहना नागार्जुन के लिए मुमकिन नहीं था। उनकी भाषा का सांचा सतत समावेशी है और अनेक तरह की अंतर्क्रियाशीलता के बरताव से बना है। ग़ौर करने पर उसकी संरचना में उसी तरह बनती हुई हिंदी का कारख़ाना दिखायी देता है जिस तरह कबीर की रचनाओं में। नागार्जुन का रिश्ता हल्के-फुल्के छंदों में इतिवृत्तात्मक विवरणों, बखानों और बयानों को बांधती चलती उस सरल-स्वच्छ पद्यात्मकता से भी गहरा बना, जो बीसवीं शताब्दी के शुरू के वर्षों में ही एक 'मैनरिज़्म' के तौर पर प्रतिष्ठित हो गयी थी और बहुत बाद तक (हाली-मैथिलीशरण गुप्त से लेकर दिनकर तक) चलती रही। ऐसी छांदिकता और पद्यात्मकता 'लिरिक' की समांतर परम्परा से अलग, समाजनिष्ठ गद्यात्मक अंतर्वस्तु के साथ मैत्रीपूर्ण लगती है। साथ ही इसमें एक तरह की आसानी भी होती थी लेकिन इन उपलब्ध भाषिक औजारों का नागार्जुन ने विलक्षण मनमाना उपयोग किया है और कविता की भाषा पर अपना ख़ास रंग छोड़ा है। काव्य-भाषा के विषय में नागार्जुन एक अराजक की हद तक दुस्साहसिक कवि हैं और कभी भी इसके फंदों से बाहर आ जाते हैं। परिनिष्ठित संस्कृत पदावली कई बार उनके यहां थिगलियों की तरह दिखायी देती है और कई बार वह उसी समय अपना अस्तर भी उलट कर दिखा देती है। कभी यह एक मज़ेदार कौतुक खड़ा करने के काम आती है तो कभी एक हल्का 'एलियनेशन इफ़ैक्ट' पैदा करके छोड़ देती है।

हम कई तरह से जानते हैं कि नागार्जुन का लगाव नौजवानों के साथ किस क़दर गहरा और सच्चा था। तरुणों की कच्ची और नयी ऊर्जा के वे मुरीद थे। मज़े की बात यह है कि यह ताज़गी और कच्चापन ख़ुद उनकी अपनी फ़ितरत में था। एक बच्चे या किशोर जैसा निश्छल शरारतीपन और खिलंदड़ापन वे हर दम अपने अंदर लिये रहते थे। उनकी अधिकांश कविताएं इसी आत्ममुदित बच्चे के कौतुक या खेल जैसी ही जान पड़ती हैं (यह बात अलग है कि खेल-खेल में ही बाबा कई बार गहरा खेल कर जाते हैं)। उनके छंद भी अक्सर एक खेल में बदल जाते हैं जो अपनी विषय-वस्तु को भी इस खेल के मैदान में बदल देते हैं। पूरी कविता छंद की फिरकनी की स्वचालित धुरी पर नाचती घूमती है और कई बार अचानक अनपेक्षित ढंग से रुक भी सकती है।

सच तो यह है कि नागार्जुन की बुनियाद में अनगढ़ कच्ची जैविक ऊर्जा का एक अक्षय और असमाप्त खुला स्रोत था। वे जानते थे कि यह सृष्टि इसी बीहड़ जैविकता से चलती है। जीवन की जड़ें इसी से अपना भोजन पाती हैं। इसीलिए वे इतने उल्लास से इसका उत्सव मनाते हैं। इसी की उन्हें तलाश भी रहती है। ज़िंदगी के तलछट में या दबे-छिपे-विस्मृत अलक्षित अंधेरे कोनों में भी वे इसीलिए सीधे और सबसे पहले पहुंच जाते हैं। 'पैने दांतों वाली' या

'नाकहीन मुखड़ा' जैसी कविताएं इतने प्यार से और मुदित भाव से नागार्जुन ही लिख सकते थे। जीवन के प्रति अपनी इसी मूलगामी नज़र की वजह से नागार्जुन ने अब तक न छुई गयी निचली सतह की मिट्टी को खोद कर निकाल लिया है। नागार्जुन की ऐसी अनेक कविताएं जिन्हें 'भदेस' कह कर 'बख़्श' दिया गया है, दरअसल 'सभ्यता', 'संस्कृति' और 'सुरुचि' की ओट में छिपे हमारे मध्यवर्गीय ओछेपन को ज़ोरदार धक्का देती हैं। यह एक तरह की 'शॉक थैरेपी' है जो नागार्जुन बार-बार करते हैं। वे बार-बार हमारी संवेदनशीलता के अंधेरे अंतरालों के साथ छेड़छाड़ करते हैं और उनमें छिपी हमारी जीवनविमुखता, अमनुष्यता और तिकड़मबाज़ जनद्वेषी भावनाओं को निशाने पर लाते हैं। 'घिन तो नहीं आती' कहते हुए वे अच्छी तरह जानते हैं कि घिन तो आती है, लेकिन यह गोपनीय चीज़ आपके हाथ पड़ने नहीं देंगे; लेकिन बाबा हैं कि पूरा पीछा करते हैं और गत बना कर ही छोड़ते हैं।

नागार्जुन एक अद्भुत प्रयोगशील और साहसी कवि हैं। उनकी कविता ऐसी कटी-छंटी नपी-तुली सुविचारित कविता नहीं है, जिसमें हर चीज़ धो-पोंछ कर चमका-चमका कर अपनी ठीक-ठीक जगह रखी होती है। उनके स्वभाव की तरह ही उनका काव्य-संसार भी बीहड़ और अनगढ़ है। प्रदर्शनप्रिय और महत्वाकांक्षी कवियों के कुटांट चौकन्नेपन से ठीक उलट वे अपनी ही कौतुक क्रीड़ाओं के स्वतःस्फूर्त आड़े- तिरछे खेलों में निरत और बेपरवाह दिखायी देते हैं। उनकी प्रयोगशीलता लगभग अस्तित्वमूलक है, कोरा कलात्मक हुनर दिखाने का कोई रिक्त उपक्रम या 'कल्ट' नहीं। यह बात अलग है कि 'प्रयोग', 'प्रयोग' का जब-तब शोर मचाने वाली हिंदी-आलोचना की निगाह नागार्जुन की निर्बन्ध प्रयोगशीलता पर मुश्किल से ही टिक पाती है।

नागार्जुन की कविता का एक और महत्वपूर्ण पहलू इसका अंतर्वर्ती 'ब्रेख़्तीयन' तत्व है। लौकिकीकरण और आलोचनाशीलता की नागार्जुन की अपनी ब्रेख्तीयन फ़ितरत के बावजूद यह अंदाज़, अपने ख़ास किसानी ठाठ के साथ, नागार्जुन का खुद का अपना स्वतःस्फूर्त अंदाज़ है। इसे अपनाने की अलग से कोई ज़रूरत उन्हें नहीं थी। न ही इसके पीछे कोई सुसंगत सुचिंतित शास्त्रीय आधार उनके पास था। लेकिन ब्रेख़्त की तरह ही नागार्जुन के पास भी एक टेढ़ी कल वाला शरारती दिमाग़ है। वे हर्गिज़ कोई भोले-भाले किसान नहीं हैं। चीज़ों को उलटना-पलटना, उनके बने-बनाये प्रारूपों के अनुपात बदलकर उनकी 'निगेटिव' फ़िल्म निकालना उनका स्वभाव है। नागार्जुन की ढेरों कविताएं 'थियेटरीकल' हैं। वे अक्सर चीज़ों को उनकी नाट्यात्मकता में ही छूते-पकड़ते हैं। विडम्बना, कौतुक, हास-परिहास और व्यंग्यबुद्धि उनके संज्ञान की प्रक्रिया में ही रचे-बसे हैं। वे अक्सर हमें 19वीं सदी के उत्तरार्द्ध की हिंदी-उर्दू गद्य-पद्य की उस 'इंदरसभा' में ले जा कर खड़ा कर देते हैं जो हंसी-दिल्लगी के उन्मुक्त अंदाज़ में उस युग की 'एब्सर्डिटीज़' और फ़रेबों के साथ मनोविनोद करते हुए उन्हें बेपर्दा करती चलती थी।

नागार्जुन एक राजनीतिक कवि के रूप में जाने जाते हैं। उनकी कविताओं में ख़ासकर आज़ादी के बाद के हमारे राजनीतिक इतिहास का बुनियादी नक़्शा मिल जाता है। कई बार किसी ख़बरनवीस जैसी तत्परता से उन्होंने राजनीतिक घटनाओं का पीछा किया है और उन्हें कविता का मुद्दा बनाया है। वस्तुतः बुनियादी तौर पर वे प्रतिरोध के कवि हैं। शासकवर्गों की निरंकुशता, सत्ता का जनद्रोही, मक्कार और भ्रष्ट चरित्र और मेहनतकश जनता के छोटे-बड़े

प्रतिरोध अपने विवरणों के साथ उनके यहां दर्ज हैं। नागार्जुन की इन कविताओं में से अधिकांश, लोगों की स्मृति में हैं। सत्ता की संरचना उधेड़ कर दिखाते हुए बाबा की व्यंग्य बुद्धि और वाणी की प्रगल्भता खुल कर खेल दिखाती है, इसी तरह जन-संघर्षों का बखान वे लगभग इस अंदाज़ में करते हैं जैसे किसी महोत्सव का आंखों देखा हाल सुनाते हों। जनता की स्थगित लेकिन अपार ऊर्जा को वे अच्छी तरह जानते हैं और उसकी संगठित अभिव्यक्ति देखकर वे लगभग नाचने और चहकने लगते हैं। 'बस सर्विस बंद थी' कविता जिस ताल पर नाचती है, वह नागार्जुन के अपने मुदित मन की ही ताल है।

ऐसा नहीं कि नागार्जुन की सभी कविताएं उत्कृष्ट हैं। उनके यहां अनेक साधारण कोटि की औसत कविताएं मिल जायेंगी। इनमें बिल्कुल पुराने ढंग की ऐसी कविताएं या पंक्तियां भी मिलेंगी जो अभ्यासवश लिखी जाती हैं (मसलन, जय जय लेनिन, जय गुणधाम), लेकिन ऐसा लगभग हर बड़े कवि के साथ हुआ करता है। उनकी कुछ कविताएं वैचारिक राजनीतिक विचलनों का शिकार भी हुईं और विवादास्पद बनीं। आख़िरकार आती-जाती लहरों की सवारी करने वाला बाबा जैसा लोकप्रिय किसान कवि लोकवादी दबावों से हमेशा अपनी हिफाज़त कर लेगा, ऐसी उम्मीद करना ग़लत है। लेकिन अपने तमाम अंतर्विरोधों के बावजूद और उनके साथ-साथ हिंदी कविता और प्रगतिशील साहित्य की परम्परा में नागार्जुन की युगांतकारी भूमिका इतिहास का सच बन चुकी है। उत्पीड़ितों के प्रतिरोध की परम्परा एक आविष्कारक के रूप में हमेशा उनके मूलगामी योगदान को याद रखेगी।

कविता के शिल्प में इतिहास की तामीर

अरुण आदित्य

कवि कविता लिखता है, या इतिहास? निश्चित ही वह कविता लिखता है, लेकिन अगर उसकी कविता इतिहास को दर्ज करने के दर्प या इतिहास में दर्ज होने की आकांक्षा से परे, ईमानदारी से अपने समय को दर्ज करती है, तो इतिहास अपने आप उसमें दर्ज होता जाता है। नागार्जुन की कविता इस बात का प्रत्यक्ष प्रमाण है। नागार्जुन एक कुशल जासूस की तरह अपने समय की गहन पड़ताल करते हैं और अपनी कविता को समय की गवाही देने के लिए शब्द और साहस देते हैं। अपने समय में सक्रिय-संघर्षरत उज्ज्वल-कज्जल शक्तियों की पहचान का विवेक, और तंत्र के बजाय जन के पक्ष में खुलकर खड़े होने का साहस नागार्जुन को एक समय-सजग राजनीतिक कवि बनाता है। उनकी काव्याकांक्षा कालजयी नहीं बल्कि दुष्कालजयी कविता लिखना है। यह अलग बात है कि यही दुष्कालजयी कविता अंततः समय का अतिक्रमण करके कालजयी साबित होती है।

नागार्जुन की कविताओं का सावधानी से कालानुक्रमिक अध्ययन करें तो भारत के सामाजिक-राजनीतिक इतिहास का एक सधा हुआ पाठ मिल सकता है। उनकी सभी कविताओं को इकट्ठा कर दिया जाये तो एक अनूठा महाकाव्य बन जाता है, जिसका नायक शोषित-पीड़ित-संघर्षरत जनगण है और प्रतिनायक उसके अपने ही चुने हुए भाग्यविधाता हैं। इस महागाथा का नायक तो अंत तक जनगण ही रहता है, लेकिन प्रतिनायक थोड़े थोड़े अंतराल पर बदल जाते हैं। समग्रता में देखें तो नागार्जुन की सारी कविताई दरअसल इस काव्य नायक के सुख-दुख-संघर्ष के गायन और प्रतिनायकों के कपाल पर तबला वादन की जुगलबंदी है। इस जुगलबंदी के लिए शायर जैसे जज़्बात और जंगजू जैसे जुनून की ज़रूरत पड़ती है। जज़्बात और जुनून की यही अनूठी जुगलबंदी उन्हें अपने अनेक समकालीन ही नहीं, पूर्ववर्ती और परवर्ती कवियों से भी अलग करती है।

कवि प्रदीप जैसे रचनाकार जब 'साबरमती के संत तूने कर दिया कमाल' लिख रहे थे तो नागार्जुन की घुच्ची आंखें गांधी जी के चेलों की लीला को देख रही थीं :

सेठों का हित साध रहे हैं तीनों बंदर बापू के
युग पर प्रवचन लाद रहे हैं तीनों बंदर बापू के

पूंजी की चाकरी में लगी राजनीति को नागार्जुन कितनी स्पष्टता से देख रहे थे! बाबा की इन पंक्तियों के आलोक में आज के 2-जी स्पेक्ट्रम घोटाले को देखिए। तात्कालिक सरोकार की यह कविता कालजयी लगने लगती है। देश पर अधिकांश समय राज करने वाले नेहरू-गांधी

परिवार के तीसरे प्रधानमंत्री राजीव गांधी को अस्सी के दशक में जाकर यह रहस्य पता चल पाया कि केंद्र से अगर एक रुपया भेजा जाता है तो आम आदमी तक उसमें से सिर्फ़ 15 पैसे ही पहुंचते हैं। आजकल उनके पुत्र राहुल गांधी भी इसी तरह की बात कह रहे हैं। राजीव गांधी ने अगर 1958 में लिखी बाबा की कविता 'नया तरीक़ा अपनाया है राधे ने इस साल' पढ़ ली होती तो बहुत पहले समझ गये होते कि 85 पैसे कहां और कैसे चले जाते हैं। दो पदों की इस कविता के पहले पद में नागार्जुन कालाबाज़ारी के तंत्र से परदा हटाते हैं :

दो हज़ार मन गेहूं आया दस गांवों के नाम
राधे चक्कर लगा काटने सुबह हो गयी शाम
सौदा पटा बड़ी मुश्किल से पिघले नेताराम
पूजा पाकर साध गये चुप्पी हाकिम हुक्क़ाम
भारत-सेवक जी को था अपनी सेवा से काम
खुला चोर बाज़ार, बढ़ा चूनी-चोकर का दाम।

इस पद में कालाबाज़ारी के उत्स और प्रक्रिया का खुलासा करने के बाद दूसरे पद में वे कालाबाज़ारी और राजनीति के नेक्सस को बहुत सहजता से समझाते हैं :

नया तरीक़ा अपनाया है राधे ने इस साल
बैलों वाले पोस्टर साटे, चमक उठी दीवाल
नीचे से ऊपर तक समझ गया सब हाल
सरकारी गल्ला चुपके से भेज रहा नेपाल।

नागार्जुन की कविता किसी महाकाव्य की ही तरह अनेक संदर्भ और अंतर्कथाएं समेटे रहती है। दीवाल पर बैलों वाले पोस्टर चिपकाने और सरकारी गल्ला नेपाल भेजने के अंतर्संबंध को समझने से पहले यह जानना ज़रूरी है कि उस दौर में दो बैलों की जोड़ी कांग्रेस का चुनाव चिह्न थी। इस तरह बैलों वाले पोस्टर चिपकाना अपने को सत्ता से संबद्ध बताना था। वह नेहरू युग था। नियति से मुलाक़ात का युग। बैलों वाले पोस्टर चिपका कर भ्रष्ट ताक़तें अपनी नियति को सत्ता की नियति से संबद्ध कर रही थीं। पर यह तो शुरुआत मात्र थी। अभी तो भारत भूमि को और बहुत कुछ देखना बाक़ी था। नेहरू के बाद लाल बहादुर शास्त्री प्रधानमंत्री बने। जनगण को नये भाग्य विधाता से नयी उम्मीद बंधी, पर नागार्जुन उनके रूप में भी अपनी जनगाथा का एक और प्रतिनायक ही देख रहे थे। देख रहे थे कि इस नये भाग्य विधाता के राज में महंगाई और अन्न संकट ने किस तरह जनता की कमर तोड़ दी है। 'भारत-भूमि पर प्रजातंत्र का बुरा हाल है' शीर्षक कविता में वे लाल बहादुर शास्त्री युग के बारे में लिखते हैं :

जनता मुझसे पूछ रही है क्या बतलाऊं
जनकवि हूं मैं साफ़ कहूंगा, क्यों हकलाऊं
नेहरू को तो मरे हुए सौ साल हो गये
अब जो हैं वे शासन के जंजाल हो गये।

आज़ादी के बाद देश ने जो सपने देखे, उनमें एक यह भी था कि हमारा नवजात लोकतंत्र धीरे धीरे हृष्टपुष्ट होता जायेगा, लेकिन जिन पर उसकी परवरिश की ज़िम्मेदारी थी, वे उसके पैरों में पता नहीं कौन से मिलावटी तेल की मालिश कर रहे थे कि उसकी टांगों की हड्डियां

लगातार कमज़ोर होती जा रही थीं। बीस-बाईस साल का होने पर जब उससे तेज़ दौड़ लगाने की उम्मीद की जा रही थी, तो सामान्य गति से चलते हुए भी उसके पांव लडखड़ाने लगे। वह जैसे-जैसे कमज़ोर हो रहा था, सत्ता निरंकुश होती जा रही थी। निरंकुशता एक ऐसी प्रवृत्ति है जो हल्के विरोध से और बढ़ती है, क्योंकि कमज़ोर प्रतिरोध उसके प्रतिरक्षा-तंत्र (इम्यून सिस्टम) को और मज़बूत करता रहता है। बाबा नागार्जुन इस तथ्य से वाकिफ़ थे, इसीलिए वे दबी ढंकी आवाज़ में प्रतिरोध करने के बजाय सीधे सीधे विद्रोह का बिगुल बजा देते हैं। 1966 में लिखी कविता 'शासन की बंदूक' में उनके तेवर देखिए :

खड़ी हो गयी चांपकर कंकालों की हूक
नभ में विपुल विराट सी शासन की बंदूक
उस हिटलरी गुमान पर सभी रहे हैं थूक
जिसमें कानी हो गयी शासन की बंदूक।

नागार्जुन शासन की इस बंदूक की सिर्फ़ लानत-मलामत करके नहीं रह जाते। इस विपुल विराट हिंस्र राजसत्ता के ख़ौफ़ से बेख़ौफ़, उसे लगभग चिढ़ाते हुए बाबा बिल्कुल साफ़ शब्दों में उसकी पराजय का घोष भी करते हैं :

जली ठूंठ पर बैठ कर गयी कोकिला कूक
बाल न बांका कर सकी शासन की बंदूक।

1973 में बंग-विजय के बाद इंदिरा गांधी का आत्मविश्वास चरम पर था। उन्हें दुर्गा, सिंहिनी जैसे विशेषणों से नवाज़ा जा रहा था। उसी दौर में जब सत्ता ने अपने विरोधियों का हिंसक दमन करना शुरू किया तो बाबा के तेवर भी कड़े हो गये। 1974 में लिखी अपनी कविता 'बाघिन' में नागार्जुन हिंस्र राजसत्ता के लिए बाघिन का बिंब चुनकर एक भयावह चित्र खींचते हैं :

लंबी जिह्वा मदमाते दृग झपक रहे हैं
बूंद लहू के उन जबड़ों से टपक रहे हैं
चबा चुकी है ताजे शिशु मुंडों को गिन-गिन
गुर्राती है, टीले पर बैठी है बाघिन।

बाबा बाहुबली नहीं हैं, फिर सत्ता-शक्ति को इस तरह ललकारने का बल उन्हें कहां से मिलता है? वस्तुतः यह नागार्जुन की काव्याकांक्षा और देश-काल की जनाकांक्षा के सम्मिलन से उपजी प्रेरणा-शक्ति थी, जो उनकी कविता को अभय-निर्भय स्वर दे रही थी। जनगण के जीवन-मरण-रण से प्राणतत्व हासिल करने वाली यह कविता बदले में जनगण को अपने अधिकार के लिए भाग्य-विधाताओं से लड़ने का साहस और जीतने का विश्वास प्रदान करती है। 'बाघिन' शीर्षक इसी कविता में बाबा खूनी राजसत्ता से भयाक्रांत जनता को यह विश्वास दिलाते हैं कि गणशक्ति के सामने दमनकारी सत्ताएं एक दिन अजायबघर की चीज़ बन कर रह जायेंगी :

इस बाघिन को रखेंगे हम चिड़ियाघर में
ऐसा जंतु मिलेगा भी क्या त्रिभुवन भर में।

ऐसी पंक्तियां लिखने के लिए कितने साहस की ज़रूरत रही होगी, इसका अंदाज़ा वही लगा सकता है जिसने 1974-75 के उस दौर को देखा हो। इंदिरा गांधी ने 1975 में देश में आपातकाल लगाया, लेकिन नागा बाबा तो 1974 में ही भांप गये थे कि दिल्ली की सत्ता के क़दम किस

ओर बढ़ रहे हैं। लंगड़ी लोकशाही से तानाशाही की तरफ़ बढ़ते घोड़े की टाप को वे बहुत साफ़-साफ़ सुन रहे थे। 'इंदु जी, इंदु जी, क्या हुआ आपको' शीर्षक कविता में वे बचपन का नाम लेकर इंदिरा गांधी को चेतावनी देते हैं :

रानी महारानी आप
नवाबों की नानी आप
नफ़ाखोर सेठों की अपनी सगी माई आप
काले बाज़ार की कीचड़ आप, काई आप
सुन रहीं गिन रहीं
गिन रहीं सुन रहीं
सुन रहीं सुन रहीं
गिन रहीं गिन रहीं
हिटलर के घोड़े की एक-एक टाप को।

और 1975 में भारत-भूमि पर वह काला दिन भी आया जब आपातकाल लगाकर लोकतंत्र को बंधक बना लिया गया। अख़बारों पर सेंसरशिप लागू हो गयी, विरोधी जुबानों पर ताले लटका दिये गये। जनकवि की वाणी को भी बंधक बनाने की कोशिश की गयी, पर बाबा की बुलंद आवाज़ से सत्ता की फौलादी ज़ंजीरें मकड़ी के जाले की तरह उड़ गयीं। उस काले दौर में इंदिरा गांधी द्वारा लोकतंत्र और संविधान का अपहरण कर लेने के ख़िलाफ़ बाबा की कविता चीख़-चीख़ कर कहती है :

इसके लेखे संसद फंसद सब फ़िज़ूल है
इसके लेखे संविधान काग़ज़ी फूल है।

इस कविता के अंत में उन्हें हिटलर की नानी और बाघों की रानी जैसी उपमाओं से विभूषित करके नागार्जुन सत्ता के अधिनायकवादी और हिंस्र स्वरूप का चित्रण करते हैं। उस समय इंदिरा गांधी का प्रशस्ति गान कर रहे चारणों को चिढ़ाने के लिए नागार्जुन चारणों की ही तरह 'जय हो, जय हो' वाली जयगान-शैली अपनाते हैं। इस तरह उनका व्यंग्य और मारक हो उठता है :

जय हो, जय हो, हिटलर की नानी की जय हो।
जय हो, जय हो, बाघों की रानी की जय हो।

नागार्जुन ने अपने काव्य नायक यानी जनगण के लिए सिर्फ़ काग़ज़ी लड़ाई नहीं लड़ी। उसके शोषण उत्पीड़न के ख़िलाफ़ लिए लड़ते हुए हुए बाबा जेल भी गये। इस बीच जन की गर्दन पर तंत्र की जकड़न और मज़बूत होती जा रही थी, लेकिन क्रांति के प्रति नागार्जुन का विश्वास कभी नहीं डिगा। आपातकाल के इसी दुष्काल के बीच उन्हें नये युग की आहट भी सुनायी देने लगी थी। 1976 में लिखी उनकी कविता 'चंदू मैंने सपना देखा' में इस आहट को साफ़ सुना जा सकता है :

चंदू, मैंने सपना देखा, लाये हो तुम नया कैलेंडर।

फिर वह दिन भी आया जब लगा कि जनता ने लड़ाई जीत ली है। हालांकि बहुत जल्दी ही बाबा को भान हो गया कि लड़ाई जनता ने लड़ी थी, लेकिन जीत जनता की नहीं 'जनता पार्टी' की हुई थी। इस जीत के बाद 1977 में मोरारजी देसाई प्रधानमंत्री बने तो जनकवि

ने उन्हें भी सख़्त चेतावनी दे दी :

तुम पर बोझ न होगी जनता,
ख़ुद अपने दुख दैन्य हरेगी
हां, हां तुम बूढ़ी मशीन हो
जनता तुमको ठीक करेगी।

और जब क्रांति का वाहक बन कर आयी इस जनता पार्टी में सत्ता को लेकर मारकाट मची तो नागार्जुन ने उसे भी अपने जन के प्रतिनायकों में शुमार कर लिया। बाबा व्यथित थे कि इस क्रांति के हश्र ने जनगण के एक और सपने की हत्या कर दी है। आहत बाबा की क़लम खिचड़ी विप्लव कहकर इस पर भी तीखा प्रहार करती है :

खिचड़ी विप्लव देखा हमने
भोगा हमने क्रांति विलास
अब भी ख़त्म नहीं होगा क्या
पूर्ण क्रांति का भ्रांति विलास।

नागार्जुन की विशिष्टता इस बात में भी है कि जनता के सपनों की कसौटी पर वे भाग्य विधाताओं को ही नहीं, खुद के आचार-विचार-व्यवहार को भी परखते हैं। और खुद को पथभ्रष्ट होता देखते हैं तो अपनी भी लानत-मलामत करने से नहीं चूकते। 1975-77 के खिचड़ी विप्लव के बाद जनता का स्वप्नभंग होने पर बाबा इस क्रांति के भ्रांति-नायकों का साथ देने के लिए ख़ुद को भी कोसते हैं :

रहा उनके बीच मैं
था पतित मैं, नीच मैं
दूर जाकर गिरा, बेबस उड़ा पतझड़ में,
धंस गया आकंठ कीचड़ में, सड़ी लाशें मिलीं,
उनके मध्य लेटा रहा, आंखें मींच मैं।

जो लोग बाबा द्वारा इंदिरा गांधी और दूसरे प्रतिनायकों के बारे में तल्ख़ और अशिष्ट भाषा का प्रयोग करने की शिकायत करते हैं, उन्हें बाबा की इस कविता से समझ में आ जायेगा कि जो कवि खुद को पतित और नीच कह सकता है, वह जनता से अशिष्टता करने वाले किसी भी व्यक्ति को माफ़ क्यों करेगा?

बाबा अपने अंतिम समय तक राजनीतिक रूप से सजग बने रहे। *जन विकल्प* की साहित्य वार्षिकी में छपी उनकी संभवतः अंतिम कविता भारतीय राजनीति में आये दलित उभार पर है। कांशीराम के नेतृत्व में दलित उभार ने किस तरह दिल्ली की सल्तनत को परेशान कर दिया था, उसकी एक झांकी 1997 में रचित बाबा की इस कविता की इन दो पंक्तियों में मिल जाती है :

जय जय हे दलितेंद्र
आपसे दहशत खाता केंद्र।

नागार्जुन ने भारत-चीन और भारत-पाक युद्धों के दौरान कम्युनिस्ट आंदोलन के अंतरराष्ट्रीय सरोकारों को दरकिनार कर ठेठ राष्ट्रवादी तेवर की कविताएं भी लिखीं। भारत-चीन युद्ध के परिप्रेक्ष्य में नागार्जुन एक कम्युनिस्ट भारतीय की तरह नहीं, बल्कि भारतीय कम्युनिस्ट

की तरह व्यवहार करते हैं। बहुत सारे कम्युनिस्टों के प्रेरणा-पुरुष माओ के बारे में वे बेहिचक लिखते हैं :

यह माओ कौन है, बेगाना है यह माओ
आओ इसकी नफ़रत को थूकों से नहलाओ

बात सिर्फ़ नफ़रत करने तक ही सीमित नहीं रहती, बाबा अपने देश के इस दुश्मन के प्रति जन-जन को ललकारते हैं :

आओ इसके खूनी दांत उखाड़ दें।
आओ इसे ज़िंदा ही कब्र में गाड़ दें।

इसी तरह 1965 के भारत-पाक युद्ध के दौरान वे भारतीय जवानों में ज़ोश जगाते हुए जनरल अयूब को ख़बरदार करते हैं :

झाड़ देंगे अय्यूब का हिटलरी गुमान
ख़बरदार दुश्मन , दुश्मन सावधान
ऐक्शन में आ गये हैं, लाख लाख जवान।

जनगण के प्रतिनायकों की पहचान के लिए नागार्जुन की कवि दृष्टि सिर्फ़ दिल्ली तक ही सीमित नहीं रहती है। देश के कोने कोने में वे प्रतिक्रांति की शक्तियों की पड़ताल करते हैं। नागपुर के बाला साहब देवरस से लेकर मुंबई के बाला साहब ठाकरे तक सभी साहब उनके काव्यास्त्र की ज़द में हैं। 1978 में राष्ट्रीय स्वयंसेवक संघ के सरसंघचालक देवरस के बारे में वे लिखते हैं :

देवरस दानवरस
पी लेगा मानवरस।

इसी तरह एक और हिंदू हृदय सम्राट बाल ठाकरे को बाबा बेख़ौफ़ होकर लोकतंत्र का काल बताते हैं :

बाल ठाकरे, बाल ठाकरे
लोकतंत्र का काल ठाकरे।

नागार्जुन की काव्य-दृष्टि में जड़ता नहीं है। वक़्त के साथ उसमें बदलाव भी आता है। नेहरू युग में वे नेहरू को प्रतिनायक मानते हैं, लेकिन नेहरू के परिदृश्य से हटते ही उन्हें कमोबेश उनका नायकत्व भी नज़र आने लगता है। लाल बहादुर शास्त्री के कार्यकाल की बदहाली पर नेहरू की मौत के सौ-डेढ़ सौ दिनों के अंदर ही 'नेहरू को तो मरे हुए सौ साल हो गये' लिखना इस बात की तसदीक़ करता है कि बाबा की दृष्टि में नेहरू का कार्यकाल इससे बेहतर था। कम से कम शासन का जंजाल नहीं था। शास्त्री के बाद इंदिरा युग का सामना करते हुए भी उन्हें नेहरू के संस्कारों की याद आती है। 'तार दिया बेटे को बोर दिया बाप को...।' ऐसा लिखते हुए जैसे वे इस बात को स्वीकार कर रहे थे कि नेहरू की कोई महान विरासत थी, जिसे इंदिरा गांधी ने डुबो दिया।

ऐसा नहीं है कि बाबा की कविता प्रतिनायकों के प्रतिकार से ही भरी हुई है। जनगण के सच्चे नायकों को भी वे पूरे सम्मान से याद करते हैं। पर उन्हें याद करते हुए भी वे लगे हाथ किसी प्रतिनायक पर चाबुक फटकारने से नहीं चूकते। 1968 में मैक्सिम गोर्की की जन्मशती के अवसर पर वे सिर्फ़ गोर्की को याद नहीं करते, बल्कि वियतनाम के बहाने वे

अमेरिका को आड़े हाथ लेते हैं और जनसंघर्ष में गोर्की के साहित्य की प्रासंगिकता को भी रेखांकित करते हैं :

गोर्की मख़ीम!
श्रमशील जागरूक जन के पक्षधर असीम
घुल चुकी है तुम्हारी आशीष
एशियाई माहौल में
दहक उठा है तभी तो इस तरह वियतनाम
अग्रज तुम्हारी सौंवी वर्षगांठ पर करता है
भारतीय जनकवि तुमको प्रणाम।

देश के बाहर की भी हर छोटी बड़ी घटना पर नागा बाबा की कवि-दृष्टि लगी रहती थी। दमन-उत्पीड़न की घटना कहीं भी हो, बाबा का कवि मन बेचैन हो जाता था। कोरिया पर अमेरिकी दबंगई के विरोध में वे लिखते हैं :

गली-गली में आग लगी है, घर-घर बना मसान
लील रहा कोरिया मुलुक को अमरीकी शैतान।
जूझ रहे किस बहादुरी से धरती के वे लाल
मुझे रात भर नींद न आती सुन सिऊल का हाल।

इसी तरह 1961 में महारानी एलिज़ाबेथ द्वितीय की भारत यात्रा के पहले उनके स्वागत को लेकर देश में जिस तरह गुलाम मानसिकता का निर्लज्ज प्रदर्शन हो रहा था, उस पर कटाक्ष करते हुए उन्होंने लिखा :

आओ रानी, हम ढोयेंगे पालकी।
यही हुई है राय जवाहरलाल की।
रफू करेंगे फटे पुराने जाल की
यही हुई है राय जवाहर लाल की।

अपने समय का अतिक्रमण करने वाली यह कविता बाद में कई अवसरों पर बार-बार याद आयी। ख़ासकर सन् 2000 में बिल क्लिंटन, 2006 में जार्ज बुश और 2010 में बराक ओबामा की भारत-यात्रा के दौरान जिस तरह अतिउत्साह का माहौल दिख रहा था, उससे बार बार ये पंक्तियां याद आ रही थीं। कॉमनवेल्थ खेलों के दौरान भी औपनिवेशिकता की पहचान क्वीन्स बैटन के प्रति बहुत से भारतीयों के निष्ठाभाव को देखते हुए बाबा की ये पंक्तियां प्रासंगिक लग रही थीं।

एक कवि की दृष्टि इतिहासकार से ज़्यादा दूर तक जाती है। वह इतिहास से पहले और वर्तमान के बाद को भी देख सकता है। 1969 में 'मंत्र कविता' में वे लिखते हैं :

शेर के दांत, भालू के नाखून, मर्कट का फोता,
हमेशा हमेशा राज करेगा मेरा पोता

उस समय इंदिरा गांधी प्रधानमंत्री थीं और उनके पौत्र, आज के कांग्रेसी युवराज राहुल गांधी का तब जन्म भी नहीं हुआ था। पर आज के संदर्भ में नागा बाबा की वह भविष्यवाणी कितनी सटीक लगती है।

समकालीनों से भिन्न

गोविंद प्रसाद

नागार्जुन के काव्य की परख के क्रम में यह प्रश्न मेरे मन में निरंतर उठता रहा है कि मौन-महामौन के सम्मोहन में 'बाबा' क्यों नहीं फंसे? वे संस्कृत की परंपरा से आये थे। उन्होंने संस्कृत में विधिवत काव्य भी रचा। बौद्ध भिक्खुओं वाला जीवन भी बिताया। इन दोनों परंपराओं में 'मौन' की महिमा और महात्म्य भी कुछ कम नहीं।...कुछ सोचकर ही बाबा नागार्जुन इस मौन की तरफ़ नहीं गये होंगे, मौन की डगर पर उनके चरण नहीं बढ़े। शायद स्वतंत्रता के बाद भारत का अभावग्रस्त समाज जिन विषमता और विडंबना भरी स्थितियों में संघर्ष भरे दौर से गुज़र रहा था, उसकी सही नब्ज़ पर हाथ रखने के लिए मौन के आवरण से निकलना ही जनता के कवि के लिए अपने सही दायित्व का निर्वाह लगा होगा। ऐसी विषम परिस्थितियों में 'मौन' 'यथास्थितिवाद' की देह पर एक अतिरिक्त आभूषण जैसा होता; अभिजात और जड़ सौंदर्य अभिरुचि की जड़ों को पानी देने वाला, पुष्ट करने वाला आभूषण।

अज्ञेय इस मौन के, महामौन के चक्कर में क्यों फंसे, आख़िर वह कौन सा सम्मोहन था जिसकी छाया से वे आजीवन घिरे रहे? अब सोचने पर लगता है इस संदर्भ में नागार्जुन का रवैया कविता के प्रति ज़्यादा आधुनिक है। यानी आधुनिकता के प्रति उनकी समझ ज़्यादा पोढ़ी है।

'रूप' को संवारा उन्होंने अंतर्वस्तु से, 'वस्तु' की नवीनता से, तात्कालिक एवं सामयिक संदर्भों से। दोहे को ही लीजिए। एक तो दोहा कहते ही हिंदी साहित्य का मध्य काल आंखों के सामने घूमने लगता है। फिर, दोहे में नैतिकता और नीतिपरकता को परिभाषित करने का उद्यम ही प्रायः दिखायी पड़ता है। कबीर जैसों को अपवाद स्वरूप छोड़ दें तो। अस्तु। नागार्जुन दोहे के फ़ार्म को अपनाते हैं और वह भी इस आधुनिक और नयी कविता के दौर में जहां लोग गीत तक को तिलांजलि दे चुके हैं। छंद की बड़ियां पकाना भूल चुके हैं। मुक्त छंद भी बस कहने भर को, नाम मात्र को ही रह गया है। नज़र केवल 'रूप' पर ही अटक कर रह गयी है। यों कहने को 'हम निहारते रूप' कह लो, बेशक! नागार्जुन रूप के लिए रूप का चुनाव नहीं करते। (याद कीजिए उनकी पंक्ति : 'वस्तु है भूसा, रूप है चत्मकार'।) नैतिकता का पाठ पढ़ाने और नीति सिखाने के लिए नहीं बल्कि तत्कालीन राजनीति अर्थात् शासन की बंदूक के सामने 'कंकालों की हूक'—जो अंततः 'कोकिला की कूक' की शक्ति के रूप में बदल जाती है—संगठित जन-शक्ति को रेखांकित करने के लिए दोहे जैसे 'एग्ज़ॉस्ट' हो चुके प्राचीन फार्म में नयी अंतर्वस्तु भर कविता में नये प्राण, नया स्पंदन भर देते हैं और

जन में नयी आस्था, नयी ऊर्जा और नया संचार भर देते हैं। फ़िलहाल इन पांच दोहों में से पहला और आख़िरी दोहा तो हम पढ़ें :

खड़ी हो गयी चांप कर, कंकालों की हूक।
नभ में विपुल विराट-सी, शासन की बंदूक।
जली ठूंठ पर बैठकर, गयी कोकिला कूक।
बाल न बाबा कर सकी, शासन की बंदूक।

संघर्षरत सौंदर्य का, जनता के दुर्द्धर्ष सौंदर्य का कितना अनुपम और सजीव चित्रण है और वह भी मात्र दो पंक्तियों वाले रूप-विधान में। रूप-विधान की सामर्थ्य की बात करें या अंतर्वस्तु में समायी गहरी समझ के सौंदर्य विधान की, 'या फिर रूप-वस्तु की उस पोढ़ी समझ की जहां इन दोनों के बारे में फ़िलहाल यही कहा जा सकता है, 'कहियत भिन्न न भिन्न'।

नागार्जुन का सौंदर्यबोध उन 'फटी बिवाइयों वाले खुरदरे पैरों' में है जो 'गुट्ठल घट्ठों वाले कुलिश-कठोर पैर' हैं। अपने पैरों से तो सब चलते हैं लेकिन नागार्जुन की सौंदर्यदृष्टि इसमें है कि ये पैर गुटठल...फटी बिवाइयों वाले पैर- वामन जिसने, तीन पगों में तीनो लोकों को नाप लिया था—धरती का अनहद फासला नाप रहे हैं। मिथक को कैसा आधुनिक और नितांत श्रमजीवी संस्कृति की पक्षधरता से जोड़ दिया है— वामन के तीन पग...तीन लोक... और रिक्शा के तीन पहिये!

यह हुआ मिथक का सृजनात्मक और अद्यतन उपयोग। वामन को भी मात करने वाले हैं ये 'खुरदरे पैर' :

एक नहीं, दो नहीं, तीन-तीन चक्र
कर रहे थे मात, त्रिविक्रम वामन के पुराने पैरों को

रिक्शा खींचने वाले का यह चित्र नया नहीं है बल्कि इतना देखा-भाला है और हमारी आंखें इसे देखने की इतनी अभ्यस्त हो चली हैं कि शायद हमारे लिए अब इसका कोई अर्थ नहीं रह गया। कितने संवेदनहीन और कितने अनात्मीय हो गये हैं हम। शायद इसीलिए हमें और हमारी आंखों को वहां कोई 'सौंदर्य' दिखायी नहीं पड़ता। लेकिन बाबा की निगाह—ऐसी ही स्थितियों, ऐसे ही चित्रों और ऐसी ही जगहों में सौंदर्य तलाश कर लेती हैं सामान्यतः जहां दूर-दूर तक दूसरों को वह दिखायी नहीं देता है। बाबा को सौंदर्य दिखायी पड़ता है उन 'फटी बिवाइयों वाले खुरदरे पैरों' में जो 'दूधिया निगाहों में खुब गये'। 'दूधिया निगाहों' में निगाहों का वर्ण विशेषण देखिये-दूधिया। कितनी शुचिता और आत्मीयता का बोध जगाता है। फिर 'खुब गये' में 'खुबना' क्रिया का चुनाव देखिये। भाषा का दम भरने वालों के पसीने छूट जायेंगे। और फिर खुबना भी किसमें, दूधिया निगाहों में। 'खुब गये' से कविता का आरंभ होता है। अर्थात्, 'खुब गये' थे 'दूधिया निगाहों में' जो 'फटी बिवाइयोंवाले खुरदरे पैर', उनकी पीड़ा कवि को इस क़दर मथती रही कि कविता के अंतिम बंध का आरंभ इस पंक्ति से होता है 'देर तक टकराये'। कविता का आखिरी बंध यों है :

देर तक टकराये
उस दिन इन आंखों से वे पैर
भूल नहीं पाऊंगा फटी बिवाइयां

खुब गयीं दूधिया निगाहों में
धंस गयी कुसुम कोमल मन में

इन पांच पंक्तियों में आयी चार क्रियाएं–टकराना, भूलना, खुबना और धंसना-इस कविता की 'वस्तु' और संवेदना को धनीभूत करने में कितनी बड़ी भूमिका निभाती हैं। और फिर यह भी ध्यान देने योग्य है कि अंतिम तीनों पंक्तियों का आरंभ ही इन तीनों क्रिया रूपों ('भूला नहीं', 'खुब गयी' व 'धंस गयी') से होता है– इन्हें पंक्तियों के आरंभ में रखने का अपना एक अलग अर्थ है, महत्व है। ख़ैर, कोई सौंदर्यवादी होता तो 'दूर तक टकराये / उस दिन इन आंखों से वे पैर' पंक्ति में 'उस दिन' को बहुत संभव है 'उस क्षण' कहकर उस पीड़ा को ही क्षणिक बना देता; जबकि नागार्जुन 'उस दिन' से भी आगे जाकर 'भूल नहीं पाऊंगा' कहकर उस परायी पीड़ा को कितना अपना बना लेते हैं। साथ ही इतनी सघन और असहनीय भी कि उन्हें (खुरदरे पैर) 'भूल नहीं' पाऊंगा कहकर उस पीड़ा के अपनाव का बोध भी अपने भीतर करते हैं। यही है वह सौंदर्यबोध जो परायी पीर और नैतिकता में नहाकर कितना व्यापक और कितना अर्थवान-सारवान और कितना मार्मिक और कितना कुछ...क्या-क्या होता जाता है।

अज्ञेय को 'निजता की सुरक्षा का कवि' कहा गया है (संदर्भ देखें, 'आजकल' पत्रिका में डॉ. विश्वनाथ त्रिपाठी का लेख)। मुक्तिबोध की कविता को 'असुरक्षित जीवन की कविता' –(संदर्भः रामविलास शर्मा का लेख : नयी कविता और अस्तित्ववादः पृ. 152)। - के रूप में देखा गया है और शमशेर को तो 'कवियों का कवि' कह कर जनसंघर्ष से विमुखता की सांकेतिक घोषणा का पूर्वाभास दे दिया गया था। तो अब बचे केदारनाथ अग्रवाल, त्रिलोचन और नागार्जुन। तो क्या इन 'शेषों' को और इनमें भी नागार्जुन को निजता की सुरक्षा के सम्मुख जनता की सुरक्षा का कवि कहा जाना चाहिए। उन्हें जन-संघर्ष के लिए अपने काव्य की अलख जगाने वाले ऐसे कवि के रूप में देखा जाना चाहिए जहां संघर्ष ही जन का, जनगण का सौंदर्य बनकर अंततः जीवन के सौंदर्य का पर्याय बन जाता है। यही है वह सौंदर्य जो जन-जन में ऊर्जा भर जाता है, 'प्रतिहिंसा ही स्थायीभाव है मेरे कवि का' का अर्थ-मर्म वस्तुतः कवि के उद्‌गाता रूप में, कविता की इस अंतिम पंक्ति में आकर उद्‌घाटित होता है, 'जन-जन में जो ऊर्जा भर दे, मैं उद्‌गाता हूं उस रवि का।'

रससिद्ध हों न हों वे छंदसिद्ध अवश्य हैं और व्यंग्यसिद्ध भी। ...और तो और वाणी विदग्ध भी। कविता में स्वरसिद्ध होना इस सब के अलावा और क्या होता है।*

* यह अंश, उस आलेख से लिखा गया है जिसे गोविंद प्रसाद ने दिल्ली राज्य, जनवादी लेखक संघ की एक संगोष्ठी में, मार्च 2011 में पढ़ा था। यह संगोष्ठी नागार्जुन जन्मशती समारोह के सिलसिले में आयोजित की गयी थी।

बची रहेगी ललकार

नीलेश रघुवंशी

क्या 'कवियों के कवि' की तर्ज पर यह कहा जा सकता है कि नागार्जुन 'मनुष्यों के मनुष्य' (कवि) हैं। नागार्जुन को पढ़ते हुए हमेशा ऐसा लगता है कि प्रकृति और पशु-पक्षी जगत से कवि का तादात्म्य नहीं, बल्कि इसके उलट प्रकृति और पशु-पक्षी जगत ने कवि से अपना तादात्म्य स्थापित किया है। एक गहरा राग कवि और प्रकृति के बीच है। प्रकृति की ही तरह मनुष्य जगत और कवि के बीच भी रिश्ता है।

हम सब कहीं न कहीं अधूरे हैं और कई बार अधूरेपन को कलात्मक आवरण भी पहनाते हैं। अधूरेपन का अपना सौंदर्य है, आकर्षण है। छूटी हुई जगह और छूटा हुआ जीवन लुभाता भी है और अपने सम्मोहन में बांधता भी है। लेकिन सब कुछ के बाद भी है तो वह अधूरापन ही। इसके उलट बाबा के यहां समूची प्रकृति और समूचा मानव-जीवन अपनी संपूर्णता में है। बाबा के यहां कुछ भी नहीं छूटता। तनी हुई रस्सी पर चलते हुए वे सबको एक साथ साधते चलते हैं। 'नेवला' और 'अकाल और उसके बाद' कविताएं इसका उदाहरण हैं।

शोषणमुक्त और न्यायप्रिय समाज बनाने के सदियों पुराने मानव-जाति के उदात्त सपने' अपनी पूरी खरोंच के साथ बाबा नागार्जुन के यहां हैं। उदात्त सपनों की खरोंचे किसी को सुख नहीं दे सकतीं। जनकवि को तो बिल्कुल नहीं :

'प्रतिबद्ध हूं
संबद्ध हूं
आबद्ध हूं
प्रतिबद्ध हूं, जी हां, प्रतिबद्ध हूं
बहुजन समाज की अनुपल प्रगति के निमित्त
संकुचित 'स्व'की आपाधापी के निषेधार्थ
अविवेकी भीड़ की 'भेड़िया-धसान' के ख़िलाफ़
अंध-बधिर 'व्यक्तियों' को सही राह बतलाने के लिए
अपने आप को ही 'व्यामोह' से बारंबार उबारने की खातिर
प्रतिबद्ध हूं, जी हां, शतधा प्रतिबद्ध हूं!'

अपने हर गुण, अवगुण, अंतर्विरोध और विरोधावास को सृजनात्मकता में ढालते हुए जनकवि होने को भी वे एक नया प्रतीक देते हैं। जनकवि की इमेज को एक नया अर्थ देते हुए उसकी हर कसौटी पर खरा उतरते हैं। उनका आधे से ज़्यादा जीवन रेलवे स्टेशन, ट्रेन और धूल

भरी पगडंडियों पर बीता। उनकी यात्राएं भी जीवन को जीने और समझने का सलीका देती हैं। जीवन और ट्रेन की तरह वे कहीं भी किसी भी जगह बहुत देर तक ठहर नहीं पाये। उन्हें ऊब से चिढ़ और पानी से प्यार था।

इसीलिए वे ऊब को ट्रेन की सी गति और पानी को जीवन का उल्लास मानते हुए प्राथमिकता देते हैं। वे पानी बहुत कम खर्च करते थे। उसकी बूंद-बूंद को सहेजते थे। इस तरह अपने हिस्से का पानी दूसरों को देते थे।

अपने जीवन व्यवहार और काव्य व्यवहार से वे हर क्षण बताते समझाते हैं कि- 'देखो जीवन यहां है और कविता भी यहीं कहीं बिल्कुल पास।' उनके सृजन की परिभाषा में दूर की कौड़ी दूर-दूर तक नहीं है। अबूझ को सूझ और सूझ को अबूझ में बदलने की कला में माहिर नागार्जुन की काव्य-दृष्टि विरली है।

जीवन की सीमाओं को भी अतिक्रमित करते नागार्जुन कर्म के कवि हैं। कविता को, लेखन को अपना जीवन बनाया। और फिर इससे बढ़कर मनुष्यता और प्रकृति को अपना केंद्र बनाया। उनके लिए जीवन के मायने सिर्फ़ मानव-जीवन नहीं है बल्कि प्रकृति जगत,पशु-पक्षी जगत भी है। जो लोग चिड़ियों का घोंसला तोड़ देते हैं, उनके यहां का चिड़िया के लिए कुछ खाना तो दूर, पानी भी नहीं है। लेकिन बाबा के साथ ऐसा नहीं है। वे तो चिड़ियों को घोंसला बनाने में मदद करते रहे। बल्कि कई बार उनके लिए घोंसले भी बनाते रहे। इसीलिए तो समूची प्रकृति और समूचे जगत को उनसे राग हैं। यह दोतरफ़ा संबंध है। और यहीं नागार्जुन मनुष्यों के मनुष्य कवि हो जाते हैं।

प्रसिद्धि और यश पाने के बाद भी उनके स्वर नहीं बदले। उन्होंने मजमा नहीं लगाया। वे मठाधीश भी नहीं बने। विरोध के स्वर भी धीमे नहीं पड़े। कुछ भी तो नहीं बदला। न राग बदला न विराग बदला। धूल भरी पगडंडी पर चलते हुए पांव भी नहीं थके। काया जर्जर हो गयी, लेकिन शोषण के ख़िलाफ़ उनकी आवाज़ की लौ न धीमी हुई, न कंपकंपायी। लाठी लिए वे ढोंगियों, पाखंडियों, अन्यायियों और अत्याचारियों को ललकारते रहे।

प्रतिरोध की शक्तियों के बिखर जाने और कमज़ोर हो जाने पर वे आज भी ललकार रहे हैं। जब तक धरती पर अन्याय रहेगा, तब तक उनकी ललकार रहेगी। जिस दिन अन्याय ख़त्म होगा, उस दिन उनकी ही कविताएं सबसे ज़्यादा उत्सव के गीत गायेंगी। जनकवि नागार्जुन से ज़्यादा जीवन का उल्लास कहीं और नहीं।

हरिजन-गाथा और अन्य कविताएं

वैभव सिंह

नागार्जुन ने स्वयं को जनकवि कहा है। पूरे आत्मगौरव और आत्मसम्मान के साथ। हिंदी में ऐसे ढेरों कवि भी रहे हैं जो हमेशा राजकवि या राष्ट्रकवि होने की होड़ में पड़े रहे। कुछ को तो अंतर्राष्ट्रीय पुरस्कार प्राप्त कर विश्व कवि होने का लोभ भी रहा है जो शायद दुनियावालों के सौभाग्य से पूरा नहीं हुआ। यह सोचकर मन रोमांचित होता है कि नागार्जुन जैसा ठेठ ज़मीनी कवि अगर हिंदी कविता को न मिलता तो क्या हिंदी की जन-कविता को वैसी ही प्रतिष्ठा मिलती जैसी आज मिली हुई है। रीतिकालीन कवि केशवदास को किशोरियों द्वारा ख़ुद को 'बाबा' कहलाये जाने पर भले खीझ होती हो पर नागार्जुन को बाबा संबोधन भी बड़ा प्रिय था। उन्होंने *सारिका* पत्रिका में मोहन राकेश के कहने पर 'आईने के सामने' नाम से जो संक्षिप्त आत्मकथन लिखा उसमें बताया था कि कोई भी युवती या किशोरी मुझे बाबा कहकर पुकारती है तो वात्सल्य से नेत्र भींग जाते हैं। नागार्जुन की यह भंगिमा भी जनजीवन से उनके गहरे आत्मीय रिश्तों की पहचान कराती है।

जनकवि होने के साथ-साथ नागार्जुन ने भारतीय परंपरा-संस्कृति को जिस प्रकार काव्यानुभूतियों में आत्मसात किया है, वह भी कम महत्वपूर्ण नहीं है। तेलंगाना आंदोलन के तेवर प्रमाणित करने के लिए उन्होंने उसे देसी रूपक के तौर पर 'लाल भवानी' कहा है जो अन्याय का जड़ से सफ़ाया करने निकली है। यह कविता में 'प्रतिरोधी सौंदर्यशास्त्र' की संभावना की ओर संकेत है जो परंपरा से सृजनात्मक रिश्ता बनाने का इच्छुक दिखता है। नागार्जुन परंपरा के गहरे पारखी और दृष्टिसंपन्न थे, इसीलिए परंपरा की तानाशाही से मुक्त थे और उससे संघर्ष भी कर सकते थे। उनके संकलन 'रत्नगर्भ' की कविताएं इस संदर्भ में देखी जा सकती हैं जिसमें बुद्ध, अहिल्या, राम-लक्ष्मण, महाभारत इत्यादि के प्रसंगों पर वह लंबी कविताएं लिखने की जद्दोज़हद करते दिखते हैं। इस प्रयास में हालांकि वह प्रायः सफल कम और बड़े पैमाने पर असफल भी होते हैं। नागार्जुन भावबहुल और जीवन के विविध चित्रों वाले कवि-कथाकर भी थे। इतिहास, परंपरा, राजनीति, प्रेम, प्रकृति की बहुआयामिता को वह नकारते नहीं हैं। रोमांस और प्रकृति-प्रेम को भी बड़ी कुशलता से कविता में उतार लाते हैं।

पर वह हलचलों से भरे युग के बुनियादी संवेदन की उपेक्षा का भी विरोध करते हैं। नागार्जुन के तईं यह बुनियादी संवेदना मूलतः राजनीति के जन-हस्तक्षेप से उपजी है और कविता में वह केवल यहां-वहां ढूंढ़ी जा सकने वाली झलक नहीं बल्कि वैचारिक दृष्टि व

निरंतरता के रूप में व्यक्त होती है। परंपरा को वह किसी अभिजात नहीं बल्कि लोकवादी दृष्टि से किस प्रकार देखते हैं, इसे समझने का सबसे अच्छा तरीक़ा यह है कि कालिदास के अमर खंडकाव्य 'मेघदूत' के बारे में उनके विचारों को पढ़ा जाये। इसमें उन्होंने शापग्रस्त यक्ष द्वारा यक्षिणी को विरह योग में भेजे मेघ द्वारा संदेश की अदभुत व्याख्या की। वह कहते हैं कि काव्यनायक यक्ष नहीं बल्कि मेघ है। फिर वह मेघ को उदारता के मामले में औघड़ दानी, आत्मकरुण तथा आर्द्र, प्रकृति पुरुष तथा निखिल विश्व के कल्याण का साधन बताते हैं। वह परितप्त संसार को सप्राण करने वाला है और नागार्जुन के शब्दों में, 'उसके समक्ष हाथ फैलाते वक़्त किसी को लज्जा या ग्लानि का अनुभव नहीं होता है।' यानी कालिदास का मेघ भी जन-जन की पीड़ा हरने वाले लोकनायक जैसा है। ज़ाहिर है कि यह मेघ छवि नागार्जुन के अपने फक्कड़ यायावरी वाले जीवन से मिलती-जुलती छवि है। नागार्जुन की आत्मछवि का ही जैसे कालिदास के मेघ के चरित्र में विस्तार होता है। यह एक नये मनुष्य की कल्पना का भी रूप है जो अपनी चेतना की विशिष्टता पर मुग्ध नहीं है और न उसे सांसारिक कार्यव्यापार व प्रकृति से परम स्वतंत्र मानता है। वह सृष्टि, प्रकृति व मनुष्यता की पीड़ा को अपनी चेतना पर वहन करता है और उससे निरंतर द्वंद्वात्मक लगाव का संबंध स्थापित करता है।

नागार्जुन की साहित्यिक कीर्ति का आधार उनकी ढेरों कविताएं हैं और इन्हीं में एक है 'हरिजन गाथा'। यह कविता उन्होंने 1977 में पटना से क़रीब 40 किमी दूर स्थित गांव बेलछी में हुए दलितों के नरसंहार के आक्रोश में लिखी थी। उस नरसंहार में 13 दलितों को ज़िंदा जला दिया गया था और पूरे राष्ट्रीय मानस व मीडिया को झकझोर दिया था। बाद में 1977 में हुए आम चुनाव में इस घटना का राजनीतिक लाभ उठाने के लिए इंदिरा गांधी उस गांव तक हाथी पर चढ़कर पहुंची थीं और वहीं से अपने चुनावी अभियान की शुरुआत की थी। पूरी कविता दलितों की मर्मांतक पीड़ा और प्रतिशोध भावना से भरी हुई है और स्वतंत्रता के बाद भी बड़ी आबादी के अमानुषिक उत्पीड़न को व्यक्त करती है। कविता किसी प्रबंध काव्य के लयपूर्ण कथात्मक विन्यास में रचित है। कविता के भीतर कथा चलती है जो कविता का आख्यानीकरण करती है। कथा में नरसंहार के कुछ समय बाद दलित स्त्री के गर्भ से बच्चा पैदा होता है। उसके पिता की भी हत्या कर दी गयी है। वह पितृहीन संतान संसार में आ तो जाती है पर उसके दुर्भाग्य के बारे में हर व्यक्ति चिंतित है। उसके भावी जीवन के बारे में जानने के लिए एक रैदासी संत को बुलाया जाता है जो बच्चे के हाथ की रेखाओं को पढ़कर एक साथ भड़कने और उल्लसित होने की प्रतिक्रिया व्यक्त करता है। वह भविष्यवाणी करता है कि बच्चा दलितों-शोषितों का नायक बनेगा और उन्हें हर प्रकार की जुल्म-ज़्यादती से मुक्त करायेगा। उसके नाम से चोर-उचक्के और गुंडे थर-थर कांपेंगे और वह सर्वहारा की मुक्ति के लिए सशस्त्र संघर्ष की राह ग्रहण करेगा। इस कथा-आख्यान से कंस-कृष्ण के पौराणिक द्वंद्व का आभास भी मिलता है, पर उससे यह इस मायने में भिन्न है कि इसमें नायक की कल्पना उच्च सवर्ण के स्थान पर दलित जाति के व्यक्ति के रूप में है। इसके अतिरिक्त पारलौकिक शक्तियों के बल पर किसी दुष्ट आततायी के वध के स्थान पर व्यवस्था परिवर्तन करने वाले सामूहिक प्रयत्न की ओर संकेत दिये गये हैं। नागार्जुन स्वयं पौराणिक कथाख्यानों के अंधविश्वासों से मुक्त थे, पर कविताओं में उनके राजनीतिक

प्रयोग की कला में कुशल थे। सांस्कृतिक-धार्मिक बोध को केवल मानसिक जड़ता या सांप्रदायिकता का सूचक मान लेने की ग़लती वह नहीं करते हैं। बल्कि इस बोध की मदद से यथार्थ पर चढ़े जटिलता के आवरणों को उतार देते हैं। वामपंथी सौंदर्यशास्त्र को भी धार्मिक प्रतीकों के राजनीतिकरण के प्रश्न को उपेक्षित नहीं करना चाहिए और नागार्जुन ने ऐसा किया भी नहीं। इसलिए धर्म की मिथ्या चेतना किस तरह समाज के संदर्भ में क्रांतिकारी-वैज्ञानिक चेतना में रूपांतरित हो सकती है, इसे नागार्जुन की कविताएं पढ़कर जाना जा सकता है। इस कविता में भी वह राजनीतिक रूपांतरण के लिए पौराणिक चेतना का प्रयोग करते प्रतीत होते हैं पर उसका उद्देश्य धार्मिक वर्ण-व्यवस्था की क्रूरता का उद्घाटन हो जाता है। कविता में वह वर्ण-व्यवस्था की वीभत्स हिंसा को घटित होते इस प्रकार दिखाते हैं :

ऐसा तो कभी नहीं हुआ था कि
एक नहीं, दो नहीं, तीन नहीं
तेरह के तेरह अभागे
अकिंचन मनुपुत्र
ज़िंदा झोंक दिये गये हों
अग्नि की विकराल लपटों में
साधन-संपन्न ऊंची जातियों वाले
सौ-सौ-मनुपुत्रों द्वारा
ऐसा तो कभी नहीं हुआ था...

समाज की इस वीभत्सता को दिखाने में नागार्जुन बेजोड़ संवेदनशीलता का परिचय देते हैं। नामवर सिंह ने उनकी इस काव्य-प्रवृत्ति के प्रसंग में 'प्रतिनिधि कविताओं' की भूमिका में ठीक ही लिखा है, 'संस्कृत काव्यशास्त्र में नौ रसों के अंतर्गत वीभत्स की भी गणना की गयी है और खानापूरी के लिए थोड़ी-बहुत वीभत्स रस की रचनाएं भी हुई हैं। किंतु नागार्जुन पहले कवि हैं जिन्होंने सामाजिक-राजनीतिक संदर्भ में वीभत्स को नयी शक्ति प्रदान की है।'

नागार्जुन केवल अपने समय की ख़बर रखने वाले कवि ही नहीं बल्कि समय में दखल देने वाले कवि थे। उनकी कविताएं भी केवल ख़बर की कविताएं नहीं बल्कि दख़ल की कविताएं हैं। सहजानंद सरस्वती, राहुल सांकृत्यायन, जेपी और नक्सल आंदोलनों में भागीदारी ने जनता से रोमांटिक नहीं बल्कि व्यवहारिक जुड़ाव पैदा किया। सत्ता-प्रशासन की सुविधाओं में धंसे ऐसे लेखक भी रहे हैं जो कवि की राजनीतिक-आंदोलनी सक्रियता को साहित्य में सफलता की रणनीति के रूप में देखते रहे हैं। वे इस सक्रियता के पीछे साहित्य में तेज़ गति से पहचान बनाने का उपक्रम तलाशते हैं। ज़ाहिर है कि सत्ता-प्रशासन की क़ैद में रहने का चुनाव उनका अपना होता है और जो इस चुनाव को नकारते हैं और राजनीति व आंदोलनों की दुनिया में जाकर स्वतंत्रता को अपनाते हैं, उनके महत्व को लंबे समय तक नकारा जाता है। नागार्जुन के लिए लिखना भी राजनीतिक कर्म था और जीना भी। उनकी कविताएं भी इसीलिए राजनीतिक घटनाओं व परिवर्तन के संघर्षों के प्रति संवेदनशील हैं और सबसे खरे, प्रमाणिक ढंग से जनजीवन से लगाव को व्यक्त करती हैं। कविताएं उनके लिए आत्मरति का प्रतिबिंब नहीं बल्कि आत्मविस्तार का साधन हैं। लोक उनके लिए किताबी तथ्य नहीं बल्कि रोजमर्रा

का जीवनानुभव है। कई ऐसे कवि हैं जो कविता में केवल लोकभाषा के चमत्कारिक प्रयोगों के बल पर अपनी लोक-संवेदना प्रमाणित करते हैं और नगरीय संवेदना तक सीमित हो जाने के आरोपों से खुद बमुश्किल रक्षा करते हैं। ऐसे कवियों के लिए लोक-संवेदना कसौटी कम आभूषण अधिक होती है जिसे कभी-कभी धारण कर अपना प्रभाव जमाया जा सकता है। उनकी कविताओं से शब्द की सूची तैयार कर उनके भदेस, लोकवादी और ज़मीनी प्रयोगों की विशेषताएं वर्णित की जाती हैं। इस महीन जोड़तोड़ में काव्यभाषा और जीवन-दृष्टि के बीच अंतर्विरोध को किसी विडंबना या अस्वाभाविकता के रूप में देखने के स्थान पर इसे पूरी तरह उपेक्षित कर दिया जाता है। पर नागार्जुन की कविताओं में ऐसा अंतर्विरोध नहीं है, वहां लोक-संवेदना केवल लोक-भाषा के प्रयोगों से प्रमाणित नहीं होती, बल्कि पूरे लोकजीवन व लोक आकांक्षा से गहरी संपृक्ति से उपजती है। वे लोक को केवल रोचक प्रकृति नहीं बल्कि बड़े मानवीय यथार्थ के रूप में देखने के आग्रही हैं और इसीलिए लोक की पीड़ा, घुटन, सिसक और विद्रोह में उठी बंधी मुट्ठी का भी चित्रण करते हैं। 'हरिजन-गाथा' कविता में भी वह जिस प्रकार लोमहर्षक कांड के बारे में लिखते हैं, वह समूची भारतीय कविता के सामने अदभुत मिसाल है। उत्पीड़न की वेदना को वह बग़ावत में ढलते देखते हैं और उसमें केवल किसी तबके या वर्ग की तक़दीर नहीं बल्कि पूरे भारत के राष्ट्रीय-सामाजिक चरित्र में युगांतरकारी परिवर्तन का आहवान सुनते हैं। लिखते हैं :

दिल ने कहा-दलित माओं के
सब बच्चे अब बाग़ी होंगे
अग्निपुत्र होंगे, वे अंतिम
विप्लव के सहभागी होंगे

यह पूरी कविता राज्य और सामंती ताक़तों के निर्लज्ज गठजोड़ पर चोट करती है। यूरोप में राज्य की संस्था पर सवाल खड़े करने की परंपरा चार सौ साल पुरानी है। मध्यकाल तक यूरोप में माना जाता था कि राज्य और राजा, दोनों की शक्तियां सनातन हैं और दोनों को मनचाहा शासन करने की दैवीय अनुमतियां प्राप्त हैं। पर प्रबोधनकालीन विचारकों ने राज्य की सत्ता का ऐतिहासिक विश्लेषण कर सिद्ध किया कि राज्य जनता के सामूहिक समझौते पर टिका है जिसमें जनता के हित के लिए राज्य का निर्माण होता है। यह भी कहा गया कि अगर राज्य जनविरोधी हो जाये तो जनता को उसे उखाड़ फेंकने का पूरा अधिकार है। इन विचारों ने वाल्तेयर व रूसो से लेकर मार्क्स तक को प्रभावित किया था और अंधविश्वासों से ऊपर उठकर राज्य की संस्था के सही विश्लेषण के प्रयास हुए। पर भारत में आज़ादी के बाद भी लंबे समय तक राज्य की भूमिका पर प्रश्न करना ईश्वर और समाज से द्रोह करने जैसा रहा है। लोकतंत्र को राजतंत्र की तरह चलाने के प्रयास हुए जिसमें राज्य या सत्ता को किसी शाश्वत, पारलौकिक शक्ति की तरह प्रस्तुत किया जाता रहा। जिन क्षेत्रों में जनांदोलन विकसित हुए, वहां राज्य के शाश्वत अनाचार की भूमिका को संदिग्ध बताया गया और उसके ख़िलाफ़ जन-गोलबंदी को प्राथमिकता दी गयी। बतौर परिवर्तनकारी एजेंसी के उन वंचित वर्गों की राजनीतिक सक्रियता पर ध्यान दिया गया जो शासन के औपनिवेशिक ढांचे को उखाड़ फेंकने में समर्थ थे। ऐसे समय नागार्जुन की निगाह केवल नेहरूवादी शहरी भारत पर नहीं थी जहां आधुनिक मध्यवर्ग विकसित हो रहा था और पूरे

भारत की किस्मत बदलने के लिए यह मध्यवर्ग अपनी किसी बड़ी भूमिका की कल्पना कर रहा था। वह किसी ऐसे शहरी भारत पर भी बहुत विश्वास करने के लिए तैयार नहीं थे जो ग्रामीण दरिद्रता व विस्थापन से पैदा श्रम के दोहन के बल पर टिका होता है। पर वह ऐसे सर्वोदयी गांधीवादियों की जमात के भी नहीं थे जो गांवों के यथास्थितिवाद को बरकरार रखने में सत्ताधारियों को अपनी अहिंसावादी सेवाएं प्रदान कर रहे थे। बदलाव लाने में बड़े तटबंध, विश्वविद्यालय, योजना आयोग या न्यायालय की भूमिका को बढ़ा-चढ़ाकर पेश करने की प्रवृत्ति का भी नागार्जुन ने उपहास ही उड़ाया। नागार्जुन परिवर्तन के उभार का मुख्य केंद्र गांवों को मानते थे और गांवों के दलित-निम्नवर्ग को परिवर्तनकामी चेतना का मुख्य वाहक। उन्हें संगठित प्रतिरोध के बल पर नया इतिहास रचने वाली ताक़तें गांवों में ही दिखती थीं और गांव छोड़कर दिल्ली-पटना जाना उनके लिए ग़लत समझौते जैसा था। इसीलिए वह लिखते हैं :

दिल ने कहा-अरे यह बालक
निम्न वर्ग का नायक होगा
नयी ऋचाओं का निर्माता
नये वेद का गायक होगा
होंगे इसके सौ सहयोद्धा
लाख-लाख जन अनुचर होंगे
होगा कर्म-वचन का पक्का
फोटो इसके घर-घर होंगे।

गांवों से ही निम्न वर्ग के नायकों और उनके सौ-सौ सहयोद्धाओं व अनुचरों का उदय होना था। नागार्जुन 1977 में तब यह कविता लिख रहे थे जब पूरा भोजपुर दहक रहा था और राष्ट्रीय क्रांति के नये रूपक की तरह देखा जा रहा था। गांवों में ज़मींदार-किसान आमने-सामने थे, वैकल्पिक दल और वैकल्पिक राजनीति का शोर दिल्ली के गलियारों से लेकर बिहार के गांवों तक गूंज रहा था। सत्ता वर्ग की हिंसा का जवाब या तो हिंसा से दिया जा सकता था या खुद को अहिंसक बनाये रखकर उसे सहा जा सकता था। यह विडंबना ही है कि किसान जैसा अहिंसक वर्ग, जो विवश होकर हिंसक संघर्षों में उतरा है, उसे अहिंसा के महत्व से परिचित कराने के लिए उपदेशकों की पूरी फ़ौज गांवों में उतर पड़ी। तब तक सत्ताधारी और ज़मींदार वर्ग निरस्त्रीकरण के ढोंग को भी प्रायः निभाने में असमर्थ थे और जिस कृषि-अर्थव्यवस्था के अतिरिक्त उत्पादन के संग्रह के अधिकार की रक्षा के लिए वे मध्यमार्गी-दक्षिणपंथी दलों की शरण में जाते थे, वही दल अपने पिट्ठू नौकरशाहों की मदद से किसान-सर्वहारा के विद्रोह को अवैधानिक सिद्ध करने में उनकी सहायता करते थे। इसलिए किसान-सर्वहारा का संघर्ष दो-तरफ़ा हो चुका था। एक ओर वे स्थानीय संघर्षों व वर्ग-द्वंद्व को संचालित करते थे तो दूसरी ओर राजनीतिक क्षेत्र में प्रवेश कर सत्ता के अधिनायकवाद को चुनौती देने की तैयारी कर रहे थे। कविता में भी नागार्जुन दो बातें एक साथ लिखते हैं। एक ओर वह नवजात दलित शिशु है जिसके हाथ की रेखाओं में लिखा है :

आड़ी-तिरछी रेखाओं में
हथियारों के ही निशान हैं

खुखरी है, बम है, असि भी है
गंड़ासा, भाला प्रधान है।

यानी अब हिंसा पर विशेषाधिकार राज्य व शोषक वर्ग का नहीं है, बल्कि उनका भी है जो हिंसा से अपना जीवन व अपनी जीविका को बचाना चाहते हैं। दूसरी ओर वह सर्वहारा को राजनीतिक रूप से संगठित होते देखते हैं। कविता में पंक्ति आती भी है–**इसकी अपनी पार्टी होगी/अपना ही दल होगा**। ग्रामीण हिंसा का संरचनात्मक आधार परंपरा व समाज में ही मौजूद होता है। यह वर्ण-व्यवस्था और कृषि योग्य भूमि के असमान वितरण पर अवलंबित है और इसने ग्रामीण अवसाद को जन्म दिया है। लोकतंत्र में राजशाही व ज़मींदारी के तंत्र की औपचारिक समाप्ति की घोषणा के बावजूद यह हिंसा विघटित नहीं होती है क्योंकि संपत्ति के संसाधनों के पुनर्वितरण की कोई व्यापक परियोजना लागू नहीं होने दी गयी। इसलिए ग्रामीण उत्पादन-संबंधों में ऊपर से भले स्थिरता नज़र आती रही हो, पर भीतर-भीतर उनमें तनाव मौजूद रहा। चूंकि किसान केवल भूमि से ही नहीं बल्कि शोषक वर्ग से पुश्तैनी संबंधों में बंधा रहता है इसलिए वह विद्रोह करने की स्थिति में कम रहता है। एक ही गांव में कई पुश्तों से रह रहा किसान ज़मींदार-शोषक वर्ग से पुश्तैनी रिश्तों में ख़ुद को बंधा पाता है और वह लड़ने के लिए तैयार नहीं रहता। वह पीढ़ियों से चले आ रहे उत्पीड़न को भी स्वीकार कर लेता है। पर किसी नये औद्योगिक वातावरण में जहां मज़दूरों का नया वर्ग अस्तित्व में आ रहा हो, वहां वह विरोध व विद्रोह की राजनीति के लिए शीघ्र तैयार हो जाता है। इसलिए नागार्जुन कविता में दलित शिशु का कर्मक्षेत्र व राजनीति झरिया, गिरिडीह व बोकारो होने की कल्पना करते हैं जहां कोयला व लोहे की खदानें हैं और जहां वह :

खान खोदने वाले सौ-सौ
मज़दूरों के बीच पलेगा
युग की आंचों में फौलादी
सांचे-सा यह वहीं ढलेगा।

नागार्जुन के यहां हिंसा और प्रतिहिंसा एक ख़ासा 'सेलीब्रेटेड' भाव है। उनकी एक कविता का नाम ही है–प्रतिहिंसा ही स्थायी भाव है। प्रतिहिंसा का यह भाव जन-भावनाओं की ऊंचाई से अपनी उदात्त ताक़त अर्जित करता है। प्रतिहिंसा का यह पूरा दर्शन मूलतः राज्य के ख़िलाफ़ खड़े हिंसक आंदोलनों के निर्मम दमन और विश्व साम्यवाद से प्रेरित था। अपनी कृति एंडी ड्यूहरिंग में मार्क्स एंगल्स ने हिंसा को 'मिडवाइफ आफ हिस्ट्री' तक कहा है। इतिहास व समाज की नयी कल्पना का संबंध उनकी आंखों मे पल रहे नये देश के स्वप्न से था, जो नौकरशाहों, नेताओं, उद्‌योगपतियों तथा सत्ता के दलालों के दिमाग़ में पल रही देश की अवधारणा से पूरी तरह अलग था। इसलिए उनकी कविता में स्वतंत्र्योत्तर भारत के बारे में तीखी आलोचनाएं उपस्थित हैं। ये आलोचनाएं उस व्यवस्था पर चोट करती हैं जो नौकरशाहों की फाइलों और राजनेताओं के स्वार्थों का गुलाम हो गयी थी और है। जनता को निष्क्रिय करने के सभी हथकंडे अपनाये जा रहे थे क्योंकि उनकी निष्क्रियता के दम पर ही लोकतंत्रों के तमाम पाखंड बनाये रखे जा सकते थे।

प्रायः नागार्जुन के यहां घनीभूत आशा और आश्वस्त व फक्कड़ बहिर्मुखता ही दिखती है। उनकी कविताओं में हम आदतन बेफिक्र क्रांतिकारिता को ढूंढ़ने के भी आदी हो चले

हैं। पर नागार्जुन जैसा चिर प्रवासी और भटकने वाला कवि भी किस तरह सामान्य मानवीय मोह व प्रवासीपन की नियति से जूझता है, मिथिला के अपने 'तरौनी' ग्राम में रहने वाली पत्नी व वहां की प्रकृति को याद करता है, उसे उनकी 'सिंदूर तिलकित भाल' जैसी कविताएं बड़ी रागात्मक गहराई से व्यक्त करती हैं। इन दिनों प्रवासी साहित्य की धारा हिंदी में ख़ुद को स्थापित करने के लिए मचल रही है, पर देसी प्रवासीपन क्या होता, यह नागार्जुन से बेहतर कोई नहीं व्यक्त कर पाता है। नागार्जुन के यहां चरम निराशा और चरम आशा दोनों ही भावों की उपस्थिति है। चरम निराशा में वह भारतीय लोकतंत्र की विफलता को सूचित करते हैं तो चरम आशा में उसकी संघर्षशीलता तथा भावी सफलता को बुनते हैं। इसका उदाहरण 'भगत सिंह' के बारे में उनके विचारों को सूचित करने वाली दो अलग-अलग कविताओं से प्राप्त होता है। उनकी एक कविता है 'भगत सिंह' जिसमें वह भगत सिंह की कुर्बानी के व्यर्थ चले जाने पर अफसोस व्यक्त करते हैं। उसमें भगत सिंह के विचारों से विचलन, उसकी उपेक्षा और अपमान पर वह गहरी निराशा जताते हैं। यहां तक कहते हैं कि भगत सिंह! अच्छा हुआ तुम न रहे, अच्छा हुआ फांसी के फंदे पर झूल गये। पर दूसरी ओर उनकी 'भोजपुर' कविता है जिसमें वह भगत सिंह को अलग ढंग से याद करते हैं। यह भोजपुर की धरती थी जहां बारूदी छर्रे की खूशबू को सूंघते हुए वह अपने जन्म को सार्थक करने की बात करते हैं। भोजपुर की माटी को छोड़कर जाने के ख़िलाफ़ जैसे ख़ुद से कहते हैं-'देखों जनकवि भाग न जाओ।' उसी में भगत सिंह के पुनर्जन्म की कल्पना करते हैं और कहते हैं :

यहां अहिंसा की समाधि है
यहां कब्र है पार्लियामेंट की
भगत सिंह ने नया-नया अवतार लिया है।

नागार्जुन की कविताओं में कई बार अंतर्मुखता के क्षणों में चुभता हुआ संताप और संदेह भी व्यक्त होता है। वह जैसे बार-बार यह अनुभव करते हैं कि कोलाहल व विक्षोभ से भरे इस परिवर्तनशील युग में कितने साधारण और शांत अस्तित्व के मोह में पड़े हुए हैं। अपनी भरपूर पक्षधरता व सक्रियता भी उन्हें अपर्याप्त लगती है। इसीलिए कई बार ईश्वर से भी वह लड़ते, उलझते और उसके अस्तित्व को चुनौती देते हैं ताकि ईश्वर तथा धर्म की शरण में जाकर उन्हें सुख-शांति के भुलावों में न पड़ना पड़े। हर इंसान ईश्वर से सुख-शांति का वरदान प्राप्त करना चाहता है पर नागार्जुन ईश्वर से अगर कुछ मांगकर लाना चाहते हैं तो वह है जलन, संताप, उलझन और भ्रांति। 'कल्पना के पुत्र हे भगवान' में यही भाव व्यक्त हुआ है। वरदान की जगह अभिशाप मांगने की यह ठेठ नागार्जुनी अदा भी ईश्वरत्व को चुनौती है। इस तरह वह धर्म-अध्यात्म पर मनुष्य की लोभजन्य निर्भरता समाप्त कर उसे एक नये समाज के निर्माण के संघर्ष से जोड़ते हैं। नश्वरवाद, अध्यात्म और कर्मकांड की पूरी परंपरा को ललकारना भी नागार्जुन का स्वभाव था और इस अर्थ में उनका परंपरा बोध भी मौलिक है, लीक पर चलने वाला नहीं। उनके यहां स्थानीयता और अंतर्राष्ट्रीयता का सामंजस्यकारी भाव भी मिलता है। एक ओर कालिदास और तमिल कवि वल्लतोल पर कविता लिखते हैं, तो दूसरी ओर भारतेंदु, टैगोर और निराला पर उन्होंने कविताएं लिखी हैं। इसके अतिरिक्त लू-शुन, ब्रेश्ट और लेनिन पर उन्होंने कई महत्वपूर्ण कविताएं रची हैं। अपने कवि जीवन

के संघर्षों पर बहुत न लिखा हो पर इन कवियों के संघर्षों पर लिखकर जैसे उन्होंने अपनी पीड़ा को ही व्यक्त किया है। इससे यह भी पता चलता है कि नागार्जुन के मन में थोथा आत्मानुराग नहीं बल्कि पूरी रचना-परंपरा के प्रति गहरा आदर भाव था। इस मामले में वह अक्षर शक्ति पर प्रचंड विश्वास करने वाले कवि भी हैं जो लिखते हैः 'एटम बम हो या हाइड्रोजन, कोई भी अक्षर शक्ति का सामना नहीं कर सकता है।' नागार्जुन की पूरी रचना प्रक्रिया और जीवन में जुझारूपन और सातत्य नज़र आता है। कविताओं में वह सौंदर्य और कलात्मकता को कभी न तो उपेक्षणीय समझते थे और न ही उसे अंतिम साध्य। अन्याय के विरुद्ध उनका ईमानदार आक्रोश रचनाकाल के किसी विशेष चरण तक भी सीमित न था। उन्हें ऐसा कवि नहीं कहा जा सकता जो विद्रोह और प्रतिरोध के आरंभिक रोमांटिक लक्षणों को बाद में सुधारने की समझदारी करता है। जवानी की भूल-गलतियों को दुरुस्त करता है। यानी उनकी क्रांतिधर्मिता को 'सुबह का भूला' वाले मुहावरे में नहीं रखकर देखा जा सकता है और इसीलिए वह जोड़तोड़ के कुशल लेखकों-आलोचकों तथा सत्ता के लिए हर हाल में असुविधाजनक कवि हैं। उनके यहां आत्मपीड़न के स्वर भी सबसे कम हैं। इसकी वजह संभवतः यह है कि उन्होंने कठिन तप से वह सामाजिक दृष्टि अर्जित कर ली जहां दूसरों के रोजी-रोटी, सुःख और प्रेम के जीवन संघर्षों के आगे निजी सुख उन्हें बड़े छोटे प्रतीत होते हैं।

'हरिजन गाथा' व दलित प्रश्न

हाल ही में कंवल भारती ने वर्तमान साहित्य के मई 2011 अंक में दलित चिंतन के दृष्टिकोण से इस कविता की समीक्षा की है और कई सवाल उठाये हैं। उन्होंने इस कविता की प्रशंसा में लिखा है कि बेलछी जैसे नृशंसतम हत्याकांड पर ऐसी कविता अन्यत्र देखने को नहीं मिलती। पर उन्होंने दलित चिंतकों की इस कविता के बारे में तीन आपत्तियों का जिक्र किया है। पहली, इसमें हरिजन शब्द का इस्तेमाल क्यों किया गया है क्योंकि भले ही इस पर तब तक कानूनन प्रतिबंध न लगा हो पर प्रायः हरिजन शब्द का प्रयोग ही है जो हिंदूवादी व वर्णव्यवस्था की पोषक शब्दावली है। तीसरा, इसमें नवजात दलित शिशु को खुखरी, भाला, बम व तलवार से जोड़कर उसे अपराधी बना दिया जाता है। कंवल भारती इन आपत्तियों को कहीं तो निराधार बताते हैं और कहीं समर्थन करते हुए दिखते हैं। क्या यह तथ्य नहीं है कि पौराणिक-धार्मिक शब्दावली दलितों की कविताओं में भी है? दलितों की ऐसी कविताओं का उदाहरण स्वयं कंवल भारती देते हैं जिनमें दलित हनुमान बनकर सवर्णों की सोने की लंका में आग लगाने की बात कह रहे हैं। उनकी सबसे बड़ी आपत्ति यह है कि नागार्जुन इस कविता में दलितों की सशस्त्र क्रांति का समर्थन क्यों करते हैं। उनका कहना है कि नक्सलवादी आंदोलन से आदिवासी जुड़े हैं, दलित नहीं। दलित जातियां केवल आरक्षण के आंदोलन में यकीन करती हैं। उनके मुताबिक दलित जातियां एक वर्ग नहीं हैं और उनके बीच जातीय भेद और ऊंच-नीच के भाव उन्हें एक वर्ग बनने भी नहीं देते हैं। उन्होंने लिखा है : 'इस कविता द्वारा बाबा दलितों में बिरसा मुंडा पैदा करना चाहते थे। यह कविता है जिसमें कवि ने अपनी कल्पना को रूप दे दिया है। पर यथार्थ में अभी तक दलितों में कोई बिरसा मुंडा नहीं पैदा हुआ है।' पर यहां भी कंवल भारती इस समस्या का हल नहीं निकाल पाते कि दलितों की सैकड़ों कविताएं ऐसी हैं जिनमें बड़े उग्र ढंग से हथियारबंद संघर्षों का आह्वान किया गया है। दमन का जवाब

देने के लिए उनमें खंजर, लाठी, फावडा, हथौड़ा सभी का उल्लेख किया गया है। पर इन प्रयोगों के संबंध में कंवल भारती सिर्फ़ यही नजीज़ा निकाल पाते हैं कि दलित कविताओं में हथियारबंद संघर्ष की बात केवल उनके गुस्से का प्रतीक है, अन्यथा वे विचार की क्रांति पर विश्वास रखते हैं। मुश्किल यह है कि कंवल भारती पूरी दलित समस्या को शहरवासी मध्यवर्ग के नज़रिये से देखते हैं जिसका अपना प्रभुत्ववादी एजेंडा है। इस कविता की आलोचना में भी निम्नश्रेणी के दलित की परिवर्तन संबंधी वास्तविक चाह को असंगत ठहराते हुए उससे मध्यवर्ग के रास्ते पर चलने की अपेक्षा की जा रही है। ख़ासकर कविता के जिस प्रसंग में बच्चे के हाथ की रेखाओं में हथियारबंद क्रांति का नायक होने के संकेत हैं, उसके बारे में कंवल भारती लिखते हैं : 'दलित चिंतन के लिए यह बच्चे के भयावह भविष्य की कल्पना है जिसे कोई भी दलित अभिभावक पसंद नहीं करेगा। यदि वे अपने बच्चे में जाति के मुक्तिदाता की भी कल्पना करेंगे तो गंडासा, भाला और बम के साथ नहीं, बल्कि क़लम के साथ।' ग्राम-समाजों में मौजूद सदियों पुराने इतने जटिल उत्पीड़न का बड़ा सरलीकृत हल कंवल भारती सुझाते हैं। बहस को वह हथियार बनाम क़लम की ओर मोड़ देते हैं जो मूलतः तर्कसंगत नहीं है। सीधे नरसंहारों का सामना कर रहे दलित क़लम तभी पकड़ सकते थे, जब नरसंहारकारी शक्तियों का वे विरोध करते। जब स्कूल जाने से उन्हें रोका जाये और खेतों में बलपूर्वक मज़दूरी करायी जाये तब दलित के मन का आक्रोश किस दिशा में जा सकता है, इसका अनुमान लगाना मुश्किल नहीं है। जब क़लम से दो वक़्त की रोटी लायक मज़दूरी भी ठीक से न मिल रही हो, तब उग्र प्रतिरोध को जायज मान लेने के लिए वह बाध्य हो जाता है। इसी प्रकार पुलिस-थानों में खुद के साथ अपराधी की तरह बर्ताव होने से वह शासन के प्रतीकों के प्रति कैसी हिंसक नफ़रत से भर सकता है, इसका भी सहज ही अंदाज़ा लगाया जा सकता है। उसके इस आक्रोश को शहर का मध्यवर्गीय दलित, किसी भी स्वानुभूति या जातीय अनुभूति के माध्यम से समझ सकेगा, इसकी कोई गारंटी नहीं है।

शहरी मध्यवर्ग का दलित जिस तरह आरक्षण की राजनीति को अंतिम समाधान मानता है, वह स्थिति एक ग्रामीण दलित किसान या मज़दूर की नहीं रही है। वह जिन संसाधनों पर निर्भर रहा है जैसे खेती, मज़दूरी, पशु आदि, पर उसे हिंसक तरीके से हड़पा जा सकता है। 1977 की इस कविता के रचनाकाल के समय उसके लिए संगठित क्षेत्र की नौकरियां स्वप्न सरीखी थीं और जीविकोपार्जन के लिए कृषि या मज़दूरी पर ही वह निर्भर था। ग्रामीण समाज में आरक्षण की राजनीति का कोई ख़ास अर्थ नहीं निकल सकता था। अगर दलित गांव में जघन्य नरसंहारों का शिकार हो सकता है तो वह हिंसक प्रतिरोध के विचार को भी अपना सकता है। शहरी मध्यवर्ग दलित हिंसा की निंदा कर सकता है क्योंकि वह स्वयं जानलेवा हिंसा की परिधि से बाहर आकर राज्य की सुविधाओं के उपभोग की स्थिति में पहुंच चुका है। जहां दलितों की मार-पिटाई, ज़मीन छीनने व बलात्कार जैसे संगीन मामलों में गांव-गुरबे के थानों में रपट न लिखी जाती हो, वहां दलितों को अहिंसा का पाठ पढ़ाना तर्कहीन प्रतीत होता है। भले ही अहिंसा का पाठ अब गांधीवादी नहीं, आंबेडकरवादी दलित पढ़ा रहे हों। आंबेडकर आंदोलन के प्रभाव से अगर कुछ मुट्ठी भर दलित डाक्टर, इंजीनियर, प्रोफेसर या अफ़सर बन गये तो इससे दलित मुक्ति का एजेंडा पूरा नहीं हो गया। दूसरी बात यह है कि दलितों को सशस्त्र आंदोलन में सम्मिलित होते देखना बाबा की हवाई कल्पना नहीं थी

बल्कि भोजपुर का तत्कालीन यथार्थ था जिससे नागार्जुन अच्छी तरह रूबरू थे। यथार्थ के बल पर कल्पना करना या सपना देखना साहित्य की सबसे बड़ी शक्ति होती है और नागार्जुन इसी से कविता रचने की प्रेरणा ग्रहण कर रहे थे।

कविता पर कुछ अन्य आपत्तियां भी कंवल भारती ने की हैं जो दलित चिंतन की दृष्टि से भी तार्किक नहीं हैं। जैसे कि वह दलित शिशु के बारे में दो बुजुर्गों की बातचीत वाले अंश को उद्धृत करते हैं : 'क्या करेगा भला आगे चलकर/रामजी के आसरे जी गया अगर/कौन सी माटी गोड़ेगा/कौन सा ढेला फोड़ेगा/मग्गह का यह बदनाम इलाका/जाने कैसा सलूक करेगा इस बालक से/ पैदा हुआ बेचारा/भूमिहीन बंधुआ मज़दूरों के घर में/ जीवन गुज़ारेगा हैवान की तरह/भटकेगा जहां-तहां वन-मानुष जैसा/अधपेटा रहेगा, अधनंगा डोलेगा।' कंवल भारती 'रामजी के आसरे' दलित बच्चे के जीने की बात पर ऐतराज जताते हैं और कहते हैं कि कोई दलित बच्चा रामजी के आसरे नहीं बल्कि अपने मां-बाप के श्रम के बल जीता है। इसके अलावा उनके मुताबिक, दलित शिशु के लिए हैवान या वनमानुष शब्द का प्रयोग उसके लिए गाली सरीखा है। उन्होंने लिखा है, 'इन दोनों शब्दों का प्रयोग कर नागार्जुन ने दलितों की मानव-अस्मिता को ही ख़त्म कर दिया है। दलित जनों को मानव के स्तर से गिराने के बाद क्या हम नागार्जुन को दलित हितैषी और जनवादी चेतना का कवि कह सकते हैं?' इसी प्रकार कविता में शिशु के लिए 'उत्पाती' शब्द के इस्तेमाल को अनुचित ठहराया गया है।

शब्द-प्रयोग व भावों में इस बड़े पैमाने पर खोट निकालने का संबंध दरअसल कविता को विचारपूर्ण निबंध की तरह पढ़ने से है। इसका संबंध प्रगतिशील लेखन को निरंतर इस अभियोग के घेरे में रखने से भी है कि उसमें दलित जीवन के प्रति अनभिज्ञता व्यक्त होती है। यह सही है कि प्रगतिशील लेखकों के पास निम्नवर्गों तथा दलितों के जीवन के वास्तविक अनुभवों की कमी रही है और इसी कारण दो-चार को छोड़कर निम्नवर्गीय जीवन पर क्लासिक रचनाएं नहीं लिखी जा सकीं। पर यह सच होते हुए भी यह मानना मुश्किल है कि गांवों से जुड़ा प्रगतिशील लेखन अनिवार्यतः इतना कच्चा होगा कि वह सच्चाई को ठीक से भांप न सके या जबरन पूर्वग्रहों का प्रदर्शन करे।

भूलना नहीं चाहिए कि कविता के शब्द प्रायः अभिधामूलक अर्थ से अलग शक्ति भी रखते हैं। पर अस्मितावादी राजनीति के साहित्यिक रूपों ने रचना को जहां अर्थ-विस्तार प्रदान किया है, वहीं रचना को मनोनुकूल राजनीति के सांचे में ढाल उसके अर्थों को विकृत करने का काम भी किया है। प्रगतिशील आंदोलन की सर्वश्रेष्ठ रचनाएं इन अस्मितावादी कुपाठों का बोझ अपने ऊपर झेल रही हैं, पर इन रचनाओं की शक्ति घट नहीं रही है। हरिजन-गाथा में 'रामजी के आसरे' वाला वाक्य पूरी तरह दलित पीड़ा की अभिव्यक्ति के लिए और भाग्यवाद के अर्थ में प्रयुक्त हुआ है और एक मुहावरे के प्रयोग के बल पर दलितों के अभावग्रस्त जीवन को दर्शाता है। लोकजीवन में लोग बात-बात पर कहते ही हैं-'जैसी भगवान की मर्ज़ी' या 'ऊपरवाला ही मालिक है' इत्यादि। हैवान और वन-मानुष जैसे शब्द प्रयोग भी नागार्जुन द्वारा वर्णव्यवस्था में दलितों के वि-मनुष्यीकरण (Dehumanization) को प्रकट करने के लिए हुए हैं, न कि दलितों को अपमानित करने के लिए जैसा कि कंवल भारती सिद्ध करने की कोशिश करते हैं। नागार्जुन ने दलितों के लिए सीधे 'हैवान' या 'वन-मानुष' शब्द का

प्रयोग नहीं किया है बल्कि कहा है कि कहीं हैवान की तरह जीने या वनमानुष की तरह भटकने की नौबत इस दलित शिशु की न आ जाये। पर कंवल भारती की बात से लगता है कि दलितों को सीधे हैवान या वनमानुष बता दिया गया है। दलितों की आत्मकथाओं में भी यह सिद्ध किया जाता है कि कैसे उन्हें पशुओं की तरह जीवन बिताने पर मज़बूर किया जाता है। तुलसीराम की आत्मकथा 'मुर्दहिया' में कई उदाहरण हैं जिसमें दलितों के अमानवीय जीवन को दिखाते हुए उन्हें चरम मूर्ख व अंधविश्वासी तक कहा गया है। निम्नजातियों से आने वाले पग्गल व फक्कड़ बाबाओं तथा ओझैती करने वालों की कथाएं हैं जो असामान्य आचरण व अलग-थलग रहने के कारण मानव-समाज के अंग प्रतीत नहीं होते। इसलिए जो अभियोग हरिजन गाथा जैसी कविता पर हैं, उन्हें स्वयं दलितों के रचनात्मक लेखन को पढ़कर खारिज किया जा सकता है। दरअसल ये शब्द दलितों को मनुष्योचित जीवन लौटाने की लड़ाई के समर्थन में ही प्रयुक्त हुए हैं। 'उत्पाती' शब्द का भी यहां शब्दकोषीय अर्थ लेने के स्थान पर संदर्भगत अर्थ लेना होगा जो कि क्रांतिकारी, नेता और विद्रोही के समानार्थक है। अगर दलितों के प्रति अज्ञान होना या उनका अपमान करना नागार्जुन का उद्देश्य होता तो वे पूरी कविता में दलित शिशु के बहाने पूरे दलित समाज के नवजागरण की संभावना को इतने सम्मान से प्रस्तुत न करते। कविता में यह न लिखते : *होंगे इसके सौ-सौ सहयोद्धा/लाख-लाख जन अनुचर होंगे/होगा कर्म-वचन का पक्का/फोटो इसके घर-घर होंगे।* नागार्जुन दरअसल कविता में एक भिन्न किस्म के दलित जागरण और आंदोलन की कल्पना कर रहे थे जो केवल सत्ता को ही नहीं बल्कि सत्ता के चरित्र को हमेशा के लिए बदलने का स्वप्न रखता था। दुर्भाग्य है कि आज का कथित दलित आंदोलन आंबेडकर के विचारों से दूर मूलतः सत्ता के कांग्रेसी मॉडल पर आधारित है जिसमें दलितों की सामूहिक मुक्ति के स्थान पर दलितों को केवल प्रतिनिधित्व दिलाने की बात की जाती है। प्रतिनिधित्व के नाम पर दलितों के प्रभावशाली मुखर हिस्से को सत्ता व प्रशासन में शामिल कर लिया जाता है और फिर उन्हीं का इस्तेमाल किसी ज़मीनी आंदोलन को ख़ारिज करने में किया जाता है। इसीलिए दलितों से जुड़े बहुत बुनियादी प्रश्नों को दलितों के कथित प्रतिनिधि हमेशा ही अस्वीकार करते हैं। इनमें भूमि का वितरण, न्यूनतम मज़दूरी, स्वास्थ्य सुविधाएं और स्त्रियों की सुरक्षा जैसे कई प्रश्न ऐसे हैं जो सत्तावादी दलितों के सामाजिक कार्यक्रम से बहुत पहले ही बाहर किये जा चुके हैं।

ज़ाहिर है कि दलित बुद्धिजीवियों के मध्य प्रगतिशील आंदोलन को लेकर तो काफ़ी आलोचना है और कई बार काफ़ी तर्कपूर्ण ढंग से प्रगतिशीलों की आंख खोजने वाली भी है। प्रगतिशीलों के ब्राह्मणवादी संस्कारों की कड़ी समीक्षा का यह सकारात्मक पक्ष रहा है। पर दलित वैचारिकी के बारे में दलितों में आत्मालोचन अभी कमज़ोर है। वह वैचारिकी इस जटिलता को समझने की क्षमता खो रही है कि ज़मीनी आंदोलन ही राज्य को मज़बूर करते हैं कि वह दलितों को विशेष सुविधाएं तथा अधिकार प्रदान करे। यह आंदोलन ही राज्य व नौकरशाही को विवश करते हैं कि वह दलितों की आवाज़ सुने, उन्हें विशेष सुविधाएं प्रदान करे। लंबे समय तक खाली आरक्षणवादी या प्रतिनिधित्व की राजनीति करने से राज्य से समक्ष उनकी स्थिति कमज़ोर होती जाती है और अवसरवाद बढ़ने से विश्वसनीय राजनीतिक ताक़त के रूप में भी वे उभर नहीं पाते हैं। जिस तरह निजीकरण के दौर में सरकारें दलितों

के अधिकार छीनने की तैयारी कर रही हैं और पूरा दलित चिंतन लगभग मौन है, यह भी उसी की मिसाल है। यानी परिवर्तनकारी आंदोलनों में, चाहे वह नक्सली मिज़ाज के हों या संसदीय मिज़ाज के, दलितों की भागीदारी उनकी राजनीतिक- सामाजिक चेतना का विकास करती है और वे राज्य के चरित्र को दलित विरोधी होने से बचाने का संघर्ष भी कर पाते हैं। गांव के दलितों की समस्या अब मध्यवर्ग के दलितों की समस्या से पूरी तरह भिन्न है। यह मानना असंभव है कि आरक्षण के माध्यम से सरकारी नौकरी में प्रवेश कर चुके दलित और गांव के भूमिहीन या ठेका मज़दूरी कर रहे दलित के जीवन में कोई समानता है। यह भी मानना कठिन है कि कभी मध्यवर्गीय दलित किसी ऐसे आंदोलन की कल्पना या विचार को समर्थन देगा जिसमें गांव-कस्बे के ग़रीबी की रेखा से नीचे का जीवन गुज़ार रहे दलित उनके बीच प्रवेश कर सके, उनके साथ उठने-बैठने लगे।

अंत में यही कहा जा सकता है कि नागार्जुन की कविताओं के मूल्यांकन के मानदंड वही नहीं हो सकते जो अज्ञेय या शमशेर की कविताओं के होंगे। बिंब, रूपक, आध्यात्मिक अंतःवेदना या अमूर्त अभिव्यक्ति की कौशल संबंधी कसौटियों पर उनका मूल्यांकन हो सकता है पर उन्हीं खांचों में अटाने की कोशिश उनकी कविताओं को निरर्थक बना देने का प्रयास प्रतीत होती है। उनकी कविताओं की व्याख्या के लिए हाड़-मांस के लुटते-पिटते जीते जागते इंसान पर नज़र डालनी होगी और जो नागार्जुन की कविताओं को अपना घर समझकर वहां लगातार चहलकदमी करते हैं। यायावरी प्रकृति के नागार्जुन की कविताओं की भंगिमा में भी यायावरीपन है, पर दिशाहीनता नहीं। ये रचनाएं अपने मकसद और अपने संकल्प, दोनों का कभी सस्ते में सौदा नहीं करती हैं। बाबा का स्वभाव ही था कि वह ज़िंदगी और लेखन में बेईमानी बर्दाश्त नहीं करते थे। वह जानते थे कि क्यों लिखा जाना चाहिए और किसके लिए लिखा जाना चाहिए। अपने कवि कर्म की सार्थकता के प्रति अगर आश्वस्त थे तो इस वजह से कि उनकी कविताएं कहीं छिपकर केवल छापामार लड़ाई लड़ने में नहीं बल्कि खुले मैदान में आकर सजग आलोचना की भूमिका का निर्वाह करने में यकीन करती हैं; वे अल्पजीवन में झटपट प्राण देकर शहीद हो जाने वाली कृतियां नहीं हैं बल्कि लंबे ऐतिहासिक संघर्ष में भरोसा जताने वाली दीर्घायु रचनाएं हैं।

संगीत के संदर्भ में कुछ नोट्स

नरेश सक्सेना

नागार्जुन उन कवियों में हैं जिनकी सबसे ज़्यादा कविताएं मेरी स्मृति में हैं। पूरी कविताएं नहीं, उनके मुखड़े। नागार्जुन की ख़ासियत यह है कि वह अक्सर पहली पंक्ति में ही सारा काम निबटा देते हैं। यही उनकी ताक़त है। कुछ कविताएं याद करें : 'मेरी भी आभा है इसमें', 'बादल को घिरते देखा है', 'कालिदास सच-सच बतलाना', 'जो नहीं हो सके पूर्ण काम', 'कई दिनों तक चूल्हा रोया', 'आओ रानी हम ढोयेंगे पालकी', 'चंदू मैंने सपना देखा', 'धिन-धिन धा धमक धमक मेघ बजे', 'इंदु जी इंदु जी क्या हुआ आपको', 'अन्न ब्रह्म ही ब्रह्म है बाक़ी ब्रह्म पिशाच', 'कुत्तों ने भी कुत्ते पाले, देखो भाई'।

यदि आपने कभी छोटे से छोटा काम भी मनुष्यता के हक़ में किया है तो आपको सिर्फ़ उस काम में नहीं बल्कि पूरे अंतरिक्ष में अपनी आभा के दर्शन होने लगेंगे। 'बादल को घिरते देखा है' पंक्ति पढ़ते ही न जाने कब की देखी, उमड़ती घुमड़ती घटाओं के दृश्य याद आने लगते हैं। ठंडी हवा चलने लगती है। बारिश की बूंदें, सावन के गीत और न जाने क्या-क्या। एक इतनी सरल और साधारण सी पंक्ति आपको समय और स्पेस की सीमाओं के परे पहुंचा देती है। अनुभव को ट्रांस्सेंड कर देती है। सघन बिंबों और ध्वनियों के लोक में पहुंचा देती है। यही नागार्जुन की ताक़त है।

नागार्जुन की जो कविता मुझे पूरी याद है, वह है, 'अकाल और उसके बाद' और जो पूरी याद करना चाहता हूं, वह है, 'मंत्र'।

क्या कविता का याद हो जाना उसका कोई गुण है?

यदि कविता हमारी ऐंद्रिक संरचना का हिस्सा नहीं बनती तो वह हमारी सौंदर्य-चेतना, संवेदना और सृजनात्मकता का हिस्सा भी नहीं बनती। वह हमारी मनुष्यता को आलोकित करने का काम कैसे कर सकती है? ऊपर किये गये प्रश्न का सही उत्तर यही है कि जो कविताएं किसी की स्मृति में नहीं रहतीं—वे कहीं नहीं रहतीं। मुक्तिबोध की 'अंधेरे में' हो या अज्ञेय की 'असाध्य वीणा', 'यह दीप अकेला स्नेह भरा' हो या 'एक पांव रखता हूं कि हज़ार राहें फूटती हैं' हमारी स्मृति को मुक्त और निर्द्वंद्व नहीं छोड़तीं।

नागार्जुन की कविताएं यह काम अपने भाषा संस्कार, बिंबों की सघनता और लयात्मकता के बल पर करती हैं। शब्दसंपदा उन्होंने संस्कृत से और लोकचेतना मैथिली से अर्जित की है। लोकसंगीत ने उनकी लय और बिंबात्मकता दोनों को संपन्न किया है।

ऊपर उद्धृत नागार्जुन की सभी कविताएं लय में हैं। यह चार-चार मात्राओं के टुकड़ों

से बना छंद है। उदाहरण के लिए 'बादल को घिरते देखा है' में कुल 16 मात्राएं हैं। तबले के ताल के बोलों के आधार पर यह धा गे न ति न क धि न यानी कहरवा ताल है। नागार्जुन मुख्यतः कहरवा ताल के ही कवि हैं।

इनमें से केवल दो कविताएं, 'इंदु जी, इंदु जी' और 'धिन-धिन धा धमक धमक मेघ बजे', की संगत धाधीना तातीना से (या ताक धिनाधिन से) बैठती है। यह छः छः मात्राओं के टुकड़ों से बना ताल है जो दादरा कहलाता है।

ये संसार के सबसे सरल छंद हैं। बच्चों के खेलने के सारे गीत और लोरियां सामान्यतः इसी छंद का अनुसरण करती हैं। उदाहरण के लिए : बाबा बाबा आम दो, अक्कड़ बक्कड़ लोहे की टक्कर, हंपटी डंपटी सैट ओन ए वाल, चंदा मामा दूर के, कीची कीची कौवा खाय।

ये सब कहरवा ताल के गीत हैं। ढोलक, मजीरा, करताल, चिमटा, खंजरी पर इनकी संगत आसानी से हो जाती है। लोक में, इसीलिए, सबसे अधिक व्याप्ति इसी ताल की है। 'आवारा' और 'श्री चार सौ बीस' के प्रसिद्ध गीत 'आवारा हूं' और 'मेरा जूता है जापानी' भी कहरवा ताल के ही गीत है। 'जनकवि हूं, मैं साफ़ कहूंगा, क्यों हकलाऊं' भी उसी ताल के गीत हैं। नागार्जुन तो अपनी कविता को गाते हुए नाचते भी थे। नाच के लिए भी यह ताल सबसे सीधा, सरल है और उपयुक्त भी। नागार्जुन की कविताओं में लय की सरलता है, किंतु अभिव्यक्ति और संवेदना की दृष्टि से कविता को शीर्ष पर पहुंचाने की कला में उन्हें महारत हासिल थी। लोकचेतना से संपन्न और जनकवि होने की आकांक्षा वाले कवि के लिए यह स्वाभाविक ही था।

लय, यानी काल को एक निश्चित अवधि के आघातों से व्यक्त करना। किंतु यह घड़ी की टिक्-टिक् जैसी एकरसता और ऊब पैदा न कर दे, उस लिए इसके 3 आघातों या 4 आघातों के 'पैटर्न' या प्रतिरूप बनाये गये—यही ताल कहलाया। (लय के साथ गति जुड़ी रहती है। जब हम 'ताल' को द्रुत में लाना चाहते हैं तो कहते हैं कि लय बढ़ा दो, ताल तो वही रहता है, किंतु लय धीमी या तेज़ होती है।)

दिल की धड़कनों की लय द्रुत या विलंबित होते ही, हम जानते हैं, जीवन संभव नहीं होता। सामूहिक श्रम की कल्पना हम बिना लय के कर ही नहीं सकते।' 'हेइस्सा' की जो लयबद्ध हांक लगायी जाती है, वह सामूहिक बल को समय के एक निश्चित बिंदु पर केंद्रित करने और एक ख़ास दिशा देने के लिए होती है।

चल मेरे भइया, हेइस्सा
अरे, पार लगैया, हेइस्सा
अरे, नचै रुपैया, हेइस्सा
अरे, छमक के छइया, हेइस्सा
जय गंगा मइया हेइस्सा

इस लय की न सिर्फ़ एक वैज्ञानिकता है बल्कि बोलों में धर्म, अर्थ, काम और मोक्ष का दर्शन भी है। यह हांक भी कहरवा ताल पर चलती है।

इंजन के कार्बोरेटर में यदि पैट्रोल, ऑक्सीजन और चिनगारी लय से बाहर हो जायें तो 'फ़ायरिंग' बेअसर हो जाती है और इंजन बंद।

बेताले युवकों को सेना में भर्ती नहीं किया जाता। और सेनाएं जब सेतु से गुज़रती हैं

तो सैनिक अपने कदमों की लय तोड़ देते हैं। वरना पुल टूट जाने का ख़तरा पैदा हो जाता है। लय एक 'मूड' यानी मनोदशा पैदा करती है और पाठक-श्रोता के लिए शब्दों की अर्थवत्ता बढ़ा देती है। हर कवि अपनी तरह से इसका इस्तेमाल करता है। शमशेर, जिन्हें एक ख़ास तरह के व्यक्तित्व और सौंदर्य का कवि माना जाता है, वह भी नागार्जुन की तरह कई तालों का प्रयोग करते हैं किंतु उनका रुझान 'धमार' या तेवरा ताल की ओर है। यह तीन और चार मात्राओं के जोड़ से बना सात मात्राओं का ताल है। यह कहरवा की तुलना में कुछ कठिन और इसीलिए अधिक शास्त्रीय है।

प्रात नभ था
बहुत नीला
शंख जैसे
भोर का नभ

हर टुकड़े में सात मात्राएं हैं, जो, धाधीना, धीना धीना (14 मात्रा) या एक दो तीन, एक दो, एक दो (सात मात्रा) के हिसाब से इसका रूप निर्धारण करती हैं।

तेवरा और धमार संभवतः मृदंग के ताल हैं और तबले पर 7 मात्राओं का 'रूपक' ताल बजाया जाता है।

हर ताल का अपना अलग चरित्र होता है। अलग व्यक्तित्व। अलग चाल-चलन। कहरवा और दादरा चपल चंचल प्रकृति के ताल हैं जबकि तेवरा या धमार गंभीर और परुष को व्यक्त करता है। कवि का रुझान किस ताल की ओर है, इससे कुछ हद तक उसके व्यक्तित्व और प्रकृति को समझा जा सकता है।

यह याद रखना चाहिए कि निराला ने छंद को मुक्त किया था, तोड़ा या त्यागा नहीं था। मुक्तिबोध ने भी गद्य में लिखने के बावजूद अधिकांश कविताओं में तुकों और लयात्मकता का निर्वाह किया था।

भारतीय संस्कृति में तो ईश्वर भी नाचते हैं। कृष्ण नाचते हैं। शिव तो सपरिवार नाचते हैं मय गणेश और पार्वती के, और विद्या की देवी सरस्वती वीणा लिये रहती हैं।

सोहर के साथ जो ढोलक बजनी शुरू होती है तो छठ, मुंडन, सालगिरह, ब्याह और गौने तक रुकती नहीं है। बिना संगीत के लोक के निकट जाने की हम कल्पना ही नहीं कर सकते। भाषा हमने लगभग अंतिम कला के रूप में पायी है। भाषा से पहले लय, अभिनय, चित्रकला हमारी मनुष्यता अर्जित कर चुकी थी।

कविता अपनी ताक़त के लिए इन सभी का इस्तेमाल करती है। जिन कवियों की शताब्दी या डेढ़ सौवां जन्म वर्ष हम मना रहे हैं, उन सभी ने इन तत्वों का भरपूर इस्तेमाल किया है। रवींद्र नाथ ठाकुर से लेकर अज्ञेय और गोपाल सिंह नेपाली तक सभी का अधिकार लय पर रहा है। (दर्शन दो धनश्याम, नाथ मेरी अंखियां प्यासी रे—नेपाली का प्रसिद्ध गीत है)

यह सब कहने का आशय यह नहीं है कि कविता को छंद में लिखा जाना चाहिए, बल्कि यह है कि छंद को, लय और ताल को समझ ज़रूर लेना चाहिए। इसे बिना समझे हम न तो शताब्दी समारोह के कवियों को समझ पायेंगे और न अपनी तात्कालिक कविता पर सार्थक दृष्टिपात ही कर पायेंगे। यह भी समझ लेना चाहिए कि सरल गद्य के वाक्यों के पीछे बोली की स्वाभाविक लय छिपी होती है। अक्सर अच्छी कविताओं की शुरू की पंक्तियां बोली

की इस लय का डिज़ायन रच देती हैं, और आगे की पंक्तियां इसका अनुसरण करती हैं। इस छिपी हुई लय का पता सामान्यतः कविता के पाठ के दौरान ही चल पाता है। यहां यह कहना भी ज़रूरी है कि विचारों की भाषा का लयात्मक होना सहज संभव नहीं होता। उसे फ़ालतू शब्दों का प्रयोग करके लयात्मक बनाने की कोशिश भी नहीं करनी चाहिए। इस तरह भाषा कुछ सख़्त और सपाट हो जाती है। इसकी भरपाई कवि कैसे करता है? उसे अर्थ की ऊंची छलांग लगाने और संवेदनाक्षम बनाने के लिए कवि अपनी काव्य प्रतिभा और कौशल का इस्तेमाल कैसे करता है, यही उसकी क्षमता की कसौटी बनती है।

नागार्जुन की दूसरी विशेषता है उनकी सघन बिंबों की संरचना और कविता को 'लिरिकल' या लोक गीतात्मक बनाने की क्षमता। 'अकाल और उसके बाद' कविता की हर पंक्ति के शुरू में 'कई दिनों तक' की पुनरावृत्ति और दूसरे पद के अंत में 'कई दिनों के बाद' की। या चंदू मैंने सपना देखा, या तीन दिन तीन रात का दुहराव या धिन-धिन धा धमक धमक मेघ बजे में 'मेघ बजे' की पुनरावृत्ति।

लोकगीतों में अपनी प्रसन्नता को (कभी-कभी दुःख को भी) घनीभूत करने के लिए अक्सर इसी विधि को अपनाया जाता है।

जैसे :

जब मेरे बन्ने के हल्दी चढ़ेगी
जब मेरे बन्ने के तिलक लगेगा
जब मेरे बन्ने के सेहरा बंधेगा
जब मेरा बन्ना घोड़ी चढ़ेगा

इसी तर्ज़ पर–

पंक बना हरिचंदन
मेघ बजे
हल का है अभिनंदन
मेघ बजे
दाहुर का कंठ खुला
मेघ बजे
धिन धिन धा धमक-धमक
मेघ बजे

कोई भी दृश्य बिना अपनी ध्वनियों के, बिना अपनी गंध के नहीं होता। बादल गरज रहे हैं, यह कहना तो ठीक है, लेकिन इसमें यह धिन-धिन धा धमक धमक कहां से आ गया! दरअसल, यहां किसान का तनमन नाच रहा है। उसे लगता है, आकाश मृदंग बजा रहा है और धरती नाच रही है। इस बिंब के अतीत में दरकी हुई धरती है और झुलसी हुई वनस्पतियां और भविष्य में है हरी भरी फ़सलें।

याद करें, फ़िल्म **मेघे ढका तारा** में ऋत्विक घटक कैसे राग की तान को चीख़ में बदल देते हैं। उस दृश्य का भी एक अतीत था और भविष्य में बड़ी बहन की मृत्यु का अहसास है, क्योंकि वर्तमान में मुंह से ख़ून आने का दृश्य है। या कुरोसावा के बारिश के दृश्य और बारिश की आवाज़ें। यहां नागार्जुन ने बादलों की गर्जना को दादरा के ताल में बदल दिया है।

‘अकाल और उसके बाद’ कविता की हर पंक्ति में एक ताक़तवर बिंब है। उदास चक्की के पास कानी कुतिया के पड़े रहने का बिंब तो अभूतपूर्व है। पूरी कविता में एक सन्नाटा पसरा है। छप्पर के ऊपर धुआं उठने से लगता है, चूल्हे का रोना बंद हो चुका है। अब कुछ पकाना शुरू हुआ है। कई दिनों की भूख के बाद पेट में कुछ पहुंचे तब तो बोल फूटें—घर में ऐसी गतिविधियां शुरू हों जिनकी आवाज़ें हों।

इस कविता के बारे में विश्वनाथ त्रिपाठी का कहना है कि यहां पिता अपने बच्चों को भूखा देख रहा है—यह पीड़ा असीम है और अकथनीय है। यह सिर्फ़ व्यंजित ही की जा सकती है, कही नहीं जा सकती। इसीलिए इस कविता में इसे अभिव्यक्त करने की कोशिश भी नहीं है। सारी कथा चूहों, छिपकलियों, सोती हुई कानी कुतिया और कौवों और धुएं के मार्फ़त कही गयी है। सभी बिंब मूक हैं। इस कविता में सिर्फ़ सन्नाटा बोलता है।

ऐडवर्ड मंक की एक प्रसिद्ध पेंटिंग है (यह जर्मनी में कार्यरत रहे संभवतः 1995 के आस-पास) ‘चीख़’ (द स्क्रीम), अब चित्र में चीख़ कैसे आये—आवाज़ें कैसे आंयें। यह चित्रकारों की एक समस्या रही है। लेकिन इस पेंटिंग में लड़की के भयभीत चेहरे, खुले हुए मुंह और धुंधले रंगों की पृष्ठभूमि का सुनसान उस चीख़ की भावना को दर्शक के हृदय में पैदा कर देता है। यह भी अकथनीय को कहने की, बिना आवाज़ के कहने की रचना है।

इसी तरह बादलों और बारिश की कितनी कविताएं नागार्जुन के यहां हैं : ‘बादल को घिरते देखा है’, ‘उमड़ घुमड़ कर बादल आये’, ‘श्याम घटा बिजुरी चमकार’, ‘आज होगी सजनि वर्षा’।

यहां भी बादल बरसने जा रहा है : ‘शिशु घन कुरंग’, ‘गीली भादो रैन अमावस’, ‘काली-काली घन-घटा’, ‘फुहारों वाली बारिश’, ‘बादल भिगो गये रातों रात’, ‘धिन-धिन धा धमक धमक’।

इसीलिए नागार्जुन को जनकवि कहा जाता है। भारत किसानों का देश है। जी.डी... पी...का मुख्य स्रोत कृषि है और किसान उम्र भर आकाश की ओर निहारते रहते हैं।

ज़रा सोचकर देखें कि हमारी वर्तमान कविता में बारिश की कितनी कविताएं हैं? हाल ही में दिल्ली में राजेश जोशी से मैंने पूछा कि बारिश की कोई कविता याद आती हो तो बताओ। राजेश सोचते रहे, फिर बताया, ‘वे क्यों भागे जाते हैं जिनके घर हैं’, किंतु यह शहर की बारिश का प्रसंग है। बारिश पर स्वयं राजेश की एक अच्छी कविता मेरे पास है जो ‘रचना समय’ के कविता विशेषांक में आयेगी, किंतु वह भी शहर की बारिश के बारे में है। मंगलेश डबराल की एक कविता में घनघोर बारिश के दिन कुछ बच्चे सिर्फ़ यही पूछने स्कूल पहुंच जाते हैं कि आज स्कूल खुला है कि बंद। ग्रामचेतना के इतने कवि बताये जाते हैं लेकिन बारिश की एक भी सही कविता याद नहीं आती, तो क्यों?

नागार्जुन साथी कवियों पर भी बहुत प्यार लुटाते थे। शंकर शैलेंद्र के लिए उन्होंने लिखा था :

तुम प्रतिभा के ज्योति पुत्र थे
छाया क्या थी
...
दिल ही दिल थे, काया क्या थी।

केदार नाथ अग्रवाल के लिए तो लिखा ही था कि

केनकूल की काली मिट्टी, वह भी तुम हो
कालिंजर का चौड़ा सीना वह भी तुम हो

याद करें समकालीन कवियों की दूसरे कवियों पर लिखी ऐसी प्यार भरी कविताएं। क्या कोई कविता याद आती है? सुधीर सक्सेना एक अपवाद की तरह याद आते हैं जिन्होंने शायद अपने कवि मित्रों पर सबसे ज़्यादा कविताएं लिखी हैं। बाक़ी कवि तो एक दूसरे का नाम लेने से ही कतराते दिखते हैं। किसी साथी कवि की अच्छी कविता याद करने के प्रश्न पर अक्सर चुप्पी छा जाती है। भगवत रावत, एकांत श्रीवास्त, राजेश जोशी, विजय कुमार, लीलाधर मंडलोई, आदि ऐसे कुछ लोगों में से हैं जिन्हें दूसरों की कविताएं भी याद रहती हैं। बहुत घेरने और दबाव डालने के बाद विनोदकुमार शुक्ल ने पहली बार चार नाम लिये हैं–विष्णु खरे, भगवतरावत, उदय प्रकाश (कहानी) और कुमार अंबुज (कहानी संग्रह)।

राजनैतिक वँक्तव्यों की कविता तो लगभग सभी लिखते हैं किंतु 'साहस' के संदर्भ में संभवतः भारत के इतिहास में नागार्जुन अकेले हैं जिन्होंने अपनी समकालीन सत्ता के शीर्ष का नाम लेकर ललकारा ('अलाव' के एक लेख में रविभूषण ने अपनी विशिष्ट शैली में नेहरू पर लिखी कविताओं का हवाला दिया है)।

आओ रानी हम ढोयेंगे पालकी / यही हुई है राय जवाहर लाल की
या
इंदु जी, इंदु जी क्या हुआ आपको।

कमाल की बात यह है कि स्थिति का सारा विश्लेषण और निष्कर्ष गोया पहली पंक्ति में ही प्रकट हो जाता है।

साहस के लिहाज़ से देखें तो ऐसा कोई काम कबीर ने भी नहीं किया था। कबीर ने धर्म की रूढ़ियों पर तो कड़े प्रहार किये, सामाजिक विषमताओं और संकुचित वृत्तियों की भी खूब निंदा की, किंतु दिल्ली के सुल्तान या काशीनरेश का नाम कभी उनकी कविता में नहीं आया। फिर भी यह उल्लेखनीय है कि कबीर की अध्यात्म चेतना रूढ़िवाद, पाखंड और कर्मकांड पर वज्र की तरह टूटी पड़ती दिखायी देती है। कबीर क्या, भक्ति काल से लेकर छायावाद तक और नागार्जुन को छोड़ दें तो आज तक राजसत्ता की आलोचना के लिहाज़ से लगभग सन्नाटा ही है।

गौतम बुद्ध भी राजाओं, सामंतों और सेठों साहूकारों के अत्यंत प्रिय थे। वे सब बुद्ध के शांति और अहिंसा के दर्शन को अपने लिए उपयोगी पाते थे। गुलामों का संघ में प्रवेश वर्जित था। उन्हें अपने मालिक से अनुमति लेनी होती थी। स्त्रियों और बच्चों को भी परिवार के मुखिया की अनुमति के बिना दीक्षा नहीं दी जाती थी।

इस दृष्टि से भारत के इतिहास में नागार्जुन अकेले हैं। स्वतंत्रता से पहले और स्वतंत्रता के बाद बार-बार जेल जाने वाले रचनाकार भी वह संभवतः अकेले ही हैं।

उनकी कविताओं के कथ्य और शिल्प के विकास का अध्ययन किया जाना चाहिए। मंत्र और हरिजन गाथा और भी कुछ कविताओं पर समय होता तो ज़रूर लिखता।

कविता की ठुमरी

यतीन्द्र मिश्र

लगभग अकाट्य और अब पूर्णतया संज्ञा बन चुकी जनकवि की गरिमा के बीच नागार्जुन की उपस्थिति, अपनी कविता, सरोकारों और राजनैतिक प्रश्नाकुलता के साथ न सिर्फ़ प्रासंगिक बल्कि क्लासिक ही बन चुकी है। ऐसे में, ख़ासकर बाबा के जन्म शताब्दी वर्ष में तमाम उन स्तरों पर भी उनकी कविता और वैचारिकता की मानसिक बुनावट का पुनर्पाठ हमारे लिये ढेरों ऐसी अन्य विचारोत्तेजक स्थापनाओं को समझने की पृष्ठभूमि तैयार कर सकता है, जो शायद इससे पहले संभव न थी। या शायद अगर उनकी जन्मशताब्दी न पड़ती, तो हम उसी तरह उन्हें अपने लिये टटोलते नबेरते रहते, जैसा कि अब तक हम क़रते चले आये हैं।

जनवादी कविता की सशक्त त्रिधारा (केदारनाथ अग्रवाल, नागार्जुन एवं त्रिलोचन) का मूल्यांकन करते हुए हम अकसर कुछ ऐसी साधारण चीज़ों से अपना ध्यान हटाते रहे हैं, जिसकी वजह से इन तीनों ही कवियों में मौजूद कुछ बेहद सुंदर स्थापनाएं व उपस्थितियां अनदेखी चली गयीं। यह अपने में ख़ासा दिलचस्प और विचारोत्तेजक पहलू है कि केदार, नागार्जुन एवं त्रिलोचन की अधिकांश कविताएं जनतांत्रिक पक्षधरता के बावजूद उस जनपदीय चेतना से निकलकर भी आती थीं, जिसकी जड़ें अपनी खांटी लोकोन्मुख विरासत में दबी होने के बाद भी बहुतेरे संदर्भों में एकतान ही रही हैं। मसलन मुझे तीनों ही मूर्धन्य कवियों में संगीत और सांगीतिक ध्वनियां अंतःसलिल दिखती रही हैं। और यह तब, और भी अधिक प्रासंगिक बन जाता है, जब तीनों ही कवियों के यहां यह परंपरा एक सी निभती दिखायी पड़ती है। संगीतशास्त्र के आधार पर यदि हम इसे रेखांकित करना चाहें, तो पायेंगे कि केदार, नागार्जुन एवं त्रिलोचन तीनों एक ही घराने की परंपरा से निकलकर हमसे अपनी कविता के माध्यम से संवादरत हैं।

मगर यहां मैं बाबा नागार्जुन की कविता के संदर्भ में ही, उस जनपदीय चेतना के आंतरिक रेशों को टटोलना चाहूंगा, जिसके चलते हमें उनकी कई बार रूखी और शुष्क सी लगती कविता में भी कोई रुनझुन सुनायी देती है। इस आंतरिक संगीत को सुनते हुए एकाएक कई बार उसमें विलय होती हुई त्रिलोचन की कविता या कि केदारनाथ अग्रवाल का कोई गीत देखा जा सकता है। ठीक उस तरह, जैसे हम किसी संधिप्रकाश राग या मिश्र राग में दूसरे अन्य रागों की अंतर्ध्वनियां सुन लेते हैं। नागार्जुन की ढेरों ऐसी कविताएं हैं, जिनको पढ़कर सहसा एक प्रश्न मन में आता है कि उन कविताओं को कभी यूं ही उन्होंने प्रसन्नता

के क्षणों में तरन्नुम में लिखा होगा। कई बार यह भी लगता है कि अपनी जनपदीय गरिमा के प्रति पूरी तरह आसक्त यह कवि इन कविताओं में भूले-भटके संत कवियों जैसी वैष्णव कविता की लीक रच रहा है। अकसर यह विचार भी मन में आता है कि सिर्फ़ इस वैचारिक हठ पर कि कविता मेरे अपने आनंद और ठसक की शर्तों पर ही संभव होगी, भले ही वह ऐसे सहज क्षणों की कविता हो, कविता लिखी गयी है। ज़ाहिर है, इन सारी ही स्थितियों में एक कवि से ज़्यादा एक कलाकार या कि वीतरागी हो चुके किसी संत की कविता की धमक जैसा संगीत सुनने को मिलता है, जो वह अपने इकतारा पर गुन रहा होता है। यह स्थिति तब प्रीतिकर बन जाती है, जब उसे हम समकालीन अर्थों में बाबा नागार्जुन, त्रिलोचन या कि केदारनाथ अग्रवाल में घटता हुआ देख रहे हों।

ऐसी कविताओं में हम सहसा ही– *बेतवा किनारे, मेघ बजे, उषा की लाली, हेमंती बादल हैं, माखनी कमान को, हरे-हरे नये-नये पात, फूले कदंब, पावस तुम्हें प्रणाम, रजनीगंधा, कैसा लगा, अंत श्रावण का यह मेघ, काले-काले, नर्सरी राइम, गुपचुप हजम करोगे, नये-नये दिल हैं, मेरी भी आभा है इसमें, जेठ मास, भूले स्वाद बेर के* और *बादल को घिरते देखा है* जैसी कविताएं याद कर सकते हैं। दो-तीन कविताओं से अपने आशय को स्पष्ट करना चाहूंगा कि किस तरह नागार्जुन की कविता सिर्फ़ अपनी मिट्टी या जनपद से मुखातिब ही नहीं है, बल्कि वह उस ऊर्जस्वित परंपरा से भी अपना संबंध बनाये हुए है, जिसकी जड़ें अंततः मिट्टी में ही आकर मिलती हैं। नागार्जुन की कविता अपनी समूची जनतांत्रिक पक्षधरता के बावजूद, उस जन की कविता भी है, जो क़लम के अलावा इकतारा, तंबूरे और तानपूरे के ज़ोर पर भी अपनी अर्थसंभवा शक्ति को रेखांकित करती है। यह जनसमुदाय, उनका जन भी है, जिसमें कभी अमीर खुसरो, मीराबाई और चैतन्य महाप्रभु जैसे संत, कवि, निर्गुणिये साधक, फकीर, औलिया और वाग्गेयकार आते और समाते गये।

एक-दो उदाहरणों से नागार्जुन की इस लीक को परखा जा सकता है, जिसमें वह ऐसे ही किसी संप्रदाय के अनुयायी बनकर अपनी कविता को कुछ दूसरे अर्थ भी प्रदान कर रहे हों। मिसाल के तौर पर **बेतवा किनारे** जैसी कविता को पढ़ना चाहिए। आपकी सहूलियत के लिए पूरी कविता एक बार फिर से याद दिला रहा हूं–

बदली के बाद खिल पड़ी धूप
बेतवा किनारे
सलोनी सर्दी का निखरा है रूप
बेतवा किनारे
रग-रग में धड़कन, वाणी है चुप
बेतवा किनारे
सब कुछ भरा-भरा, रंग हैं भूप
बेतवा किनारे
बदली के बाद खिल पड़ी धूप
बेतवा किनारे

यह कविता जिस धरातल पर संभव हो रही है, वह भारतीय शास्त्रीय एवं उप-शास्त्रीय संगीत की ऐसी जानी-पहचानी ज़मीन है, जिस पर कई सौ सालों से ठुमरी एवं कजरी के बोल रचने

की रवायत रही है। शास्त्रीय संगीत के तमाम सारे घरानों में ठुमरी के बोलों को छोटे-से पदबंध में बांधा जाता है, जिसमें किसी शृंगारपरक, विरहमूलक या कि प्राकृतिक शब्दचित्र को लयपूर्वक गूंथा जाता है। इस संदर्भ में सबसे प्रचलित परिपाटी यही रही है कि हम किसी शब्दयुग्म को, सरगम या तानों को, या कि अंतरों के बीच मुखड़े को बार-बार लय देती हुई क्रमिकता में इस्तेमाल करें। ऐसा करने से स्वतः ही एक लय, दो या तीन पंक्तियों के बीच क़ायम हो जाती है, जिसे ठुमरी के बोल बनाते वक़्त गायक एवं वादक सम पर आने के लिए बार-बार प्रयुक्त करते हैं। अब नागार्जुन की इस कविता को ठुमरी के बोलों के हिसाब से देखें, तो हम पायेंगे कि प्रकृति के एक सलोने दृश्य को एक शब्दचित्र की तरह छोटे से पदबंध में रचते हुए कवि हर दूसरी लाइन में *'बेतवा किनारे'* की टेक ले रहा है। मात्र दस पंक्तियों की यह कविता दरअसल पांच पंक्तियों में ही संभव हो रही है। शेष पांच पंक्तियां अपनी टेक की लय को स्थायी या मुखड़े की तरह बार-बार दोहरा रही है, जिनसे अगर हम ठुमरी का गायन संपन्न न भी करें, तो पायेंगे कि वह अपने पाठ में पूरी लय, ताल और विन्यास लिये हुए है।

'बेतवा किनारे' को पढ़ते हुए, कोई भी संगीत का साधक या विद्यार्थी उसमें लय, ताल, छंद और सम आदि को बखूबी निभा लेगा। यदि हम इसे स्वर में गाना न भी चाहें, तो भी यह कविता अपने पढ़े जाने पर एक निश्चित लय और वाक्यों के बीच अंतराल और मौन की मांग करती है, जिससे उसका पूरा गठन और सौष्ठव उभर आये। ज़ाहिर है, नागार्जुन जब यह कविता लिख रहे होंगे, तब भले ही उन्हें इस बात का भान न रहा हो कि वह ठुमरी या कजरी के बोलों की कसौटी पर किसी कविता को अंजाम दे रहे हैं। मगर उनके व्यक्तित्व में उस परंपरा का बोध अवश्य ही मिला हुआ था, जिससे ऐसी सरस कविता वे लिख पाये। अधिकांश प्रकृति चित्रण की कविता में यह टेकनुमा टोन या कि स्थाई का दोहराव पाया जाना कोई साहित्यिक प्रयोग नहीं बल्कि संगीत का वह संस्कार है, जो इन प्रकृतिप्रेमी कवियों को सुलभ रहा है। पूरी सहजता से मैं इसमें इतना ही जोड़ना चाहूंगा कि संगीत का परोक्ष और उदात्त प्रभाव ही नागार्जुन की अधिकांश ऐसी कविताओं का उपजीव्य रहा है, जिसके चलते वे इतनी प्रवाहमयी कविता लिखते रहे, जिसकी जड़ें कजरी और ठुमरी के बोलों या बंदिशों की मार्फत रची-बरती गयी हैं।

अर्थ की संभावनाओं के अर्थ में भी यदि हम *'बेतवा किनारे'* को पढ़ें, तो सहसा ही यह पायेंगे कि प्रकृति के सोनल रूप का सुंदर अंकन करने में पंक्ति दर पंक्ति बेतवा की परिधि का सौंदर्य बखाना गया है। पहली पंक्ति से शुरू होने वाली नदी तट की शोभा का वर्णन, अंतिम पंक्ति तक आते हुए पूरी उदात्तता के साथ अपनी आरंभिक पंक्तियों की अर्थ अभिव्यक्ति को बढ़ाने में आगे बढ़ता है। ठुमरी के बोलों का भी ठेठ यही अंदाज़ होता है कि जिस भी मनोदशा के चित्रण में ठुमरी गायी जाती है, उसका आशय अपनी पहली पंक्ति से शुरू होकर धीरे-धीरे अंतिम तक रिसता हुआ आखिर की पंक्तियों में जाकर सौंदर्य हासिल करता है। यह नहीं है कि शुरू की दो पंक्तियां गाकर एकाएक बंद करने से बाद की शेष पंक्तियों के आशय खुल सकें। ठीक इसी तरह यह भी नहीं हो सकता कि अंत गाकर आरंभ के आशय जाने जा सकें कि ठुमरी किन अर्थों और संभावनाओं के साथ शुरू हुई थी क्योंकि जो शब्द-चित्र– संयोग, विरह, आनंद, केलि, उत्साह, प्रणय, पीड़ा, त्याग

आदि का निदर्शन बंदिशों के द्वारा ठुमरी में व्यक्त करते हैं, उनकी पूरी अर्थ आभा ही एक-दूसरी पंक्तियों में एक साथ बंधी होती हैं। फिर वह चाहे कई बार मनोदशा के विस्तार के संदर्भ में हो या फिर वह सवाल-जवाब के अर्थों में आगे जाती हो या फिर वह उपमाओं-उत्प्रेक्षाओं के साथ उस परिदृश्य को कई तरीक़ों से उजागर करती हो। नागार्जुन की इस कविता में भी अर्थ के लिहाज से यही हो रहा है कि पहली पंक्ति का विस्तार अंतिम पंक्ति पा रही है और अंतिम पंक्ति की सुंदरता में शेष अन्य चार पंक्तियों के संदर्भ मिले हुए हैं। ठुमरी की ही तरह, *'बेतवा किनारे'* को ऊपर की दो पंक्ति पढ़कर छोड़ देने से कुछ हासिल नहीं होगा, न ही बाद की चार पंक्तियां पढ़कर हम एक छोटी मगर सलोनी कविता का उत्साह महसूस कर पायेंगे।

इसी तरह **भूले स्वाद बेर के** कविता को याद करना चाहिए, जो बाबा ने 1961 में लिखी है। *भूले स्वाद बेर के* कविता भी पूरी की पूरी यहां टीप रहा हूं। हालांकि यह कविता भी *बेतवा किनारे* की तरह छोटी और मात्र आठ पंक्तियों की है :

सीता हुई भूमिगत, सखी बनी सूपनखा
वचन बिसर गये देर के सबेर के
बन गया साहूकार लंकापति विभीषण
पा गये अभयदान शावक कुबेर के
जी उठा दसकंधर, स्तब्ध हुए मुनिगण
हावी हुआ स्वर्णमृग कंधों पर शेर के
बुढ़भस की लीला है, काम के रहे न राम
शबरी न याद रही, भूले स्वाद बेर के

अपने पहले पाठ में यह कविता शुद्ध अर्थों में व्यंग्य कविता है, जिसमें लोक प्रतीकों के माध्यम से कवि समकालीन राजनीति और समाज की तीखी पड़ताल कर रहा है। मगर उसी समय यह कविता कुछ उन अर्थों में भी संभव हो रही है, जिसे विशुद्ध राजनीतिक कविता या व्यंग्य कविता न कहकर कुछ और कहा जाना चाहिए।

भूले स्वाद बेर के कविता में एक लोकगीत भी स्वतः ही आकार ले रहा है, जो अपने लोक आशयों, निजंधरी कथाओं एवं प्रतीकों के द्वारा एक गीत का बाना अख़्तियार करता है। हममें से अधिकांश जो मिथिला या अवध के गांवों से संबद्ध लोग हैं, जानते हैं कि रामकथा और महाभारत के पात्रों तथा उनकी अधिसंख्य कथाओं से संबद्ध करके न सिर्फ़ मिथिलांचल में बल्कि अवध क्षेत्र में भी लोकगीत लिखने एवं गाने की अनूठी परंपरा रही है। अवध में किसी लड़के का जन्म अथवा विवाह राम के जन्म या विवाह से कमतर नहीं माना जाता– वरन् वह राम के प्रतीक के द्वारा ही सोहर, बन्ना, सेहरा और भांवर के गीतों में रूपायित करके गाया जाता है। इसी के विपरीत किसी सम-विषम परिस्थिति या कि सामाजिक सरोकारों को जागृत करने की बात भी इन कथाओं के रूपकों द्वारा अकसर लक्षणा में, तो कई बार व्यंजना में गीतों में उतरती है। नागार्जुन की यह कविता भी अवध के ऐसे ही किसी *मेले के गीत* का कविता में अनुवाद लगती है, जिसकी व्यंजना मार्मिक ढंग से संप्रेषणीय है। अवध का एक प्रसिद्ध लोक गीत है– *किन मोरी अवध बिसारी हो, बिलखैं कउसिल्ला/बन गये राम, बने गये लछिमन/बन गयीं जनकदुलारी हो, बिलखैं कउसिल्ला।* इस गीत में राम, लक्ष्मण

और सीता के माध्यम से पूरे अवधपुर की पीड़ा और मनोदशा गायी गयी है। आज भी कभी-कभी अयोध्या, गोंडा, बस्ती, बलरामपुर, फ़ैज़ाबाद जैसे इलाक़े में इस तरह के गीत गाती हुई स्त्रियां सावन और चैत्र के मेले में मिल जाती हैं। इस गीत में व्यंग्य भी निहित है, जिस तरह का घोर मार्मिक व्यंग्य अवध के दूसरे अन्य गीतों में भी रचा बसा है, भले ही वह राम जन्म का गीत ही क्यों न हो– आप में से अधिकांश को *छापक पेड़ छिउलिया ता पतवन गहबर हो* याद होगा।

नागार्जुन की इस व्यंग्य कविता के संदर्भ में वही वाचिक कविता वाली परिपाटी निभती मिलती है कि यहां कवि, उस गीतकार की ही तरह अपने संप्रेषण के लिये लोकगीतों की बनाई हुई बेहद रूढ़ लीक पर खड़ा हुआ है। सीता के भूमिगत होकर, सूपर्णखा की मैत्री के व्यंग्य से उठा हुआ कविता का आरंभ शबरी के विस्मरण के साथ अपने अंत तक पहुंचता है। गीत की शक्ल में बंधी हुई यह कविता भले ही ताल या मात्रा के लिहाज़ से कवि द्वारा अभीष्ट न रही हो, मगर इस बात से कौन इनकार कर सकता है कि वाचिक कविता की लय का असर इस कविता पर नहीं है। यह तब और भी अधिक प्रासंगिक हो उठता है, जब हम इसे बाबा नागार्जुन की क़लम से उपजा हुआ पाते हैं। यह सर्वविदित ही है कि बाबा तरौनी गांव से संबद्ध थे, जो दरभंगा, बिहार में पड़ता है। मिथिला के लोक-जीवन और लोकगीत की ठेठ बनक से उनका किशोर वय और जीवन ज़रूर प्रभावित हुआ है ऐसा हम *सिंदूर तिलकित भाल* जैसी उनकी मानक कविताओं से अलग इन ठेठ गीतों की शक्ल में घट रही कविताओं से भी अंदाज़ सकते हैं। वाचिक और लोक कविता की जो आंतरिक लय और जनपदीय बसाहट होती है, वह इस तरह की कविताओं में भी पूरी लय-समृद्धि से उजागर होने पाई है। *भूले स्वाद बेर के* के साथ-साथ हम *जेठ मास, हरे-हरे नये-नये पात, मेघ बजे, शिशिर की सीमंतनी का, उषा की लाली, हेमंती बादल हैं* आदि कविताओं को भी याद कर सकते हैं।

इन दो विश्लेषित कविताओं से अलग बिल्कुल निराले ढंग से लिखी हुई **माखनी कमान को** कविता भी यहां रेखांकित करना चाहूंगा। उसका पाठ यहां प्रस्तुत है–

थम थम थम थम थाऽऽम!
छम छम छम छम छाऽऽम!
ये क्या हुआ है आसमान को
ये क्या हुआ है चांद के
माखनी कमान को?
फिफ् फिफ् फिफ् फी ि ि ि
पु पु् पु पु् पू॰॰॰
लल् लल् लल् ला
ये कौन लगा गया धुन
मे``` रे``` माऽऽऽन को
ये क्या हुआ है आस्माऽऽऽन को?
ये क्या हुआ है चांद केऽऽऽ
माखनी कमाऽऽऽन को?

थम थम थम थम थाऽऽऽम
छम छम छम छम छाऽऽऽम

एक बार फिर से यह कविता पढ़ने पर क्या आपको नयी नहीं लगी? 1977 में लिखे जाने के लगभग पच्चीस साल बाद आज फिर से क्या यह कविता अपने विन्यास में अनूठी और संगीतपरक नहीं लगती? क्या आपको इसे पढ़कर सहसा निराला की कविता *ताक् कमसिन वारि* की याद नहीं आती? क्या आपको ऐसा नहीं लगता कि हम इस कविता को संगीत की स्वरलिपि या नोटेशन की तरह भी पढ़ सकते हैं? क्या कोई पखावज या तबले का वादक अथवा कथक में परन पढ़ने वाली नर्तकी इस कविता के प्रेम में पड़ने से बच सकते हैं? क्या हम सिर्फ़ यह मान सकते हैं कि यह नागार्जुन द्वारा की हुई बस यूं ही मन की मौज है या फिर वह एक अधीत रसिक का भाषा में किया हुआ राग और ताल के प्रति कृतज्ञता ज्ञापन है?

ऊपर जितनी भी बातें एकबारगी मेरे मन में प्रश्न या संशय की तरह आईं, आपसे भी मैंने साझा कर लिया। मगर क्या इस कविता को पढ़ते समय वाक़ई इस तरह की किसी बात से आप टकराए या नहीं– रुककर धैर्यपूर्वक सोचना चाहिए। इस कविता में शब्दों की और कई बार अक्षरों की टकराहट से पैदा हुई अनुगूंज को वैसे ही अनसुना या ख़ारिज़ नहीं किया जा सकता। जिन अक्षरों के निराले विन्यास में यह कविता अपने आशय के अतिरिक्त ध्वनियों का एक सुंदर संपुंजन पैदा कर रही है– क्या वह संगीत की दुनिया में तानों की अपनी अमूर्त चपलता और सरगम व आलापचारी की बेहद गूढ़ लयकारी से उत्पन्न ध्वनि एवं अर्थों की परंपरा के नज़दीक नहीं लगता? क्या यह संभव होता हुआ नहीं जान पड़ता कि एक कविता अपने विन्यास में तानों की भीड़ भरी सरगम से उपजी ध्वनि की एक सुंदर कविता भी हो सकती है या कुछ इस तरह कहें कि आलाप, बोल, परन, तान, पलटे और मुरकियों से पैदा होने वाला स्वर और शब्द संधान भी संगीत के व्याकरण की कविताई है?

क्या यह संभव नहीं कि हम नागार्जुन के *माखनी कमान को* उसी तरह गा सकें, जिस तरह विलंबित और द्रुत लय की बंदिशों में सरगम और तानों के विराट् संसार को गाते हैं। क्या यह उसी तरह संभव नहीं कि बोलों, तानों और मात्राओं के प्रति अपनी जवाबदेही और संगीत के प्रति अनन्य राग रखने वाले निराला *ताक कमसिन वारि* जैसी रचना लिखना ज़रूरी समझते हैं। क्या यह भी संभव है कि कभी किसी नर्तकी के कथक जैसे नृत्य में अमूर्त ढंग से रचे गये परन को कविता की शब्दावली दी जा सके?

दरअसल संभावनाएं अपार हैं और उनको नबेरने की सैकड़ों कोशिशें भी बेहद मामूली। जब हम संगीत के व्याकरण की बात करते हैं, तब उसमें संत, निर्गुणिए, कवि एवं वाग्गेयकार की उपस्थिति भाषा का अमूर्तन और संगीत का शब्दचित्र रचती है। उसी तरह शब्दों और भाषाओं की दुनिया में घटने वाली तमाम सारी जटिल लयकारी भाषा में उसका आभार ज्ञापन मात्र बनते हैं, कोई व्याकरण या शास्त्र नहीं रच रहे होते। यह स्थिति तब और भी अधिक जटिल हो जाती है, जब हमें परंपरा में खुसरों से लेकर कबीर और निराला से लेकर नागार्जुन जैसे मूर्धन्य हासिल होते हैं। संगीत के संस्कार और प्रेम को लेकर आगे बढ़ने वाले इन कवियों ने न जाने कितनी अर्थ आभाएं और प्रतिध्वनियां अपनी शब्द संपदा में पिरो दी हैं, कह पाना मुश्किल है। बस हम जब-तब उन्हें पढ़ते और सहलाते हैं, तब उनमें मौजूद आशयों से अलग

वे परंपराएं भी अंतर्ध्वनियों की तरह स्वतः ही बाहर सतह पर आ जाती हैं, जो अनायास ही वहां पहुंच गयी थीं। तब यह जानना ख़ासा दिलचस्प मामला बन जाता है कि हम नागार्जुन को पढ़ते हुए ठुमरी के सम्मोहन में चले जायें या कि केदारनाथ अग्रवाल की कविता को उठाते समय लोक संगीत की नदी में स्नान करने लगें। जब अपनी जन्मशताब्दी पर नागार्जुन कजरी, ठुमरी, तानों, सरगमों और आलापचारी के साथ याद आते हैं, तो उसी समय उनके समवयसी कवि मित्र केदारनाथ अग्रवाल और त्रिलोचन भी अपने शब्दों और स्वरों के साथ हमसे गले मिलते दिखायी पड़ते हैं। ऐसे मूर्धन्यों का भी हमें पा लागन करते रहना चाहिए, जो अपनी सारी जनतांत्रिक ऊष्मा के साथ अपनी सबसे अमर काव्य पंक्तियों में संगीत का एक नया और सलोना व्याकरण रच रहे होते हैं।

नागार्जुन के पुण्यस्मरण के साथ इन सगोत्री मित्र कवियों का पुण्यस्मरण भी, इस जन्म शताब्दी वर्ष में प्रासंगिक है। तीनों ही एक परंपरा, एक छतरी और एक घराने से निकलकर आते हुए दिखायी पड़ते हैं। ऐसे में बाबा की *देखना ओ गंगा मईया*, त्रिलोचन के *सॉनेट* एवं केदारनाथ अग्रवाल का वह चिर-परिचित गीत *मांझी न बजाओ वंशी मेरा मन डोलता* याद दिलाने की ज़रूरत है? क्या कविता में ठुमरी और कजरी तथा कजरी और ठुमरी में कविता की बनक याद करा पाना यहां प्रीतिकर नहीं?

कविताई में चित्रकारी का ठाठ

मनोज कुलकर्णी

बहुत दिनों के बाद
अब की मैंने जी-भर भोगे
गंध-रूप-रस-शब्द-स्पर्श सब साथ-साथ इस भू पर
बहुत दिनों के बाद

कवि नागार्जुन से मेरा पहला परिचय इसी कविता 'बहुत दिनों के बाद' के ज़रिये हुआ था। वह 1976-77 का शैक्षणिक वर्ष था। मैं कक्षा सात में था। यह कविता मेरी हिंदी की पाठ्य-पुस्तक में थी। ग्यारह-बारह बरस की उमर और ये कविता! पर तब तक, पाठ्य-पुस्तकों में पढ़ी गयी 'देशभक्ति मार्का' या बाल-पत्रिकाओं की 'उपदेशात्मक' कविताओं से यह कविता नितांत भिन्न लगी थी।

इस कविता ने बाल मन को कुछ चौंकाया था। कविता ऐसी भी हो सकती है? तुकबंदी की हद के बाहर, लयात्मकता का जो जादू था, उससे पहली दफ़ा साक्षात्कार हुआ था। बहरहाल, उम्र के उस दौर में, दिनों तक वह कविता ज़ेहन में अटकी रही थी।

आज, उस कविता के आकर्षण का कारण, मुझे उसकी चित्रात्मकता महसूस होती है। दरअसल अपने इर्द-गिर्द की दुनिया, उसका रूप-रंग, कार्य-व्यापार, हाव-भाव, सुख-दुख, ऊंच-नीच को महसूस करने और उससे उपजे भावों को शब्दबद्ध करने की नागार्जुन की ताक़त ही उन्हें, एक 'क्लासिक' कवि बना देती है।

बाद के दौर में जब भीतर के चित्रकार ने कविताओं में चित्रात्मकता की तलाश शुरू की तो बाबा नागार्जुन के कविता-संग्रहों के दरवाज़े खटखटाये। तब कला के जनवादी स्वरूप की तरफ़ आकर्षण बढ़ रहा था। व्यक्तिगत जीवन में वह दौर विचारधारा से संबद्ध और घनिष्ठ होते जाने का समय था। हम कुछ युवा चित्रकार मित्र चित्रकृति को इस तरह संभव करना चाहते थे कि वो 'पोस्टर' होने के ख़तरे से बची रहे। कलात्मक निर्वाह और वैचारिक आग्रह दोनों साथ-साथ रहे।

एक कवि के बतौर बाबा नागार्जुन, इस कसौटी पर बिल्कुल खरे उतरते हैं। उनके पास परंपरा का प्रामाणिक अध्ययन, आधुनिकता की बेहतर समझ, यथार्थ बोध और कल्पनाशीलता के द्वंद्व से, दिल-दिमाग़ के कैनवास पर खिंच जाने वाले चित्रों और जीवन के व्यापक अनुभव से हासिल विविधवर्णी छटाओं के सूझ भरे प्रयोग की विविधता है। अतः उनकी कविताएं

चित्रकारी सी लगती हैं, जिन्हें पढ़ते-पढ़ते आंखें दृश्यों से भर जाती हैं। मसलन :

फूले कदंब
टहनी-टहनी में कंदुक सम झूले कदंब
फूले कदंब

(फूले कदंब)

यह कपूरी धूप
शिशिर की यह दुपहरी, यह प्रकृति का उल्लास
रोम-रोम बुझा लेगा ताज़गी की प्यास

(नीम की दो टहनियां)

भारतीय सौंदर्यशास्त्र में चित्रकला, मूर्तिकला को स्वतंत्र महत्व न देकर, उन्हें स्थापत्य कला का ही अंग भर माना गया है। इसी वजह से भारतीय काव्यशास्त्र में सभी ललित कलाओं पर समुचित विचार संभव नहीं हो सका, जैसा कि पाश्चात्य सौंदर्यशास्त्र में हुआ। आचार्य रामचंद्र शुक्ल भी उसी विचार के समर्थक थे। वे काव्य को विद्या और चित्रकला को उपविद्या मानते थे।

मुझे नहीं लगता कि बाबा नागार्जुन इस विचार को मानते रहे होंगे। उनके यहां तो 'कला' कविता को अलंकृत करने के लिए नहीं आती। वहां तो सादगी का अद्भुत ठाठ दिखायी देता है :

खुब गये
दूधिया निगाहों में
फटी बिवाइयों वाले खुरदुरे पैर

उनकी कविताओं में अंकित दृश्यचित्र या लैंडस्केप के संदर्भ में मुझे ज़्यादा मौजू शब्द लगता है—सैरे। सैरे, चित्रकला के व्याकरण का महत्वपूर्ण हिस्सा है। बाबा की कविताओं में असंख्य लैंडस्केस हैं। मौसम के मिज़ाज़ को खोलकर रखते हुए वे लिखते हैं :

अमल धवल गिरि के शिखरों पर
बादल को घिरते देखा है।
छोटे-छोटे मोती जैसे
उसके शीतल तुहिन कणों को,
मानसरोवर के उन स्वर्णिम
कमलों पर गिरते देखा है।

(बादल को घिरते देखा है)

फैला कर टांग
उठा कर बांहें
अकड़ कर खड़ा है भुस-भरा पुतला
कर रहा है निगरानी
ककड़ी-तरबूज की

खीरा-खरबूज की
सो रहा होगा अपाहिज मालिक घर में निश्चिंत हो।

(भुसा का पुतला)

सोंधी भाफ छोड़ रहे हैं
सीढ़ियों की
ज्यामितिक आकृतियों में
फैले हुए खेत / दूर-दूर...।

(बादल भिगों गये रातोरात)

मानो चित्रकला का अध्ययन कर बाबा कविताएं लिख रहे हों। वहां दृश्यचित्रों की बहुलता तो है ही, चित्रकारी के दूसरे तत्वों का भी अच्छा निर्वाह है। इन कविताओं में खूबसूरत 'संयोजन' है। शबीहें भी तो बहुतेरी हैं :

गले से
रुद्राक्ष की लंबी माला
लटक रही थी
जोगिया कलर वाले
कुर्ते पर
दाहिने कान से
लाल फूल अटका पड़ा था,
चमक रहा था भाल पर
चंदन का पीला तिलक...।

(तेरी खोपड़ी के अंदर)

छूती है निगाहों को
कत्थई दांतों की मोटी मुस्कान
बेतरतीब मूंछों की थिरकन

(घिन तो नहीं आती है?)

यहां मैं बेलिंस्की का यह कथन उल्लेख करना चाहता हूं : 'सौंदर्य सामाजिक जीवन के जीवंत यथार्थ का ऐसा प्रतिबिंब है, जो हमें आनंद ही नहीं देता प्रगतिशील होने की प्रेरणा भी देता है।'

मालूम नहीं कि बाबा नागार्जुन ने बेलिंस्की की उक्त स्थापना को पढ़ा था या नहीं, पर बेलिंस्की ने तो नागार्जुन की कविताएं निश्चित ही नहीं पढ़ी होंगी। पर लगता यूं है जैसे बाबा की कविताएं पढ़कर ही वह इस निष्कर्ष पर पहुंचे थे।

कविता, किसी भाषा में लिखे गये वाक्यों का एक समुच्चय भर नहीं होती। वहां बरते गये शब्द, जीवन में रूढ़िबद्ध हो चुके मायनों का अतिक्रमण करते हैं। अर्थ-विस्तार की क्षमता जितनी बढ़ती है, कविता उतनी ही ताक़तवर होती जाती है।

चित्रकला में भी क्या यही बात लागू नहीं होती? देखे गये का जस का तस चित्रण,

कौशल हो सकता है , कला नहीं! कलाकृति जहां एक ओर यथार्थ के बाह्य को अंकित या मूर्तिमान करती है, वहीं उसके अंतर को भी। वह ठोस यथार्थ में ऐसी कल्पना है जिसकी वजह से जीवन की पुटलिया की गांठें खुलती चली जाती हैं। वहां किसी भी ज्ञात भौतिक वस्तु, मनुष्य, प्रसंग आदि का अपनी पृष्ठभूमि या परिवेश से जो रिश्ता बनता है, वह ज्ञानातीत या अदृश्य को बोधगम्य बनाता है।

कविता और चित्रकला, इस तरह सहोदराएं हैं। कवि नागार्जुन की कविताओं में वे एक साथ रहती हैं।

अनुवाद की प्रक्रिया में...

रतन चौहान

भाषांतर सरल नहीं होता। सर्जनात्मक साहित्य का भाषांतर दुष्कर कार्य है। यह सर्वविदित है कि भाषांतर एक भाषा के शब्दों का दूसरी भाषा के शब्दों से स्थानापन्न न होकर दो सृजनशील, सजग, कल्पनाशील आत्माओं का आत्मीय संवाद है। भाषांतरकार से यह अपेक्षित होता है कि वह अपनी मातृभाषा और रचनाकार की भाषा के लोक और साहित्यिक सौंदर्य, सामाजिक, सांस्कृतिक, राजनीतिक और आर्थिक परिप्रेक्ष्य से तो सुपरिचित हो ही, रचनाकार और रचनाकर्म के वर्गचरित्र और वर्गीयदृष्टि, उसकी राजनीतिक प्रतिबद्धता, उसके अंतर्विरोधों तथा ऐतिहासिक संदर्भों को भी अपने सम्मुख रखे। दो भाषाओं के मूल स्रोत से उद्‌गमित होने के उपरांत भी कालांतर में उनमें गहरे अंतर प्रतिबिंबित हो सकते हैं। भाषांतर में आप मूल भाषा के सौंदर्य, उसके संगीत, लय, छंद-विधान, अर्थध्वनियां, उसके सांस्कृतिक परिवेश, उसके भौगोलिक रेखाकारों, उसकी मिट्‌टी, गंध, उसकी ऋतुओं, उसके आचार विचारों से इतने विलग हो जाते हैं कि रूपांतर मूल रचना की केवल छायामात्र शेष रहता है। एक बात जो भाषांतर के जीवन, उसके सौंदर्य और उसकी सृजनधर्मिता को अनाहत रखती है, वह है मानवीय संवेदनाओं से उपजे सौंदर्य और कालजयी प्रभावों का सादृश्य, अनुभूतियों की विश्वजनीनता, वैचारिक और राजनैतिक प्रतिबद्धताएं। साथ ही रचनाकार के भाषिक सौंदर्य की तरह रूपांतर की भाषा का भी अपना संपूर्ण जीवन, लय, संगीत, रंग, गंध और ऊर्जा का आवेश होता है और जब पाठक रूपांतर का आस्वाद लेता है तो वह दो भाषाओं की तुलना परिधियों को लांघ जाता है और रूपांतर को मूल रचना के रूप में ही ग्रहण करता है और यहीं रूपांतर अपनी रंग रेखाओं और प्राणों के साथ दो भाषाओं का एक पुल मात्र ही नहीं होता, अपनी संपूर्णता में दो संस्कृतियों की आवाजाही ही नहीं होता, वरन् स्वयं में जीवन से परिपूरित एक सृजनात्मक कृति होता है। इसी प्रक्रिया में रूपांतरकार सृजनधर्मा रचनाकार बन जाता है।

यायावर, बहुभाषाविद नागार्जुन का औपन्यासिक और काव्य लेखन का विराट फलक है। संस्कृत, मैथिली, हिंदी और अन्य भाषाओं में काव्य सृजन करने वाला यह कलाधर्मी लोकसाहित्य और संस्कृत साहित्य की समृद्ध परंपराओं से जीवन और ऊर्जा ग्रहण करता समकालीन जीवन और संघर्षशील जनगण के सपनों, आकांक्षाओं और आक्रोश को सक्रिय एवं कलात्मक अभिव्यक्ति प्रदान करता है, साथ ही किसी कालिदास की सृजनात्मक कल्पना से प्रकृति की विरल और अभिराम छवियां प्रस्तुत करता है। नागार्जुन की कविताओं का भाषांतर

दुष्कर कार्य तो है ही साथ ही वह भाषांतरकार को सीमित परिधि में ही कार्य करने की अनुमति प्रदान करता है। उनकी संस्कृत और मैथिली में रचित कविताओं को अलग ही रख दें, अधिकांश हिंदी कविताएं अपने अर्थ, व्यंग्य, लय, धार, रंग, संगीत को अक्षुण्ण रखते हुए, अंग्रेज़ी भाषा में किस सीमा तक अंतरित हो सकती हैं, यह कोई अत्यंत समर्थ भाषांतरकार जो भाषा के विभिन्न स्रोतों से सुपरिचित हो, जो छंद-शास्त्र का महारथी हो, जो लोक साहित्य का अध्येता हो, बताये तो बताये। मैथिली की उनकी 'श्यामघटा, सित बीजुरि-रेह' और 'सुजन नयन मनि' जैसी कविताओं की काव्य पंक्तियां यथा 'फांक इजोतक तिमिरक थार / निबिड़ विपिन अति पातर धार' या 'सुजन नयन मनि / सुनु सुनु सुनी धनि' या 'पका है यह कटहल' का यह पद 'शाबास! शाबास!!/ अह क्या खूब पका है यह कटहल/अह! कितना बड़ा है यह कटहल / अह कैसा मह-मह करता है यह कटहल / अह, कैसे ख़ुद ही गिर पड़ा गाछ से / अह, किस तरह पड़ा है चारों खाने चित / अह, कैसा लटका था लोगों का मन इसके ऊपर / अह, क्या खूब पका है यह कटहल /...'आओ, आओ अजी ओ फलां, आते जाओ / एक-एक कोआ, दो-दो कोये अवश्य लेते जाओ', अंग्रेज़ी में रूपांतरित तो हो जायेंगी किंतु इनकी लयात्मक सुंदरता, इनकी अभिव्यक्ति के सौंदर्य रंग और संगीत का क्या होगा। सच तो यह है कि वह अनुवाद मूल की छाया की छाया भी नहीं होगा, स्वादविहीन, मृत रंग रेखाओं और ध्वनि-सौंदर्य से वंचित एक रचनात्मक सौंदर्य से विहीन रचना।

नागार्जुन की बहुसंख्य रचनाओं का जो छांदिक सौंदर्य, गीति तत्व, गति, प्रवाह, मूल भाषा में है अंग्रेज़ी में वह ध्वस्त हो जायेगा। मूल भाषा में जो गीत की टेक और शाब्दिक आवृत्ति प्रभावोत्पकता और सुंदरता तथा अर्थवत्ता की सृष्टि करती है, अंग्रेज़ी का स्वभाव, यद्यपि उसमें भी 'बेलेड' जैसी कविताओं में आवृत्ति का सुख और सौंदर्य होता है, इसकी अनुमति उस तरह नहीं देता है। नागार्जुन की सुज्ञात कविताओं में 'मंत्र कविता', 'चंदू मैंने सपना देखा', 'तीनों बंदर बापू के', 'तीन दिन तीन रात', दूसरी ओर 'मेघ बजे', 'घन-कुरंग', 'बातें', 'बहुत दिनों के बाद', 'अकाल और उसके बाद', अर्थ और गीति की जो सृष्टि हिंदी में करती हैं, वह अंग्रेज़ी में इस स्तर तक संभव नहीं है। 'मंत्र कविता' के 'ओं शब्द ही ब्रह्म है / ओं शब्द और शब्द और शब्द और शब्द / ...ओं क्रांतिः क्रांतिः क्रांतिः सर्वग्वं क्रांतिः / ओं शांतिः शांतिः शांतिः सर्वग्गवं शांतिः' /...ओम ओम ओम / ओम धरती, धरती, धरती, व्योम, व्योम, व्योम', सोनेट शैली में लिखी 'चंदू, मैंने सपना देखा' की गीतात्मकता 'चंदू, मैंने सपना देखा उछल रहे हो तुम ज्यों हिरनौटा / 'चंदू , मैंने सपना देखा अमुआ से हूं पटना लौटा', या 'मेघ बजे' के 'धिन-धिन-धा, धमक-धमक' / मेघ बजे' का नाद सौंदर्य अंग्रेज़ी में अंग्रेज़ी भाषा के विपुल सौंदर्य स्रोतों के उपरांत भी उसकी अपनी सघन गीतात्मकता और ऊर्जस्विता के होते हुए, बिना क्षति के संभव करना दुष्कर ही प्रतीत होता है।

कुछ शब्द अपनी मूल भाषा में सहज, निर्दोष, और हृदयस्पर्शी होते हैं। अब 'श्याम घटा, सित बीजुरि-रेह' / 'फांक इजोतक तिमिरक थार' या 'छोकरी के होठ लाल' या 'सुग्गे की चोंच लाल' या 'रविरंजित शिखर वाले' / 'हिमाद्रि के वक्ष पर' या 'देश-विदेश पूरा दुनिया-जहान' / 'धांग आया हूं मैं' या 'दिनांत का आरक्त भास्कर' / 'जेठ के उजले पाख की नौवीं सांझ' या 'कर गयी चाक' / तिमिर का सीना / जोत की फांक / यह तुम थीं' या 'उछल रहे तो तुम ज्यों हिरनौटा' को आप जब अंग्रेज़ी में रूपांतरित करते हैं यथा 'डार्क क्लाउड्स गेदरिंग',

'द वाईट स्ट्रीक ऑव लाइटनिंग', 'ए स्लाइस ऑव लाईट ऑन द प्लेट ऑव डार्क', 'द रूबी रेड या द चेरी रेड लिप्स ऑव द लेस', 'द पेरेट्स बीक रेड, ऑन द हिमाद्रि विद द पीक बेद्ड इन द सन', 'हेव ट्रेवल्ड द एन्टायर वर्ल्ड', 'द ब्लड रेड सन ऑव द ईवनिंग', 'द नाइंथ इव ऑव द स्कॉचिंग समर्स फॉर्टनाइट विद द ब्यायोंट मून्स', 'स्लेश्ड द ब्रेस्ट ऑव डार्क, द स्लाइस ऑव लाईट', 'इट वाज़ यू', 'स्किपिंग यू लाईक यंग डियर, तो करने को तो कर देते हैं किंतु आप स्वयं महसूस करते हैं कि लोक सौंदर्य का एक बहुत बड़ा अंश कहीं बहुत पीछे छूट गया है।

आप हम यह भलीभांति जानते हैं कि भाषा केवल शब्दों का समूह मात्र नहीं है। उसकी जड़ें देश या समाज विशेष के सांस्कृतिक-धार्मिक, सामाजिक, राजनैतिक, आर्थिक एवं ऐतिहासिक जीवन में गहरे धंसी हुई होती हैं। उसमें जातीय स्मृतियों, साहित्यिक गूंजों-अनुगूंजों का विपुल संसार समाया होता है। पृथ्वी के कटिबंध की अपनी अपनी ऋतुएं, पुष्प, वानस्पतिक संपदा, भूरेख, नदी-पहाड़ होते हैं। और यह सब वहां के जन जीवन में धड़कते रहते हैं। हर देश के अपने मिथक होते हैं। लोकनायक और लोकदेवता होते हैं। भाषांतरकार के सम्मुख यह स्थिति विकट प्रश्न खड़ा कर देती है। उदाहरण के रूप में यम-नियम, निर्वाण, पाप-पुण्य की अपनी भारतीय अवधारणाएं हैं। शेषनाग, बमभोला, विष्णु इत्यादि की भी अपनी देशीय आस्थाएं और स्मृतियां हैं। पाप की अवधारणा पश्चिम में अलग है, पुण्य भी उसी तरह 'राइटियस या वर्चुअस एक्ट' से अलग है। समुद्र मंथन और देवासुर संग्राम, विष और अमृत और इसी तरह ओम की अर्थध्वनियां भारतीय जीवन में कुछ अलग ही निजता के साथ रची बसी हैं। यहां तक कि यहां शरद, शिशिर, वसंत, भादौ उस तरह नहीं होते जिन्हें पश्चिम में शायद समझा जाता है और इनका विराट जन की चर्या में असाधारण महत्व होता है। जब आप नागार्जुन की कविता 'नीम की दो टहनियां' के इस छंद का कि 'यह कपूरी धूप / शिशिर की यह दुपहरी प्रकृति का उल्लास / रोम-रोम बुझा लेगा ताजगी की प्यास' पढ़ते हैं, तो नागार्जुन का तात्पर्य सर्दियों की एकदम चली जाने वाली धूप और शिशिर से अर्थ माघ और फाल्गुन की ऋतु और साथ ही शीत के अवसान और वसंत के आगमन का संकेत है तभी तो अनुगामी पद में कवि प्रकृति के उल्लास की बात करता है। हमारे यहां वसंत की पदचापें जनवरी के अंतिम सप्ताह में ही सुनायी देने लगती हैं जबकि शीत ऋतु पश्चिम में दुःख और मृत्यु की प्रतीक है। रूपांतर करते समय आप इतने विस्तार में नहीं जा सकते। यदि आप शिशिर को केवल 'विंटर' लिख देते हैं तो कवि के अर्थ को उस तरह ध्वनित नहीं कर सकते। अतः 'शिशिर' को 'शिशिर' लिखना ही अच्छा है यद्यपि पश्चिम का पाठक इसका किस सीमा तक आस्वाद ले पायेगा, यह वह स्वयं निर्णय करे। 'शिशिर' के लिए 'रिसिडिंग विंटर एंड द एडवेंट ऑव स्प्रिंग' तथा 'कपूरी धूप' के लिए 'द व्हाईट ट्रांसल्युसेंट सन' यदि लिखेंगे तो अतिरिक्त विस्तार को आमंत्रित करना है।

नागार्जुन विराट संवेदना के कवि हैं। उनकी सघन संवेदनाओं की परिधि में अछूते विषय और पारंपरिक सौंदर्यबोध को चुनौती देने वाले मनुष्य और प्राणी जगत के सदस्य अपनी पूरी जीवंतता और कलात्मकता में चित्रांकित होते हैं। वे जितनी सहृदयता से नेवले से पुत्रवत संवाद करते हैं 'जंबू, जमूरा, मोतिया, दुलरुआ' जाने कितने नाम से अपने युवा क़ैदी साथियों के साथ लाड़ लड़ाते हैं, उतनी ही आत्मीयता से 'पैने दांतों वाली' में 'धूप में पसर कर लेटी

/ मोटी-तगड़ी, अधेड़, मादा सूअर' जो 'अभी इस वक़्त/छौनों को पिला रही है दूध' को 'मादरे हिंद' की बेटी / भरे-पूरे बारह थनों वाली' के चित्र को उकेरते हैं। कवि लिखते हैं 'दुधमुंहे छौनों की रग-रग में/मचल रही है आखिर मां की ही तो जान'। जो अभिव्यक्ति का सौंदर्य 'मां की ही तो जान' में हैं, वह अंग्रेज़ी शब्द 'लाईफ़' में कहां व्यक्त हो पाता है।

'मन करता है' शीर्षक कविता में जिस तरह 'मैं उस अगस्त्य-सा पी डालूं सारे समुद्र को अंजलि से' के पीछे एक पूरी पौराणिक कथा है, उसी तरह 'कल्पना के पुत्र हे भगवान' में 'नदी कर ली पार उसके बाद/नाव को लेता चलूं क्यों पीठ पर मैं लाद' में जातक तथा बौद्धकथाओं की ध्वनि है और ये संदर्भ कविताओं को गहरी अर्थवत्ता प्रदान करते हैं। संपूर्ण संदर्भों के साथ अंग्रेज़ी रूपांतर में इन्हें उद्घाटित और उद्भासित करना उतना सरल नहीं है। उसी तरह 'सिंदूर तिलकित भाल' और 'बादल को घिरते देखा है' की अगणित सौंदर्यछवियां और भारतीय सांस्कृतिक और साहित्यिक जीवन की धाराएं, महाकाव्यात्मक औदात्य भाषांतरकार के सम्मुख बड़ी चुनौतियां हैं। 'वर्मिलियन मार्क्ड फ़ोरहेड' 'सिंदूर तिलकित' भाल का रूपांतर तो हो सकता है किंतु इसमें सौभाग्याकांक्षिणी भारतीय नारी की गरिमा उस तरह व्यक्त नहीं हो पाती। मांग में सिंदूर की रेख की महिमा केवल एक पतिव्रता, सुहागिन ही अनुभूत कर सकती है। अंग्रेज़ी के 'इंटिमेसी' या 'कम्पेनियनशिप' जैसे शब्द 'चाहिए किसको नहीं सहवास' (सिंदूर तिलकित भाल) को पत्नी की गरिमा की रक्षा करते हुए अपने अर्थ में उस तरह संपूर्ण नहीं हैं। 'बादल को घिरते देखा है' का प्रस्तुत छंद 'कहां गया धनपति कुबेर वह/कहां गयी उसकी वह अलका/नहीं ठिकाना कालिदास के/व्योम प्रवाही गंगाजल का, / ढूंढ़ा बहुत परंतु लगा क्या / मेघदूत का पता कहीं पर' में महाकवि कालिदास के 'मेघदूत' की स्मृतियां हैं। संस्कृत और हिंदी का पाठक इस छंद और कविता के अंतिम अंश की अंतिम पंक्तियों 'मदिरारुण आंखों वाले उन / उन्मद किन्नर-किन्नरियों की / मदुल मनोरम अंगुलियों को / वंशी पर फिरते देखा है!' का आस्वाद लेने 'मेघदूत' का क्रमशः 50 वां एवं 56वां छंद अपने स्मृतिकोष में रखता है। यह संपूर्ण आनंदानुभूति रूपांतर में कहां व्यक्त हो पाती है।

भाषांतरकार की कविता की अंतर्वस्तु की दृष्टि से तो सीमाएं हैं ही, छंद विधान एक दूसरी विकट बाधा है। साहित्य के छात्र इस तथ्य से परिचित हैं कि अंग्रेज़ी भाषा के अपने 'स्टान्ज़ाइक फ़ॉर्म्स', 'हिरोइक कपलेट' से लेकर 'स्पेन्सरियन स्टान्ज़ा' तथा ब्लेंक वर्स का 'आएंबिक पेंटामीटर', 'फ्री वर्स' तथा विभिन्न अलंकार और रूपकविधान हैं। नागार्जुन की 'प्रतिबद्ध हूं', 'कल्पना के पुत्र हे भगवान', 'सिंदूर तिलकित भाल' या 'बादल को घिरते देखा है' जैसी तुलनात्मक रूप से बड़ी रचनाओं का अद्भुत छांदिक सौंदर्य और 'राइम स्कीम' है और अंग्रेज़ी के छंदों में उसे सहेज पाना, बिना उसके सौंदर्य को आहत किये और साथ ही अंग्रेज़ी भाषा के वाक्य विन्यास को ध्वस्त किये बिना, कितना संभव है. यह कोई अत्यंत परिश्रमी और प्रतिभासंपन्न रूपांतरकार ही बता सकता है। उसके सम्मुख फ्री वर्स ही एक सरल मार्ग है। जैसा ऊपर रेखांकित किया गया है, हर भाषा का अपना वैभव, अपना सौंदर्य होता है और इस दृष्टि से अंग्रेज़ी भाषा अत्यंत समृद्ध है। उसके अपने 'टर्न्स ऑव एक्सप्रेशन्स' हैं, उसका अपना रंग और आस्वाद है। और सबसे महत्वपूर्ण है संवेदनाओं की सघनता और कल्पनाशीलता का विस्तार। भाषा अभिव्यक्ति का सशक्त माध्यम होते हुए भी कई स्थलों

पर निर्धन ही सिद्ध होती है। तब एक गहरी सांकेतिकता, एक 'सजेस्टिविटी' ही सहायता करती है। वही अर्थत्ता को बहुआयामी रूप प्रदान करती है। रूपांतर की अपनी सीमाएं हैं। फिर भी रूपांतरकार का यह प्रयास होता है कि वह मूल रचना के सौंदर्य, अर्थ और 'फ़ोर्स' को रूपांतर की भाषा में अधिक से अधिक प्रभावी ढंग से व्यक्त करता हुआ दो विचार और अनुभूतिसमृद्ध रचनाकारों, दो सांस्कृतिक, साहित्यिक, राजनैतिक समुदायों और सभ्यताओं के मध्य एक पुल निर्मित कर सके और मानवीय समझ को गहरी कर सके। नागार्जुन जैसे समर्थ और प्रतिबद्ध रचनाकारों के साथ इस प्रक्रिया में रूपांतरकार को मूल लेखक के प्रत्येक कोण और गहरे सामीप्य निकट से परिचित होने का सुअवसर मिलता है और यह उसकी किसी भी तरह कम उपलब्धि नहीं है। वह एक सजग अध्येता की तरह प्रकारांतर से सृजनशील रचनाकार बन जाता है और यहीं मूल रचना और रूपांतर दोनों, सृजनशील साहित्य के धरातल पर एक हो जाते हैं।

स्त्रीवादी उवाच : पालतू लड़की मत बन

रेखा अवस्थी

नागार्जुन की स्त्री-जीवन से संबंधित मैथिली में लिखित दो कविताएं, 'बूढ वर' और 'विलाप' (जनवरी 1941) तथा हिंदी की चार आख्यान कविताएं– 'भिक्षुणी' (1946/51), 'पाषाणी' (1947), 'चंदना' (1951), भूमिजा (1980) विशेष उल्लेखनीय हैं। यद्यपि बाद में रामकथा से संबंद्ध होने के कारण 'पाषाणी' को उन्होंने 'भूमिजा' काव्य पुस्तक के पूर्वार्द्ध के रूप में प्रकाशित भी कराया। इन कविताओं का अलग-अलग कविताओं के रूप में पाठ भी कम चुनौती भरा नहीं है। आज 2011 में इन कविताओं का विमर्शात्मक विवेचन कुछ ज़्यादा ही संगत लग रहा है। पिछले दसेक वर्षों से स्त्रीवादी लेखन के कारण महिला लेखिकाओं तथा नारीवादी विमर्श के प्रति तरह-तरह की बहसें, प्रतिक्रियाएं अशोचनीय ही नहीं कुत्सित मानसिकता की हदों में गाली-गलौज तक जा पहुंची हैं। सवाल बहुत वाजिब होगा कि इस सबसे नागार्जुन का क्या संबंध?

नागार्जुन आजीवन वाम राजनीति और साम्यवादी विचारधारा से 'प्रतिबद्ध' रहे। स्वयं अपने 'व्यामोह' के प्रति निरतंर सजग रहे। परंतु आज तमाम प्रगतिशील, जनवादी या क्रांतिकारी लेखक अपने-अपने 'व्यामोहों' या अंतर्विरोधों को समझने और उनसे मुक्त होने के प्रयासों के बजाय महिला लेखिकाओं के लेखन की हदबंदी करने, लक्ष्मण रेखाएं खींचने या बदनाम करने के लिए अपने अखबारों, पत्रिकाओं, सरकारी पदों और संस्थानों का खुल्लमखुल्ला दुरुपयोग कर रहे हैं। संविधान के प्रावधानों या विभिन्न धाराओं की अवमानना कर दबंगई स्थापित की जा रही है।

नागार्जुन ने लिखा : *मैं न कभी मरने वाला हूं / मर-मर कर जीने वाला हूं।* नागार्जुन इन सवालों के साथ ज़िंदा हैं। ऐसे माहौल में आज नागार्जुन की उल्लिखित कविताएं क्या कहती हैं? आत्मकथात्मक शैली में लिखी इन आख्यान कविताओं की भाव संवदेना क्या स्त्री यौनिकता का पक्ष प्रस्तुत करती है?

हम जानते हैं कि हमारे अभिजात समाज में पितृसत्ता के वर्चस्व के कारण रंगमंच पर क्रमशः स्त्रियां वर्जित होती चली गयी थीं। भावाभिव्यक्ति का अभिनय वास्तविक मुक्ति का मंच न बन जाये इसलिए स्त्रियों का अभिनय पुरुष करने लगे। विडंबना यह कि अभिनेताओं के अंदर स्त्रियां समा गयीं। प्रसिद्ध अभिनेता जयशंकर सुंदरी ने अपनी आत्मकथा में लिखा है कि प्रसाधन के जरिये स्त्री सज्जा के साथ वे पेट के पास की मांसपेशियों से स्त्री-वक्ष भी बनाते थे। अनेक स्त्री दर्शक पत्र लिखकर या मिलकर स्त्री भावनाओं की सूक्ष्म से सूक्ष्म

भावाभिव्यक्तियों से उन्हें परिचित करातीं या मशविरा देती थीं। जयशंकर सुंदरी स्त्रियों के रोल मॉडल भी बने।

साहित्य में यही अवस्था ज्यों का त्यों नहीं मानी जा सकती। आधुनिक चेतना, शिक्षा और समानाधिकार के प्रसार से पहले स्त्रीलेखन नहीं के बराबर ही है। यदा-कदा थेरी गाथा, भक्तिन अंदाल, मीरा या अक्का महादेवी के नाम गिना दिये जाते हैं। गार्गी, मैत्रेयी, तिलोत्तमा के साथ क्या हुआ? उस इतिहास को दोहराना तेल के गर्म कड़ाह में गिरने जैसा ही पीड़ादायी होगा। 19वीं शती के अंत और 20वीं शती के पहले दो दशकों में समाज सुधारकों के स्त्री मुक्ति संबंधी विभिन्न आंदोलनों एवं उनके लेखन की भूमिका अविस्मरणीय है। पंडिता रमाबाई, आनंदी बाई, सावित्री बाई फुले, ताराबाई शिंदें इन्हीं आंदोलनों के बाद क्रमशः अपनी आवाज़ों के साथ स्त्रियों की भूमिका के लिए समाज में जगह बनाती हैं। साहित्य लेखन के क्षेत्र में महिला लेखिकाओं की प्रविष्टि काफी देर से हुई। यद्यपि जनचेतना से संपन्न हमारे अग्रज रचनाकारों ने स्त्री जीवन की पीड़ा और उसके दुर्द्धर्ष एकाकी संघर्षों को अपनी रचनाओं की विषयवस्तु बनायी। इन रचनाओं का समाज पर व्यापक असर स्वीकार भी किया जाता है। नागार्जुन भी उन्हीं अग्रज रचनाकारों में से एक हैं। नागार्जुन स्त्रियों के प्रवक्ता बने पर आधुनिक चेतना के कारण स्त्रियां सशरीर उनकी मूल्यचेतना में पैठ गयीं।

'कालिदास' (1938) कविता में नागार्जुन की रचना प्रक्रिया से हमारा साक्षात्कार एक प्रश्न के माध्यम से होता है। प्रश्न है :

कालिदास, सच-सच बतलाना!
इंदुमती के मृत्युशोक से
अज रोया या तुम रोये थे?

इस प्रश्न के माध्यम से कवि का विषय के साथ तदाकार होना और पाठक-श्रोता तक अपनी भावानुभूति को संप्रेषित करने की रचना प्रक्रिया का स्पष्टीकरण होता है। कवि पत्नी वियोग की भावानुभूति को कविता का केंद्रीय भाव बनाता है। वह दुख अज, कालिदास और नागार्जुन से प्रवाहित होता हुआ अनेकानेक पाठकों, मनुष्यों (सामाजिक) को इस प्रकार विस्तृत भावभूमि पर ले जाता है कि पत्नी प्रेम के साथ प्रेम की महत्ता, प्रेम का सम्मान उसके भावसंस्कार का हिस्सा बन सके। विचार, भाव और शिल्प की एकता ही रचनात्मकता को ऊंचाइयों तक ले जाने का सुगम रास्ता माना जाता है। नागार्जुन की रचना प्रक्रिया का यह पहला सबक है कि विषयवस्तु, भावधारा और रचनाशिल्प-इन तीनों का समाहार किसी सामाजिक, भावनात्मक या वैचारिक सोद्देश्यता के लिए होना चाहिए। इस अर्थ में यह कविता सार रूप में पितृसत्ता के विरुद्ध है। सामंती समाज में पत्नी की मृत्यु पर पति रोता नहीं है। दूसरे, तीसरे या चौथे विवाह की योजना के सपने बुनता है या रनिवास की अन्य रानियों के बीच एक स्त्री को भूल जाता है। रचनावली में संग्रहीत यह तीसरी कविता है। उस वक़्त नागार्जुन की उम्र 27 साल रही होगी।

1939 में रचित 'बादल को घिरते देखा है' कविता में कवि 'शैवालों' की हरी दरी पर प्रणय कलह छिड़ते देखता है। प्रेमी जोड़े की मान-मनुहार का प्रतीक बनता है एक पक्षी युगल। कवि की चेतना स्त्री-पुरुष की बराबरी, उसके सहजीवन यानी मानयुक्त साहचर्य को ही दाम्पत्य की धुरी मानती है। कवि की यह मूल्य चेतना, ऐसी रागात्मक संवेदना के साथ चित्रित होती

है कि पाठक का रोम-रोम प्रेम से पुलकित हो सके :

मदिरारुण आंखों वाले उन
उन्मद किन्नर-किन्नरियों की
मृदुल मनोरम अंगुलियों को
वंशी पर फिरते देखा है।

प्रेम और साहचर्य के सम्मिलन के इस अद्‌भुत संगीत को हम बांसुरी पर बिना बजाये मन के कानों से सुन लेते हैं। इस स्वर लहरी में इस सत्य की पहचान भी छिपी है कि यह आलौकिक प्रेमगान लौकिक तभी होगा जब स्त्री दासी, अनुगता, बंदिनी नहीं होगी। बंधनों से मुक्त अपने तन और मन के संगीत को वह भी सुन पाने का परिवेश पाये जो अमल धवल गिरि के शिखरों पर किन्नर-किन्नरियों के बीच है अर्थात नागर सभ्यता से दूर आदिवासी जनजाति सभ्यता– जहां श्रम और संपत्ति दोनों में स्त्री-पुरुष बराबर माने जाते हैं। वहां ब्राह्मणवादी व्यवस्था का लिंगभेद नहीं है।

नागार्जुन 'सिंदूर तिलकित भाल' (1943) में प्रेम की इसी गहन अनुभूति का प्रतिलोम रचते हैं। विपन्नता प्रेमपूर्ण सहज जीवन की एक बड़ी बाधा है। आर्थिक खुशहाली के बीच प्रेम के उल्लास का एक चित्र पाठक की आंखों में तैर जाता है। पर कवि ने इस कविता में उस मर्दवादी विमर्श की निंदा की है जिसमें पुरुष आत्मलीन रहते हैं, *वेदना ही नहीं उसके पास/ फिर-उठेगा कहां से निःश्वास।* इस मानसिकता वाले जीवन व्यवहार से अपने को अलगाते हुए कहते हैं : *तभी तो तुम याद आतीं प्राण / हो गया हूं मैं नहीं पाषाण।* अर्थात स्त्री की इच्छा, आकांक्षा और मुश्किलात को समझने की ज्ञानचेतना या भावतंत्र जिसमें नहीं है वह व्यक्ति पाषाण है।

ऐसी ही कई अन्य कविताओं में नागार्जुन ने स्त्री-पुरुष के सहज जीवन प्रेम का घनीभूत प्रभाव रचा है। नागार्जुन प्रेम के उदात्त मूल्यों के साथ जीवन के जितने बड़े कवि हैं उतने ही बड़े कवि वे भग्नावशेषों और खंडहरों के भी हैं। पितृसतात्मक अहम्मन्यता का सोच और आचरण पुरुष को क्रूरता के शिखर पर पहुंचा देता है, जहां वह न्याय और विवेक बुद्धि को साथ नहीं रख पाता। 1946 में प्रकाशित 'पाषाणी' कविता लोक प्रसिद्ध कथा महर्षि गौतम के शाप से अभिशप्त उनकी पत्नी अहल्या पर आधारित है। दो संतानों की जननी अहल्या को युवा राम के स्पर्श से संज्ञान प्राप्त होता है और तत्क्षण उसे अपने पति के अभियोग का ही स्मरण होता हैः *'पर नर दूषित, पुंश्चलि, तेरी देह/, हो जाये निस्पंद कुलिश-पाषाण।* पूरी कविता में अहल्या का यह प्रश्न गूंजता रहता है :

धर कर पति का आकृति-रूप-स्वभाव
यदि आवे कोई पत्नी के पास
...
कहो तात फिर इसमें किसका दोष?

नारी देह की शुचिता का प्रश्न पुरुषप्रधान समाज का वह सांघातिक अस्त्र है जिसने स्त्री को नैतिकता के सीखचों के पीछे क़ैद करके उसे ज्ञान, शक्ति और संपदा से वंचित कर दिया। ज़रखरीद गुलाम बना लिया है। बलात्कारी के लिए कोई दंडविधान नहीं। दंडविधान केवल स्त्री के लिए :

पत्नी के प्रति पति का यह अन्याय
हुई अहल्या जो पाषाण प्राय

यह नागार्जुन की स्त्री चेतना है जो अहल्या को यह साहस देती है कि वह कह सके कि

पुरुषों पर भी मुझको घृणा अपार।

अहल्या का राम पर भी संदेह करना और राम का 'प्रतिज्ञाबद्ध' होना यह बताता है कि स्त्री पराधीनता के प्रश्नों और स्त्री मुक्ति के विकल्पों में वे समानता के पक्षधर हैं।

क्या 'पाषाणी' का अर्थ शुद्ध शाब्दिक है जैसा कि हमारी पुराकथाओं में कहा जाता है या समाज बहिष्कृत, एकाकी, परित्यक्ता, अथवा बंदिनी के रूप में लेना अधिक उचित होगा? गौतम ऋषि के आश्रम में उत्तर की ओर एक झोपड़ी में *भू-लुंठित थी नारी-प्रतिमा को देख राम शिर से लेकर तलवे तक प्रत्यंग / लगे फेरने मनोयोग से हाथ / ...पाषाणी में किया प्राण संचार* में यह आवाज़ साफ़ सुनी जा सकती है कि अहल्या समाज बहिष्कृत एकाकी जीवन आश्रम में बिताने को बाध्य थी। आज के जेलों के सॉलिटरी सेल की तरह। स्त्री दमन के विरुद्ध राम-लक्ष्मण का उनसे मिलना ('हाथ फेरना') और बात करना वास्तव में उस प्रतिबंध को तोड़ना है। जो काम अहल्या के बच्चे सामाजिक दबाव के चलते नहीं कर सके उसे राम-लक्ष्मण ने किया यानी अहल्या का पुनः समाज स्थापन। पर नागार्जुन उद्धारवादी नहीं स्त्रीवादी हैं। इसीलिये अहल्या का यह सुचिंतित वक्तव्य स्त्री विरोधी पुरुष मानसिकता को बेनकाब करता है :

असुर क्रूर तो सुर होते हैं धूर्त
क्षणमति होते किन्नर औ' गंधर्व,
दुर्विदग्ध संशयी, हृदय से हीन
होता मानव, तुम हो उससे भिन्न

युवा राम का स्त्री विरोधी मान्यताओं को तोड़ना नागार्जुन की विचार दृष्टि का वैशिष्ट्य है। कवि समाज की वर्चस्ववादी ताक़तों के विरुद्ध प्रतिरोधी ताक़तों की तरफ़ से हस्तक्षेप करता है। अहल्या की यह आशंका भी सच साबित होती है जब राम राजा बनने के बाद सपने में भी स्त्री का 'अपमान' न करने की प्रतिज्ञा के बावजूद गर्भवती पत्नी सीता का परित्याग करते हैं।

कवि ने 'भूमिजा' (1980) की अंतर्वस्तु में लोक और धर्म की मान्यताओं पर आधारित राम की स्त्री विरोधी मुहिम का प्रत्याख्यान किया है। स्वयं सीता ने अपनी भावना और तार्किकता से, त्रिजटा ने सखी भाव से और महर्षि वाल्मीकि ने संरक्षण भाव से पितृसत्ता को आत्मकथात्मक शैली में (इन सभी पात्रों के माध्यम) प्रश्नांकित किया है। यहां तक कि राम की विवशता का वर्णन इस प्रकार किया है कि पूरी तरह स्पष्ट हो जाये कि पितृसत्ता का मानसिक अनुकूलन पुरुषों के लिए भी कितना कष्टदायी है। नागार्जुन की स्त्री दृष्टि को सीता के साथ एकाकार होते देख पाना सुकून देता है। प्रश्न यहां भी स्त्री देह की शुचिता का ही उठाया गया है :

प्रमाणित क्या करना है मुझे?
पावनता अपनी? अपना शील?
प्रमाणित क्या करना है मुझे?
गुह्य शुचिता? चारित्रिक ओज?

हाय रे राजा! हाय री नीति?
हाय री रूढ़िबद्ध जन-भीति?
हाय रे पुरुष! हाय रे दंभ।

सीता के लिए देह शुचिता के साथ पुत्रों के उत्तराधिकार की भी आशंकाएं निर्मूल नहीं हैं :

होगा शासक कलंकिनी का पुत्र!
प्रजा करेगी क्या इनको बर्दाश्त?

'प्रजा' का तात्पर्य यहां शासक वर्गों से उसी प्रकार संप्रेषित होता है जैसे आज हमारे देश में 300 से अधिक सांसद (प्रजासेवक) अरबपति हैं और नीति निर्माता भी हैं प्रजा के चुने प्रतिनिधि। ऐसा व्यंग्य सीता के मुख से नागार्जुन ही संभव कर सकते थे। सत्ता का कोई दबाव उन्होंने स्वीकार नहीं किया—यही मिसाल उनकी ऊर्जा का स्रोत भी रही।

स्त्री विमर्श में स्त्री यौनिकता के अति विवादास्पद मुद्दे से रू-ब-रू होने के लिए नागार्जुन की तीन कविताओं—बूढ़ वर (मैथिली), विलाप (मैथिली) और भिक्षुणी (हिंदी) के विवेचन से वर्तमान महिला लेखिकाओं के स्त्रीवादी लेखन की तर्कसंगति और अनिवार्यता को समझना आसान हो सकेगा। कुतर्कों से मुक्ति मिल सकती है। 1941 और 1946 में लिखित ये तीनों कविताएं स्त्रियों की आत्मकथाएं हैं। 'बूढ़ वर' में धनधान्य से भरपूर स्त्री के जीवन में 'हाहाकार' है क्योंकि पति बूढ़ा है। अंदर से कलेजा धू-धू करके जलता है क्योंकि यौनाकांक्षा की अतृप्ति की पीड़ा को वह एकाकी इस प्रकार झलेती है:

जारे राक्षस, जारे पुरुष-जात
तेरी ही मारी मर रही हैं हम
कराह रही हैं, कुहर रही हैं हम...
सुने कौन आज, किससे क्या कहूं?

कविता में 'कराहना' और 'कुहरना' शब्द स्त्री यौनाकांक्षा का महाआख्यान सृजित करते हैं। 'विलाप' में बालिका का तेरहवां चढ़ा था और 'आशा का मल्हार गा रहा था मन' कि तभी वज्रपात होता है, बालिका विधवा हो जाती है। आशाओं और सपनों का संगीत विलाप की करुण ध्वनियों में बदल जाता है :

मुंह सीये रहती हूं जाबी लगाये
धीरे-धीरे भूसे की आग की तरह
जलती हूं मन-ही-मन मैं भी
फटती रहती हूं ईख के पोर की तरह
चैत की पछिया में ओठ की तरह।

स्त्री पुरुष संबंध शारीरिक ज़रूरत है, भूख-प्यास की तरह—इस बात को नागार्जुन यहां 'भूसे' की तरह जलना और 'ईख की पोर' की तरह फटना के बिंबों में स्पष्ट रूप से कह देते हैं। पर यहां वे यह बताना नहीं भूलते हैं कि ऐसी स्थितियों का फायदा उठाना पुरुष समाज में लोग खूब चतुराई से जानते हैं :

चाहती हूं धर्मपूर्वक जीवन बिताना
तब भी करना चाहते हैं तुझे लाचार
बड़े-बड़े चंदन टीकाधारी करते ऐसा व्यवहार

वैसों के साथ जो जा गिरूं गढ़े में
वे गुमनाम ही रहेंगे
...
उसकी चलेगी बात, समाज उसका ही होगा।'

सामाजिक, धार्मिक रूढ़ियों की गिरफ़्त में तड़फड़ाती स्त्री के यौन शोषण के इस सबसे जघन्य रूप की सीवन नागार्जुन ने उपन्यास 'रतिनाथ की चाची' में भी उधेड़ी है।

इन दोनों कविताओं में प्रकारांतर से, नियंत्रित तरीके से स्त्री भावनाओं को चित्रित किया गया है। इनसे उलट 'भिक्षुणी' (1946) बौद्ध विहार की धर्म दीक्षित एक युवा भिक्षुणी की आत्मगाथा है। परिवार और सामाजिक जीवन के बंधनों से मुक्ति धर्म में मानी जाती है। एक ज़माना था जब माता-पिता लड़कियों को पुण्य प्राप्ति के लिए मंदिरों में या बौद्ध संघों में दान कर देते थे। ऐसी ही एक बालिका 'भिक्षुणी' अब युवती हो गयी है। सहज जीवनेच्छा का अंकुरण हो रहा है :

काया यह तुम्हारी कितनी सुडौल है!
भले ही कुछ दिन
सुलभ रहा जिसको तुम्हारा यह बाहुपाश
अंकुरित यौवना वह धन्य यशोधरा

इस नैसर्गिक और अवश्यंभावी पृष्ठभूमि में वह बौद्ध दर्शन, सभी सूत्रपिटक जानने के बावजूद 'मानव-मानवी के सहज यान' को समझने के लिए भगवान बुद्ध से अनुमति चाहती है। अनुमति का यह निवेदन बहुत ही व्यंजक है। बौद्ध दर्शन की सीमाओं को भी इंगित करता है :

वंचित हूं अवसर दो
देख ली यह अति, वह अति भी देखूं
तभी तो मेरी समझ में आयेगा
तुम्हारा यह मध्यमार्ग भगवान अमिताभ।

बार-बार बुद्ध की काया पर रीझती वह भिक्षुणी अंततः स्पष्ट कहती है :

सहचर मैं चाहती
चाहती अवलंब, चाहती सहारा
देकर तिलांजलि मिथ्या संकोच को
हृदय की बात लो, कहती हूं आज मैं
कोई एक होता
कि जिसको
अपना मैं समझती

पूरी कविता का एक-एक शब्द भिक्षुणी की स्त्री-पुरुष साहचर्य और मातृत्व की प्राकृतिक एवं कथित(?) अनिवार्य इच्छा को भावोदीप्त करता है। नागार्जुन ने इन तीनों कविताओं को स्त्री मुख से उसके हृदय की चीख, क्रोध और प्रतिरोध के भावों और विचारों को स्त्री विमर्श की वैचारिक अवधारणाओं के आधार पर प्रस्तुत किया है। पित्तृसत्ता से कोई समझौता नहीं है। स्त्री यौनिकता को प्रत्यक्ष और परोक्ष, दोनों तरह से प्रस्तुत किया गया है।

आत्मकथात्मक शैली से अलग ढब की 'चंदना' (1956) में वाचक ने कथा कही है।

राजकुमारी वसुमति युद्ध में पिता की पराजय के बाद सैनिकों द्वारा अपहृत करके बाजार में बेच दी जाती है। नये नामकरण में क्रीतदासी चंदना को निस्संतान व्यापारी धनावह खरीद लेता है। धनावह के पितृवत स्नेह को भी कुत्सित दृष्टि से देखने वाला हमारा समाज-परिवार चंदना को क्रूरतम यातनाएं देता है। ईसा पूर्व छठी सदी की इस काव्य-कथा में जैन परिव्राजक महावीर काल के धर्म और समाज का वस्तुगत वर्णन किया गया है

महावीर का यह संकल्प था कि वह उसी स्त्री से भिक्षा ग्रहण करेंगे जो रो रही हो, पद दलित हो और दुर्गति झेल रही हो। स्त्री की महादुर्दशा का यह आख्यान प्रेम, करुणा और अपरिग्रह के लिए ख्यात जैन धर्म की संकीर्णता और वैचारिक सीमाओं से पाठक को परिचित करता है :

दीन-हीन उपेक्षित दुर्गत पददलित
अश्रुमुख क्रय-क्रीत दासी के हाथ से
होगा यदि भिक्षा लाभ
करूंगा आहार तभी

अर्थात जैन धर्म के अस्तित्व की रक्षा के लिए दास प्रथा, उसमें भी स्त्रीदासी की उपस्थिति को तो बनाये ही रखना होगा अन्यथा करुणा का संचार कैसे होगा? क्या विडंबना है कि दुनिया के लगभग सभी धर्म औरत की कुर्बानी पर टिके हैं। 'पूर्ण हुआ अभिग्रह' के बाद तीर्थंकर महावीर की महाशक्ति, जो पुरुषसत्ता की प्रतीक है, से चंदना को त्रास एवं गुलामी की ज़ंजीरों से मुक्ति मिलती है। धनधान्य मिल जाने के बावजूद चंदना जैन-धर्म की शरण ग्रहण करती है :

हो गयी अनुगृहीत
मिल गया आश्रय।

कविता का पूरा स्थापत्य इस तरह निर्मित है कि देश-काल, और उसके साथ जैन धर्म का संबंध चलचित्र की तरह उभरता रहता है। सिनेमोटोग्राफी की शब्दावली में कहें तो कविता का हर दृश्य क्लोजअप्स में अंकित किया गया है। पर कविता की अंतिम पंक्ति 'मिल गया आश्रय' की ध्वनि से कवि के मंतव्य को ध्यान से पढ़ना होगा। नागार्जुन ने इसे चंदना की मुक्ति नहीं आश्रय कहा है अर्थात अनाथ युवती को मालिक के घर की चहारदीवारी से धर्म की चहारदीवारी में ठिकाना मिल गया है। स्त्री घर से निकले तो धर्म गृह में ही प्रवेश करे, उसकी यही नियति निर्धारित कर दी है पितृसत्ता के बाजू के रूप में सक्रिय धर्मसत्ता ने। घर-परिवार समाज की रुढ़ियों और अंधविश्वासों के स्थान पर धर्म की रूढ़ियों, अंधविश्वासों और पाखंडों का पालन करना होगा उसे। अतः 'चंदना' स्त्री जीवन की शाश्वत त्रासदी की वह गाथा है जहां उसके बंधनों के, दासत्व के केंद्र बदलते रहते हैं।

'भूमिजा' (1980) में सीता का प्रखर रूपांकन आधुनिक विद्रोहिणी स्त्री की तरह पितृसत्ता के सभी मुखौटों को नोच लेता है। उसमें स्त्रीदेह की शुचिता का मखौल उड़ाने का साहस है। तुलसी और वाल्मीकि की रामकथा से आगे जाकर 'भूमिजा' की सीता ने अपने अधिकारों के साथ अपनी संतान (लव और कुश) के उत्तराधिकार का प्रश्न भी उठाया है। पुरा-कथा की सीमा के बावजूद धरती में समा जाने का सीता का निर्णय अवसाद के साथ स्वनिर्णय करने के साहस का परिचायक माना जा सकता है। यहीं से उस परिवर्तनकामी सोच की

शुरुआत होती है कि फिर 'हमें' कैसी ज़िंदगी चाहिए :

सोच रही हूं परिवर्तित वह काल
कैसा होगा, क्या होगी युग-रीत

नागार्जुन का स्त्री विमर्श संवेदनशील हृदय और तर्क प्रज्ञा का अद्भुत संगम है। मुक्ति प्राप्ति के लिए आज स्त्री को पितृसत्ता से अनुकूलित पुरानी आकांक्षाओं की परिधि को तोड़ना होगा। शिक्षा और आत्मनिर्भरता पाने के लिए दृढ़ता और संकल्प के साथ, अपनी स्वतंत्र पहचान के निमित्त जाग्रत बुद्धि रखनी होगी। 'शकुंतला' (1961) में नागार्जुन ने ब्याज निंदा से परिवर्तन का रास्ता इस प्रकार चिह्नित किया है :

अंगूठी?
सोने की अंगूंठी
क्या हुआ लेकर सोने की अंगूठी
प्रीति की प्रतीक।
मूर्ख थी शंकुलता
(महर्षि की पालतू लड़की)
शोहदे की अंगूठी पर किया था भरोसा

कविता की ध्वनिव्यंजना से स्पष्ट तौर पर निम्नलिखित अर्थ निकलते हैं :

1. वस्तु का लेन-देन नहीं है प्रेम।
2. प्रेम और विवाह क्रय-विक्रय से दूर बराबरी के स्तर पर पारस्परिक बौद्धिक प्रक्रिया से होना चाहिए।
3. वस्तु नहीं व्यवहार प्रेम का द्योतक होता है।
4. भावना और तर्क का संगम प्रेम है।

'क्या हुआ लेकर सोने की अंगूठी' पंक्ति का अभिप्राय गहरी व्यंजनाओं की सुगंध से भरपूर है। अति संरक्षण क़ैद है। गुलामी है। पालतू जीवन स्वीकार मत करो। स्वतंत्रता और आत्मनिर्भरता से ही विद्रोह और मुक्ति का रास्त मिलेगा। नागार्जुन के स्त्री उवाच की अंतिम दो पंक्तियों की व्यंजना से भाव व्यक्त होता है, *मत बन पालतू लड़की; मत कर शोहदे पर भरोसा।*

'शोहदे' की अनगिनत अर्थछटाएं समझी जा सकती हैं। कहने के लिए इतना ही पर्याप्त है कि किसी पर भी आंख मूंद कर विश्वास नहीं किया जाना चाहिए। महिला लेखिकाओं को भी इसके दूरगामी आशयों के प्रति सचेत रहना होगा।

पिछले अरसे में महिला लेखिकाओं की आत्मकथाओं में लिखे गये स्त्री यौनिकता के प्रसंगों या विवरणों पर कुछ समकालीन रचनाकारों की प्रतिक्रियाओं और अश्लील टिप्पणियों का यदि नागार्जुन के स्त्रीवादी सोच के साथ तुलना करें तो आश्चर्य होता है कि सन् '41 में भी कितने भविष्योन्मुखी थे नागार्जुन! संभवतः यह फ़र्क़ वर्ग भेद के कारण भी हो सकता है। क्योंकि बाबा फ़क़ीरी में ही रहे, न अफसर बने न ही कुलपति या किसी संस्थान के उपाध्यक्ष या किसी पूंजीपति की पत्रिका के संपादक। वे हरदम मसिजीवी दिहाड़ी मजदूर रहे, इसीलिए स्त्री-जीवन को निरभ्र दृष्टि से जाना और पहचाना।

भारतीय लोक का स्त्री-पक्ष

अनामिका

नागार्जुन के गांव से मेरे नन्हे-से शहर की दूरी दो-ढाई घंटों की होगी। उनका लोक मेरा अपना लोक है। ख़ासकर उनकी 'प्रकृति' और उनकी 'स्त्रियां' मेरे अपने नैतिक भूगोल का अंतरंग हिस्सा हैं! इसलिए मैंने यह विषय चुना कि उनका 'लोक' और उसका स्त्रीपक्ष मेरा चीन्हा हुआ है। उनकी राजनीतिक कविताओं में भी 'धुरछक उतारती' मलंग ग्रामवधुओं की परिहासनिपुण, व्यंजनापरक भाषा का लौंगिया चरपरापन बहुत साफ़ नज़र आता है। सर्वसमावेशी स्त्रीदृष्टि दंड/क्षमा/न्याय/करुणा आदि द्वैतों से कदम-कदम पर जूझती है और किसी द्वंद्व के सच्चे समाहार का अभाव अक्सर उसे एक हंसमुख से महीन विडंबनाबोध से लहालोट रखता है! नागार्जुन के अपने शब्दों में कहूं तो 'प्रतिबद्ध', 'संबंद्ध' और 'आबद्ध' :

आबद्ध हूं, जी हां, आबद्ध हूं
प्रियजन के पलकों की कोर में
सपनीली रातों के भोर में...
तीसरी-चौथी पीढ़ियों के दंतुरित शिशु-सुलभ हास में

राजनीतिक प्रतिबद्धता अक्सर यह दावा उछालती नज़र आती है कि वह माया मोह के बंधन काट देने वाला मुक्ति-पथ है। नागार्जुन की कविता ऐसा कोई दावा नहीं करती कि 'घर-बार' जला देने वाली लुकाठी पकड़ रखी है। राहुल सांकृत्यायन की तरह नागार्जुन भी ऐसा रमता जोगी, बहता पानी है कि उनका चित तम्बू, कनात, स्टेशन, धर्मशाला, अलाव, चौराहा, बस, ट्रेन कहवा-घर और जेल-तक में एक घर ढूंढ लेता है। दूसरों की बहू-बेटियों में अपनी बहू-बेटी। कभी-कभार वे अपने नन्हे-मुन्ने प्रेम और निरीह, छिटपुट आकर्षणों की चर्चा सिंदूर-तिलसित भाल' से कर देते हैं जिसकी याद उन्हें परदेश में भी हर क्षण स्निग्ध और उद्दीप्त रखती थी, ऐसे निरीह आकर्षण का एक प्रमाण मौथिली की यह कविता भी है :

रंगी-रची पेटी से उंगठी
गौना करायी दुलहन
सोयी है या जगी
घूंघट की आड़ में!
लेकिन दूल्हा भर रहा है खर्राटे
पास ही काले कंबल पर,
सिरहाने सैंतकर सामान

इनकी रखवाली कर रही है
सिक्कों की माला और पत्तीदार बाजूबंद पहने
दुल्हन की अर्द्धवयस्क नौकरानी
लाल किनारी की पीली साड़ी में
बिलकुल मांगुर मछली-सी है उसकी देह की कांति
लगती है कितनी अच्छी
अब क्यों निकलेंगे आंखों के डोरे
न आये रात भर मेलट्रेन!

पश्चिमी स्त्रीवाद इसे 'मेलगेज़' कहकर दुत्कार सकता है, पर लोक संवेदना ऐसे प्रसंग परिहास में टाल जाने की कला जानती है : 'भर फागुन बुढ़ऊ देवर लागे, भर फागुन'।

परदेसी पिताओं की धरती है मिथिला, बल्कि यह पूरा तिरहुत प्रदेश। रोज़ी-रोटी की तलाश हो, कोई और बृहत्तर संधान (राजनीतिक/आध्यात्मिक तलाश), हरी-भरी धरती और और मिठबोली घरनी, बच्चा बुतरू, भाई-बंद, माता-पिता, परिजन-पुरजन की भकजोगनी यादें ही अंधेरे रास्तों पर इजोर का अक्षत छिड़कती चलती हैं :

गीली भादो, रैन अमावस,
कैसे ये नीलम उजास में
अच्छत छींट रहे जंगल में!

जुगनू हो या 'डियर तोताराम', क़ैदियों की मुक्ति का 'वायकेरियस' (अत्यांतरित) आनंद देवे वाला जेल का महाघुमंतू नेवला हो या बापू के भी ताऊ निकले बापू के वे बंदर, घन-कुरंग हों या फुहारों वाली बारिश, बांगमग्न मुर्गा हो या ध्यानमग्न बक शिरोमणि, 'मादरे हिंद की बेटी सूअर मां हो या अचानक गांव में घुस आया बाघ–सलाखों से भाल टिकाकर कुछ-कुछ सोचते और लगातार ही कुछ-कुछ बोलते हुए समाधीत, सरस किंतु परमव्यग्र व्यक्ति के अवचेतन के विराट् स्पंदनों का पता देते हैं जिसके भीतर का महास्वप्न टूटा नहीं है। इस जटिल समय में भी बाबा ऐसे रचनाकार हैं जिनका लोकतंत्र के दरिंदों पर स्पष्ट कटाक्ष का नैतिक साहस टूटा नहीं है। मजे की बात यह है कि राजनीतिक कटाक्ष में भाषिक औजार भी उन्हीं लोकगीतों, कहावतों और उन्हीं लोक-आख्यानों के महान शस्त्रागार से लिये गये हैं जिसकी सर्जना और रखवाली आज तक औरतों के ही हिस्से रही है :

आओ, रानी हम ढोयेंगे पालकी,
यही हुई है राय जवाहरलाल की,
रफू करेंगे फटे-पुराने जाल की!

देशी आधुनिकता के इस महाप्रसंग की पृष्ठभूमि में हज़ार उन प्रसंगों का जिक्र किया जा सकता है जो समय-समय पर उतने समकालीन और कनीय सहचर सुनाते रहते हैं! इनमें एक महत्वपूर्ण प्रसंग है प्रो...गोपेश्वर सिंह का सुनाया हुआ! पटना सचिवालय के पास कहीं सड़क पार करते हुए फुटपाथ पर बिकती एक बांग्ला पत्रिका देखी! जेब में पैसे नहीं थे, पर उसे खरीद लेने की खातिर वे ऐसे मचले जैसे भूखा कच्चा मनेर के लड्डुओं के लिए मचल जाता है! तर्क यह कि बांग्ला पत्रिकाओं में सारे पश्चिमी विवादों की समधीत चर्चा होती है! भगिनी-भाषाओं से छनकर घर पहुंची पश्चिमी आधुनिकता, 'टवाइस रिमूव्ड फ्रॉम

रिऐलिटी' का ऐसा स्वरूप है जिसे 'शुभ' ही कहना चाहिए। धारा में स्थानीय खनिज घुलना कभी-कभी अच्छा भी होता है! राजगीर का गर्म सोता याद कीजिए। नीचे तप्त गंधक का स्पर्श साधारण पानी में औषधीय उष्णता भर देता है। आधुनिकता की पश्चिमी धारा प्राचीन संस्कृतियों के खनिज तत्व से घुलती-मिलती जब आगे बढ़ी, उसके औषधीय गुण भी बढ़े। 'घाट-घाट का पानी पीना' मुहावरा इसलिए भी बना होगा कि घाट-घाट पर पानी का स्वाद बदल जाता है : संस्कृतियों का तालमेल भाषा के तालमेल की तरह, कभी भी प्रदूषणपरक नहीं होता। संस्कृति-जल या फिर भाषा-जल सामान्य पानी नहीं है, कम-से-कम उससे प्रदूषण वाले ख़तरे नहीं होते।

हां तो मैं कह यह रही थी कि बांग्ला पत्रिकाओं से और अखबारों से छनी हुअ आधुनिकता 'मैथिल बानी सब जग मिट्ठा' के घर जब आयी तो उसकी छब-ढब अलग थी। मार्क्स, फ्रायड, बर्तोल्त ब्रेख़्त के बांग्ला और हिंदी अनुवाद अंग्रेजी अनुवादों से कितने अलग हैं, इस पर तो शोधपत्र लिखा जा सकता है! फिलहाल उसे छोड़ती हूं। समझना हमें यह है कि लालू साहू, चंदू, ग्रामीण मास्टर, अकाल और बाढ़ की विभीषिकाओं से घिरे साधारण ग्रामीण साम्यवाद और लोकतंत्र की पश्चिमी अवधारणाएं घर ब्याह लाते हैं तो उनकी स्थिति क्या होती है? स्थिति तो वह जो लोकगीत वाले 'लाला' की हुई थी।

'आगरे का लाला/ अमरीकी दुल्हन लाया रे' और दुल्हन इतनी दबंग निकली कि उसने पहले तो कुनबे से लाला को अलग किया, फिर उसे भी छोड़ चलती बनी। लेकिन लोकतंत्र एक अच्छी दुल्हन था! 'मेम साहिब' भाव से वह हमारे घर, कम-से-कम नागार्जुन के घर नहीं आया। वह आया सामरस्य का ककहरा पढ़कर और अपनी सौत तक को भी उसने अपने रंग में रंग डाला—वह भी प्यार से। उसके आधारभूत प्रमेयों का पूरा भाव रखते हुए। सौत भी तो सामान्य सौत नहीं थी। साम्यवाद की इस सौत से लोकतंत्र का विवाद केवल इतना था कि वह मुंह सिल देने में विश्वास रखती थी, एक सूक्ष्म तरह की तानाशाही में विश्वास रखती थी। आपातकाल इस सौत का 'फुटली आईना' था। इसमें उसका चेहरा विद्रूप दिखायी दिया, जीभ कतर देने के इस सिद्धांत से किसी की भी सहमति बनी नहीं, ख़ासकर, नागार्जुन की सहमति। मार्क्स की अंतर्राष्ट्रीयता से सहमत होते हुए भी देशप्रेम की कविताएं भारत-चीन युद्ध के समय भी उन्होंने लिखी थीं। पर नेहरू और इंदिरा के तर्ज का छद्म लोकतंत्र उन्हें स्वीकार नहीं था।

तानाशाही तामझाम है, प्रजातंत्र का नारा, पार्लियामेंट पर चमक रहा है मारुति का ध्रुवतारा! भेदभाव की संरचनाएं ख़त्म करनेवाला साम्यवादी प्रजातंत्र ही सच्चा प्रजातंत्र है, पर हां, बोलने की आज़ादी चाहिए। आपातकाल के दौरान तो रघुवीर जी की कविताओं का ताल-छंद भी नागार्जुन जैसा ही हो गया :

निर्धन जनता का शोषण है, कह कर आप हंसे
लोकतंत्र का अंतिम क्षण है, कहकर आप हंसे
कितने आप सुरक्षित होंगे, मैं सोचने लगा,
सहसा मुझे अकेला पाकर फिर से आप हंसे।

पर प्रश्न यह उठता है कि इस तरह की नृशंस हंसी हंसने वालों का मज़ाक उड़ाने, उपनी धज्जियां उड़ाने की छूट अगर कविता में मिलती है तो इसी प्रजातंत्र में। लोकतंत्र है तभी

कविता है, लोकतंत्र न हो तो कविता की घिग्घी ही बंध जाय!

नागार्जुन इतना समझते थे, तभी उन्होंने कविता में भी वे ही उपाय आजमाये जो नयी स्त्रियां आजमा रही हैं। घर की संरचना में रहकर ही घर की सरहद बढ़ा देने की कोशिश। घर एक रणभूमि है और अच्छा योद्धा रणभूमि को पीठ नहीं दिखाता। स्त्रियां अपनी रणभूमि में डटकर आततायी संरचनाएं ढाती हैं और नयी उठा देती हैं। किसान अपनी झोपड़ी में गठरी-मोटरी के संग जमा हुआ धीरे-धीरे उसका ढांचा बदल देता है। बड़े भवनों की रिमॉडेलिंग के वक़्त उसके बाशिंदे किसी और हवामहल में पलायन कर जाते हैं, उतनी घिचपिच उन्हें बर्दाश्त नहीं होती। पर स्त्री समाज, दलित, आदिवासी, किसान, और मजदूर और कवि चुपचाप संरचनाएं बदल देते हैं और काव्यभाषा की ज़मीन इस भीतरी परिवर्तन को सबसे अधिक सूक्ष्मता से दर्ज करती चलती है और इससे ही कविता का लोकतंत्र बनता है। भीतरी परिवर्तन की आहटें जहां दर्ज होती है, वहीं से शुरू होती है भीतरी आलोचना की एक ऐसी समृद्ध परंपरा जो हरदम चौकस रखे, कभी निढाल नहीं होने दे। नागार्जुन की कविता की तरह जो भाषावैभव में प्रजातांत्रिक है और 'क्लासिकल', 'पॉपुलर' का पदानुक्रम तोड़ने की हिम्मत के कारण गहरे अर्थों में साम्यवादी भी। 'घिन तो नहीं आती है' कविता का आत्ममंथन इसका, स्पष्ट प्रमाण है।

बात मैथिल लोक से शुरू हुई थी जो 'रतिताथ की चाची' और 'उग्रतारा' का भी लोक है। उनके उपन्यासों के क्रांतिकारी स्त्री-किरदार भी उसी स्त्री-दृष्टि का उत्सव संकेत देते हैं।

बिहार-बंगाल में बहुतरे लोकगीत एक ऐसे सरस जोगी को समर्पित हैं जो तरह-तरह के रूप बदलकर भिक्षा मांगने आता है और घर की औरतों से दुख-सुख बतियाता हुआ उनके अंतरंग का पता भी पा जाता है। एकरस कामकाज से थकी, मार-पीट, गाली-गलौज से मलुआई साधारण स्त्रियां उसे घेरकर बैठ जाती हैं। दीन दुखिया के क़िस्से उससे सुनती हैं। क्योंकि वह एक जगह टिककर नहीं बैठता, उसके पास क़िस्सों का पिटारा होता है। जोग अध्यात्म के अलावा भी बहुतेरे ऐसे प्रसंग जिनसे स्त्रियों का घटनाविहीन जीवन चमत्कृत हो जाये और रहस्यदीप्त भी। किसी-किसी गीत में वह उनका निर्मोही प्रेमी बनकर उभरता है, पर ज़्यादातर गीतों में उसकी स्थिति एक हमदर्द सखा की होती है। एक ऐसे ज्ञानी-ध्यानी सखा की जिसके पास धीरज और स्नेह हो और दुनिया की ज़्यादातर समस्याओं का हल भी। नागार्जुन की छब-ढब कुछ-कुछ ऐसी ही थी।

अपने एक महत्वपूर्ण साक्षात्कार में बाबा ने कम-से-कम पांच वर्षों के लिए स्त्री बन जाने की आकांक्षा ज़ाहिर की है। अपनी ही पत्नी, बेटियों, बहुओं से नहीं, दोस्त-घरों की पत्नियों-बेटियों-बहुओं से भी बाबा का सामरस्य ऐसा था कि वे उन्हें अपनी सखी की मानती थीं। उनके रसोईघर तक बाबा का निश्शंक प्रवेश हिंदी जगत का एक सर्वज्ञात तथ्य है। जैसे चांद, सबका मामा, बाबा सबके बाबा।

स्त्रियों का दोस्त बन पाना इतना आसान नहीं है। स्त्रियों का एक बड़ा दुःख यह है कि अनन्य प्रेम के कच्चे-सच्चे दावे ठोंकने वाले तो राह चलते, मिलते रहते हैं, पर सच्चा दोस्त नहीं मिलता। दोस्त जो दुखसुख सुने-समझे, ज्ञान और प्रज्ञा-पथ का सहचर बने और जिसकी दृष्टि बुद्ध दृष्टि हो, किसी तरह की जबर्दस्ती जो न करे। एक प्रजातांत्रिक वैभव,

एक हंसमुख दोस्त दृष्टि जो शालीनता को कायम रखे और स्वतंत्र निर्णय का स्पेस दे।

मेरे कवि-पिता, स्वर्गीय श्यामनंदन किशोर, रोज़ रात थपकियां देकर हमें सुलाते थे! खिड़की के पास, जहां मां बैठती थी, कटहली चंपा के पौधे थे। थपकियों के ताल पर पिताजी हमें कभी अपनी कविताएं सुनाते, अपनी पसंद के देशी-विदेशी कवियों की भी। कटहली चंपा की गंध और चांदनी का प्रकाश जादू की तरह उन सारी कविताओं में प्रवेश कर जाता और फिर हमारी छिपती आंखों के रास्ते हमारे अंतर्मन में। उनमें कुछ कविताएं नागार्जुन की भी होतीं। इस प्रकार नागार्जुन की कविताओं का प्रकाश, उनका शब्दसंस्कार, नैतिक भूगोल, सौंदर्यबोध, अंतःसंगीत और नाटकीय वैभव मेरे भीतर कहीं गहरे रच बस गये। मिथिला, वैशाली और तिरहुत की आबोहवा की तरह जिसके साथ 'सिंदूर तिलकित भाल' बाबा को याद आता है।

बिहार की ज़्यादातर पत्नियां विस्थापित पतियों की पत्नियां रही हैं। सिंदूर-तिलकित भाल वहां हरदम प्रतीक्षादीप्त ही रहे हैं।

रंगून, कलकत्ता, आसाम, पंजाब और दिल्ली यानी ये स्थान बिहार से आकर बस गये मजदूरों, छात्रों, पत्रकारों, लेखकों, पार्टी कार्यकर्त्ताओं और फेरीवालों से आबाद रहे हैं हरदम। भूमंडलीकरण के बाद की स्थिति तो यह है कि मिथिला, तिरहुत, वैशाली, सारण और चंपारण यानी गंगा पार के बिहारी गांव सर्वथा पुरुषविहीन हो चुके हैं यानी कि पूरी-की-पूरी मही वीरों से खाली है। सारे पिया परदेसी पिया हैं वहां। गांव में बची हैं वृद्धाएं, परित्यक्ताएं और किशोरियां जिनकी तुरंत-तुरंत शादी हुई है या फिर हुई ही नहीं, हो ही नहीं पायी इसलिए कि दहेज का पैसा जुटा नहीं, नागार्जुन की 'सिंदूर तिलकित भाल', 'कालिदास', 'तब मैं तुम्हें भूल जाता हूं', 'इसलिए तू याद आये', 'गुलाबी चूड़ियां' आदि उसी अकेली छूटी बेटी/पत्नी/प्रिया के लिए उमड़ी अजब तरह की कसक भरी अमर कविताएं हैं। पुराना साहित्य कहीं बेटी के वियोग का जिक्र नहीं करता। यह वियोग का एक नया प्रकार है जिसकी आहट भारतीय साहित्य में रवींद्रनाथ के 'काबुलीवाला' के बाद बाबा की 'गुलाबी चूड़ियों' में ही खनकती है :

सामने गीयर के ऊपर
हुक से लटका रखी हैं
कांच की चार चूड़ियां गुलाबी...
हां भाई, मैं भी पिता हूं
वो तो बस यूं ही पूछ लिया आपसे
वर्ना ये किसको नहीं भायेंगी?
नन्ही कलाइयों की गुलाबी चूड़ियां।'

(गलाबी चूड़ियां)

छन-छन-छन-छन बजने वाली ये गुलाबी चूड़ियां दरअसल वैयक्तिक स्मृतियों से जातीय स्मृतियों तक एक अच्छा ताना-बाना रचती हैं। काल भी तो एक बस के सफर का वक़्त ही है! उस बस की बदलती रफ़्तार के मुताबिक ऐन गीयर के ऊपर हिलती रहने वाली ये चूड़ियां जैविक घड़ी की टिक-टिक भी हैं और स्मृतियों की छन-छन भी। एक गीयर हाथ में है। पर गीयर के यथार्थ के ऊपर भी कुछ है, और जो भी यह है, उसकी रुनक-झुन-झुन अनंत तो है ही।

नागार्जुन की कविता में इधर-उधर, जहां-तहां छूट गये, असमय काल-कवलित हुए, निरंतर संघर्षरत, भूखे-प्यासे-अघूरे बचपन के चित्रों की एक सजग शृंखला है। उनका यह वात्सल्य नेवला, कुतिया आदि छोटे पशुओं, साधारण पक्षियों और बिखरे बचपन पर एक भाव से ही उमड़ता है। यह सर्वसमावेशी वात्सल्य भी उनकी लोक-दृष्टि का सजग स्त्री-पक्ष है।

मेरे एक कवि-मित्र, शशिभूषण द्विवेदी, बचपन का संस्मरण बड़े भाव से सुनाते हैं कि मेरे गांव में जनगणना के समय गांव की स्त्रियों का नाम लिखा जा रहा था। पड़ोस की चाची की बारी आयी तो शशिभूषण के सिर पर प्यार से अपना हाथ फेरती हुई झट से वे बोलीं—लिख द, भूषण के चाची। लोककथा का राक्षस तो अपने प्राण तक तोते में रख जाता था। स्त्रियां अपने प्राण बूंद-बूंद पूरे कायनात में बांट आती हैं; मुख्य संबंधों का विस्तार जिस सहजता से सामान्य स्त्रियां कर लेती हैं, उसके लिए भीतर बहुत ऊष्मा चाहिए। उष्मा नहीं होगी तो भीतर जड़ीभूत अहं न पिघलेगा, न विस्तार पायेगा। यह ऊष्मा आती कहां से है? अहेतुक वात्सल्य से! स्त्री सुलभ इसी अहेतुक वात्सल्य का अनंत विस्तार हमें 'चंदू, मैंने सपना देखा', 'चौथी पीढ़ी का प्रतिनिधि', 'यह दंतुरित मुस्कान', 'नेवला', 'जया', 'बच्चा चिचार', 'खुरदरे पैर' आदि सप्राण कविताओं में मिलता है :

खुब गये
दूधिया निगाहों में
फटी बिवाइयों वाले खुरदरे पैर
दे रहे थे गति
रबड़-विहीन ठूंठ पैडलों को
चला रहे थे :
कर रहे थे मात त्रिविक्रम बामन के पुराने पैरों को
नाप रहे थे धरती का अनहद फासला
घंटों के हिसाब से ढोये जा रहे थे

(खुरदरे पैर)

फैज़ अहमद फैज़ की एक कविता है : 'इक मुनीज़ा हमारी बेटी है' जिसमें वे मुनीज़ा को इक बेटी है हमारी डिटेक्टर' कहते हैं। 'जया' (1941) की ये पंक्तियां 'डिक्टेटर' वाले इस विम्ब के समानांतर पढ़िए :

पीछे शासक सी तर्जनी उठाकर
इंगित करती : नहीं तुम्हें मैं जाने दूंगी।

टैगोर की भी एक कविता है जहां परदेस जाने को तैयार बाप का रस्ता रोकने के लिए दरवाजे के कोने में छिपी बेटी एकदम से प्रकट होती है : 'ना जेते देबो आमि'। पता नहीं कब किसी और भाषा की एक कविता सुनी थी जिसमें सड़क पार करता बच्चा एक उंगली उठाता है और दोनों तरफ़ का यातायात रुक जाता है। त्रिलोचन की चंपा भी अभी तो बच्ची ही है किंतु भविष्य में कहीं स्थित दूल्हे को रोज़ी-रोटी का लोभ जगाकर अपनी बांहों में खींच लेने वाले कलकत्ता पर 'बजर-गिराने' को तैयार है।

तरह-तरह की अनिश्चिताओं में घिरे बचपन की चिंता हर उस बाप को रहती है जो

किसी कारण से घरवास नहीं कर पाता, 'रमता जोगी बहता पानी' हो जाता है। प्रगतिशील आंदोलन से जुड़े हज़ारों लोग ऐसे ही परदेसी पिता और पति थे।

हर महत् संकल्प की अपनी विडंबनाएं होती हैं, जिनसे कोई भी संवेदनशील हृदय अछूता नहीं रहता! घर में चिराग जलाकर ही मज़ाक में जलाने की व्यावाहारिक प्रज्ञा से लोग अछूते रहे, विहंगम वृत्ति वाले उन सारे पिताओं/पतियों के गहनतम द्वंद्व का पता ऐसी अनेक वत्सल कविताएं देती हैं!

ज़ाहिर है कि इनके वात्सल्य का रंग सूर के वात्सल्य से बिलकुल अलग है। खंडित वात्सल्य की कसक इनमें विख्यात हैं। रोज़ी-रोटी की तलाश या किसी बृहत्तर स्वप्न के संधान में दर-बदर हुए नंद (और जसोदा भी) तितर-बितर वात्सल्य की ही कविताएं लिख सकते हैं, लेकिन मर्म पर प्रहार तो ये वैसे ही करते हैं जैसे वत्सला गाय के दूध की धार धीमे-धीमे बाल्टी पर चोट करती या दूध दूह रही उंगलियों पर।

बेटी की डिक्टेटरी 'डिक्टेटरशिप ऑफ द प्रोलेतारियत' का ही उपांग है या एक नयी तरह के प्रजातंत्र का सपना, जहां अब तक मूक-बधिर रहे लोग ही राज करेंगे। उंगली ऐसे उठायेंगे कि रास्ते ही मोड़ देंगे। कम से कम अपने बाल-रूप में स्त्री शासक सबको आकर्षिक करती है। 'बेबी वुमन' का शासन सबको स्वीकार्य है। रोब-रुतबे वाली यह शिशु स्त्री बड़ी होकर समकालीन कविता की तेजोमय स्त्री बनेगी। इसके पास होगी अपनी एक दृष्टि, अपनी एक अलग ज़बान, उसका शासन अभी भी प्रेम का शासन होगा। बुद्धि और प्रज्ञा-संवलित हृदय का शासन है, उससे डरना क्या! आंख मूंदकर सोचें।

इसी भूमिका के साथ अंत में उनकी राजनीतिक कविताओं पर आते हैं। अमिधा की ताक़त क्या होती है, नाटकीय वैभव क्या होता है, कविता में 'आख्यान' या 'उपाख्यान' कैसे अंतर्भुक्त करना चाहिए कि वह 'पैच-वर्क' नहीं लगे, यह कोई नागार्जुन से सीखे। विजय बहादुर से अपनी किसी बातचीत में एक बार नागार्जुन ने कहा था कि छंद का सही स्थानापन्न नाटकीयता ही हो सकती है। नियो मेटाफिजिकल परंपरा के सारे कवि और ब्रेख़्त इस कला में निष्णात थे। इसी परंपरा में नागार्जुन की राजनीतिक कविताएं भी पढ़ी जा सकती हैं।

आपातकाल के तुरंत बाद हमारे स्कूल की तेजस्वी हिंदी शिक्षिका, विद्या दीदी वे एक नुक्कड़ नाटक तैयार करवाया था जिसमें नागार्जुन की कविता की टुकड़ियां थीं : ठीक वैसे जैसे युद्ध क्षेत्र में सेना की टुकड़ियां होती हैं। इन सारी कविताओं में परंपरा से प्राप्त हथियार (यानी कीर्तन-कथा-मंत्र-आरती की लय, उनकी प्रचलित शब्दावली, पारंपरिक छंद आदि) का ऐसा सबल प्रयोगात्मक उपयोग 'सबवर्शन' की खातिर किया गया था कि सहज याद आयीं 'भ्रमरगीत की गोपिकाओं या 'गाली' गाने वाली मज़ाकिया ग्रामवधुओं की कला– हसंते-हंसते जान निकाल लेने वाली रचना प्रतीत होने लगी। ऐसी सक्षम रचनाशीलता का उपयोग सविनय अवज्ञा आंदोलन के दौरान उत्तर बिहार के लोकगीतों में भरपूर हुआ। कई उदाहरण मुझे कंठस्थ हैं, पर फिलहाल मैं उधर न भटकरकर नागार्जुन के नाटकीय 'सबवर्शन' पर आती हूं, जहां परंपराप्राप्त औजार सिर के बल खड़ी पारंपरिक व्यवस्था को जीभ दिखाते नज़र आते हैं :

ओं मूस की लेंड़ी, कनेर के पात,
ओं डायन की चीख़, औघड़ की अटपटी बात,

ओं कोयला - इस्पात - पेट्रोल
ओं हमीं हम ठोस, बाकी सब फूटे ढोल।

संस्कृत में कविता तक लिख सकनेवाला विद्वान कवि जान-बूझकर ऊं की वर्तनी भी बदल देता है। अरविंद ने जिस सूक्ष्मातिसूक्ष्म, संक्षिप्त 'मंत्र-कविता' की अवधारणा दी थी, उसको ऐसा औधड़ विस्तार नागार्जुन ही दे सकते थे। प्रयोग की अग्नि में सारी अस्वाभाविक विसंगतियां, सारे अन्याय विसर्जित करने का जो महाबिंब मन में जगता है, उसमें विनोदवृत्ति तो है लेकिन वही गंभीर किस्म की विनोदवृत्ति जो जॉन डन के पास थी और जिसका वक्रोक्तिपूर्ण विनियोग जॉनसन ने किया है।

हंसी विवेक का मुहाना है! हंसने से बुद्धि खुलती है। मानवीय व्यवहार का सबसे नाटकीय क्षण है हंसी। हंसी धुंधलके साफ़ करती है और भीतर के जाले भी। 'देवी के अट्टहास' से लेकर 'लाफ ऑफ द मेडयूसा' तक, गोपियों के हास-परिहास से लेकर गोमा की हंसी तक हंसी थेरेपी है, ऊर्ध्वबाहु घोषणा, चुनौती सब एक साथ, और इन सबसे अलग वह संवाद का द्वार भी है। इस बात की समझ सब मैथिलों को होती है, तभी सब इतने पुरमज़ाक होते हैं।

नागार्जुन और रेणु—दोनों को इसकी समझ थी। राजनीतिक कविताओं का रोष-भरा सुपर सीरयस चेहरा भारतीय जनमानस को अब ज़्यादा अपील नहीं करता! भाषणधर्मी लंबी कविताएं उनको अपील नहीं करतीं। बहुत दिन हुए भाषण सुनते। उसमें तादात्म्य जगाने के लिए उनको जरा-सा हंसाना ज़रूरी है। हंसता हुआ आदमी हीरो लगता है—भीतर का नायक जगे, इसलिए हंसो, 'हंसो-हंसो, जल्दी हंसो'। 'शासन की बंदूक', 'बाकी बच गया अंडा' आदि का नाटकीय व्यंग्य विद्रूप यही कहता है।

अकाल, बाढ़ आदि प्राकृतिक विभीषिकाओं को निवेदित कविताएं हों या, 'खटमल', 'उनको प्रणाम', 'देखना ओ गंगा मइया', 'मैं तुम्हें अपना चुम्बन दूंगा', 'आओ रानी, हम ढोयेंगे पालकी', 'तीनों बंदर बापू के' और 'हरिजन गाथा' जैसी प्रतिबद्ध राजनीतिक कविताएं हों सबकी उत्कट न्याय भावना में कहीं भीतर ही भीतर बुद्ध की आंतरिक करुणा की धारा भी बहती है। जो अन्यायी व्यवस्था व्यंग्य विद्रूप का विषय है, उसके चट्टों-बट्टों के भीतर कहीं सोयी जो उनकी अंतरात्मा है, उसका परिष्कार हो—नागार्जुन की कविता इसकी उम्मीद करती है। यही उनका ठेठ भारतीय आशावाद है जो किसी को भी रसातल नहीं भेजता, सबके उन्नयन की कामना करता है, और दुर्वृत्तियों के निवारण का प्रयास। बौद्ध दर्शन का प्रभाव हो या लोकप्रज्ञा का चमत्कार, अतिरेकों का निषेध और विरुद्धों का सामंजस्य जो अंतर्गुम्फित स्त्रीवाद की भी मूल अवधारणा है, नागार्जुन के यहां उसका परावर्तन लगातार हुआ है—तभी मार्क्स और माओ की अंतर्राष्ट्रीयता से सहमत होते हुए भी अपने देशप्रेम का लगातार ही उन्होंने रेखांकन किया : अंतर्गुम्फित अस्मिताओं के बहुलतावादी, अनेकांतवादी विनियोग की यह एक जिंदा मिसाल है।

मिथिला, तिरहुत, चंपारण और भोजपुर की कर्मठ, हंसमुख, और धान-पान- सी सुंदर स्त्रियों का अनंत वियोग, 'बाढ़' की विभीषिका को निवेदित 'गीले पांक भी दुनिया गयी है छोड़' शीर्षक कविता की निम्नांकित पंक्तियों में अपने पूरे ध्वन्यर्थ के साथ कैसे व्यंजित है, देखते ही बात यह है। अमिधा के ठाठ का यह कवि व्यंजना की धार जब दिखाता है,

अवाक कर देता है :

भगवती भागीरथी-
ग्रीष्म में यह हो गयी थी प्रतनु-सलिला
विरहिणी की पीठ लुंठित एक वेणी-सदृश
जिसको देखते ही व्यथा से अवसन्न होते रहे मेरे नेत्र
रिक्त ही था वरुण की कल-केलि का यह क्षेत्र
काकु करती रही पुल की प्रतिच्छाया, मगर यह थी मौन
उस प्रतनुता से अरे, इस बाढ़ की तुलना करेगा कौन?

'एक फांक आंख, एक फांक नाक' (खिड़की से झांकती हुई), 'गयी तन रीढ़', 'यह तुम थीं' आदि प्रेम कविताओं के व्यंजना पक्ष पर तो एक पूरा ग्रंथ लिखा जा सकता है।

आलोचना का विमर्श

जवरीमल्ल पारख

जनकवि के रूप में ख्यात नागार्जुन का यह जन्म शताब्दी वर्ष है। यह शमशेर, अज्ञेय और केदारनाथ अग्रवाल का शताब्दी वर्ष भी है। हिंदी में अज्ञेय की गणना आधुनिकतावादी के तौर पर की जाती है जबकि नागार्जुन, शमशेर और केदारनाथ अग्रवाल की गणना प्रगतिशील कवियों के तौर पर। हिंदी के प्रमुख प्रगतिशील कवियों में मुक्तिबोध और त्रिलोचन शास्त्री का नाम भी परिगणित किया जाता है। प्रगतिशील कहे जाने के बावजूद इन सभी कवियों में विचारधारात्मक एकता के अलावा कुछ भी एक-सा नहीं है। इन कवियों का काव्य एक दूसरे से उतना ही भिन्न है जितना कि इन कवियों का काव्य अज्ञेय से भिन्न है। फिर भी, यदि इन सभी कवियों को प्रगतिशील कहा और माना जाता रहा है, तो इसका कारण स्वयं इनके काव्य में निहित है। बिल्कुल वैसे ही जैसे कि अज्ञेय को प्रगतिशील न माने जाने की वजह भी उनके अपने साहित्य में निहित है। यह स्पष्ट करना ज़रूरी है कि यहां प्रगतिशीलता का आशय बीसवीं सदी के उस साहित्यिक और सांस्कृतिक आंदोलन से है जिसकी अभिव्यक्ति 1936 में प्रगतिशील लेखक संघ की स्थापना के साथ हुई थी। यह आंदोलन न तो किसी एक भाषा तक सीमित था और न ही एक देश तक। इसी सांस्कृतिक और साहित्यिक आंदोलन से जुड़े लेखकों को प्रगतिशील या प्रगतिवादी के तौर पर जाना गया। इस आंदोलन के पीछे मार्क्सवादी विचारधारा की शक्ति भी काम कर रही थी। स्वभावतः बहुत से प्रगतिशील लेखकों ने विचारधारात्मक रूप में मार्क्सवाद को स्वीकार किया था। यह स्पष्टीकरण इसलिए ज़रूरी है कि अज्ञेय और दूसरे वे लेखक जो न तो प्रगतिशील आंदोलन से जुड़े थे और न ही जो मार्क्सवादी थे, बल्कि जो इनका विरोध भी करते थे, लेकिन जिनकी पहचान आधुनिकतावादी लेखकों के रूप में हुई, उनमें से अधिकतर प्रगतिशीलता के सामान्य अर्थों में प्रगतिशील ही कहे जायेंगे। इस सामान्य अर्थ में अज्ञेय को प्रगतिशील और प्रगतिशील लेखकों को आधुनिक माना जा सकता है।

प्रगतिशीलता और आधुनिकता एक दूसरे की विरोधी विचार प्रणालियां नहीं हैं। हां, प्रगतिवाद और आधुनिकतावाद एक दूसरे की विरोधी विचार प्रणालियां अवश्य हैं, जिनका संबंध राजनीतिक रूप में वैश्विक स्तर पर दूसरे विश्वयुद्ध से लेकर शीतयुद्धीय दौर से और भारतीय संदर्भ में आज़ादी के बाद के हालात से है। राजनीतिक संघर्षों के इस दौर का जो प्रभाव साहित्यिक और सांस्कृतिक क्षेत्र में अभिव्यक्त हुआ, वही प्रगतिवाद और आधुनिकतावाद के नाम से जाना गया। इसी प्रगतिवादी या प्रगतिशील आंदोलन की उपज नागार्जुन थे। लेकिन

नागार्जुन के लेखन को सिर्फ़ इस आंदोलन के संदर्भ में ही व्याख्यायित नहीं किया जा सकता। नागार्जुन का जन्म बिहार के मिथिलांचल के एक गांव तरौनी में ब्राह्मणों के निम्नमध्यवर्गीय किसान परिवार में हुआ था। अन्य समकालीनों के विपरीत नागार्जुन को आधुनिक शिक्षा संस्थाओं में पढ़ने का अवसर नहीं मिला। विद्याध्ययन का जो भी क्षेत्र उन्होंने चुना, चाहे वह संस्कृत, प्राकृत, अपभ्रंश का हो या बौद्ध विद्या का, इसका निर्णय उन्होंने स्वयं किया। आधुनिक ज्ञान-विज्ञान की स्रोतभाषा समझी जाने वाली अंग्रेज़ी की विधिवत शिक्षा उन्होंने प्राप्त करने का प्रयास नहीं किया। जैसाकि एक रूढ़िवादी ब्राह्मण परिवार का चलन था, नागार्जुन की शादी अपेक्षाकृत छोटी उम्र में हो गयी। लेकिन उनकी यायावरी प्रवृत्ति पारिवारिक ज़िम्मेदारियों से दबी न रह सकी। दांपत्य जीवन के प्रति ईमानदार रहने के बावजूद उन्होंने घर से बंधा रहना स्वीकार नहीं किया। यात्रा करना खुद उन्हें इतना पसंद था कि अपनी मातृभाषा मैथिली में वे 'यात्री' नाम से लिखते थे।

नागार्जुन की आजीविका का साधन लेखन ही था। कविता और उपन्यास इन दो विधाओं में उन्होंने सबसे ज़्यादा लिखा। इनके अलावा उन्होंने निबंध, यात्रासंस्मरण आदि भी लिखे। कुछ अनुवाद भी किये। अपना प्रकाशन संस्थान भी शुरू किया। कुलवक़्ती लेखक होने के बावजूद वे सिर्फ़ लेखक नहीं थे। उन्होंने आज़ादी से पहले और आज़ादी के बाद के लगभग सभी महत्त्वपूर्ण जनांदोलनों में सक्रिय हिस्सेदारी की। जिसके कारण उन्हें आज़ादी से पहले भी और बाद में भी कई बार जेल जाना पड़ा। लेकिन राजनीति में सक्रिय हिस्सेदारी सिर्फ़ आंदोलनों तक ही सीमित थी। उन्होंने न कभी चुनाव लड़ा और न ही किसी अन्य तरीक़े से इसका लाभ उठाने का प्रयास किया। इसके विपरीत जनांदोलनों में हिस्सेदारी के चलते समय-समय पर उन्हें तरह तरह की आलोचनाओं का सामना करना पड़ा। इस संदर्भ में उन पर दो तरह के आरोप लगे। एक, साहित्येतर गतिविधियों के आधार पर साहित्य में प्रतिष्ठा हासिल करने का प्रयास। दो, राजनीतिक आंदोलनों में भागीदारी के आधार पर वैचारिक भटकाव। पहला आरोप अशोक वाजपेयी प्रभृति लेखकों द्वारा दबी ज़बान से और अप्रत्यक्ष रूप से ही लगाया गया लेकिन दूसरा आरोप कई बार और कई आलोचकों द्वारा दोहराया गया। हालांकि सभी आलोचकों में भटकाव को लेकर मतैक्य नहीं है, बल्कि स्वयं आलोचकों की दलगत निष्ठा ही उसका आधार है। उनकी आलोचनाओं को पढ़कर यह आसानी से पहचाना जा सकता है कि कब और कौन नागार्जुन पर ऐसा आरोप क्यों लगा रहा है। यही नहीं, उनके कथित भटकावों की व्याख्या करते हुए आलोचकों ने उन्हें राजनीतिक रूप से वैसा बताने की कोशिश की है, जैसा वे बताना चाहते थे। ग़ौरतलब यह भी है कि नागार्जुन के राजनीतिक भटकावों की चर्चा उन्हीं लेखकों ने की हैं जो विभिन्न कम्युनिस्ट पार्टियों के समर्थक रहे हैं।

रामविलास शर्मा की तरह कुछ युवा आलोचकों ने उन लेखकों की काफ़ी ख़बर ली है जो नागार्जुन में राजनीतिक भटकाव देखते हैं। और साथ ही यह भी कहते हैं कि नागार्जुन राजनीतिक दृष्टि से बहुत अधिक स्थिर नहीं रहे हैं, उनकी समझ में उतार-चढ़ाव आता रहता है। यह भटकाव कभी कभी उन्हें अपनी प्रकृत भावना के विरुद्ध भी पहुंचा देता है। ऐसे आलोचकों ने यह सूत्र भी संभवतः रामविलास शर्मा से ग्रहण किया है, जिन्होंने नागार्जुन की राजनीतिक कविताओं में व्यंग्य की प्रशंसा करते हुए भी इस तरह की कविताओं को

'राजनीतिक लेक्चरबाज़ी का छंदोबद्ध रूप' और 'राजनीतिक पत्रकारिता के स्तर पर क्रांतिकारी जोश उभारने' (*नयी कविता और अस्तित्ववाद*, पृ. 148-49) वाली बताया है। रामविलास जी के कथनों से साफ़ है कि वे भी नागार्जुन की राजनीतिक कविताओं को प्रचारात्मक ही मानते हैं। यही नहीं, वे इन कविताओं में कलात्मक उत्कर्ष का अभाव भी देखते हैं। स्वयं उनके शब्दों में, नागार्जुन की अनेक कविताओं में थोड़ा ऊबड़खाबड़पन है। कलात्मक खुरदुरापन नहीं, लिखने में कहीं ऊंचाई, कहीं गिरावट। लेकिन उनका मन जब अपने आसन पर सध जाता है, तब कविताएं ऐसे निकलती हैं, जैसे सांचे में ढली हुई। उनकी प्रज्ञा को जैसे प्रकृति जगाती है, वैसे और कोई उत्तेजक नहीं' (वही, पृ. 149)। लेकिन जो बात रामविलास जी सांकेतिक रूप में ही कहकर रह गये, उसे अन्य कई आलोचकों ने साफ़ तौर पर कहा। यानी नागार्जुन की राजनीतिक कविताओं की व्याख्या किस तरह की जाये और उनकी कलात्मकता को कैसे आंका जाये।

दरअसल नागार्जुन की राजनीतिक कविताएं यदि उनकी ख्याति का आधार हैं, तो ये कविताएं ही उनको विवादास्पद भी बनाती रही हैं। नागार्जुन छह दशकों में फैली अपनी रचनात्मक यात्रा के दौरान महत्त्वपूर्ण और कम महत्त्वपूर्ण हर तरह की राजनीतिक घटनाओं पर कविता के माध्यम से भी और कई बार कविता से इतर भी टीका-टिप्पणी करते रहे हैं। केदारनाथ सिंह ने उनकी इस विशेषता को रेखांकित किया है। वे लिखते हैं, 'नागार्जुन जितना देखते हैं, सुनते हैं, सूंघते हैं या महसूस करते हैं, उसे पूरा का पूरा और कई बार उसके संपूर्ण अनगढ़पन के साथ कविता में कहने की अद्‌भुत कला उनके पास है। उनके लिए कविता से बाहर कुछ भी नहीं है, न इतिहास का सत्य और न भूगोल का ऊबड़-खाबड़पन' (*मेरे समय के शब्द*, पृ. 59)। मुक्तिबोध ने कविता की रचना के जिन तीन क्षणों की चर्चा की है, उसका नागार्जुन के संदर्भ में ज़्यादा महत्त्व नहीं है। एक सजग और ज़िम्मेदार नागरिक की तरह अपने आसपास होने वाली गतिविधियों से जुड़ना और अपने इस जुड़ाव को कविता के माध्यम से व्यक्त करना वे ज़रूरी समझते हैं। इस बात का ख़तरा उठाते हुए भी कि उन्हें ग़लत समझा जा सकता है, या रचना कलात्मक दृष्टि से कमज़ोर भी हो सकती है, उन्होंने कभी अपने इस स्वभाव का त्याग नहीं किया। वे उन सभी जनांदोलनों से जुड़े या उनका समर्थन किया जिनके माध्यम से सामान्य जनता की धर्मनिरपेक्ष, लोकतांत्रिक और न्यायपूर्ण इच्छाओं की अभिव्यक्ति होती थी। उन्होंने इस बात का इंतज़ार नहीं किया कि जिस राजनीतिक पार्टी का वे समर्थन करते हैं, उसका रुख़ क्या है, और न ही इस बात का इंतज़ार किया कि आंदोलन की परिणति किस रूप में होगी। वे राजनीतिक रूप से जागरूक थे, लेकिन राजनीतिज्ञ नहीं थे। उन्होंने यह ग़लतफ़हमी कभी नहीं पाली कि वे राजनीति के आगे चलने वाली मशाल हैं और न ही उन्होंने यह माना कि उन्हें किसी दल विशेष या आंदोलन विशेष से अपने को इस तरह संबद्ध कर लेना चाहिए कि उसके अच्छे-बुरे की जवाबदेही भी उनकी हो। यही कारण है कि यदि वे किसी आंदोलन से जुड़े, तो असहमत होने पर उससे अलग ही नहीं हुए, उसकी सार्वजनिक रूप से भी और कविता लिखकर भी आलोचना की। यहां यह भी कहना ज़रूरी है कि अपने आसपास होने वाली राजनीतिक गतिविधियों से ही नागार्जुन की काव्यात्मक संवेदना बंधी नहीं रहती थी। प्राकृतिक और सामाजिक परिवेश में निरंतर होने वाली गतिविधियां भी उनकी कविता के दायरे में आती थीं। प्रकृति पर लिखी हुई सैकड़ों

कविताएं उनके इसी स्वभाव की देन हैं।

तात्कालिक विषयों पर कविता लिखने की इस प्रवृत्ति की ओर आलोचकों का ध्यान बराबर गया है और इसे रेखांकित भी किया गया है। केदारनाथ सिंह ने इस तरह की कविताओं को नागार्जुन के काव्य के मूल्यांकन के संदर्भ में एक समस्या की तरह देखा है। स्वयं उनके शब्दों में, 'पहली समस्या खड़ी होती है उनकी उन कविताओं को लेकर, जिन्हें किसी अन्य उपयुक्त शब्द के अभाव में हम 'तात्कालिक कविताएं' कह सकते हैं' (*आलोचना* : 56-57, पृ. 14)। इसी विशेषता को लगभग इसी भाषा में विष्णु खरे ने भी कहा है। वे लिखते हैं, 'एक दृष्टि से नागार्जुन तात्कालिकता के कवि हैं' (वही, पृ. 21)। राजेश जोशी ने भी इस बात को दोहराया है। उनके शब्दों में, 'नागार्जुन की अनेक राजनीतिक कविताएं घोर समसामयिकता या एक तरह की तात्कालिकता का आभास देती हैं' (*साक्षात्कार* : 81-84, पृ. 238)। विष्णु खरे मानते हैं कि उनकी तात्कालिकता ठंडी, बेजान, रोषहीन तात्कालिकता नहीं है' (*आलोचना* : 56-57, पृ. 21), जबकि विजयबहादुर सिंह के अनुसार, 'नागार्जुन का कमाल यह है कि वे कुछ ज़्यादा ही समय सापेक्ष हैं (*साक्षात्कार*-81-84, पृ.233)। इस तरह की कविताओं को लिखना केदारनाथ सिंह के अनुसार 'एक ख़तरनाक काम' है। इस बात की व्याख्या करते हुए वे लिखते हैं, 'यह ख़तरा केवल सामाजिक या राजनीतिक स्तर पर ही नहीं होता, बल्कि स्वयं कविता के स्तर पर होता है। यह ख़तरा वहां हमेशा मौजूद रहता है कि कविता कविता रह ही न जाये!'(*आलोचना* : 56-57, पृ. 15) जिस ख़तरे की बात केदारनाथ सिंह कर रहे हैं, उसे नागार्जुन पर लिखी विभिन्न आलोचनाओं से आसानी से समझा जा सकता है। ऐसी कविताओं के कारण ही नागार्जुन कई आलोचकों की नज़र में कवि ही नहीं हैं, तो कई की नज़र में उनमें काव्य-संयम का अभाव है, कई की नज़र में वे मात्र राजनीतिक प्रचारक हैं। रामविलास जी के जिन कथनों का पहले उल्लेख किया गया है (*नयी कविता और अस्तित्ववाद*, पृ. 148-49), उनमें भी नागार्जुन की इस तरह की कविता की कमज़ोरी ही रेखांकित हुई है।

तात्कालिकता पत्रकारिता का गुण है और नागार्जुन की कविता के इस गुण को आलोचकों ने पत्रकारिता से जोड़कर देखा है। रामविलास जी नागार्जुन की कविता के संदर्भ में राजनीतिक पत्रकारिता की चर्चा कर ही चुके हैं। इसी तरह कर्णसिंह चौहान ने इस तरह की कविताओं की रचना प्रक्रिया को व्याख्यायित करते हुए लिखा है, 'नागार्जुन की कविता सच्चे और ठोस अर्थों में समकालीन रही है। अपने समय में घट रही हर छोटी-बड़ी घटना पर उनकी नज़र है। कितनी ही भाषाओं की पत्र-पत्रिकाएं वे एक सिरे से घोखते हैं रोज़—कई समाचारों और पंक्तियों पर उनकी नज़र ठहर-ठहर जाती हुई। वे पंक्तियों के बीच में भी पढ़ते हैं और सामान्य अर्थों के पीछे छिपे बड़े संदर्भों को साकार कर देख लेते हैं।जब से उन्होंने लिखना शुरू किया तब से आज तक यह उनकी रचना का मुख्य धर्म बना हुआ है' (कर्णसिंह चौहान, *कलम* 6-7, पृ. 101-02; *नागार्जुन की कविता* पुस्तक से उद्धृत, पृ. 50)। विष्णु खरे के अनुसार, 'वे दैनिक, साप्ताहिक, मासिक या वार्षिक घटनाओं पर जब प्रतिक्रिया करते हैं तो उसके पीछे एक दृष्टि, एक इशारा तथा एक इरादा होता है' (*आलोचना* : 56-57, पृ. 21)। घुमा फिराकर जो भी कहा जाये, मुद्दा यही है कि नागार्जुन कविता का इस्तेमाल अख़बार में छपने वाली ख़बरों की तरह करते हैं, जिनमें से अधिकांश 24 घंटे बाद बासी और अर्थहीन हो

जाती हैं। क्या नागार्जुन की इन 'तात्कालिक कविताओं' को भी ख़बरों की ही श्रेणी में रखा जाना चाहिए?

नागार्जुन की तात्कालिक कविताओं पर बात करने से पहले यह जानना ज़रूरी है कि क्या उनकी सभी कविताएं 'तात्कालिकता' की श्रेणी में ही रखी जा सकती हैं? और क्या उनकी कविता का मूल्यांकन इन तात्कालिक कविताओं के द्वारा ही किया जाना उचित है? राजेश जोशी का तो मानना है कि 'एक पूर्ण कवि-व्यक्तित्व को खांचों में बांटकर देखने की आलोचकीय चतुराई से ही यह भ्रम पैदा हुआ' (*साक्षात्कार* : 81-84, पृ. 238)। केदारनाथ सिंह ने नागार्जुन के रचनालोक पर विचार करते हुए 'अनुभव के दो ध्रुवांतों' की चर्चा की है। वे लिखते हैं, 'उनके पूरे काव्य को सामने रखकर देखें तो दिखायी पड़ेगा कि उनकी प्रतिभा एक साथ अनुभव के दो ध्रुवांतों पर काम करती है—एक तरफ़ प्रेम, वात्सल्य, करुणा और सौंदर्य जैसे 'गंभीर' समझे जाने वाले विषय हैं और दूसरी तरफ़ एकदम सद्यःघटित, आसन्न और तात्कालिक विषय। नागार्जुन का रचना-लोक इन दोनों से मिलकर बनता है' (*आलोचना* : 56-57, पृ. 15)। इसकी वजह बताते हुए वे नागार्जुन की कविता संबंधी अवधारणा पर टिप्पणी करते हैं, 'वे अपने पूरे कृतित्व के द्वारा मानो इस बात को रेखांकित करते हैं कि एक बदलते हुए संघर्षशील समाज में कविता की यह दोहरी भूमिका अनिवार्य है' (वही, पृ. 15)। लेकिन राजेश जोशी तात्कालिकता की व्याख्या ज़्यादा व्यापक अर्थों में करते हैं। जैसा कि पहले कहा जा चुका है, तात्कालिकता को यदि राजनीतिक संदर्भों तक सीमित रखकर देखेंगे तो नागार्जुन की कविता का मूल्यांकन दोषपूर्ण होगा। लेकिन यदि उन्हें अन्य विषयों पर लिखी कविताओं के संदर्भ में रखकर देखेंगे तो 'तात्कालिकता' की व्याख्या भिन्न अर्थों में करनी होगी। राजेश जोशी मानते हैं कि नागार्जुन की कविता के केंद्र में इंद्रियगोचर साक्ष्य होता है, इसीलिए वे कविता का आरंभ किसी घटना को दर्ज करने के अंदाज़ से शुरू करते हैं और इसीलिए यह भ्रम पैदा होता है। स्वयं उनके शब्दों में, 'ऐसी हर घटना जो उनकी इंद्रियों की परिधि में हो और जो उनकी वैचारिकता को झनझना दे, को बांध लेने की ललक और क्षमता ही उनकी रचना के बारे में तात्कालिकता का भ्रम पैदा करती है' (*साक्षात्कार* : 81-84, पृ. 239)। राजेश जोशी ने जिस 'इंद्रियगोचर साक्ष्य' की बात की है, उसकी ओर केदारनाथ सिंह भी संकेत कर चुके हैं (*मेरे समय के शब्द*, पृ. 59)।

केदारनाथ सिंह नागार्जुन की कविताओं की दूसरी विशेषता मानते हैं, 'गहरी स्थानीयता'। इस स्थानीयता को वे तात्कालिकता से जोड़ते हैं। स्पष्ट ही इन दोनों विशेषताओं से कोई महान कविता लिखी जा सकती है, यह केदारनाथ सिंह भी नहीं मानते। लेकिन उनका मानना है कि नागार्जुन अपनी कविताओं में इन दोनों का अतिक्रमण करते हैं और यह संभव होता है, उनकी विश्वदृष्टि द्वारा। वे लिखते हैं, 'जिस बात के चलते नागार्जुन की कविता अपने सर्वोत्तम रूप में सारी तात्कालिकता और स्थानीयता को अतिक्रांत कर जाती है, वह है उनकी विश्वदृष्टि जो उनके व्यक्तिगत अनुभव और जनता के सामान्य बोध से मिलकर बनी है और उनके निकट इन दोनों के बीच के अंतःसूत्र को आलोकित करने वाला तत्व है मार्क्सवाद' (*मेरे समय के शब्द*, पृ. 58)। मार्क्सवाद के प्रति उनकी आस्था जीवनपर्यंत बनी रही। यह और बात है कि यह आस्था ऐसी नहीं थी कि उन्हें किसी तरह के द्वंद्व न सालते हों, या उनके जीवन के और लेखन के सारे अंतर्विरोध ख़त्म हो गये हों। नागार्जुन जैसे संवेदनशील

कवि के लिए यह मुमकिन नहीं था। यह उनकी कमज़ोरी नहीं, शक्ति का परिचायक है।

प्रत्येक व्यक्ति चाहे वह लेखक हो, या न हो, अपने आसपास घटित होने वाली गतिविधियों को अपनी वैचारिक दृष्टि द्वारा ही ग्रहण करता है, जिसे वह ठीक से भले ही परिभाषित न कर सकता हो। यह दृष्टि जीवनानुभवों से, पारिवारिक और सामाजिक संस्कारों से, अध्ययन से और विश्व को समझने के अपने सजग प्रयत्न से प्राप्त होती है। वे लोग जो सचेत रूप से विभिन्न जीवन-दृष्टियों और विचारधाराओं का अध्ययन करते हैं, वे अपने विचारों को ज़्यादा व्यवस्थित रूप भी दे सकते हैं और उसे एक नाम भी दे सकते हैं। नागार्जुन की विश्वदृष्टि को मार्क्सवादी कहने का तात्पर्य यही है कि वे अपने आसपास होने वाली गतिविधियों को अपनी इस विश्वदृष्टि के माध्यम से ही देखते, समझते और कविता, उपन्यास या किसी अन्य रचनात्मक विधा के माध्यम से अभिव्यक्ति प्रदान करते हैं। लेकिन इसका अर्थ यह भी नहीं है कि नागार्जुन हमेशा और हर बार मार्क्सवादी दृष्टि को परिशुद्ध रूप में लागू कर पाते हैं। यह संभव भी नहीं है। दरअसल, रचना में परिशुद्ध मार्क्सवादी दृष्टि की मांग करना लेखक से वैचारिक यांत्रिकता की मांग करना है। कोई भी रचनाकार अपनी दृष्टि को यांत्रिक रूप में लागू नहीं करना चाहेगा। नागार्जुन भी ऐसा नहीं करते और यह बात उनकी सभी तरह की कविताओं और उपन्यासों से सिद्ध है। यही नहीं, उनका लेखन इस बात का भी प्रमाण है कि उनमें वैचारिक ऊहापोह और अंतर्द्वंद्व भी दिखायी देता है। स्वयं उन्हें लगता है कि जिन विचारों या आंदोलनों को सही समझकर समर्थन दिया है, जीवन के कई अनुभव उनके विपरीत खड़े नज़र आते हैं। कई बार चीज़ें उनकी वैचारिक समझ से भिन्न दिशा में जाने लगती हैं और उनके लिए यह समझना मुश्किल हो जाता है कि ऐसा क्यों हुआ या ऐसा क्यों हो रहा है। अपने सामने आने वाली इन उलझनों को भी वे अपनी रचना का हिस्सा बनाते हैं, जिन्हें सही परिप्रेक्ष्य में न समझ पाने के कारण उनके वैचारिक मंतव्यों की मनमाने ढंग से व्याख्या की जाने लगती है और वैसे ही निष्कर्ष निकाले जाने लगते हैं।

नागार्जुन की राजनीतिक कविताओं की जिस विशेषता की ओर आलोचकों का ध्यान गया है, वह है व्यंग्यात्मकता। डॉ. रामविलास शर्मा के अनुसार, 'नागार्जुन की सबसे सफल राजनीतिक कविताएं वही हैं जिनमें वे व्यंग्य से हंसते हैं, क्रोध या आवेश में नहीं आते' (*नयी कविता और अस्तित्ववाद*, पृ. 149)। नामवर सिंह के अनुसार, 'कबीर के बाद हिंदी में नागार्जुन से बड़ा दूसरा व्यंग्यकार पैदा नहीं हुआ' (*आलोचना* : 56-57, पृ. 2)। नागार्जुन की ही एक कविता पंक्ति का हवाला देते हुए नामवर सिंह ने उनके व्यंग्य को 'वर्ग-प्रतिहिंसा' से उत्पन्न बताया है। उनके शब्दों में, 'नागार्जुन के ये व्यंग्य भारतीय जनता की प्रखर चेतना के, साथ ही, उसके सहज बोध और ज़िंदादिली के भी अचूक प्रमाण हैं' (वही, पृ. 2)। रामविलास जी का मानना है कि 'नागार्जुन के व्यंग्य कविताएं लिखने का कारण यह है कि बिहार और उत्तर प्रदेश में राजनीतिक जीवन जैसा है–विशेष रूप से वामपक्ष की स्थिति जैसी आज है–उसमें कवि को क्रांतिकारी उत्साह के बदले व्यंग्य के लिए ही सामग्री अधिक मिलती है' (*नयी कविता और अस्तित्ववाद*, पृ. 149)। इस विशेषता को अन्य कई आलोचकों ने रेखांकित किया है, लेकिन कुछ आलोचक राजनीतिक व्यंग्य की कविताओं में वैचारिक और शिल्पगत कमज़ोरियां भी पाते हैं। भगवत रावत के अनुसार, 'नागार्जुन की ये कविताएं परिस्थितियों, व्यक्तियों और घटनाओं पर केवल सीधी चोट करके उनका पर्दाफ़ाश तो करती है,लेकिन

किसी तरह भी गहरी चिंता नहीं पैदा करतीं' (*पूर्वग्रह*, 39-40; *नागार्जुन की कविता* से उद्धृत, पृ. 18)। चिंता पैदा करने वाली राजनीतिक कविताएं कौन-सी होती हैं और पाठकों में चिंता पैदा करने की परिणति किस रूप में होती है, यह आलोचक ने स्पष्ट नहीं किया है। राजनीतिक व्यंग्य की जिन कविताओं के आधार पर नामवर सिंह ने नागार्जुन को कबीर के बाद व्यंग्य का सबसे बड़ा कवि कहा है, उन्हीं के बारे में रमेश कुंतल मेघ का विचार है कि 'वे व्यंग्य को त्रासदी और पीड़ा से मोड़कर–एक उदार मानवतावादी और लोकमंचीय नेता की तरह–उसे हास परिहास और फूहड़ता में भटका गये। इसीलिए नागार्जुन के बड़े डरावने व्यंग्य भी दया में परिणत होते हैं, बड़े भंडाफोड़ी व्यंग्य भी फूहड़ता में फिचफिचा पड़ते हैं और बड़े विद्रोही व्यंग्य तक हास्य विनोद में फूट छलकते हैं' (*क्योंकि समय एक शब्द है*, पृ. 433)। इन पंक्तियों के लेखक ने 1972-73 में स्वयं नागार्जुन के मुख से कई व्यंग्य कविताएं सुनी हैं जिन्हें उन्होंने श्रोताओं के सामने न केवल सस्वर सुनाया था, वरन साभिनय भी सुनाया था। नागार्जुन के मुख से उन कविताओं को सुनना और देखना एक अद्‌भुत अनुभव था। यह मुमकिन है कि उनका इस तरह कविता सुनाना शिष्ट समुदाय की अभिरुचियों के अनुरूप न हो (हिंदी का कोई अन्य प्रगतिशील, प्रयोगवादी, नयी कवितावादी और जनवादी कवि कविताओं को इस तरह पेश नहीं करता। उनका इस तरह कविता सुनाना लोकगायकों और मंचीय कवियों के ज़्यादा नज़दीक है)। इस बात को विजयबहादुर सिंह ने दूसरे ढंग से स्वीकार किया है। वे लिखते हैं, 'नागार्जुन के साथ विलक्षणता यह है कि दूर से अति सामान्य और बौड़म दिखते हैं। बेहद अकलात्मक, निपट देहाती और गंवार से। बड़े-बड़े कवि सम्मेलनों में आप उन्हें मंच पर देख लें तो लगेगा कि कोई तमाशबीन नहीं तो और क्या है? चुटकी बजा-बजा कर नाच रहा है। सारे लोग या तो हंस रहे हैं या सकते में आ गये हैं और अच्छे अच्छे मंचीय कवियों को पसीना छूट गया है। जिसे 'मजमा जुटाना' कहते हैं, नागार्जुन अपने काव्यपाठ से वह सहज ही कर डालते हैं' (*साक्षात्कार* : 81-84)। इसलिए नागार्जुन को महज तमाशबीन और मजमा जुटाने वाला समझने और उनकी कविताओं को भी उसी स्तर का मानने से पहले इस बात पर ज़रूर गौर किया जाना चाहिए कि नागार्जुन की प्रस्तुति में सिर्फ़ स्वर और अभिनय का ही योगदान नहीं था, उन शब्दों का भी योगदान था, जिन्हें हास-परिहास और फूहड़ता से परिभाषित नहीं किया जा सकता। नागार्जुन अपनी जिन कविताओं को नाटकीय अंदाज़ में पेश करते थे, उनमें एक थी, 'मंत्र कविता'। इस कविता की पूरी संरचना में जो नाटकीयता अंतर्निहित है, उसे ही सस्वर पाठ और अभिनय से नागार्जुन ने अपने चरम रूप में अभिव्यक्त किया था। यह नाटकीयता व्यंग्य पैदा करने के लिए है जिसके लिए वे मंत्रोच्चार की शास्त्रीय पद्धति का सहारा लेते हैं, लेकिन उन भावों को व्यक्त करने के लिए, जिनका दूर-दूर से भी धार्मिकता या शास्त्रीयता से कोई संबंध नहीं है। इसके विपरीत अपने प्रगतिशील दृष्टिकोण के द्वारा वे उस राजनीतिक व्यवस्था के अंतर्विरोधों और जनता के प्रति उसके छल-छद्‌म को उजागर करते हैं। ऐसा करके वे 'गहरी चिंता' पैदा कर पाते हैं या नहीं, लेकिन व्यवस्था के प्रति जनता के असंतोष और गुस्से को ज़रूर व्यक्त करते हैं।

नागार्जुन की कविता के संदर्भ में इसी वजह से एक ओर लोकप्रियता का प्रश्न उठा है, तो दूसरी ओर कलात्मकता का भी। यदि रामविलास शर्मा और नामवर सिंह प्रभृति आलोचकों ने इन दोनों के बीच संतुलन और सामंजस्य स्थापित कर सकने में कामयाब होने के लिए

नागार्जुन की प्रशंसा की है (*नयी कविता और अस्तित्ववाद*, पृ.141; *नागार्जुन : प्रतिनिधि कविताएं*, भूमिका, पृ. 9); तो दूसरी ओर हरिवंश राय बच्चन के अनुसार नागार्जुन 'कला वांछित संयम-संतुलन को बिल्कुल भूल गये हैं' (नागार्जुन पर *संपर्क* के विशेषांक के संपादकीय से उद्धृत)। इस तरह की बात कई आलोचकों ने दोहरायी है। लोकप्रियता के कारण ही नामवर सिंह कहते हैं कि 'इस बात में तनिक भी अतिशयोक्ति नहीं है कि तुलसीदास के बाद नागार्जुन अकेले ऐसे कवि हैं जिनकी कविता की पहुंच किसानों की चौपाल से लेकर काव्यरसिकों की गोष्ठी तक है' (वही, पृ. 10)। इस तरह नागार्जुन यदि अपने व्यंग्य में कबीर से तुलनीय हैं, तो लोकप्रियता में तुलसीदास से। रामविलास जी इस तरह का दावा तो नहीं करते, लेकिन वे यह ज़रूर मानते हैं कि 'हिंदी भाषी प्रदेश में किसान और मज़दूर जिस तरह की भाषा आसानी से समझते और बोलते हैं, उसका निखरा हुआ काव्यमय रूप नागार्जुन के यहां है' (*नयी कविता और अस्तित्ववाद*, पृ. 140)।

किसान-मज़दूर का जीवन यथार्थ और संघर्ष को उन्हीं की भाषा में अभिव्यक्त करने की कलात्मक क्षमता और हिंदी भाषी प्रदेशों के सर्वाधिक लोकप्रिय दो कवियों, कबीर और तुलसी के बाद के सबसे लोकप्रिय कवि होने के विश्वास ने ही नागार्जुन को जनकवि होने की पहचान दी है। स्वयं उन्होंने अपनी कविताओं में अपने को 'जनकवि' कहा है। जनकवि का तात्पर्य यदि जन भावनाओं की अभिव्यक्ति देने से है, तो निश्चय ही नागार्जुन जनकवि हैं। लेकिन जहां तक लोकप्रियता का सवाल है, जिन आलोचकों ने उन्हें 'किसानों की चौपाल से लेकर काव्यरसिकों की गोष्ठी' तक पहुंचा दिया है, उन्होंने ऐसा किस आधार पर कहा है, यह साफ़ नहीं है। ऐसा कोई अध्ययन हुआ भी है, इसकी कोई जानकारी इन पंक्तियों के लेखक को नहीं है। इसी तरह जो यह उम्मीद लगाये हुए थे कि 'लेकिन कल जब समाजवादी दलों का बिखराव दूर होगा, जब हिंदी प्रदेश की श्रमिक जनता एकजुट होकर नयी समाज व्यवस्था के निर्माण की ओर बढ़ेगी, जब नयी कविता का अस्तित्ववादी सैलाब सूख चुका होगा, जब मध्यवर्ग और किसानों और मज़दूरों में भी जन्म लेने वाले कवि दृढ़ता से अपना संबंध जनआंदोलन से क़ायम करेंगे, तब उनके सामने लोकप्रिय साहित्य और कलात्मक सौंदर्य के संतुलन की समस्या फिर पेश होगी और तब साहित्य और राजनीति में उनका सही मार्गदर्शन करने वाले, अपनी रचनाओं के प्रत्यक्ष उदाहरण से उन्हें शिक्षित करने वाले, उनके प्रेरक और गुरु होंगे कवि नागार्जुन' (*नयी कविता और अस्तित्ववाद*, पृ. 141), वह स्वप्न तीन दशकों बाद भी पूरा होता दिखायी नहीं दे रहा है। इसके विपरीत स्थितियां तब से और भी प्रतिकूल ही हुई हैं। लेकिन लोकप्रियता के इन दावों ने नागार्जुन को अज्ञेय तो दूर, अपने ही समकालीन प्रगतिशील कवियों शमशेर और मुक्तिबोध से सहज ही श्रेष्ठ और जनांदोलनों के लिए ज़्यादा अपरिहार्य और स्वीकार्य बना दिया है। यदि नागार्जुन के इस दावे की कोई अन्य कवि बराबरी करता है, तो वह केदारनाथ अग्रवाल और कुछ हद तक त्रिलोचन शास्त्री हैं। यह दावा तो शायद ही कोई करेगा कि शमशेर और मुक्तिबोध कभी 'किसानों की चौपाल' तक अपनी पहुंच बना सकते हैं। यह भी संदेहास्पद है कि उनकी कविताएं कथित काव्यरसिकों की अभिरुचि पर खरी उतरती हैं। इसके बावजूद इस बात का कोई प्रमाण नहीं है कि नागार्जुन अज्ञेय, शमशेर और मुक्तिबोध से ज़्यादा पढ़े जाते हैं और इस बात का भी कोई प्रमाण नहीं है कि वे इन कवियों से कम पढ़े जाते हैं। सारे दावे महज़ दावे हैं। हमारे ये सभी प्रतिनिधि कवि

रवींद्र, प्रेमचंद, शरतचंद्र, ग़ालिब, मीर, फ़ैज़ आदि से ज़्यादा पढ़े जाते होंगे, यह भी मानने योग्य तथ्य नहीं है। इन प्रगतिशील कवियों की पठन-पाठन की अगर परंपरा बनी हुई है, तो इसका कारण विश्वविद्यालयों में हिंदी पाठ्यक्रमों में अनिवार्य रूप से इनका शामिल होना है। इस अनिवार्यता ने ही इन कवियों पर लगातार शोध और आलोचना की ज़रूरत को पैदा किया है। हां, हिंदी पाठ्यक्रमों की दुनिया के बाहर पढ़ने वालों का एक समुदाय स्वयं हिंदी में साहित्य रचने वालों का है। इन दो समुदायों से बाहर वास्तविक पाठकों की संख्या कितनी होगी, इसका अनुमान हिंदी में प्रकाशित होने वाली पुस्तकों के संस्करणों से लगाया जा सकता है। हां, यह अवश्य माना जा सकता है कि जनांदोलनों की मज़बूती के दौर में हमारे इन महान कवियों और लेखकों की रचनाओं को पढ़ने वालों की संख्या निश्चय ही बढ़ती होगी। यह कैसे भुलाया जा सकता है कि सातवें दशक में उभरे जनांदोलनों ने ही नागार्जुन, केदार, शील आदि कवियों को दुबारा प्रासंगिक बनाया था। यही नहीं, हिंदी कविता के केंद्र से अज्ञेय को हटाकर मुक्तिबोध को स्थापित किया था। यह और बात है कि प्रगतिशील और जनवादी आलोचकों का एक हिस्सा लगातार यह प्रयास करता रहा है कि वे मुक्तिबोध को साहित्य और संस्कृति के प्रगतिशील और जनवादी आंदोलन के बाहर धकेल सकें। इसी तरह खुद को प्रगतिशीाल मानने वाले कुछ आलोचकों ने समय-समय पर यदि एक ओर नागार्जुन को भटकावों वाला साधारण कवि घोषित किया है (नंदकिशोर नवल, भगवत रावत, अपूर्वानंद आदि) तो दूसरी ओर उन्हें सशस्त्र क्रांति का सूत्रधार (नक्सलवाद के समर्थक कवि और आलोचक) भी बताया है। यह दुखद लेकिन सत्य है कि हिंदी की प्रगतिशील और जनवादी धारा ने इस सहज लोकतांत्रिक बात को स्वीकार नहीं किया है कि जनवादी कविता एक रूप में नहीं, बल्कि कई-कई रूपों में अपने को व्यक्त करती है, कर सकती है। यही उसकी शक्ति है कि इसमें नागार्जुन, शमशेर, केदारनाथ अग्रवाल और मुक्तिबोध सभी के लिए जगह है। यह कविता ज़्यादा से ज़्यादा पाठकों के बीच पहुंचे और स्वीकार्य हो, यह और बात है, लेकिन वे कबीर और तुलसीदास की तरह लोकप्रिय भी हों, यह बिल्कुल भिन्न बात है। यह नहीं भूलना चाहिए कि कबीर, तुलसी की लोकप्रियता का कारण सिर्फ़ साहित्यिक नहीं है और किसान और मज़दूर उन्हें भक्त कवि समझकर ही पढ़ते हैं। पढ़ते नहीं, पारायण करते हैं, या कथा वाचन की तरह सुनते हैं। जनवादी और प्रगतिशील कवियों के लिए ऐसी लोकप्रियता श्रेयस्कर नहीं हो सकती। नागार्जुन के लिए भी नहीं।

संदर्भ ग्रंथ

1. *नयी कविता और अस्तित्ववाद* : रामविलास शर्मा; 1978; राजकमल प्रकाशन प्रा.लि., नयी दिल्ली।
2. *नागार्जुन : प्रतिनिधि कविताएं* : संपादक : नामवर सिंह; 1996; राजकमल प्रकाशन प्रा.लि., नयी दिल्ली।
3. *मेरे समय के शब्द* : केदारनाथ सिंह; 1993; राधाकृष्ण प्रकाशन प्रा.लि., नयी दिल्ली।
4. *शब्द और मनुष्य* : परमानंद श्रीवास्तव; 1988; राजकमल प्रकाशन प्रा.लि., नयी दिल्ली।
5. *आलोचना* : 56-57, संपादक : नामवर सिंह; जनवरी-जून, 1981; राजकमल प्रकाशन, नयी दिल्ली।
6. *साक्षात्कार* : 81-84 : संपादक : सोमदत्त; अगस्त-नवंबर, 1986; मध्यप्रदेश साहित्य परिषद्, भोपाल।
7. *संपर्क* (नागार्जुन अंक) : संपादक : सुरेशचंद्र त्यागी; मार्च, 1984; अशिर प्रकाशन, सहारनपुर।

नये प्रतिमानों की छटपटाहट

गोपाल प्रधान

नागार्जुन कवि थे, उपन्यासकार थे। थोड़ा ध्यान देकर देखें तो अनुवादक भी थे। लेकिन आलोचक? और वह भी तब जब खुद उन्होंने आलोचक के बारे में मशहूर कविता लिखी थी :

अगर कीर्ति का फल चखना है
कलाकार ने फिर-फिर सोचा
आलोचक को खुश रखना है
आलोचक ने फिर-फिर सोचा
अगर कीर्ति का फल चखना है
कवियों को नाधे रखना है।

फिर भी वे आलोचक थे। इसका एक कारण इस कविता में व्यक्त विक्षोभ भी है। यह विक्षोभ कलाकार और आलोचक के बीच शाश्वत द्वंद्व के बारे में नहीं है। इसमें व्यक्त विक्षोभ अपने द्वारा की गयी आलोचना के प्रति है। यह विक्षोभ सिर्फ़ नागार्जुन नहीं बल्कि त्रिलोचन के इस सॉनेट में भी व्यंग्य का रूप ले लेता है, 'प्रगतिशील कवियों की नयी लिस्ट निकली है।' प्रगतिशील कवियों का प्रगतिशील आलोचकों से यह असंतोष नाजायज नहीं है। नागार्जुन ने न सिर्फ़ असंतोष को व्यंग्य के ज़रिये व्यक्त किया बल्कि बाकायदा आलोचनात्मक लेखन भी किया। इस लेखन में कुछ नये प्रतिमानों का आग्रह दिखायी पड़ता है। कहीं-कहीं ये प्रतिमान कविता में व्यक्त हुए हैं लेकिन अधिकतर गद्य में। यहां मैं सिर्फ़ उन लेखकों का नाम गिनाना चाहता हूं जिनके बारे में नागार्जुन ने आलोचनात्मक लेखन किया है। निराला पर फुटकर लेखन के अतिरिक्त पूरी एक पुस्तिका; प्रेमचंद पर लेख और बच्चों के लिए पुस्तक; राहुल सांकृत्यायन पर व्यवस्थित लेख; यशपाल, फणीश्वर नाथ रेणु, तुलसीदास, कालिदास पर कुछ निबंध। इसके अतिरिक्त साहित्य के कुछ बुनियादी प्रश्नों—मसलन साहित्य और समाज, भाषा का प्रश्न, साहित्यकार की आजीविका आदि पर गंभीर चिंतनपरक लेखन। इन सबको मिलाकर ऐसी भरपूर दुनिया बन जाती है जिसके मद्दे नज़र उनको आलोचक माना जाये।

वृहत्तर प्रश्नों से ही शुरू करना बेहतर होगा। 'राज्याश्रय और साहित्य जीविका' शीर्षक निबंध में नागार्जुन लिखते हैं, 'मौजूदा शासन के अंदर सर्वांशतः राज्याश्रय सच्चे साहित्यकार के लिए ठंडी कब्र है, यानी प्राणशोषक समाधि'। आगे फिर स्पष्ट करते हैं, 'इसमें पांच शब्द हैं जिनकी ओर मैं आपका ध्यान बार बार आकृष्ट करना चाहूंगा। 'मौजूदा', 'सर्वान्शतः',

'सच्चे', 'कब्र' और 'प्राणशोषक'–इन शब्दों की तत्वबोधिनी व्याख्या आपके दिमाग़ में अनायास ही भासित हो उठेगी।' साहित्यकार पूरी तरह से आत्मनिर्भर हो ताकि उसकी चेतना पर कोई बंधन न हो–यह आदर्श स्थिति है। यह स्थिति तभी आयेगी जब 'सुशिक्षित और समृद्धिशील पाठक वर्ग बड़ा होता जायेगा। किताबों की खपत बढ़ती जायेगी, साहित्यकार सुखी होगा'। अभी जो स्थिति है वह यह कि 'हिंदी क्षेत्र की हमारी जनता अल्पशिक्षित है, साधनहीन है। जहालत और ग़रीबी में साहित्य 'घी की बूंदों' की तरह नज़र आता है, खुशहाली के समुद्र में तो कल वह तेल की तरह फैलता दिखेगा।' स्पष्ट है कि समाज में व्यापक समृद्धि पर ही साहित्य और साहित्यकार की भी बेहतरी निर्भर है। इसी सरोकार के साथ वे हिंदी के यशस्वी साहित्यकारों पर विचार करते हैं जिनसे उनके साहित्यिक मानदंडों का पता चलता है।

निराला पर उनकी पुस्तक 'एक व्यक्तिः एक युग' अत्यंत प्रसिद्ध है। इसकी शुरुआत ही अत्यंत सात्विक क्रोध के साथ होती है। दरअसल जब निराला मानसिक विक्षेप की दशा में इलाहाबाद में रह रहे थे, उस समय उत्तर प्रदेश के राज्यपाल, गुजराती के प्रसिद्ध साहित्यकार, कन्हैयालाल माणिकलाल मुंशी थे। साफ़ है कि सभी साहित्यकार एक ही परिणति को प्राप्त नहीं होते। यहीं नागार्जुन ने 'सच्चे' साहित्यकार पर जो अतिरिक्त ज़ोर दिया था उसका महत्व समझ में आता है। इसी क्रोध की चपेट में हिंदी क्षेत्र के दो राजनेता–जवाहरलाल नेहरू और लाल बहादुर शास्त्री भी आये हैं। आखिर राजनेताओं से ऐसा विक्षोभ क्यों? क्योंकि क्रिकेट और फ़िल्म से जुड़े 'स्टारों' के उभरने से पहले राजनेता ही 'स्टार' हुआ करते थे। स्वतंत्रता के तुरंत बाद तो नेहरू नये भारत के चमकते सितारे थे। इन 'नेताओं' का व्यक्तिगत आचरण सामाजिक आदर्श का प्रेरक हुआ करता था। वैसे भी राज्यतंत्र इसी वादे के साथ सारे अधिकार अपने लिए सुरक्षित रखता है कि वह समाज और नागरिकों की देखभाल करेगा। राजनीति और साहित्य के बीच इस विडंबनापूर्ण संबंध की अभिव्यक्ति इस पुस्तक में अनेकशः हुई है। इसमें नागार्जुन की सहानुभूति स्वभावतः साहित्य और साहित्यकारों के साथ है।

प्रतिबद्ध क़िस्सागोई का कौशल

संजीव कुमार

नागार्जुन की कविताओं पर जितनी बातें हुई हैं, उपन्यासों पर उसके मुक़ाबले बहुत कम। हिंदी साहित्य के लिए वे मुख्यतः कवि हैं। इसका एक प्रतिनिधि नमूना 'आलोचना' पत्रिका का वह अंक है जिसमें नागार्जुन के 70 पूरे करने पर विशेष सामग्री दी गयी थी। उसमें नागार्जुन के साक्षात्कार-रेखाचित्र के अलावा चार आलेख छपे थे और सब-के-सब उनकी कविताओं पर।

ऐसा नहीं कि उनके उपन्यासों को बिल्कुल महत्व न मिला हो। शिवकुमार मिश्र जैसे महत्वपूर्ण आलोचक ने तो यहां तक कहा है कि 'इस बात का दो-टूक निर्णय कर पाना कठिन है कि कवि के रूप में उनकी उपलब्धियां बड़ी हैं अथवा उपन्यासकार के रूप में' (*आलोचना,* जुलाई-सितंबर—अक्तूबर-दिसंबर '80, पृ. 29)। बावजूद इसके, यह उनके रचनाकार व्यक्तित्व का अपेक्षाकृत उपेक्षित पक्ष रहा है, इसे मानने में शायद ही किसी को ऐतराज़ हो।

इसका कारण क्या है? क्या यह हिंदी में उपन्यास-आलोचना के अल्पविकसित रह जाने की कहानी का ही एक हिस्सा है? या कि यह नागार्जुन के उपन्यासों की कमतर गुणवत्ता के चलते है / का सबूत है? या कि इस वजह से है कि एक रचनाकार खुद जिस विधा को छोड़ देता है, उस विधा से जुड़ा विमर्श-संसार भी उसे छोड़ चलता है? मानो सर्जक ने उपन्यासकार के रूप में अपनी दावेदारी की दरख़्वास्त वापस ले ली हो!

या इसलिए कि हिंदी संसार उपन्यास को आधुनिक युग में महाकाव्य का स्थानापन्न मानने की धारणा से इस क़दर आक्रांत है कि जब तक अपने विस्तार में कोई उपन्यास महाकाव्यात्मक न हो, तब तक उसे अधिक चर्चा के योग्य नहीं मानता?

मैथिली में लिखे गये दो उपन्यासों को मिला कर नागार्जुन ने कुल बारह उपन्यास लिखे। उपन्यासों के लेखन का समय चालीस के दशक के मध्य से साठ के दशक के उत्तरार्द्ध तक का है। लगभग बाइस-चौबीस सालों की अवधि में लिखे गये इन उपन्यासों (सिर्फ़ *ग़रीबदास* बाद का है) में से *कुंभीपाक, इमरतिया, अभिनंदन* और *ग़रीबदास* को छोड़ दें तो शेष आठ कृतियां एक साथ मिल कर मिथिलांचल के ग्राम-जीवन से संबंधित अत्यंत विराट महाकाव्यात्मक कृति का रूप ले लेती हैं। बस इन्हें एक साथ पढ़ने की ज़रूरत है। दो खंडों में छपे हुए 'संपूर्ण उपन्यास' को देखें तो यह महाकाव्यात्मक कृति डिमाई आकार के लगभग 800 पृष्ठों की बनती है। यह सलाह उनके लिए है जिनके मन में कहीं ये बात हो कि आख़िर इतने कृशकाय उपन्यासों पर कितनी बात की जाये। वे नागार्जुन के इन उपन्यासों को मिला कर एक विराट

उपन्यास की तरह पढ़ सकते हैं। अगर शिव प्रसाद मिश्र 'रुद्र' की 'बहती गंगा' और काशीनाथ सिंह की 'काशी का अस्सी' जैसी किताबें बनारस के प्रताप से (यानी एक स्थान और मूड की निरंतरता के चलते) उपन्यास हो सकती हैं तो तिरहुत या मिथिलांचल के प्रताप से बाबा की इन आठ कथाओं को मिला कर एक उपन्यास क्यों नहीं कहा जा सकता! जिन्हें 'बहती गंगा' और 'काशी का अस्सी' के उदाहरणों के बाद भी परतीत न हो, उन्हें राजकमल झा के अंग्रेज़ी उपन्यास 'द ब्लू बेडस्प्रेड' का उदाहरण भी दूं जो आज से कोई दस साल पहले रॉयल्टी के अभूतपूर्व पेशगी-भुगतान के चलते ख़ासा चर्चित हुआ था। (गहन अवसाद रचने वाली अपनी शैली और वातावरण-निर्माण के चलते भी यह चर्चित हुआ था, लेकिन कुल मिला कर गुणवत्ता पर बहुत भिन्न-भिन्न क़िस्म की प्रतिक्रियाएं आयी थीं) यह उपन्यास मूलतः अलग-अलग समय पर छपी कहानियों का संग्रह था जिसे, संभवतः एक साहित्यिक विधा के रूप में उपन्यास के ग्लैमरस ओहदे को देखते हुए, उपन्यास की शक्ल दे दी गयी थी और उसी रूप में उसे साहित्यिक समाज का अनापत्ति प्रमाणपत्र भी मिला।

अब अंग्रेज़ी के उदाहरण के बाद तो लोग मान ही लेंगे कि *रतिनाथ की चाची, बलचनमा, वरुण के बेटे, बाबा बटेसरनाथ, उग्रतारा, दुखमोचन* आदि को मिला कर एक उपन्यास की तरह पढ़ा जा सकता है! आख़िर उपन्यास अंग्रेज़ी से आयी हुई विधा है! शुक्ल जी ने भी हिंदी में उपन्यास की शुरुआत बताते हुए 'अंग्रेज़ी ढंग के पहले नॉवेल' (*परीक्षागुरु*) को ही प्रस्थान-बिंदु बनाया था।

दरअसल, नागार्जुन के इन उपन्यासों में इतने गहरे परिचय से निकला, जीता-जागता मिथिलांचल मौजूद है कि उसकी मौजूदगी की आप अनदेखी नहीं कर सकते और अगर उसे आंखें भर कर देखेंगे तो यह कैसे संभव है कि इन अलग-अलग कथाओं को एक विराट कथा के हिस्सों की तरह ग्रहण न करें। कथा में दिखने वाला यह गहरा परिचय सिर्फ़ किसी जगह जनमने और रहने भर से पैदा नहीं होता। यह परिचय तो जीवन को छक कर जीने से और अपनी दुनिया को गहरे कौतुक एवं लगाव के साथ निहारने से पैदा होता है। फिर एक चीज़ और बची रहती है। वह यह कि आप उस परिचय में निहित स्थानीय वैशिष्ट्य के तंतुओं को कथा का पट बुनने के लिए कितना उपयोगी मानते हैं। नागार्जुन उसे उपयोगी मानते हैं। इसीलिए कथा में वह दिखता है। उसके दिखने से कथा 'आंचलिक' हुई कि नहीं, यह एक बेमानी-सी बहस हिंदी आलोचकों के बीच चलती रही है। (आलोचक भी क्या करे! इस तरह से बहस के मुद्दे गढ़ना एक धंधई मज़बूरी जो है!) बहस में प्रगतिशील-जनवादी आलोचकों का पक्ष यह रहा है कि नागार्जुन पर 'आंचलिक' का लेबल न लगने दें। यह लेबल लगेगा तो नागार्जुन उन प्रेमचंद की परंपरा में बने नहीं रहेंगे जिन्होंने मानवजीवन के साथ अपने परिचय में निहित स्थानीय वैशिष्ट्य के तंतुओं को कथा का पट बुनने के लिए शायद बहुत उपयोगी नहीं पाया था।

यह बहस बेमानी यों थी कि इसमें स्थानीय वैशिष्ट्य को व्यापक यथार्थ के प्रतिनिधित्व के विरोध में देखा गया था और यह वैसे ही था जैसे अपने समय में गहरे धंसी हुई कृति को 'शाश्वत' के मानदंड पर कमतर मानना। ज़ाहिर है, 'अभी' के साथ 'सार्वकालिक' का कोई वैर न मानने वाली प्रगतिशील-जनवादी परंपरा अगर 'यहां' के साथ 'सार्वदेशिक' का वैर-भाव माने ले रही थी, तो यह एक बुनियादी गड़बड़ी का सूचक था। हिंदी के मार्क्सवाद

में यह बुनियादी गड़बड़ी राष्ट्रवाद ने पैदा की थी। उसने हिंदी के मार्क्सवादी को यह समझा दिया कि देखो, परिवर्तन की तुम्हारी लड़ाई का पैमाना तो राष्ट्रीय है, इसलिए स्थानिक वैशिष्ट्य के उभार को एक क्षेत्रवादी विचलन की तरह लो; वह स्थानीयता अगर ज़्यादा मुखर होगी तो शोषण और उसके विरुद्ध संघर्ष की कथा की प्रातिनिधिकता जाती रहेगी। हिंदी के मार्क्सवादी को ऐसी कई और बातें मनवाने में राष्ट्रवाद कामयाब रहा। इस पर कभी विस्तार से चर्चा होनी चाहिए। फ़िलहाल तो यही कि स्थानिक वैशिष्ट्य को हिंदी के मार्क्सवादी ने शक की निग़ाह से देखा और यह कोशिश की कि नागार्जुन के उपन्यासों को इस शक के दायरे में आने से बचाया जाये। इस तरह शिव कुमार मिश्र को यह कहना पड़ता है कि 'उनकी रचनाओं में अवश्य भारतीय ग्राम्य जीवन का वह वृत्त विशेष रूप से उभरा है जो उनका जाना-पहचाना था और जिसके वे अंग थे, किंतु उनका कोई भी उपन्यास उठा लिया जाये, उस उपन्यास के भीतर से कोई अंचल-विशेष नहीं, वह मुनष्य ही अपने सुख-दुख की संपूर्ण गाथा तथा अपनी लड़ाकू चेतना से हमारी पहचान करायेगा जो सदियों से सामंतवादी शिकंजे को छिन्न-भिन्न करने के लिए दरभंगा ज़िले के गांवों में ही नहीं, समूचे देश के गांवों और शहरों में संघर्ष कर रहा है, हार रहा है, जीत रहा है।' (*आलोचना,* जुलाई-सितंबर–अक्तूबर-दिसंबर '80, पृ. 30) अगर बताया न जाये कि यह कथन नागार्जुन के उपन्यासों को लेकर है, तो क्या सैद्धांतिक स्तर पर इस संभावना से इंकार किया जा सकता है कि यह 'आंचलिक' विशेषण से विभूषित किसी उपन्यास पर भी ज्यों-का-त्यों लागू हो जायेगा? सैद्धांतिक स्तर पर इस संभावना से तभी इंकार किया जा सकता है जब हम यह मान लें कि 'आंचलिक' होने का मतलब ही है, सामान्य मनुष्यता और देश-दुनिया के संबंध में किसी भी वक्तव्य या आख्यान की क्षमता से रहित होना। यानी जब आप 'आंचलिक' की परिभाषा गढ़ते हुए किसी भाव नहीं, अभाव को ही सारभूत लक्षण के रूप में निरूपित करेंगे, तभी इस संभावना से इंकार करना संभव होगा। तभी आप इस परम निश्चय तक पहुंच पायेंगे कि कोई उपन्यास क्योंकि/इसलिए आंचलिक है, इसलिए/क्योंकि उसके सुख-दुख-संघर्ष-जय-पराजय की गाथा का विशिष्ट संदर्भ से बाहर अर्थ-विस्तार नहीं हो सकता (पहले 'क्योंकि' को दूसरे 'इसलिए' के साथ और पहले 'इसलिए' को दूसरे 'क्योंकि' के साथ मिला कर पढ़ें और इस चक्रक दोष का लुत्फ़ उठायें)।

इसीलिए मैंने कहा कि यह एक बेमानी बहस थी। बाबा के उपन्यासों की पैरवी करते हुए हम ख़ामख़्वाह वो दलीलें दिये जा रहे थे जिनकी उन्हें कोई ज़रूरत न थी। आख़िर किसी कथा की प्रातिनिधिकता का संबंध इससे थोड़े ही है कि उसमें विशिष्ट के वैशिष्ट्य की कितनी कटाई-छंटाई हुई है। अगर कथाकार वैशिष्ट्य को सुरक्षित रखते हुए भी ख़ास ऐतिहासिक चरण में वर्गीय और शोषक संबंधों के रूप में विद्यमान उत्पादन-संबंध तथा उनके तनाव के प्रति सजग है तो इसका मतलब कि वह उस ऐतिहासिक चरण से गुज़रते मुख़्तलिफ़ इलाक़ों की ऐसी साझा (कॉमन) विशेषताओं को भुना पाने में समर्थ है जो कथा में प्रातिनिधिकता को संभव करती हैं। इनके प्रति सजग कथाकार के यहां क्षेत्र-विशेष के सांस्कृतिक-भाषायी-भूदृश्यात्मक वैशिष्ट्य का अंकन प्रतिउत्पादक नहीं होगा, जिसकी आशंका रामविलास जी[1] से लेकर बाद के हमारे कई साथियों तक में दिखलायी पड़ती है, उल्टे अधिक उत्पादक होगा, क्योंकि वह यथार्थ के साझा पहलुओं को निर्जीव रेखाओं में

नहीं, जीवंत रंगों में व्यक्त कर पायेगा।

मतलब यह कि प्रातिनिधिकता से इन स्थानविशिष्ट जीवंत रंगों का कोई छत्तीस का रिश्ता नहीं है। ऐसा रिश्ता मान कर ही नागार्जुन के उपन्यासों की पैरवी में यह बलाघात मुखर हुआ था कि भले ही उनके यहां भरा-पूरा तिरहुत मौजूद है, पर वह पूरे देश के यथार्थ–उसमें विद्यमान शोषक-संबंधों तथा उनके विरुद्ध सजग संघर्ष-चेतना को व्यक्त करता है। आज बलाघात को इस रूप में उलट देने की ज़रूरत है कि नागार्जुन के यहां भले ही पूरे देश का यथार्थ मौजूद है, पर वह ख़ास तिरहुत की शक़्ल में व्यक्त हुआ है।

तिरहुत की यह शक़्ल नागार्जुन के यहां अद्भुत जीवंतता के साथ उपस्थित है। क्या बोली-बानी, क्या रीति-कुरीति, क्या आचार-व्यवहार, क्या रिश्ते-नाते, क्या छल-प्रपंच, क्या खान-पान, क्या बाग-बगीचे, क्या पोखर-तालाब, क्या आमों और मछलियों की क़िस्में–एक ऐसी जीती-जागती दुनिया है तिरहुत की जो आपको अपने मन की जिह्वा पर एक ख़ास तरह का तिरहुतिया स्वाद महसूस करवा कर रहेगी। वह मानकीकृत स्वाद के विरोध में खड़ी है (अलबत्ता संवादों के स्तर पर बाबा थोड़ा ज़्यादा समझौता कर लेते हैं) और इतनी असरअंदाज़ कि कई बार उस स्वाद में लिपटा कम्युनिस्ट संदेश आपकी नोटिस के बग़ैर आपके हलक़ में उतर जायेगा, 'विशफुल थिंकिंग'-नुमा प्रसंग भी विश्वसनीय लगने लगेंगे।

इन्हीं स्थानविशिष्ट रंगों के बल पर नागार्जुन के कम-से-कम आठ उपन्यासों को एक साथ, एक ही महाकाव्यात्मक उपन्यास के अध्यायों की तरह पढ़ा जा सकता है। इस तरह पढ़िए तो शायद उनका वज़न आपको यह परतीत करायेगा कि बाबा उपन्यासकार के रूप में भी बरोब्बर उल्लेखनीय हैं।

(2)

जैनेंद्र से पूछा गया, 'हिंदी साहित्य पर मार्क्सवाद का प्रभाव और उसका परिणाम?'

आचार्य जैनेंद्र उवाच, 'प्रभाव काफ़ी, पर अनष्टिकर।' (*साहित्य का श्रेय और प्रेय,* 1953, पूर्वोदय प्रकाशन, दिल्ली, पृ. 401) एक वाक्यांश में सफ़ाया (ऐनीहिलेशन ऑफ़ क्लास-एनीमी?)।

निस्संदेह, यह एक अनिष्टकर प्रभाव था कि जिस अहाते में साहित्य की समाधि लगती थी, और जहां आम आदमी से जुड़े सरोकारों की घुसपैठ करवा कर आधुनिक लोकतांत्रिक चेतना ने पहले से ही थोड़ी गंद फैलानी शुरू कर दी थी, वहां अब बड़ी संख्या में मेहनतकश ग़रीब-गुरबों के सवाल, उनके शोषण-उत्पीड़न-असंतोष-संघर्ष के चित्र, निम्नवर्गीय दलित नायक, मध्यवर्ग के ऐसे किरदार जो किन्हीं 'बड़े' सवालों से जूझने के बजाय इन मेहनतकशों की नियति के सवालों से जूझते थे, अपना चोला बदलते हुए प्रभुवर्ग के छल-प्रपंच की जीती-जागती तस्वीरें, संवादों की शक़्ल में कम्युनिस्टों और सत्ताधारी विचारधाराओं के बीच की बहसें–इन सब ने क़ब्ज़ा जमाना शुरू किया। 'वर्गों और श्रेणियों के संघर्षों की भाषा', जो 'सतह को लेती है, मर्म को नहीं कहती'[2] (*परिप्रेक्ष,* संस्करणः 1982, अंतरा प्रकाशन, नयी दिल्ली, पृ. 32), दुखद रूप से हावी होती गयी।

नागार्जुन के उपन्यास इस अनिष्टकर प्रभाव के ज्वलंत उदाहरण हैं। कहां जैनेंद्र जो देशकालातीत सत्य, अर्थात् अभेदानुभूति को लक्ष्य कर 'नीति-शिक्षा और अध्यात्म-सार को

लोगों के हृदय में डालने' के लिए उपन्यास लिख रहे थे (विधा के दबाव में जगह-जगह देशकालबद्ध भेदानुभूति भले ही घुस आयी हो[3]), और कहां नागार्जुन जो एक टुच्चे इलाक़े की टुच्ची समस्याओं को कथानिबद्ध करते हुए अपने उपन्यासों को दरअसल एक टुच्चे दौर का दस्तावेज़ भर बना रहे थे। वह इतिहास और समाजशास्त्र और राजनीतिशास्त्र जैसे टुच्चे अनुशासनों को पढ़ने-पढ़ाने वालों के काम भले आ जाये, साहित्य के किस काम का? कहीं ज़मींदारी उन्मूलन की घोषणा के बाद सार्वजनिक उपयोग की भूमि को चुपके-चुपके बेचते ज़मींदार और उनके ख़िलाफ़ संघर्ष करती ग़रीब जनता और उस जनता के ख़िलाफ़ ज़मींदारों तथा मातबरों को सुरक्षा प्रदान करता नवस्वाधीन देश का राज्य-तंत्र जैसी स्थूल चीज़ें कथा का विषय बनी हैं, तो कहीं यही क़िस्सा खुरखुन और बिसुनी और भोकर और चुल्हाई जैसे अजीबोग़रीब नामों वाले मछुओं के जीविकोपार्जन का साधन बने पोखर को लेकर दुहरा दिया गया है; कहीं खेत-मज़दूर बलचनमा है जो मालिकों की जूठन स्वाद ले-लेकर खाता है और फिर गद्दारी करते हुए उन्हीं के ख़िलाफ़ संघर्ष में उतर पड़ता है, इस समझ के साथ कि 'स्वराज मिलने पर बाबू-भैया लोग आपस में ही दही-मछली बांट लेंगे', तो कहीं चुहिया की कटी दुम पर 'अमृतधारा' लगाते (*रतिनाथ की चाची*), कुत्ते की पीठ के जले हिस्से पर बाल उगाने के लिए मन्नत मानते (*दुखमोचन*), भूकंप में ज़मीन से आधा उखड़ कर बंकिम हो गये वटवृक्ष पर टेसू बहाते (*बाबा बटेसरनाथ*) लोग हैं। ये भी कोई विषय हैं साहित्य के? अगर साहित्य इन्हीं में भटकता रहेगा तो इन सबसे परे जो अभेदानुभूति का सत्य है, उसका क्या होगा? सब भ्रष्ट कर दिया इस मार्क्सवाद ने!

मार्क्सवाद का कितना अनिष्टकर प्रभाव पड़ा है हिंदी साहित्य पर, यह नागार्जुन के उपन्यासों के बहाने काफ़ी विस्तार से विचार करने का विषय है। प्रगतिशील आंदोलन के जन्म के इस पचहत्तरवें साल और नागार्जुन के जन्म के सौवें साल में हम शुरुआती दौर के इन अनिष्टकर प्रभावों पर ढंग से विचार कर पायें, तभी उस अनिष्ट की पहचान कर पायेंगे जो आज थोड़े परिष्कृत रूप में घटित हो रहा है!

(3)

नागार्जुन के उपन्यासों को पढ़ कर आज का वाचाल कथाकार (इन पंक्तियों का लेखक भी जब कथा में हाथ आजमाता है तो वाचाल ही ठहरता है) काफ़ी कुछ सीख सकता है। वैसे कह दूं कि आज के कथाकार की वाचालता कोई अपराध नहीं है और न ही वह कोई व्यक्तिगत चुनाव का मसला है। उसके पीछे निश्चय ही समय का, और कई अलग-अलग क़िस्म की मांगों और अपेक्षाओं का दबाव होगा। फिर भी इन उपन्यासों को पढ़ते हुए, हो सकता है, उसे इन दबावों के बीच भी कोई रास्ता निकालने की सूरत नज़र आये।

उन्नीसवीं सदी के उत्तरार्द्ध में ही पश्चिम के उपन्यास-सिद्धांत में यह मान्यता स्थापित हो गयी थी कि उपन्यास में सर्वज्ञ-सर्वव्यापी वाचक को यथासंभव अदृश्य रहना चाहिए, जैसे सर्वज्ञ-सर्वव्यापी ईश्वर अदृश्य रहता है। पात्रों के कार्य-व्यापार और संवाद, साथ ही उनकी भंगिमाओं का वर्णन, इन्हीं से वह सब कुछ व्यक्त हो जाये जो कथाकार कहना चाहता है। वाचक को अपनी ओर से कोई टिप्पणी न करनी पड़े।

बाबा के उपन्यास इस आदर्श के अत्यंत परिपक्व उदाहरण हैं। वाचक के रूप में वे

कमाल के वेन्ट्रिलोक्विस्ट हैं। पृष्ठ-दर-पृष्ठ पढ़ते जायें, आपको पात्रों की हरकतें, भंगिमाएं और संवाद ही मिलेंगे। प्रेमचंद की तरह का व्याख्याकार-टिप्पणीकार नज़र नहीं आयेगा। हरकतों और भंगिमाओं के वर्णन में भी मितकथन और सांकेतिकता। यह भी नहीं कि विवरणों के कंधे पर ही रख कर टिप्पणी की बंदूक दागे जा रहे हैं।

यों तो पूरे-पूरे उपन्यास इस बात के उदाहरण हैं, पर यहां दिखलाना हो तो *वरुण के बेटे* का वह अंश पेश करूंगा जिसमें 'छोटी जात' के प्रति हमदर्दी रखने वाला यादव-बिरादरी का युवा अंचलाधिकारी उस गढ़पोखर के काग़ज़ात और संबंधित केस की फ़ाइल देखता है, जिस पर सतघरा के बाबू साहब लोग अपना दावा कर रहे हैं:

> अंचलाधिकारी ने दो-तीन बार उस दस्तावेज़ को देखा और पुलिस-इन्स्पेक्टर से केस की फ़ाइल ले ली।
>
> सतघरा के जो बाबू अब तक यों ही खड़े थे, उनमें से एक फ़ाइल पर झुक आया। कपार से सांसें टकरायीं तो अंचलाधिकारी ने गर्दन उठा कर अरुचिपूर्वक उसके चेहरे पर एक नज़र मार ली। दरोगा ने कान से होंठ सटा कर कहा, 'सतघरा के ज़मींदार के भगिना बाबू हैं आप; आपको फोटोग्राफ़ी का भारी शौक है सर! बैडमिंटन के चैंपियन हैं और वकालत तक पढ़े हैं'
>
> 'और शिकार की हॉबी?'—व्यंग्य की हल्की-चरपरी चासनी और चंद नपे-तुले शब्द : साहब ने दारोगा के होंठों को अपने हाथ की दीवार से परे कर दिया।
>
> ज़मींदार के भगिना बाबू का चेहरा फक़ हो गया।

कपार से सांसें टकराने पर अंचलाधिकारी का गर्दन उठा कर देखना और फिर चार शब्दों में ही यह ज़ाहिर कर देना कि वह अय्याशों के सारे शौकों से परिचित है और उन्हें इज़्ज़त नहीं, हिक़ारत की निग़ाह से देखता है, यह अद्‌भुत नाटकीय कौशल के साथ सामने आया है। हम सीधे कार्य-व्यापार से रू-ब-रू हैं। वाचक बीच में खड़े होकर किसी तरह की व्याख्या पेश करे, इसकी ज़रूरत ही नहीं।

इसी अंचलाधिकारी को लेकर कभी यह आपत्ति की गयी थी कि उसकी ईमानदारी की सनद लेखक ने इसलिए दे दी है कि वह नेहरू की परराष्ट्रनीति का पूरा समर्थक जान पड़ा। यानी नेहरू की परराष्ट्रनीति का समर्थन न करने वाला अन्यायी है, बेईमान है (*कल्पना,* अगस्त '59; चंद्रेश्वर कर्ण द्वारा दिया गया हवाला, 'नागार्जुन के उपन्यास : प्रतिबद्ध जीवन-दृष्टि की शक्ति और सीमा', *आलोचना,* अप्रैल-जून '80)। आप उस प्रसंग को पढ़ें और तब तय करें कि यह आपत्ति कितनी सही है:

> युवक अंचलाधिकारी अपने को अधिक देर तक जब्त नहीं रख पाया। वह मोहन मांझी से देश की मौजूदा रीति-नीति पर बातें करने लगा। हाल ही में आंध्र में चुनाव के नजीज़े निकले थे, कांग्रेस ने शानदार जीतें हासिल की थीं और अब नेहरू को रूस के विधाताओं ने आग्रहपूर्वक अपना देश देख जाने का निमंत्रण भेजा था
>
> अंचलाधिकारी नेहरू की परराष्ट्रनीति का पूरा समर्थक जान पड़ा तो मोहन मांझी को अंदर ही अंदर बड़ी खुशी हुई। उसे लगा कि हो न हो, यह अफसर अन्याय का पक्ष नहीं लेगा।

वाचक यहां सिर्फ़ यह बतला रहा है कि अंचलाधिकारी और मोहन मांझी में क्या बातें हुईं

और मोहन मांझी क्यों आश्वस्त हुए। वह ख़ुद कोई टिप्पणी नहीं कर रहा है। मोहन मांझी कम्युनिस्ट किसान-सभाई नेता हैं। ऐसे में नेहरू की परराष्ट्रनीति के पक्षधर को न्याय का पक्षधर मान लेना उनके लिए अस्वाभाविक नहीं है। ऐसे कम्युनिस्ट क्या उस समय के यथार्थ का हिस्सा नहीं थे और क्या उनके पक्ष को उपन्यास में जगह देना एक ज़्यादती थी? अगर नागार्जुन–जो ख़ुद ऐसे ही कम्युनिस्ट थे और ज़ाहिर है, ख़ुद भी उस समय के यथार्थ का एक हिस्सा थे–इन कम्युनिस्ट पात्रों और उनकी सोच को उपन्यास से देशनिकाला दे देते, तो आप तो कम्युनिस्टों को नवस्वाधीन देश के इतिहास से निकाल बाहर करने, यहां तक कि देश से ही निकाल बाहर करने में कोई कसर नहीं छोड़ते!

फिर यह भी विचारणीय है कि नागार्जुन के उपन्यास में ऐसा प्रसंग आया तो आपको यह पक्षपातपूर्ण वर्णन प्रतीत हुआ, क्योंकि आप जानते हैं कि लेखक कम्युनिस्ट है, पर जब मनोहर श्याम जोशी के उपन्यास *क्याप* में काका खीमराम जैसे पात्र के साथ इसी तरह की सोच सामने आती है, तब आप क्या करेंगे? निकल गयी न हवा! तो अब मामले को यों देखिये कि जिस तरह यथार्थ में उपस्थित आदर्शों के चित्रण से उपन्यास आदर्शवादी नहीं हो जाता, वह आदर्शवादी होता है लेखक के आदर्शवादी दबावों के भली-भांति प्रकट हो जाने से, उसी तरह यथार्थ में उपस्थित पक्षधरताओं के चित्रण से उपन्यास पक्षपातपूर्ण नहीं हो जाता, वह पक्षपातपूर्ण होता है लेखक की पक्षधर सोच के औचित्यरहित दबावों से। बाबा के उपन्यास ऐसे दबावों से मुक्त नहीं होंगे, उन पर भी बात होनी चाहिए, पर मैं यह मानने को तैयार नहीं हूं कि उनके यहां जिस तरह के वर्गचेतन, आशावादी और संघर्षशील चरित्र मिलते हैं, वे पिछली शताब्दी के मध्य में इस देश के यथार्थ का हिस्सा नहीं थे।

बहरहाल, बात नागार्जुन की औपन्यासिक शैली की हो रही थी। तो उसका एक सकारात्मक पक्ष वह नाटकीय प्रस्तुति है जिसकी पीछे चर्चा की गयी, जिसमें वाचक अपने को लगभग ग़ैरहाज़िर बना लेता है। इसके अलावा बहुतेरे और पक्ष उल्लेखनीय हैं। वे जितने सहज क़िस्सागो हैं, उतने ही सजग भी। *बलचनमा* में प्रथम पुरुष वाचक वाले शिल्प का प्रयोग उन्होंने एक ऐसे पात्र को लेकर किया जो ग्वाला जाति का अनपढ़ खेत-मज़दूर है। अभी तक जज मि...दयाल या शेखर जैसे मध्यवर्गीय पात्र ही अवरुद्ध अवलोकन-बिंदु वाले प्रथम पुरुष वाचक बन पाये थे। नागार्जुन ने अनगढ़ ज़बान बोलते एक ठेठ गंवई खेत-मज़दूर की निग़ाह से दिखने वाली दुनिया को सामने लाने का रचनात्मक उद्यम किया। इस उद्यम में उन्होंने इस बात का ध्यान रखा कि यह पात्र लिख नहीं सकता, बोल ही सकता है। इसलिए पूरा उपन्यास वाचिक शैली में है, जैसे बलचनमा आपको मुखामुखम संबोधित करते हुए अपनी बात कह रहा हो। इस तरह का उपन्यास, संभवतः, हिंदी में यह अकेला है। दूसरी भाषाओं की बात मैं नहीं जानता। हिंदी में कहानियां तो हैं, जैसे निर्मल वर्मा की 'डेढ़ इंच ऊपर' या योगेंद्र आहूजा की 'मर्सिया'। रवींद्र कालिया की भी एक ऐसी कहानी है, जिसका शीर्षक शायद 'पनाह' है, जिसमें दंगाई भीड़ से भाग कर कहीं छुपा हुआ एक मुसलमान सामने वाले को संबोधित कर रहा है। ये कहानियां पूरी-की-पूरी बोली हुई-सी शैली में चलती हैं। पर उपन्यास तो अकेला *बलचनमा* ही है मेरी जानकारी में।

इसी तरह देश और काल की छलयोजना (मैनीपुलेशन), जो कि कथाकार के आधारभूत कौशलों में से एक है, उसमें भी नागार्जुन सिर्फ़ पारंपरिक तरीक़ों तक सीमित नहीं रहते।

देश और काल को सिकोड़ने या फैलाने के नये-नये प्रयोगों को देखना हो तो *उग्रतारा* को देखिए। कथा के बड़े-बड़े हिस्से कोष्ठकों में चलते हैं। इन कोष्ठकों के आने का मतलब है कि कथा पात्र के मन में उतर गयी है। यह मन कभी तथ्यों में विचर रहा होता है, कभी कल्पना में। जहां वह तथ्यों में विचरता है, वहां कथा का घटना-क्रम खुलता जाता है। जहां वह कल्पना में विचरता है, वहां मन की तहें उजागर होती चलती हैं। इसी तरह एक दूसरा प्रयोग बाबा ने यह किया कि कई प्रसंगों की ओर इशारा पात्र-विशेष के मन में उठते प्रश्नों की आवृत्ति या एक ख़ास शैली के वक्तव्यों की आवृत्ति से कर दिया और इस तरह उसके कथा-काल को बहुत संक्षिप्त करने में कामयाब रहे। जैसे, नर्मदेश्वर की भाभी का संपर्क कैसे बालविधवा उगनी के प्रेम में पड़ने के मामले में निर्णायक भूमिका निभा पाया, इसे चार सवालों में समेट लिया गया है:

> वस्तुतः भाभी के उपकार आधा दर्जन से कम तो क्या होंगे।
> उगनी के मन की ग्लानि को धो-पोंछ कर साफ़ कर देना क्या मामूली उपकार था? मां को समझा-बुझा कर लड़की को दूसरी शादी के लिए तैयार करना क्या मामूली उपकार था? पुरानी पीढ़ी की महिलाओं के संयुक्त मोर्चे में दरार डालना क्या मामूली उपकार था? स्वप्नदर्शी, भावुक किशोर मन को संकल्पशील दृढ़ युवक-मन में बदल देना क्या मामूली उपकार था?

इसी तरह 'भभीखनसिंह को याद आया' की आवृत्ति से दांपत्य के बीच उगनी को सत्वस्थ करने की कोशिशों और फिर उसके गर्भवती होने के समय की स्थितियों का पूरा विवरण उपन्यास में आ गया है:

> भभीखनसिंह को याद आयाः कैसे क्वार्टरों में अफवाह गर्म हो उठीकि उगनी का माथा खराब है! और कैसे, अफवाह अपने-आप ठंडी पड़ गयी!
> भभीखनसिंह को याद आयाः कैसे महीनों तक वह काबू में नहीं आयी, कैसे अगले दो दिन, दो रात उगनी रोती रही, भूखी रही दो दिन, दो रात! और कैसे तिवारी की बड़ी बेटी आरजू-मिन्नत करके उसे खाना खाने के लिए मना सकी!
> भभीखनसिंह को याद आयाः मठिया के बाबा जी ने कैसे जजमानिन के ग्रहों की शांति के लिए रामायण का 'नवाह' पाठ किया था! और कैसे तिवारी ने आसिन की 'नवरात्रि' में दसों दिन चंडी का पारायण करवाया था। और कैसे हवन के अंत में सिपाही जी और उनकी घरवाली के हाथों पूर्णाहुति दिलयावी थी अग्निकुंड में!
> भभीखनसिंह को याद आयाः कैसे कातिक की पूरनमासी के दिन तिवारी जी की बीवी ने शुभ समाचार सुना कर इन कानों में अमृत घोल दिया था! और कैसे वे घंटाघर जाकर सेर-भर रसगुल्ले और गुलाबजामुन उठा लाये थे और कैसे उगनी ने मिठाई का एक टुकड़ा भी अपने मुंह के अंदर जाने नहीं दिया था

इन युक्तियों के इस्तेमाल से नागार्जुन बेखटके समय में आगे-पीछे आते-जाते रहते हैं। क़िस्सागो घटना के कालक्रम के नियंत्रण में नहीं रहता, घटना का कालक्रम क़िस्सागो के नियंत्रण में रहता है। वह आगे और पीछे के किसी भी प्रसंग को जब चाहे अपनी सुविधा के हिसाब से तलब कर सकता है। यह उपन्यासकार के रूप में नागार्जुन का एक उल्लेखनीय हुनर है।

ऐसा नहीं कि नागार्जुन के शैली-शिल्पगत नवाचारों पर पहले ध्यान न दिया गया हो। इनकी चर्चा हुई है, पर उनकी ख़ास-ख़ास युक्तियों को चिह्नित करने का काम नहीं हो पाया है। उनकी प्रतिबद्धताएं इतने स्पष्ट रूप में उपन्यासों पर उतरायी हुई दिखती हैं कि उन्हीं के पक्ष या विपक्ष में बहस करने तक आलोचक महदूद रह जाते हैं, दूसरे पहलुओं की चर्चा कम हो पाती है। हालांकि ठीक तरीक़े से बहस में उतरने वालों को यह अहसास होना चाहिए कि शैली-शिल्प का पहलू भी, दरअसल, कोई अलहदा पहलू नहीं है।

संदर्भ

1. 'प्रेमचंद की परंपरा और आंचलिकता' शीर्षक लेख में रामविलास शर्मा प्रेमचंद के बारे में लिखते हैं: 'उनके पात्रों में आंचलिकता से अधिक हिंदुस्तानीपन अथवा हिंदीपन है।' और 'विषयवस्तु के चित्रण के इस साधारणीकरण द्वारा प्रेमचंद एक विशाल पाठकवर्ग को अपना सके; आंचलिकता के साथ जो अटपटापन लगा हुआ है, वह उनमें नहीं है।' इसी तरह वृंदावनलाल वर्मा के बारे में: 'जहां-तहां बुंदेलखंडी बोली का प्रयोग, और अधिकांश कृतियों में लोकसंस्कृति की पृष्ठभूमि से उनके उपन्यास सजीव बन गये हैं। किंतु उन्होंने इस बात का ध्यान रखा है कि इस पृष्ठभूमि के भार से पात्र दब कर निर्जीव न हो जायें। साधारणीकरण का गुण यथेष्ट मात्रा में विद्यमान रहता है।'

   साधारणीकरण जैसे पद का जितने चलताऊ ढंग से यहां इस्तेमाल किया गया है, उसे छोड़ भी दें, तो इन वाक्यों में निहित 'आंचलिकता' संबंधी पूर्वमान्यताएं ख़ासी दिक़्क़ततलब हैं। उन्हें निकालें तो वे इस प्रकार होंगी—1. हिंदुस्तानीपन अथवा हिंदीपन नामक एक शै है जिसका औपन्यासिक दायरे में आंचलिकता नाम की एक दूसरी शै के साथ, संभवतः, प्रतिलोम-अनुपाती संबंध है (भाषा के रूपक में देखें तो यह हिंदीपन मानक भाषा की तरह और आंचलिकता बोली की तरह नज़र आयेगी। फिर यह सवाल बचा रहेगा कि अगर मानक हिंदी भाषा खड़ी बोली के आधार पर विकसित हुई, तो यह मानक हिंदीपन किस अंचल के आधार पर तैयार हुआ है और जिस तरह एक शब्द के विभिन्न प्रचलित रूपों में से एक मानक रूप चुन कर मानकीकरण की प्रक्रिया संपन्न होती है, उसी तरह क्या इस मानक हिंदीपन के लिए भी मानक प्रचलनों का चयन हुआ है?) 2. जिसे हम आंचलिकता कहते हैं, उसके साथ एक अटपटापन लगा हुआ है; 3. प्रेमचंद विशाल पाठकवर्ग बना सके, क्योंकि उनमें यह अटपटापन नहीं था। इसका मतलब यह कि जिनमें यह कथित अटपटापन था, वे विशाल पाठकवर्ग नहीं बना पाये; 4. आंचलिक कहे जाने वाले उपन्यासों में लोकसंस्कृति और बोली के भार से दब कर पात्र निर्जीव हो जाते हैं।

   इन सभी मान्यताओं को लगभग स्वतःप्रामाण्य मान लिया गया है। बताने की ज़रूरत नहीं कि ये कितनी मनोगत हैं। अगर मैला आंचल को ही आंचलिकता के नमूने के तौर पर लें, तो कितने लोग इस बात से सहमत होंगे कि उसमें एक अटपटापन है, उसका पाठकवर्ग विशाल नहीं है, और उसकी आंचलिकता के भार से दब कर पात्र निर्जीव हो गये हैं? तथाकथित आंचलिकता को लेकर आपको खुद इन शिकायतों में अटपटापन नज़र आये तो कोई आश्चर्य नहीं, बशर्ते कि आप अटपटेपन को शैली नहीं, अंतर्वस्तु के स्तर पर देखने को तैयार हों।
2. मर्म क्या है? जैनेंद्र बताते हैं : 'मर्म यह है कि छोटा-बड़ा, ऊंचा-नीचा, अच्छा-बुरा ये एकदम दो नहीं हैं। बल्कि एक दूसरे को थामते हैं। ऊंचा नीचे को दबाता है या नीचा ऊंचे को गिराना चाहता है, तो दृष्टिदोष के अधीन ऐसा होता है। कारण उसमें भय और द्वेष है।' (परिप्रेक्ष, पृ. 32)
3. जैनेंद्र मानते थे कि 'उपन्यास में वास्तविकता यथावश्यक से अधिक बिल्कुल नहीं होनी चाहिए।'

यथावश्यक का मतलब यह कि जिस तरह रस को एकत्र करने के प्रयोजन से अंगूर का छिलका होता है, उसी तरह सत्य-तत्व की प्रतीति कराने के लिए वास्तविकता का परिधान होना चाहिए। 'सामाजिक मनुष्य' के लिए लिखी गयी कथा में वास्तविकता के इस परिधान से, अर्थात् 'सामाजिकता का वातारण' रचने से सामाजिक पात्रों को सत्य-तत्व का वाहन बनाने की सुविधा मिल जाती है, क्योंकि इससे पाठकों को ऐसा नहीं लगता कि 'कुछ बताने के लिए मेरे आगे गढ़ंत गढ़ा जा रहा है।' (देखें, साहित्य का श्रेय और प्रेय, पृ. 170-71) इस तरह वास्तविकता जैनेंद्र के लिए एक विधागत-रूपात्मक बाध्यता थी जिसका मक़सद था पाठकों का भरोसा जीतना।

घायल की गति घायल जाने : *रतिनाथ की चाची*

शिवानी चोपड़ा

बाबा नागार्जुन के सभी उपन्यासों को आत्मकथात्मक माना जाता है। *रतिनाथ की चाची* नामक उनके उपन्यास से भी ऐसा ही आभास होता है। इसमें आठ-दस साल के मासूम रतिनाथ की चाची की करुण कथा कही गयी है। पर सिर्फ चाची का जीवन ही इस उपन्यास में अभिव्यक्त नहीं हुआ है, इसमें पूरे मिथिलांचल का ग्रामीण जीवन भी प्रतिबिंबित हुआ है। एक और बात जो उपन्यास को कई दृष्टियों से महत्वपूर्ण बनाती है, वह यह कि उपन्यास की कथा रतिनाथ के माध्यम से व्यक्त हुई है। रतिनाथ ने अपने ग्रामीण परिवेश को जैसा अनुभूत किया, वही यथार्थ बनकर पाठक के सामने आया है। वह व्यक्ति के नज़रिये से ही सोचता है, पर अपने परिवेश से उसे गहरा मोह है। उसकी समझ, नासमझी, अपरिपक्वता और संस्कार पाठकों के समक्ष हैं, उनका व्यर्थ उदात्तीकरण नहीं किया गया है। ब्राह्मणत्व का अहंकार, संस्कार व दरिद्रता के साथ परिवेश की वास्तविकता को इसी संदर्भ में प्रस्तुत किया गया है।

सन 1946 में बाबा भारतीय कम्युनिस्ट पार्टी के सदस्य बन गये थे। पर उनके लिए साहित्य तथा रचनात्मक स्तर पर प्रगतिशीलता के मायने पार्टी व संगठन की वैचारिकता से बढ़कर थे। सत्ता में बैठा वर्ग राष्ट्र के भाग्य का निर्णय कर रहा था जिसे सवालों के घेरे में लाकर उसे जवाबदेह बनाना ज़रूरी हो गया था। एक ओर आधुनिक व उभरते भारत के स्वप्न को निर्गित किया जा रहा था, दूसरी ओर भारतीय ग्रामीण परिवेश मानो सदियों पीछे छूट गया था। 1948 में *रतिनाथ की चाची* उपन्यास लिखा गया, जिसमें स्पष्ट तौर पर यह सच्चाई सामने आती है कि हिंदू धार्मिक संस्कार द्वारा किस तरह से जातीय भेदभाव व स्त्री उत्पीड़न के मूल्यों की नींव पर आधुनिक राष्ट्र का मिथक निर्मित किया गया। कुछ आलोचकों का मानना है कि बाबा के उपन्यासों का फलक छोटा है पर आज जिन आलोचना दृष्टियों का साहित्य में उपयोग हो रहा है, उनकी मदद से देखें तो एक छोटे-से गांव में, एक विधवा स्त्री की दारुण कथा पूरे राष्ट्र की पृष्ठभूमि पर घटित होती प्रतीत होती है।

जातीय व स्त्री विमर्श की दृष्टि से इस उपन्यास का पुनर्मूल्यांकन कर देना भी सरलीकरण होगा, क्योंकि भले ही ये विमर्श सत्ता की संरचना को समझने में मदद करते हैं पर इनकी अपनी सीमाएं हैं। विचारधारा व जीवन पद्धति के रूप में सैद्धांतिक तौर पर वे अपर्याप्त हैं। फिर भी व्यवस्था में शोषण के बारीक़ ताने-बाने के एक-एक तार को खोल देने में मदद अवश्य करते हैं।

बाबा प्रगतिशील साहित्य को कम्युनिस्ट पार्टी की बपौती मान लेना ग़लत समझते थे। रचनात्मक स्तर पर जीवन के अनुभवों से मूल्यों की तलाश करना व समाज की अमानवीय, शोषणकारी व दमनकारी परिस्थितियों को ढूंढना-पहचानना—यही अर्थ था बाबा के लिए प्रगतिशीलता का। सत्ता से अलग व स्वतंत्र होकर ही प्रगतिशील साहित्य क्रांतिकारी विचारों को प्रेरित कर सकता है। अपनी इसी सोच के कारण बाबा किसी एक जगह से कहीं जुड़े नहीं और यात्री व यायावर बन गये। प्रगति को परिभाषित करने की राजनीति के सवाल पर बाबा अपने एक साक्षात्कार में कहते हैं—'विकासवाद का हेगेलीय रूप, डार्विनीय जीव वैज्ञानिक रूप और मार्क्सवादी समाजशास्त्रीय रूप, ये सभी रूप प्रगति को अपने-अपने ढंग से व्याख्यायित करते हैं, पर समाज की गतिशीलता किसमें है? गतिशीलता और अग्रगति में सैद्धांतिक अंतर है।' स्वाधीनता की चौखट पर आते ही भारत की आधुनिकता व गतिशीलता को जिसका सामना करना पड़ा, वे सदियों पुरानी जड़ताएं थीं। गुलामी का संस्कार, सामंतवाद, जातीयता, धार्मिक कट्टरता, लैंगिक विभाजन आदि लोकतंत्र व प्रगतिशीलता के विरोधी थे। आधुनिक भारत के साथ आधुनिक भारतीय स्त्री की छवि जुड़ी हुई है जिसे सबसे ज़्यादा बंगाल के नवजागरण के एक महत्वपूर्ण सवाल के रूप में देखा गया। उसे सुशिक्षित, हिंदू धार्मिक संस्कारों में पगी, कुशल गृहिणी, परिवार की देखरेख करने वाली, स्वाधीन स्त्री, आदर्श स्त्री, आधुनिक स्त्री, भारतीय स्त्री आदि विशेषणों से नवाज़ा गया। *रतिनाथ की चाची* जैसे इन सभी छवियों व मिथकों के आवरण को चीरते हुए स्त्री जीवन के दर्द व पिछड़ेपन को दर्शाती है। यह केवल ग्रामीण समाज का ही पिछड़ापन नहीं बल्कि पूरी व्यवस्था की संरचना का चरित्र है।

1948 में लिखा गया यह उपन्यास तीस-चालीस साल पूर्व की परिस्थितियों को अभिव्यक्त करता है। उत्पीड़न, प्रतारणा, अशिक्षा, दुर्व्यवहार, सामाजिक दबावों को भाग्य का खेल व नियति स्वीकार कर चुकी ग्रामीण विधवा स्त्री—गौरी चाची—डिफेंसिव स्त्री चरित्र है। आक्रामक व विद्रोही चरित्र की उसमें दूर-दूर तक संभावना भी नहीं थी। जयशंकर प्रसाद ने भी अपनी एक कहानी 'ममता' में हिंदू विधवा को दुनिया की सबसे निराश्रित प्राणी बताया था। हालांकि इस कहानी में विधवा जीवन की खामियां बताना उनका उद्देश्य न था, फिर भी वास्तविकता सामने आ गयी। गौरी चाची जैसे चरित्र पितृसत्ता को चुनौती दें, विरोध करें, संघर्ष करें, उससे उबरने व व्यवस्था परिवर्तन करने के लिए कोई कदम उठायें—इस तरह की स्थितियां समाज में न होने के कारण साहित्य में भी अकल्पनीय थीं। साहित्य इस रूप में यथार्थ को चुनौती देते हुए मिलता है कि इस तरह के पात्रों के सहने की क्षमता, प्रतिरोध व उत्पीड़न को सामने रखता है। मातृभूमि के लिए बलिदान करने को तत्पर समाज गौरी चाची जैसी स्त्रियों के मां बनने पर वैध, अवैध नैतिकता जैसे सवाल उठाता है। समाज-परिवार उसके प्रति क्रूर है और दंड देने को तत्पर है। आठ साल का रतिनाथ अपने देश की व्याख्या करता है जो राष्ट्र के मिथक से अलग है—मेरा गांव, मेरा परिवेश, उसकी स्त्रियां। मेरी मां, जन्म देने वाली नहीं, पर ममत्व उड़ेलती, स्नेहपूर्ण, बचपन की छांह—चाची खुद को होम कर दर-दर की ठोंकरे खाती, विधवा जीवन के कष्ट उठाती, दरिद्रता और मां बनने के कलंक को झेलती है। यहां राष्ट्र और मातृभूमि दोनों के मिथक टूट जाते हैं। जहां नारों की आवाज़ पहुंची नहीं थी, आंदोलनों की आग की तपिश अभी छू नहीं पायी थी, वहां क्रांतिकारी परिवर्तनों की संभावना पैदा करना

प्रगतिशील साहित्य का उद्देश्य था। इसलिए लेखन का सामाजिक दायित्व मानते हुए बाबा ने साक्षात्कार में कहा, 'यह संघर्ष का रास्ता है, जो चलेगा उसे कबीर की तरह कहना पड़ेगा, जो घर फूंके आपना, सो चले हमारे साथ। जीवन में क्रांति की और सामाजिक सेवा की, ऊंचे-ऊंचे आदर्शों की बात करने वालों को उसके अनुरूप आचरण भी करना चाहिए। झुग्गी-झोपड़ी में रहने वालों की ज़िंदगी कैसी है, ठंड, बरसात व लू के थपेड़ों के बीच काम करने वाले किसानों का जीवन कितना कठिन है, इसे जाने बिना रचनाकार का दायित्व-बोध अधूरा है। जब तक पेट भूखा न हो, वह हड़ताल और संघर्ष का अर्थ नहीं समझ सकता है। जनता को अपना स्रोत बनाना ज़रूरी है।'

इसी प्रगतिशील सोच के कारण बाबा गौरी चाची जैसे चरित्र के जीवन को समझ सके व उसकी संघर्ष गाथा को अभिव्यक्त कर सके। *रतिनाथ की चाची* में विधवा जीवन के अभिशाप और सामाजिक मान्यताओं के अनुसार अवैध रूप से बने संबंध के कारण कलंक की प्रताड़ना को झेलती स्त्री का चित्रण है। *कुंभीपाक* उपन्यास में वेश्या की समस्या को उठाया गया है। सामाजिक रूढ़ियों, वर्जनाओं व दैहिक पवित्रता की परंपरागत धारणा को अभिव्यक्त किया गया है। इसी तरह *दुखमोचन* में स्वाधीनता के बाद की स्थितियों का चित्रण है जिसमें निम्न, दरिद्र, शोषित किसान वर्ग के संघर्ष व आंदोलन के स्वर हैं। पर जितने मार्मिक ढंग से चाची का चरित्र स्त्री जीवन को सामने लाता है, *उग्रतारा* की उगनी या *वरुण के बेटे* की माधुरी में उसकी केवल झलक ही मिल पाती है। *उग्रतारा* की उगनी विवाह संबंध तोडकर व पति का घर त्याग कर प्रेमी के पास चली जाती है। *वरुण के बेटे* की माधुरी के माध्यम से पता चलता है कि निम्न जातियों की स्त्रियों की अपेक्षा उच्च वर्ग व जातियों की स्त्रियों की स्थिति अधिक दारुण है। यही स्थिति गौरी चाची के संदर्भ में भी सच है। विधवा जीवन की समस्या बाल विधवाओं में ज़्यादा विकट थी। ऐतिहासिक तथ्यों के अनुसार निम्न जातियों में इस तरह की समस्या नहीं थी। यह समस्या उच्च वर्णों में ज़्यादा थी। इसका एक उदाहरण पंडिता रमाबाई की किताब *द हाई कास्ट हिंदू विडो* है जिसके माध्यम से ऐसे कई तथ्य सामने आते हैं। आधुनिक भारत में समाज सुधार आंदोलनों के प्रभाव से 1856 ई...में हिंदू विधवा पुनर्विवाह अधिनियम बना। इस संदर्भ में उल्लेखनीय है कि ब्रिटिश राज में रूढ़ व परंपरागत हिंदू धार्मिक मान्यताओं को बदलने के प्रयास नहीं किये गये। समाज सुधारकों के अपने प्रयासों के चलते सरकार को मजबूरन ऐसे कानून बनाने पड़े जिसमें पंडित ईश्वरचंद्र विद्यासागर की महत्वपूर्ण भूमिका थी। पर विधवा विवाह को कानूनी मान्यता मिलने के बावजूद समाज पर इस कानून का प्रभाव न के बराबर था। परिवर्तन की प्रक्रिया कितनी धीमी थी, यह इस तथ्य से भी स्पष्ट होता है कि विधवा पुनर्विवाह अधिनियम बनने के लगभग अस्सी साल बाद विधवा को 1937 में संपत्ति का अधिकार प्राप्त हुआ था। इस तरह यह समझा जा सकता है कि राष्ट्र निर्माण की प्रक्रिया में किन राजनीतिक मांगों को प्राथमिकता दी गयी और स्त्री के सवाल पर किन मांगों व मुद्दों को सुधार के लिए आवश्यक माना गया, गौरी चाची जैसी विधवा स्त्री उसका रचनात्मक दस्तावेज़ है। उपन्यास में जहां-जहां चाची के अंतर्मन की बातें और संवाद आते हैं, वे एक अर्थ में चाची की 'टेस्टेमनी' हैं जो रतिनाथ के माध्यम से पाठकों के सामने आती हैं।

उपन्यास का आरंभ औरतों की मंडली में हो रही बातचीत से होता है। ये औरतों का

सार्वजनिक क्षेत्र भी है जो कि वास्तव में उनका था ही नहीं। पूरी मंडली में एक न्याय करने वाली बूढ़ी स्त्री भी बैठी है। क्या उसके पास स्वतंत्र सोच है। समाज की किन मान्यताओं को वह ढो रही है। गांव की ये सारी स्त्रियां उमानाथ की मां यानी गौरी चाची को कठघरे में खड़ा कर देती हैं और उससे सफ़ाई मांगती हैं, गर्भ कैसे ठहर गया? विधवा होकर यह अपराध कैसे कर सकती हो? यह वह कलंक था जिसके लिए वह अपराधी न होते हुए भी दंडित की जा रही थी। तब 11 साल का रतिनाथ सहम गया था कि क्या चाची उसके पिता जयनाथ का नाम सबको बता देगी? नहीं भी बताएगी तो यह बात कब तक छिपी रह सकती है। समाज का क्रूर चेहरा तब सामने आता है जब जयनाथ को सार्वजनिक क्षमायाचना करने पर माफ़ किया जा सकता था, पर चाची किसी भी तरह इस कलंक से मुक्ति नहीं पा सकती थी। इसलिए उसे समाज से निष्कासित और बहिष्कृत ही किया जा सकता था। आजीवन चाची इस कलंक के बोझ तले जीती है।

गौरी के दूसरे विवाह की बात जब दूर की एक भाभी ने छेड़ी तो रतिनाथ ने भाभी को फटकारते हुए जवाब दिया, पंडित की लड़की होकर तुम ऐसी बात करती हो? दूसरी या तीसरी शादी क्या कभी किसी विधवा या सधवा ब्राह्मणी ने की है? इस अबोध बालक की सोच समाज का यथार्थ था। दुःख और भय दोनों भाव एक साथ चाची को घेरे रहते। एक ओर प्रगाढ़ दुःख में याद आता अपना भरा-पूरा बचपन, तो दूसरी ओर भय सताता कि जब उसके पुत्र उमानाथ को पता चलेगा कि उसकी विधवा मां गर्भवती हो गयी है तब क्या होगा? चाची डर रही थी कि इस बात की ख़बर अगर थाने में चली गयी तब भ्रूण हत्या के अपराध में उसे सजा दी जायेगी। चाची को उस समय सारी पुरुष जाति से घृणा हो रही थी।

उपन्यास में संपन्न कुलीन ब्राह्मणों के परिवारों का दोगलापन भी दिखाया गया है। 'बिकौआ' प्रथा का भी उल्लेख मिलता है जिसमें अभिजात दरिद्र ब्राह्मण अपनी कुलीनता का सौदा करके जीविका चलाते थे। एक व्यक्ति बाइस-बाइस शादियां करता और उसका जीवन ससुराल में ही कट जाता। हास्यास्पद बात यह है कि इस तरह के लोगों की समाज में बड़ी इज़्ज़त भी होती थी। इस तरह के कई अन्य प्रसंग भी उपन्यास में आते हैं जिन्हें उपन्यासकार ने गौरी के तथाकथित कलंक के बरक्स रखा है। उच्चजाति के छलावे को तोड़ने का काम चमाइन करती है जो गौरी का गर्भ गिराने आती है। वह कहती है, 'माफ़ करना! बड़ी जातवालों की तुम्हारी यह बिरादरी बड़ी म्लेच्छ और बड़ी निष्ठुर होती है। हमारी बिरादरी में किसी के पेट से 8-9 महीने का बच्चा निकालकर जंगल में फेंक आने का रिवाज नहीं है।' दरिद्रता के बावजूद जातीय अहंकार और समाज बिरादरी में इज़्ज़त का सवाल ज्यादा अहम बन जाता है जिससे गौरी अपने को बचा नहीं पाती है। ये अहंकार और इज़्ज़त के सवाल ही उसे दंडित करते हैं। जो अपराध उसने किया नहीं उसे उसके व्यभिचार का प्रमाण माना जा रहा है। गौरी के पास अपनी सफ़ाई देने के लिए शब्द तक नहीं थे। घर की इज़्ज़त व रतिनाथ के प्रति मोह उसे बांध देते हैं। दम्मो फूफी, जयनाथ और उमानाथ को रतिनाथ लगभग खलनायक की भूमिका में देखता है जिन पर बीच-बीच में व्यंग्य भी किया गया है। यही खलनायक गौरी को पतिता, भ्रष्टा व व्यभिचारिणी बना देते हैं। कुछ स्त्री पात्रों के नाम इसलिए गिनाये हैं जिससे गौरी का व्यभिचार कम हो सके। जैसे शकुंतला के पति की सात

शादियां, जनकिशोरी के पति की सात शादियां। ये स्त्रियां किसी स्त्री विमर्श के दबाव के कारण कथा का हिस्सा नहीं हैं बल्कि शोषण के विरोध और मुक्ति की अवधारणा को सबल बनाने वाली वैचारिकता से उपजी हैं।

गौरी की सज़ा तय थी जबकि जयनाथ अन्य कई संबंध बनाने के लिए स्वतंत्र था। सुशीला नाम की विधवा जो उसे बनारस में मिलती है, अपनी इच्छा से संबंध बनाती है। चाची पर अपने आसपास के समाज का इतना दबाव है कि उसकी इच्छा-अनिच्छा मायने ही नहीं रखती। सुशीला के माध्यम से बाल विधवाओं की नियति की ओर संकेत किया गया है जिनके पास संपत्ति अधिकार व आत्मनिर्भरता के साधन न होने के कारण अपने शरीर के अलावा कुछ बचता ही नहीं। जेठानी-ननद के दुर्व्यवहार से तंग आकर, नैहर में भाभी से खटपट के प्रसंगों के बाद कटिया महाराज द्वारा इज़्ज़त लूटे जाने की घटना होती है। अंततः खत्री दुकानदार के घर उसकी रखैल बनकर रहती है। यही थी उसकी नियति। जयनाथ पुरुष व उच्चवर्ण का होने के सभी लाभ उठाता है। वह गैरज़िम्मेदार, अय्याश और स्वार्थी है। जातीय व धार्मिक संस्कारों से जुड़े पाखंडों पर उपन्यास में व्यंग्य किया गया है। ऐसे ही एक वैदिक आचार्य अच्युतानंद, जो शुभंकरपुर के ब्राह्मण हैं, कलकत्ते में रहते हैं। उनकी अच्युत नीति और चातुर्य की पहचान को दिखाया गया है जिनके चरित्र की छानबीन करना समाज आवश्यक नहीं समझता है। लेकिन तकली कातकर आत्मनिर्भर बनने का दयनीय, अहिंसक व निरीह प्रयास करती हुई गौरी चाची जब गर्भ धारण कर लेती है तब उसके चरित्र को दाग़दार बनाने के लिए पूरा गांव आगे आ जाता है। इसके बावजूद वह जयनाथ से घृणा नहीं करती है। उसके स्वभाव में डर, निरीहता, पराजय है। वह शांत व सौम्य स्त्री है।

चाची के साथ ग्राम समाज का पिछड़ापन व जातीय यथार्थ भी व्यक्त हुआ है। निम्न जाति का कुल्ली राउत रतिनाथ को बहुत ही चतुर, व्यवहारिक और ज्ञानी लगता है। वह सोचता है, 'अगर यह भी ब्राह्मण के घर पैदा होता तो निश्चय ही इसके बदन पर फटे-पुराने कपड़े न होते। हमारा जूठन खाकर, हमारा पहिरन पहनकर इनके बच्चे पलते हैं। क्या मर्द, क्या औरत, इन लोगों का जीवन बड़ी जात वालों की मेहरबानी पर टिका है।' साथ ही नागार्जुन यह भी लिखते हैं, 'समाज उन्हीं को दबाता है जो ग़रीब होते हैं।' जातीय आधार पर शोषण के साथ समाज व्यवस्था में तेजी से वर्गीय आधार उभर रहा था, जिससे पुरुष समाज की अपेक्षा स्त्री समाज अधिक तेजी से प्रभावित होता है। दम्मो फूफी 'चाची' को कठघरे में खड़ा कर अपना फ़ैसला सुनाती हैं, 'उस भ्रष्ट औरत से भगवान हमें बचाये। इन आंखों के सामने वह न आवे। देखना यह है कि पड़ोस के इस पाप का हमारे जीवन पर क्या असर पड़ता है।' पुरुष समाज की बनायी व्यवस्था को बड़ी-बूढ़ी बनाये रखने में स्त्रियां अपना हित देखती हैं। रूढ़-सामंती समाज में जहां औरतें आत्मनिर्भर नहीं थीं, वे पारिवारिक, धार्मिक संस्कारों को बनाये रखने की ज़िम्मेदारी उठाती हैं। इसलिए दम्मो फूफी के न्याय में जयनाथ दोषी होकर भी बच जाता है और गौरी चाची सज़ा भोगती है। वह कहती है 'मर्दो का तो कोई ठिकाना है नहीं। अगर हम न रहें तो संसार से आचार-विचार हट जाये। छिनाल है, उससे हमें किसी प्रकार का संबंध नहीं रखना चाहिए। बोलचाल बंद। बात-विचार बंद। प्रत्येक व्यवहार बंद। हां, जयनाथ और रतिनाथ दोनों बाप-पूत यदि प्रायश्चित कर लें तो इस समाज में उनके लिए स्थान हो सकता है, परंतु उमानाथ की मां को समाज किसी हालत में क्षमा

नहीं कर सकता है।' बदनामी और लोगों की फब्तियों के अलावा यह सज़ा तय की गयी चाची के लिए। उसकी क्षमायाचना के सवाल पर कहा गया, 'प्रायश्चित की बातें तो कोई पंडित ही बता सकता है। खाली प्रायश्चित किसी काम का नहीं। जाति-बिरादरी का दंड ही इस प्रकार के अपराधों को फिर न दोहराने की दवा का काम करता रहेगा।' यह भी एक विडंबना और विरोधाभास है कि एक ओर मातृभूमि के रूप में देश को परिभाषित किया गया, राष्ट्र की कल्पना मां के रूप में की गयी लेकिन ग्रामीण परिवेश में एक विधवा के मां बनने पर उसे दंडित किया जा रहा है। साफ़ है कि मातृत्व की धारणा भी पितृसत्तात्मक व्यवस्था की परंपरागत नैतिकता के मानदंडों पर आधारित थी।

गौरी से गांव की सभी स्त्रियों ने संपर्क न रखने का फ़ैसला किया। पर वे तब कुछ न कहती थीं जब भोला पंडित जैसे पुरुष पुत्र की लालसा से पैंतालिस साल की उम्र में न केवल दूसरी शादी रचाते हैं बल्कि 'गुस्सा चढ़ने पर अपनी स्त्री का झोंटा पकडकर चार लात देता है।' ये सभी पुरुष सामाजिक दंड व कलंक के घेरे से बाहर थे। इतना ही नहीं, 'बिकौआ' से ब्याही स्त्रियों के पर पुरुषों से गुप्त स्नेह संबंधों का भी उपन्यास में उल्लेख मिलता है। जो गुप्त है, वह अपराध नहीं। यही था उस ग्रामीण परिवेश का न्याय। बहुविवाह व बाल-विवाह जैसी प्रथाएं आम थीं।

भारतीय समाज का परिवेश एक समान नहीं है। शुभंकरपुर, तरकुलवा जैसे कई ग्रामीण अंचलों में सदियों पुरानी परम्परागत व्यवस्था जीवित थी, जहां हर दूसरे कुलीन घर की कहानी एक जैसी थी। दरिद्रता से निज़ात पाने के लिए बहुविवाह व बाल-विवाह जैसी प्रथाएं आम थीं। जयनाथ की बहन का ब्याह 'भागलपुर से बाईस कोस दक्षिण में बड़हड़वा गांव के मेवालाल ठाकुर से, जो बड़ा काश्तकार था, पचास की उम्र में कुलीन कन्या का पाणि ग्रहण करना चाहता था। दो शादियां पहले हो चुकी थीं। दोनों औरतें मौजूद थीं। एक से चार और दूसरी से सात संतानें थीं।

पुत्र प्राप्ति की मंशा से पूजा पाठ के लिए ब्राह्मणों की आवभगत का भी उपन्यास में उल्लेख मिलता है। पुत्र जनकर भी स्त्री मुक्त न हुई। गौरी चाची के पति की वर्षी पर उसका पुत्र उमानाथ जब घर आता है, तब अपनी मां के कलंक-कारनामे की अफ़वाहों से उसके कान भर जाते हैं। 'उमानाथ फुफकारता हुआ अपने आंगन में आया और मां का झोटा पकड़ लिया। वह बेचारी इस आकस्मिक आक्रमण से चकित थी ही कि उसी वक्त लड़के ने उसकी पीठ पर आठ-दस लात जमा दिये।' बजाय इसके कि वह अपनी मां की पीड़ा समझता, यह फल मिलता है उसे अपने एकमात्र पुत्र से। 'चाची अपने आंसू, अपनी आह सब पी गयी।' माना जाता था कि पारंपरिक गृहस्थ जीवन के कर्त्तव्यों को ठीक से न निबाहने व उनका पालन न करने के कारण स्त्री के पति की मृत्यु हो जाती है और विधवाओं को उनके पापों के लिए दण्डित करना उचित माना जाता था। चाची के प्रति गांव के लोगों में बदलाव की लहर तब आती है जब 'जयदेव मिश्र नाम के ज्योतिषी का लड़का बंगाली लड़की से ब्याह कर लेता है, जिसका बाप क्रिस्तान है और अण्डा खाता है। गिरजा घर जाता है।' इसलिए अब चाची के कलंक को लोग भूलने लगे थे। अंतर्जातीय विवाह हिन्दू धार्मिक संस्कारों के अनुसार वर्जित था। उपाय पूछा गया इस अपराध से मुक्ति का, जिससे सारा गांव विधर्मी के सम्पर्क में आने से बच सके, वह था, ब्राह्मणों को भोजन, दान-दक्षिणा आदि दी जाये

ताकि वे आशीर्वाद दें।

चाची के जीवन के साथ गांव और देश के बदलते परिदृश्य को चित्रित किया गया है। जैसे ज़मींदारों का कांग्रेस पार्टी में बोलबाला, उसके विरोध में किसानों का संगठित होना, आंदोलन करना आदि। गांव से दो एक लीडर भी उभर आये जिनके प्रभाव में आंदोलन बढ़ने लगा, किसान अपनी ज़मीन छोडने को तैयार नहीं थे। जब इसके लिए गांव भर से मुठिया वसूल की जाने लगी तब चाची ने भी बढ़-चढ़ कर दान दिया।

किसान आंदोलन की क्या दशा थी, उस संघर्ष को अवसरवादी नेताओं ने किस तरह से चौपट कर दिया—ये सब घटनाएं चाची की ढलती उम्र के साथ बढ़ती हैं। देश और दुनिया की ख़बर रखने के लिए चाची ने ताराचरण का सहारा लिया जिसके माध्यम से वह अपने को बाहर की दुनिया से जोड़ती है। शायद नागार्जुन चाची को पूरी तरह से एक प्रगतिशील चरित्र के रूप में गढ़ना चाहते थे, जो संघर्ष करती है, शोषण सहती है पर उसके भीतर सीखने-जानने की व दुनिया को बेहतर ढंग से समझने की ललक है। चाची कम खाती है, कम सोती है, व्रत उपवास अधिक रखने लगी। दिन-रात चरखा चला कर अपने भर का पैसा कमाना-जोड़ना, यही उसकी जीवन चर्या बन गयी थी। सूत कातकर बेचने वाले मेहनताने में भी बेईमानी होने लगी थी। चाची की समझ में यह नहीं आया कि गांधी जी के चेले इस प्रकार की बेईमानी क्यों करते हैं? जितना ध्यान चाची घर खर्च पर देती थी, जयनाथ उतना ही लापरवाह था। वह अपने देवर को समझाती भी है पर वह मजाक में टाल देता है और इधर-उधर संबंध बनाता फिरता है। घर-गृहस्थी की ज़िम्मेदारियों से बेफ़िक्र जयनाथ को जब गौरी अंतिम बार इतना ही कहती है, 'किसी भी युग में स्त्री को अमृत पीने का सुयोग नहीं मिला। पुरुष को अमृत पिला कर स्वयं वह विषपान ही करती आई है।'

उपन्यास की घटनाएं ग्रामीण अंचल की प्रकृति, परिवेश और मौसम व चैत, आषाढ़, वैसाख आदि महीनों के साथ बदलती है। यह इसके शिल्प की खूबसूरती है। बड़े संयुक्त परिवार, रिश्तेदारियां व संबंधों के बीच जिस तरह जात-बिरादरी के सवाल को उठाया गया है, उसके केन्द्र में स्त्री-जीवन का सवाल महत्वपूर्ण बन गया है। आजीवन त्रासदियों को झेलने वाली पात्र विधवा चाची की पीड़ा तब चरम सीमा पर पहुंच जाती है जब बुढ़ापे में भी उसका जवान बेटा उसे अपराधी व कलंकित मानता है। वह सूत कातकर पैसा जोड़ती है और अपने बेटे के सुंदर वैवाहिक जीवन का सपना देखती है कि शायद जीवन के अंत समय में सुख के दो क्षण मिल जायें। उमानाथ जो पढ़ने में और समझदारी में औसत दिमाग वाला था, ठीक से कुछ कर नहीं पाता फिर भी मां के नाते वह उस पर भरोसा करती है कि सब ठीक हो जाएगा। जिसे दुनिया वाले भूल गये उस कलंक को याद रख उमानाथ अपनी पत्नी को भी भड़का देता है। तब चाची की जीने की रही-सही इच्छा भी जाती रहती है और वह सोचती है, 'इस जीवन से मृत्यु लाख गुना श्रेयस्कर है। अपमान और तिरस्कार को वह झेल नहीं पाती और धीरे-धीरे जीवन को समाप्त करने की ठान लेती है। तकली कात-कात कर उसके हाथों में गड्ढे पड़ गये थे। जो रुपया कमाया उमानाथ के विवाह में खर्च कर दिया और उसका पुरस्कार मिला कि नववधू की घृणा का पात्र बनी।

ग्रामीण समाजों को शासित करने वाली नैतिक संहिता, धार्मिक मूल्य, सिद्धांत, आचार-व्यवहार, विचार, सामाजिक धारणाएं और वैधानिक मान्यताएं व्यक्ति पर दबाव बनाती

हैं और उन बातों की निंदा करती हैं जो परिवार, घर के मुखिया या पुरुष को अपमानित करें। यही संस्कार चाची पर भी दबाव डालता है जिसके चलते वह कभी अपने पर लगे कलंक के ज़िम्मेदार जयनाथ का नाम नहीं लेती। दूसरा प्रमुख कारण रतिनाथ के प्रति स्नेह व ममत्व था, सोचती है कि बेचारा रतिनाथ अपने बाप के व्यभिचार की बदनामी क्यों भुगते। वह एक घरेलु स्त्री है फिर भी आत्मनिर्भरता के लिए सूत कातती है। पढ़ी-लिखी नहीं है, पर ताराचरण उसे देश-दुनिया की खबरें सुना जाता। हिटलर ने रूस पर हमला कर दिया था। इस अशुभ समाचार से चाची को खेद हुआ था। चाची कहती है, मैं पढ़ी-लिखी नहीं हूं मगर इतना समझती हूं कि पच्चीस साल से रूस वालों ने अपने यहां जो नया संसार बसाया है उसके अंदर जाकर राक्षसों की बड़ी से बड़ी फौज भी मात खा जायेगी। नागार्जुन चाची के जीवन के विकल्प की ओर संकेत कर रहे थे कि पढ़-लिख कर स्त्रियां केवल अपना जीवन ही नहीं सुधार पायेंगी बल्कि बेहतर समाज के निर्माण में उनकी सोच लाभदायक हो सकती है। चाची के अंत से पहले इस तरह की घटना का उल्लेख लेखक की अपनी प्रतिबद्धता का भी सूचक है। जिस समय यह उपन्यास रचा गया तब तक स्त्री जीवन में अनेक संभावनाएं दिखायी देने लगी थीं। पर गांवों का पिछड़ापन, आधुनिकता, आज़ादी और विकास की संभावनाओं का उपहास उड़ाता था।

भारतीय राष्ट्र की परिकल्पना के साथ स्त्री का सवाल महत्वपूर्ण बन गया था। स्वाधीनता के बाद हाशिये पर पड़ा पूरा भूगोल चित्रित हुआ है। देश-प्रेम क्या है? नागार्जुन के लिए वह मिथिलांचल की मिट्टी और प्रकृति है। जबकि दकियानूसी संस्कार, अशिक्षा, ग़रीबी, जातिवाद आदि आंतरिक उपनिवेशवाद की जड़ हैं। लैंगिक समीक्षा के अंतर्गत इस रचना को महत्त्वपूर्ण दस्तावेज़ के रूप में पढ़ा जाना चाहिए। आज जब स्त्रीवादी नज़रिये और इतिहासबोध को विकसित किया जा रहा है, उसका अभिप्राय स्त्री का उल्लेख मात्र करना या बद्ध-मूल छवि के रूप में उपस्थिति दर्ज करना नहीं है। मृणालिनी सिन्हा के अनुसार सवालों को पूछने की यह पद्धति इतिहास की पुनर्रचना करती है। पितृसत्तात्मक व्यवस्था वर्ग और जाति के पहले या बाद में निर्मित नहीं हुई बल्कि यह इनमें पूरी तरह से समाहित व अंतर्निहित है। इन अर्थों में नारीवादी दृष्टि यह मानती है कि यथार्थ के सभी पक्ष लैंगिकता से प्रभावित व ग्रस्त हैं और लैंगिक अनुभव भी नस्ल, वर्ग, जाति, राष्ट्र व यौनिकता के अनुसार बदलते रहते हैं (लेख–'उपनिवेशवाद और राष्ट्रवाद की लैंगिक समीक्षा', *वुमैन एंड सोशल रीफोर्म इन इंडिया,* भाग-2, सुमित सरकार, तनिका सरकार, पृ. 211)। औपनिवेशिक समीक्षा में भारतीय पुरुष की स्त्रियों के प्रति बर्बर, क्रूर व हिंसक छवि निर्मित की गयी, जिसके प्रतिपक्ष में आदर्श भारतीय स्त्री की छवि गढ़ी गयी जो स्थूल अर्थ में योरोपीय आधुनिकता के भी विपरीत थी। सुसंस्कृत, शिक्षित, कुशल गृहिणी, अनुगामिनी आर्य स्त्री की छवि को गढ़ा गया। परंतु विधवाएं व वेश्याओं को इस वर्ग में शामिल नहीं किया गया। उनके जीवन में सुधार की अपेक्षा करना आदर्श भारतीय स्त्री की छवि को धूमिल करना था। भारतीय परम्पराओं को पुनर्जीवित-पुनर्परिभाषित करने के लिए आदर्श आर्य हिंदू महिला की छवि तैयार की गयी जिससे विधवा जीवन को एक अभिशाप, कलंक और पाप माना गया।

उल्लेखनीय है कि नागार्जुन की मैथिली कविता 'विलाप' हिंदू समाज और मिथिला के ब्राह्मण समाज में विधवाओं की दुर्दशा का यथार्थवादी चित्रांकन करती है। यह पूरी कविता

मानो रतिनाथ की चाची की गाथा गा रही है, जिसे नागार्जुन ने बहुत क़रीब से देखा था। इसमें राष्ट्र क्या, जाति क्या, मातृ वंदना क्या, सब पुरुष सत्ता के ढकोसले बताये गये हैं जिसकी वजह से स्त्री जीवन क्षत-विक्षत है। यह कविता व्यंग्य करती है उस आदर्श स्त्री छवि पर जिसे पुरुष ने अपनी सुविधा के लिए गढ़ा-रचा। चाची के चरित्र की तुलना में *उग्रतारा* उपन्यास की 'उगनी' ज्यादा साहसी है और अपने जीवन के बारे में अंतिम निर्णय स्वयं लेती है। उगनी गर्भवती है, शंकाओं से भरी और भयभीत है, लेकिन अंत में निर्णय लेती है कि उसी व्यक्ति के साथ रहेगी जिससे वह प्रेम करती है। अपने पति को पत्र लिखती है, 'मैंने अपना सब कुछ जिसे सौंप दिया था, उस आदमी का दिल बहुत बड़ा है। पराये गर्भ को ढोने वाली अपनी प्रेमिका को फिर से, बिना किसी हिचक के उसने स्वीकार कर लिया है। उसने मुझसे शादी कर ली है।।' बच्चे पर वह पिता से ज्यादा अपना हक़ जताती है। उगनी के इस निर्णय में कामेश्वर, नर्मदेश्वर और उसकी भाभी सब मिलकर शाबाशी देते हैं। लेकिन *कुम्भीपाक* उपन्यास में औरतों के देह व्यापार और पुरुष हिंसा की कई घटनाएं सामने आती हैं। भुवनेश्वरी जो अपने पति को छोड़ने के बाद इस दलदल में फंसी हुई है, जिसकी सोलह साल की बेटी गर्भवती हो गयी थी इसलिए उसका ब्याह चालीस-पैंतालीस वर्ष के अधेड़ आदमी से उसका पिता जबरन कर देता है। वह पति जो अपनी पत्नी के प्रति क्रूर है, रोज़ उसकी कुटाई करता है, उससे बचकर भागी तो देह के बाज़ार के नरक में आ गिरी। चंपा भुवनेश्वरी को पत्र लिखती है, 'इस कुंभीपाक नरक से निकल कर नयी दुनिया के समझदार लोगों के बीच पहुंच गयी हो। वहां जहां के नर नारी मिलजुलकर आगे बढ़ते हैं, जहां कोई किसी का फ़ायदा नहीं उठाता, कोई किसी को चकमा नहीं देता, जहां पुरुष बल होगा तो स्त्री बुद्धि होगी, स्त्री शक्ति होगी तो पुरुष ज्ञान।' नागार्जुन समाज की परिभाषा के अनुसार आदर्श स्त्रियों से अलग उन हाशिये के स्त्री पात्रों के जीवन को अभिव्यक्त कर रहे थे। स्त्री-पुरुष के साझे संसार का स्वप्न ही मुक्ति की अवधारणा को रच सकता है व सार्थक कर सकता है।

संदर्भ : मैथिली साहित्य

मैथिली कविता का यात्री-पथ

गंगेश गुंजन

1

नागार्जुन के काव्य में मुझे बहुत सूक्ष्म रूप में संस्कृत महाकवि भवभूति का विकसित युगीन काव्य-बोध निरंतर प्रवाहित प्रतीत होता है। 'मां मिथिले, अंतिम प्रणाम' एवं कुछ अन्यान्य कविताएं उसी करुणा का आधुनिक विस्तार लगती हैं।

कथ्य या विषय स्वयं में काव्य का कोई एकमात्र निर्णायक उपादान नहीं होता, काव्य में उसे नायक-तत्व भर कह सकते हैं। काव्यत्व की समग्र निष्पत्ति, कवि के विषय-बोध के साथ ही भाषिक बर्ताव की सुंदरता और अंतर्दृष्टि के विशेष प्रयोग से संभव होती है। वहीं कवि मन का उत्कर्ष सृजित होता है। कथ्य मात्र चाहे वह कितना भी विशेष अथवा आम हो, हर कवि की क़लम से उतना महत्वपूर्ण नहीं बन पाता। यात्री जी इस अर्थ में भी अपने समकालीन मैथिली कवियों से अलग हैं। अलग ढब के कवि।

अपनी प्रभावान्विति में 'अकाल और उसके बाद' कविता में अभिव्यक्त नागार्जुन की करुणा साधारण दुर्भिक्ष के दर्द से बहुत आगे तक की लगती है। क्योंकि उसी दौर में उस विपदा पर अनेक रचनाएं लिखी गयीं। पर यह रचना जनकंठ की आवृत्तियों में आयी और कालजयी हो गयी। जहां तक मेरी जानकारी है, मैथिली में इस मिज़ाज और वज़न की कविता नहीं मिलती है।

उपलब्ध कंटेंट की और अधिक बड़ी सामाजिक खेती कर लेने वाले दूरंदेशी किसान हैं—यात्री जी। उनकी रचना एक फ़सल ही नहीं, अगली फ़सलें भी बनती चली जाती है। साहित्य कर्म में जिसे आप काव्य, कवि परंपरा कहते हैं—मैथिली में यात्री एक नयी परंपरा के प्रवर्त्तक हो गये हैं।

उनका यह होना भी पचास के दशक में रूप ले चुका था। व्यक्तिगत होते हुए भी अपना यह अनुभव कहना समीचीन होगा; जब मेरी कोई तुकबंदी तरह की पंक्तियों को सुनकर और उस किशोर वय में ही दिनचर्या में मुझे अपने साथी-भाइयों की तरह ही पारंपरिक रूप में अनुशासित नहीं पाये जाने पर पिता ने कहा था, 'हुंह् जात्री जी बनै छह-हुंह जात्री बनते हो!'

उन यात्री का तो मैंने नाम ही सुना पहली बार तिरसठ-चौंसठ के जमाने में। बल्कि और बाद में ही शायद जब एम.ए. मैथिली करने की ज़रूरत आयी। 'चित्रा' मेरे मैथिली-एम. ए. पाठ्यक्रम के उसी विशेष दौर की पुस्तक है जिसे मुझे पाठक की तरह नहीं, छात्र की

तरह पढ़ना था। तब मैथिली के इस रचनाकार का परिचय मिला, जिसका काव्य-संसार अनुभव, भाषा, काकु प्रांजल मैथिल व्यंजना की अभिव्यक्ति के सहज स्वादीय मिज़ाज से दीप्त था। संस्कृतनिष्ठ शास्त्रीय मैथिली शब्दावली की प्रयोग बोझिलता, गहन-गूढ़ आदर्श या दार्शनिकता के कारण फ़क़त किताबी और बेस्वाद हो चुकी कविता की जगह सर्वथा नये और हठात् मन में उतर जाती हुई कविता का 'मित्रलाभ' हुआ। और यात्री को तलाशने के क्रम में बहुत जल्दी ही हिंदी के नागार्जुन मिले। इन नागार्जुन कवि महोदय को मैं हिंदी साहित्य सम्मेलन की अध्यक्षीय कोठरी में आयोजित एक बहुत छोटी-सी किंतु स्मरणीय बड़ी गोष्ठी में, जिसमें आचार्य शिवजी समेत आचार्य नलिन विलोचन शर्मा और कई अन्य विशिष्ट जन रहे ही होंगे, मैं पहचानता नहीं था। मैं तो तब खुद ही, जैसी याद है, बी.ए. पहले वर्ष का छात्र रहा होऊंगा और प्रोफ़ेसर कलाधर जी के प्रेरणा-प्रोत्साहन से ही उसमें प्रवेश का साहस भी जुटा पाया था। यानी हम दो-तीन ऐसे साथियों की उपस्थिति से वहां का माहौल बाल मंडलिक भी हो गया था, सो याद है। उसमें बहुत से अपरिचित विशेष लोग कालांतर में आगे कुछ गुरुस्थानीय और कई अग्रज लेखक कवि बंधु के रूप में मेरे लिए प्रेरणा-स्रोत भी बने।

2

कवि यात्री जी के बारे में कई बार मन में प्रश्नाकुलता पैदा होती है–विशेषतः उनकी भाषिक मान्यता और आग्रह को लेकर। वे, वैसे तो कई भारतीय भाषाओं में छिटफुट लिखते थे, ऐसा उनके बारे में प्रख्यात है। किंतु उनकी प्रमुख रचना-भाषाएं मैथिली और हिंदी ही रही हैं। मैथिली उनकी मातृभाषा है और हिंदी राष्ट्रभाषा के महत्व से उतनी नहीं जितनी उनके सहज स्वाभाविक और कहें तो प्रकृत रचना-भाषा के तौर पर उनके बड़े काव्यकर्म का माध्यम बनी। अबतक प्रकाश में आ सके उनके समस्त लेखन का अनुपात विस्मयकारी रूप से मैथिली में बहुत कम और हिंदी में बहुत अधिक है।

ऐसा कोई आकस्मिक नहीं, भले ही परिस्थितिजन्य परंतु उनकी अपनी प्राथमिकता के अनुसार अतः उनका अपना चुनाव था। इस चुनाव में वही जीवन यथार्थ कारक हुआ जो आम तौर से प्रतिभाशाली लेखक को भी अक्सर व्यवसायी लेखक बना डालता है। अतः यह यात्री जी का कोई अनायासित नहीं अपितु जीवन यथार्थ और व्यावहारिकता के दायरे में अपने स्वभावानुरूप प्रतिभा का अपना अभियोजन था। एकाधिक बार 'मैथिली कें अपन कोंढ़-करेज खखोरि क' देलियैक मुदा-(मैथिली को अपना कलेजा निकाल कर देता रहा लेकिन गुज़ारा नहीं कर सका)। इस प्रकार साहित्य को जीविका का साधन चुनने की उनकी लाचारी ने ही उनसे अपने मुख्य लेखन की भाषा हिंदी का यह पथ चुनवाया। कह सकते हैं कि साहित्य तो पवित्र साधना-अर्चना का माध्यम है, उसके ज़रिये जीविका जैसी तुच्छ उपयोगिता नहीं ली जा सकती। जैसी चली आ रही अब तक की भावुक लोकरूढ़ि, उसे उन्होंने खुलेपन से तोड़ा। अपनी जीवनचर्या और कवि-व्यवहार के आजीवन पारदर्शी प्रदर्शन के साथ। चरैवेति स्टाइल में यात्री बनकर। कहीं कोई चाकर-वृत्ति नहीं अपनायी। समाज या परिवार को किसी भ्रम में भी नहीं रखा कि उनकी फटेहाली महज कोई बौद्धिक प्रदर्शन है। इस पथ को प्रशस्त करने का भी मैथिली-श्रेय यात्री जी को ही है। उनके पूर्व तक, मैथिली लेखक-कवि के लिए भले मैथिली-भाषा-आंदोलन की ऐतिहासिक विवशता रही हो, लेकिन कवि-लेखक बहुधा इस

बात और व्यवहार पर आत्ममुग्ध ढंग से सक्रिय थे कि 'साइकिल की हैंडिल मे अपना चूड़ा-सत्तू बांधकर मिथिला के गांव-गांव जाकर प्रचार-प्रसार करने में अपना जीवन दान कर दिया। इसके बदले में किसी प्राप्ति की आशा नहीं रखी। मातृभाषा की सेवा के बदले कोई दाम क्या?' ऐसी मान्यता को यात्री ने अपने काव्य-व्यवहार और जीवन-निर्वाह की शैली से उदाहृत करते हुए नयी पीढ़ी के मन-मस्तिष्क में मातृभाषा-प्रेम और उसकी वास्तविक जीवन-संगति की समाजार्थिक चेतना भरी और विज्ञान-सम्मत व्यावहारिक युक्ति से लैस करने का सामाजिक साहस किया। और भारत के बहुलांश भाषा-भाषियों की 'भाषिक धर्मांधता की तरह ही जकड़ गये मैथिली जन मानस को भी अपने ख़ास तेवर और अपनी तत्कालीन मैथिली कविताओं से झकझोरा। मातृभाषा भी, परिवार के इष्टदेवता का नितांत कोई एकांत पवित्र चिनवार नहीं होती, वह कुदाल-हल-बैल गाड़ी और अन्न-बसात भी होती है। और जबतक भाषा इन सभी युक्तियों को वहन नहीं कर सकती अर्थात् भाषा को इस योग्य नहीं बनाया जाता तब तक भाषा की आयु अत्यंत क्षीण रहती है।

भाषा के बारे में बाबा की अवधारणा आज की आम भारतीय लोकतंत्री अवधारणा के निकट नहीं थी। मैं ही नहीं, उनके बहुत-से स्नेही प्रशंसक बौद्धिक इस तथ्य के क़रीबी जानकार हैं। इधर के बहुत हल्के-फुल्के और नितांत सरलीकरण स्टाइल से आये जुमले भूमंडलीकरण, बाज़ार, विश्वभाषा अर्थात् अंग्रेज़ी का कॉरपोरेटी दबदबा हिंदी भाषा पर आसन्न ख़तरनाक संकट आदि शब्दावली की भाषाई विचारधारा के संदर्भ में भी बाबा अपने सदाबहार आत्मनिर्भर विवेक-विचार की तरह ही स्वच्छंद थे। मैथिली और हिंदी का भाषिक विचार उनका हू-बहू वैसा नहीं पाया गया जैसा आम तौर से इन दोनों ही भाषाओं के इतिहास-दोष या राष्ट्रभाषा बनाम मातृभाषा की द्वन्द्वात्मकता में देखने-मानने का चलन है। और ऐसा एक बार नहीं, गोष्ठी-चर्चा में तो शतशः, जिसका आवश्यक रूप से मुद्रित-प्रकाशित अभिलेख नहीं मिलता, किंतु लिखित रूप में भी इसका साक्ष्य उपलब्ध है।

'मैथिली मरि जायत' अर्थात् 'मैथिली मर जायेगी' जैसी कभी कही गयी उनकी भावोत्तेजक टिप्पणी, पर व्यापक सरगर्मी हुई थी। अच्छी ख़ासी। तत्कालीन उभयभाषी मठाधीशों के बीच में यह ख़ासा महत्त्वपूर्ण बनी। इसकी परिणति-निष्पत्ति कैसी रही इस बिंदु पर चर्चा महत्त्वपूर्ण नहीं। हालांकि हिंदी और मैथिली-भाषी समाज के बीच परस्पर द्वेष की सीमा तक यह असहज संबंध कम से कम मैं तो देख रहा हूं सन् 1965 ई...से, जब मैं आकाशवाणी पटना से प्रारंभ हुए मैथिली भाषा के स्वतंत्र कार्यक्रम का प्रसारण प्रभारी बनाया गया। इससे पूर्व तो मातृभाषा तथा एक लेखक के अतिरिक्त मैथिली भाषा से ना तो मेरा कोई नियमित संपर्क-संवाद था ना ही वैसी सहज सामाजिकता जो कि हिंदी-समाज से थी। शिक्षा-दीक्षा समेत मेरा निजी लेखन हिंदी में ही सक्रिय था। और विस्मयकारी रूप से मैथिली भाषी प्रमुखों के द्वारा मैथिली प्रोग्राम के मेरे प्रभारी होने का इस विचार के आधार पर उग्र मुखर-सक्रिय विरोध हुआ कि एक 'हिंदी' के व्यक्ति को मैथिली कार्यक्रम क्यों सौंपा गया है?' और विरोध या आपत्ति ऐसी साधारण नहीं थी कि टाल दिया जा सकता। कह सकता हूं कि यदि मेरी नियुक्ति केंद्र सरकारी नहीं रही होती तो कदाचित् मेरा कोई और ही हश्र हुआ होता। संदर्भ इसलिए अपरिहार्य ही मानता हूं कि महज़ भाषा के आधार पर अपने नाम पर मेरा ऐसा विरोध ख़ुद मेरे लिए अप्रत्याशित ही नहीं, अपितु झकझोर डालने वाली चिंता बन गया। क्योंकि मैथिली में भी

कथाकार के रूप मे मैं विधिवत मान्यता पा चुका था। 'अन्हार इजोत' मेरा पहला कथासंग्रह भी छप चुका था। हिंदी और मैथिली के भाषाई विरोध के दायरे में अपने को इस दशा में पाने के फलस्वरूप ही सोचने का आधार हुआ और तब पाया कि यह विरोध यों ही या अचानक नहीं था, इसकी अपनी दुर्भाग्यपूर्ण ऐतिहासिकता थी। वाजिब थी या ग़ैर वाजिब थी इस विषय में मेरा अपना भी निष्कर्ष है मगर वह यहां कहने का विशेष औचित्य नहीं, क्योंकि मैं दोनों ही भाषाओं के प्रति 'निष्ठा' से संकल्पित हूं। निष्ठा शब्द अभिप्रायपूर्वक कह रहा हूं। चूंकि मैं आज की तारीख में भी साफ़-साफ़ देख-चीन्ह पा रहा हूं कि परस्पर विरोध और कई बार हिक़ारत तक बरते जाने के अंदाज़ में ऐसे 'दकियानूस' हिंदीवालों में भी उतने ही हैं जितने मैथिली वालों में। बल्कि अब इस नव बाज़ारोन्मेष के दौर में यह भ्रम और ज़ोर पकड़ रहा है मानो भारत की अन्य भाषाएं हिंदी के विकास में अवरोधक हैं।

मेरा प्रश्न इसी बिंदु से जुड़ा हुआ है। आखिर वह क्या वजह रही कि यात्री ने नागार्जुन होकर जीने की राह अपनायी? इसी अर्थ में यह सवाल भी कि दोनों भाषाओं में लेखन के उनके अनुपात में बहुत अंतर का कारण क्या हो सकता है? मात्रात्मक और गुणात्मक कहें तो दोनों हिंदी में अधिक। मैथिली में बहुत कम है। एक सद्यः प्रमाण तो सात बृहत् खंडों में प्रकाशित नागार्जुन रचनावली है जिसका एक खंड—यात्री समग्र जो मैथिली समेत बांग्ला, संस्कृत, आदि भाषाओं में लिखित रचनाओं का है। मैथिली कविताओं की अबतक प्रकाशित यात्री जी की दोनों पुस्तकें क्रमशः 'चित्रा' और 'पत्रहीन नग्न गाछ' (साहित्य अकादेमी पुरस्कृत) समेत उनकी समस्त छिटफुट मैथिली कविताओं के संग्रह हैं। उनके स्वयं कहे अनुसार उनकी 40 राजनीतिक कविताओं का चिरप्रतीक्षित संग्रह 'विशाखा' आज भी उपलब्ध नहीं है। संभावना भर की जा सकती है कि किसी छिटफुट रूप में प्रकाशित हो गयी हो, किंतु मेरी जानकारी में वह इस रूप में चिह्नित नहीं है। सो कुल मिलाकर तीसरा संग्रह अब भी प्रतीक्षित ही मानना चाहिए।

हिंदी में उनकी बहुत-सी काव्य पुस्तकें हैं। यह सर्वविदित है। सो नागार्जुन या यात्री के कविकर्म में यह द्वैत क्यों है और कारण क्या हैं? जैसे कि उनकी समस्त आपातकालीन कविताएं हिंदी में हैं। मैथिली और मिथिलांचल भी तत्कालीन जनांदोलन से असंपृक्त नहीं थे। कम से कम उल्लेखनीय स्मृति तो नहीं आती कि मैथिली में भी उन्होंने इसी सघनता से उस दौर में कुछ लिखा हो। और उनकी बहुलांश हिंदी-कविताओं का जो मिज़ाज है, उनका मैथिली अनुवाद किस विधि और युक्ति से संभव है, यह भी मैं नहीं सोच पाता।

'पत्रहीन नग्न गाछ' की कविताओं के बहाने हम बहुत संक्षेप में देख पाते हैं कि यात्री की कविताओं में केंद्रीय रूप से जनपक्ष का सृजनात्मक प्रतिफलन किस प्रकार हुआ है।

'पसेनाक गुण-धर्म' में शब्द आया है, 'बरकतइ'। श्रम के विवश उत्कर्ष की ठेठ मैथिल व्यंजना के इस शब्द का अर्थ न तो 'खौलना' है ना ही 'उबलना'। इन दोनों ही के बीच का, यह शब्द है। वस्तु को एक विशेष तापांक पर पकाने की स्थिति। कठोर श्रमिक एक रिक्शा चालक के 'स्नायुतंतु की ऊर्जा' को इस 'बरकतइ' में अभिव्यक्त करने की उत्कट मार्मिकता को स्वाभाविक घनत्व में, इसी फ्रीक्वेंसी पर महसूस कर सकना मैथिली में ही सहज संभव है, जिन अर्थों में हम नागार्जुन की मैथिली कविता की उम्मीद रखते हैं, उनमें एक।

'पड़ल छी छगुंता मे' कविता के अंतिम अंश में यात्री कहते हैं :

आधा छीधा हलुकाही बोरा
झाजीक प्रतापें जाइ छी खेपने
ज़िंदाबाद सरकारी गोदाम
ज़िंदाबाद सरकार बहादुर

एक साथ सपाट और संश्लिष्टता के साथ 'सरकारी लूट' पर इस अदा की नकारात्मक व्यंग्य प्रशंसा! ऐसा आभास बाबा की हिंदी रचना में भी मिल जाना संभव है लेकिन 'आधा छीधा हलुकाही बोरा', 'झाजीक प्रतापें जाइ छी खेपने' की ध्वनि मैथिली में ही आस्वाद्य है।

गौरा पहिरथि फाटल नूआ
छनि कर्महि मे लागल भूआ

जैसी भाषिक व्यंजना और 'कर्महि मे छनि लागल भूआ' मुहावरा का यह प्रयोग तो मैथिली में भी प्रायः पहली बार और अप्रतिम रूप में हुआ है।

इसी कविता के अंतिम प्रकरण में 'महादेव' के लिए 'पचकल लोढ़ा' का प्रयोग महज अनास्तिक पाठ ही नहीं है। इस गति में यात्री जी जनसाधारण को ईश्वरवाद और प्रचलित आस्था के विरुद्ध नयी समझ का आह्वान कर जाते हैं। अर्थात् ऐसा जो किसी काम का नहीं, ईश्वर है, उसकी पूजा क्यों की जाय? और धार्मिक अंध आस्थाओं का गढ़ रही मिथिला के जनसमाज को ऐसी वाणी में 'कहने' वाले कबीर अकेले यात्री ही हुए। और कविता का अंत :

पाथर भेलाह तों सरिपहुं बाबा बैदनाथ!
नहि नबतै तोरा खातिर किन्नहु हमर माथ!

पंक्ति के अंतिम तीन शब्द 'किन्नहु' (कभी नहीं), 'हमर' (मेरा), 'माथ' (सिर) में प्रगट संदेश, विराट लोकरूढ़ आस्था के समक्ष इतने दृढ़विश्वासी कवि-स्वाभिमान का यह स्वर प्रथम ही गूंजा मिथिलांचल में। और स्वाभाविक ही एक अन्य अंदाज़ में संस्कृत त्यागकर अवहट्ठ में लिखने के कारण विद्यापति को मिले सामाजिक बहिष्कार की तरह ही, यात्री जी को भी बहुत बड़े दकियानूस मैथिल वर्ग का धिक्कार उठाना पड़ा। मैथिली गद्य में जो हरिमोहन झा जी को भी सहना पड़ा।

यहां इस 'नहि नबते तोरा खातिर किन्नहु हमर माथ!' में अभिव्यंजना की मौलिकता यह लगती है कि ऐसी किसी धर्मरूढ़ लोकआस्था के विरुद्ध संदेश देने वाली कविता आम तौर से अपने को 'नारा' होने से बचा नहीं पाती। लेकिन यहां कांतासम्मित तासीर के साथ आयी ये पंक्तियां, अप्रिय लगने से पहले ही, समाज को रुचिकर प्रतीत होती हैं। और 'नहीं झुकेगा तुम्हारे वास्ते कभी नहीं, मेरा सिर!' क्रमशः लोक-व्यवहारों में साकार होता है। परिवर्तित मिथिला आज वही मिथिला नहीं है। जीवन-शैली और विश्व-विमर्श तक के क्षेत्र में वह भी साधिकार युग की मुख्य धारा में है।

'बीच सड़क पर' जो एक नन्हीं सी परिपक्व चित्रकविता है—वह अपने संप्रेषण में अनूठी है। ठीक जैसे एक भोला भाला ग्रामीण मूर्त हो गया सा लगता है, जो औचक ही किसी कलकत्ता जैसे महानगर में आ गया हो। बिल्कुल वही सरल सहज मुग्ध हत्प्रभ जीवंत व्यक्ति चित्र 'मध्य वक्षपर ट्रामलाईनकेर जनउ पहिरने' के दृश्य चित्र में। स्नानोत्तर जनेऊधारी के चित्र का यथावत स्वाद जन साधारण के लिए भी स्पष्ट है। यद्यपि जनेऊ कुछ ख़ास जाति वर्ग

के लोग ही पहनते हैं, सभी नहीं, लेकिन पढ़ या सुनकर इसका आनंद सार्वजनिकता में संप्रेषित हो गया है।

संग्रह में ऋतुओं पर खुद मैथिली में ही कई अपूर्व कविताएं हैं। प्रकृति और मानव जीवन के अंतःसंबंध और तज्जन्य ऐंद्रिक संवेदनशीलता की लगभग महानता को छूती हुई दुर्लभ श्रेष्ठ कविताएं हैं।

बाबा की कविताओं में मुझे यदाकदा उनकी गद्यकृतियों के पात्र और स्थानिकता की प्रखर पहचान भी झांकती दीखी। 'बीतल आधा फागुन' में 'पनिचोभक ओइ क़लमबागकें' को इस दृष्टि से परखा जा सकता है। क्योंकि क़लमबाग तो मिथिला ही क्या हरेक जगह का प्रायः एक समान ही होता है फिर ख़ास 'पनिचोभक क़लमबाग' (पनिचोभ गांव का ही क्यों) इसका क्या मर्म है। अवश्य ही कुछ नितांत निजता और भावलोक का प्रच्छन्न अंतःसंबंध हो सकता है।

नयी मानसिकता में भी लगभग सभी प्रचलित रसों की अधुनातन परिपाटी सहज प्रांजल अभिव्यक्ति पाती है जो संप्रेषण में अपने को सार्वजनिक कर देने के गुण रखती है। यह यात्रीजी के उत्कट-अप्रत्याशित स्वभाव के विपरीत यों उतर गयी है मानो बिना उन्हें बतलाये आ गयी हो। ऐसे स्थलों पर उनकी वैचारिक निजता का इन रचनाओं पर कोई वज़न नहीं पड़ पाता। 'कान पाथि कें सुनब पहर भरि', 'गाबथु प्रौढ़ा लोकनि मलार' में तो अपूर्व व्यंग्य है। मलार के संदर्भ में यह उल्लेखनीय है कि यह ऐसा लोकगीत है जो अक्सर नव विवाहिता की ओर से विरह गान के रूप में गाया जाता है। और यहां गाया जा रहा है प्रौढ़ाओं के कंठ से जो अपनी तरह की सुरीली असंगति का दुर्लभ नमूना है।

यात्री जी सहज प्रयोगधर्मी कवि हैं। सायासी प्रयोगशीलता नहीं है इनमें। शब्द प्रयोग के तौर पर भी आत्म विश्वास से भरे रचनाकार हैं। 'साओन' शीर्षक कविता में तमाम शब्द का प्रयोग नये ढंग से करते हैं। 'तमाम' इस अंदाज़ और लय में आया है कि बिल्कुल ही मैथिलेतर नहीं लगता।

आह्वान परोक्षतः विद्यापति की ही लय में है। लय का भी अपना मुहावरा होता है।

'दागल ब्रह्मचर्य', 'चेतन कुम्हारक नबका बासन','ढेकी नहि कूटी अपनहि अमरत्वटाक' जैसे शब्द प्रयोग और भाषा की अलग सामर्थ्य का अनुभव ही यात्री को नागार्जुन से पृथक कवि बनाता है। मैथिली व्यंजना की यह भी अद्वितीयता है। ऐसे ही संदर्भों में नागार्जुन यात्री हैं।

आधुनिक गंधबोध पर सकारात्मक नव्यता की व्यंग्य टिप्पणी के रूप में विलक्षण कविता है, 'प्लास्टिकक लत्ती'! सृष्टि की प्राकृत्तिक सत्ता का काव्यप्रकाश है इनकी 'चें चें चें चें' कविता। इसमें मान्य सत्ता का सहज नकार है। तथापि अपनी लघुता अर्थात् निस्वार्थता की सहज सृष्ट अपनी शक्ति से निर्भय है—गौरैया!

यह बात ज़ोर-शोर से कही जा सकती है कि मैथिली के कवि के रूप में यात्री जी का काव्य कालिदास और विद्यापति का ही आधुनिक मार्क्सवादी परिष्कार और विकास है। परंपरा की ठोस भूमि पर खड़े होकर वे अपनी संवेदना का प्रस्थान बिंदु बनाते हैं। यात्री जी सर्वाधिक आशावादी हैं। विद्यापति का आशावाद जहां प्रेम-प्रसंगों तक सीमित है, वहीं यात्रीजी का आशावादी सरोकार विराट वैश्विक है।

यह भी ध्यान देने लायक तथ्य है कि उनके व्यक्तित्व के फक्कड़पन से अनेक कविताओं में अनूठी रंगत आ गयी है। कविताओं में 'ठठ्टा' करने जैसी उत्कट भाषिक युक्ति है। नजीज़ा यह कि उनकी कविता आसानी से पाठक-श्रोता के मर्म में गहरे उतर जाती है। शब्दशिल्पन तो उन्होंने हिंदी में भी पर्याप्त किया है लेकिन मैथिली में शब्दशिल्पन के साथ-साथ ठिठोली भी खूब है और ऐसी जिसने आधुनिक मैथिली कविता में नये आस्वाद का लोकप्रवर्तन किया है। विद्यापति, गोविंद दास, चंदा झा, भुवन-सुमन-सीताराम झा, मधुप-किरण-मणिपद्म से अलग अनेक नवीन संदर्भों में टटकी भाषा-छटा की काव्ययुक्ति का प्रवर्त्तन भी यात्रीजी ने ही किया है। इसके साथ यह भी सच है कि यात्री जी की काव्य-परंपरा को आत्मसात कर मैथिली काव्य को अग्रगामी दिशा में मोड़ने वाली क़लम का दर्शन नयी पीढ़ी में दुर्लभ है।

'पत्रहीन नग्न गाछ' में मिल और कारखानों में खटते-मरते श्रमिकों के दैन्य, विषाद के साथ नगर सभ्यता की विकृति और विसंगतियों का उपहास वक्रोक्तिपूर्ण शैली में किया गया है। परंतु इस संग्रह के पहले 'चित्रा' में ग्राम जीवन का प्रसादपूर्ण चित्रण है। प्रयोगवादी वैचित्र्य और बौद्धिकता का स्वर 'पत्रहीन नग्न गाछ' में अधिक प्रखर है।

आज मिथिला-समाज में यात्री कविता का पर्याय बन चुके हैं। निषेध और स्वीकार दोनों ही स्तरों पर अपने जीवन काल में ही वह किंवदंती बन गये थे, विलक्षण और श्रेष्ठ अर्थों में भी।

●●●